Zu diesem Buch

Als bedrohlich und verhängnisvoll empfindet der Staatsbürger eine totale Verzahnung von Wirtschaft und Politik. Der Staat und seine Regierung, die für den einzelnen nicht nur ökonomische und soziale, sondern auch moralische Qualitäten sichern sollen, in Abhängigkeit von Wirtschaftsinteressen, deren oberstes Gesetz die Profitsteigerung ist? Diese Vorstellung löst bei vielen das Gefühl der Hilflosigkeit und der Staatsverdrossenheit aus, das heute von Männern und Frauen aus Politik und Wirtschaft so heftig beklagt wird.

Wenn auch eine Zusammenarbeit in bestimmten Bereichen und eine ständige Kontaktnahme sinnvoll sind, so scheinen in der heutigen Zeit in zunehmendem Maße Bedingungen und Forderungen der Wirtschaft die Politik zu bestimmen.

Die beiden Historiker Hallgarten und Radkau befassen sich in dieser profunden Untersuchung mit dem Verhältnis zwischen der deutschen Industrie und der Politik von der Bismarck-Zeit bis in die Gegenwart. Sie belegen, auch an Hand vieler bisher unbekannter Quellen, welchen Einfluß die Konzernpolitik der großen Industrien immer wieder auf politische Entscheidungen hatten und haben; so zum Beispiel zeigen sie präzise den Anteil der Industrie an den Vorbereitungen zu den beiden Weltkriegen auf.

Joachim Radkaus Schlußkapitel über «Die Irrwege der Atomwirtschaft und die Lehren der Geschichte» macht das fatale Zusammenspiel zwischen Wirtschaft und Politik auch zu Beginn der Jahre ab 1980 deutlich, erklärt Abhängigkeiten, die Entscheidungen kaum noch von politischen, sondern nur noch von wirtschaftlichen Gesichtspunkten her erlauben.

George W. F. Hallgarten (1901–75) wurde in München geboren, wo er 1925 promovierte. In den dreißiger Jahren lehrte er als Historiker zunächst in Frankreich, anschließend an verschiedenen amerikanischen Universitäten, zuletzt in Washington.

Joachim Radkau, 1943 geboren, promovierte 1970 bei Fritz Fischer in Hamburg, habilitierte sich 1980 mit «Die Entstehung der Atomwirtschaft in der Bundesrepublik Deutschland» und ist heute Professor für Zeitgeschichte und Didaktik der Geschichte an der Universität Bielefeld.

Als rororo lieferbar:
Jochim Varchmin/Joachim Radkau «Kraft, Energie und Arbeit. Energie und Gesellschaft» (rororo sachbuch 7701)

George W. F. Hallgarten
Joachim Radkau

Deutsche Industrie und Politik

von Bismarck bis in die Gegenwart

rororo

Rowohlt

Hinweis

Aufgrund einer Vereinbarung zwischen dem Originalverlag Europäische Verlagsanstalt und der Deutschen Bank AG vom 26. 1. 1976 waren – ohne Wissen des Autors – auf den Seiten 356, 357, 363, 364 und auf Seite 471 einzelne Passagen aus rechtlichen Gründen unkenntlich gemacht worden. Diese zensierten Textstellen hat auch der Rowohlt Taschenbuch Verlag bei seiner aktualisierten Lizenzausgabe als solche ausgewiesen.

Veröffentlicht im Rowohlt Taschenbuch Verlag GmbH,
Reinbek bei Hamburg, Oktober 1981
Umschlagentwurf Werner Rebhuhn
(Foto: Hitler 1933 bei einem Vortrag vor dem Reichswirtschaftsrat/
Süddeutscher Verlag)

Gesamtherstellung Clausen & Bosse, Leck
Printed in Germany
1280-ISBN 3 499 17450 2

Inhalt

Zweiter Teil

Abkürzungen

I. Archive

AA	Politisches Archiv des Auswärtigen Amtes, Bonn
ALG	Staatliches Archivlager Göttingen, Protokolle und Dokumentenserien der Nürnberger Kriegsverbrecher-Prozesse; bei den häufig zitierten Dokumentenserien NI, NID und NIK (die beiden letzteren Serien sind in NI, »Nazi Industry«, eingeordnet) ist nicht jedes Mal der Hinweis »ALG« vorangestellt!
BA	Bundesarchiv Koblenz
DZA	Deutsches Zentralarchiv Potsdam

II. Zeitungen, Zeitschriften und Dokumentationsreihen

ADAP	Akten zur deutschen auswärtigen Politik
FAZ	Frankfurter Allgemeine Zeitung
HB	Handelsblatt
IK	Industriekurier
IWK	Internationale wissenschaftliche Korrespondenz zur Geschichte der deutschen Arbeiterbewegung
JbWG	Jahrbuch für Wirtschaftsgeschichte
JbWSW	Schmollers Jahrbuch für Wirtschafts- und Sozialwissenschaften
NPL	Neue Politische Literatur
RM	Rheinischer Merkur
SP	Spiegel
VjhZG	Vierteljahrshefte für Zeitgeschichte
WW	Wehr und Wirtschaft
ZsGW	Zeitschrift für Geschichtswissenschaft

Joachim Radkau

Vorwort zur Taschenbuchausgabe (1981)

Am 22. Mai 1975, ein halbes Jahr nach dem Erscheinen der Erstausgabe dieses Buches, ist George W. F. Hallgarten im Alter von 74 Jahren in Washington, seiner letzten Exilheimat, gestorben. Sein Tod kam für mich überraschend, da er noch bis zuletzt voller Pläne gewesen war; jetzt verstand ich die Ungeduld, mit der er die Fertigstellung dieses Buches betrieben und mir manchmal arg zu schaffen gemacht hat.

Hallgarten hatte die Veröffentlichungen Henry A. Turners zu den Beziehungen zwischen deutschen Unternehmern und der NSDAP[1] als Herausforderung empfunden; er sah hier nicht ohne Grund eine »Groß-Mohrenwäsche der deutschen Schwerindustrie« und ein besonders geschicktes Verdunklungsmanöver hinsichtlich der Schuld an der deutschen Katastrophe. Um die in den 1960er Jahren einsetzende Faschismus-Diskussion hatte er sich zunächst nur wenig gekümmert; aktuellere Gefahren, vor allem das nukleare Wettrüsten, hatten ihn beschäftigt, und der »atomare Imperialismus der USA« versetzte ihn immer wieder in Erregung: »Alles, was ich auf dieser Welt noch tun kann«, schrieb er mir 1974, »wird dem Kampf gegen dies apokalyptische Untier gewidmet sein.« Erst die Aufsätze Turners, der sich bis zu der Behauptung verstieg, es sei »kaum möglich, das Mißtrauen und die Furcht zu übertreiben«, mit denen »die Wirtschaft« Hitler begegnet sei[2], mobilisierten Hallgarten zu einer Rekapitulation des Anteils der Industrie am Aufstieg des Nationalsozialismus.

Wenn daraus schließlich eine Gesamtdarstellung der politischen Tragweite wirtschaftlicher Macht in Deutschland über ein Jahrhundert hinweg hervorging, so war dies durch den Wunsch des Verlages mitbedingt, traf sich aber auch mit einem Bedürfnis Hallgartens: Er war der Überzeugung, daß man von der Wirkungsweise großindustrieller Machtpositio-

1 Sammlung der verschiedenen Aufsätze bei H. A. Turner, *Faschismus und Kapitalismus in Deutschland*, Göttingen 1972.

2 Ebd., S. 26 (ursprünglich 1969).

nen nur durch den Nachvollzug ihrer die politischen Zäsuren übergreifenden Kontinuität einen vollen Begriff bekomme. Er fand die einzelnen Forschungsergebnisse Turners keineswegs unbeachtlich, meinte aber, daß Turners Grundfehler in der Methode liege, aus punktuellen Recherchen allgemeine Schlußfolgerungen über das Verhältnis von »Faschismus« und »Kapitalismus« zu ziehen.[3] Wenn Turner mit Vorliebe den Nachweis führte, daß einzelne Männer der Wirtschaft, die als Unterstützer der NSDAP bekannt waren, in Wahrheit in ihrer Einstellung zum Nationalsozialismus schwankend und vorbehaltvoll gewesen und im übrigen mit ihrer Position nicht für »die« Wirtschaft repräsentativ gewesen seien, so war das für Hallgarten – und hier pflichtete ich ihm bei – eine Art von historischem Differenzieren, das die Fundamentalzusammenhänge durch Details verdeckt. Damit ist freilich eine allgemeine Gefahr der geschichtswissenschaftlichen Arbeitsweise ausgesprochen, die durch die Quellenmassen der Sozial- und Wirtschaftsgeschichte noch erhöht werden kann; »schon manche wirtschaftshistorische Untersuchung ist an dem gehäuften, ungesichteten Material erstickt« (Beutin)[4]. Hallgarten wollte mit diesem Buch hier bewußt gegensteuern. Ihm, der die Vorliebe des Historikers für das farbige Detail an sich reichlich besaß, kam es in diesem seinem letzten Werk ganz auf den großen Zusammenhang an; ich selber versuchte ihm, so gut ich konnte, zu folgen, war dabei jedoch für meinen Teil der Untersuchung, der es mit noch weniger erforschten Bereichen der Geschichte zu tun hatte, auf eine quellennähere Vorgehensweise angewiesen.

Von Rezensenten ist wiederholt kritisiert worden, daß die in den Fußnoten ausgewiesene Literaturbasis des Hallgartenschen Teils nicht allzu groß sei; in Wirklichkeit schöpfte Hallgarten bei seiner Darstellung jedoch vor allem aus seinen umfangreichen früheren Forschungen, und die zusätzlich eingearbeitete neuere Literatur besaß demgegenüber mehr ergänzenden Charakter. Für ihn bedeutete sein Teil des Buches eine Zusammenschau jenes Stückes Geschichte, dem er einen Großteil seines Forscherlebens gewidmet hatte; er wünschte sich als Leserschaft eine breitere Öffentlichkeit, von der er befürchtete, daß ihr durch eine Art von Spezialforschung, die den Wald vor Bäumen nicht mehr sieht, entscheidende Aufklärungen über die deutsche Geschichte vorenthalten würden.

Über Hallgartens Person und die Art und Weise, wie sich bei ihm Leben und Geschichtsschreibung miteinander verquickten, ist schon an anderer

3 Vgl. meine Rezension Turners in: *Neue Politische Literatur* 18/1973, S. 258–261; D. Stegmann in: *Archiv für Sozialgeschichte* 13/1973, S. 399–482.

4 Beutin, L., *Einführung in die Wirtschaftsgeschichte*, Köln 1958, S. 41.

Stelle geschrieben worden.[5] Hallgarten selbst hat im Alter eine lebendige, oft amüsante Schilderung seines wechselvollen Lebens veröffentlicht.[6] Er, der eben jenem internationalen Finanzkapital entstammte, das im Imperialismus eine allgegenwärtige Rolle spielte, besaß einen ganz persönlichen Zugang zu der von ihm dargestellten historischen Entwicklung und ließ diese Beziehung auch recht unbefangen durchblicken. Am Rande der Münchener literarischen Bohème aufgewachsen, durch die nationalsozialistische Machtergreifung ins Exil getrieben, immer ein Einzelgänger mit dem Ruf des »enfant terrible« und bis zu seinem Tode ohne feste Professur, sah er sich gern – mit seiner Vorliebe für mythologische Anspielungen – als modernen Odysseus, und auch seine Art, Geschichte zu schreiben, verrät etwas von seiner inneren Unruhe und der Ungesichertheit seiner Existenz.

Hallgarten war einer der ersten, die in kritischer Absicht wirtschaftliche und gesellschaftliche Zusammenhänge der reichsdeutschen Politik aufzudecken versuchten, und jahrzehntelang stand er hiermit fast allein auf weiter Flur. Das Leiden an dieser Einsamkeit hat ihn geprägt, aber er konnte doch auch die Entdeckerfreude beim Vordringen in eine geheimnisumwitterte terra incognita voll auskosten; der manchmal übermütige und extravagante Stil seines großen »Imperialismus«-Werkes[7], das ihn international bekannt machte, zeugt davon. Noch bei den Vorarbeiten zu dem vorliegenden Buch kam es vor, daß ich ihm (was mir heute etwas leid tut), in der stilistischen Prüderie des angehenden und um seine Seriosität besorgten Historikers, einen kabarettistischen Ausrutscher wie den, daß Hitler »schweifwedelnd um die Industriellen herumgesprungen« sei, erschrocken aus dem Manuskript strich, während er an meinem Text bemängelte: »Ausdrücke wie absichern, gezielt, abblocken, taktieren, gewichten, Sachzwang und anlasten gab es zu meiner Zeit nicht, und mir gefallen sie offenbar nicht besonders.« Aber natürlich wurde mir die eigene Zeitbedingtheit nicht nur in stilistischer Hinsicht bei der Zusammenarbeit mit dem fast 43 Jahre älteren Historiker, der 1933 Deutschland verlassen hatte, bewußt. Ich merkte, was es bedeutet, wenn einem als Nachgeborenem die NS-Vergangenheit, die beiden Weltkriege und der Untergang des Deutschen Reiches von vornherein als abgeschlossene hi-

---

5 Radkau, J./I. Geiss (Hrsg.), *Imperialismus im 20. Jahrhundert. Gedenkschrift für G. W. F. Hallgarten*, München 1976, S. 7ff. und 265ff.; J. Radkau in: H.-U. Wehler (Hrsg.), *Deutsche Historiker*, Bd. VI, Göttingen 1980, S. 103–118; H. Schleier, *Die bürgerliche deutsche Geschichtsschreibung der Weimarer Republik*, Köln 1975, S. 452–481.

6 Hallgarten, G. W. F., *Als die Schatten fielen*, Frankfurt a. M. u. a. 1969.

7 *Imperialismus vor 1914. Die soziologischen Grundlagen der Außenpolitik europäischer Großmächte vor dem Ersten Weltkrieg*, 2 Bde., 2. erw. Aufl. München 1963.

storische Fakten vorlagen, die über den Intellekt zwar in Frage zu stellen, gefühlsmäßig aber längst selbstverständlich geworden sind. Für Hallgarten waren diese Geschehnisse nicht selbstverständlich, auch gefühlsmäßig nicht, und er konnte daher noch Entsetzen über die deutsche Katastrophe, Trauer über den Zusammenbruch so vieler Hoffnungen und Erbitterung über die Schuldigen empfinden. Noch seine Einleitung zu der Erstausgabe dieses Buches (»Triumph menschlichen Geistes«) läßt Betroffenheit darüber erkennen, daß eben der technisch-industrielle Fortschritt, auf den einst so ungeheure Menschheitshoffnungen gesetzt wurden, in Deutschland zum Motor der Katastrophe wurde. Ich selber vermochte damals diese Empfindung nicht recht nachzuvollziehen; die heute vielfach zu erkennende Gefahr eines hemmungslosen wirtschaftlichen Wachstums läßt sie jedoch als nicht so altmodisch erscheinen, wie sie mir zunächst vorkam.

Hallgarten nahm die Geschichte als Lehrmeisterin über die Möglichkeiten der Zukunft sehr ernst; die Furcht vor einem neuen Weltkrieg war seit langem ein Leitmotiv seines historischen und politischen Denkens. Er meinte zu dem von mir zu verfassenden zweiten Teil des Buches: »Das Ende der Arbeit sollte meo voto die Gefahr der Vernichtung des umstilisierten Deutschland durch seine angeblichen Freunde im Westen – als Folge deren Rüstungsraserei und Weltbrandstiftung – bringen. Wir sollten also die Geschichte der Bundesrepublik auf diese Entwicklung hin untersuchen.« Eine solche Konzeption wirkte auf mich damals, kurz nach den Ostverträgen und dem Ende des Vietnamkriegs, in der Zeit der europäischen Sicherheitskonferenz und des Ost-West-Vertrags über Rüstungsbegrenzung, allzu aufgeregt und pessimistisch, und ich bin bei der Abfassung meines Teils dieser Darstellung Hallgartens Wunsch keineswegs konsequent gefolgt. Heute dagegen droht eine erneute Entfesselung des Rüstungswettlaufs in unerhörtem Maße; die Waffenentwicklung geht immer erfolgreicher dahin, einen strategisch kalkulierbaren Nuklearkrieg technisch möglich zu machen; der Krieg ist als ultima ratio der Politik in einer vor kurzem noch unvorstellbaren Weise wieder im Gespräch, und die wirtschaftlichen Krisenerscheinungen, die sich als dauerhaft erwiesen haben, scheinen insgesamt zugunsten der politischen Rechten und gegen Bemühungen um eine internationale Friedensordnung zu wirken. Es ist zu befürchten, daß Hallgarten mit seinem Pessimismus, der sich bis zu apokalyptischen Visionen steigern konnte, die Lehren des letzten Jahrhunderts der deutschen Geschichte nur zu gut verstanden hat.

Hallgarten war der Überzeugung, daß die Geschichtsforschung am Ende zur allgemeinverständlichen Erzählung, zu einfachen Aussagen und auch zu Lehren für die Zukunft gelangen müsse. Das ist – vorausgesetzt, daß man sich den Kriterien der Geschichtswissenschaft unterwirft und nicht in einem vorwissenschaftlichen Umgang mit Geschichte steckenbleibt – alles andere als ein leichtes Geschäft. Demgegenüber wirkt die gern beschworene »ungeheure Komplexität der Geschichte«, die, so heißt es, einfache Aussagen und Lehren nicht zulasse, nicht selten wie eine intellektuelle Ruhestätte, auf der man es sich bequem machen kann. Das Bemühen um die Geschichtserzählung zieht sich in neuerer Zeit leicht den Vorwurf der Theoriefeindlichkeit zu, aber diese Kritik beruht auf einem fundamentalen Mißverständnis: Gerade die wissenschaftlich fundierte Geschichtserzählung muß explizite Annahmen über die Subjekte der Geschichte und über die Relevanz und Beziehung der verschiedenen Vorgänge und Triebkräfte enthalten. Erzählung und Theorie schließen einander keineswegs aus, sondern bedingen sich sogar wechselseitig, wenn sie mit geschichtswissenschaftlicher Konsequenz betrieben werden.

Hallgarten, der sich in der Nachfolge Max Webers sehen wollte, hatte stets das Ziel, in der Geschichtsdarstellung politische und gesellschaftliche Grundstrukturen sichtbar zu machen. Wenn er oftmals in der bunten Fülle der Geschichte schwelgte, so wollte er sich doch nicht mit einem Nebeneinander vieler geschichtemachender Triebkräfte zufriedengeben, sondern teilte mit den Marxisten die Suche nach der Haupttriebkraft der Geschichte und die Überzeugung, daß diese sich wesentlich ökonomisch manifestiere. In der expansiven Dynamik des Hochkapitalismus erblickte er die bewegende Kraft der reichsdeutschen Geschichte; die im Bismarck-Reich mächtig verankerten feudal-absolutistischen Traditionen wirkten bei dem Geschehen vornehmlich derart mit, daß sie die kapitalistische Dynamik in bestimmte Richtungen lenkten, industrielle Macht mit außerindustriellen Mitteln unterbauten und die kriegerischen Akzente der ökonomischen Expansivdynamik verstärkten. Der Schwer- und Rüstungsindustrie kam in diesem Wirkungszusammenhang die Schlüsselrolle zu. Die deutsche Gesellschaft insgesamt stellte er sich nicht wie ein funktionierendes »System« vor, sondern betonte eher – wohl auch aus seiner eigenen Lebenserfahrung heraus – die Brüchigkeit und Dekadenz der herrschenden Gesellschaftsschichten und ihren Mangel an Rationalität und Integrationsfähigkeit. Ideologische Wahnvorstellungen, theatralische Verhaltensmuster und mythologische Archetypen konnten unter solchen Umständen ausgiebig ihre Wirkung tun; vor allem in Hallgartens früheren Schriften werden sie häufig eingeblendet.

Im Unterschied zu vielen Marxisten ging Hallgarten nicht davon aus, daß in dem Beziehungsgeflecht zwischen Wirtschaft und Staat letztlich stets das Privatkapital das wahre Subjekt der Geschehnisse bleibe. Vielmehr sah er die Expansionsdynamik des Industriekapitalismus zunehmend auch vom Staat verkörpert und gerade durch den Staatsapparat in katastrophaler Weise entfesselt. »In Weltkrieg I und – tausendmal mehr – in Weltkrieg II«, schrieb er mir 1972, »hat *der Staat* und *der Staatsauftrag* das ›Finanzkapital‹ an die Wand gedrückt«; das besondere, nach Hallgarten bis heute ungebrochene Gewicht der Rüstungsindustrie erklärt sich nicht zuletzt daraus, daß sie eng mit den Grundlagen der Staatsmacht verknüpft ist.

Bei alledem blieb es für Hallgarten selbstverständlich und ist in seiner Geschichtsdarstellung auf Schritt und Tritt zu erkennen, daß Geschichte von Menschen – von Gruppen wie von einzelnen Menschen – gemacht wird, und daß es Verantwortung und Schuld in der Geschichte sehr wohl gibt. Hallgartens vertrauter Umgang mit dem Faktor Mensch in der Geschichte kann heute mitunter naiv wirken; aber gegenüber der heute in der historischen »Frontforschung« ausgeprägten Tendenz zur Abstraktion, zur Orientierung an Systemtheorie und Ökonometrie – wobei man am Ende vergessen kann, die Frage nach Handlungsmöglichkeiten in der Geschichte überhaupt noch zu stellen –, könnte Hallgartens Art, Geschichte zu schreiben, doch eine heilsame Rückerinnerung an das enthalten, um das es gerade einer kritischen Geschichtswissenschaft letztlich geht. Es kann nicht befriedigen, wenn gegenwärtig die Tendenz vorherrscht, daß die objektive und die subjektive Seite der Geschichte immer weiter auseinanderklaffen und von ganz verschiedenen Literaturarten behandelt werden. Das Interesse an »hautnaher« Geschichte nährt sich heute mit Vorliebe aus selbsterfahrener Lebensgeschichte, »Alltagsgeschichte«, »Oral History« und Populärhistorie, droht dabei aber am Ende unpolitisch und wissenschaftsfern zu werden. Hier könnte Hallgartens lebenslanges – wenn auch in seinen Ergebnissen nicht immer überzeugendes – Bemühen, Geschichtsforschung und Selbsterfahrung zu verbinden, richtungsweisend sein. –

Aus drucktechnischen Gründen ist die Erstfassung des Buches hier größtenteils unverändert gelassen worden, mit Ausnahme der Exkurse zum ersten und zweiten Teil. Zu einer grundlegenden Umarbeitung bestand kein Anlaß, da die Hauptlinien der Argumentation durch die in der Zwischenzeit veröffentlichten Forschungen eher bestärkt wurden. Insgesamt muß man sagen, daß das Thema »Industrie und Politik«, gerade auch für die besonders brisante NS-Zeit, von der Geschichtsforschung viel zu früh liegengelassen worden ist. Die Diskussionen und Proklamationen der Neuen Linken über »Faschismus und Kapitalismus«, vielen auch nichtkonservativen Historikern ein Ärgernis, scheinen die gesamte Thematik weithin mit einer gewissen Berührungsangst umgeben zu haben. Überhaupt wurde es Mode, die Erforschung ökonomischer Zusammenhänge der Politik, kaum daß sie auch nur ein wenig in der Geschichtswissenschaft Fuß gefaßt hatte, als »modisch« abzutun. Daß es im übrigen nicht ohne handfestes Risiko ist, vom Kapitalismus historisch-konkret statt nur abstrakt und allgemein zu reden, mußte ich erfahren, als einige – sehr wohl fundierte – Passagen des Buches auf eine Prozeßdrohung der Deutschen Bank hin eingeschwärzt wurden, und das, bevor ich von der Angelegenheit überhaupt erfuhr.[8]

Im folgenden werden einige Hinweise auf die nach meiner Auffassung wichtigsten Neuerscheinungen im Bereich des behandelten Themas gegeben; aus Raumgründen müssen die Hinweise kurz und stichwortartig bleiben. Vor allem soll auf einige interessante Gegen- bzw. Alternativthesen hingewiesen werden; ihr Für und Wider kann an dieser Stelle nicht ausführlich erörtert werden.

Eine bündige Zusammenfassung seiner Thesen »zur Kontinuität der Machtstrukturen in Deutschland 1871–1945« hat kürzlich *Fritz Fischer* vorgelegt[9]; seine Gesamtschau steht der hier vorgelegten Interpretation sehr nahe. Fischer glaubt allerdings, daß die von Bismarck bis zu Hitler reichende Kontinuität gesellschaftlicher Machtstrukturen 1945 abbricht und die Bundesrepublik zu liberal-föderalistischen Traditionen der Vor-Bismarckzeit zurückgekehrt sei. – Ein umfangreiches Quellenwerk über »Europastrategien des deutschen Kapitals 1900–1945« stellte *Reinhard Opitz* zusammen. – Der von *Heinrich August Winkler* herausgegebene Sammelband »Organisierter Kapitalismus« brachte mit seinem Titel einen neuen Begriff für die Erforschung der ökonomischen Zusammenhänge der Politik – und die politischen Zusammenhänge der Ökonomie – nachhaltig in Umlauf. Die Beliebtheit und Brauchbarkeit dieses Begriffs hängt freilich nicht zuletzt damit zusammen, daß er die Frage, von wem und in welchem Interesse der Kapitalismus organisiert wird, bewußt offenläßt; manchmal kommt einem sogar der Verdacht, daß er von dieser Frage ablenkt.

Eine eindrucksvolle Synthese der deutschen Gesellschaftsgeschichte von 1871 bis 1918 – mit kritischem Elan und aus einem Guß geschrieben – hat *Hans-Ulrich Wehler*[10] herausgebracht. In seinem Erkenntnisinteresse und Gesamturteil steht er Hallgarten nahe; ein wesentlicher Unterschied, der schon früher zu einer scharfen Kontroverse führte, besteht allerdings

---

8 Focke, H./U. Reimer, *Die Deutsche Bank ließ schwärzen. Zur Kontroverse um J. Radkaus Buch ›Deutsche Industrie und Politik‹*, in: *ergebnisse, Hefte für historische Öffentlichkeit*, 4/1978, S. 100–104.

9 Fischer, F., *Bündnis der Eliten. Zur Kontinuität der Machtstrukturen in Deutschland 1871–1945*, Düsseldorf 1979.

10 Wehler, H.-U., *Das Deutsche Kaiserreich 1871–1918*, Göttingen [4]1980.

darin, daß Wehler weit mehr als Hallgarten die Gesellschaft des Kaiserreichs als geschlossenes System sah und die deutsche Politik jener Zeit entsprechend mehr aus dem Gesamtsystem als – wie Hallgarten – aus Partikularinteressen motivierte. Auf die Sichtweise Wehlers wie Hallgarten zielt die temperamentvolle Attacke von *Geoff Eley*, der den von ihm so genannten »Kehrites« vor allem vorwirft, daß sie das Gewicht rückständiger Gesellschaftsmächte als Besonderheit der deutschen Entwicklung gewaltig überakzentuierten, wobei sie implizit den Liberalismus der herrschenden Schicht Englands überschätzten und außerdem die englische Entwicklung unzulässig zur Norm der Modernisierung erhöben.[11]
Die wichtigsten neueren Monographien zum Thema »Industrie und Politik« während des Ersten Weltkriegs und der Nachkriegszeit sind die Arbeiten von *Jürgen Kocka*[12], der besonderes Gewicht auf die Stärkung des Staatsinterventionismus legt, und von *Gerald D. Feldman* und *Heidrun Homburg*[13], die die Hyperinflation der Nachkriegszeit als Folge der aus dem Krieg hervorgegangenen wirtschaftlichen Machtverhältnisse darstellen. Wenn Hallgarten über diese Vorgänge in dem vorliegenden Buch die lapidare Überschrift »Abwälzung der Kriegslasten auf die Schultern anderer« setzte, so erscheint dies auch im Lichte neuerer Forschungen durchaus treffend, und ebenso wird die Darstellung, die er von der Rolle der Schwerindustrie in der Weimarer Republik gibt, in ihren Grundthesen durch die umfangreichen neueren Untersuchungen von *Bernd Weisbrod*[14] für die Innen- und von *Karl Heinrich Pohl*[15] für die Außenpolitik vollauf gestützt. Die bis heute beliebte Manier, Hinweise auf den bedeutenden Anteil der Schwerindustrie an der Zerstörung der Weimarer Republik als »Vulgärmarxismus« abzutun, wird sich nur durch hartnäckige Abschottung gegen eine Fülle von historischen Fakten aufrechterhalten lassen.
Einen Durchbruch bei der umfassenden Erforschung der Wechselbeziehungen zwischen Industrie und Politik erbrachte für die Weimarer Zeit das Bochumer Symposium von 1973 und der daraus hervorgegangene monumentale Sammelband.[16] Eine nützliche Ergänzung sind die beiden

---

11 In: Blackbourn, D./G. Eley, *Mythen deutscher Geschichtsschreibung*, Frankfurt a. M. u. a. 1980. Erwiderung H.-U. Wehlers darauf in *Merkur*, H. 5/1981.

12 Kocka, J., *Klassengesellschaft im Krieg 1914–1918*, Göttingen 1973.

13 Feldman, G. D./H. Homburg, *Industrie und Inflation. Studien und Dokumente zur Politik der deutschen Unternehmer 1916–1923*, Hamburg 1977.

14 Weisbrod, B., *Schwerindustrie in der Weimarer Republik. Interessenpolitik zwischen Stabilisierung und Krise*, Wuppertal 1978.

15 Pohl, K. H., *Weimars Wirtschaft und die Außenpolitik der Republik 1924–1926. Vom Dawes-Plan zum Internationalen Eisenpakt*, Düsseldorf 1979.

16 Mommsen, H./D. Petzina/B. Weisbrod (Hrsg.), *Industrielles System und politische Entwicklung in der Weimarer Republik*, Düsseldorf 1974.

kommentierten Quellenbände (hrsg. von *J. Flemming, C.-D. Krohn, D. Stegmann* und *P.-C. Witt*) über die »Republik von Weimar«.[17] Wenn Hallgarten in diesem Buch (S. 186) »RATIONALISIERUNG« als fundamentale historische Zäsur jener Zeit groß geschrieben hat, so wird dies durch neuere Forschungen gestützt. Das Verhalten der Großindustrie während der Weltwirtschaftskrise und im Vorfeld der nationalsozialistischen Machtergreifung ist vor allem von *Dirk Stegmann* detailliert untersucht worden[18]; seine Forschungen haben Hallgartens Kritik an Turner im ganzen bestätigt.
Insgesamt ist die Erforschung der Beziehungen Wirtschaft–Politik für die Weimarer Zeit relativ weit vorangeschritten. In jener Zeit war die politische Tragweite ökonomischer Macht besonders augenfällig und mit der üblichen Methode historischer Quellenanalyse in den Griff zu bekommen. Dies könnte allerdings zu dem Fehlschluß verführen, als sei diese Thematik mit simplen »Einfluß«-Modellen voll zu erfassen, oder, andersherum: als könne von einem politischen Gewicht der Wirtschaft dort nicht gesprochen werden, wo sich ein politischer Einfluß bestimmter Großunternehmer in der Regel *nicht* den Quellen explizit entnehmen läßt. Das letztere gilt für die Zeit der NS-Herrschaft, und hier ist die Erforschung der ökonomischen Zusammenhänge in der Tat nach wie vor eklatant im Hintertreffen. In den letzten Jahren droht hier sogar deutlich eine Rückentwicklung des gesamten Diskussionsniveaus: Trotz der brillanten Polemik eines Hans Mommsen gegen die Tendenz, Erforschung der NS-Geschichte mit Hitlerforschung zu verwechseln[19], scheinen die Bemühungen eher noch eifriger zu werden, möglichst alle NS-deutschen Geschehnisse aus frühen Hitler-Zitaten abzuleiten und einen angeblichen »großen Plan« des Führers zum Ursprung der Geschichte zu machen.[20] Dabei scheint man nicht zu bemerken, daß sich in dem Wust Hitlerscher Selbstzeugnisse neben den paar ansatzweise verwirklichten Plänen ein Vielfaches an *nicht* realisierten Wunschträumen finden läßt und daß eine mikroskopische Hitlerologie kein Weg ist, um zu ermitteln, warum das eine Wirklichkeit wurde und das andere nicht. Ein Seitenblick auf das faschistische Italien sollte genügen, um zu erkennen, daß selbst unter

---

17 Flemming, J./C.-D. Krohn/D. Stegmann/P.-C. Witt, *Die Republik von Weimar*, bes. Bd. 2: *Das sozialökonomische System*, Düsseldorf 1979.
18 Stegmann, D., *Kapitalismus und Faschismus in Deutschland 1929–1934*, in: *Gesellschaft. Beiträge zur Marxschen Theorie 6*, Frankfurt a. M. 1976 (ed. suhrkamp 806), S. 19–91.
19 Mommsen, H., *Nationalsozialismus oder Hitlerismus?* in: M. Bosch (Hrsg.), *Persönlichkeit und Struktur in der Geschichte*, Düsseldorf 1977, S. 62–71.
20 Vgl. den neuerlichen Forschungsbericht von J. Dülffer in: *Neue Politische Literatur 26/* 1981, S. 42–58.

Führung eines ähnlich machtbesessenen Diktators die Entwicklung sehr anders verlaufen kann wie in Deutschland – wenn eben die Gesellschaft eine andere ist.

Einen interessanten Vorstoß bei der Erschließung ökonomischer Zusammenhänge im Vorfeld des Zweiten Weltkrieges enthalten neuere Veröffentlichungen von *Tim Mason*.[21] Sie münden in die These, das NS-Regime sei unter dem Druck innerer, ökonomisch bedingter Schwierigkeiten zur Flucht in den Krieg geradezu gezwungen gewesen. Der Ursprung des Kriegsausbruchs von 1939 bekommt bei Mason große Ähnlichkeit mit dem des Kriegsausbruchs von 1914 in der Wehlerschen Interpretation. Mir erscheint es jedoch nach wie vor fraglich, ob es vor 1939 – und ebenso vor 1914 – eine gesamtgesellschaftliche Krise, die im Rahmen des bestehenden Systems zu kriegerischer Lösung drängte, tatsächlich gab. Begründeter erscheint mir immer noch die in diesem Buch vorgetragene Auffassung, daß sich die Entfesselung der beiden Weltkriege überwiegend aus Triebkräften und Spannungen *innerhalb* der herrschenden Schichten erklärt – nicht aus einer durch zunehmende Opposition der breiten Massen herbeigeführten kritischen Situation heraus. – Zahlreiche weitere Hinweise zu ökonomischen Aspekten der NS-Zeit enthalten zwei Themenhefte der Zeitschrift *Geschichte und Gesellschaft*[22] und zwei im Auftrage des Militärgeschichtlichen Forschungsamtes in Freiburg herausgegebene Sammelbände[23].

Die wissenschaftliche Erforschung des Themas »Industrie und Politik« ist für die Zeit nach 1945 durch die mangelnde Zugänglichkeit der hierfür wesentlichen Quellen nach wie vor gehemmt. Besondere Brisanz hat das Thema in letzter Zeit im Zusammenhang mit der Kontroverse um die Atomkraft bekommen. Da der Erforschung der Anfänge der deutschen Atomwirtschaft meine Hauptarbeit seit der Fertigstellung dieses Buches (1973) gewidmet war[24], habe ich hierzu für die vorliegende Neuausgabe einen abschließenden Exkurs geschrieben.

---

21 Mason, T. W., *Sozialpolitik im Dritten Reich. Arbeiterklasse und Volksgemeinschaft*, Opladen 1977; ders., *Innere Krise und Angriffskrieg 1938/39*, in: *Wirtschaft und Rüstung* ... (s. Fn. 23), S. 158–188.

22 Schieder, W. (Hrsg.), *Außenwirtschaft und Außenpolitik im ›Dritten Reich‹*, GG 2/1976 H. 1; H. A. Winkler (Hrsg.), *Das nationalsozialistische Herrschaftssystem*, GG 2/1976 H. 4.

23 Forstmeier, F./H.-E. Volkmann (Hrsg.), *Wirtschaft und Rüstung am Vorabend des Zweiten Weltkrieges*, Düsseldorf 1975; dies. (Hrsg.), *Kriegswirtschaft und Rüstung 1939–1945*, Düsseldorf 1977.

24 Radkau, J., *Die Entstehung der Atomwirtschaft in der Bundesrepublik Deutschland. Technologische Alternativen und historische Kontexte.* Geschichtswiss. Habil.-Schrift, Universität Bielefeld 1980.

Erster Teil

Von Bismarck bis zum Ende der Weimarer Republik

von George W. F. Hallgarten

1. Besonderheiten der deutschen industriellen Entwicklung

1.

Während im Westen Europas ein soziales Gehäuse für die aufkommende industrielle Entwicklung bereitstand, war dies in Deutschland nur in beschränktem Maße der Fall. Dieser grundlegende Satz ist freilich weder bestreitbar noch unbestritten. Wir müssen ihn daher durch knappe Gegenüberstellung des soziologischen Hintergrundes der industriellen Entwicklung in England und Frankreich mit den entsprechenden Verhältnissen in Deutschland näher prüfen.
In England ist das gesellschaftliche Gehäuse für das Emporwachsen des modernen Kapitalismus, der dort zur *Industrial Revolution* führte, schon sehr frühzeitig entstanden, wenn natürlich auch nicht auf einen Schlag. Hungersnöte und die Pest des 14. Jahrhunderts haben das englische Bauerntum frühzeitig gelichtet und zur Steigerung der Löhne für freie Arbeit geführt[1]. Bei dem allgemeinen Arbeitermangel war es häufig rentabler, Vieh zu züchten, anstatt Felder zu bebauen. Viehzucht und speziell Schafzucht bildeten die Basis für die frühzeitige kapitalistische Entwicklung des englischen Gemeinwesens. Im Zusammenhang hiermit wurden die Viehweiden und Schaftriften im Inneren Englands ständig ausgedehnt, die kleineren Pächter vom Grundbesitz vertrieben. England begann immer mehr zur reinen Marktproduktion überzugehen, ein Prozeß, der in der Reformationszeit durch die Verschleuderung der Kirchenländereien an den weltlichen Grundbesitz verstärkt wurde.
In England wurde also schon seit jener Zeit das soziale Gehäuse für den späteren Maschinenkapitalismus errichtet, wenn auch in diesem Gehäuse statt der Dampfmaschinen und mechanisierten Spindeln und Webstühle späterer Zeiten einstweilen nur einzeln wirkende Weber

1 In teilweise wörtlicher Entlehnung aus George W. F. Hallgarten, *Imperialismus vor 1914*, 2. Bd., 2. Auflage, München 1963, Bd. I, S. 39 u. 51.

und Spinner zu sehen waren, freilich oft bereits in langen Reihen. Man hat natürlich recht, wenn man die industrielle Revolution in erster Linie auf jene jahrhundertelange geistige Entwicklung zurückführt, die mit der Renaissance beginnt und im Aufklärungszeitalter gipfelt. Jedoch zu einer »industriellen Revolution« als solcher kam es nur dort, wo, wie in England, durch völlige Zerstörung der feudalen Gesellschaftsform vergangener Jahrhunderte die Voraussetzungen für den Aufstieg des Industrialismus geschaffen waren. Einen wesentlichen Anteil an dieser Entwicklung hatte die große englische politische Revolution des siebzehnten Jahrhunderts, die in der Diktatur Oliver Cromwells gipfelte; seit jenen Tagen beschränkte sich, was vom Feudalismus übrig war, mehr und mehr auf die auch noch heute in Großbritannien üblichen höfischen Formen des gesellschaftlichen und politischen Verkehrs.

Was die Entwicklung in Frankreich anbelangt, so mußte es auf die Modernisierung seiner Gesellschaftsordnung weit länger warten, als England. Der französische Bauer fronte seinem Grundherrn, auch als bereits in England die Dampfmaschinen zischten und durch Umwälzung der Textilproduktion die neue Zeit heraufführten. Infolgedessen fand der Umschwung in Frankreich, als er endlich kam, fast überall eine unfreie Bauernbevölkerung vor, die sich der Güter der geflüchteten oder ums Leben gekommenen Edelleute bemächtigte. Damit war der alte Feudalismus auch hier neueren Formen der Gesellschaft gewichen und half so den Aufstieg der Industrie vorzubereiten; allerdings war die industrielle Entwicklung, als sie schließlich kam, weniger breit als auf den britischen Inseln. Was ihren Aufstieg hemmte war der Zentralismus der Verwaltung, der die Entwicklung neuer Städte außerhalb von Paris behinderte; der Mangel an Kohle; die Unlust des französischen Bauern und Kleinbürgers, seine Geldmittel, an denen bald Überfluß war, industriellen Unternehmungen statt den Banken oder dem Staat anzuvertrauen; und schließlich – hierdurch mitbedingt – die Langsamkeit der Eisenbahnbauten; und das Fehlen ertragversprechender Massenerzeugung[2]. Der Franzose zog die Erzeugung hochwertiger Einzelwaren der Herstellung billiger Dinge für die Massen vor, die es ohne-

2 Über alles dies etwa W. O. Henderson, *The Industrial Revolution on the Continent*, London 1961, sowie auch heute noch J. H. Clapham, *The Economic Development of France and Germany*, Cambridge 1936, 4. Aufl.; für allgemeine Darstellungen in deutscher Sprache ist hier wie überall später, die ausführliche Literaturübersicht in dem Werk des Grafen Schwerin, *Die große Zeit des Feuers*, zu benutzen.

hin meist nicht gab; die niedrige Geburtenziffer hemmte sowohl einen Absatz dieser Art wie auch die Entstehung einer »industriellen Reservearmee«.

Trotz all dieser Schwierigkeiten wirkte die in England entstandene *Industrial Revolution* machtvoll auf Frankreich ein; durch Industrie-Ausstellungen sowie besonders durch seine neue Rechtsordnung, die zu einer geradezu raffinierten Patentgesetzgebung führte, leistete man hier der neuen Entwicklung Vorschub. Ging es hier auch langsamer als in England und verschanzte man sich, seiner verhältnismäßigen Schwäche gemäß, bald hinter hohen Schutzzollmauern, so fühlte man sich doch nunmehr den unentwickelten Gebieten überlegen. Als bisher führender Staat des Festlands wies man hierbei – alter Tradition gemäß – dem Staate und besonders der bewaffneten Macht eine leitende Rolle zu. 1836 gründete Eugène Schneider die bald weltberühmt werdende Waffenfabrik in dem alten Rüstungszentrum Le Creusot; der Aufschwung dieser Industrie und ihr Einfluß auf Frankreichs Staat und Politik, aber auch auf die Rüstungen anderer Länder, wurden bald Tagesgespräch.

Blieb nun insgesamt die industrielle Entwicklung in Frankreich hinter der Englands weit zurück, so hatte sie doch mit der dortigen Gütererzeugung, sowie mit der entsprechenden Entwicklung in den meisten sonstigen Staaten des Festlands eines gemein: sie stieß auf keinen nennenswerten inneren Widerstand, besonders nicht von Seiten des Adels oder dessen, was von ihm übrig war.

2.

Dies unterschied die Entwicklung des Industrialismus im Westen Europas sehr stark von seinem Schicksal in dem Gebiet des späteren Deutschen Reichs. Zwar hatten die Französische Revolution und die Herrschaft Napoleons, die ihr folgte, das deutsche Gebiet zeitweise überrannt und stark verändert. Auch wurde das rückständige Deutschland hierbei mit manchen Neuerungen bekannt, die sich während der Zeit seiner Industrialisierung verwerten ließen. Jedoch daneben gab es so vieles, was die Entwicklung in Deutschland ungünstig beeinflußte. Sie ließ sich zwar nicht verhindern, aber sie erhielt auf diese Weise ihre besondere und nicht unbedenkliche Gestalt.

Das Haupthindernis eines gedeihlichen industriellen Wachstums war hier zunächst, daß Deutschland aus einer Unmenge, zum Teil zwerghafter Staaten bestand. Unter Napoleon waren viele verschwunden, aber nach seiner endgültigen Niederlage im Jahre 1815 gab es immerhin noch 39. Sie waren praktisch voneinander abhängig und unumstrittene Herrn ihrer Münz-, Zoll- und Wirtschaftspolitik. Der Sieg der europäischen Mächte über Napoleon machte die größte vorwiegend rein deutsche Macht unter diesen Staaten, das Königreich Preußen, zum Anwärter auf Deutschlands politische Führung. Dies war natürlich ausschlaggebend für die Entwicklung der Industrie im ganzen deutschen Gebiet und für ihre Haltung zum Staat – ihrem Staat und dessen Nachbarn – sowie zu aller sonstigen Politik.

Während der Herrschaft Napoleons, der das Festland durch eine Zollsperre gegen England abgeriegelt hatte, waren bereits die Ansätze der künftigen deutschen Erzeugung entstanden, und bald nach seiner Entmachtung wurde die Frage der deutschen Wirtschaftsgestaltung zwingend. Jetzt zeigte sich, wie verhängnisvoll es war, daß man während der Herrschaft Napoleons, der als eine Art Zwingherr zum Fortschritt gegolten hatte, auf halbem Wege stehen geblieben war. In Süddeutschland, wo Napoleons Wille damals sozusagen Gesetz war, hatte man, Frankreich nachahmend, den Adel, wenn auch nicht geköpft, so doch gegen Entschädigung seiner unfreien Bauern und des von ihnen bestellten Landes beraubt – soweit dies nicht unter dem Zug der Zeit bereits vorher oder wenig später geschah. In Preußen, wo Freiherr vom Stein und Graf – später Fürst – Hardenberg damals etwas Ähnliches versuchten, um den Staat zu modernisieren, war jedoch der Adel viel zu mächtig, um sich solches ohne weiteres bieten zu lassen. Der Bauer, formal aus den Händen des Gutsherrn befreit, blieb hier praktisch ohne Land, mußte sich also als Landarbeiter verdingen. Man hat wohl gesagt: In Süddeutschland befreite man damals den Bauern vom Gutsherrn, in Preußen jedoch den Grundherrn vom Bauern. Die Verstärkung der Machtstellung des Adels in Preußen, wo er als Stand der Junker (junge Herrn) bekannt, von jeher eine bedeutende Rolle gespielt hatte, ist für die preußische und die deutsche Geschichte, und damit auch für die politische Haltung und die Aussichten der keimenden deutschen Industrie, von größter Bedeutung geworden. Dies besonders, da der Adel meist das Königtum umstrickt hielt und sowohl die Staatsverwaltung wie ganz besonders das Heer vollkommen in der Hand hatte. In der Notwendigkeit, diesen Verhältnissen Rechnung zu tragen, zeigt sich ein erster großer Unterschied zwischen den politischen Aufstiegsmöglichkeiten der Industrie in Deutschland und im Westen; von einem zweiten wird noch zu sprechen sein. Allgemein gesprochen waren die Aussichten der deutschen Industrie nach dem Sturz Napoleons nicht allzugut. Durch Zollmauern im Inneren und bei Deutschlands Nachbarn eingeengt, von Zunftbeschränkungen und anderen Überresten aus dem Mittelalter behindert, wurde der deutsche Industrielle durch das Verschwinden der napoleonischen Festlandsperre plötzlich der Konkurrenz der englischen Industrie ausgesetzt, die bereits Maschinenarbeit verwendete. Der von den Junkern beherrschte preußische Staat bot ihm wenig Hoffnung auf Besserung. Als agrarische Erzeuger waren die Junker auf Ausfuhr in den Industriestaat England sowie billige Einfuhr von dort bedacht. Selbst die den Industriellen günstig gesinnten Beamten im preußischen Finanzministerium, die ihnen nach Kräften beistanden, vermochten nicht, ihnen höhere Zollsätze zuzugestehen. Auf der anderen Seite freilich hat die preußische Freihandelspolitik für die deutsche Industrie wie eine Erziehungsmaßnahme gewirkt, die sie zwang, den Unbilden der Zeit zu trotzen. Diese Fähigkeit war für sie um so wichtiger, als es jenen Beamten gelang, durch Schaffung des Zollvereins (1834) ganz Deutschland mit Ausnahme Österreichs in den Bereich ihrer Handelspolitik zu ziehen.

Die 1860er und 70er Jahre sind die Zeit, in der sich dann der von Professor Lujo Brentano so temperamentvoll verteidigte Übergang vom Agrarstaat zum Industriestaat in Deutschland vollzog, der mit der Reichsgründung durch Bismarck in etwa zusammen fällt. Als ein kapitalarmes Land mußte Deutschland die Mittel für die Industrialisierung durch Mobilisierung der Ersparnisse seiner gesamten Bevölkerung flüssig machen; dies erklärt es, daß jene Jahrzehnte zugleich den Übergang zur Aktienbank erblickten; damals traten die berühmtesten dieser Unternehmungen – darunter die Darmstädter Bank, die Diskontogesellschaft und die Berliner Handelsgesellschaft – ins Leben, und sehr bald handelte man an der Börse die Werte industrieller Aktiengesellschaften.

Von etwa 1848 bis 1870 stand noch die Textilproduktion an der Spitze der deutschen industriellen Erzeugung. Im Jahre 1861 beschäftigte man im Gebiet des Zollvereins 600 000 Kräfte im Weben und 150 000 in Spinnereien, verglichen mit 394 000 im Baugewerbe, 363 000 im Metallgewerbe und 151 000 in der Maschinenerzeugung. Dank der andauernden Nachfrage nach Eisenbahnen, vermochte die Metallindustrie die Krise der späten fünfziger Jahre besser zu überstehen als andere Gewerbezweige, jedoch blieb sie mit 57 000 Fabrikarbeitern im Jahre 1861 auch weiterhin hinter der

Textilerzeugung und den Menschenmassen zurück, die in deren Mühlen und Betrieben beschäftigt wurden.
Immerhin gab es bereits in jenen Jahren in der Eisenindustrie einzelne Großbetriebe, die denen der Tucherzeugung nicht nachstanden. Alfred Krupp in Essen beschäftigte damals schon über 8000 Arbeiter und setzte jährlich für 24 Millionen Mark Fabrikerzeugnisse ab. Ihm zunächst kamen die Werke Haniel & Huyssen, sowie der Hoerder Verein mit je 3000, der Phoenix mit 2100 und Gebrüder Stumm an der Saar mit 1100 Arbeitern.
Die Art der damaligen Kapitalanlagen zeigte deutlich, welch hohe Erwartungen allenthalben auf die Entwicklung der Schwerindustrie gesetzt wurden. Etwa zwei Drittel der zwischen 1850 und 1859 in Preußen gebildeten 107 Aktiengesellschaften betrafen Bergbau und Metallverarbeitung, gegenüber einem Zehntel in der Textilerzeugung[3]; vorläufig überwog auch hier noch das Handwerk – noch 1861 gab es in Deutschland nicht weniger als 120 000 Werkstätten, die sich mit Metallverarbeitung befaßten; und der Anteil des Handwerks an der deutschen Gesamterzeugung – bei 277 000 Beschäftigten – überstieg den der Fabrikarbeit um etwa das Fünffache, allein seine Tage waren gezählt.
Mit am wichtigsten für die Gestaltung der deutschen industriellen Entwicklung war die Förderung der Kohle. Es war eines der Gebiete, in denen in Deutschland der Staat ganz ungewöhnlich viel mitzureden hatte. Um 1870 war Deutschlands Kohlenförderung die zweitgrößte der Erde[4]. Einen wesentlichen Anteil hieran hatten einzelne Iren, wie etwa Thomas Mulvany, ein Konstrukteur und Finanzmann, der, obgleich er den von ihm gegründeten Zechen Hibernia, Shamrock, und Erxin, irische Namen gab, als einziger dieser Gestalten schließlich Deutscher wurde und der deutschen Industrie ihre Berufsorganisationen gründen half.
In der Mitte des neunzehnten Jahrhunderts vergrößerte sich der Eisenbahnbedarf. Im Jahre 1850 machte die deutsche Förderung von Eisenerz mit 835 000 Tonnen weniger als die Hälfte der französischen und nur ein Sechstel der englischen aus[5]; jedoch bereits zwanzig Jahre später förderte Deutschland 4,4 Millionen Tonnen,

---

3 Diese Angaben und die ihnen vorhergehende Darstellung beruhen auf der ausgezeichneten Arbeit von Theodore Hamerow, *The Social Foundations of German Unification 1858-1871*, Princeton 1969.
4 Henderson, *The Industrial Revolution*, S. 34.
5 Hans Mauersberg, *Deutsche Industrien im Zeitgeschehen eines Jahrhunderts*, Stuttgart 1966, S. 64.

und zwar zum Teil dank der Ausbeutung neuer Vorkommen – besonders der berühmten »Minette« in Lothringen und Luxemburg – sowie auf Grund neuer Methoden. Was die Roheisenerzeugung angeht, so hatte Deutschland um 1870 mit 1,4 Millionen Tonnen die Frankreichs sowie Belgiens überholt.

Es war die große Zeit der Einzelunternehmungen, von denen freilich nur die großen Waffen- und Rüstungslieferanten wie Krupp oder – in Frankreich – Schneider infolge der ungeheueren Ausdehnung ihres Absatzes auch weiter unabhängig blieben; die meisten übrigen großen Werke wurden infolge ihres Kapitalbedürfnisses nach kurzem in großen Konzernen zusammengefaßt, die auf Aktienbasis fußten.[6] Die Beteiligung Außenstehender mit Kapital hat sich nach Darstellung des Grafen Schwerin[7] schon im Mittelalter eingebürgert, und zwar typischerweise beim Bergbau, dessen Unternehmungen desto kostspieliger wurden, je mehr man in die Tiefe stieß; die zu diesem Zwecke gegründeten Bergwerksgesellschaften mit ihrem in »Kuxen« eingeteilten Kapital mögen als Vorläufer der heutigen AG gelten. Jedoch besaßen solche Formen keine allgemeine Bedeutung, ehe nicht ein ausgedehntes Bedürfnis für die Heranziehung der brachliegenden Geldmittel weiter Kreise der Bevölkerung entstanden war; dieses Bedürfnis entstand nun ziemlich rasch, besonders in dem kapitalarmen Deutschland.

In den sechziger Jahren des vorigen Jahrhunderts, das diese Entwicklung erblickte und das gleichzeitig den Junker Bismarck zum ersten Mann in Preußen und zum Reichsgründer werden sah, zeigte sich auch bald eine weitere politische Erscheinung, die, nächst der allmählich notwendig werdenden Stellungnahme zur Frage des Junkertums, für die politische Haltung der aufkommenden deutschen Industrie von entscheidender Bedeutung werden sollte; es war die immer brennender werdende Arbeiterfrage.

Allgemein gesprochen zeichnete sich die Entwicklung der deutschen Industrie im verflossenen Jahrhundert durch den Mangel an Kapital und zugleich durch ein Überangebot an Arbeitskräften aus. Beides wird – wohl mit Recht – als Folge von Kriegen, Plünderungen und Kontributionen angesehen – wobei es sich freilich eher um die deutsche Vergangenheit als um das letzte Jahrhundert handeln dürfte, das verhältnismäßig freier von Kriegen war als seine Vorgänger. Die Arbeiterfrage stellte sich nun der deutschen Indu-

---

6 Mauersberg, *Dt. Industrien.*

7 Schwerin v. Krosigk, *Die große Zeit des Feuers,* Bd. I, S. 78.

strie, als einem Nachzügler, in einem Zeitpunkt, wo sie im Westen Europas, wenn auch nicht völlig geklärt, so doch bereits für den Augenblick geregelt war; das doppelte Problem, das hier plötzlich entstanden war – die Einigungs- und die Arbeiterfragen – und die Art der Lösung, die man suchte, sowie die darauf folgende Wendung in der allgemeinen Politik, die durch Bismarcks Auftreten entstand, hat die politische Haltung der deutschen Industrie für die ganze weitere Zukunft bestimmt.

In Preußen, als einem Militärstaat, wurde auch die Arbeiterfrage – wie alles andere – unter soldatischem Gesichtspunkt bemessen – ja hierbei erst eigentlich entdeckt: die ersten Arbeiterschutzbedingungen entsprangen der Besorgnis der Armee, daß der König, wenn alles weiterging wie bisher, weder über eine hinreichende Kriegsmacht noch über die notwendigen Waffen verfügen werde, um sie entsprechend auszurüsten. Dabei war man, wie überall, auch hier, an heutigen Maßstäben gemessen, einstweilen unerhört bescheiden: Im Jahre 1839, als diese »Sozialpolitik« überhaupt erst begann, wurde verfügt, daß Kinder in Fabriken und Bergwerken nur ab 9 Jahren regelmäßig beschäftigt werden durften; Nacht-, Sonn- und Feiertagsarbeit wurden verboten und eine zehnstündige Arbeitszeit festgesetzt. 1849 wurden in Preußen und Sachsen Gesetze gegen das Trucksystem – die Bezahlung der Arbeitnehmer in Warenform – erlassen. Unfallverhütungsgesetze existierten im vergangenen Jahrhundert in bescheidenem Maße nur in Sachsen, Bayern und Württemberg[8]. Für Frauen gab es überhaupt keine Schutzbestimmungen.

Die Löhne waren, selbst unter Berücksichtigung des damaligen Geldwerts, ungemein niedrig und sehr differenziert; 1863 verdiente ein Lohnarbeiter in der sächsischen Textilindustrie pro Woche ganze 1-2½ Thaler; ein Buchdrucker in Sachsen 6-7 Thaler; ein Maschinenbauer in Berlin im Akkord dagegen 12-13 Thaler[9]. Über die Möglichkeit der Verbesserung solcher Bedingungen wußten die Arbeiter damals noch nicht viel; nach späterer Angabe von Deutschlands größtem Arbeiterführer, August Bebel (1840-1913), waren ihnen bis in die sechziger Jahre hinein die Begriffe Sozialismus oder Kommunismus »böhmische Dörfer«[10].

Wie alles, was sich in Deutschland bildete, wurde auch die Entwick-

---

8 Nach Helga Grebing, *Geschichte der deutschen Arbeiterbewegung*, München 1966, S. 22.
9 Grebing, *Arbeiterbewegung*, S. 48.
10 Grebing, *Arbeiterbewegung*, S. 68.

lung seiner Industrie und deren Haltung zur Umwelt durch die deutsche Vergangenheit geformt und gemodelt. Es waren die Jahre, in denen das Reich durch Bismarcks Preußen gestaltet und zur Einheit gezwungen wurde. Es war die Zeit, in der sich der nationale Traum zu erfüllen und die herkömmliche Scheidung Deutschlands in mehrere Dutzend Staaten wenn nicht zu verschwinden so doch zu verbleichen schien. Und doch hat diese alte Vielstaaterei für die Formung selbst des geeinigten, ja des verpreußten Deutschland eine gewaltige Wirkung gehabt, welche alle gesellschaftlichen Kräfte und Parteien, die um Einfluß im neuen Staate rangen, in ihre Berechnung einstellen mußten. An den vielen selbständigen deutschen Höfen, von denen so manche nun zwar nicht mehr politisch, jedoch sozial weiterexistierten, hatte sich in den eintausend Jahren deutscher Geschichte Schritt für Schritt ein Geist der Dienstbarkeit, der Unterwürfigkeit gegenüber der Majestät, der Königlichen Hoheit, der Durchlaucht, der Excellenz gebildet, der den keimenden deutschen Nationalstaat aufs stärkste von den deutschen Nachbarländern unterschied. Hier formte sich die Haltung, die später während des Ersten Weltkrieges von Heinrich Mann in seinem Roman *Der Untertan* aufs unerbittlichste gegeißelt wurde. Niemand, der in Deutschland Politik machte – und am wenigsten die Industrie, für die die Menschen dieser Einstellung zugleich Kunden und Arbeiter waren – konnte sich diesem Geist entziehen.

2. Entstehung einer gemeinsamen Front von Industrie und Grundbesitz unter Bismarck

Um es zu wiederholen: Der besondere Weg der deutschen Industrie wurde vor allem durch zwei Umstände bestimmt; einmal durch die Tatsache, daß ihr Geschick von einem Staat abhing, der in den Händen eines schroff bürgerfeindlichen Adels lag, und zweitens die sehr späte Errichtung eines deutschen Einheitsstaates, der die deutsche bürgerliche Gesellschaft daran hinderte, zur politischen Macht zu gelangen, ehe dieses an sich schon ungemein schwierige Werk durch das Hinzukommen der modernen Arbeiterfrage kaum mehr lösbar wurde. Während der Revolution von 1848 erhielt Preußen zum ersten Mal in seiner Geschichte eine bürgerliche Regierung, ja einen Regierungschef – Ludolf Camphausen – aus den Reihen von Banken und Industrie. Er gab jedoch aus Besorgnis, durch die Massen von unten zu weit nach links getrieben zu werden, schon nach wenigen Monaten sein Amt wieder auf. Im Jahre 1862 und in den Folgejahren stellte sich das preußische Bürgertüm voll Ärger über eine die Herrschaft der adeligen Junker verstärkende Umgestaltung der Armee öffentlich und im Abgeordnetenhaus dem Ministerpräsidenten von Bismarck, der die Sache des Staates verfocht, entgegen. Aber es erreichte gar nichts; der verhaßte Junker ließ die Abgeordneten reden und regierte einfach ohne Budget. Nur wenige Jahre noch und Bismarck hatte zwei Kriege gewonnen und erlebte nun, daß das deutsche Bürgertum, das ihm soeben spinnefeind war, sich spaltete und das Abgeordnetenhaus ihm für das Geschehene »Idemnität« gewährte. Einer der Gründe des Umschwungs war die Erkenntnis, daß der Staatsmann – wenn auch zwecks Stützung der preußischen Krone, der er diente – so vieles von dem zur Wirklichkeit machte, um das man 1848 vergebens gekämpft hatte. Die Einführung des metrischen Systems für Maße und Gewichte, Münzgesetz und Bankengesetz sowie Markenschutzgesetz und Patentgesetz trugen wesentlich zur Herstellung der wirtschaftlichen Einheit bei und festigten die von Bismarck hergestellte Reichseinheit.

Freilich kommt es nunmehr, statt zu einer Verdeutschung Preußens, zu einer Verpreußung Deutschlands. Aber einem Großteil des Bürgertums – und besonders der Industrie an Rhein und Ruhr – ist das ganz recht, und zwar um so mehr, als im Hintergrund all dieses Geschehens wie schon 1848 und 1862 auch weiterhin die Gestaltung der Arbeiterfrage steht. In den Jahren seines Konflikts mit dem Abgeordnetenhaus hatte Bismarck mit dem Gedanken gespielt, dem Bürgertum, wenn nötig, mit den Massen von unten zu drohen. In jenen Jahren fanden seine denkwürdigen Unterredungen mit dem Arbeiterführer Ferdinand Lassalle statt, der ihm eine Art Bundesgenossenschaft antrug. Nunmehr, nach den Siegen Preußens über Dänemark im Jahre 1864 und über die Habsburger Monarchie 1866 war das nicht mehr nötig; er hatte nun die volle Unterstützung weiterer Massen des Bürgertums und besonders der Industrie. Hauptgegner seiner Politik und der Art, wie er nach der vom Zaun gebrochenen großen Auseinandersetzung mit Frankreich von 1870/1871 – dem dritten seiner Kriege – das Deutsche Reich gründete, waren der Katholizismus, der alte Bundesgenosse der nunmehr geschlagenen Habsburger Monarchie, sowie deren übrige Parteigänger und schließlich die keimende Arbeiterbewegung. An sich war Bismarck, wie seine Unterredungen mit Lassalle zeigen, kein Gegner der Arbeiterschaft und selbst ihrer Ansprüche. Allein sobald sie seinen Weg kreuzte, wie nun, wo ihm das Bürgertum nachzulaufen begann, fing er an, sie mit jener Schnödheit zu behandeln, mit der er alle seine Gegner befehdete.

1.

Im ganzen läßt sich die preußische Industrie[1], die Kernzelle der anfänglichen und ziemlich lauen Unterstützung von Bismarcks liberalen Widersachern, kaum je als wirkliche Gegnerin Bismarcks betrachten. Beide hatten einander allzuviel zu bieten. Aber dazwischen gab es Perioden besonderer Wärme. Eine solche Periode waren die Zeit der Reichsgründung und die Folgejahre, wo Bismarck im politischen Katholizismus und bald auch im kommenden Sozialismus die besonderen Gegner des Reichsbaus erblickte, den er soeben errichtete. Die deutsche Industrie – wo immer sie erblühte – war von Anbe-

---

1 Wir müssen uns hier des Raumes halber meist auf Preußen beschränken, werden jedoch die Industrie in den übrigen deutschen Ländern stets soweit hereinbringen, als sie politisch bedeutsam wurde.

ginn an eng verwachsen mit dem deutschen Territorialstaat, dem Träger und Nutznießer der Reformation. Er nährte staatliche Industrien und gab den nichtstaatlichen von ihnen, die bald die Mehrheit bildeten, einen Grad des Schutzes und der Hilfe – auch gegen ihre Arbeiter –, den sie in den geistlichen Herrschaften – also etwa um Köln, Mainz, Würzburg, Bamberg – nicht besaßen. Dies machte die Industrie nach der Reichsgründung zu einem wichtigen Bundesgenossen der preußischen Bürokratie, die sich durch den sogenannten Kulturkampf katholischer Einwirkung auf Unterricht und Bildung im neuen Deutschland zu erwehren suchte. Natürlich wuchsen, schon dank vorhandener Bodenschätze, auch in katholischen Gegenden Schwerindustrien auf, besonders an Rhein und Ruhr und an der Saar. Jedoch waren sie, wie die protestantische Industrie, gezwungen, sich mit der vorwiegend protestantischen preußischen Bürokratie gut zu stellen[2].

Der Konflikt war besonders heftig in der Saar, dem fast unbeschränkten Reich des berühmten Carl Ferdinand Stumm – nach 1888 Freiherr von Stumm – der als »König Stumm« in der ganzen Welt bekannt war und als Erzprotestant über eine völlig katholische Bevölkerung »herrschte«. Anfang Juli 1873, auf dem Höhepunkt des Kulturkampfs, untersagte Stumm seinen Arbeitern schlankweg das örtliche katholische Blatt, die Saarzeitung, zu lesen, falls sie nicht entlassen werden wollten[3]. Der Absatz des Blattes ging in der Tat daraufhin rapid zurück; als sich sein Redakteur in einigen scharfen Artikeln gegen diese Dinge zur Wehr setzte, wurde er wegen Beleidigung Stumms verurteilt.

Im Bewußtsein seiner ungeheuren Machtstellung konnte Stumm – hierin nur durch Alfred Krupp in Essen überboten – sich solches ohne weiteres leisten. Als Mitglied der kleinen, aber mächtigen Reichspartei – einer wesentlich von grundbesitzenden Magnaten gebildeten Gruppe, die zwischen den Konservativen und den verschiedenen liberalen Parteien stand – saß er im Reichstag, der von Bismarck geschaffenen Volksvertretung, die freilich hinter der gewaltigen Machtfülle des 1871 zum deutschen Kaiser avancierten preußischen Königs im Schatten stand. Daneben gab es noch die Volksvertretungen der deutschen Einzelstaaten, von denen der preu-

---

2 In Vervollständigung der – zu spitz formulierten – Max Weberschen Theorie, die den Kapitalismus aus dem Protestantismus herleitet, läßt sich zum mindesten sagen, daß der Kapitalismus, auch wo er in katholischem Gebiet erwächst, »protestantische« Grundzüge zeigt.

3 Hellwig, Fritz, *Carl Frhr. v. Stumm-Halberg*, Heidelberg 1936, S. 103.

ßische Landtag mit seinem vielangegriffenen Dreiklassenwahlrecht wegen seiner konservativen Natur sowohl für den Fortbestand der Junkerherrschaft in Preußen wie auch für die Politik der preußischen Industrie, als der führenden Wirtschaftsmacht des Landes und des Reichs, von besonderer Bedeutung war. Dem Wesen des Reichs als eines Bundesstaates entsprechend, waren die einzelnen politischen Parteien veranlaßt, jeweils gesonderte Fraktionen für ihre Vertretung im Reichstag und in den einzelnen Bundesstaaten (heute: Ländern) aufzustellen, die sich nicht immer miteinander vertrugen, ja bisweilen sogar verschiedene Namen trugen; so hieß beispielsweise die erwähnte Reichspartei, soweit es sie im preußischen Landtag gab, ihrem geschichtlichen Werdegang entsprechend »Freikonservative Partei«.

Die späten sechziger und die beginnenden siebziger Jahre, in denen Bismarck nach seinem bekannten Ausspruch Deutschland in den Sattel setzte, in der Erwartung, Germania werde »schon reiten können«, waren Jahre allgemeinen industriellen Aufschwungs, oder zum mindesten – was Frankreich betrifft – erfolgreichen Wiederaufstiegs nach einem verlorenen Kriege. Waren in den sechziger Jahren der Gasmotor, die Rotationsmaschine, das Telefon, die Mischzentrifuge, der Eisenbeton, der Dynamo, das Dynamit, die Schreibmaschine und gar manches andere erfunden worden, so sahen die siebziger Jahre die Schaffung des Otto Motors, der Glühbirne, des Grammophons, der Luftdruckbremse, der Kältemaschine, der elektrischen Eisenbahn usw.[4] Eine Zeit ungehemmten Aufschwungs und ungehemmter Freiheit schien angebrochen.

2.

Bereits im Jahre 1873, nur zwei Jahre nach der Reichsgründung, war dies alles zu Ende: wir stehen am Beginn dessen, was in Geschichte und Wirtschaftswissenschaft als »die Große Depression« bekannt ist. Es handelte sich hier um einen doppelten Vorgang: einerseits um den Absturz einer jener seit der ersten Hälfte des vergangenen Jahrhunderts zu beobachtenden wirtschaftlichen Krisenwellen, diesmal eingeleitet in ungewöhnlich dramatischer Form durch den seinerzeit berühmten Krach an der Wiener Börse, und andererseits um

---

4 Nach Seraphim, Peter-Heinz, *Deutsche Wirtschafts- und Sozialgeschichte*, 2. Aufl. Wiesbaden 1966, S. 155.

den gleichzeitigen Beginn einer der langen periodischen Preissenkungen, auf deren volle Bedeutung man erst in unserem Jahrhundert aufmerksam geworden ist. Ein Vorläufer der 1929 beginnenden Erscheinungen, zieht sich diese Welle über mehr als zwanzig Jahre bis 1896 hin. Während ihres Verlaufs – und dies ist für alles folgende wichtig – verlor die deutsche Landwirtschaft – wie eingangs mit den Worten Professor Brentanos festgestellt – allmählich ihre bisherige Vorherrschaft; bereits 1890 – also sechs Jahre vor ihrem Ende – betrug der Wert der Industrieerzeugung 6,9 Mrd. M und der der Landwirtschaft 5,1 Mrd.[5] »Der mit dieser Verlagerung verknüpfte Wechsel in der beruflichen Gliederung und sozialen Kräfteverteilung spiegelte sich unzweideutig auch in den Verhältniszahlen der erwerbstätigen Bevölkerung wider. Fanden 1882 noch 43,38 % ihre Nahrungsquelle in der Land- und Forstwirtschaft, so waren es 1895 nur noch 36,19 %.« Alles in allem betrachtet, war die Große Depression »eine Trendperiode sinkenden Zinsfußes und insbesondere für den Fiskus eine Ära billiger, leicht plazierbarer Anleihen, was den Staatskapitalismus verstärkte, das autoritäre Regieren leichter machte und den Einfluß der Parlamente schwächte«[6]. Von besonderer Wirkung war die Große Depression für die Großgrundbesitzer in ganz Deutschland, »eine Schicht von etwa nur 25 000 Menschen (ohne die Angehörigen), von denen etwa die Hälfte die Eigentümer preußischer Rittergüter waren«[7]. Die ganzen Jahrzehnte hindurch, in der die Depression herrschte, stand diese Schicht »unter dem Druck übermäßiger hypothekarischer Belastung, niedriger Bodenproduktenpreise, steigender Löhne, desertierender Landarbeiter, sinkender Reineinkommen, manchmal schlechter Ernten und eines ›standesgemäßen‹ Lebensstils, der ihren Verhältnissen nicht mehr entsprach«, und hatte »meist mit zerrütteten Vermögensverhältnissen zu kämpfen«[8]. Der zur wilhelminischen Zeit in Deutschland sehr viel gelesene mehrbändige Roman *Eysen* von Georg Freiherr von Ompteda, selbst ein Junker, schildert das Schicksal einer Junker-Familie unter solchen Verhältnissen. Hier entstand jene durchaus ehrenhafte, aber beschränkte Denkweise, die für Preußen, ja Deutschland von solcher Bedeutung war; indes erstreckten sich die Auswirkungen der großen Depression noch sehr viel weiter. Was sich hier wesentlich begab, war der Beginn einer Protestbewe-

5 Rosenberg, Hans, *Große Depression und Bismarckzeit*, Berlin 1967, S. 39.
6 Rosenberg, *Große Depression*, S. 45.
7 Rosenberg, *Große Depression*, S. 72.
8 Rosenberg, *Große Depression*, S. 73.

gung gegen den Siegeszug des Kapitalismus und Industrialismus und dessen Folgen. Die Junker, durch ihn getroffen, begannen sich zur Wehr zu setzen und fanden bald eine Presse, die dies druckte. Der Kleinbürger, der ihnen nachzulaufen gewohnt war, las solche Dinge etwa in der Gartenlaube. Und die Industrie selbst, die der kritisierten Entwicklung ihr Dasein verdankte, begann an ihrer eigenen Sache irre zu werden und den vorhergehenden Wirtschaftsaufschwung – ihren eigenen Vater – für all das Ungemach verantwortlich zu machen, was die Produktion nunmehr hemmte: Hohe Zinssätze, Auslandskonkurrenz, Arbeiterprobleme und schlechten Absatz, dem man wohl durch Steigerung der Rüstung und ähnliche Mittel hoffte begegnen zu können.

Der Beginn der Großen Depression und der mit ihm zusammenfallenden – weit kürzeren – zyklischen Wirtschaftskrise der siebziger Jahre lösten somit wieder einmal in Deutschland jene politische Grundstimmung aus, die in den Jahren der Reichsgründung, in denen der Liberalismus triumphiert hatte, im Hintergrund gestanden: den Geist des Dienstes am Herrn, das gläubige Vertrauen in die Obrigkeit, von der man irgendwie Errettung aus der Krise erhoffte und das Mißtrauen gegen alles Neue. Hiermit verband sich der Wunsch, all das Unbequeme loszuwerden, was die Reichsgründung im Gefolge hatte, besonders die ungesunde Überhitzung des Wirtschaftstempos, verursacht durch die Zahlung der französischen Kriegsentschädigung. Man bedauerte nun fast, die französischen Milliarden überhaupt verlangt und angenommen zu haben: viel besser, vom Standpunkt der antiliberalen Politik aus, als der Abschluß des Friedens von 1871 zwischen Deutschland und Frankreich und der Versuch zur Anbahnung erträglicher Beziehungen zwischen beiden Ländern wäre nach diesen Meinungen ein Kalter Krieg gewesen. Der Begriff »Frankreich« rückte nun aus der Außen- in die Innenpolitik. Bis fast in jene Jahre hatte in Frankreich Kaiser Napoleon III. regiert, dem sowohl Preußen wie seine Gegner, die Habsburger Monarchie, um den Bart strichen, um seine Hilfe beim Kampf um die deutsche Vorherrschaft zu gewinnen. Dank des Krieges von 1871 waren die Beziehungen beider Länder nunmehr erkaltet. Mehr noch, Frankreich war Republik geworden. Das führte alle deutschen Gegner Bismarcks und seines Werks dazu, eine Verbesserung des Verhältnisses beider Länder zu erstreben. Umgekehrt hinwieder sahen alle, die es mit Bismarck hielten, Frankreich als Gegner an. Der Franzosenhaß wurde bald allgemein, besonders aber im Lager des politischen Konservativismus, dem die deutsche Industrie politisch näherrückte, zum guten Ton und verstärkte den wachsenden Antiliberalismus. Man sprach bereits damals, vor hundert Jahren, von dem notwendigen Kampf gegen den »zersetzenden« Einfluß der »Irrlehren« des »materialistischen« Liberalismus und gegen die »Ausbeutung« durch die »drückende« Kapitalherrschaft[9].

Mit der Verbreitung solchen Denkens, das zuerst in den Kämpfen des monarchistischen Deutschland gegen die Französische Revolution entstanden war, verband sich bereits in den Jahren nach der Reichsgründung von 1871 ein solider Antisemitismus wirtschaftlicher Natur. Hierbei handelte es sich – nach Hans Rosenberg – sowohl um die Folge des Zusammenbruchs so mancher mittelalterlichen Formen, welche einem neuen, jüdischen durchsetzten Wirtschaftsleben Platz machten, wie auch der Wechsellagen der Wirtschaftskrisen. Dieser Antisemitismus verlief – bis zum Zweiten Weltkrieg – umgekehrt proportional zu den bereits erwähnten »langen Schwingungen« der Wirtschaftslage und der sozialen Spannungen. Es bestand aber auch – immer noch nach Rosenberg – ein Antisemitismus der kurzen Wirtschaftswellen. Von ihm habe sich sagen lassen, daß »der Antisemitismus stieg, wenn der Aktienkurs fiel«.

Politische Ideen vorstehender Art, so sehr sie sich auch nach Eintritt der Großen Depression in Deutschland verbreiteten, entstammten mehr dem Konservativismus als dem politischen Liberalismus – dem politischen Glaubensbekenntnis der weitaus meisten Industriellen, die fest an die Notwendigkeit glaubten, dem Bürgertum und der bürgerlichen Wirtschaft den gebührenden Platz in ganz Deutschland und besonders in Preußen zu verschaffen. Selbst der politische Rechtsdruck der Industrie in den Jahren der Reichsgründung, als sie ihre politischen Wünsche erfüllt sah und sich gegen weitergehende Absichten vieler Liberaler sowie den Aufstieg der Arbeiterschaft abzuschirmen suchte, machten sie nicht hundert Prozent reaktionär. Das galt besonders auch in bezug auf den Antisemitismus. Die großen Industriellen, die in den Aufsichtsräten der Banken und Aktiengesellschaften, die sich nun bildeten, mit den Bleichröder, Fürstenberg, Salomonsohn, Oskar Wassermann, Albert Ballin oder Rathenau Vater und Sohn zusammensaßen, waren meist keine Antisemiten; und selbst noch unter Hitler hat Emil Kirdorf, der bärtige Wotan der Schwerindustrie, die Entrechtung eines ihrer Mitglieder, Paul Silverbergs, zum Anlaß genommen, um offen ge-

---

9 Nach Formulierungen von Rosenberg, *Große Depression.*

gen die Verfemung selbst »patriotischer« Juden zu protestieren[10]. Allein auf die Einzelgestalt solcher Fälle kam es nicht an. Im ganzen ist die Industrie der verschiedenen Schattierungen und Gebiete beharrlich ihren Interessen gefolgt, die nun, in der Großen Depression, zum ersten Mal nach systematischer politischer Behandlung drängten.

3.

Der Hauptantrieb für die Politisierung der deutschen Industrie kam durch die Große Depression. Sie bewog alle größeren Mächte, ihre Zoll- und Handelspolitik unter die Lupe zu nehmen, und veranlaßte das neu gegründete Reich dazu, dem ununterbrochenen Druck auf die Weltmarktpreise durch eine entsprechende Zollpolitik zu begegnen. Hauptführer der Schutzzollbewegung war Wilhelm von Kardorff (1828-1907), aus mecklenburgischem Adel, der dem preußischen Staate diente und durch Kauf des stattlichen Gutes Wabnitz in die Gruppe der schlesischen Magnaten einrückte, welche dank ihrer Bodenschätze, die sie ausbeuteten und ihrer Kapitalsanlagen starke industrielle Interessen besaßen. Langjähriges Mitglied des Preußischen Landtags wie auch des Reichstags, war Kardorff einer der Gründer der Freikonservativen (=Reichs) Partei jener schon erwähnten politischen Gruppe von Magnaten und anderen einflußreichen Männern. Die großen Finanzskandale, die dem Wiener Bankkrach von 1873 folgten und in die viele Magnaten und andere Großkapitalisten wegen führender Beteiligung an den zweifelhaften Gründungen der vorhergehenden Aufschwungperiode hineingezogen wurden[11], machten auch vor ihm nicht halt: seinem politischen Druck auf das preußische Staatsministerium verdankte man die Gründung der schlimmsten jener wurmstichigen Unternehmungen,

10 Turner, Henry A., *Faschismus und Kapitalismus in Deutschland*, Göttingen 1973, S. 78.

11 Die konservative Partei in Preußen und im Reich, als die Gruppe der Junker, sonstigen Großgrundbesitzer und hohen preußischen Bürokraten, betrachtete die Freikonservativen als Abtrünnige und nahm besonders deren kapitalistische Interessen aufs Korn, wobei auch vor der Art und Weise nicht Halt gemacht wurde, in welcher Bismarcks Bankier, Gerson Bleichröder, Bismarcks Vermögen investierte; die Unvorsichtigkeit einiger Ankläger jedoch, wie eines Herrn von Diest-Daber und eines Volkswirts, Rudolf Meyer, die Bismarck persönlich für solche Dinge verantwortlich machten, führte zu ihrer Verurteilung vor Gericht; ähnliches passierte ihnen auch im Falle von Kardorff. Siehe allgemein Kardorff, Siegfried von, *Wilhelm von Kardorff*.

der preußischen Central-Bodenkreditgesellschaft, deren Kapital faktisch nur eine fünfprozentige Deckung hatte, aber in deren Aufsichtsrat außer ihm selbst eine lange Reihe führender Männer, besonders bekannter Junker saßen, was ihnen allen hohe Einnahmen brachte, während die Gesellschaft nach dem Krach zu Bruch ging[12]. Im hochkonservativen Lager betrachtete man Kardorff und alle sonstigen großen »Gründer« als Werkzeuge des Bankiers Bleichröder und der sonstigen jüdischen Hochfinanz[13]. Daneben gehörte Kardorff, eine schlanke junkerische Gestalt mit gestutztem Vollbart und einem ausgesprochen fuchsigen Zug, auch zu den Gründern der Eisenbahn Posen – Kreuzberg und vor allem zu den Großaktionären der Laurahütte, des in eine Aktiengesellschaft verwandelten Industriebesitzes des Schlesischen Magnaten Fürst Henckel-Donnersmarck[15]. Das veranlaßte ihn, seine leitende Stellung im Reichstag wie in Preußen in den Dienst der großindustriellen Interessen zu stellen.

Allgemein gesprochen, war die deutsche Industrie in den siebziger Jahren des letzten Jahrhunderts bereits so weit fortgeschritten, daß Schutzzölle und Kartellierungen, sobald einmal der Tiefpunkt der Depression überschritten war, weniger fördernd als hemmend wirkten; was sich in den siebziger Jahren auf diesem Gebiet begab und erst recht was später geschah, diente also weniger dem Schutz der Industrie als solcher, als vielmehr dem ihrer Profite.

Die Entwicklung begann im Juni 1873, als im Reichstag über die von der Regierung geplante Beseitigung der Zölle auf Roheisen, Eisen- und Stahlwaren beraten wurde. Durch den plötzlichen Wirtschaftskrach erschreckt, setzte man sich nun in der Volksvertretung gegen die Bevormundung durch die preußisch-deutsche Ministerialbürokratie zur Wehr, die die preußischen und damit die deutschen Geschicke seit dem Sturz des großen Napoleon geleitet hatte. Gleich in Preußen herrschenden Junkern, die damals nach Absatzmärkten wie England suchten und billig Industrieprodukte einhandeln wollten, war dieses Beamtentum freihändlerisch gesinnt.

Seine geistige Tradition und das Zögern des noch nicht vom Schutzzollgedanken überzeugten Teils der Reichstagsabgeordneten verbanden sich, um Kardorff und seinen Mannen zunächst einmal eine

---

12 Einzelheiten hierüber und über verwandte Vorgänge s. Hallgarten, *Imperialismus vor 1914*, Bd. I, S. 170, Anmerkung 1.

13 Kardorff, Siegfried von, *Wilhelm von Kardorff*, Berlin 1936, S. 98.

15 Kardorff, *a. a. O.*, S. 88.

Niederlage zuzufügen[16]. In den Debatten des Reichstags vom 10. und 20. Juni 1873 forderte »König« Stumm, der parlamentarische Führer der Schwerindustrie und wie Kardorff ein Mitglied der Reichspartei, gemeinsam mit diesem die Beibehaltung der Eisenzölle. Kardorff – obschon im Unterschied zu Stumm kein eigentlicher Industrieller, sondern lediglich Inhaber von Aktienpaketen – übertraf Stumm in der Debatte an Gewandtheit und erklärte, die Fortführung der bisherigen Freihandelspolitik bedeute den Zusammenbruch der deutschen Eisenindustrie. Aber noch reichte die Kraft der industriellen Schutzzölle nicht aus, die freihändlerische Mehrheit des Reichstags zu sprengen. Die Roheisenzölle fielen am 1. Oktober 1873; die Zölle auf Eisenwaren sollten am 1. Januar 1877 folgen.

Diese parlamentarische Niederlage war der eigentliche Anlaß für den Zusammenschluß der Industriellen. Als Antwort auf die parlamentarische »Niederlage« der Eisenleute Mitte 1873 versammelten sich bereits am 12. November 1873 mehrere Hochofenbesitzer des rheinisch-westfälischen Industriebezirks zur Besprechung der Lage der Industrie in Dortmund. Sie konstituierten ein Komitee und luden zum 24. November 1873 90 Hochofenvertreter aus dem Siegerland, Nassau, Luxemburg, Rheinland und Westfalen unter dem Präsidium des älteren Mulvany nach Düsseldorf ein[17]. Unbestrittener Wortführer auf dieser Versammlung, aus der sich bald der Verein Deutscher Eisen- und Stahlindustrieller entwickelte, war der Generaldirektor des Bochumer Vereins für Gußstahlfabrikation Louis Baare 1821-1896, eine der großen Gestalten der deutschen Schwerindustrie. Ein ehemaliger Spediteur, der später im Eisenbahnwesen arbeitete, war Baare wegen seiner Kenntnis auf diesem Gebiet von den Kölner Bankiers, die den Bochumer Verein beherrschten, zu dessen Leiter gemacht worden, und zwar wohl nicht trotz, sondern wegen seiner bekannten Rücksichtslosigkeit in der Durchsetzung der ihm anvertrauten Interessen. Kein bequemer Mann, von starkem Temperament und noch stärkerer Energie, galt Baare als ein glühender Verehrer Bismarcks und ebenso glühender Hasser der sich in jenen Jahren bildenden Sozialdemokratie[18].

Der Gründung des Vereins Deutscher Eisen- und Stahlindustrieller,

---

16 Hellwig, *Frhr. v. Stumm-Halberg*, S. 114 f.; Kardorff, *a. a. O.*, S. 118.

17 Böhme, Helmut, *Deutschlands Weg zur Großmacht*, Köln/Berlin 1966, S. 359 f. Böhme gibt eine auf Archivstudien gestützte große Menge wertvoller Einzelheiten; zusammenfassend Rathmann, Bismarck und die Schutzzollpolitik, in: *ZsWG*, Jg. 4/1956, H. 5, dem ich im Text z. T. wörtlich folge.

18 Krosigk, Schwerin von, *Die große Zeit des Feuers*, Bd. I, S. 592.

die im Frühjahr 1874 aus der Zusammenkunft in Düsseldorf hervorging, stellte sich die Bildung des Vereins Süddeutscher Baumwollindustrieller zur Seite; die dortige Textilvereinigung glaubte in ihrem Kampf gegen die englische Konkurrenz der Schutzzölle ebenso zu bedürfen wie große Teile der Schwerindustrie. Auch der bereits 1871 gegründete sogenannte Langnamverein – mit seinem vollen Namen der Verein zur Wahrung der Gemeinsamen Wirtschaftlichen Interessen in Rheinland und Westfalen – unterstützte die Schutzzollagitation.

Der Generalsekretär des Langnamvereins, Henry Axel Bueck, übernahm nun ein gleiches Amt im Rahmen der wichtigen Nordwestlichen Gruppe des ebengenannten Vereins Deutscher Eisen- und Stahlindustrieller und schließlich auch im Rahmen des Zentralverbands Deutscher Industrieller – der machtvollen Gesamtorganisation, die sich die deutsche Industrie 1876 gab. Man hat ihn wegen seiner überragenden und jahrzehntelangen Tätigkeit in diesen Ämtern die »organisatorische Seele« der neuen Handelspolitik genannt[19]. Dabei war ihm eine solche Entwicklung keineswegs an der Wiege gesungen worden: Als Arztsohn 1830 in Ostpreußen geboren, war er Landwirtschaftsinspektor und hierauf – 1860 – Besitzer eines 400-Morgen-Musterguts geworden, um schließlich, seiner hier gezeigten Aufgeschlossenheit für die industrielle Entwicklung halber, die erwähnten Posten zu erhalten. Als Vertrauensmann von Industrie und Landwirtschaft symbolisierte er eine politisch nicht unbedenkliche Entwicklung, die – wie gezeigt werden wird – noch vor seinem Sterbejahr, 1916, schwere Folgen zeitigen sollte.

Für Schutzzöllner wie ihn stand in den siebziger Jahren ein langer schwerer Kampf bevor, denn Bismarck war, wie die meisten Junker und die übrige Landwirtschaft zunächst keineswegs für Schutzzölle zu haben, um von der hohen Bürokratie, mit dem Chef der Reichskanzlei Rudolf von Delbrück an der Spitze, und dem nicht mit jenen Vereinen übereinstimmendem Flügel der Industriellen ganz zu schweigen.

Immerhin gab es damals mehrere Erwägungen, die Bismarck veranlassen mochten, auf die Schutzzölle zu hören. Jede Zollerhöhung mußte den Reichsfinanzen nützen und ihn, da das Reich als solches keine direkten Steuern erheben durfte, der unangenehmen Notwendigkeit entheben, bei den Einzelstaaten, die mit ihren direkten Steuern den passiven Haushalt des Reiches auszugleichen hatten, so-

---

19 Böhme, *Deutschlands Weg*, S. 365.

zusagen betteln zu gehen[20]. Eine Schwenkung in diesem Sinne wurde gerade damals um so wünschenswerter, als die französische Kriegsentschädigung nunmehr beinahe aufgebraucht war, was es in Zukunft unmöglich machte, die seit dem Kriege 1870/71 stark gestiegenen Ausgaben für das Heer weiterhin in dieser bequemen Weise zu begleichen. Obendrein scheiterte auch noch Bismarcks Versuch, durch Errichtung eines Reichseisenbahnwesens das Reich finanziell besser zu stellen. All dieses war freilich nicht entscheidend. Eine endgültige Wendung ließ sich kaum erwarten, so lange die Mehrheit der deutschen Bevölkerung, darunter der Agrarier Bismarck selbst, wirtschaftlich durch die Freihandelspolitik profitierte. Die Möglichkeit einer Änderung voraussehend, entschloß sich Bismarck dazu, der auf ihn eindrängenden Schwerindustrie, die seinen Herrn, den alten Kaiser Wilhelm zu umgarnen verstanden hatte, zunächst einmal Minister Delbrück und dessen Gefolgsmann zu opfern; allein zu einer Umstellung des Systems als solchem kam es erst später, als die Gutsbesitzer der Schuh zu drücken begann[21].

Bismarcks erste Besprechung mit »König Stumm« und von Kardorff über eine mögliche Schwenkung fand im Juni 1875 statt und zeigte, daß Bismarck Delbrück preiszugeben gewillt war[22]. Er ging soweit, die beiden aufzumuntern, die Regierung und Delbrück nur kräftig anzugreifen. Bereits wenige Tage später, am 10. Juni 1875, unternahm daraufhin Kardorff den ersten parlamentarischen Vorstoß gegen Delbrück und Otto Camphausen, den freihändlerisch gesinnten führenden Finanzsachverständigen der Regierung und Bruder des 1848 kurz zur Macht gelangten ersten bürgerlichen Ministerpräsidenten.

Vom Oktober 1875 an begann »der eiserne Kanzler«, wie man ihn nannte, in einer weniger an hartes Eisen als an die Wendigkeit des Fuchses gemahnenden Art, hinter dem Rücken seiner für die Wirtschaftspolitik verantwortlichen Minister den Abschluß neuer Handelsverträge zu hintertreiben, um nicht durch Meistbegünstigungsverträge mit fremden Staaten die Vorbereitung der Zollreform zu stören. Im Reichstag forderten am 20. November 1875 Kardorff und am 7. November Löwe-Calbe (ein früherer Freihändler, allein nunmehr, als Direktor der Dortmunder Union und Schwiegersohn ihres Generaldirektors Louis Baare, entschiedener Schutzzöllner)sowie ferner der ultramontane Großindustrielle Graf Ballestrem und

20 Böhme, *Deutschlands Weg*, S. 378.
21 Böhme, *Deutschlands Weg*, S. 386.
22 Böhme, *Deutschlands Weg*, S. 388.

abermals Kardorff hohe Zölle zugunsten der deutschen Eisenindustrie. Bismarck schaltete sich ein, doch ganz vorsichtig, da Großgrundbesitzer wie er einstweilen noch zur freihändlerischen Mehrheit des Reichstags gehörten.

Hierauf ging Kardorff zum Angriff über und brachte Ende 1875 und zu Anfang 1876 die Gründung des Zentralverbandes Deutscher Industrieller zur Beförderung und Wahrung Nationaler Arbeit zustande. Eine vorbereitende Versammlung in Berlin zeigte, daß die Schwerindustrie, die zusammen mit der süddeutschen Textilindustrie die Seele der Bewegung bildete, immer noch nicht ganz einig über die Frage war, wie weit der fast ein Jahrhundert lang in Verruf gestandene Schutzzoll in den Vordergrund der Agitation gestellt werden sollte; und auch bei der Versammlung zur endgültigen Gründung, die auf den Tag zwei Monate danach, am 15. Februar 1876, am gleichen Ort begann, zeigte sich, daß die Gegensätze weiterbestanden; doch war der unbedingte Sieg der Schutzzöllner zu erwarten. Präsident des Verbandes wurde Louis Schwarzkopff, eine Figur, wie sie für die Industrie der Bismarckzeit typisch war. 1832 geboren und ein Studienfreund des Magdeburger Industriellen Gruson sowie des großen Werner Siemens, gründete er eine Maschinenfabrik, die 1869 bereits 1100 Arbeiter beschäftigte und auch Lokomotiven herstellte. 1866 war Schwarzkopff – und das ist das Bezeichnende – wie so viele sich auf Bismarcks Seite schlagende bisherige Liberale aus der Fortschrittspartei ausgetreten, was in seinem Fall um so näher lag, als er für die preußische Armee produzierte; bereits 1869 erhielt er für seine »Leistung beim Bau der Artillerie-Werkstatt in Spandau« den Kommerzienratstitel; damals wurde sein Unternehmen auf Aktienbasis gestellt. Während des ersten Jahrzehnts der Großen Depression, die ihn zum Schutzzöllner und Berufsvertreter der Industrie als solcher werden ließ, begann er, seine Produktion auf den Torpedobau auszuweiten; seit dem Ende der siebziger Jahre stand er hierüber in enger Verbindung mit dem späteren Erbauer der deutschen Flotte und Großadmiral, Alfred von Tirpitz. Mit einem solchen Mann als Präsident und H. A. Bueck als ausführendem Geist, konnte der Zentralverband die ihm obliegenden Aufgaben – »Schutz der nationalen Arbeit in Industrie, Handwerk und Landwirtschaft«, »Erhaltung und Gewinnung des heimischen Marktes«, sowie nicht zuletzt »energische Tätigkeit dahin, daß Männer in den Reichstag gewählt werden, welche anerkannte Freunde und Beförderer der deutschen Industrie« sind – mit Zuversicht in Angriff nehmen.

Obwohl die freihändlerisch orientierte Mittel- und Kleinindustrie dem Verband fernblieb und außer der Ruhrindustrie sowie den Textilindustriellen wesentlich nur die Erzeuger von Leder und Papierwaren sowie die Soda- und Zuckerindustriellen dort vertreten waren, bestand die Organisation darauf, Vertretung der gesamtdeutschen Industrie zu sein[23]; dies ist insofern richtig, als es, selbst mit dieser Einschränkung, ein Unternehmen der gedachten Art bis dahin nicht gab. Die Wirtschaftskrise hatte also Deutschland seine erste gesamtdeutsche Industrievertretung beschert. Das war noch lange nicht alles. Die erste Ausschußsitzung hielt der Zentralverband unter Kardorffs Vorsitz Anfang Mai 1876 in Leipzig ab. In einer Adresse an Bismarck und den Bundesrat verlangten die Großindustriellen als Vorbereitung auf die Revision des Zolltarifs eine Amtliche Untersuchung über die Lage der Industrie und die Wiedereinführung von Roheisenzöllen. Nur wenige Tage später, am 10. Mai, vermochten sie einen ersten Triumph zu buchen. An dem Tag genehmigte der alte Kaiser Wilhelm – wie Kardorff später seiner Frau schrieb, anscheinend zum Teil dank seiner eigenen Verwendung – das Abschiedsgesuch des Chefs der Reichskanzlei, Rudolf Delbrück[24], des ragenden Sinnbildes der Freihändler im Lande.

Gleichwohl war dies für die Industrie noch kein voller Erfolg. In dem unter Preußens Fuchtel stehenden Deutschland ließ sich nun mal nichts ausrichten, solange die machtvollen preußischen Junker auf der Gegenseite standen; und einstweilen waren sie noch Freihändler. Sie brachten die versuchte Wiedereinführung der Roheisenzölle zu Fall, und noch im Dezember 1876, als im Reichstag darüber debattiert wurde, der deutschen Eisenindustrie an Stelle des Schutzes durch Zölle eine finanzielle Entschädigung zu gewähren, protestierten außer den Kollegien vieler Städte des Ostens und Nordens fast alle landwirtschaftlichen Vereine, die meist Junkerinteressen vertraten. Es half nichts; die Idee wurde abgelehnt, und auch die letzten Eisenzölle fielen.

Allein nun folgte die entscheidende Wendung: Seit Ende 1875 begann die Krise auf die Landwirtschaft überzugreifen. Dies änderte das Gesamtbild. Von nun an wurden die Agrarier zu Schutzzöllnern, und der deutsche Binnenmarkt sollte ihnen die schwindenden überseeischen Märkte ersetzen. Die Industriellen bemerkten sofort, welche Aussichten sich ihnen hier boten. Schon im Dezember 1875,

---

23 Nach den Angaben bei Böhme, *Deutschlands Weg*, S. 391.

24 Kardorff, *W. v. Kardorff*, S. 128 f.; Böhme, *Deutschlands Weg*, S. 412; siehe auch die Studie Rathmanns, Bismarck und die Schutzzollpolitik, die ich im Text, soweit nicht anders festgestellt, verwende.

während der vorbereitenden Gründungsversammlung des Zentralverbands Deutscher Industrieller, wurden Stimmen laut, die ein Zusammengehen mit der Landwirtschaft in der Zollfrage empfahlen, und mit der Vertiefung der agrarischen Krise in den Folgejahren steigerte sich diese Stimmung. Gleich nach den Reichstagswahlen von Anfang 1877, die einen, wenn auch längst noch nicht entscheidenden Rückgang der Freihändler und auch des Linksliberalismus brachten, entschloß sich der Generalsekretär des Zentralverbands, Bueck, ganz offen die Brücke zur Landwirtschaft zu schlagen, was ihm, dem ehemaligen Agrarier, ja geradezu Herzenssache war. Im Februar und März jenes Jahres wurde die neue »Solidarität zwischen Landwirtschaft, Industrie und Gewerbe« bei den Treffen landwirtschaftlicher Vereine und des von Bueck gleichfalls geleiteten industriellen Langnamvereins in Köln öffentlich bekundet[25]. Man konnte darauf rechnen, daß Bismarck der neuen Linie sehr günstig gesinnt war.

Als Staatsmann war er ja, wie gezeigt, einem entsprechenden Umschwung in der Wirtschaftspolitik seit längerem hold; nun vermochte er ihr auch als Agrarier beizupflichten; neben den Getreidezöllen, welche die meisten Junker ersehnten, verlangte er hierbei auch noch Holzzölle, was der Art seines Grundbesitzes entsprach; Kardorff, der ihn hierbei ermunterte, stellte den Erfolg als sicher dar, falls gleichzeitig die Eisenzölle durchgesetzt wurden[26].

Im Oktober 1877 wurde das Bündnis zwischen Industrie und Agrariern perfekt: es trafen sich Vertreter des Zentralverbandes und der Vereinigung der Steuer- und Wirtschaftsreformer – der führenden agrarischen Organisation – und einigten sich über ein gemeinsames Zollvorgehen; Bismarck, hierüber ermuntert, bereitete von seinem Gut Varzin aus eine der Sache förderliche offizielle Enquête vor[27]. Im Januar des Folgejahrs, 1878, entsandte er den Chef der Reichskanzlei, Tiedemann, Nachfolger Rudolfs von Delbrück, als Beobachter zur Generalversammlung des Zentralverbands, die von 700 Industriellen besucht war, ein ausführliches Schutzzollprogramm annahm und ihm übersandte; ähnlich verhielt sich auch die Jahresversammlung der oben genannten agrarischen Spitzenorganisation, die ebenfalls an Bismarck herantrat. Von dem Anfang 1877 ge-

25 Böhme, *Deutschlands Weg*, S. 448 ff.
26 Genaue Angaben bei Hallgarten, *Imperialismus*, Bd I, S. 188, Anmerkung 8.
27 Böhme, *Deutschlands Weg*, S. 470. Insgesamt folgt meine Darstellung hier der Rathmanns, *Schriften*.

wählten Reichstag, obwohl er für solche Wünsche mehr Verständnis zeigte als sein Vorgänger, ließ sich ein Votum für das Schutzzollprogramm kaum erwarten, und Bismarck ging daher mit Plänen eines vollständigen Systemwechsels um. Bekannt ist die Szene, wo er beim Spaziergang von dem zweiten der gegen Kaiser Wilhelm in jenem Schicksalsjahr verübten Attentat verständigt wird, und ohne sich überhaupt zunächst nach dem Zustand des Verletzten zu erkundigen, seinen Knotenstock auf den Boden stößt und hervorkeucht: »Jetzt lösen wir den Reichstag auf.« Auf seine Veranlassung bildete das Reich sofort zwei Kommissionen zur »Untersuchung« der Wirtschaftslage, deren Vorgehen völlig vom Zentralverband bestimmt war, mit dem Ergebnis, daß man nach endlosen Befragungen – bei denen zum Beispiel im Falle der Eisenzölle ausschließlich Großindustrielle erschienen – zu dem überraschenden Ergebnis kam, daß Deutschland der Schutzzölle bedürfe. Im Reichstag bildeten die Schutzzöllner die sogenannte Freie wirtschaftliche Vereinigung, die es rasch auf 204 Mitglieder brachte.
Bei der Abstimmung über das Zollgesetz im Folgejahr (1879) wurde die Verständigung zwischen Industrie und Landwirtschaft klar sichtbar. Am 11. Juli forderte von Stumm im Reichstag eine Erhöhung der Eisenzölle; sein Antrag wurde mit Hilfe der Stimmen der Konservativen und der der Zentrumspartei angehörigen Grundbesitzer mit 1870 gegen 160 Stimmen ohne weiteres angenommen, und noch am selben Tage erhielt ein Antrag des ostpreußischen Rittergutsbesitzers Graf Mirbach auf Verdoppelung des Roggenzolls seinerseits – und zwar mit Hilfe der industrieverbundenen Mitglieder des Hauses – eine Mehrheit von 26 Stimmen. Am 12. Juli gelangte das gesamte Gesetz mit 217 gegen 117 Stimmen zur Annahme.

4.

Die hier zutage tretende Zusammenarbeit zwischen Industrie und Landwirtschaft vollzog sich ganz ohne Rücksicht auf die Verschiedenheit der Parteien, denen die Beteiligten zugehörten. Sie hat von jetzt ab das Geschick des kaiserlichen Deutschlands sehr wesentlich bestimmt und nahm schließlich, wie wir noch sehen werden, unter der problematischen Figur des Kaisers Wilhelm II. eine unheilvolle Gestalt an, was die Katastrophe des Wilhelminismus beschleunigte. Unter Bismarck waren diese späteren Folgen noch kaum zu sehen, auch war er wahrhaftig nicht der Mann, blinden wirtschaftlichen

Einzelinteressen oder einer Verkopplung von ihnen zu gestatten, die Politik des Reiches in gefährliche Bahnen zu lenken. Immerhin haben diese Mächte ihm in seinen letzten Regierungsjahren bereits außerordentlich zu schaffen gemacht; um ganz davon abzusehen, daß sie ihn von vornherein hinderten, die soziale Frage ohne Rücksicht auf ihre Wünsche, und zwar in einer Weise zu lösen, die spätere Katastrophen unterband. Während seines Konflikts mit dem preußischen Landtag in den ersten Jahren seiner Regierung hatte er, wie gezeigt, bisweilen daran gedacht, mit den Arbeitern gegen seine damaligen Feinde, das liberale Bürgertum, vorzumarschieren; nunmehr jedoch, wo sich ein großer Teil dieses Bürgertums ihm und dem preußischen Junkerstaat an den Hals gehängt hatte, war die Arbeiterschaft zum Gegner geworden. Wohlgemerkt, nur die politische organisierte Arbeiterschaft, die keimende Sozialdemokratie. Für die Arbeiter als solche hatte er das Gefühl des Großgrundbesitzers gegenüber seinen Dienstleuten, das Wohlwollen Gottes gegenüber dem Menschengeschlecht. Er stand hierbei nicht allein; die meisten nichtsozialistischen Politiker oder Parteien hatten der Arbeiterfrage gegenüber zum mindesten die Empfindung des guten Christen, der den Armen Almosen schuldet. Einzelne gingen darüber hinaus; die Geschichte der christlichen und konservativen Sozialpolitik füllt manchen Band und bietet Unzähliges über gute Menschen und anständige Taten. Bei Bismarck waren jedoch seine ursprünglichen Gefühle dieser Art längst überschüttet worden durch seinen wahrhaften Sozialistenhaß, der – ihm vielleicht nicht einmal bewußt – durch die gezeichnete politische Entwicklung, die ihn nach rechts trieb, erst zur Entfaltung gelangte. Sie bewog ihn naturgemäß seine Gefühle nunmehr voll zu entwickeln und sie auch in die Gruppen einzupflanzen, die sich damals mit ihm verbündeten: Junker und speziell die Industrie, die sich dies nicht zweimal sagen ließ. Daß gerade er, Bismarck, auf diesem Gebiete glänzte, hatte einen vierfachen Grund: er betrachtete die Sozialdemokraten als Republikaner; sie waren international gesinnt und daher Feinde seiner Politik; sie haßten die von ihm verteidigte Gesellschaftsordnung, und sie befehdeten die christliche Religion.

Sein Haß machte sich Luft, als ihm am 11. Mai 1878 gemeldet wurde, das erste der beiden hier genannten Attentate auf den alten Kaiser – übrigens zum Unterschied vom zweiten ein dilettantischer und unzureichender Versuch – sei verübt worden. Ganz wie das zweite Attentat ihn zur Reichstagsauflösung bewog, drahtete er noch am selben Tag von Friedrichsruh aus, wo er so oft weilte, die Direktiven zur Vorlage des Sozialistengesetzes. Solange der Reichstag noch nicht aufgelöst war, hatte er damit kein Glück; allein die Reichstagswahlen, die kurz darauf folgten, fanden in einer Stimmung statt, die seinen Erfolg sicher machten. Durch Votierung des Gesetzes sicherte sich Deutschland die zweifelhafte Ehre, als ein erster unter den modernen nichtrussischen Großstaaten ein allen westlichen Grundsätzen einfach Hohn sprechendes Instrument der Unterdrückung geschaffen zu haben[28].

Über die Wirkung dieser Maßnahme urteilte Hans Rosenberg, daß die problematische Stellung und Behandlung der Arbeiterschaft während der »Großen Depression« in der Welt etwas Einzigartiges gewesen sei. Er sieht den Grund hierfür wesentlich in der Bismarckschen Form der Diktatur[29]. Was Bismarck als Herrenmenschen abging, meint er, war das innere Verständnis für die Psychologie der modernen industriellen Arbeiterwelt und für das Wesen und die Würde liberaldemokratischen Lebens, obwohl er seinen Standesgenossen in der bonapartistischen Handhabung der politischen Technik der heraufziehenden Massengesellschaft weit voraus war. »Er hatte ... keinen zeitgemäßen Sinn für Recht und Gerechtigkeit.« Nach diesem Autor war der Aufstieg der deutschen Sozialdemokratie wesentlich das Werk Bismarcks. Wie dem auch sei, jedenfalls war Bismarck genötigt, dem deutschen Volk zu demonstrieren, daß auch er, der ehemalige gehaßte Junker und nunmehrige Reichsgründer, Anteil an seinen durch die Depression verursachten sozialen Schwierigkeiten nehme und wisse, daß er dies nicht der Sozialdemokratie überlassen könne.

Hierbei spielte wieder die Industrie eine erhebliche Rolle. Freilich nicht die Industrie als ganze, von der sich nicht behaupten läßt, daß sie gegenüber sozialen Problemen sehr aufgeschlossen gewesen sei, sondern jener berühmte Einzelgänger, Carl Ferdinand von Stumm, der ungekrönte König der Saar. Stumm seinerseits wurde in seiner Sozialpolitik nicht durch die (meist protestantischen) Industriellen, sondern durch die Sozialpolitiker des Zentrums, der Partei der Katholiken, Dr. Lieber und den Bayern Graf Hertling, bestärkt[30]. Im Reichstag setzte sich außer Stumm auch der Leiter der Dortmunder Union, Louis Baare, gleich ihm selbst ein Patriarch der Industrie, für ein von Bismarck eingebrachtes Gesetz über Unfallver-

---

28 Lidke, Vernon L., *The Outlawed Party*, Princeton 1966, S. 70. Pack, Wolfgang, *Das parlamentarische Ringen um das Sozialistengesetz*, Düsseldorf 1961.
29 Rosenberg, *Große Depression*, S. 200.
30 Hellwig, *Frhr. v. Stumm-Halberg*, S. 210 f.

sicherung ein[31]; Stumm trug sich außerdem noch mit Plänen für Alters- und Invalidenversicherung. Die von Bismarck formulierte »Kaiserliche Botschaft« vom 17. November 1881 nahm auch diese Gedanken Stumms auf[32]. All dies geschah bei Bismarck mehr aus politischen, bei Stumm hinwieder mehr aus sozialkaritativen Gründen. Politisch blieb Stumm unbelehrbar, und er schied schließlich aus sämtlichen staatlichen Behörden aus, die sich mit Rücksicht auf die Gesetze des Landes weigerten, ihm ihrerseits beizustehen, als er über Arbeiter, welche die ihm mißliebige Neunkirchner Zeitung lasen, einen allgemeinen Boykott zu verhängen suchte[33]. Er fühlte sich auch für die Handlungen seiner Arbeiter außerhalb der Fabrik gänzlich verantwortlich und erzwang Gehorsam durch Kündigungen. Niemand durfte ohne seine Erlaubnis heiraten. Er überwachte die Erziehung durch Stummsche Schulen, forderte Kirchenbesuche, schloß jedoch Kinderarbeit aus. Werkwohnungen mit niedriger Miete waren zu haben. Es gab einige Bibliotheken, Speiseanstalten, Teuerungszulagen, einen eigenen Park für die Arbeiter und Militärkonzerte. Kein Arbeiter durfte ohne Stummsche Erlaubnis bestraft oder entlassen werden; er hatte Sprechstunden für die Belegschaft, wo man sich über Unrecht beklagen konnte. Die Löhne waren – wie die von Krupp – als ziemlich hoch über dem Durchschnitt stehend bekannt. Der Unterschied zwischen ihm und Alfred Krupp war anscheinend, daß Krupp aus sehr schwierigen Verhältnissen kam – sein Vater, ein kleiner Industrieller, war bei seinem Tode praktisch bankrott –, so daß er in seinen Arbeitern eher die Gefolgsmannen als die geborenen Untertanen sah.

Stumms einzigartige Rolle als Überpatriarch führte ihn sogar über Bismarck hinaus; im Mai 1881 kam es anläßlich von Stumms Antrag, den Staatszuschuß zur Unfallversicherung zu streichen und durch einen erhöhten Beitrag des Arbeitgebers zu ersetzen, zum Konflikt zwischen den beiden. Stumm schien öffentlich damit auftrumpfen zu wollen, wie bereitwillig er war, derartige Soziallasten auf sich zu nehmen. Bismarck hingegen erklärte, auf dem Staatszuschuß beharren zu müssen, denn der Staat habe erstens die moralische Verpflichtung zu dieser Art Ausgaben, und ferner könnten die Industriellen derart erhöhte Prämien nicht bezahlen[34].

In der Tat fiel es Stumm nicht schwer, auf diesem Gebiet die übrige

---

31 Hellwig, *Frhr. v. Stumm-Halberg,* S. 226.
32 Hellwig, *Frhr. v. Stumm-Halberg,* S. 228.
33 Hellwig, *Frhr. v. Stumm-Halberg,* S. 236.
34 Hellwig, *Frhr. v. Stumm-Halberg,* S. 246.

Schwerindustrie – also die Herren von Rhein und Ruhr – in den Schatten zu stellen; bereits kurz nach dem 11. Juli 1876, wo seine »Dillinger Hütte« der Admiralität mitzuteilen vermocht hatte, man stelle nunmehr hier Panzerplatten her, die den englischen nichts nachgäben, gehörten Stumm und Krupp, der dasselbe fertig brachte, zu den führenden deutschen Rüstungsfabrikanten. Dies befähigte sie, selbständig zu bleiben, auch als sich nunmehr überall eine entgegengesetzte Entwicklung vollzog.

Die Annahme der Zollvorlagen durch den Reichstag, der sie in den Folgejahren mehrfach erhöhte[35], begünstigte nämlich allmählich eine Erscheinung, die für die deutsche Wirtschaftsentwicklung und damit auch die deutsche Politik von überaus großer Bedeutung werden sollte: die Möglichkeit im Inland teuer zu verkaufen, um den unabsetzbaren Rest ins Ausland zu verschleudern, was automatisch zur Entstehung von Kartellen und ähnlichen Zweckverbänden führte, um unnütze Konkurrenz auszuschalten und das sich Bietende voll auszuschöpfen. Ein Kartell ist, nach Maschke, einem der besten Kenner, »der freiwillige Zusammenschluß selbständig bleibender Unternehmungen zumeist des gleichen Produktionszweiges und der gleichen Produktionsstufe zum Zweck des gemeinsamen und gleichartigen Verhaltens auf dem Markt«. Höchste Form der Kartelle ist das Syndikat, in welchem »die gesamte Produktion der Unternehmer eines Gewerbezweiges und einer Produktionsstufe einer gemeinsamen Verkaufsstelle zum Absatz übertragen wird«[36]. So wurde 1890 das Westfälische Kokssyndikat und 1891 der Brickett-Verkaufsverein gegründet, um im Februar 1893 in der Errichtung der mächtigsten und berühmtesten Organisation zu gipfeln, die das kaiserliche Deutschland auf diesem Gebiete hervorbrachte: dem Rheinisch-Westfälischen Kohlensyndikat, das nicht weniger als 86,6 % der gesamten Kohleförderung im Oberbergamtsbezirk Dortmund vertrat. Zu unterscheiden von den Syndikaten sind die Konzerne, die besonders in der zweiten Hälfte des 20sten Jahrhun-

---

35 Zollsätze für 100 kg in Mark, nach Wendland, H., *Die deutschen Getreidezölle*, Berlin 1892, S. 26:

	1879	*1885*
Hafer	1,00	3,00
Weizen und Roggen	1,00	1,50
Gerste	0,50	1,50
Malz	1,20	3,00
Raps und Rübsaat	0,30	2,00

36 Maschke, Erich, *Grundzüge der deutschen Kartellgeschichte bis 1914*, Dortmund 1914, S. 5.

derts eine überragende Rolle spielen, und unter denen man die »Zusammenfassung von Unternehmungen, die rechtlich ganz und in der Produktion mehr oder minder selbständig bleiben, zu einer Gesamtunternehmung unter einheitlicher Leitung mit Zusammenfassung, Verflechtung und Verschränkung des Kapitals« versteht[37]. In all diesen Bestrebungen wurde die deutsche Industrie durch die hinter ihr stehenden Aktienbanken vorwärts getrieben.

Durch die Schutzzölle wurde somit die deutsche Volkswirtschaft mehr und mehr zu einem Hochdruckskocher. Sie mußte expandieren, ob es möglich war oder nicht, und etwaige Fehlbeträge wenn möglich durch Rüstungen ersetzen. Hans-Ulrich Wehler zeigt in seinem Buch über Bismarck und den Imperialismus[38] sehr gut, wie unter der Wirkung dieses Drucks fast über Nacht in Deutschland eine expansionsfreundliche Literatur aufkam und wie sich gleichzeitig expansionistische Interessenverbände bildeten[39]. Die Erscheinung ist nicht vereinzelt. Die siebziger Jahre des vorigen Jahrhunderts bezeichnen fast überall den Beginn des »Imperialismus« – das bedeutete damals den Anfang einer verstärkten Expansion sowie kapitalistischer Durchdringung unentwickelter, meist überseeischer Gebiete, um die Große Depression zu bekämpfen. Jedoch war der Erfolg dieser Bewegung in jedem Einzelfall denkbar verschieden. Während alte Kolonialstaaten wie England und Frankreich hierbei an bestehende Überlieferungen anknüpfen konnten und bei ihrer Expansion nicht selten ältere Besitzungen erweiterten und durchdrangen, mußte Deutschland sozusagen mit den Brosamen vorlieb nehmen, die von der anderen Tische fielen; das heißt, es hatte sich mit Gebieten zu begnügen, auf die andere noch kein Auge geworfen hatten. In der späteren deutschen Kolonie Südwestafrika – dem heutigen Namibia – glaubte England Ansprüche zu besitzen. Sie wurden von Deutschland mit Erfolg bestritten, und in den übrigen größeren Besitzungen – Togo und Kamerun im westlichen Afrika, und Deutsch-Ostafrika (dem späteren Tanzania) – ging es noch glatter. Zwar stellten sich diese Erwerbungen – mit Einschluß Südwestafrikas, das aussah wie eine Sandwüste, aber in späteren Jahren Gold lieferte – später als wertvoller heraus, als es damals schien, allein es wäre so verkehrt wie möglich, Bismarck, der diese Erwerbungen einzelner Händler und Forscher unter dem Druck der Öffentlichkeit vornehmlich zu dem Zweck politisch anerkannt hatte, um die Reichs-

---

37 Maschke, *Kartellgeschichte*, S. 6.
38 Wehler, Hans-Ulrich, *Bismarck und der Imperialismus*, Köln 1969, S. 142 ff.
39 Wehler, *Bismarck*, S. 138 ff.

tagswahl von 1884 zu gewinnen[40], deshalb als »Imperialist« zu bezeichnen. Persönlich blieb er weit eher der ehemalige Landjunker, als daß er ein Staatsmann geworden wäre, der durch Verträge mit fremden Potentaten oder Häuptlingen der heimischen Industrie in der Art der Imperialisten Absatzgebiete zu sichern suchte, und die zahlreichen Kolonial- und sonstigen Verbände, die damals aufschossen wie die Pilze, waren seiner europäischen Friedenspolitik eher unbequem. Es ist bezeichnend, daß unter ihm kein Finger gerührt wurde, um die erworbenen Kolonien wirtschaftlich aufzuschließen; nachdem sie ihre Funktion, ihm Wahlen gewinnen zu helfen, erfüllt hatten, blieben sie tote Gewichte mit minimalem Budget. Die systematische imperialistische Ausbeutung begann erst über zwanzig Jahre später und etwa sechzehn Jahre nach seinem Sturz im Anschluß an einen schweren Eingeborenenaufstand, der durch seine fortgesetzte übersparsame Behandlung der Kolonien und die daraus resultierende Mißwirtschaft verursacht war. Vor dieser Erschließung war die Bedeutung der Kolonien für die nach Absatz trachtende deutsche Industrie gleich Null; die Darstellung Wehlers, der dem Leser den entgegengesetzten Eindruck vermittelt, führt ihn irre. Natürlich waren die kolonialen Erwerbungen, wie das stets – und besonders in Deutschland so ist – durch eine enorme Propaganda gefördert und dann verteidigt worden. Ermutigt durch die Kolonialschriften deutscher Afrika-Reisender, eines Ernst von Weber oder Dr. Hübbe-Schleiden, gründete man nun, im Beginn der großen Depression, Organisationen wie den »Zentralverein für Handelsgeographie und Förderung Deutscher Interessen im Ausland«, pulverte ältere Organisationen wie die »Deutsch-Afrikanische Gesellschaft« durch Fusion mit anderen auf (1887) oder schuf in Gegenden, wo es aussichtsreich schien, örtliche Verbände, wie den »Westdeutschen Verein für Kolonisation und Export«, von dem die Presse 1881 anläßlich seiner Gründung meldete, daß »sechzig der hervorragendsten Vertreter der rheinischen Industrie und des Großhandels« bei der Gründung zugegen gewesen wären[41]. Der weitaus wichtigste aller dieser Verbände war der »Deutsche Kolonialverein«, dem anzugehören – wie es sich bei seiner Gründung in Frankfurt zeigte – geradezu zum sozialen Prestige gehörte. Er trat auf Anregung eines weiteren Afrikareisenden, des Freiherrn Her-

40 S. die Polemik Hallgarten und Wehler in: *Geschichte in Wissenschaft und Unterricht*, Mai 1971, April und Mai 1972, dazu das Schlußwort der Redaktion Februar 1973.

41 Wehler, *Bismarck*, S. 160.

mann von Maltzan, und unter dem Vorsitz des Fürsten von Hohenlohe-Langenburg unter führender Teilnahme anderer Adeliger und nicht zuletzt des Frankfurter Oberbürgermeisters Johannes Miquel am 6. Dezember 1882 in Frankfurt ins Leben; ihm und seinen Führern, die sämtlich nach Erweiterung der deutschen Absatzgebiete zwecks Überwindung der gerade damals böse fühlbaren zweiten zyklischen Krise seit Beginn der Großen Depression riefen, schloß sich an wer immer nur in Deutschland einen guten Namen hatte oder glänzen wollte[42]. Mit Bezug auf die Bildung solcher Organisationen hat Hans Rosenberg festgestellt, daß sie etwas neues darstellten und die Formen des politischen Lebens verändert hätten. Der frühere politische Kampf, der sich zum Beispiel in Preußen lange um die Frage »Militärstaat oder Volksvertretung« gedreht habe, sei seit dem Beginn der Großen Depression gegenüber der Verfechtung materieller Interessen in den Hintergrund gerückt. In Deutschland habe man seit dieser Zeit ein emsiges Bestreben des Staats und seiner Verteidiger wahrgenommen, seinen Gegnern – den Reichsverdrossenen, den inneren Feinden, den – je nachdem – Katholiken, Sozialisten, Juden usw. zu Leibe zu gehen, und zum Teil zwecks Niederhaltung dieser verschiedenen Gegner, den »kleinen Leuten« nachzulaufen, die man – ein unbewußtes Opfer der sozialistischen Propaganda – irgendwie gefürchtet habe. Kurz, eine Zeit der Vermassung – ich möchte sagen in Vorwegnahme Hitlers – sei eingetreten, die man nie wieder losgeworden sei[43].

Zu dieser wichtigen Beobachtung ist zu sagen, daß diese Vermassung erst allmählich erfolgte. Die Leute, die diese Vereine in den siebziger und achtziger Jahren gründeten, waren, wie man etwa aus der Aufzählung in Anm. 42 ersieht, himmelweit verschieden von den Gestalten, die nach den Zwischenspielen der Jahre vor und während des Ersten Weltkriegs in solchen Verbänden mitmachten, um von den späteren Nazis ganz zu schweigen. Was Bismarck anbelangt, so ging er auf ihre Wünsche ein, wann und soweit es ihm gerade in sein allgemeines Programm paßte, allein er dachte gar

---

42 Wehler, *Bismarck*, S. 163, nennt aus der Welt der Banken folgende Namen: Hansemann, Russel, Salomonsohn und von Eckardstein-Prötzel von der Discontogesellschaft; Siemens, Steinthal und Wallich von der Deutschen Bank, Schwabach von Bleichröder, Fürstenberg von der Berliner Handelsgesellschaft etc. Von bekannten Industriellen erwähnt er Krupp, Haniel, Hoesch, Kirdorf, Baare und Hammacher; dazu eine Reihe klingender Namen aus der Fertigindustrie, und schließlich fast alle prominenten schlesischen Magnaten, was bei einem Verein dieser Art fast selbstverständlich war.

43 Rosenberg, *Große Depression*, S. 118-168.

nicht daran, sich von ihnen gängeln zu lassen, und zudem war die Absatzvergrößerung durch den Erwerb überseeischer Besitzungen nicht nur damals, sondern bis 1914, wo alles abbrach, so unbeträchtlich, daß es kaum etwas Verkehrteres geben kann, als hier mit Wehler, der auf diesen Begriff und seine Formulierung stolz ist, von »Sozialimperialismus« zu reden[44]. Gleichwie gab es einen kräftigen deutschen Imperialismus, und er wurde auch durch die Suche der Industrie nach außerdeutschen Märkten stark mitbestimmt – nur sah die Sache ganz anders aus und hat mit dem, was Wehler darunter versteht, nur wenig zu tun. Eines der Hauptfelder, auf denen dieser Kampf ausgetragen wurde, war der gesamte europäische Osten[45].

Auch diese Reibung, die auf die Dauer sehr schwer und verhängnisvoll werden sollte, entwickelte sich allmählich und sehr gegen Bismarcks Willen. Allein zum Unterschied von Afrika, wo er die Zügel in der Hand behielt, konnte er sie nie ganz verhindern, denn sie war eng mit der Struktur seiner Schöpfung, des Deutschen Reiches, verbunden, wo unter seiner Leitung und zu seiner Freude Junker und Schwerindustrie sich fanden.

---

44 Hallgarten, *Imperialismus*, Bd. I, S. 216, stellt fest, daß die deutsche Gesamtausfuhr nach den Kolonien selbst 1910 – vier Jahre nach der endlichen »Erschließung« der wichtigsten von ihnen, Deutsch-Südwest – erst 84,75 Mill. gegenüber einer deutschen Gesamtausfuhr von 7,5 Mrd. betrug.

45 Auch Wehler in *Bismarck* bemerkt das, aber zu spät und unvollständig. Gegenüber dem Zugriff des kaiserlichen Deutschlands im Westen, Osten und Nahen Osten vor und nach Ausbruch des Weltkrieges tritt der deutsche Zugriff in Afrika in jeder Weise zurück.

3. Die deutsche Industrie und die Katastrophe der Bismarckschen Politik

1.

In Bismarck steckte an sich viel mehr vom Konservativen, als er wahrhaben wollte. Seit der Reichsgründung von 1870/71 hatte er seine gesamte Außenpolitik im Grunde auf das Einverständnis der nicht-revolutionären Großmächte – also Rußlands, Preußen-Deutschlands und der Habsburger Monarchie – aufgebaut, ganz wie das – oft zu seinem Spott – fast alle großen konservativen Politiker des vorigen Jahrhunderts getan hatten. Der Unterschied zwischen ihm und ihnen war, daß diese Politik bei ihnen sozusagen ein ideelles Muß bedeutete, während er, besonders in den Jahren der Reichsgründung, der Welt oft bewiesen hatte, daß er auch anders konnte.
Da die Einigung Deutschlands und die gewaltsame Wegnahme Elsaß-Lothringens die Franzosen zu Gegnern des neuen Reiches gemacht hatten – die Deutschen sprachen von »Erbfeinden«, was eine absichtliche Übertreibung war – so war Bismarck allen seinen privaten Anschauungen zum Trotz genötigt, wenigstens von nun an in die alte konservative Bahn einzulenken und die drei großen Ostmächte zusammenzuhalten, er mochte wollen oder nicht. Diese Friedenspolitik aber geriet dauernd in Widerspruch mit den mächtigen deutschen Interessen, die sich im Laufe der Jahre herausgebildet hatten. Dies ist einer der wichtigsten Umstände, mit dem wir uns in der vorliegenden Darstellung von deutscher Politik und Industrie zu beschäftigen haben. Die Interessen der Deutschen Industrie, insbesondere die der Agrarier, zerrieben allmählich die Grundlagen, auf denen die Bismarcksche Außenpolitik beruhte. Da Bismarck von dem Augenblick an, als er das Reich gegründet hatte, bemüht war, es durch eine friedliche Verständigung mit den übrigen Großmächten – selbst mit dem beargwöhnten Frankreich – zu stützen, so bedeutete diese Unterminierung seiner Politik gleichzeitig eine Bedrohung des europäischen Friedens.

Das Bismarcksche Schema der Außenpolitik – friedliche Verständigung zwischen den drei großen Kaisermächten – geriet in eine erste Verwirrung zu Ende der siebziger Jahre, als die Große Depression die Türkei zwang, den Steuerdruck auf die Balkan-Nationen, die ihr damals noch gehörten, gewaltig zu erhöhen[1], was zum Eingreifen Rußlands zugunsten dieser ihm teilweise stammverwandten Völker, zum russisch-türkischen Krieg von 1878, zum Berliner Kongreß und schließlich zur Option Deutschlands für die Habsburger Monarchie führte. All dies bewirkte, daß sich das von Bismarck erstrebte gute Verhältnis der drei Ostmächte nicht mehr aufrechterhalten ließ. Die Lage verschlimmerte sich dadurch, daß unter der Einwirkung derselben Depression auch die rein handelspolitischen Beziehungen zwischen Deutschland und seinen Nachbarn, besonders dem riesigen russischen Reich, ganz erheblich litten. Gegen Ende der siebziger Jahre setzten die russischen Industriellen um Moskau und Nishnij Nowgorod, die die Krise besonders fürchteten, eine Umstellung der Zölle auf Goldbasis durch, was einer praktischen Zollerhöhung gleichkam[2]. Im Mai 1880 bat der Verein Deutscher Eisen- und Stahlindustrieller Bismarck um Einschreiten gegen eine eigentliche russische Zollerhöhung. Er wurde dabei wirkungsvoll von der ihm nahestehenden Presse unterstützt[3]. Ein Jahr später ersuchte der Zentralverband deutscher Industrieller die deutsche Regierung, mit Rußland einen Handelsvertrag anzubahnen, der ihren Interessen entspräche. Da die russische Industrie im ganzen sehr rückständig war und die russischen Maßnahmen somit als »Erziehungszölle« galten, hatte die deutsche Handelspolitik etwas entschieden Aggressives; man sagte gern, Deutschland arbeite mit Kampfzöllen[4]. Peinlicher freilich als die deutschen Industriezölle, die einen für industriellen Export so ungeeigneten rückständigen Staat wie das damalige Rußland kaum sehr behelligen konnten, waren für Rußland die steigenden deutschen Agrarzölle, die mit der wachsenden Großen Depression erhöhte Bedeutung gewannen. Die Erhöhung des deutschen Zolltarifs im Jahre 1885 (Dreimarkzoll und Verdopplung der Holzzölle) führte binnen einem Jahr zur Halbierung der Roggen- und Weizeneinfuhr von Rußland nach Deutschland[5]. Andererseits sanken auch Deutschlands Ausfuhren – meist industrieller Natur –

---

1 Hallgarten, *Imperialismus*, S. 180.
2 Kumpf-Korfes, Sigrid, *Bismarcks »Draht nach Rußland«*, Berlin 1968, S. 8.
3 Kumpf-Korfes, *Bismarcks »Draht nach Rußland«*, S. 14.
4 Kumpf-Korfes, *Bismarcks »Draht nach Rußland«*, S. 15.
5 Kumpf-Korfes, *Bismarcks »Draht nach Rußland«*, S. 51.

nach Rußland, wenn sie auch an Bedeutung mit der Einfuhr von dort nicht zu konkurrieren vermochten[6] und obendrein durch den Umstand gestützt wurden, daß der hohe russische Adel, wie der Großgrundbesitz überall, sich hohen Industriezöllen als Belastung seines Konsums stark widersetzte.

Bismarck, überzeugt von der Nützlichkeit guter deutsch-russischer Beziehungen, ging in der Förderung der sich bildenden Spannungen zwischen beiden Ländern weniger weit, als von Industrie, Landwirtschaft und auch den Militärs gewünscht wurde; diese allerdings nicht immer konsequent fortgesetzte Linie bildeten mit den Hauptgrund für seinen schließlichen Sturz. Sein erster großer Versuch, Rußland gegenüber einzulenken – soweit ihn das nichts kostete und seine agrarischen Interessen dem nicht im Wege standen – fällt in die Mitte der achtziger Jahre; er hat sich damals zwecks Erhaltung der Freundschaft mit Rußland mit Entschiedenheit gegen den beginnenden zentraleuropäischen Imperialismus auf dem Balkan gewandt. Durch den russisch-türkischen Krieg von 1878 in den Balkan hineingezogen, suchten die Russen in den achtziger Jahren ihre damalige Niederlage durch Verstärkung ihres Einflusses in der Türkei und durch Kontrolle der dortigen Eisenbahnbauten wettzumachen; sie arbeiteten hierbei mit dem berüchtigten Großspekulanten Baron Moritz Hirsch zusammen, der die Rechte zum Bau von Bahnen in der Türkei – damals der Herrin fast des ganzen Balkans – erworben hatte, aber praktisch dessen Erschließung hemmte: da ihm auferlegt war, der Türkei bestimmte Leistungen zu erbringen, sobald die Verknüpfung des balkanischen Bahnnetzes mit dem Österreichs zustandegekommen sein würde, arbeitete er darauf hin, dieses zu verhindern[7]. Das durchkreuzte die nationalen Interessen der Balkanstaaten, besonders Bulgariens, sowie auch des zentraleuropäischen Kapitalismus, der auf Erschließung des Balkans brannte, wurde aber von Bismarck gefördert, der hier den Russen an einer Stelle gefällig sein konnte, wo es ihn nichts kostete. Sobald seine agrarischen Interessen gefährdet waren, verstand jedoch Bismarck, ganz wie die übrigen Junker, keinen Spaß; der Staatssekretär des Reichsschatzamts, Burchard, der geneigt war, Rußland eine Bindung der deutschen Agrarzölle anzubieten, wurde von ihm jäh entlassen[8], und selbst Deutschlands beste Freunde in Moskau – der Außen-

6 Kumpf-Korfes, *Bismarcks »Draht nach Rußland«*, S. 13.
7 Siehe den Abschnitt »Bahnbauten und Bulgarische Krise« bei Hallgarten, *Imperialismus*, Bd. I, S. 227 ff.
8 Kumpf-Korfes, *Bismarcks »Draht nach Rußland«*, S. 8.

minister Baron Giers und die durch ihre engen Beziehungen zu Bismarck bekannten Grafen Schuwalow, fanden sich durch seine Unnachgiebigkeit heillos bloßgestellt. Zwar gelang es ihm, da er bei aller Härte der wirtschaftlichen Gegensätze politisch am Gedanken der Freundschaft mit Rußland festhielt, am 17. Juni 1887 nochmals eine Verständigung auf diesem Gebiete, den sogenannten Rückversicherungsvertrag zustande zu bringen. Aber etwa zwei Tage vorher hatte er ein Schreiben eines der schlesischen Grund- und Industriemagnaten, des Fürsten Henckel-Donnersmarck, erhalten[9], in dem er gebeten wurde, zwecks Unterstützung der Beschwerden deutscher Besitzer über die russische Wirtschaftspolitik, dem Umlauf russischer Effekten auf dem deutschen Geldmarkt in wirksamer Weise entgegenzutreten. Das führte sofort zu einer organisierten Pressehetze gegen russische Werte und am 10. November zu einer amtlichen Anweisung an die Reichsbank, russische Werte nicht mehr zu beleihen. Alles in allem gesehen, hatten sich also die deutsch-russischen Beziehungen, und zwar in einem Zeitpunkt, wo sie politisch noch als eher freundlich galten, wirtschaftlich in folgender Weise verschlechtert: 1. Die deutsche Industrie fand sich immer mehr vom russischen Markt abgeschnitten und suchte ihn durch Finanzmaßnahmen zurückzuerobern. 2. Die russische Industrie, noch sehr rückständig, suchte sich, und zwar unter Aufstachelung panslawistischer Gefühle durch ihren leitenden Geist, Katkow, sowie durch Zollschranken hiergegen zu wehren. 3. Die russischen Agrarier fanden zu ihrem Schrecken den deutschen Markt versperrt. 4. Die deutschen Agrarier setzten am 17. Dezember 1887 – im Monat nach Verhängung der Belehnungssperre – im Reichstag eine Erhöhung der Zollsätze für Weizen und Roggen von 3 auf 5 M für die Tonne durch; und zu all dem kam 5. der erbitterte Kampf deutscher und österreichischer Handels- und Bahninteressen um Bau und Kontrolle der Eisenbahnverbindung nach Konstantinopel, gegen den Widerstand der russischen Finanz-, Bahn- und Wirtschaftsinteressen, wobei anzumerken ist, daß die russische Bank Günzburg, die hier führend war, sowohl die für die Balkanpolitik verantwortlichen rus-

9 Nach Kumpf-Korfes, *Bismarcks »Draht nach Rußland«*, S. 156 ff., hatte Bismarck früher die Finanzierung Rußlands eher begünstigt, doch trat Anfang 1887 bereits eine Wendung ein; am 18. 2. empfahl der Leiter des Reichsschatzamtes, Jacobi, dem Kanzler, zwecks Unterstützung der zollpolitischen Forderungen der deutschen Industriellen den Umlauf russischer Effekten zu bremsen. Der Brief Henckel-Donnersmarcks, abgedruckt bei Hallgarten, *Imperialismus*, Bd. I, S. 515 ff., empfahl dieselbe Maßnahme, und zwar zwecks Bekämpfung der Belästigung deutscher Grundbesitzer in Rußland.

sischen Militärs wie auch den Schwager Poljakoff des Barons Hirsch an ihrem Erfolg beteiligt hatte, dessen Eisenbahnbau-Politik auf dem Balkan sich zunächst mit den russischen Plänen völlig deckte.
Das war aber noch nicht alles. Zum Unheil Deutschlands war, im Zusammenhang mit der zweiten jener zyklischen Krisen, die in die Zeit der Großen Depression fallen, in Frankreich in jenen Jahren eine gewaltige politische Agitation entstanden, die ganz, wie die Krisen späterer Jahrzehnte, von einem Diktator-Kandidaten, General Boulanger, ausgenutzt wurde, um durch Verdächtigung der Nachbarn des Landes an die Macht zu gelangen[10]. Und ganz wie die Treibereien der späteren Zeit wurde bereits diese Absatzstockung von der internationalen Rüstungsindustrie, besonders auch in Deutschland, durch Transaktionen bedenklicher Art bekämpft[11].
Die hiermit zutage tretende Gefahr eines gleichzeitigen Konflikts des Deutschen Reichs mit seinen Nachbarn in Ost und West zwang Bismarck wenig später, in dem berüchtigten Drei-Kaiser-Jahr 1888, das Wilhelm II. zur Regierung brachte, gegenüber Rußland einzulenken. Es schien ihm gefährlich, den jungen unerfahrenen Herrscher, der seinen Körperfehler und den anscheinenden Fehler der Geburt – er war halb-englisch – zeit seines Lebens durch betonte preußische Schneidigkeit wettzumachen suchte, mittels aggressiver Außenpolitik noch mehr ins Lager der Militärs und der Junker zu treiben, die ihn als den ihren betrachteten[12]. Allein dem großen Reiter aus dem Sachsenwald fielen bald die Zügel aus der Hand. Seine Politik gegenüber Rußland stellte zwar die Junker, nicht aber die Militärs zufrieden, die mit dem Ausbruch des Krieges rechneten, und sie verstimmte darüberhinaus die Industrie, für die er nichts zu erreichen vermochte[13]. Sein Versuch wiederum, die fällige Erneuerung des gegen links gerichteten Sozialistengesetzes, falls der

---

10 Hallgarten, *Imperialismus*, Bd. I, S. 259 ff. Dem General wurde kurz darauf vor Gericht schwere Korruption nachgewiesen, worauf er sich erschoß.
11 Hallgarten, *Imperialismus*, Bd. I, S. 261.
12 Röhl, John, *Germany without Bismarck*, London 1967, bringt viel neues Material über die Psychologie Wilhelms II.; Kumpf-Korfes, a. a. O., S. 164-171, zeigt, wie Bismarck seine Politik gegenüber Rußland bei dessen Regierungsantritt sogleich änderte.
13 Sehr gut sagt Kumpf-Korfes in *Bismarcks »Draht nach Rußland«*, S. 127, Bismarck konnte »die immer stärker werdenden Forderungen der deutschen Bourgeoisie – Verhinderung weiterer Zollerhöhungen, Rückeroberung verlorener Positionen auf dem russischen Markt, Sicherung und Ausbau der wirtschaftlichen Vormachtstellung in Rußland – nicht mehr erfüllen, denn die Mittel, mit denen er das erreichen wollte – Agrarzölle und Lombardverbot – kamen letztlich den Forderungen der preußischen Junker . . . stärker entgegen, als denen der Großbourgoisie.

Reichstag nicht dafür stimmte, zur Errichtung einer Art persönlicher Diktatur zu benützen, verstimmte andererseits den Kaiser, der keine solche Vormundschaft wünschte, trieb in die Arme des Militärs und wurde somit Anlaß für des Kanzlers Sturz[14].

Mit seinem Abgang brach auch die Front von Industrie und Landwirtschaft, auf die er sich seit der großen Wende zu Ende der siebziger Jahre – aller politischen Verschiebungen ungeachtet – dauernd gestützt hatte, zunächst einmal auseinander[15], da während der damals gerade einsetzenden »dritten zyklischen Tiefkonjunktur innerhalb der Großen Depression »(Hans Rosenberg)« die Mehrzahl der Industriellen, um ihre Ausfuhrchancen zu verbessern und um ihren Arbeitsstamm durchhalten zu können, eine Senkung der Getreidezölle verlangte, was sie gegen den erbitterten Widerstand der Agrarkonservativen und des damals gegründeten »Bundes der Landwirte« in bescheidenem Maße durch die Caprivischen Handelsverträge durchzusetzen vermochte. Verantwortlich für diese Verträge war Bismarcks Nachfolger als Kanzler, General von Caprivi, den Wilhelm II. wohl mit Rücksicht auf den Umstand auswählte, daß er angesichts der steigenden Spannung mit Rußland einen Militär an dieser Stelle sehen wollte. Obwohl preußischer General und Aristokrat, war Caprivi wegen seines Eintretens für die Interessen der Industrie und die starke Betonung des Bündnisses mit Österreich und der deutschen militärischen Interessen, selbst wenn es sein mußte auf Kosten der Junker, in Süddeutschland weit beliebter als in seiner Heimat. Unter ihm eröffnete sich die einzige wirkliche Chance zur Kolonisation, die Deutschland besaß: der Weg nach Südosten in die Türkei[16]. In jenen Jahren wurde das Reich ein wirklicher Industriestaat[17]. Der scharfe Rückgang der Preise führte

---

14 Hallgarten, *Imperialismus*, S. 279 f.

15 Rosenberg, *Große Depression*, S. 165.

16 Nach Kumpf-Korfes, *Bismarcks »Draht nach Rußland«*, S. 172 ff., der ich auch hier völlig beipflichte, hatte Deutschland nirgendwo eine wirkliche Chance zur kolonialen Expansion außer im Südosten und mußte sich den Weg dorthin durch Kollaboration mit Österreich-Ungarn sichern, mit dem es handelspolitisch zusammenstieß. Sie gibt Details über diese Verhandlungen, die bereits 1878 begannen, und sie sieht hier in gewisser Hinsicht ein Komplott der Schutzzöllner beider Mächte zwecks Eröffnung dritter Märkte, unbeschadet der gleichzeitigen Austragung ihrer gegenseitigen Interessenkämpfe.

17 Die folgende Darstellung stützt sich zum Teil wörtlich auf den in der *Festschrift für Fritz Fischer*, Düsseldorf 1973, veröffentlichten Aufsatz Dirk Stegmanns über Wirtschaft und Politik nach Bismarcks Sturz, der viel erst kürzlich zugänglich gewordenes Archivmaterial bringt, wenn er auch leider das von Hallgarten, *Imperialismus*, Bd. I, Dritter Teil, bereits früher gesammelte reichhaltige Material aus diesen Archiven und die hierauf fußende Darstellung total übersieht.

in jenen Jahren zu industriellen Zusammenschlüssen, zu Preis- und Produktionskartellen. Im Tiefpunkt der zyklischen Krise jener Jahre (1890–94) wurde das Rheinisch-Westfälische Kohlensyndikat gegründet. Durch die hiermit eintretende Preiserhöhung für Kohle wurden die Eisenwerke zur Angliederung von Zechen zum Eigengebrauch veranlaßt und die allgemeine Tendenz zur Errichtung von Großbetrieben verstärkt. Da die damalige Wirtschaftskrise ringsumher zu Zollerhöhungen führte, suchten Caprivi und seine Leute im Interesse dieses Industrialismus zu einem System von Handelsverträgen zu gelangen, und zwar durch ein deutsches Entgegenkommen bei den Agrarzöllen. Sie waren sich hierbei darüber klar, daß diese Wirtschaftspolitik einen völligen Bruch mit Bismarcks Grundsätzen bedeutete, und daß sie Industrie und Konsumenten auf Kosten des Großgrundbesitzes begünstigte. Diese allererste Phase der Reichspolitik nach Bismarcks Sturz entsprach gleichzeitig auch der Stimmung des jungen Kaisers. Froh, seines großen politischen Vormunds ledig geworden zu sein, war er sichtlich erfreut darüber, daß ihm die Linie Caprivis erlaubte, ohne Rückgriff auf die sozialreaktionären Diktaturpläne aus den letzten Wochen des gestürzten großen Mannes auskommen zu können; dies änderte sich jedoch bald und endgültig zur Mitte der neunziger Jahre, als das Gespenst einer Rückkehr Bismarcks allmählich verblich, während sich gleichzeitig eine Erneuerung der »Ehe« zwischen den industriellen Kartellen und dem Großgrundbesitz vorbereitete[18]. Bekannt als Sammlungspolitik, sollte diese Verbindung, wie gleich zu zeigen, für Deutschland und Europa zum Verhängnis werden.

Daß eine solche Rückwendung zu Bismarcks gesellschaftspolitischer Linie über kurz oder lang erfolgen würde, ließ sich schon bald nach seinem Sturz voraussehen. Es gab gar manche Zeichen dafür, daß sich die aufsteigenden deutschen Kartelle an der Seite der Freihändler und extremen Liberalen nicht wohlfühlten und daß der Kaiser sehr bald wieder im Lager der Rechten landen, ja deren moralische Führung um so lieber übernehmen würde, als er ihr von vornherein seelisch zugehörte. Dies mußte um so gefährlicher werden, als nun nicht mehr ein Staatsmann von der Klugheit Bismarcks vorhanden war, der den Kaiser und die sich hinter ihm sammelnden wirtschaftlichen und gesellschaftlichen Kräfte vor den Folgen ihres Tuns behütete. Einer der Gründe, welche besonders den Zentralverband Deutscher Industrieller gegen Caprivi verstimmte, war dessen

18 Röhl, *Germany without Bismarck*, S. 70 f.

Unlust, gegen die Sozialisten vorzumarschieren; für den Verband gehörte die Fabrik auf die Seite der Armee und nicht auf die der Arbeiter[19]. Die zyklische Krise zu Anfang der neunziger Jahre hielt zwar zunächst selbst die Schwerindustrie auf der Seite Caprivis fest, um im Kampf gegen die Landwirtschaft den Abschluß günstiger Handelsverträge zu erzwingen. Bei den Reichstagsabstimmungen über die Abkommen mit Rumänien, Serbien, Spanien und Rußland, über das sich damals die deutsche Landwirtschaft heftig beklagte, sah man selbst Krupp und Stumm für die Regierung stimmen, mit dem Ergebnis, daß sich Rußland wieder der deutschen industriellen Ausfuhr öffnete[20]. Allein die soziale Frage und die erhöhten militärischen Spannungen, der sich allerorts steigernde Export, die Militarisierung der eingegangenen Bündnisse und so manches andere ließen erkennen, daß eine neue Ära bevorstand, in der die Schwerindustrie an die Seite der Landwirtschaft zurückkehrte. »König« Stumm, der soeben noch Caprivi gedeckt hatte, übernahm hierbei die Führung und empfahl in einem Schreiben an diesen eine Änderung der ihm als allzu schlapp erscheinenden Haltung der Reichsregierung gegenüber der äußersten Linken, der man die allgemeine Verantwortung für die Erdolchung des französischen Präsidenten Carnot durch einen italienischen Anarchisten zuschob[21]. Da weder Caprivi noch der leitende Geist des Auswärtigen Amts, Friedrich von Holstein, hierfür zu haben war, weil beide – besonders Holstein – einen sozialreaktionären Kurs und eine mögliche Rückkehr der Bismarcks fürchteten wie der Teufel das Weihwasser, so gelang es Stumm, Caprivis Stellung zu untergraben[22]. Er stürzte im Oktober 1894, nicht zuletzt dank der Gegnerschaft der Junker[23]. Sein Nachfolger als Kanzler wurde der betagte Fürst Chlodwig Hohenlohe – eine unverkennbare Verlegenheitslösung, um Stumm und durch ihn dem Kaiser, der zunächst mit ihm übereinstimmte, eine sozialreaktionäre Diktatur jüngerer Wächsung zu ermöglichen. In der Geschichte als »die Ära Stumm« bekannt, stellte

---

19 Stegmann, in: *Festschrift für Fritz Fischer*, S. 167. Eine wesentliche Rolle bei der Liquidation des 1890 in der Handels- und Sozialpolitik eingeschlagenen »Neuen Kurses« spielte die Bearbeitung Wilhelms II. durch das Haus Krupp; siehe W. Manchester, *Krupp*, dt. Ausgabe München 1968, S. 208.

20 Stegmann, in: *Festschrift für Fritz Fischer*, S. 169.

21 Stumm an Caprivi 6. 7. 1894 bei Hellwig, *Frhr. v. Stumm-Halberg*, S. 499 f.

22 Caprivi an Stumm 8. 7. 1894 bei Hellwig, *Frhr. v. Stumm-Halberg*, S. 500 sowie Hellwigs Darstellung, *Frhr. v. Stumm-Halberg*, S. 503 ff.

23 Einzelheiten über Caprivis Sturz, und besonders die Rolle der Junker bei Röhl, *Germany without Bismarck*, S. 112 ff.

diese kurze aber bedeutungsvolle Episode den Versuch dar, zunächst durch Stumm selbst und dann durch Wilhelm II. den Gewaltschlag gegen die sozialdemokratische Linke zu führen, der infolge der Bismarck-Krise von 1890 vertagt worden war. Das Scheitern auch dieser Versuche machte dann fast automatisch den Weg zur »Weltpolitik«, das heißt zur Teilnahme Deutschlands am »klassischen« Imperialismus frei, eine Entwicklung, die ebenfalls unter Bismarck begonnen hatte, aber infolge der Hemmungen sozialer und seelischer Natur, denen er unterlag, nicht recht weitergediehen war[24].

Die »Ära Stumm« begann kurz nach Neujahr 1895, durch eine in ihrer Heftigkeit beispiellose Reichstagsrede ihres Namensträgers, die durch stürmische Proteste auf sozialistischer Seite akzentuiert wurde. »Da Sie etwas neugierig zu sein scheinen, wie das Gesetz [gegen Sie] ausfallen würde, wenn ich es zu machen hätte«, rief Stumm, sich nach links wendend, dem Reichstag zu[25], »so will ich es Ihnen – es ist sehr kurz – mitteilen:

§ 1 Den Sozialdemokraten wird das aktive und passive Wahlrecht entzogen.

§ 2 Die Agitatoren werden ausgewiesen oder interniert. Das Nähere bestimmen die Ausführungsbestimmungen.«

Der Redner übersah offenbar, daß die Zeit, in der man die soziale Frage auf diese Weise zu lösen vermochte, nun nicht mehr bestand, während die Möglichkeit, sie durch eine faschistische Bewegung zu behandeln, noch nicht gekommen war. Die wachsende Industrialisierung und der Fortschritt der Arbeiterbewegung hatten vielmehr dazu geführt, daß sich nunmehr sämtliche Parteien und sozialen Gruppen irgendwie mit der sozialen Frage auseinandersetzten, und zwar meist in einer mehr oder minder demokratischen Weise. Am 18. Januar 1895 – nur wenige Tage nach Stumms Rede – griffen selbst solch hochkonservative Figuren wie der kirchliche Sozialpolitiker und gewesene Hofprediger Adolf Stöcker und der ähnlich gerichtete Professor der Nationalökonomie Adolf Wagner, der Gegner Professor Brentanos, Stumm rücksichtslos an. Im Reichstag fiel man von allen Seiten über ihn her. Der Mehrheit des Reichstags ging selbst die sogenannte Umsturzvorlage – eine von Stumm befürwortete Novelle zur Abänderung des Strafgesetzbuchs, deren gegen links gerichtete Formulierungen Stumm noch zu mild schienen – viel zu weit; im Hader der Parteien, die alle – mit Einschluß der

---

24 Siehe oben, S. 50.

25 Hellwig, *Frhr. v. Stumm-Halberg*, S. 521.

meisten Konservativen – einer »sozialen« Diktatur widerstrebten, kam die Vorlage am 11. Mai jenes Jahres (1895) zu Fall[26]. Einem Stumm, in dessen Augen Sozialpolitik im Grunde den Zwang zur Annahme der von Sozialpatriarchen seines Schlags dargebotenen freiwilligen Gaben bedeutete, war der christliche Sozialismus der verschiedenen Spielarten kaum viel weniger verhaßt als der Marxismus. Das führte zu dauernden Kämpfen Stumms gegen all diese Gruppen, deren Vertreter auch untereinander haderten. Außerdem war er ständig bemüht, den Kaiser hierbei auf seiner Seite zu halten[27]. Auch der Kaiser hatte Diktaturgedanken, die sich aber, wie bei seiner Natur verständlich, mehr auf die gewaltsame Durchsetzung von Flottenrüstungsplänen als auf soziale Fragen bezogen; Stumms öffentliches Eintreten für eines der wüstesten dieser kaiserlichen Projekte, das Wilhelm II. inzwischen ohne Stumms Wissen preisgegeben hatte, führte schließlich im Frühjahr 1897 zum Bruch zwischen den beiden und zum allmählichen Ende der »Ära Stumm«[28].
Um diese Zeit herum gingen die meisten Versuche zu Ende, von Staats wegen die soziale Frage zu lösen, wie das beispielsweise der preußische Handelsminister von Berlepsch versuchte, den Wilhelm II. zur Zeit seiner Auseinandersetzung mit Bismarck zur Stützung seiner damaligen arbeiterfreundlichen Politik ins Amt gebracht hatte; die Entlassung des Ministers im Jahre 1896 zeigte, daß diese Linie nun aufgegeben wurde. Bei der Beseitigung von Berlepsch sprach der Zentralverband Deutscher Industrieller bereits ein gewichtiges Wort mit[29].

2.

Das Ende der »Ära Stumm«, ihre allmähliche Ersetzung durch die Verwirklichung der kaiserlichen Flottenpläne sowie die Untermauerung dieser neuen Epoche durch die allmähliche Wiederannäherung der Industrie an die Landwirtschaft, ganz wie zur Zeit Bismarcks, führte von selbst zu einer allgemeinen Frontstellung beider

---

26 Hellwig, *Frhr. v. Stumm-Halberg,* S. 523.
27 Hellwig, *Frhr. v. Stumm-Halberg,* S. 542. Stumm soll hierbei angeblich einmal geäußert haben, er müsse den Kaiser gegen dessen Gegner »scharfmachen«; hiervon rührt der Ausdruck »Scharfmacher«.
28 Hellwig, *Frhr. v. Stumm-Halberg,* S. 550.
29 Stegmann, in: *Festschrift für Fritz Fischer,* S. 173.

gegen die Arbeiterschaft, als Teil der neuen Weltpolitik: man wollte nun wieder einmal – wie das schon unter Bismarck in noch weit weniger befriedigender Weise versucht worden war – »die soziale Frage exportieren«[30]. Es gab kaum einen imperialistischen Politiker oder Propagandisten, der sich nicht rühmte, zur Lösung der sozialen Frage beizutragen. Dennoch müssen wir bei der Verwendung des Begriffes »Sozialimperialismus« sehr vorsichtig sein und dürfen keineswegs, wie Wehler und seine Schule das tun, Absichten mit Wirklichkeit verwechseln und behaupten, es sei damals – und gar bereits unter Bismarck – tatsächlich zur Entstehung eines »Sozialimperialismus« gekommen[31]. Die deutsche imperialistische Entwicklung, die mit Wilhelm II. in ihren Zenith trat, hat auf das Kernproblem, das es zu behandeln gab – die Lösung der Arbeiterfrage – kaum eingewirkt. Daß sich, im ganzen gesehen, die Lage der deutschen Arbeiterschaft zwischen dem Abgang Bismarcks und dem Ausbruch des Ersten Weltkriegs hob, ist unbestreitbar[32]. Allein dieser Anstieg war nicht auf imperialistische Ausdehnung zurückzuführen, sondern war eine Folge der Verbesserung der Arbeitsbedingungen in den großen Industriestaaten, zum Teil dank Tätigkeit der Gewerkschaften[33]. Dabei wären gerade die Verfasser dieses Buches die letzten, die wirtschaftlichen Antriebe der »Weltpolitik« – des Einlenkens Deutschlands in die Rennbahn der imperialistischen Großmächte – zu verkennen. Nur muß man sich eben bei der Behandlung dieses für uns so besonders wichtigen Gegenstands nicht auf

30 Das Wort stammt von Wilhelm Liebknecht, dem Freunde von Karl Marx.

31 Wehler, Hans Ulrich, *Bismarck und der Imperialismus*, Köln/Berlin 1969, passim. Stegmann, in: *Festschrift für Fritz Fischer*, S. 172. Stegmann, Dirk, *Die Erben Bismarcks*, Köln/Berlin 1970, S. 105 ff.

32 Für die statistischen Unterlagen: Bry, Gerhard, *Wages in Germany*, Princeton 1960; Bry spricht auf S. 71 von einem ziemlich starken Anstieg der Reallöhne in den 90er Jahren und während eines Teils des folgenden Jahrzehnts.

33 Rein handelspolitisch betrachtet war z. B. für Deutschland sein Verkehr mit seinen imperialistischen Rivalen oder sonstigen Mächten sehr viel wichtiger als mit seinen Kolonien.

Einfuhr (Wert in Mill. M)	*1905*	*1898*
Rußland	1 090,8	727,1
USA	1 004,3	877,2
Großbritannien	784,3	825,7
Österreich-Ungarn	773,2	661,2
Frankreich	409,1	265,3
Kamerun*	9,0	3,6
Togo*	9,0	3,6

Ausfuhr (Wert in Mill. M)	*1905*	*1898*
Großbritannien	1 057,8	803,8
Österreich-Ungarn	594,9	453,7
USA	543,0	334,6
Niederlande	448,8	280,1
Schweiz	369,8	255,9
Deutsch Südwestafrika	18,4	2,9
Deutsch Ostafrika	8,0	3,3
Kamerun	5,1	
Togo	2,9	4,4

Seitenwege abdrängen lassen. Als die wahren Ursachen des Imperialismus in jener klassischen Epoche, und damit besonders der damaligen deutschen Außenpolitik, sind zu betrachten: erstens die Bemühungen der verschiedenen Großmächte, den Kampf um die politische Kontrolle und Durchkapitalisierung der unterentwickelten Gebiete, der bereits zwecks Überwindung der »Großen Depression« von 1873-96 allenthalben begonnen hatte, nunmehr erfolgreich abzuschließen, wobei die Besitzer-Mächte wie England und Frankreich sich gegen die Nicht-Besitzer zu verteidigen suchten; zweitens die hiermit verbundene Steigerung der technisch immer gefährlicher werdenden Rüstungstreiberei; drittens die immer stärkere Umlenkung des im Kampf um die einzelnen Imperien entwickelten Kapital- und Warenexports auf die strategische und militärische Verstärkung der Knoten- und Brennpunkte im internationalen Kampf (Dardanellen und Bosporus, Suezkanal, Panamakanal, Südafrika, der ganze Balkan, die Mandschurei etc.), viertens der Kampf um jene Absatzmärkte und Rohstoffquellen, die den Großstaaten im Falle eines allgemeinen Krieges in die Hände fallen mußten, mochten dies die Kolonien der Gegenseite oder grenznahe Gebiete sein, wie etwa der ganze Komplex Elsaß-Lothringen, die Ruhr oder die Ukraine. Demgegenüber spielte das angebliche Bedürfnis, die Bevölkerung der einzelnen Großstaaten oder Teile von ihnen, selbst wenn sie so rasch wuchs wie im damaligen Deutschland, »nach außen abzulenken« kaum eine tatsächliche Rolle. Der Begriff paßt weit eher auf Staatswesen in prekärer Lage, wie etwa das Frankreich Napoleons III., dem eine Revolution blühen mochte, falls es ihm nicht gelang, im letzten Augenblick die Einigung Deutschlands zu verhindern, oder auf das Deutschland der beginnenden Hitlerzeit, das in der Hoffnung, seine Millionen von Arbeitslosen zu beschäftigen, den Rezepten des Slawen- und Judenhassers aus Braunau zu lauschen begann. Was sich hingegen im Deutschland Bismarcks und noch weit mehr Wilhelms II. begab, war etwas anderes: es war die Auswirkung des besonders bei der jüngeren Generation entstandenen Gefühls, daß es

---

* dies waren deutsche Kolonien; Togo wird 1905 zum erstenmal aufgeführt; die größten – Deutsch Südwestafrika und Deutsch Ostafrika – werden in der Einfuhr überhaupt nicht erwähnt. *Bemerkung:* Natürlich hob sich damals der deutsche Handel auch im Verkehr mit fast allen übrigen Staaten, allein dies war weniger eine Folge der deutschen oder der allgemeinen imperialistischen Entwicklung als solcher, als der Steigerung in Deutschlands Handelsverkehr mit den Großstaaten. Eine Ausnahme macht im ganzen Deutschlands Verkehr mit Staaten wie der Türkei, die von Deutschland militärisch gerüstet wurden und die strategische Positionen bargen, die Deutschland auszubauen suchte, wie z. B. die Meerengen.

für ein Staatswesen mit stabiler, wenn auch veralteter politischer und sozialer Struktur, mit sich dauernd vermehrender Bevölkerung, sowie steigender Ein- und Ausfuhr, unerläßlich sei, den begehrten »Platz an der Sonne« zu erkämpfen, falls es nicht bergab gehen wolle. Was immer sich in der auswärtigen Politik begab, wurde daran gemessen, wie weit es jenen Bedürfnissen entsprach und verworfen, falls zu leicht befunden. Während es wie gesagt keinen »Sozial-Imperialismus« in dem Sinne gab, daß die »soziale Frage« – worunter man die Arbeiterfrage verstand – nach außen »abgelenkt« oder exportiert werden mußte, ist richtig, daß ein analoges Problem für die Sprossen der übrigen Bevölkerungsschichten und speziell des Besitzbürgertums bestand, die sich durch die steigende Macht der Kartelle und des Großgrundbesitzes eingeengt fühlten. Hier und in den Verbänden, an denen sie teil hatten, findet man, wie gleich zu zeigen, den eigentlichen Sitz des deutschen Imperialismus: Die in diesen Kreisen dauernd geäußerte Ansicht, Deutschland müsse angesichts der betrüblichen Zustände im Innern entweder imperialistische Politik betreiben oder aber untergehen, spiegelt nicht eine objektive Situation, sondern ihre persönliche Lage wider. Die Schwerindustrie, Kostgänger jener überalterten politischen und sozialen Strukturen, und an Rüstungen wie Expansion interessiert, fachte, wie gleich zu zeigen, diese Tendenzen im eigenen Interesse an: der deutsche Imperialismus der wilhelminischen Zeit ist kein »Sozialimperialismus«, sondern ein »Spätkommer-Imperialismus«, wobei alles, was mit dieser Spätkommer-Rolle zusammenhängt – der mitgeführte Ballast obrigkeitsverehrender Mittelschichten mit ihren Ressentiments, durch den sich das damalige Deutschland so sehr vom Westen unterschied – wie er in einem Treibhaus jählings aufschießt. Die wesentliche Voraussetzung für diese explosionsartige Entwicklung war, wie eben angedeutet, die Konservierung der überkommenen politischen und sozialen Struktur, also besonders jener Bundesgenossenschaft zwischen den Kartellen, dem Großgrundbesitz und dem mit ihnen verbundenen Massenmittelstand, die Bismarck so teuer war, und die nach Abschluß der »Ära Stumm« ihre Erneuerung gefunden hatte. In seiner erneuten Form war dieser Bund sogar noch bedenklicher als vordem. Sowohl die deutsche Industrie wie auch die Agrarier hatten sich, wie hier gezeigt, bereits unter Bismarck dauernd mit Rußland gerieben. Unter Wilhelm II. hatte man durch Nichterneuerung des sogenannten Rückversicherungsvertrags – des Zwirnsfadens, der Rußland schließlich noch an Deutschland kettete – sowie durch Fortsetzung der russenfeindlichen Agrarpolitik die Russen in die

Arme der Franzosen getrieben[34]. Nunmehr, mit dem stärkeren Hervortreten des flottenbegeisterten und bei der Industrie hoch angesehenen Kaisers, entstand die Gefahr, daß man auch England vor den Kopf stieß – all dies in dem gleichen Jahr 1898, wo man Bismarck zu Grabe trug, den Mann, unter dem die Kombination der beiden sozialen Hauptmächte des Reichs, die er begründen half, niemals die verhängnisvolle Rolle hätte spielen können wie später. Unter Wilhelm II. fehlte jede mäßigende Kontrolle: hocherfreut, daß sich seine Flottenneigung mit dem Geschäftsinteresse der Schwerindustrie deckte, ließ er ihnen freien Lauf, wo er hätte bremsen müssen.

Allein das neue Bündnis zwischen Industrie und Landwirtschaft, wenngleich durchaus nicht allen leitenden Männern der »Weltpolitik« bequem[35], war im Grunde fast noch stabiler, wenn auch – wie gesagt – ungleich gefährlicher als das alte. Ein Werk des fuchsigen preußischen Finanzministers Johannes Miquel, der sich vom Sozialisten und Freund von Karl Marx zum Großbankdirektor, Oberbürgermeister von Großstädten und führenden Parlamentarier durchgestrebt hatte, um 1897 auch noch geadelt zu werden, wurde dieses Bündnis von ihm seit 1884, wo er es in Heidelberg als Programm des Rechtsliberalismus verkündet hatte, gewissermaßen als sein politisches Vermächtnis betrachtet. Von ihm als »Sammlungspolitik« bezeichnet, diente es, als es um die Jahrhundertwende inszeniert wurde, einem dreifachen Zweck: Die neuen deutschen Zölle vorzubereiten, die gleichermaßen den Kartellen und der Landwirtschaft nützen sollten, hiermit die Finanzierung der Flotte zu erleichtern und endlich die Sozialdemokratie zu bekämpfen.

Der Grad der Einwirkung Wilhelms II. auf die Entwicklung dieser entscheidenden Jahre, die bald zu Deutschlands »Selbst-Einkreisung« führte, ist von der Wissenschaft verschieden eingeschätzt worden. Gegenüber den Darstellungen von Kehr, Stegmann, sowie Wehler und dessen Schule, welche die verschiedenen Interessen und deren Vertretung durch die leitenden Männer um den Kaiser, eben Miquel und ferner Bernhard von Bülow betonen, der dank des Einflusses von Tirpitz und des kaiserlichen Freundes Grafen Philipp Eulenburg zum Nachfolger des greisen Fürsten Hohenlohe gemacht wurde, haben andere – wie Röhl, J. Puhle, V. R. Berghahn oder M. Stürmer – den Rückweg zur personalistischen Geschichtsdeutung eingeschla-

---

34 Hallgarten, *Imperialismus*, Bd. I, S. 299-324 und S. 344-46.
35 Stegmann, in: *Festschrift für Fritz Fischer*, S. 181, über Tirpitz.

gen[36]. Hier kann, wie stets, nur soziologische Empirie im Sinne Max Webers helfen. Mochte Wilhelm II. auch den Ehrgeiz hegen, etwa das zu werden, was Max Weber einen charismatischen Führer nennt, so war er dafür doch zu sprunghaft und auch nie mächtig genug. Eine wirkliche Diktatur war in einem Bundesstaat wie dem damaligen Deutschland unmöglich. Aber wenn der Kaiser auch kein Napoleon oder Hitler war, so muß doch die Tatsache, daß er regierte, sowohl für den Flottenbau wie auch das Wettrüsten und die damalige deutsche »Weltpolitik« verantwortlich gemacht werden[37], die, von den materiellen Interessen unterbaut und gefördert, schließlich zu Deutschlands Selbst-Einkreisung führte.

---

36 Stegmann, *Festschrift*, S. 183, Anmerkung 135.

37 Hallgarten, *Imperialismus*, Bd. I, S. 447 ff., zeigt, zunächst auf dem klassischen Buch *Schlachtflottenbau und Parteipolitik*, Berlin 1930, des 1933 im Alter von nur 30 Jahren in Amerika verstorbenen Eckart Kehr fußend, wie Admiral von Tirpitz – des Kaisers Mentor bei der Durchführung seiner Flottenpläne – dank des bürgerlichen Charakters dieser Bewegung dort – was damals in Deutschland eine Ausnahme war – auch jüdische Elemente führend beschäftigen konnte. Leiter des Flottenvereins war Victor Schweinburg, der die verschiedenen Kruppschen Organe in Berlin wie die Berliner Neusten Nachrichten, leitete. ... Am 13. Januar 1898 brachte Tirpitz ferner in Berlin im Kaiserhof durch ein vorbereitendes Komitee von 26 bedeutenden Wirtschaftsführern eine der glänzendsten Versammlungen von Industriellen zusammen, die Deutschland je gesehen hat, wobei der Führer der parlamentarischen Marineinteressenten, der Hamburger Reeder Woermann, über die Flottenpolitik referierte. »Dieser vorwiegend industrielle und kapitalistische Charakter des deutschen Flottenbaus«, heißt es weiter, »bedeutete einen Schlag gegen die sozialen Gewalten, die sich dank Bismarck an der Spitze der preußischen Verwaltung und des Heeres hatten behaupten können ... Aus dieser soziologischen Lage entsprang das Bedürfnis der Flottenkreise, sich um so fester um den Kaiser als ihren Schutzherrn gegen das alte Preußen zu scharen. So entstand die paradoxe Lage, daß gerade die gesellschaftlichen Repräsentanten des um die Welt ringenden, vorwärtsstrebenden Kapitalismus ... die Pose besonderer Unterwürfigkeit annehmen mußten. Der Byzantinismus der Epoche Wilhelms II. hatte eine ganz bestimmte soziologische Struktur. Die ungehemmte Macht des deutschen Kaisers war das notwendige Korrelat der deutschen Macht- und Flottenpolitik. ... An den Abschluß dieser Periode ... fällt die Rede, die Deutschland von allen kaiserlichen Äußerungen propagandistisch am meisten Schaden getan hat: das Wort von den Hunnen als dem anzustrebenden Ideal weltpolitischer Kriegsstreifzüge.«
»Immerhin soll damit nicht ohne weiteres der allgemeinen These, wonach der Kaiser die Flotte geschaffen habe, das naheliegende Paradoxon gegenübergestellt werden, daß vielmehr die Flottenagitation sich ihren Kaiser gemacht habe ... Man muß vielmehr auch in diesem Falle von einem ›Interessenaggregat‹, also von einer Kombination reden, bei der sich die Interessen der Industrie, der Admiralität, des Seehandels sowie der Reedereien in paralleler Richtung bewegten und gemeinsam ihre politischen Ziele durchzusetzen suchten.«

4. Die deutsche Industrie und die »Weltpolitik«

Die Voraussetzung der Weltpolitik war die überraschend schnelle Umwandlung Deutschlands aus einem zu Anfang des Jahrhunderts noch ganz rückständigen Wirtschaftsgebiet zu einer Industriemacht ersten Ranges[1]. Sie führte unter den allgemein geschilderten Voraussetzungen zwangsweise zur Bildung von Kartellen und Syndikaten. Hier lag der Unterschied zwischen der deutschen Entwicklung und der im Westen. Weder in England mit seinem Freihandel und seinem Mangel an Zollmauern, noch in Frankreich, dem vorwiegend agrarischen Land mit seiner nur schwach entwickelten Industrie, bestand ein ähnlicher Anreiz zur Ballung von Unternehmen wie in Deutschland, sowie – was damit verbunden war – zur Produktion

1 Hierfür einige Angaben. Was z. B. die Gesamtroheisenerzeugung Deutschlands anbelangt, die 1850 erst 200 000 t betrug, so lag sie 1906 bereits bei mehr als 12,25 Mill. t und damit unmittelbar hinter der der USA – dem führenden Weltproduzenten. Vor der Einführung des Thomasverfahrens bei der Stahlherstellung belief sich die jährliche Stahlerzeugung Deutschlands erst auf ca. 600 000 t, um nach der Kenntnis dieses Verfahrens in zwei Jahrzehnten bis zum Jahre 1900 schon auf beinahe 7 Mill. t anzusteigen. Fünf Jahre vor der Jahrhundertwende war die bereits so viele Jahrzehnte an führender Stelle liegende deutsche Textilproduktion bei einer Gesamtbeschäftigung von fast einer Million Menschen an einen Jahresumsatz von ca. 2 Mrd. Mark herangekommen. Die chemische Großindustrie, die ihren Ursprung in den vierziger Jahren des 19. Jahrhunderts erlebt hatte, beschäftigte 1898 in 6589 Betrieben allein 136 700 Personen, und der Wert ihrer Jahreserzeugung muß für diese Jahrhundertwende mit gut 1 Mrd. Mark veranschlagt werden. Die während der letzten drei Jahrzehnte des 19. Jahrhunderts aufkommende deutsche elektrotechnische Industrie wies 1891 erst einen gesamten Produktionswert von 45 Mill. Mark auf, der sich bis 1898 aber schon auf nahezu 230 Millionen gesteigert hatte. Die Anzahl der in diesem Industriezweig 1891 beschäftigten Arbeiter betrug 15 000 und lag sieben Jahre später schon fast bei 55 000. Die gesamte Kohleförderung – von Steinkohle und Braunkohle zusammen – im Gebiet des zweiten deutschen Reichs lag 1850 bei 6,5 Mill. t. Im Jahre 1905 belief sich die Förderung von Steinkohle im gleichen Gebiet allein auf 121,3 Mill. t mit einem Wert von 1050 Mill. Mark; dazu hatte die Braunkohlenförderung 1905 die Höhe von 52,5 Mill. Mark überschritten. Nach Hans Mauersberg, *Deutsche Industrien im Zeitgeschehen eines Jahrhundert*, Stuttgart 1966, S. 114.

auf erhöhtem Preisniveau im Inneren und Schleuderexport nach außen. Es war befremdend, zu sehen, wie Deutschland, gleichsam um seine überalterte Sozial- und Wirtschaftsstruktur – die Herrscherrolle von Junker- und Großgrundbesitz und die Anpassung der industriellen Erzeugung an beide – unter modernen Verhältnissen möglich zu machen, immer stärker nach Beherrschung imperialistischer Räume drängte, während seine Nachbarn, die Überfluß an solchen Räumen hatten, sie z. T. gar nicht brauchten.

1.

Führend bei der Bildung deutscher Monopole war die Entwicklung auf dem Roheisenmarkt. Die Konzentration hier vollzog sich so rasch, daß der Markt bereits 1897 von nur zwei Hauptverbänden beherrscht wurde, von denen einer Rheinland-Westfalen und das Siegerland und der zweite Lothringen und Luxemburg umfaßte[2]. Eine zweite Entwicklung von größter Bedeutung war der Prozeß des Zusammenschlusses einer immer größeren Anzahl von Zechen unter einer Firma. Ein typisches Beispiel solcher Entwicklung bietet die Geschichte der Gelsenkirchener Bergwerks-Aktien-Gesellschaft[3]. Diese wurde bereits als Fusionsunternehmen verschiedener Zechen im Jahre 1873 gegründet. Die Grubenfläche der Gesellschaft betrug damals 761 Hektar. 1892, ein Jahr vor der Begründung des berühmten Kohlensyndikats, war sie bereits auf das rund zwanzigfache, auf 15 060 Hektar, gestiegen. Die zwei Direktoren der Gesellschaft waren ein Betriebsingenieur und ferner ein kaufmännischer Leiter, und zwar einer der sehr wenigen, die, ohne Erfinder oder Kapitalisten oder beides zu sein, zur herrschenden Stellung in der Großindustrie aufstiegen: es war Emil Kirdorf, berühmt über seine Zeit hinaus als ein Symbol der Ruhrindustrie, Leiter des Kohlensyndikats, Befürworter aggressiver deutscher Außenpolitik, schärfster Feind der Sozialdemokratie und der Gewerkschaften und gegen Ende seines Lebens Förderer Hitlers, in dem er, der bärtige Gott Wotan und Beherrscher der Bergwerke, eine Art Siegfried sah, um die Welt Deutschland dienstbar zu machen. Die Finanzierung und finanzielle

2 Nach Kuczynski, Jürgen, *Studien zur Geschichte des deutschen Imperialismus, Bd. I, Monopole und Unternehmerverbände*, 2. verb. Aufl. Berlin 1951, S. 121.

3 Die Angaben über die Gelsenkirchen und ihre Expansion entstammen, teilweise wörtlich, der Darstellung bei Kuczynski, ebd., S. 123 ff., aufgrund der Festschrift der Gelsenkirchen zu Kirdorfs 80. Geburtstag.

Leitung der Gesellschaft lag in den Händen Adolf von Hansemanns, der als Generaldirektor der mächtigsten deutschen Großbank, der Discontogesellschaft, und Sohn eines Mannes, der bereits 1848 den damals noch verfrühten Versuch gemacht hatte, durch Übernahme des preußischen Finanzministeriums die Herrschaft der Großbourgeoisie zu stabilisieren, Kirdorf zunächst an Prestige und Ruhm noch überstrahlte.
Unter der Führung dieser Männer wuchs die Gelsenkirchen dauernd. Die Fülle ihrer Gründungen ist erstaunlich; »sie reicht von dem 1880 geschaffenen Kohlenclub in Essen, der 1882 Kirdorf zum Vorsitzenden wählt und in lockerster Form »zwecks Stellungnahme zu den Bestrebungen auf Regulierung der Preise und des Absatzes der Ruhrkohle und zur Pflege des geselligen Verkehrs« den Monopolbestrebungen dient, bis zum kurzlebigen Syndikat der Kohlenvereinigung des Dortmunder Bezirks und der ebenso kurzlebigen Zechengemeinschaft von 1891. Endlich, im Jahre 1893 und unter dem Vorsitz Kirdorfs, kommt es zur konstituierenden Versammlung des Rheinisch-Westfälischen Kohlensyndikats, das am 1. Januar 1894 seine Tätigkeit aufnimmt, mit Kirdorf als Vorsitzenden des Aufsichtsrats und des Beirats. »Das Syndikat war zunächst für zehn Jahre gegründet und umfaßte bei seiner Gründung rund 87 % der rheinisch-westfälischen Förderung.« Bereits 1904 konnte Kirdorf sich rühmen, über 98 % der deutschen Kohlenförderung im Syndikat vereinigt zu haben[4]. Dies wurde ermöglicht vor allem durch Nachgiebigkeit gegenüber den sogenannten Hüttenzechen, das heißt den Hütten, die Kohlenzechen besaßen und sich begreiflicherweise weigerten, sozusagen zur Buße hierfür den Zechen die vom Syndikat festgesetzten hohen Monopolpreise für Kohle zu bezahlen. Um das Syndikat zu stärken, sicherte man diesen Unternehmungen unbeschränkten Selbstverbrauch an Kohle zu. Hiermit war der Anreiz zu weiterer Konzentration der Schwerindustrie gegeben, denn es wurde nunmehr für die reinen Kohlenbergwerke, wie die Gelsenkirchen, vorteilhaft, sich Eisenhütten zuzulegen, und umgekehrt[5]. Von hier aus war es nur noch ein Schritt zum Riesenbetrieb mit völliger Machtkonzentration, d. h. dem Trust; neben dieser Entwicklung konnten sich nur ganz wenige gewaltige Einzelunternehmer selbständig halten – neben Krupp und Stumm etwa die Stinnes, Thyssen, Haniel, und die schlesischen Magnaten –, und auch sie traten, soweit

4 Kuczynski, *Studien*, S. 125.
5 Kuczynski, *Studien*, S. 124/25.

im Rhein-Ruhrgebiet interessiert, zum Teil den Syndikaten und Kartellen bei[6]. Außenseiter wurden mit allen verfügbaren Mitteln – Kampfpreisen, Rohstoff- oder Kreditsperren, Händlerboykott u. a. – zur Kapitulation vor den Ungetümen, d. h. Aufgabe ihrer Selbständigkeit gezwungen oder ruiniert[7].

Führend in der Entwicklung zum reinen Trust war die deutsche chemische Industrie. Sie war schon während der Großen Depression ganz anders verfahren als die Mehrzahl der sonstigen Großerzeuger. Statt Kündigungen auszusprechen, hatte sie seit den achtziger Jahren zum Erstaunen aller sonstigen Unternehmer weitere Chemiker eingestellt; denn sie war der Überzeugung, daß in einem so neuen und zukunftsreichen Gewerbe die Gefahr der Überproduktion am besten durch die Herstellung dauernd neuer und besserer Erzeugnisse zu bannen sei[8]. Dank ihrer Leistungsfähigkeit drang sie bald ins Zentrum der übrigen Industriestaaten vor; 1903 kauften z. B. die Elberfelder Farbwerke in Amerika die Hudson River Aniline Color Works und die American Color & Chemical Company auf, mittels deren sie Phenacetin und Aspirin herstellten[9]. Andererseits hatte die chemische Industrie von Amerika gelernt; am 14. Januar 1905 stellte ihr führender Kopf, Carl Duisberg, im Anschluß an seine Reise dorthin eine *Denkschrift über die Vereinigung der Deutschen Farbenfabriken* fertig, die Geburtsurkunde des in späteren Jahren als IG-Farben berühmt werdenden Trusts. Für Duisberg und diese ganze Sparte der Erzeugung waren Kartelle und Trusts nicht, wie für die meisten sonstigen Erzeuger, »Kinder der Not«. Man solle nicht die Not abwarten, meinte er, wo die Preise hinauf *müßten*, und das Publikum sich am heftigsten beschwere, sondern den Schritt während des booms vornehmen, »weil sie dann ohne Erhöhung der Verkaufspreise, ja wenn möglich unter Herabsetzung derselben, durch ihren Zusammenschluß die bisher erzielten guten Erträgnisse für viele Jahre im voraus sichern können«[10]. Da freilich solch gute Zeiten den Vertragschließenden erlauben, ihre Bedingungen für den Zusammenschluß sehr hart zu gestalten, so wurde die schließliche Entwicklung zur IG, dem Kind Duisbergs, vertragstechnisch ein fast noch größeres Kunstwerk als es die Bildung des Kohlensyndikats durch Kirdorf gewesen war.

---

6 Maschke, Erich, *Grundzüge der deutschen Kartellgeschichte bis 1914*; Vortrag, Dortmund 1964, S. 34.
7 Maschke, *Grundzüge*, S. 38.
8 Flechtner, L. H., *Carl Duisberg*, Düsseldorf 1959, S. 77.
9 Flechtner, *Carl Duisberg*, S. 184 f.
10 Flechtner, *Carl Duisberg*, S. 188 ff.

Gleichzeitig schlossen sich die Arbeitgeber immer stärker gegenüber der Arbeiterschaft zusammen. Wie die um 1896 zu Ende gegangene Große Depression der Bismarckzeit die Industrie dazu trieb, ihre inneren Zwistigkeiten beiseite zu lassen und Staatsschutz zu verlangen, so bewog sie der allgemeine nur durch gelegentliche zyklische Wellen unterbrochene Aufstieg der Wirtschaft bis zum Ersten Weltkrieg mit seinem Hintergrund von Gewerkschaftsblüte, wiederholten Lohnkämpfen und Streiks nunmehr dazu, große Arbeitgeberorganisationen zu bilden. Zwischen 1890 und 1902 entstanden nicht weniger als 208 neue Arbeitgeberverbände[11]. Um 1904 begannen sie, Blöcke zu bilden. Der Zentralverband Deutscher Industrieller gründete eine Dachorganisation für viele dieser Gruppen, und das gleiche tat ein Konkurrent, der Bund der Industriellen. Beide Blöcke arbeiteten zusammen, und verschmolzen 1913 zur Vereinigung Deutscher Arbeitgeberverbände unter dem Vorsitz des damaligen Generaldirektors von Krupp, Max Rötger[12]. Der am 27. November 1895 ins Leben getretene Bund der Industriellen verdankte seine Entstehung ganz ähnlich wie das Aufblühen der Arbeitgeberverbände der allmählichen Besserung der allgemeinen Wirtschaftslage. Sie ermöglichte das Geltendmachen von Interessen, die sich während der Großen Depression kaum hätten hervorwagen können. Das Auftreten der neuen Organisation, der bereits 1889 die Gründung einer entsprechenden Sondervereinigung durch die chemische Industrie vorausgegangen war, entsprach dem Bedürfnis der exportierenden und der weiterverarbeitenden Industrien, besonders Sachsens, der Schwerindustrie Schach zu bieten. Im Rahmen der Nationalliberalen Partei – d. h. jener politischen parlamentarischen Gruppe, welche sich unter dem Einfluß der deutschen Industrie aus dem allgemeinen Liberalismus nach rechts entwickelt hatte, um vor allem ihren Interessen zu dienen – hielten sich der Zentralverband, der wesentlich von der Schwerindustrie beherrscht wurde, und der Bund der Industriellen in etwa die Waagschale; obschon von Anhängern des Bundes – Ernst Bassermann aus Mannheim und dem Berliner Gustav Stresemann – geleitet, konnte sie sich der Einwirkung aus Rhein und Ruhr nie ganz entziehen. In Stresemann, der bereits in jungen Jahren Interessenvertreter der Schokoladenindustrie Sachsens und später weiterer dortiger Erwerbszweige geworden war, erhielt die Schwerindustrie ihren international bekanntesten Gegenspieler; jedoch darf man von der

---

11 Feldman, Gerald D., *Army, Industry and Labor in Germany 1914-18*, Princeton 1966, S. 17.
12 Kuczynski, *Studien*, S. 228-232.

kosmopolitisch erscheinenden Weltrolle, die Stresemann ab 1923 spielte, nicht ohne weiteres auf seine politische Haltung um die Jahrhundertwende schließen, als er in die Politik eintrat.
Bis gegen Ende des Ersten Weltkriegs war Stresemann ein Hauptbeispiel jener bürgerlichen, ja selbst kleinbürgerlichen Gestalten, die voller Bitterkeit über die Welt der Trusts und Kartelle und des mit ihnen verbundenen Besitzbürgertums den deutschen Imperialismus und Kolonialismus mit aller Macht zu fördern suchten[13].
Übrigens wurde der Aufschwung der Industrie in den achtziger und neunziger Jahren, der den deutschen Imperialismus zur Blüte brachte, erst durch die überaus große Rolle möglich gemacht, welche die deutschen Banken damals spielten. »Die Banken waren nicht nur Geldgeber, sondern auch Berater und Förderer der Industrie; teils ging von ihnen die Initiative aus – sie gründeten selbst Unternehmungen oder beteiligten sich an fremden Gründungen – teils waren sie sozusagen Vormund einzelner Industriegruppen[14] ... Die Kapitalbeschaffung bedeutete Anfang und Ende der industriellen Produktion, und infolgedessen wuchsen die Banken in dieser Periode mehr und mehr aus dem engen Milieu eines Hilfsgewerbes der Industrie zu führenden Faktoren der industriellen Entwicklung aus.« Zwar habe sich, wie die Fachdarstellung meint, der wir dieses Zitat entnahmen, schon vor dem Ersten Weltkrieg hier eine Gegenbewegung gezeigt, denn die zunehmende Kapitalkonzentration habe die Industrie von den Banken unabhängiger gemacht. Jedoch sei bis zur Kriegszeit ab 1914 im allgemeinen noch das Bankkapital dem Industriekapital an Einfluß überlegen gewesen.
Was das Verhältnis der Industrie zur Arbeiterschaft angeht, so wurden, wie selbst sehr gemäßigte Beobachter festgestellt haben, die im Interesse des Wachstums der Betriebe und der Steigerung der Produktion erfolgenden Rücklagen bis zum Ausbruch des Ersten Weltkriegs im wesentlichen auf Kosten der Arbeiter abgespalten und er-

13 Für die Frühzeit Stresemanns siehe außer der älteren Biographie von Rudolf Olden etwa die Bücher von Anneliese Thimme, *Stresemann*, Hannover 1957 und Wolfgang Ruge, Berlin 1966; Henry A. Turner, *Stresemann*, dt. Ausgabe 1968, macht den Fehler, diese Frühzeit völlig außer acht zu lassen, obwohl sie zum Verständnis von Stresemann unentbehrlich ist.

14 Die Schrift von Hagemann, Wilhelm, *Das Verhältnis der deutschen Großbanken zur Industrie*, Berlin 1931, aus der obiges Zitat stammt, macht S. 19 hier folgende Anmerkung: »Die Entwicklung der Gelsenkirchner Bergwerks AG, ihre Interessengemeinschaft mit dem Aachener Hütten-Aktienverein »Rote Erde« und dem Schalker Gruben- und Hüttenverein führte zur Bildung eines Konsortiums, welches die Deutsche und Dresdner Bank, die Disconto-Gesellschaft und den Schaffhausenschen Bankverein umfaßte.«

spart, während diese »Durststrecke«, wie sie betonen, »den ursprünglichen Geldgeber des Industrialisierungsvorgangs der gewerblichen Wirtschaft vorerst nicht so betraf, [sondern ihn] im Gegenteil zumeist mit guten ... Gewinnen zur weiteren Kapitalvermehrung bedachte«[15]. Der dauernden Klagen der Industriellen über zu hohe Steuern ungeachtet vermochte damals – vor 1914 – zum Beispiel die Badische Anilin- und Sodafabrik, eine der Säulen der späteren IG-Farben, ihren Aktionären meist 24 % Dividende zu zahlen, und ebensoviel für Abschreibungen zurückzustellen![16] Vereinigte Glanzstoff schütteten in den letzten zehn Jahren vor Ausbruch des Ersten Weltkriegs sogar jährlich nicht weniger als 35,7% aus, trotz einer ebenfalls hohen Rate jährlicher Abschreibungen[17]. Im Jahre 1904 verhielten sich die Lohnzahlungen bei Glanzstoff im Verhältnis zum Reingewinn wie 1 : 1; im Jahre 1913 jedoch – also während der Periode, in der jene hohe Dividende herausgewirtschaftet wurde, war dieses Verhältnis auf 1 : 2,19 gesunken[18]! Das Verhältnis des ausgewiesenen Reingewinns zu der freiwilligen Zahlung des Unternehmens an den Angestellten- und Arbeiterunterstützungsfond lag beim Jahresabschluß 1913 weit unter 1 %, und das der Dividendenzahlungen zu den Freiwilligen Sozialaufwendungen stellte sich auf ungefähr 1,9 %[19] ... Der Sozialstatistiker Mauersberg, dem wir diese Angaben verdanken, meint, es sei schwer zu entscheiden, ob es sich bei diesen »aus heutiger Sicht doch etwas zu ungünstigen Proportionen« um eine besonders rigorose Politik der Unternehmensleitung oder aber um den Ausdruck »der damals vorherrschenden Haltung der Unternehmerschaft den sozialen Fragen der Belegschaft gegenüber« gehandelt habe. »Erstaunlich wirkt hierbei nur die Tatsache«, so folgert er schlüssig, »wie relativ gut das Betriebsklima trotz dieser nicht ganz zureichenden sozialen Betreuung im Grunde bei diesem Unternehmen gewesen ist, und wie wenig Streiks, abgesehen von dem im Kohle- und Stahlrevier sich häufiger zeigenden Aufbegehren der Arbeiterschaft, in den meisten Industriebetrieben der damaligen Zeit bis zum Ausbruch des Ersten Weltkriegs den Arbeitsfrieden doch eigentlich gestört haben ...«[20]

---

15 Mauersberg, *Deutsche Industrien*, S. 257.
16 Mauersberg, *Deutsche Industrien*, S. 258.
17 Mauersberg, *Dt. Industrien*, S. 258.
18 Mauersberg, *Dt. Industrien*, S. 263.
19 Mauersberg, *Dt. Industrien*, S. 297, hier auch das im Text folgende weitere Zitat.

2.

Diese allgemeine Beobachtung eines der besten Kenner der Materie zwingt von neuem zu der Folgerung, daß es sich bei dem damals meist als »Weltpolitik« bezeichneten Mitmachen Deutschlands auf dem Feld des Imperialismus nicht so sehr um Vermeidung eines – offenbar gar nicht vorhandenen – Drucks von innen und unten, also nicht um »Sozialimperialismus«, als vielmehr um die Absicht eines von aufstrebenden Kartellen und Trusts stark mitbestimmten Militärstaats handelte, seine Macht rücksichtslos zu allem zu gebrauchen, was dem Militär, der Marine und den führenden Konzernen wichtig schien. Durch das Hineinwachsen industrieller Probleme in die überkommende Welt militärischer Gedanken und Planungen war somit etwas Neues, ungemein Explosives und Gefährliches entstanden, das dem beginnenden Zeitalter des Imperialismus sein so bedenkliches Aussehen gab.

Im Licht all dieser Probleme konnte es auf der ganzen Welt überhaupt keinen größeren Gegensatz geben als den zwischen Deutschland und England. Hier lag der ungeheure Unterschied gegenüber der früheren Zeit, wo England von den deutschen Staaten und schließlich dem Deutschen Reich so gern als Flankenschützer in einem Kontinentalkrieg angesehen und aus vielen Gründen bewundert wurde. In dieses alte Verhältnis schlichen sich seit dem Ende der Bismarckzeit immer mehr Mißtöne ein. Den Hintergrund hierfür bildeten die letzten zehn Jahre der Großen Depression mit ihrem nagenden Mißmut über den Stillstand der Geschäfte, ihrem Anti-Liberalismus und verstärktem Antisemitismus, der sich besonders auch gegen Banken und Börsen richtete. Mit Gram sahen Agrarier, Industrie und besonders der deutsche Mittelstand, wie Deutschland angesichts des zu erwartenden Ablebens des hochbetagten Wilhelms I. und der tödlichen Krankheit seines Sohnes zeitweise unter die Herrschaft von dessen Gattin, der eigenwilligen Engländerin zu geraten drohte, die in den Augen der Rechtsparteien und aller sonstigen Gegner des Liberalismus geradezu all das zu verkörpern schien, was man an England haßte: Parlamentarismus, Liberalismus, Seemacht statt Landmacht, Antibürokratismus, Freihandel, Banken und Juden[21]. Der Umstand,

---

20 Mauersberg, *Dt. Industrien*, S. 297.

21 Geheimer Berater der Kaiserin Friedrich war – wie sich freilich erst später herausstellte – der ehemalige 48er Revolutionär und spätere mächtige Bankier und langjährige liberale Reichstagsabgeordnete Ludwig Bamberger; seine Ratschläge waren andererseits konservativer als die Gegenseite je geglaubt haben würde.

daß Bismarck aus außen- wie finanzpolitischen Gründen in Afrika zuletzt mit England zusammenarbeitete und den nach weiterer deutscher Expansion trachtenden »Gründer von Deutschostafrika«, Carl Peters, einfach fallen ließ[22], führte diesen pathologischen Abenteurer in die Arme der Englandfeinde, um deren Gunst er, obwohl halb Anglomane wie Wilhelm II.[23], im Wettbewerb mit dem jungen Kaiser buhlte[24]. Als nach Bismarcks Sturz die Reichsregierung diese englandfreundliche Richtung seiner allerletzten Zeit zunächst fortsetzte und im Austausch gegen englische Zugeständnisse in Afrika sowie Überlassung der in englischen Händen befindlichen Nordseeinsel Helgoland den Engländern die umstrittene Herrschaft über die Insel Sansibar überließ, kam es im Lager der deutschen Englandfeinde zu einer förmlichen Explosion: In Protest gegen das Geschehene, das man als Abdankung des erst gerade im Entstehen begriffenen deutschen Imperialismus zugunsten Englands auslegte, bildete sich ein kleiner Zirkel empörter Auslandsdeutscher und ein etwas größerer Kreis nordwestdeutscher Nationalisten, der sich um den späteren Besitzer der Rheinisch-Westfälischen Zeitung Dr. Reismann-Grone und um Alfred Hugenberg – den späteren Generaldirektor von Krupp und noch späteren Pressezaren und Vorsitzenden der Deutschnationalen – gruppierte. Bereits Ende des selben Jahres 1890 formierte man sich zu einer gemeinsamen Gruppe, die zu Beginn des Folgejahres unter Vorsitz von Carl Peters den Alldeutschen Verband ins Leben rief – die wahre Kernzelle des deutschen Imperialismus[25], über dessen Verhältnis zur Industrie noch zu reden ist.

Inzwischen aber war etwas eingetreten, was dieser ganzen Bewegung künftig die passende Farbe gab und ihr als weit-verständliches Symbol diente: In Südafrika bereitete sich ein Kampf um die Vorherrschaft zwischen den älteren Einwanderern aus Europa, den Bu-

---

22 Einzelheiten bei Hallgarten, *Imperialismus*, Bd. I, S. 350 ff.

23 Über die Pathographie von Peters. s. Hallgarten, *Imperialismus*, Bd. I, S. 354, Fußnote 1.

24 Peters war nach fatalen Erfahrungen in England, wo er beinahe zum British gentleman geworden war, in einer Art Haß-Liebe zum deutschen Kolonialpionier geworden; von den 90er Jahren an verbrachte er, nach einem weiteren Skandal, den größten Teil seines Lebens wieder in England. Auch beim Kaiser, wie bei Peters, wechselten Liebe und Haß gegenüber England wie das Wetter im April; dabei wurde der eine der Gründer des Alldeutschen Verbands, der andere der der deutschen Schlachtflotte!

25 Die obigen sowie besonders die späteren Angaben über den Alldeutschen Verband fußen u. a. auf der Diss. von Hartwig, E., *Zur Politik und Entwicklung des Alldeutschen Verbands . . . 1891-1914*, Jena 1966, S. 74. Hartwig konnte das Archivmaterial der DDR über den Verband benutzen.

ren (Bauern), die aus den Niederlanden stammten, und den später hinzugekommenen Engländern vor, die von ihrem Mutterland unterstützt wurden, das die politische Herrschaft über Südafrika beanspruchte[26]. In den Augen Deutschlands, seiner Bevölkerung, und besonders seiner Industrie versinnbildlichte dieser Kampf, ins große übertragen, gleichsam die deutsche innere Entwicklung.
In den Buren und in ihrem bärtigen Haupt, dem Präsidenten von Transvaal, »Ohm« Krüger, sah jeder Deutsche, der ihre Abneigung gegen alles, was neu und modern war, ihre Verachtung städtischen Wesens und vor allem ihre bigotte Bibelgläubigkeit teilte, sein Ideal; in den Gegnern der Buren hinwieder, also den Direktoren und Aktionären der zumeist englischen Gesellschaften, die durch die Diamantenfunde und bald darauf die Entdeckung der Goldminen reich wurden, in den unzähligen Zwischenhändlern – nicht selten Juden – und in der ganzen kapitalistischen Umwelt, auf die sie sich stützten, erblickte er Abbilder alles dessen, was er auch im inneren bekämpfte: der Sphäre der liberalen Intelligenz, des Handels der Banken – besonders der Privatbanken des Judentums – und aller sonstigen Kreise, die dem Mittelstand, aber auch oft dem großen Unternehmer während der Großen Depression den Schlaf raubten. Mit anderen Worten, das kaiserliche Deutschland, das unter der Einwirkung der industriellen Entwicklung eine Machtpolitik zu treiben begann, die England, den alten Schutzgott des europäischen Gleichgewichts, herausforderte, befand sich außerdem in einem sozialen und geistigen Zustand, der ungefähr das Gegenteil dessen darstellte, was den Engländern lieb war.
Der Entwicklung des deutschen Konzernkapitalismus entsprechend wurden nunmehr die ersten Versuche unternommen, die deutschen Kolonien, die Deutschland unter Bismarck, man möchte sagen in einem Augenblick der Geistesabwesenheit erworben und seitdem völlig brach liegen gelassen hatte, wirtschaftlich zu erschließen und sie gleichzeitig mit den Staaten der Buren zu einem kolonialen Machtkomplex zu verbinden[27]; hiermit verband sich ferner die Erschließung und Belieferung der Burenstaaten als solcher. Der Bau einer Eisenbahn von der Hauptstadt Transvaals, Pretoria, nach der afri-

---

26 Die Buren hatten, da ihnen die Engländer zu negerfreundlich waren, in der zweiten Hälfte der dreißiger Jahre des vergangenen Jahrhunderts die von England beherrschte Kapkolonie verlassen und hatten in Südostafrika unabhängige Republiken – besonders Transvaal und den Oranje-Freistaat – gegründet.
27 Vgl. die bei Hallgarten, *Imperialismus*, Bd. I, S. 367 f. wiedergegebenen Berichte des deutschen Konsuls in Pretoria, von Herff.

kanischen Ostküste, freilich durch englische Widerstände schwer verzögert[28], kam insbesondere dem Bochumer Verein für Gußstahlfabrikation und der Köln-Deutzer Waggonfabrik zustatten[29]; hauptsächlicher Finanzier der Bahn waren einige Berliner Privatbanken. Im ganzen waren Banken und Finanz den Buren freilich nicht hold. Die feindliche Steuerpolitik der Buren gegenüber den Goldminen, deren Aktien im Mittelpunkt des Interesses von Banken und Börsen standen, und die pflegliche Behandlung, die sie andererseits dem Nobel Dynamit Trust angedeihen ließen, dem sie ein Monopol für die Belieferung der Minen mit Dynamit verliehen hatten, führte jeden, der etwas mit Goldwerten zu tun hatte, immer stärker in die Arme Englands und steigerte die Spannung, die schließlich zum Kriege führte. Ja, mehr noch, die feindliche Behandlung der Gold-Interessen durch die Buren verstimmte selbst in Deutschland, wo man ihnen ursprünglich so freundlich gesinnt war; unter dem Druck der Hochfinanz war man in der Burensache von nun an, im Gegensatz zu früher, eisig neutral[30]. Selbst der Kaiser, ihr erklärter Freund, wollte nun von ihnen nichts mehr wissen; hierzu kam freilich, daß sie es versäumt hatten, der Firma Krupp die von ihm erwarteten Bestellungen zuzuführen, was damals einer Todsünde gleichkam[31].

Auch in Deutschlands ostasiatischer Politik – dem zweiten Hauptgebiet, auf dem sich der keimende deutsche Imperialismus vor der Jahrhundertwende versuchte – spielen, wie gleich zu zeigen, die Bestellungen bei Krupp eine wichtige Rolle; noch bedeutsamer freilich war, daß Deutschland – welches bis zu diesen Jahren noch keinerlei nennenswerte Flotte besaß – in beiden Fällen beim Versuch der Expansion, der in Afrika freilich zunächst nicht glückte, sich zunächst eines entstandenen weltpolitischen Kampfes bedienen konnte: dem Konflikt Englands mit den Buren entsprach hier der Angriff Japans auf China in den Jahren 1894-95, der zu einem japanischen »Siegfrieden« zu führen schien; die Möglichkeit für Deutschland, am Protestschritt Rußlands und Frankreichs gegen diese anscheinende Be-

---

28 Die Engländer steckten sich hierbei hinter Portugal, das die Endstrecke der Bahn nahe dem Meer kontrollierte.

29 Hallgarten, Imperialismus, Bd. I, S. 368, Fußnote 3.

30 Die Hochfinanz (d. h. die Deutsche Bank) intervenierte beim Auswärtigen Amt ganz offen gegen die burenfreundliche Politik, s. Hallgarten, *Imperialismus*, Bd. I, S. 424, Fußnote.

31 Hallgarten, *Imperialismus*, S. 421 ff., Bd. I. Über die politische Rolle der Familie und Firma Krupp vgl. Wilhelm Boelcke, *Krupp und die Hohenzollern in Dokumenten*, Frankfurt 1970, mit ausführlichen Kommentaren und kritischer Erörterung der Literatur.

schneidung ihrer imperialistischen Aussichten teilzunehmen, eröffnete ihm hier eine unerwartete Chance zur erträumten eigenen Ausdehnung. Auch Krupp hatte hier mehr Glück als im Fall der Buren. Die Kruppvertreter in China besaßen seit Anfang der siebziger Jahre enge Verbindung mit dem leitenden chinesischen Staatsmann, dem – wie das damals dort üblich war – sehr korrupten Li Hung-tschang[32]; ja, China hatte sich 1886 bereit gefunden, Deutschland schriftlich ein Monopol für seine Belieferung mit Waffen zuzubilligen. Trotz recht fataler Vorgänge auf diesem Gebiete – der frühere Kruppvertreter, ein gewesener Missionar, der nunmehr in chinesische Dienste getreten war, suchte die Stellung des damaligen Vertreters, eines Österreichers, zu unterminieren, wobei man sich gegenseitig mit handfestem Schmutz bewarf – steigerte sich Krupps Einfluß dort dauernd. Nach Darstellung der wohlunterrichteten Kölnischen Zeitung war es dieser Einwirkung zuzuschreiben, daß sich Li Hung-tschang 1894 entschloß, dem japanischen Angriff mit Waffen zu begegnen. Aktenmäßig gut verbürgt ist ein weiterer Vorgang, der bereits hinter den Vorhang des zwanzigsten Jahrhunderts zu blicken gestattete, in dem ja, wie wir gleich sehen werden, der Einfluß der Industrie auf Politik und Kriegsführung ganz besonders bemerkbar wurde. Als nach dem damaligen Sieg Japans über China die westlichen Großmächte dazu übergingen, sich gleichsam als Entschädigung für Japans Erfolge auch ihrerseits Stücke aus dem Leib des wehrlosen Riesenreichs herauszuschneiden, sandte das deutsche Geschwader, dem die Aufgabe oblag, an Ort und Stelle zweckdienliche Objekte für Deutschland zu bestimmen, Berichte nach Hause, die in Essen nicht gefielen. Im Gegensatz zu den Marinesachverständigen, die sich auf flottenstrategische Erwägungen stützten, verlangte Krupp Besetzung der Bucht von Kiautschau, in deren Nähe sich große Kohlenlager befanden. Zur Durchsetzung seiner Wünsche bediente er sich der Berichte zweier ausgedienter deutscher Offiziere, die von ihm und dem damals von ihm erworbenen Gruson-Werk hinausgesandt waren, um im Namen der chinesischen Regierung die Küste Chinas zwecks Wiederaufrichtung der chinesischen Landesverteidigung zu inspizieren – was Wunder, daß sich deren Meldungen, was Kiautschau betrifft, sehr günstig für dessen Verwendbarkeit als Kriegshafen aussprachen[33]. Als das Ober-

32 Die auf früher unbekanntes deutsches Aktenmaterial gestützte Darstellung des Hintergrundes der damaligen deutschen Ostasienpolitik wurde von Hallgarten, *Imperialismus*, Bd. I, S. 399-419 (besonders S. 413 ff.) mit der von Stöcker, Helmut, *Deutschland und China im 19. Jahrhundert*, Berlin 1958 verbunden, welche die Archivbestände der DDR ausnutzte.

kommando der Marine, gestützt auf die Berichte des Chefs des nach Ostasien entsandten Kreuzergeschwaders, gleichwohl nicht nachgab, sondern im Vortrag beim Kaiser Ende 1895 Kiautschau als ganz ungeeignet bezeichnete, rief das Reichsmarineamt – das zuständige Ministerium, dem die Marine unterstand – den Chef des Geschwaders aus Ostasien ab und instruierte seinen Nachfolger, daß der von seinem Vorgänger vertretene Kurs dem von der Regierung gebilligten Standpunkt widerspräche, daß ein wirtschaftlich unerschlossener Platz keinen Wert für Deutschland besäße. Bei der Auswahl müsse nämlich »das Bedürfnis derjenigen Interessen in den Vordergrund gerückt werden, welche die Flotte als Rückhalt nötig hätten, nicht jedoch das Bedürfnis der Flotte selbst«[34]. Es war, wie schon angedeutet, ein Vorgang von größter Wichtigkeit. Er zeigte, daß man sich zum mindesten unter den Häuptern der Flotte, als der jüngsten Waffe des Reichs, darüber im klaren war, daß man mit der modernen Industrie – der zweiten Großmacht im Reich – in solchem Grade verbunden sei, daß man nicht wider deren Stachel löcken könne, selbst wenn es schmerze. Darüber hinaus hatte dieser Erlaß noch eine ganz besondere Bedeutung und zwar wegen der Person des Adressaten: der neue Chef des Kreuzergeschwaders, an den er sich richtete, war nämlich kein anderer als Admiral Alfred von Tirpitz, der in den folgenden Jahrzehnten – zum Unheil des Reichs – den im Erlaß immanent formulierten Grundsatz, alles daranzusetzen, um die Unterstützung der Großindustrie zu gewinnen, in einer Weise zur Geltung brachte, die damals noch niemand ahnte, freilich aber auch eben hierdurch, wie noch zu zeigen, das Unheil für das kaiserliche Deutschland beschleunigt herbeizuführen half. Tirpitz wurde im Lauf der Jahre geradezu zum Sinnbild des Imperialismus der wilhelminischen Zeit, der sich in die ganze Welt und besonders auch nach Latein-Amerika ergoß, wo er mit dem auf die Monroe-Doktrin pochenden Imperialismus der Vereinigten Staaten zusammenstieß[34a]. Es war ein Imperialismus der Flotten, der Industrien, und der Handels- und Rüstungsinteressen und -Agenten, und er machte Deutschland – verkörpert

---

33 Hallgarten, *Imperialismus*, Bd. I, S. 416.

34 Hallgarten, *Imperialismus*, Bd. I, S. 417.

34a Über die Ausbreitung des deutschen Imperialismus in Lateinamerika, die, wie im zweiten Teil dieses Buches gezeigt werden wird, nach dem Ersten Weltkrieg abermals sehr wichtig werden sollte, sowie über die damaligen Beziehungen der deutschen Industrie und des Reichs zu den USA, auf die beide hier aus Raumgründen nicht eingegangen werden kann, vgl. das Standardwerk von Vagts, Alfred, *Deutschland und die Vereinigten Staaten in der Weltpolitik*, 2 Bde., London 1935, besonders Kap. 16 (»Monroe-Doktrin«).

in der Person des deutschen Handlungsreisenden – in der ganzen Welt verhaßt, wenn es auch zur Wahrscheinlichkeit bewaffneter Zusammenstöße nur dort kam, wo die von ihm heimgesuchten »unentwickelten Gebiete« im strategischen Kampfbereich der Großmächte lagen, wie auf dem Balkan.

3.

Von der zweiten Hälfte der neunziger Jahre an schritt der deutsche Imperialismus, von der Industrie lebhaft unterstützt, seiner Gefahrenzone zu. Es war der Zeitraum, in dem Wilhelm II., der es gefühlsmäßig meist mit dem preußischen Adel hielt, zu seiner Freude die Industrie nach Beendigung ihres handelspolitischen Kampfs mit dem Adel wieder an dessen Seite rücken sah; es war die Zeit, in der er infolgedessen persönlich mehr in den Vordergrund trat als je vorher oder nachher[35], und es war die Zeit, in der sich im Zusammenhang hiermit mächtige politische Organisationen bildeten, die ohne Rücksicht auf die Verhältnisse im Reichstag die kaiserlichen Wünsche durchzusetzen halfen. Dies galt besonders von der Begründung der deutschen Schlachtflotte, an der die deutsche Industrie führend beteiligt war. Den Abschluß dieses Zeitraums bilden die drei großen imperialistischen Vorkommnisse jener Jahre, nämlich der Spanisch-Amerikanische Krieg, der die USA in den Pazifik vortrieb; die Steigerung des Konflikts Englands mit den Buren zu offenem Krieg, und die Expedition der Großmächte gegen China zwecks Niederkämpfung des Boxer-Aufstands, worauf dann – kurz nach der Jahrhundertwende – der Entscheidungskampf der Großmächte um Macht und Kolonialgebiete, sowie, wo nötig, um deren Neuverteilung begann.
Die erste der eben genannten Organisationen, der Alldeutsche Verband, das Symbol des deutschen Imperialismus und Vater der späteren NSDAP, entsprang, wie früher gesagt, dem Ärger eines noch kleinen Kreises über den Austausch der kleinen, damals England gehörigen Nordseeinsel Helgoland gegen die deutschen Ansprüche auf Sansibar, was einen Stillstand der erhofften überseeischen Ausbreitung anzukündigen schien (1890). In Wirklichkeit handelte es sich jedoch um weit mehr. Wenn man, den Austauschvertrag zum

---

35 John Röhl betont in seinem, auf viel neues Material gestützten, bereits zitierten Buch, *Germany after Bismarck*, in den Kapiteln 6 und 7 dieses Hervortreten, jedoch ohne Untersuchung der sozialen Bedingungen hierfür.

Anlaß nehmend, nun, wie das so manche Verbandsmitglieder taten, auf die Erweiterung des Deutschen Reichs zu einem Gebilde drängte, das dem Hitlerschen Großdeutschland sehr ähnlich sah[36], dann war der Erfolg an die Voraussetzung geknüpft, daß Deutschland sich ein Über-Heer und eine Über-Flotte zulegte, mit denen nichts in der Welt konkurrieren konnte. Während die einzuschlagende Richtung – Mitteleuropa größten Stils oder Kolonialreich? – niemals völlig feststand[37], so war doch vorauszusehen, daß deutsche Schritte in auch nur einer dieser Richtungen England verprellen und somit zunächst zu einer deutschen Selbst-Einkreisung[38], sowie im Zusammenhang hiermit schließlich zu einem Weltbrand führen mußten, für den man sich nicht ernst genug rüsten könne. Kein Wunder, daß im 73köpfigen Vorstand des Verbandes bereits namhafte Großindustrielle wie Emil Kirdorf, Duddenhofer (Rottweiler Pulverfabriken), E. Leuschner (Mansfeld AG), E. Kleine vom Bergbaulichen Verein und der Vorsitzende des Vereins deutscher Eisen- und Stahlindustrieller, G. L. Meyer, zu finden waren[39]. Ebenso bezeichnend ist, daß der – organisatorisch gesehen – eigentliche Gründer des Verbandes, Alfred Hugenberg, bereits 1909 Vorsitzender des Direktoriums des Zentralverbands der Deutschen Industrie und Vorsitzender des Bergbaulichen Vereins wurde, um von den leitenden Stellungen Kirdorfs sowie der Verbandszugehörigkeit weiterer Vertreter der Großindustrie gar nicht zu reden. Besonders wichtig war ferner, daß sich unter den Gründern und Leitern des Verbands Dr. Reismann-Grone befand, der alsbaldige Chef der Rheinisch-Westfälischen Zeitung, des Organs der Schwerindustrie. Damit soll nicht gesagt sein, der Alldeutsche Verband sei eine großindustrielle Gruppe gewesen; wenn er auch freilich nicht – wie andere Autoren umgekehrt schrieben – einen »kleinbürgerlichen Agitationsverein« darstellte[40]. Ein Agitationsverein war er sicherlich – ja hierin

---

36 Sehr reichhaltiges Material hierüber in der, wie bereits erwähnt, mir durch freundliche Vermittlung von Professor Dieter Fricke der Universität Jena zur Verfügung gewesenen Diss. von Hartwig, E., *Zur Politik und Entwicklung des Alldeutschen Verbands . . . 1891-1914*, Jena 1966, S. 51 ff.

37 Hartwig, *Alldeutscher Verband.*, S. 51, sagt: »Es zeichneten sich seit 1894 zwei Schwerpunkte der Expansionsprogramme deutlich ab: erstens die Schaffung eines großen mitteleuropäischen Reichs unter deutscher Führung, und zweitens die Errichtung eines ausgedehnten deutschen Kolonialreichs.

38 Über Deutschlands Selbst-Einkreisung s. Hallgarten, *Imperialismus*, Bd. I, 3. Teil, »Die gesellschaftlichen Grundlagen der Weltpolitik«.

39 Stegmann, *Die Erben Bismarcks*, S. 51.

40 Kälble, *Industrielle Interessenpolitik*, S. 160.

bestand seine eigentliche Bedeutung – allein der Begriff »kleinbürgerlich« trifft auf keine Organisation weniger zu als auf ihn. Wenn auch die Großindustrie als Gesamtheit seine Bedeutung für ihre Interessen erst nach und nach erkannte, so füllte er doch eine Lücke aus, die sie nicht hatte schließen können: er leistete genau das, was keine im Reichstag oder selbst in den Länderparlamenten sitzende Partei für sie vollbringen konnte, d. h. er machte hundertprozentige Propaganda für die wichtigeren Zwecke. Parteipolitisch betrachtet, war die Schwerindustrie gewöhnlich durch die Nationalliberalen oder – besonders in Schlesien – durch die schwindende Gruppe des Herrn von Kardorff, die Reichspartei, vertreten. Allein sie konnte nicht davon träumen, daß sich die Massen der Nationalliberalen Partei – meist bürgerliche Intellektuelle mit leicht liberalem Anstrich – für die Sonderwünsche, und besonders die Sozial-, Zoll- und Steuerpolitik der Schwerindustrie erwärmten. Mit den Alldeutschen war das anders. Hier gab es konservative Intellektuelle, die ihre machtpolitischen Ziele so hoch gesteckt hatten, daß sie wohl oder übel mit der Schwerindustrie Hand in Hand arbeiten mußten, sie mochten wollen oder nicht. Um es knapp und klar zu formulieren: Es handelte sich hier um Elemente, welche den Pessimismus, ja auch den Antisemitismus der Zeit der Großen Depression in die folgende Hausse-Zeit übertrugen, wo er, die nun Mode gewordene Machtpolitik untermauernd, der aus der Krise geretteten Schwerindustrie dazu verhalf, boom und später Kriegsaufträge zu stabilisieren. Die meisten dieser Intellektuellen merkten freilich kaum was die Uhr geschlagen hatte, und daß es nunmehr statt um Patriotismus, um patriotisierende Utopien ging[41].

Als eine Organisation der bürgerlichen Elite mußte der Alldeutsche Verband darauf verzichten, die Massen einzufangen. Andererseits war die Überrüstung zu Land und zur See, die sein Programm forderte, damals davon abhängig, daß sich »pressure groups« – wie man es in Amerika nennen würde – bildeten[41a], um den Parteien die

41 Sehr gute Beobachtungen über diese Stimmung in dem – gleich Hallgartens *Imperialismus*-Werk – dem Gedächtnis Kehrs gewidmeten Buch von Pauline Anderson, *The Background of Anti-English Feeling in Germany 1890-1902*, Washington D. C., 1939. Ein Musterstück für jeneArt des Denkens sind Thomas Manns *Betrachtungen eines Unpolitischen*, die er später preisgab.

41a Auch der Alldeutsche Verband selbst fungierte als pressure group, aber zur Erreichung seines Hauptziels war seine Basis zu schmal. Der ADV wurde in seiner Flottenpropaganda wie überhaupt auch in seiner Mitgliederzahl (vgl. Hartwig, *Alldeutscher Verband*, S. 87 und 279) von dem 1898 gegründeten Deutschen Flottenverein weit überflügelt.

Massen wegzufangen und die Parteiführer so zu zwingen, die Riesenprogramme durchzuführen. Diese Pressure Groups, ihre Ermunterung durch die Industrie und durch die industrielle Presse und ihr Zusammenspiel mit Militär und Marinegrößen, sind für den Wilhelminismus ungemein bezeichnend. Das Menschenmaterial wie den Flottenverein, den Wehrverein und die Kolonialbewegung (in deren Spätstadium) übernahmen die großen deutschen Pressure Groups jener Bevölkerungsschicht, deren Verhalten, in Heinrich Manns politischem Roman »Der Untertan« klassisch geschildert ist, also dem mittleren unteren Bürgertum, das in Deutschland, mit seinen Dutzenden regierender oder mediatisierter adeliger Dynastien, zu denen es ehrerbietig emporblickte, eine einzigartige Rolle spielte. Dank all dieser Umstände entwickelte sich die Endphase des wilhelminischen Imperialismus zu jenem tragischen Schauspiel, das den Ersten Weltkrieg auslösen half.

Der weitaus wichtigste dieser Art von Verbänden war der Flottenverein. In ihm trifft man ein typisches Erzeugnis jener Zeit nahe der Jahrhundertwende, in der sich der bereits unter Bismarck geformte, aber in der Zeit nach seinem Sturz verblaßte Ring von Industrie und Landwirtschaft neu bildete. Unter Wilhelm II., während dessen Regierung die Industrie der Aufgabe diente, ihm seine geliebte Flotte schaffen zu helfen, war die Aggressivität dieses Rings ganz besonders sichtbar, wenn auch Wilhelm persönlich bis an sein Lebensende an der Meinung festhielt, durch seine Machtentfaltung dem Frieden gedient zu haben und somit an der Katastrophe von 1914 nicht schuld zu sein[42]. Seit dem Sommer 1897 arbeitete der preußische Finanzminister Miquel, ein liebedienerischer Freund des Kaisers, bewußt an dieser Konstellation[43]. Es kam hierbei darauf an, die Dinge so zu lenken, daß die materiellen Nutznießer der neuen Politik nicht allzu sichtbar wurden, und daß Gewaltanwendung vermieden blieb. Die Erfolge der deutschen Weltpolitik in Ostasien – im

---

42 Das Verdienst, als erster die historische Bedeutung der damals als »Sammlungspolitik« bezeichneten Formierung des industriell-agrarischen Rings erkannt und dargestellt zu haben, gebührt Eckart Kehr, a.a.O. Hallgarten hat bereits damals diesen Gedanken von Kehr übernommen und weiterverfolgt. Gewaltiges und höchst interessantes, auf ausgedehnte Archivstudien gestütztes Material bringt Stegmann, D., *Die Erben Bismarcks.* Vgl. ferner die ausgezeichnete Arbeit von Ekkehard Böhm, *Überseehandel und Flottenbau,* Düsseldorf 1972, die die Hamburger Interessenlage zur Flottenpolitik untersucht: man lehnte in Hamburg die Sammlungspolitik ab, machte aber der See- und Werftinteressen halber bei der Flottenpolitik mit.

43 Röhl, a. a. O., S. 246 ff., über Miquel.

Oktober landete das Reich in Kiautschau – bestärkten des Kaisers Ratgeber in der Annahme, daß es gelingen werde, den Reichstag zur Votierung des Flottenbaus zu bewegen, ohne zum Staatsstreich greifen zu müssen, mit dem Wilhelm II. nach seiner Gewohnheit auch jetzt drohte, falls er seine Schiffe nicht bekam[44]. Um die Flottenvorlage durchzubringen – der ersten von 1898 folgte bereits 1900 eine zweite, die den Bestand an Schlachtschiffen verdoppelte und ihn auf 38 brachte –, mobilisierte Staatssekretär von Tirpitz in enger Zusammenarbeit mit der Schwerindustrie die Massen. Sehr bald sah man allenthalben Interessengruppen aufsprießen, deren Einfluß mit dem der gewählten Parlamente wetteiferte[45]. Der Kaiser stellte mit Genugtuung fest, daß es Tirpitz gelungen war, eine große Behörde aufzubauen, die 1000 bis 1500 Zeitungen und Zeitschriften mit Material über Seeinteressen zu versorgen. Dem Interesse des Besitzbürgertums an der Flottenbewegung entsprechend ließen sich die führenden Sozialwissenschaftler der Zeit – Lujo Brentano, Hans Delbrück, Gustav Schmoller, Max Weber – und hunderte ihrer Fachkollegen dafür gewinnen, an allen Ecken und Enden des Reichs für die Verstärkung der deutschen Seemacht zu sprechen[46].

Anfang April 1898 schuf dann Friedrich Alfred Krupp mit der Hilfe von Viktor Schweinburg, der damals auch die von Krupp und der übrigen Schwerindustrie finanzierten *Berliner Neusten Nachrichten* redigierte[47], das Zentralorgan für alle diese Kräfte: eben den Flottenverein. Bereits zwei Wochen vorher hatte Schweinburg dem kaiserlichen Kabinettchef, jenem fatalen Lucanus, der einst Bismarck die seidene Schnur hatte reichen müssen[48], geschrieben, es handele sich darum, eine stark zentralisierte Massenbewegung zu organisieren, die »zu allen Zeiten zur Seiner Majestät Verfügung stünde«[49]. Er ließ keinen Zweifel darüber, daß hiermit unter Umständen auch ein Kampf gegen unliebsame Parteien verbunden sein

---

44 Röhl, a a. O., S. 253.

45 Kehr, a. a. O., S. 119.

46 Fürst Bülow, *Denkwürdigkeiten*, 1930/31, Bd. I, S. 133; Marienfeld, W., *Wissenschaft und Schlachtflottenbau in Deutschland*, 1897-1906, 1957.

47 Stegmann, a. a. O., S. 166 f. Man findet in Stegmanns Buch einen interessanten Exkurs über Schwerindustrie und Presse. Er bestärkt unseren Eindruck, daß nur ganz wenige Blätter – wie etwa die *Berliner Neuesten Nachrichten* und die *Rheinisch-Westfälische Zeitung* – hundertprozentig der Industrie gehörten, da dies propagandistisch einfach schädlich war. Die gewöhnliche Art der Einflußnahme seitens der Industrie war wohl Unterbeteiligung und Subsidierung, auch durch Inserate.

48 Röhl, *Germany*, S. 254.

49 Röhl, *Germany*, S. 254.

könne[50] – eine nicht unbedenkliche Möglichkeit, da der Flottenverein, der es bis 1906 auf über eine Million Mitglieder brachte, hiermit bei weitem die größte bestehende Organisation im Deutschen Reich darstellte; selbst die Sozialdemokratie, die größte politische Partei, zählte damals nur 385 000 Köpfe[51]. Der industrielle Einfluß im Flottenverein war sehr beträchtlich[52].

Hand in Hand mit der immer rücksichtsloser werdenden Politik der Kartelle und Trusts gegenüber außen und unten ging also hier die Schöpfung einer neuen Waffe. Und an der Spitze dieser neuen Waffe stand in Admiral Alfred von Tirpitz ein Mann, der mit seinem alter ego – dem Chef des Generalstabs der Armee, General Alfred von Schlieffen – in der Überzeugung einig war, daß die Lage, in der sich Deutschland durch diese industrielle Überentwicklung befand, nach außerordentlichen Lösungen drängte. Die strategischen Pläne beider Männer, wenn auch auf der Vorarbeit von Jahrzehnten ruhend, sind typische Kennzeichen des deutschen Imperialismus der wilhelminischen Zeit, in der Deutschland in eine Lage geriet, die nach sofortigen militärischen Entscheidungen drängte. Zwar waren die Rezepte, die beide boten, so verschieden als nur möglich. Graf Schlieffen plante, durch seinen berühmten Umfassungsmarsch gegen Frankreich, die Entscheidung auf dem Festland herbeizuführen, und sah daher das immer wahrscheinlicher werdende Eingreifen Englands in einen europäischen Krieg als höchst unerwünscht an[53]. Für Tirpitz hingegen bedeutete der Kampf gegen England das A und O seiner gesamten Handlungen[54]. Geschichtlich betrachtet, handelte es sich hier im Grunde um eine ins militärische übertragene Riesen-Projektion der alten Gegensätze der deutschen Geschichte, in der fast jeder, der es mit Österreich hielt, bereit war, wenn nötig gegen Rußland zu marschieren, während der Norden, mit Preußen an der Spitze, am liebsten gegen die demokratischen Westmächte zog, eine

---

50 Röhl, *Germany*, S. 255.

51 Röhl, *Germany*, S. 255.

52 S. die Angaben bei Jaeger, Hans, *Unternehmer in der Deutschen Politik*, Bonn 1967, S. 144 f. Begründet durch Krupp und dessen Agenten Schweinburg, aber auch durch den Zentralverband der Deutschen Industrie, erhielt der FV bereits 1900 mehr Zuwendungen von außen (412 000 M) als von seinem riesigen Mitgliederkreis (384 000 M). Einzelheiten über industrielle Förderung außer bei Jaeger besonders auch bei Stegmann, *Erben Bismarcks*.

53 Wallach, Jehuda L., *Das Dogma der Vernichtungsschlacht*, Frankfurt 1967, 3. Kapitel, Die Haltung Schlieffens und seiner Nachfolger gegenüber England.

54 Über die Vernichtungsstrategie des Großadmirals gegenüber England, deren volle Tragweite früher – teilweise mangels Material – nicht hinreichend erkannt wurde, s. Berghahn, Volker R., *Der Tirpitz-Plan*, Düsseldorf 1971.

Tendenz, die freilich, was England anging, durch das Zusammengehörigkeitsgefühl des Protestantismus auf beiden Seiten und die gemeinsamen Kämpfe gegen Frankreich lange kompensiert war. Es ist wohl letzten Endes diese Zwiespältigkeit, die Deutschland den Ersten Weltkrieg – ja im Grunde auch den Zweiten – verlieren ließ. Wie dem aber auch sei, auf jeden Fall wirkte sich die ungeheure Stoßkraft, die ein Staat in Deutschlands Lage im Fall eines Weltkriegs entfalten mußte, desto verhängnisvoller aus, je mehr sie sich zwischen verschiedenen Zielen zersplitterte. Zu Deutschlands Unglück wuchs die Aussicht, daß es zu einem solchen Kriege kommen werde, seit der Jahrhundertwende ununterbrochen. Während sich die deutsche Flotte erst allmählich entwickelte, und während Tirpitz durch ständiges Betonen, sie diene lediglich dem Zweck, einen Seeangriff auf Deutschland zu einem »Risiko« zu machen, England über seine wahren Ziele zu täuschen suchte[55], bereitete sich gleichzeitig auf parlamentarischem Gebiet eine Entwicklung vor, die ganz dazu angetan war, solche Vernebelungsmanöver zu entschleiern: Industrie wie Agrarier erhielten nun in Zollform ihre Quittung für ihre Teilnahme an der großen Transaktion, wodurch sich die aggressive deutsche Sozialstruktur verewigte. Bei den Verhandlungen über den neuen Zolltarif wurde auch das Zentrum, also die Partei der Katholiken, herangezogen, dessen Mitwirkung man weder bei den Flottengesetzen noch bei der Zollgesetzgebung entbehren konnte. Das neue Zollgesetz war jahrelang durch einen von dem listigen Miquel ins Leben gerufenen »Wirtschaftlichen Ausschuß« vorbereitet worden, in dem Schwerindustrie und Großgrundbesitz die Führung hatten[56]; eine Vertretung der Arbeiterschaft hatte man nicht vorgesehen. Diesem Vorspiel entsprachen der weitere Verlauf und dessen Folgen. Zwar waren die inneren Kämpfe zwischen den beteiligten Interessenten hart und scharf, doch kam am 14. Dezember 1902 durch einen Kompromißantrag von Kardorffs ein Zolltarif zustande, der für die Agrarier »die Konservierung ihrer wirtschaftlichen und politischen Machtstellung« und die »Gewährung einer Staatsdotation in der Form des Zollprofits«, und auch für die Unternehmer einen vollen Erfolg bedeutete: »die Roheisenzölle blieben

---

55 Berghahn, *Tirpitz-Plan*, S. 224 weist überzeugend nach, daß die von Tirpitz entwickelte »Risiko«-Ideologie so geschickt war, daß sie nicht nur die damalige Öffentlichkeit, sondern neun gegenwärtige Historiker – darunter Hallgarten – darüber zu täuschen vermochte, daß Tirpitz schon damals seine Auseinandersetzung mit England vorbereitete.

56 Stegmann, *Erben Bismarcks*, a. a. O., S. 73 ff.

garantiert, und die durch die Erhöhung der Getreidezölle ausgelöste Verteuerung der Lebensmittel – und damit neue Lohnforderungen der Arbeiter – konnten um so leichter abgefangen werden, als die Beherrschung des Marktes durch Kartelle und Preisabsprachen der Schwerindustrie erlaubte, die Preise hochzuhalten und gleichzeitig durch Dumping auf dem Exportmarkt konkurrenzfähig zu bleiben«[57]. Die Kartellierung jener Jahre, 1901–1903 durch eine der zyklischen Krisen gefördert, welche die Zeit des Booms von 1876 bis zum Ersten Weltkrieg mit ebensolcher Regelmäßigkeit durchziehen wie die vorhergehende Periode, half andererseits die Arbeiterbewegung zu formieren, gegen die sich der Kampf der Unternehmer richtete.

Das Schicksal der Arbeiterbewegung wurde seit dem Sturz Bismarcks und der hiermit verknüpften Nicht-Erneuerung des Sozialistengesetzes sehr wesentlich beeinflußt durch den Aufstieg des Gewerkschaftswesens. Die Gewerkschaften haben die Arbeiterbewegung bis in die Zeit des Ersten Weltkriegs und in den meisten nichtsowjetischen Ländern bis heute geformt. Zwischen 1885 und 1910 gelang es ihnen in Deutschland, eine ungefähr hundertprozentige Steigerung des Realeinkommens zu erreichen; den 8-Stunden-Tag freilich vermochten sie erst nach der Revolution von 1918 durchzusetzen. Ihr Erfolg spiegelt sich politisch in der Tatsache wider, daß der Prozentsatz der Gewerkschaftsführer innerhalb der Reichstagsfraktion der Sozialdemokratischen Partei Deutschlands von 11,6 % im Jahre 1893 auf 32,7 % im Jahre 1912 stieg[58]. Bis zum Ersten

57 Stegmann, *Erben Bismarcks*, S. 90. Die Kartellierung erklomm um die Jahrhundertwende einen Höhepunkt. Das Kohlensyndikat verzichtete im Jahre 1903 endlich auf Bedingungen, die es bis dahin den gemischten Werken wirtschaftlich unratsam gemacht hatten, ihm beizutreten. Im folgenden Jahr (1904) entstand als Zusammenfassung schon längst bestehender Verbände der Stahlwerksverband, der 27 große Werke = 83,5 % der gesamten deutschen Stahlerzeugung umfaßte. Für das Jahr 1905 errechnet Maschke (29), dem obige Angaben entstammen, untertreibend, wie er sagt, eine Gesamtzahl von 253 deutschen Kartellen, davon 92 in der Schwerindustrie.

58 Grebing, *Arbeiterbewegung*, S. 106; vgl. allgemein auch Ritter, Gerhard A., *Die Arbeiterbewegung im Wilhelminischen Reich*, eine 1959 erschienene Studie des Friedrich-Meinecke-Instituts in Berlin, die leider bereits um 1900 abbricht, sowie Schorske, Carl E., *German Social Democracy 1905-1917*, eine zuerst 1955 erschienene und 1970 unverändert neu herausgebrachte Harvard-Studie. Das Studium des Gewerkschaftswesens und der von ihm erreichten Erfolge ist um so nötiger, als die offizielle vom Reich unter dem Minister von Berlepsch inaugurierte und später von dem Grafen Arthur Posadowsky (1845-1932) fortgesetzte Sozialpolitik angesichts des Widerstands der Industrie versagte. »Von 1890 bis 1914« sagt hierüber selbst ein dem Kaiserreich so freundlicher Autor wie Graf Schwerin, *Große Zeit des Feuers*, Bd. II, S. 180, »sind auf sozialem Gebiet we-

Weltkrieg vollzog sich dieser Anstieg freilich nur unter härtesten Kämpfen mit dem Unternehmertum; die Zahl der Streiks und Aussperrungen wuchs damals noch dauernd, und auch die allgemeine Lebenshaltung der Arbeiter war trotz allen erzielten Fortschritts noch ungemein niedrig; das Durchschnittseinkommen von 800-900 M im Jahr gestattete gerade, mit einer nicht allzu großen Familie ohne schwere Nahrungssorgen zu leben, und die Wohnungsverhältnisse, besonders in Berlin und anderen Großstädten waren oft fürchterlich. Immerhin wurde die Arbeiterbewegung dank der eingetretenen Veränderungen im ganzen friedlich-gemäßigter – das heißt, wie man es bald zu nennen begann, »revisionistischer« – als vorauszusehen, und auch der Kampf der Industrie gegen die Arbeiterschaft, obschon bis 1914 äußerst heftig[59], machte schließlich unter dem Druck der Umstände verständnisvoller Duldung Platz. Festzuhalten ist, daß die Arbeiterschaft als Gesamtheit dem Imperialismus immer weniger Widerstand leistete, als er nunmehr, nach der Jahrhundertwende, in seine entscheidenden Jahre trat.

4.

Seit Beginn unseres Jahrhunderts, also kurz nach dem berühmten Knick in der Entwicklung, welcher die Frühperiode von der Reifezeit des klassischen Imperialismus trennt[60], wurde die deutsche Teilnahme an dieser allgemeinen Entwicklung für den Weltfrieden immer bedrohlicher. Während sich die deutschen Vorstöße dieser Art

---

sentliche Fortschritte nur beim Arbeiterschutz, bei der Stellung der Gewerkschaften, und beim Ausbau der Gewerbeinspektionen und -gerichte gemacht worden, also auf dem Gebiet des Arbeitsvertrags- und -verfassungsrechts. Die ›Arbeiterfürsorge‹, insbesondere Arbeitsnachweise, Erwerbslosenfürsorge und Sozialversicherung traten dagegen zurück. In der Sozialversicherung sind grundlegende Änderungen fast ein Menschenalter hindurch nicht zu verzeichnen . . .«

59 Der Kampf wurde nach Kriegsausbruch durch die Erklärung des sogenannten Burgfriedens zeitweise abgebrochen, und auch nach dem Kriege infolge des gemeinsamen Gegensatzes beider Parteien gegen den Kommunismus nicht mehr mit voller Wucht geführt.

60 Mit dem bekannten englischen Theoretiker Eric Hobsbawm finden wir, daß dieser Zeitpunkt durch eine zusammenhängende Reihe neuer Fakten bezeichnet ist: 1. Die Änderung in der Struktur des Kapitalismus; d. h. den Aufstieg der Monopole und des Finanzkapitals; 2. die Abkehr der Staaten vom wirtschaftlichen Liberalismus; 3. den neuen Kolonialismus und die Aufteilung der Welt; 4. die internationalen Spannungen und die neue Kriegsgefahr, und 5. das – besonders von Lenin betonte – Eindringen des Reformismus in die internationale Arbeiterbewegung.

im vergangenen Jahrhundert auf unentwickelte Räume bezogen, die noch nicht in die Hände anderer Großmächte gelangt waren, war »die Welt« nunmehr »weggegeben«, oder im Begriff weggegeben zu werden. Aus diesem Grunde, und infolge der steigenden Reibungen zwischen den von der kapitalistischen Entwicklung ergriffenen Großstaaten als solchen, besonders zwischen Deutschland und seinen Nachbarn, wurde es nun immer wahrscheinlicher, daß die Pläne eines Grafen Schlieffen, eines Admiral Tirpitz, oder dessen englischen Gegenspielers, des Flottenlords John Fisher, bald verwirklicht werden würden. Dies bedeutete insbesondere für Deutschland, das sowohl an Truppenstärke wie an kriegswichtigem Rohmaterial und in seiner Nahrungsmittelversorgung dem Potential seiner möglichen Gegner unterlegen war, den Zwang zur Entwicklung überlegener Waffen, zu einer Blitzkriegstrategie und wenn möglich zu blitzschnellem Losschlagen. Es bedeutete ferner, daß weitere imperialistische Erfolge nur durch unverhüllte kriegerische Drohung oder aber durch Ausnützung entstandener Kriege zwischen einem seiner Nachbarn und dritten Mächten zu erreichen waren. Eine solche Möglichkeit bot sich für Deutschland im Jahre 1904 durch den Ausbruch des russisch-japanischen Krieges, der seinen östlichen Nachbarn, das damals vom Zarismus beherrschte Rußland, ganz empfindlich schwächte. Diese Wendung half der deutschen Wirtschaft die Schwierigkeiten zu überwinden, die sich aus dem im Zeichen der Sammlung von Industrie und Landwirtschaft fertiggestellten neuen deutschen Zolltarif bei Verhandlungen mit dem Ausland ergaben. Der deutsche Kaiser, stolz auf seine Rolle als Protektor der deutschen Wirtschaft, lud den russischen Finanzminister Graf Witte zu sich nach Norderney ein, wo Witte mit dem Reichskanzler Grafen Bülow, dem wahren Schutzgott der deutschen »Sammlungspolitik« jener Jahre, über den Handelsvertrag ihrer Länder verhandelte. Vor dem Russisch-Japanischen Krieg hatten die Verhandlungen gestockt. Die deutschen Agrarzölle waren ein Brocken, den die Russen nicht schlucken mochten. Nun aber, während des Krieges, war kein Widerstand möglich. Im Gegenzug gegen die Gewährung einer deutschen Anleihe machten sie starke Zugeständnisse[61]. Die deutsche Industrie, obwohl über den Vertrag nicht ganz so erbaut wie die Landwirtschaft[62], konnte als Plus buchen, daß nunmehr der Lö-

61 Hallgarten, *Imperialismus*, Bd. I, S. 575 f.

62 Hallgartens Feststellung, *Imperialismus*, Bd. I, S. 576, die deutsche Industrie sei über den Vertrag mit Rußland – rein mengenmäßig betrachtet den wichtigsten seiner Handelsverträge – ebenso erfreut gewesen wie die Landwirtschaft, ist

wenanteil der Kriegslieferungen für Rußland an Frankreich und Deutschland – manche Autoren behaupten sogar: an Deutschland – fiel[63].

Dies aber war bei weitem nicht alles. Hierüber hinaus half der Russisch-Japanische Krieg, solange er dauerte, Deutschland über die Verlegenheit hinweg, seine politischen Interessen und die Wünsche seiner Industrie in jenen Jahren des immer bedrohlicher werdenden Wettstreits der Großmächte durch offene Kriegsdrohung oder nackte Gewalt durchsetzen zu müssen. Im Jahre 1904 – dem des Ausbruch jenes Krieges – hatten England und Frankreich angesichts ihrer immer stärkeren Bedrohung durch Deutschland sich dazu entschlossen, das Kriegsbeil, das sie trennte, zu begraben, und eine Vereinbarung zu treffen, die den Engländern das ihnen nicht gehörige Ägypten, den Franzosen hinwieder das ihnen ebensowenig gehörige Marokko als Interessensphäre zuerkannte. Die Reichsregierung sah dieser Entwicklung zunächst unbeweglich, wenn auch mit Unbehagen, zu; und sie unternahm einstweilen auch nichts dagegen, daß die führende französische Waffenfirma, Schneider-Creusot, gleichzeitig der verbrieften Stellung Krupps in der Türkei zuleibe ging[64], obgleich dies sehr im Widerspruch zur weltpolitischen Lage stand, welche durch eine Schwächung des russisch-französischen Zweibundes als Folge der Siege Japans im Fernen Osten gekennzeichnet war. Die Aufforderung zum Einschreiten kam vielmehr von außen, von der Firma Krupp, deren Vertreter in Marokko im März 1905 in Berlin erschien und um deutsche Unterstützung gegen das Ausgreifen Frankreichs und der Firma Schneider in Marokko ersuchte, die sich infolge der englisch-französischen Abmachung dort recht ungehemmt gebärdete[65]. Die Tatsache, daß der Besuch des Kruppvertreters zeitlich mit dem Höhepunkt der japanischen Siege über Rußland und der Vorbereitung der regelmäßigen Mittelmeerreise des

---

aufgrund des bei Stegmann, *Erben Bismarcks*, S. 94 beigebrachten zusätzlichen Materials zu modifizieren, wonach zum wenigsten die Exportindustriellen über die neuen Verträge – besonders die mit USA und Rußland – klagten, wozu ihnen freilich von liberaler Seite die Berechtigung bestritten wurde.

63 Hallgarten, *Imperialismus*, Bd. I, S. 577. Felten & Guilleaume z. B. lieferten Minenkabel, welche die dortigen Arbeiter spöttisch »Neutralitätskabel« nannten; die Kruppsche Germaniawerft in Kiel baute für Rußland T-Boote, die als »Lustjachten« deklariert wurden usw.

64 Hallgarten, *Imperialismus*, Bd. I, S. 599-610.

65 Hallgarten, *Imperialismus*, Bd. I, S. 610-631. Die Darstellung dieses Werks, sowohl was die Krupp-Interessen in der Türkei als auch in Marokko und ihre Einwirkung auf die deutsche Politik betrifft, ist bestätigt worden durch die auf ein ungeheures Material gestützte, sehr genaue Darstellung von Pierre Guillen in seinem Buch *L'Allemagne et le Maroc de 1870 à 1905*, Paris 1967.

Kaisers zusammenfiel, spornte das von Geheimrat von Holstein beratene Auswärtige Amt und den Reichskanzler von Bülow zur Tat an; man organisierte nunmehr die als Tangerlandung bezeichnete Aktion, d. h. das Erscheinen des Kaisers in Marokko am 31. März 1905, wobei er Erklärungen abgab, die praktisch auf Nicht-Anerkennung des englisch-französischen Abkommens über Marokko und Ägypten gleich kam und deutsche Ansprüche anmeldete.

Der Vorstoß hatte demnach einen doppelten Sinn. Er beschützte die örtlichen industriellen Interessen Deutschlands, die allerdings vorerst minimal waren und sich wesentlich auf die Wünsche Krupps und sonstiger Waffenlieferanten beschränkten[66], und er nahm – was zehnmal wichtiger war – diese Angelegenheit zum Anlaß, um den Anspruch Deutschlands, angehört zu werden, unmißverständlich anzumelden, sowie je nachdem mit »gepanzerter Faust«, wie sich Wilhelm II. einmal ausdrückte, dreinzufahren. Im Verlauf der weiteren Aktion verlor Deutschland zu seinem lebhaften Bedauern durch den Friedensschluß zwischen Rußland und Japan seinen zur Durchführung solcher Ziele fast unentbehrlichen Helfer, eben die Japaner. Es blieb ihm daher nur übrig, sich, wenn nötig, auf einen Waffengang vorzubereiten. Es war der erste einer Kette von Versuchen, die vom Reich selbst geschaffene mißliche Lage mit dem Degen in der Hand zu ordnen – Versuche, die schließlich bei ihrer vierten oder fünften Wiederholung geradewegs zum Ersten Weltkrieg führten. Im vorliegenden Fall hat der Generalstabschef Graf Schlieffen, in enger Verbindung mit dem Geheimrat von Holstein, die Entscheidung herbeizuführen gesucht. Seit dem Ende 1904 hat er geplant, die durch Japans Angriff auf Rußland ungewöhnlich günstig gewordene Lage zur Verwirklichung seines berühmten Feldzugplans gegen Frankreich auszunützen[67]. Im Laufe der mit der Tangerlandung beginnenden sogenannten Ersten Marokkokrise, bei der Deutschland sich zu seinem Verdruß zur Teilnahme an einer internationalen Konferenz über Marokko bestimmen ließ, hat er, um die durch den Friedensschluß im Osten bewirkte Verschlechterung der Lage aufzuwiegen, in dieser Richtung weitergedrängt, und zwar so stark, daß ihn der Kaiser unter der Seelenmassage seines Freundes, des Grafen Philip Eulenburg, alsbald entließ[68].

---

66 Hallgarten, *Imperialismus*, Bd. I, S. 618 f.

67 Lancken, Oskar Baron von der, *Meine 30 Dienstjahre*, Berlin 1931, S. 56.

68 Schlieffens Freund Holstein, durch einen Sturz isoliert und bald ebenfalls ent-

Diesem ersten – und wie man sieht mißglückten – Versuch, den sich – größtenteils durch Deutschlands Verschulden – allmählich bildenden Ring um Deutschland nötigenfalls mit Gewalt zu sprengen, folgte nach nur drei Jahren, d. h. 1909, noch immer unter der Kanzlerschaft Bernhard von Bülows, ein zweiter Versuch, der glückte, aber die endgültige Katastrophe nur beschleunigte. Er war ein Ergebnis der Gesamtpolitik des Reiches im Südwesten, in der ebenfalls seine Industrie eine erhebliche Rolle spielte. Deutschland war dort in zweifacher Weise interessiert. Es war erstens der Bundesgenosse Österreich-Ungarns, eines von deutschen und ungarischen Elementen – besonders deren oberen Schichten – beherrschten Völkergemischs, das in den Balkan hineinragte und sich beim Werben um die dortigen Nationalitäten mit Rußland rieb. Und es besaß zweitens auf dem Balkan erhebliche Wirtschaftsinteressen, die besonders davon herrührten, daß die Deutsche Bank – mit der Discontogesellschaft das größte deutsche Unternehmen auf diesem Gebiet – die gesamten Bahninteressen des Baron Hirsch aufgekauft hatte[69], wodurch die Bank, die von ihr finanzierten Unternehmungen – und hiermit das Deutsche Reich – gleichsam von selbst zum Freund und Beschützer der Türkei wurden. Damals noch von einem Monarchen – dem Sultan – geleitet, beherrschte die Türkei zu jener Zeit, wenigstens nominell, noch erhebliche Teile des Balkans, daneben aber auch noch praktisch das ganze Kleinasien. Dies veranlaßte sie dazu, die Deutsche Bank im Gegenzug gegen die zahlreichen, ihr gewährten Privilegien und Rechte zur Fortsetzung des Balkan-Bahnnetzes bis hinunter nach Bagdad zu ermächtigen. Hiermit traten neben die politischen und militärischen Bindungen, die sich für Deutschland aus alledem ergaben, auch stets steigende industrielle Interessen, teilweise militärischer Natur. Hierzu gehörte die Bewaffnung des sultanischen Reiches, über die sich meist Schneider-Creusot und Krupp in den Haaren lagen, und bei der es sich zum guten Teil um die Bewaffnung der Meerengen zwischen dem Schwarzen Meer und dem Mittelmeer handelte, deren Kontrolle seit Jahrtausenden für die Beherrschung des Gebiets der späteren Türkei ausschlaggebend war. Gegner der Bestrebungen

---

lassen, rächte sich, indem er dem Publizisten Maximilian Harden belastendes Material über Eulenburgs Geschlechtsleben zuspielte, das dieser in der »Zukunft« veröffentlichte; der so herbeigeführte »Eulenburgskandal«, der eine der wenigen Figuren in der Umgebung Wilhelms II. beseitigte, die zur Vorsicht rieten, ist nach Ansicht mancher Forscher, wie des französischen Akademikers Maurice Baumont, eine der Ursachen des Ersten Weltkriegs.

69 Über Baron Hirsch s. o., S. 56.

Deutschlands und seiner Industrie sowie Österreich-Ungarns auf dem Balkan und in der Türkei war das zaristische Rußland, welches schon mit Hinsicht auf seine Getreideausfuhr, die größtenteils durch die Meerengen ging, keiner anderen Großmacht die direkte oder indirekte Beherrschung jenes Wasserweges gestatten konnte. Die schon seit Jahrzehnten latent vorhandene Spannung erreichte ihren ersten Krisen-Höhepunkt in den Jahren 1908-1909, als es wegen einer der vielen Nationalitätenfragen auf dem Balkan – dem Schicksal Serbiens – zu einem ganz schweren Zusammenstoß zwischen Rußland und Österreich-Ungarn kam, wobei sich Rußland auf die Seite der Serben stellte; der Entschluß des deutschen Reichskanzlers von Bülow, diese Spannung schließlich durch ein regelrechtes Ultimatum nach Rußland zu beenden, dem sich Rußland knirschend fügte, ist der zweite jener etwa fünf deutschen Versuche, den Ring um den deutschen Imperialismus zu sprengen, von denen wir gesprochen haben und die schließlich zum Ersten Weltkrieg führten[70].

Inzwischen hatte sich die deutsche Industrie rapide weiterentwikkelt, und ihr Interesse an Innen- wie Außenpolitik war dauernd gewachsen. Verantwortlich hierfür war zum guten Teil die Entwicklung in den unter Bismarck erworbenen deutschen Kolonien. Der in Deutschland beklagte Sieg Englands im Burenkrieg und die fast gleichzeitig – 1901 – einsetzende zyklische Wirtschaftskrise hatten die größte deutsche Bank, die Discontogesellschaft, der praktisch ganz Deutsch-Südwestafrika gehörte und die dort einen »Rattenschwanz von Landgesellschaften«[71] gegründet hatte, dazu veranlaßt, sich nun endlich daran zu machen, dieses fast zwei Jahrzehnte vorher von ihr erworbene, aber brach gelassene Gebiet wirtschaftlich zu erschließen. Allein hiermit fingen die Schwierigkeiten überhaupt erst an. Die mit der langen Vernachlässigung zusammenhängenden Mißstände sowie die Wegnahme von Land durch die Eisenbahnbauten und der Raub von Vieh durch Einwanderer führten 1904 zu einem Eingeborenenaufstand und einem blutigen Kolonialkrieg, der mit der fast völligen physischen Vernichtung der Aufständischen

---

70 Die Serben sträubten sich dagegen, daß sich Österreich-Ungarn das nominell noch zur Türkei gehörende, aber von Serben bevölkerte und von ihm als Kompensation für sonstige außenpolitische Enthaltsamkeit seit dem Berliner Kongreß von 1878 besetzte Bosnien endgültig einverleibte (1908). Sie wurden hierbei von Rußland unterstützt.

71 Der Ausdruck entstammt einer Reichstagsrede des bedeutenden sozialdemokratischen Führers August Bebel. Über die bis zu jenem Zeitpunkt zu beobachtende totale Vernachlässigung der deutschen Kolonien durch das Kapital wie die deutsche Bevölkerung und die Einzelheiten ihrer endlichen Erschließung siehe Hallgarten, *Imperialismus*, Bd. II, S. 31 ff.

endete. Die Behandlung der Kolonialfrage in Öffentlichkeit und Reichstag hinwieder zeigte, wie sehr die Industrie, und besonders die Schwerindustrie, auf die Politik des Reichs in solchen Fragen einzuwirken suchten.

Taktisch kam es damals für die Industrie darauf an, nicht nur – wie üblich – der Sozialdemokratie, sondern besonders auch der Partei der Katholiken, dem Zentrum, entgegenzutreten, das der Kolonialpolitik der Reichsregierung zuleibe ging. Der Schwerindustrie war das energische Zupacken des Reichs und seiner Schutztruppe während des Aufstands ganz recht. Um ihm gegen das Zentrum zu Hilfe zu kommen, bedurfte sie nach wie vor ihrer alten Hilfstruppe, der Nationalliberalen Partei, mit der sie jedoch dauernd unzufrieden war. Die Führer der Partei, Ernst Bassermann aus Mannheim und Gustav Stresemann, galten als Verteidiger einer Preispolitik, die zwar der weiterverarbeitenden Industrie, besonders in Sachsen, nicht aber den Kartellen an Rhein und Ruhr genehm war; daß sie fernerhin einem sozialpolitischen Programm huldigten, das beispielsweise die Aufrechterhaltung des Koalitionsrechts der Arbeiter, Ausdehnung des Arbeiterschutzes, und die Befreiung der Arbeitsnachweise von Kontrolle durch die Unternehmer vorsah[72], galt als unverzeihlich. Doch konnte man an Rhein und Ruhr die Hilfe der Partei, als der Vertreterin des Besitzbürgertums, nicht entbehren. Angesichts des Widerstands des Zentrums gegen die Reichskolonialpolitik kam es daher im Jahre 1907 zur Bildung eines auch von der Schwerindustrie gebilligten Blocks, der die liberalen Parteien des Reichstags mit Ausnahme deren äußersten linken Flügels sowie die konservativen Parteien – also die Gruppe der Magnaten, der hohen Bürokratie und der Junker – gegen Sozialdemokratie und Zentrum vereinigte[73]. Infolge der Tatsache, daß Deutschland vor 1918 noch kein Listenwahlsystem besaß, verlor damals die Sozialdemokratie nahezu die Hälfte ihrer 81 Sitze, doch auch die Industrie wurde ihres Sieges nicht froh. In der See des Besitzbürgertums als Gesamtheit gingen die ganz wenigen Kandidaten aus ihren Kreisen völlig unter; hierzu kam noch, daß der zwischenparteiliche Wahlfond, der den »Bülow-Block« fundierte, unterschiedslos alle bürgerlichen Kan-

72 Stegmann, *Erben Bismarcks*, S. 147.

73 Nach Stegmann, *Erben Bismarcks*, S. 147, griff damals die Schwerindustrie zum ersten Mal mit bedeutenden Mitteln in die Wahl ein; in den von Blockparteien gebildeten Wahlfonds zahlten der Bergbauliche Verein 120 000 M, die Nordwestliche Gruppe des Vereins Deutscher Eisen- und Stahlindustrieller 110 000 M und der Zentralverband Deutscher Industrieller 83 000 M; Beiträge von Großbanken, Reedereien und Magnaten vervollständigten das Bild.

didaten gestützt hatte, die sich auf eine Bekämpfung der Sozialdemokratie verpflichteten, was nicht selten die Wahl von Abgeordneten gefördert hatte, die der Industrie als ihre entschiedensten Gegner galten[74].

Diese trübe Erfahrung hatte die üblichen Folgen: die Industrie kämpfte mit um so größerer Erbitterung für die Aufrechterhaltung des Dreiklassenwahlrechts in Preußen, in dessen Landtag sie ihre festeste politische Stütze besaß, und sie bereitete, um eine zweite Enttäuschung zu verhindern, die Sammlung eines industriellen Wahlfonds vor, der nur Kandidaten zugute kommen sollte, die ihr paßten[75]. Auch in einer weiteren Beziehung bereitete ihr der Block eine Enttäuschung: bereits zwei Jahre nach seinem Sieg – also 1909 – kam es zum Bruch zwischen seinen liberalen Elementen – die Großindustrie hier eingerechnet – auf der einen, und den Agrariern und sonstigen Konservativen auf der anderen Seite, da sich die Agrarier der Forderung widersetzten, die Reichssteuern durch eine Erbschaftssteuer zu ergänzen. Statt einer solchen Steuer, die den Großgrundbesitz zu belasten bestimmt war, rief man auf der Rechten nach einer Reihe von Umsatzsteuern, um so die Last der Erhöhung auf das sogenannte mobile Kapital abzuwälzen. Zwecks Abwehr dieses Gegenangriffs gründeten die Kapitalisten aller Schattierungen den sogenannten Hansabund, eine großangelegte Organisation zur Wahrung der Interessen von Industrie, Handel und Gewerbe, mit scharfer Spitze gegen den Bund der Landwirte, den mit dem Alldeutschen Verband gleichaltrigen Kernverband aller Agrarier, in dem übrigens – nicht zur Freude des adeligen Grundbesitzes – das plebejisch-nichtadelige Element überwog.

Allein es ließ sich voraussehen, daß sich die Großindustrie in einem Riesenverband dieser Art kaum wohlfühlen konnte. Lag sie schon mit ihrer alten politischen Vertretung, der Nationalliberalen Partei, in dauernder Fehde, so konnte sie erst recht nicht in einer Gemeinschaft bestehen, in der sie numerisch praktisch unterging. Fast sofort begannen zwischen ihr und dem Hansabund Streitigkeiten über Fragen wie die der Plazierung von Wahlgeldern, die sie selbst, statt des Bundes, verwalten wollte, begleitet von Reibungen zwischen ihr

---

74 Stegmann, *Erben Bismarcks*, S. 147.

75 Stegmann, *Erben Bismarcks*, S. 159; Stegmanns Werk ist auch die Grundlage für die im Text folgenden Angaben über den Hansabund und dessen Scheitern und ist überhaupt für das Studium des Hintergrundes der Parteigeschichte von Bismarck bis zum Weltkrieg ganz unentbehrlich, trotz seines Festhaltens an dem unseres Erachtens unhaltbaren Begriff des Sozialimperialismus.

und der Nationalliberalen Partei über die Aufstellung von Kandidaten zu den parlamentarischen Körperschaften, eine Folge, die durch die Verdoppelung der Organisationen noch komplizierter geworden war. Dazu kamen die alten Meinungsverschiedenheiten zwischen ihr und den meisten sonstigen bürgerlichen Kreisen über die Zoll- und Sozialpolitik. Genug, bereits Mitte 1911 – kaum zwei Jahre nach der Gründung des Hansabundes – zog sich die Großindustrie aus ihm zurück. Ihr Kurs ging nun wieder ganz nach rechts und blieb so bis zum Ende des Kaiserreichs, ja im Grunde, mit zwei kürzeren, durch den Kriegsverlust bedingten Unterbrechungen, bis zum Ende der Weimarer Republik. Es handelte sich – hier stimmen wir Stegmann ganz zu – im Grunde um eine Weiterführung der von Bismarck überkommenen Sammlungspolitik des großen Besitzes.

Der Zeitpunkt des Austritts der Großindustrie aus dem Bund – 1. Juli 1911 – fiel auf den Tag genau zusammen mit einem dritten deutschen Versuch, im Vertrauen auf die so ungemein verstärkte deutsche Machtstellung den selbstgeschmiedeten Ring um das Reich durch Drohung mit der eisernen Faust und, wenn nötig, durch offenen Angriff zu brechen: dem Ausbruch der sogenannten Zweiten Marokkokrise. Auch diese, wie die erste, zeigte das doppelte Bild einer durch örtliche industrielle Interessen bestimmten Aktion und eines sich aus der deutschen Entwicklung ergebenden weltpolitischen Vorstoßes. Anstelle der Wünsche Krupps, die in der ersten Krise eine so große Rolle spielten, waren nunmehr die Interessen der Gebrüder Mannesmann getreten – mittelgroße Industrieunternehmer, deren Ansprüche in der deutschen Presse nicht zuletzt aus dem Grunde unterstützt wurden, weil sie als solche volkstümlicher waren als die Großindustrie. Die Großindustrie hielt sich vielmehr – auch aus dem Grunde, daß sie hier zum Teil mit Frankreich zusammenarbeitete – anfangs mehr zurück.

Auch das Auswärtige Amt, ja der Kaiser selbst, arbeiteten seit längerem für eine Verständigung in dieser Frage. Mit Wissen beider suchte Dr. Walter Rathenau, der Thronerbe seines Vaters Emil Rathenau als Haupt der Allgemeinen Elektrizitätsgesellschaft (»AEG«) und gar bald einer der berühmtesten Männer seiner Zeit, in Paris eine Teilung der Interessen zwischen der auf Ausbeutung der marokkanischen Erzschätze erpichten französischen Schwerindustrie und den auf angebliche Ausbeutungsrechte pochenden Gebrüdern Mannesmann zustandezubringen[76]. Allein die Gebrüder sabotierten die

76 Siehe Hartmut Pogge von Strandmanns Beitrag »*Rathenau, die Gebrüder Mannesmann und die zweite Marokkokrise*«, in: *Festschrift für Fischer.*

sehr sachgemäß geführten Verhandlungen ihres Vermittlers mit solchem Zynismus, daß er schließlich verärgert sein Amt niederlegte. Es kam ihnen also offenbar nicht bloß auf den Erwerb von Bergrechten, sondern damit verbunden auf eine regelrechte deutsche Besitzergreifung von Westmarokko an – eine Absicht, in der sie durch die sich entfachende alldeutsche Agitation und durch die Haltung von Männern wie Gustav Stresemann und selbst des gemäßigteren Ernst Bassermann bestärkt wurden, die hier ganz ihre frühere Linie in solchen Fragen fortsetzten[77]. Es handelte sich auch jetzt wieder um Überbietung der Wünsche der Großindustrie – die am Ende willig mitmachte – durch die breiten Schichten des Besitzbürgertums und die weiterverarbeitende Industrie, und nicht um angeblichen »Sozialimperialismus«.

Alle diese radikalen Nationalisten machten sich große Hoffnungen, als der neue Staatssekretär des Auswärtigen von Kiderlen, mit Billigung des Reichskanzlers von Bethmann Hollweg, am 1. Juli 1911 ein deutsches Kanonenboot, den Panther, vor dem südwestmarokkanischen Hafen Agadir ankern ließ, was nach den internationalen Vereinbarungen über das Gebiet nicht statthaft war[78]. Allein es ging auch diesmal wie während der ersten Krise. Von einer französischen Finanzoffensive erschreckt und von Intervention seitens der englischen Seemacht bedroht, wagten weder die Reichsregierung noch gar der deutsche Kaiser, den eingeschlagenen Weg bis zum logischen Ende – dem Weltkrieg – zu gehen. Psychologisch freilich hatte die Krise – wenn sie auch abermals in einem Kompromiß endete – für ihn schwere Folgen: Die Tatsache, daß ihn die Alldeutschen, mit Hinweis auf die französische Presse, als *Guilleaume le Timide* (Wilhelm den Furchtsamen) verspotteten, machte ihn stur und unsicher, so daß er 1914 seiner Umgebung – zum Verderben der Welt – erklärte, er werde diesmal durchhalten.

Das Scheitern dieses dritten Versuches, durch Faustschlag auf den Tisch aus dem sich bildenden Ring um das Reich herauszukommen, war im Grunde auf das Scheitern einer vierten derartigen An-

---

77 Hallgarten, *Imperialismus*, Bd. II, S. 211.

78 Von Strandmann, der in seiner zitierten Studie über diese Dinge deren Darstellung bei Hallgarten, *Imperialismus*, Bd. II, S. 129-148, S. 210-219, S. 232-258, S. 265-269 mit ganz neuem Material überbietet, zeichnet auf Grund dieser Quellen ein geradezu grauenerregendes Bild der mannesmannschen Arroganz. Obwohl, wie er mit Recht betont, kein unmittelbarer Zusammenhang zwischen den Mannesmanninteressen und der Agadir-Planung bestand, so fiel doch, wie er gleichfalls sagt, die Wahl Agadirs als Platz für eine – durch die monopolistische Ausbeutung Marokkos durch Frankreich veranlaßte – deutsche Gegendemonstration mit den mannesmannschen und alldeutschen Zielen zusammen.

strengung zurückzuführen: um jene Zeit wurde es klar, daß der Plan des Admirals von Tirpitz, die Engländer durch Flottenbauten einzuschüchtern, nicht gelingen konnte. Es war dies derjenige all dieser Versuche – es sind im ganzen etwa sechs, die Kriegsauslösung von 1914 eingerechnet – an dem die Industrie ihrer Natur nach noch stärker beteiligt war, als an all den anderen: auch beim Flottenbau verquickten sich wieder, wie fast stets hier, materielle Interessen und politisch-strategische Planung, nur daß die Interessen hier ganz besonders groß waren, ja geradezu danach drängten, die Planung, als sie sich fehlerhaft zeigte, nicht zu stoppen. Der Flottenwettlauf stand damals im Zeichen des Dreadnought-Baus sowie einer vom Reichstag votierten Flottennovelle, die es möglich machte, von 1908 an jährlich vier dieser damals größten und modernsten Schlachtschiffe auf Stapel zu legen[79]. Da solche Schiffe nunmehr das 2,4fache des Preises von 1898 kosteten, so kann man berechnen, welche Bedeutung sie für die Großindustrie und die Werften besaßen. Durch Einbringung einer weiteren Flottennovelle baute man in diesem Tempo auch nach 1911 – als es abzusinken gedroht hatte – weiter, obgleich die Engländer, die diese Bauten als eine »unerhörte Bedrohung« empfanden, auf die Herausforderung eingingen und trotz der gewaltigen Kosten ihre Überlegenheit auf diesem Gebiete voll behaupteten[80].

5.

Währenddessen aber wurde die Lage immer bedrohlicher. Die praktische Überlassung Marokkos an Frankreich im Austausch gegen einige Zugeständnisse am Kongo, die sich Deutschland damals erhandelte, bewog die Italiener, sich zwecks Entschädigung nur wenige Wochen später, im Herbst 1911, der nominell der Türkei gehörigen Kolonie Tripolis – des heutigen Libyen – zu bemächtigen. Die hierbei von der Türkei gezeigte Schwäche veranlaßte dann die Balkanstaaten – Montenegro, Serbien, Bulgarien und Griechenland – im Folgejahr 1912 im geheimen Bunde mit Rußland über sie herzufallen und ihr fast alles zu entreißen, was sie noch an Besitzungen

---

79 Für den deutschen Flottenbau Hallgarten, *Imperialismus*, Bd. II, S. 67 ff. und S. 269 ff.

80 Für die englischen Gegenrüstungen Marder, Arthur, *From the Dreadnought to Scapa Flow*, Bd. I, London 1961.

auf dem Balkan ihr eigen nannte. Dieser sogenannte erste Balkankrieg aber bedrohte nicht nur Deutschlands Bundesgenossen Österreich-Ungarn, dessen Völkergemisch nun in heftige Gärung geriet, sondern er begann darüber hinaus die Deutschen von der Interessensphäre abzuschneiden, die sie sich auf dem Balkan und besonders in der Türkei geschaffen hatten. Die Folge war, daß Deutschland nun eine ganze Reihe von Versuchen machte – wir möchten sie als Nummer fünf in unsrer Aufzählung dieser Bemühungen bezeichnen – um, soweit nötig mittels Gewalt, seine Stellung als führende imperialistische Macht zu behaupten und den Ring um die Zentralmächte zu sprengen. Der Höhepunkt dieser Versuche fällt in das Jahr 1913, in dem Deutschland, um der geschlagenen Türkei militärisch wieder auf die Beine zu helfen, eine Mission von etwa 60 Offizieren unter dem Befehl eines Marschalls hinunterschickte, um die türkische Armee nach ihren schweren Verlusten ganz mit neuen Feldgeschützen zu versehen und besonders die Meerengen zu verstärken – ungefähr die kitzligste Stelle auf dem Erdball. Auch hier ergab sich wieder für die deutsche Industrie eine Verschmelzung örtlich-geschäftlicher und allgemein-strategischer Interessen.

In jenen Jahren – den letzten vor dem Ersten Weltkrieg – war das große Unternehmen der Deutschen Bank, die Bagdad-Bahn, in vollem Bau[81]; zu den wichtigeren deutschen industriellen Zielen gehörten ferner die Lieferungen an die türkische Flotte und Armee, und vor allem die Bestückung und Ausrüstung der Befestigungen der Meerengen – ein Riesengeschäft, dessen technische Behandlung eine der Hauptgründe für die Entsendung der deutschen Militärmission von 1913 war[82], von der der Weg direkt zum Weltkrieg führte; endete auch der hieraus entstehende ungemein scharfe Zusammenprall mit dem zaristischen Rußland, dem Hauptinteressenten in der Meerengenfrage, nochmals mit einem Kompromiß, so war doch vorauszusehen, daß sich die Russen, in dem Bewußtsein, daß eine Abschnürung der Meerengen durch Deutschland ihrer Volkswirtschaft tödlich zu werden vermochte, einer weiteren Herausforderung in jenem geographischen Gesamtkomplex kaum mehr fügen würden.

Während sich all dies abspielte, verstärkten sich in Deutschland Ver-

81 Siehe Hallgarten, *Imperialismus*, Bd. II, Sachregister unter »Bagdadbahn«; interessant ist, daß die Beaufsichtigung des Unternehmens in den Händen von Otto von Kühlmanns lag, des ehemaligen Leiters der Balkanbahnen des Baron Hirsch, dessen Rechte die Deutsche Bank aufgekauft hatte.

82 Hallgarten, *Imperialismus*, Bd. II, S. 429-448.

trustung, Kartellierung, Kapitalexport[83] und – im Zusammenhang hiermit – die Rückwendung der Industrie zur Sammlungspolitik, der sie in der freilich sehr kurzen Blüteperiode des Hansabundes, wenn auch nicht mit vollem Herzen, den Rücken gekehrt zu haben schien. Zwar erlitt die Sammlungsparole bei den Reichstagswahlen von 1912, die ein gewaltiges Anwachsen der Sozialdemokratie brachten, eine Niederlage[84], allein der Ausbruch des Ersten Balkankrieges in den letzten Monaten jenes Jahres änderte die Situation und führte zu einer regelrechten Panikstimmung im Bürgertum, dem der Ring, den man in den vorhergehenden Krisen hatte sprengen wollen, nun weit enger gezogen schien als zuvor. Das hierdurch auftauchende Gespenst eines Kontinentalkriegs neben dem jederzeit möglichen Seekrieg gegen England führte zu einem gewaltigen Aufblühen des Wehrvereins, einer Gründung des gewitzten Militärdemagogen General Keim, der von der Flottenpropaganda zur Heerespropaganda hinübergewechselt war[85]. Ihm und der durch die Balkankriege[86] geschaffenen neuen Lage ist es zum guten Teil zuzuschreiben, daß der Reichstag 1913 ohne viel Aufhebens die berühmte Wehrvorlage, d. h. das schwerwiegendste aller Militärgesetze votierte, die ihm bis 1914 unterbreitet wurden[87]. Die Steigerung der damaligen imperialistischen Haltung der deutschen Öffentlichkeit ist unverkennbar[88]. Den Auftakt für die Kampagne hatte einer der Führer der Alldeutschen, Justizrat Heinrich Class, gegeben, als er 1912 eine bald überall gelesene Schrift herausgab, die er betitelte *»Wenn ich Kaiser wäre – von einem Deutschen«*. Das Buch, das die deutsche Friedenspolitik des letzten

---

83 Nach Feis, Herbert, *Europe the World's Banker*, New Haven 1930, S. 71, hob sich der deutsche Kapitalexport von 5 Mrd. M im Jahre 1883 auf 15 bis 18, im Jahre 1905, und 22 bis 25 im Jahre 1914.

84 Stegmann, *Erben Bismarcks*, S. 257.

85 Stegmann, *Erben Bismarcks*, S. 278.

86 Dem ersten Balkankrieg, der übrigens durch einen Waffenstillstand unterbrochen wurde, folgte 1913 ein kurzer zweiter Balkankrieg, bei dem die übrigen Balkanstaaten über Bulgarien herfielen und ihm einen Teil der Beute wieder abnahmen.

87 Der Wehrverein, eine durchaus bürgerliche Bewegung, setzte sich hierbei mit Energie für das Wehrprogramm ein, das der Chef der Aufmarschabteilung des Generalstabs, Oberst Ludendorff – ebenfalls ein Nicht-Adeliger – entworfen hatte, und das den Skrupeln des Adels zum Trotz, der keine Verwässerung des adeligen Offizierskorps wünschte, das Heer so groß zu machen suchte, als es nötig schien. Es gelang dem Wehrverein schließlich, mit Hilfe des Kronprinzen – der auf den Kaiser einwirkte – sein Programm durchzusetzen.

88 Interessant ist die Liste der Unterzeichner des Gründungsaufrufs des Wehrvereins, enthalten in Keim, August, *Erlebtes und Erstrebtes*, Hannover 1925, S. 174. Von führenden Wirtschaftlern unterzeichneten den Aufruf Max Warburg, Kirdorf, Röchling, Schweighoffer, Heineken, Grumme-Douglas etc.

Jahrzehnts und ihre ständigen Rückzieher aufs stärkste angriff, konnte beinahe als Programmschrift der Schwerindustriellen gelten[89]. Gleichzeitig wurde die Sammlungspolitik stärker denn je auf den Schild gehoben[90] und ein Stopp in der Sozialpolitik sowie erhöhter Schutz der Arbeitswilligen verlangt -- alte Forderungen der Schwerindustrie, die stets erklangen, wenn man einer Wirtschaftskrise entgegenging; in der Tat brach die Konjunktur jener Jahre nicht lange vor Kriegsausbruch 1914 plötzlich ab.

Im Lichte des skizzierten Gesamtbilds, der Entwicklung der Monopole und der Interessen der Agrarier sowie der Agitation der ihnen nahestehenden Verbände im ganzen Reich, die bei politischen Krisen allgemeinen Zulauf zu erhalten pflegten, werden die Ereignisse des Juli 1914, die zum Ausbruch des Ersten Weltkrieges führten, erst eigentlich verständlich. Die Nachricht, daß Österreich-Ungarn wieder einmal, wie schon so oft vorher, auf dem Balkan in eine böse Krise geraten war, ja daß sein Thronfolger nebst dessen Gemahlin Opfer einer jener nationalistischen Gruppen geworden waren, die seit vielen Jahren dort ihr Wesen trieben, führten zu einem abermaligen Versuch, den Ring um die Zentralmächte durch einen bewaffneten Handstreich zu sprengen. Zentralpunkt der Handlung war nach wie vor Berlin, von wo aus man den Österreichern mit aller Macht zusetzte, das Geschehene zu einer bewaffneten Tat gegen Serbien und nötigenfalls dessen Schutzherrn, Rußland, zu benutzen. Seit der mutigen Neu-Aufrollung der Frage der Kriegsverursachung durch Fritz Fischer wissen wir, daß alle die Äußerungen leitender deutscher Staatsmänner, die früher zwecks Beweises angeführt wurden, daß Deutschland den Krieg im Grunde nicht gewollt habe, hauptsächlich dem Ziele galten, die Karten so zu spielen, daß der Angegriffene als Angreifer erschien[91]. Als dies nicht recht gelang, hat man immerhin diese Äußerungen später dazu benutzt, um nachzuweisen, Deutschland habe den großen Krieg im Grunde nicht gewollt. Allein im Licht der vergleichenden Geschichtsforschung lag hier nichts weiter vor als einer jener zahlreichen Fälle, in denen Deutschland seit den neunziger Jahren den durch seine imperialistische Entwicklung geschaffenen Ring um Zentraleuropa öffentlich anzuprangern und, wenn möglich, mit Gewalt zu zerstören suchte. Der Unterschied zwischen jenen früheren Bemühungen und den Ereignissen von 1914 war lediglich, daß der Kaiser, geradezu aus Angst, dem Publikum wieder

---

89 Stegmann, *Erben Bismarcks*, S. 299.
90 Stegmann, *Erben Bismarcks*, S. 396.
91 Fischer, Fritz, *Griff nach der Weltmacht*, Düsseldorf 1968, 3. Aufl.

zu mißfallen, erklärte, er werde diesmal nicht nachgeben, und daß er sich zum Schaden der Welt dementsprechend verhielt[92]. Hiermit soll jedoch natürlich nicht gesagt sein, der Erste Weltkrieg sei ein Ergebnis der Psychologie Wilhelms II., genauer gesagt, des Umstands gewesen, daß er nun plötzlich nicht mehr wie früher vor dem entscheidenden Moment die Courage verloren habe. So wesentlich diese Überlegung ist, um seine Psychologie zu beurteilen, so sehr muß der Historiker feststellen, daß die mannigfachen Triebkräfte, die wir hier zu zeichnen versucht haben, also die Motoren des Imperialismus, in jenem Zeitpunkt eine Situation geschaffen hatten, die auch einem rationaler veranlagten Menschen, sofern er sich in der Lage des Kaisers befand und den gleichen Mächten zu dienen hatte wie er, nicht leicht gemacht hätte, anders zu handeln. Diese Mächte aber begnügten sich nicht damit, den Weltkrieg hervorgerufen zu haben. Sie wurden, wie wir nunmehr zeigen werden, während des Krieges stärker als je.

92 Wie Fischer im Detail nachweist, hat Deutschland und hat der Kaiser, entgegen den unzähligen früheren Behauptungen, nicht einen einzigen Versuch gemacht, den Krieg zu verhindern. Was dem entgegenzustehen scheint, sind lediglich Versuche, die englische Neutralität zu sichern oder aber durch gespielte Nachgiebigkeit gegenüber Rußland, den Russen die Schuld an der Katastrophe zuzuschieben. Daß der Kaiser diesmal »durchhielt«, hängt zweifellos damit zusammen, daß es sich diesmal um etwas ihm Heiliges, nämlich um den Bestand der monarchischen Staatsordnung handelte, die durch den Fürstenmord, um den es äußerlich ging, in Frage gestellt worden war.

5. Die deutsche Industrie und die Fortsetzung der deutschen Selbsteinkreisung 1914–1918

Wenn Clausewitz recht hat, daß der Krieg die Fortsetzung der Politik mit anderen Mitteln ist, so wird man den Ersten Weltkrieg als die Fortsetzung der deutschen Sammlungspolitik mit anderen Mitteln ansehen müssen[1]. Hatte die Politik der Sammlung, also das Gemeinschaftshandeln von Industrie und Grundbesitz mit seinen scharfen Spitzen gegen die unteren Klassen, sowie besonders gegen Westen und Osten, bereits unter Bismarck Formen angenommen, die es dem Kanzler, so sehr er es begrüßte, nicht leicht machten, rechtzeitig zu bremsen, so hatte es unter Wilhelm II. gar zur deutschen Selbst-Einkreisung geführt. Die drei Hauptgegner, die Deutschland 1914 bekämpften – Frankreich, Rußland und England – waren ursprünglich einander spinnefeind, und es war ein wahres Kunststück gewesen, sie zu jenem unnatürlichen Ring zusammenzuschmieden – ein eigentliches Bündnis kam nur zwischen den beiden erstgenannten zustande –, den Deutschland in den verschiedenen weltpolitischen Krisen jener Zeit vergeblich zu zertrümmern suchte, um ihm endlich 1914 mit Waffen gegenüberzutreten. Auch nunmehr wirkten, wie wir hier sehen werden, die innerdeutschen Kräfte, die dieses unheilvolle Ergebnis gezeitigt hatten, weiter fort, und jetzt sogar auch in militärischer Form, bis das Reich schließlich am Boden lag. Viele Beobachter und einige Historiker sind freilich durch die großsprecherische Art Wilhelms II. bis heute dazu veranlaßt worden, ihm persönlich die Verantwortung für die Ereignisse seiner Regierungszeit zuzu-

1 Es sei an dieser wichtigen Stelle wiederholt, daß der zu Bismarcks Zeit von dem rechtsliberalen Politiker Johannes Miquel geprägte Begriff der Sammlungspolitik zuerst 1930 von Eckart Kehr genau analysiert und als für Deutschland und die Welt verhängnisvoll beurteilt worden ist; ihm folgte Hallgarten in seinem 1933 abgeschlossenen, 1951 in erster und 1963 in zweiter Auflage gedruckten *Imperialismus*-Werk, Bd. I, S. 433-437, 440-446, 448, 449, 486, 488, 492, 502, 504, 535; Bd. II, S. 406. Neuerdings hat Stegmann den Begriff geradezu zur Zentralidee seines mit so reichem Material gefüllten Bandes *Die Erben Bismarcks* gemacht.

schreiben. Jedoch war des Kaisers Handeln, soweit es tatsächliche politische Folgen hatte, durch jene auf ihn einwirkenden innerdeutschen Kräfte bestimmt; auch war er, hiervon abgesehen, außer in den Jahren zwischen der Kanzlerschaft Caprivis und Bülows stets bereit, andere für sich handeln zu lassen, was besonders von der Zeit der Kriegsführung galt, von der er im Grunde nichts verstand.

1.

Der Kampf um die Richtung, die der Politik wie Kriegsführung zu geben war, entbrannte schon wenige Tage nach Kriegsausbruch, und zwar besonders auch in den Reihen der Industrie und ihrer Freunde. Freilich war der Streit zunächst verdeckt, denn öffentlich durfte über die Kriegsziele bis zur Mitte des Krieges nicht gesprochen werden. In der zweiten Hälfte August (1914) erhielt der alldeutsche Führer Heinrich Class, nachdem er vorher Hugenberg in den Kruppwerken aufgesucht hatte, bei einer Verbandssitzung in Berlin den Auftrag, das alldeutsche Expansionsprogramm zu entwerfen. Die Versammelten forderten die Schwächung Rußlands und Gewinnung ausreichenden Siedlungsgebiets, Erwerb der Ukraine, Niederwerfung Frankreichs, Erwerb französischen Bodens bis zur Mündung der Somme und Annexion des Erzbeckens von Briey-Longwy sowie von ganz Belgien[2]. Das Programm entsprach in solchem Grade dem Denken weiter Kreise der deutschen herrschenden Schichten, daß sich der Reichskanzler von Bethmann-Hollweg veranlaßt sah, auch seinerseits ein Programm zu entwerfen, das diese Wünsche nach Möglichkeit berücksichtigte, ohne sich freilich völlig mit ihnen zu decken. Am 22. August beauftragte er einen ihm unmittelbar attachierten jungen Diplomaten, den Bayern Kurt Riezler, ihm eine entsprechende Denkschrift auszuarbeiten[3]. Riezler, konservativ wenn auch nicht all-

2 Das alldeutsche Annexionsprogramm wurde auf der Sitzung in Berlin in seinen Grundzügen durchberaten, und hiernach von Class fertiggestellt. Über die Daten von Sitzung und Fertigstellung besteht ein Widerspruch zwischen Stegmann, *Erben Bismarcks*, S. 49 und Fischer, Fritz, *Griff nach der Weltmacht*, Sonderausgabe (nach 1967), S. 95, der auf Widersprüchen in der benutzten Literatur beruht.

3 Vgl. dazu die von K. D. Erdmann herausgegebenen Tagebücher, Aufsätze und Dokumente von Kurt Riezler, Göttingen 1972, S. 56 ff. Trotz der Verfasserschaft Riezlers spiegelt das Programm – mit einigen, von Erdmann hervorgehobenen, aber unwesentlichen Ausnahmen – die Ansichten seines Chefs wider. Bei seiner Niederschrift kann man im Bethmann-Kreis – wie schon Stegmann betonte – die Kriegszieldenkschrift von Class freilich noch nicht gekannt haben; jedoch gab

deutsch gesinnt, nahm in sie so viel von den Wünschen der oberen deutschen Klassen und besonders der Industrie auf, daß die spätere Entdeckung dieses Programms durch Fritz Fischer, der es den Archiven entriß und es Bethmann persönlich zuschrieb, eine geschichtliche Sensation erregte. Es schien eben der überkommenen These vom vorsichtigen, zaudernden, friedlichen Bethmann geradezu ins Gesicht zu schlagen. In Wirklichkeit bestand kein so großer Widerspruch. Erstens mußte Bethmann, nachdem nun der Krieg einmal entbrannt war, den entschädigungslüsternen oberen Klassen und besonders der Industrie, der dieses Programm auch jetzt noch längst nicht weit genug ging, etwas bieten, und zweitens lockte die sich nun öffnende Möglichkeit gewaltsamer Lösungen bei ihm verborgene Grundgedanken hervor, die dem Denken des Bayern Riezler verwandt waren. Bethmann war »Mittel-Europäer«; für ihn, den Sproß der in preußischen Großgrundbesitz geratenen alten Frankfurter Patrizierfamilie, bestand die Linie Berlin-Konstantinopel-Bagdad nicht erst dank der dortigen Tätigkeit von Gestalten wie Helfferich, von Gwinner, oder Kühlmann, oder wer sonst aus dem Kreis der Deutschen Bank da unten tätig sein mochte, sondern es gab sie sozusagen seit Karl dem Großen. Der Gedanke »Mittel-Europa«, der seit dem Jahrhundertbeginn, und zuletzt dank der begeisterten Propaganda des linksliberalen Politikers Friedrich Naumann, Allgemeingut wurde, appellierte an die kulturelle Tradition Süddeutschlands, Österreichs und teilweise auch Mitteldeutschlands, war also – was die Wirtschaft anbelangt – weniger bei der Schwerindustrie an Rhein, Ruhr und Saar, als bei verarbeitenden Industrien und vielfach auch bei Banken zu Hause[4]. Über Bethmanns Programm– eben jenes von Riezler verfertigte Elaborat, das in der bisherigen Literatur meist als Bethmanns Programm vom 9. September [1914] zitiert ist – sagt Fritz Fischer, »der zurückschauende Betrachter« erkenne in ihm »unschwer Objekte deutscher Wirtschaftsbestrebungen der Vorkriegszeit, wie z. B. die in Belgien, Luxemburg, und Lothringen, die aber nunmehr durch die Mitteleuropakonzeption und eine anti-englische Spitze gezeich-

es damals, wie Fischer es ausdrückt, eine ganze »Annexionswelle«; die Class-Denkschrift scheint (Fischer, S. 95) lediglich deren »prägnanter Ausdruck« gewesen zu sein. Daß es das Ziel des Kanzlers bzw. Riezlers war, demgegenüber abzuwiegeln, betont sowohl Fischer (S. 92 und 95) wie auch Erdmann (S. 60); gegenüber den offiziellen Zielen der deutschen Vorkriegspolitik freilich sah selbst dieser »gemäßigte« Wunschzettel ungeheuerlich aus.

4 Über die Entwicklung der Mitteleuropaidee siehe Meyer, Henry C., *Mitteleuropa in German Thought and Action 1815-1945*, Den Haag 1955.

net waren«[5]. Im ganzen hatte der Kanzler, wenn er auch beispielsweise die Errichtung von Vasallenstaaten in Ost und West eigentlicher Annexion vorzog, seinem weltpolitischen Wunschzettel so viel von den Wünschen der Schwerindustrie einverleibt, daß sich beide in gar manchen Punkten deckten: fast der wichtigste Beschwerdepunkt der Industrie war wohl, daß Bethmann bis zur Mitte des Krieges die öffentliche Erörterung der Kriegsziele zu unterbinden vermochte. Dies behinderte sie nach ihrem Gefühl in ihrer Bemühung, die Fehler der Reichsleitung zu erörtern, die zum Krieg geführt hatten, und das Reich gleichsam zur Buße hierfür auf ein großes Annexionsprogramm festzunageln.

Noch waren keine drei Wochen seit Kriegsausbruch vergangen, da bildete auch schon der Zentralverband Deutscher Industrieller, also das Organ der Großunternehmer, gemeinsam mit seinem Konkurrenten, dem Bund der Industriellen, den sogenannten Kriegsausschuß der deutschen Industrie[6]. Der Bund und mit ihm Stresemann, ja selbst der nationalliberale Parteiführer Bassermann machten hierbei mit, um, wie sie meinten, Schlimmeres zu verhüten. Die Schwerindustrie ersehnte die Herstellung eines germanischen Völkerbunds in Europa unter deutscher Führung, Annexion Belgiens und der französischen Erzgebiete sowie auch Luxemburgs und des französischen Kongo und Schwächung Rußlands[7]. Der Bund und mit ihm der Verband Sächsischer sowie der Verband Württembergischer Industrieller, wie auch die Leiter der Deutschen Bank, von denen besonders Karl Helfferich während des Krieges hervorragte, neigten stärker der auch von Walter Rathenau vertretenen Idee einer mitteleuropäischen Zoll- und Wirtschaftsunion unter deutscher Führung zu, welche der neugeborene Kriegsausschuß als solcher ablehnte[8]. Ähnliche Meinungsunterschiede gab es in Bezug auf den Osten. Dachten Bethmann und die Bankiers, denen er – man möchte sagen durch noch nicht völlig verblaßte Familientradition – nahe stand, an die Schaffung kleiner, schwacher Pufferstaaten und des sogenannten polnischen Grenzstreifens, so forderte Landrat Roetger, der Generaldirektor von Krupp und Vorsitzende des Zentralverbands, bereits 1914 weitgehende Annexionen im Osten, die das Septemberprogramm der Alldeutschen noch übertrafen[9].

---

5 Fischer, *Griff nach der Weltmacht*, S. 93.
6 Stegmann, *Erben Bismarcks*, S. 456.
7 Stegmann, *Erben Bismarcks*, S. 457.
8 Stegmann, *Erben Bismarcks*, S. 459 f.
9 Stegmann, *Erben Bismarcks*, S. 462.

2.

Allein, ob etwa weniger oder mehr eroberungsgierig – alle diese Leute verteilten im Grunde das Fell des Bären, ein Unterfangen, das hier nach dem Verlust der Marneschlacht noch weit riskanter war als zuvor. Die deutsche Wirtschaft, wenn ihr auch der Krieg aus einer soeben begonnenen zyklischen Krise half[10] und hierauf eine Hochkonjunktur auf dem Rüstungsgebiet bescherte, die freilich durch die Not anderer Sektoren wettgemacht wurde, war auf die kommenden Dinge in keiner Weise vorbereitet. Es kam daher bereits im September/Oktober 1914 zu einer Krise in der Munitionserzeugung. Bis zu jenem Zeitpunkt hatten nur sieben Werke Munition hergestellt. Jetzt waren die Aufträge so umfangreich geworden, daß man neunzig Werke zur Munitionsherstellung heranziehen mußte. Dabei herrschte in vielem von vornherein Materialknappheit. Als Röchling 1915 einen Auftrag für Granaten erhielt, kaufte er die erforderlichen Drehbänke und Geschützpressen auf Umwegen in Frankreich, in Valenciennes. Er zahlte an den Fiskus und überließ die Beschirmung der Transaktion dem Auswärtigen Amt[11].

Bereits im Herbst 1914 waren die Materialreserven verbraucht. Der kritische Munitionsmangel zwang den Generalstab im Oktober, von einer Wiederaufnahme der im September an der Marne gescheiterten Westoffensive Abstand zu nehmen[12]. Der dem Preußischen Kriegsministerium unterstellte, für die Munitionsbeschaffung verantwortliche Offizier, Oberst von Wrisberg, stellte im gleichen Monat ein Programm auf, das der Materialknappheit – besonders bei Salpeter – angepaßt war und am 22. Oktober vom Generalstabschef von Falkenhayn in Grund und Boden kritisiert wurde; allein mit bloßer Kritik war hier nichts getan; anstelle des geplanten Vorstoßes im Westen, der damals – zwei Jahre vor der Verdun-Schlächterei, die Falkenhayn das Genick brach – vielleicht noch Erfolg gehabt hätte, traten unter dem Druck dieser Not verhältnismäßig er-

---

10 Nach Hesse, Friedrich, *Die deutsche Wirtschaftslage von 1914 bis 1923*, Jena 1938, herrschte in der Schwerindustrie im Jahre 1914 Erzeugungsrückgang, wenn auch noch in kleinem Ausmaß, Übererzeugungsausfuhr zu stark gedrückten Preisen, etc., etc. Besonders übel sei die Preislage in der Röhrenindustrie gewesen. Eine Sonderlage habe lediglich bei Kupfer bestanden, und zwar als Folge der Rüstungsaufträge, sowie – aus demselben Grunde – bei Blei. In beiden Fällen seien jedoch noch andere ungewöhnliche Umstände hinzugekommen.

11 Graf Schwerin, *Große Zeit des Feuers*, Bd. II, S. 125.

12 Feldman, Gerald D., *Army, Industry and Labor in Germany 1914-1918*, Princeton 1966, S. 52.

gebnislose Operationen im Osten[13]. Die Materialknappheit hatte überdies eine zweite, damals sicher weit weniger beachtete, aber im Endergebnis vielleicht noch verhängnisvollere Folge: sie veranlaßte den Artilleriefachmann des Generalstabs, den damaligen Major Max Bauer, eine Dienstreise ins Hinterland zu unternehmen, wobei er mit führenden Männern der Industrie und besonders Geheimrat Duisberg von Bayer-Leverkusen in persönliche Beziehungen trat, was sich dann in den letzten Kriegsjahren in ungeahnter Weise auswirken sollte. Duisberg schrieb Bauer sogleich ganz begeistert, sein Besuch habe den ganzen Betrieb durchmobilisiert, wobei freilich nicht übersehen werden darf, daß Kriegsproduktion, wie sie Bauer plante, Fabriken wie Bayer Ersatz für die Vernichtung ihrer Ausfuhr verschafften, die 85 % von Bayers Erzeugung umfaßte[14]. Weniger erfreut war man im Kriegsministerium, wo man in Bauer das Haupt jener jungen Generalstabsoffiziere sah, die mit ihren Riesenforderungen das Land rebellisch machten[15]; hierzu kam, daß die riesenhafte Steigerung der Munitionsherstellung, die Bauer und seine Mitarbeiter zuwege brachten, die Voraussetzung für Falkenhayns mehrmonatigen Angriff auf Verdun von 1916 bildete – durch die unerhörten Blutopfer auf beiden Seiten einer der schaurigsten Schlachten der Weltgeschichte, deren Verlust an Tragik den der Marneschlacht von 1914 noch überbot. Der negative Ausgang sollte freilich noch durch die Entwicklung übertroffen werden, die – gleichfalls unter Bauers Mitwirkung – unmittelbar danach zustande kam. Übrigens war die Knappheit an Kriegsmaterial ja nur eine von den bedrohlichen Wirkungen, welche die sofort nach Kriegsausbruch einsetzende britische Blockade für Deutschland hatte. Fast noch bedenklicher war die Krise der Lebensmittelbeschaffung sowie der Versorgung mit allen sonstigen Gegenständen des Verbrauchs. Auf all diesen Gebieten wurde damals in kaum glaublicher Weise improvisiert. Die Geschichte der Lebensmittelbeschaffung während des Krieges beginnt mit vergeblichen Versuchen eines Untergebenen des preußischen Staatssekretärs des Inneren, angesichts der Verständnislosigkeit seines Chefs für das hier vorliegende Problem den als Organisationsgenie geltenden Chef des Eisenbahnwesens im Generalstab General Gröner für die Sache zu interessieren, der aber ablehnte. Sie führt von hier nach kaum glaublichen Zwischenfällen, wie den Plänen des Kruppdirektors Alfred Hugenberg und des vielleicht

---

13 Wrisberg, Ernst von, *Wehr und Waffen 1914-1918*, Leipzig 1922, S. 84 ff.
14 Feldman, *Army, Industry and Labor*, S. 54.
15 Feldman, *Army, Industry and Labor*, S. 54.

mächtigsten aller deutschen Industriellen, Hugo Stinnes, angeblich im Interesse der Volksversorgung die gesamten Ernten des Folgejahres aufzukaufen, zur schließlichen viel zu späten Ernennung Gröners zum faktischen Haupt des zu diesem Zwecke geschaffenen Kriegsernährungsamts[16], dem freilich auch weiterhin von der Landwirtschaft Knüppel in den Weg gelegt wurden.
Mindestens ebenso wichtig wie diese Versuche zur Rationierung war die Bewirtschaftung des Kriegs-Rohmaterials, über deren Bedeutung Walter Rathenau bereits acht Tage nach Kriegsausbruch dem preußischen Kriegsminister Vortrag hielt, um binnen weniger als einer weiteren Woche mit der Errichtung einer entsprechenden Behörde – der Kriegsrohstoffabteilung – betraut zu werden[17]. Die ungewöhnliche Eile dieses Vorgehens erklärte sich durch den deutschen Wunsch, die damals in deutsche Hand fallenden Gebiete sowie das neutrale Ausland schnellstens nach verwertbaren Rohstoffen auszukämmen; in denselben Tagen überreichte Rathenau dem Reichskanzler von Bethmann-Hollweg eine Denkschrift zwecks Schaffung von Mitteleuropa, die zweifellos bei dessen Programm vom 9. September Gevatter stand und freilich noch nichts von dem späteren Rathenau ahnen läßt, der durch »Rapallo«, d. h. den Versuch einer Zusammenarbeit Deutschlands und des Rußlands Lenins gegen die Siegermächte von 1918 gekennzeichnet ist[18]. Vielmehr stand Rathenau damals – wie die meisten jüdischen Großunternehmer sowie auch manche andere Bankiers, Reeder, Vertreter des Handelskapitals, der weiterverarbeitenden Industrie und der Ölkonzerne – eher im englandfreundlichen und russenfeindlichen Lager; sie gründeten damals in Berlin die sogenannte Mittwochabendgesellschaft, der z. B. Paul v. Schwabach von der Bleichröder-Bank, Arthur v. Gwinner und Karl Helfferich von der Deutschen Bank und der große Hamburger Schiffahrtsgewaltige Albert Ballin, der Freund des Kaisers, angehörten. Gar manche dieser Figuren wünschten koloniale Expansion; auch fallen einige, wie Ballin, durch ihr Schwanken auf: allein dem Westen gegenüber sind sie mehr oder minder abstinent. Wo sie Annexionen befürworten, tun sie das – wie der Kanzler – mehr in verschleierter Form, etwa durch Befürwortung der Schaffung von Protektoraten.

---

16 Feldman, *Army, Industry and Labor*, S. 108 ff.
17 *Deutschland im Ersten Weltkrieg*, herausg. vom Institut für Geschichte der Deutschen Akademie der Wissenschaften unter Leitung von Fritz Klein, drei Bände, Berlin 1968/69, Bd. I, S 100.
18 *Deutschland im 1. Weltkrieg*, Bd. I, S. 362 f.

Vor 1914 hatte Rathenau – wenn man von seiner Intervention zugunsten der Mannesmann absieht – sich nicht politisch betätigt. Nun sah er sich, der in der Sphäre des freien Großunternehmertums aufgewachsene, wenn auch eher konservativ gestimmte junge Industrielle und Philosoph, plötzlich mit diktatorischen Vollmachten ausgestattet und hatte politische Entscheidungen zu treffen. Binnen nur zwei Monaten gelang es ihm in der Tat, ein leistungsfähiges System der Rohstoffversorgung aufzubauen, das halb staatlichen und halb privatwirtschaftlichen Charakter trug. Von den übrigen großen Unternehmern, die damals in der deutschen Kriegswirtschaft arbeiteten, ist vor allem Hugo Stinnes zu nennen, dessen Wirken und dessen Ansichten in einem merkwürdigen Zwielicht stehen. Obschon bereits damals im Begriff, der mächtigste Industriekapitän zu werden, den Europa je gesehen hat[19], weigerte er sich, das bekannteste aller deutschen Annexionsprogramme zu zeichnen, das im Mai 1915 von sechs Wirtschaftsverbänden – geführt von den beiden Organisationen der Industrie – der Regierung zugeleitet wurde[20]. Wie es scheint, hat er schon damals, wie nachweislich später, damit gerechnet, daß es ihm dank seiner Riesenmacht gelingen würde, Europa wirtschaftlich zu beherrschen, ohne daß es für ihn nötig werden würde, sich auf politische Maßnahmen zu stützen, welche lediglich die Atmosphäre vergiften und allenfalls seinen Mitbewerbern zugute kommen würden, die er sämtlich für weniger leistungsfähig hielt. Dies bedeutete natürlich nicht, daß er nicht die deutsche Kriegspolitik als solche mit der ganzen Leidenschaftlichkeit stützte, deren er fähig war, noch daß ihn hier oder sonst humane Empfindungen leiteten; die schweren Vorwürfe, die ihm wegen Deportierung belgischer Arbeiter während des Krieges gemacht wurden und die keine Widerlegung fanden, beweisen das Gegenteil[21].

In der Ausbeutung der von Deutschland besetzten Gebiete arbeitete die Industrie eng mit dem Reich zusammen. Bereits am 10. Sep-

---

19 Bereits als 23jähriger gründete dieser Sproß einer im Kohlenbergbau aufgestiegenen Familie die Firma »Hugo Stinnes GmbH« in Mülheim, und als 30jähriger (1900) zählte er bereits zu den Mächtigsten des Ruhrgebiets; eine seiner größten Taten in der Vorkriegszeit war die Gründung und Entwicklung der Deutsch-Luxemburgischen Bergwerks und Hütten AG (1901), die er durch dauernden Aufkauf weiterer Werke – darunter der bekannten Dortmunder Union – bereits vor dem Kriege zu einer der führenden Unternehmungen im Kohlenbergbau und der Schwereisenindustrie ausbaute; 1902 erwarb er ferner gemeinsam mit August Thyssen das Rheinisch-Westfälische Elektrizitätswerk, das er bald zum zweiten Hauptträger seiner Macht entwickelte.

20 Jaeger, *Unternehmer*, S. 221; Rafael, Gaston, *Hugo Stinnes*, Berlin 1925, S. 96.

21 Jaeger, *Unternehmer*, S. 217.

tember 1914 wurde beispielsweise in dem soeben erst in deutsche Hände gelangten, allgemein als so sehr wichtig betrachteten Erzbekken von Briey und Longwy unter dem Gouverneur der Festung Metz, General von Oven, eine Zivilverwaltung eingerichtet; zu gleicher Zeit ordnete der Kaiser die Beschlagnahme der gesamten französischen Gruben und Eisenwerke in diesem Gebiet an. Nur zwei Tage darauf führte der General in Anwesenheit des vom Reichskanzler entsandten Dirigenten der Politischen Abteilung des Auswärtigen Amts, Wilhelm von Stumm, eines Neffen des mittlerweile verstorbenen Panzerplattenkönigs Carl von Stumm, eine große Konferenz durch, in der die gesamte niederrheinische und saarländische Industrie vertreten war[22]. Sah man auch zunächst, aus Furcht vor Gegenmaßnahmen, nach außen von förmlicher Beschlagnahme ab, so behandelte man doch das Gebiet praktisch als erobert, verfügte über seine Gruben und Fabriken und bereitete in Fühlung mit dem sofort von der Industrie dort eingesetzten Beirat seine endgültige Angliederung bei Friedensschluß vor. Kaum sehr verschieden war die Behandlung Belgiens, das zwecks Durchführung des Schlieffenplans vom Reich gegen das Völkerrecht besetzt worden war. Die deutsche Schwerindustrie und die deutschen Banken, aber auch die deutsche Textilindustrie, betrachteten infolge starker Kapitalbeteiligungen das Land längst als eine Art Domäne; das Generalgouvernement, wie die deutsche Militärverwaltung sich nannte, kam ihnen hierbei insofern zu Hilfe, als es alle französischen Unternehmungen dort schloß. Bei der industriellen Kontrolle des Gebiets lagen sich allerdings das Militär, vertreten durch den Generalgouverneur von Bissing, einem Schutzpatron der deutschen Schwerindustrie, und die dem Reichskanzler unterstellten Zivilbehörden in den Haaren, doch siegten hier, wie in solchen Fällen üblich, Militär und Industrie[23].
Der allgemeine Verlauf des Krieges war freilich nicht dazu angetan, der deutschen Besetzung solcher Gebiete lange Dauer zu versprechen. Nachdem es den Deutschen 1915 gelungen war, die schlimme Niederlage an der Marne und deren Folgen durch Siege im Osten aus-

22 *Deutschland im 1. Weltkrieg*, Bd. II, S. 143 ff. Allgemein dazu F. Friedensburg, *Kohle und Eisen im Ersten Weltkrieg*, München/Berlin 1934, S. 111-127, und H. Gatzke, *Germany's Drive to the West*, Baltimore 1940. Gatzke hält die deutsche Durchdringung Belgiens vor 1914 für weniger weitgehend, als meist angenommen. Vergleichsweise am maßvollsten war der Generalgouverneur v. Bissing, dem der deutsche Annexionismus das Konzept verdarb. Er wurde nicht nur von der deutschen Schwerindustrie, sondern auch von der Textilindustrie bekämpft, die ihre belgischen Konkurrenten zu vernichten suchte (Gatzke, S. 90 f.).
23 *Deutschland im 1. Weltkrieg*, Bd. II, S. 150 ff.

zugleichen, die jedoch nicht entscheidend waren, brachte das Jahr 1916 das furchtbare Erlebnis der Verdunschlacht und ihrer Riesenopfer, die Deutschland nicht den geringsten strategischen Erfolg bescherten. Als dann im August auch noch Rumänien den Zentralmächten den Krieg erklärte, mußte der Generalstabschef, General von Falkenhayn, dem berühmten Doppelgespann Hindenburg–Ludendorff, bekannt als die Dritte O(berste) H(eeres) L(eitung), weichen, womit der Krieg und gleichzeitig die ganze Frage der Kriegsmaterial- und Waffenbeschaffung in ihre entscheidende Phase traten. Ja, der Wunsch der Industrie nach Änderungen auf diesem Gebiet sowie nach mehr Erfolg versprechender Kriegsführung war zum guten Teil für den eingetretenen Wechsel verantwortlich[24].

3.

Der neue Abschnitt des Krieges unterschied sich von dem bisherigen durch einen gewaltigen Anstieg in der Beschaffung von Waffen und Munition innerhalb eines willkürlich festgesetzten kurzen Zeitabschnitts. Um das zu ermöglichen, wurde die Erzeugung auf diesem Gebiet zur geringen Freude des Kriegsministeriums und des dort herrschenden Kriegsadels am 1. November 1916 einem dem Generalstab unterstellten Kriegsamt übertragen, das – ganz im Sinne des nicht-adeligen Ludendorff – alle Wünsche der Industrie erfüllte[25].

Die Schaffung des Kriegsamtes war ein Ergebnis systematischer Bemühungen des nunmehrigen Obersten Max Bauer, des – gleichfalls nicht-adeligen – Ludendorff-Vertrauten, und seiner gleich nach

---

24 Siehe Weber, Hellmuth, *Ludendorff und die Monopole*, Berlin 1966, S. 40 f. – Ludendorff besaß schon aus den Jahren, die er während seiner Dienstzeit in Düsseldorf verbracht hatte, Bekannte unter den Industriellen, auch setzten seine Pläne ein starkes industrielles Potential voraus. Immerhin ließen sich seine diesbezüglichen Verbindungen nicht mit denen seines Untergebenen, des nunmehrigen Obersten Max Bauer, vergleichen, der nunmehr diese Fragen in die Hand bekam.

25 »Die neue OHL«, sagt Feldman, *Army, Industry and Labor*, S. 150, aus dem Engl. übersetzt, »verkörperte den Triumph nicht schöpferischen Denkens (imagination), sondern der Phantasie. In seinem Streben nach mißverstandener totaler Mobilmachung zwecks Erreichung irrationaler Ziele unterminierte Ludendorff die Stärke der Armee, schaffte wirtschaftliche Instabilität, schuf ein administratives Chaos und entfachte eine Orgie der Interessenpolitik. Sein Programm bedeutete den Sieg der Schwerindustrie und des Generalstabs über das Kriegsministerium, und seine Hauptarchitekten waren selbstsüchtige Industrielle und ein hemmungsloser militärischer Intrigant (Oberst Bauer).

Kriegsbeginn geknüpften Kontakte zu den Industrieführern[26]. Die Schwerindustrie befand sich in jenem Augenblick in großer Verlegenheit, weil sie das Reich durch ihre Preisforderungen ungeheuer übervorteilt hatte[27], allein die neue OHL schlug auf Betreiben des Obersten alles nieder. Der Kriegsminister Wild von Hohenborn, der die Profite zu beschränken suchte, wurde sogleich aus der Umgebung des Kaisers nach Berlin versetzt. Auf Betreiben Bauers reisten Hindenburg und Ludendorff schon sehr bald zu einer Konferenz mit Krupp und dem Geheimrat Duisberg (Bayer-Leverkusen), dem späteren Haupt der IG-Farben. Auf dieser Zusammenkunft, die anscheinend im Rheinland stattfand, wurde das berühmte »Hindenburg-Programm« festgelegt, das die Erzeugung von 12 000 Tonnen Pulver pro Tag und der entsprechenden Menge Waffen vorsah – ein Programm, das, wie angedeutet, einer Art Revolution auf diesem Gebiet gleichkam oder wenigstens gleichzukommen schien: denn Oberst Bauer vermied stets zu erwähnen, daß der kaltgestellte Kriegsminister diesem Programm ziemlich nahe gekommen war. Duisberg, ein großer Chemiker und Organisator, aber zugleich in seinem geschäftsbedingten Hurrapatriotismus ein übereifriger Verehrer der bestehenden Ordnung, schrieb hierüber am nächsten Tag dem Obersten Bauer einen höchst bezeichnenden Brief[28]. Das dort beratene Programm entsprach einer Denkschrift der Industrie vom 23. August (1916) und wird aus diesem Grund von Professor Feldman nicht so sehr als ein geistiges Kind Ludendorffs, auf dessen fast naive Psyche es freilich richtig berechnet war, sondern weit mehr als Ergebnis des industriellen Wunsches, Ersatz für die entgangenen Gewinne aus der darniederliegenden Ausfuhr zu erhalten, sowie als

---

26 Feldman, *Army, Industry and Labor*, S. 151.

27 Feldman, *Army, Industry and Labor*, gibt S. 157 f. Belege aus den Papieren des Sachverständigen im (auch für das Reich zuständigen) Preußischen Kriegsministerium, Alfons Horten, die nach seiner Meinung beweisen, daß die Industriellen das Reich ungeheuer übervorteilten. So wäre beispielsweise ein vernünftiger Preis für Martin-Stahl 1915 zwischen 160-180 M per Tonne gewesen, jedoch das Heer sei gezwungen worden, 200-300 M zu zahlen. Dieser Posten allein habe der Industrie etwa 10 Millionen M Überprofite pro Monat gebracht. Eine zu rechtfertigende Spanne zwischen Thomas- und Martinstahl um 1916 wäre 40 M per Tonne gewesen. Statt dessen seien 140 M gezahlt worden, usw.

28 In diesem – bei Feldman, *Army, Industry and Labor*, S. 160 wiedergegebenen – Brief heißt es (in Rückübersetzung aus dem Englischen): »Es war so nett und freundlich von Ihnen . . . mir nicht nur die Gelegenheit gegeben zu haben, Sie wiederzusehen, sondern auch persönlich mit dem Volkshelden, Hindenburg, und dem Moltke dieses Krieges, Ludendorff, bekannt zu werden. Der neunte Tag des neunten Monats 1916 war ein ereignisreicher Tag in meinem Leben, und einer, den ich nicht vergessen werde . . .«

Zeugnis für den Machthunger des Obersten Bauer betrachtet[29]. Um ein so gewaltiges Vorhaben durchzuführen, mußte zunächst das Kriegsamt errichtet und systematisch aufgebaut werden. Leiter wurde General Wilhelm Gröner, der als Chef des Feldeisenbahnwesens und Mitglied des Kriegsernährungsamts Erfahrungen in Innenpolitik und Wirtschaft besaß und damals noch als Ludendorffs Mann galt. Dem Kriegsamt beigefügt war ein ständiger Ausschuß für Zusammenlegung von Betrieben (SAZ) unter dem Direktor Dr. Kurt Sorge von Krupp-Gruson, der sich damit befaßte, der Nicht-Wehrindustrie die Bedingungen des Kriegsamts zu diktieren. Er legte also still, unterband Lieferung von Rohmaterialien und entzog Arbeitskräfte. Hiermit wurde der Krieg um jene Zeit zu einer Diktatur der OHL und der großen Konzerne. Hand in Hand hiermit ging die systematische Ausplünderung Belgiens, für die eine Sitzung der führenden deutschen Unternehmer unter Teilnahme von Hugenberg, Stinnes, Kirdorf, Beukenberg, Reusch und anderen am 30. August 1916 den Grund legte[29a]. Sie führte ferner zu der berüchtigten Verschleppung belgischer Arbeiter ins Reich[29b]. Verwandt hiermit waren die Pläne zur Errichtung eines deutschen Mittel-Afrika, das in erster Linie auf Wegnahme des belgischen Kongo fußte. Das wichtigste dabei war, daß diese ganz neugeordnete Wirtschaft immer mehr von Staatsausgaben lebte. Sie wurde also zu einem der Vorläufer jenes Staatskapitalismus, der in den folgenden Jahrzehnten dem Kapitalismus sein Leben retten half.
Die Kriegsgewinne, die schon bisher höchst ansehnlich gewesen waren[30], steigerten sich unter diesen Umständen oft sprunghaft, wie die folgende Tabelle veranschaulichen mag[31].

---

29 Feldman, *Army, Industry and Labor*, S. 161.

29a Gatzke, *Germany's Drive to the West*, S. 154. Über die weitreichende Wirksamkeit des »Freundeskreises« Hugenberg/Kirdorf/Stinnes während des Ersten Weltkrieges vgl. neuerdings Dankwart Guratzsch, *Macht durch Organisation. Die Grundlegung des Hugenbergschen Presseimperiums*, Düsseldorf 1974, S. 99 ff. und 150 ff.

29b Gatzke, *Germany's Drive to the West*, S. 180.

30 Nach Jaeger, *Unternehmer*, S. 229, zogen die Rohstahlpreise von 1914 bis 1916 um 30 %, die für Bleche und Stabeisen sogar um 100 % an. Die vier größten deutschen Rüstungsbetriebe erhöhten ihre Gewinne im Durchschnitt der ersten drei Kriegsjahre gegenüber dem Durchschnitt der drei letzten Friedensjahre um 120 %, während der Rest der Schwerindustrie es nur auf 61 % brachte. Der Reingewinn der Firma Krupp steigerte sich von 1913 bis 1914 von 33,9 auf 86,4 Millionen M; die Firma Löwe verdiente gegenüber 1,7 Millionen M im letzten Friedensjahr nun 2,9 und 1915 gar 4,3 Millionen M. Eine Steuer auf Kriegsgewinne gab es erst vom dritten Kriegsjahr an, und auch dann war sie noch so niedrig bemessen, daß die Gewinne der montanindustriellen Betriebe und der Stahlwerke 1916/17 bereits ca. 100 % über denen von 1912/13 lagen.

Reingewinne, Abschreibungen und Dividendensätze einiger schwerindustrieller Unternehmungen im Kriege

	1914/15			1915/16			1916/17		
	R	A	D	R	A	D	R	A	D
Bismarckhütte	3,9	4,5	15	5,7	4,9	25	5,4	10,5	30,0
Bochumer Verein	7,4	4,4	14	15,3	5,3	25	15,5	5,3	25,0
Deutsch-Luxemburg	0,5	16,5	0	10,0	22,9	7	15,4	25,0	10,0
Hoesch AG	1,0	4,4	12	8,8	5,0	20	17,5	10,2	24,0
Mannesmann	8,1	2,9	10	16,9	3,8	15	24,7	12,8	18,0
Phoenix	15,4	12,6	12	23,2	14,0	20	52,4	16,7	20,0
Rheinische Stahlwerke	2,8	4,0	6	5,0	7,2	10	8,1	9,0	12,5
Hibernia	8,0	4,2	11	10,9	5,0	15	7,3	6,8	15,5
Consolidation	4,2	1,2	18	4,9	2,7	22	4,8	1,2	22,0
Harpener Bergbau	7,7	8,9	6	13,4	11,6	12	13,4	9,1	12,0

R = Reingewinn in Mill. Mark;
A = Abschreibungen in Mill. Mark;
D = Dividenden in Prozent.

Allein es waren nicht nur die großen Konzerne, die von diesem System profitierten. Die totale Mobilisierung der Arbeiterschaft, die durch das Hindenburgprogramm erforderlich wurde, war vielmehr Wasser auf die Mühle der Gewerkschaften. Was bisher auf diesem Gebiet geschehen war – zum Beispiel die Deportation belgischer Arbeitsloser nach Deutschland, die wie erwähnt Hugo Stinnes zur Last gelegt wurde – war nur ein Tropfen auf den heißen Stein gewesen. Nunmehr, so fühlten die Freien und sonstigen nicht-unternehmerhörigen Gewerkschaften, war die Stunde gekommen, wo we-

Diese Gewinnmarge waren freilich immer noch gering gegenüber den Kriegsgewinnen in den USA – des eigentlichen Gewinners von Weltkrieg I.

31 Die Tabelle entstammt dem Buch von Schröter, Alfred, *Krieg, Staat, Monopole 1914–1918*, Berlin 1965; nach Feldman, a. a. O., S. 228, erhöhten z. B. die Deutschen Waffen- und Munitionsfabriken unter dem Hindenburgprogramm den Preis pro Maschinengewehr von 1500 auf 2000 M.

der der Staat, noch ihr großer Gegner, die Industrie aller Arten, länger ohne ihre Mitwirkung auskommen konnte. Zum Unterschied von England mit seinem schwach entwickelten Staatsapparat und seinem mächtigen Gewerkschaftswesen, standen bis ins 20. Jahrhundert hinein in Deutschland schwer bedrängte Gewerkschaften einem machtvollen Militärstaat gegenüber[32]. Dies gab den deutschen Gewerkschaften die Möglichkeit, den Hunger des Staates nach Mobilisierung der Arbeitskräftereserven dazu zu benutzen, ihn im Gegenzug für ihre Hilfe zur Errichtung von Kriegsausschüssen zu veranlassen, in denen sie der Industrie gleichberechtigt gegenübersaßen. Ihre Führer, Carl Legien und Gustav Bauer, wußten die Gelegenheit der Regierung dazu zu benutzen, um das letzte für diesen Zweck herauszuholen[33]. Bei der Beratung des Gesetzes über den Vaterländischen Hilfsdienst, wie die Vorlage der Regierung genannt wurde, im Reichstag ging die Sozialdemokratie mit den Gewerkschaften Hand in Hand, wenn sie auch unter dem Druck der Linksopposition in ihrem Lager einige Änderungen zu erreichen suchten[34]. Größerer Widerstand kam von den bürgerlichen Parteien, die dem militärischen Zentralismus mißtrauten und die beispielsweise in dem berechtigten Gefühl, daß diese Entwicklung das Ende der mittleren und Kleinindustriellen bedeuten möge, Entschädigungen für Betriebe verlangten, denen Arbeiter durch das Hilfsdienstgesetz verloren gehen möchten, allein ganz vergeblich. Weder Industrie noch Sozialdemokratie, noch das Reich schienen hieran interessiert[35]. Die Annahme des Hilfsdienstgesetzes, das alle Deutschen vom 16. zum 60. Lebensjahr, soweit sie nicht militärisch erfaßt waren, zum Dienst für das Reich – zum Beispiel als Ersatzpersonen für Militärdienstpflichtige – heranzog, war geschichtlich von höchster Bedeutung, auch wenn

---

32 Feldman, *Army, Industry and Labor*, S. 205.

33 S. Feldman, *Army, Industry and Labor*, S. 197-249, »The Auxiliary Service Bill and the Triumph of Labor«.

34 Es ist interessant zu sehen, wie sehr die Darstellung Feldmans und die von Hellmuth Weber, in *Ludendorff*, S. 47 ff., behandelnd das Hindenburgprogramm im Grunde übereinstimmen, wenn sie natürlich auch in der Bewertung des Geschilderten – des Aufstiegs der Gewerkschaften – verschiedener Meinung sind. Zur Illustration des Hilfsdienstgesetzes vgl. das von Wilhelm Deist bearbeitete Quellenwerk *Militär und Innenpolitik im Weltkrieg 1914-1918*, 2. Teil, Düsseldorf 1970, Kap. 7.

35 Feldman, *Army, Industry and Labor*, S. 227. Dem Gesamtbild entsprach, daß der Gegenangriff der Sozialdemokratie gegen die industrielle Expansion im ganzen der Wucht entbehrte: vgl. Gatzke, *Germany's Drive to the West*, S. 107 f.; zum Gesamtproblem siehe auch R. B. Armeson, *Total Warfare and Compulsory Labor*, Im Haag 1964.

sich das Gesetz als solches als ein völliger Fehlschlag erwies[36]. Die Einschaltung der Gewerkschaften in die offizielle deutsche Sozial- und Wirtschaftspolitik war von nun an da. Hiermit vertiefte sich aber auch die Spaltung in der Arbeiterschaft, die gelegentliche Zusammenarbeit deren rechten Flügels mit den Unternehmern und die Möglichkeit einer Frontstellung gegen alle dritten Klassen und Schichten, besonders in Lohn- und Währungsfragen. General Gröner, pragmatisch in Lohnfragen, sah sich immer öfter genötigt, Lohnerhöhungen zuzugestehen, wenn die Lebenshaltung der Lohnempfänger andernfalls gefährdet war, und er begründete das gern mit seinem reichen Schatz von Erfahrungen über die Kriegsgewinne in der Rüstungsindustrie. »Ich weiß nicht, ob Sie wissen«, so läßt ihn Professor Feldman bei einer solchen Gelegenheit reden[37], »daß das Kriegsamt neulich einen Konzern daran hindern mußte, einen Kriegsgewinn von 35 Millionen zu machen; oder ob es Ihnen bekannt ist, daß ein deutscher Arbeitgeber es zuläßt, daß vier Arbeiterinnen, die für ihn arbeiten, in einer Baracke in einem einzigen Bett voller Läuse schlafen, oder daß ein deutscher Unternehmer einem anderen dessen Arbeiter wegfängt, indem er höhere Löhne bietet und dann vom Staat Ersatz hierfür in Form einer Erlaubnis zur Preiserhöhung verlangt.« Wie dem auch war, es bestand nun trotz aller Preis- und Lohnkontrollen die Tendenz zur Entstehung einer Preis- und Lohnspirale, die später unmittelbar in die Inflation führte. Als Gröner, um diese Entwicklung zu stoppen, der Regierung im Juli 1917 eine »Denkschrift über die Notwendigkeit eines staatlichen Eingriffs zur Regelung der Unternehmergewinne und Arbeiterlöhne« vorlegte, die von seinem Mitarbeiter Richard Merton von der Metallgesellschaft in Frankfurt, einem weißen Raben unter den Großunternehmern, verfaßt war[38], gab es einen Sturm. Verärgert besonders über Gröners Vorschlag der Besteuerung der Kriegsgewinne übten Stinnes, Duisberg, Oberst Bauer

36 Materiell waren die Ergebnisse des Gesetzes zweifelhaft, da damals in Deutschland, wer es irgend konnte, ohnedies entsprechend beschäftigt war, so daß die Erfassung des Rests weniger nützlich als vielmehr komplizierend wirkte und die Produktion weit hinter den Erwartungen zurück blieb; politisch erleichterte das Gesetz die Durchführung von Streiks, was wiederum der Industrie und der OHL Gelegenheit zu einem Gegenangriff gegen die ganze Gesetzgebung bot, der kurz vor der Niederlage von 1918 zu einer antisozialen Diktatur zu führen drohte. Für Einzelheiten Feldman, *Army, Industry and Labor*, S. 301 ff. und neuerdings Jürgen Kocka, *Klassengesellschaft im Krieg 1914-18*, Göttingen 1973, S. 114 ff.

37 Feldman, *Army, Industry and Labor*, S. 350.

38 Weber, *Ludendorff*, S. 123; ferner Richard Merton, *Erinnerungswerte aus meinem Leben*, Frankfurt 1955, S. 29-35.

und Oberst Köth von der Kriegsrohstoffabteilung gemeinsam einen Druck auf Ludendorff aus, dem Gröner schließlich weichen mußte[39]. Sein Sturz bedeutete nach Lage der Dinge eine schwere Niederlage der Gewerkschaften, welche gute Beziehungen zur Heeresleitung zwecks Kampfes gegen die Linksopposition benötigten; sie machten unter dem Zwang der Not Gröners Nachfolger kaum glaubliche Zugeständnisse[40], ohne freilich die Unternehmer zufriedenzustellen, die Hand in Hand mit Oberst Bauer bis in die Tage der deutschen Niederlage hinein für eine Umgestaltung des enttäuschenden Hilfsdienstgesetzes, ja für dessen Beseitigung kämpfen[41].

4.

Noch enttäuschender als der Fehlschlag des Hilfsdienstgesetzes war für das Reich wie die Unternehmer der große Mißerfolg jener Monate auf dem Gebiet der Kriegsführung als solcher: das Versagen des uneingeschränkten U-Boot-Krieges. Es handelte sich hier im Grund um einen Verzweiflungsakt. Obschon im Volke bejubelt und unermeßlich populär, waren sich Ludendorff und Hindenburg darüber einig, daß der Krieg nicht gewonnen werden könne, ja gar leicht verloren gehen möge, falls es nicht gelänge, England militärisch auszuschalten. Zu diesem Zweck holten sie die bereits 1915 ausprobierte Idee des unbeschränkten U-Boot-Krieges hervor, die man nach dem schauerlichen Eindruck der Versenkung des englischen Riesendampfers Lusitania[42] aus Furcht vor sofortigem Bruch mit den USA zunächst zurückgedämmt hatte. Ludendorff stand hierbei unter seelischem Trommelfeuer seitens der Alldeutschen und der Marine[43], die sich für die praktische Unverwertbarkeit der mit solchen Opfern erbauten Geschwader großer Schlachtschiffe zu entschädigen suchte. Sie trachtete das deutsche Volk zu überzeugen, der unbeschränkte U-Boot-Krieg werde England binnen sechs Monaten erledigen. Was die großen Unternehmer anging, so war die Stimmung mehr geteilt. Im ganzen scheint die Schwerindustrie an Rhein und Ruhr, diese

---

39 Wie Feldman, *Army, Industry and Labor*, S. 369 ausführt, war die Intrige gegen G. kompliziert; siehe auch Weber, *Ludendorff*, S. 124.

40 Feldman, *Army, Industry and Labor*, S. 417-419.

41 Weber, *Ludendorff*, S. 125.

42 Fischer, *Griff nach der Weltmacht*, S. 242; nach neueren Forschungen war die Versenkung durch Churchill und andere provoziert und technisch katastrophal gemacht worden.

43 Fischer, *Griff nach der Weltmacht*, S. 247.

zuverlässige Stütze der Dritten OHL, auch hier hinter ihr gestanden zu haben, wenn auch vielleicht mit weniger Begeisterung[44].

Was Handel, Reedereien, Banken und Fertigindustrie anlangt, so machten sie mit, wenn es ihren Interessen entsprach, wie im Fall der Industrie Sachsens, oder wenn sie dem herrschenden System nahestanden, wie die patrizische Kaufmannschaft Hamburgs, die die dortige Handelskammer kontrollierte[45]; sie rieb sich hierbei mit dem Bankier Max Warburg, dem Vertreter der internationalen Hochfinanz, dessen Ansichten auch von anderen am Verkehr mit den USA oder sonstigen überseeischen Ländern interessierten Finanziers oder Unternehmern wie Paul von Schwabach (vom Hause Bleichroeder), Bernhard Dernburg, Walter Rathenau, Karl Helfferich oder Otto Harms, dem Direktor der Deutsch-Australischen Dampfschiff-Gesellschaft geteilt wurden. Für diejenigen von ihnen, die jüdisch waren, ergab sich hierbei nicht selten ein Konflikt zwischen ihren Familienbeziehungen, ihren materiellen Interessen, oder einfach ihren in internationaler Richtung laufenden Meinungen auf der einen Seite, und ihrer Stellung als deutscher Wirtschaftsführer auf der anderen; mit am bekanntesten ist wohl der Fall Albert Ballins, des Gründers und Leiters der HAPAG und – mehr noch als Warburg – Freundes des Kaisers, dessen Auslassungen während des Krieges ein dauerndes Schwanken zeigen; er war begeistert vom deutschen Flottenbau, erkannte aber immer mehr, daß die Marinepolitik Verderben brachte und hat bei Kriegsende Selbstmord begangen[46]. Die erste Hälfte des Jahres 1917, die sowohl den Bruch mit den USA wie auch deren schließliche Kriegserklärung an Deutschland und endlich den Mißerfolg der Versprechungen sah, der uneingeschränkte U-Boot-Krieg werde England binnen sechs Monaten aushungern, erlebte auch die Verstärkung der Angriffe von rechts gegen den Kanzler von Bethmann Hollweg, denen er schließlich, fast gleichzeitig mit Gröner, erlag. Auch in dieser Frage, die schließlich unter den beiden letzten, ihrem Amt nicht gewachsenen Kanzlern des Kaiserreichs zu völliger

---

44 Die Angabe von Weber, *Ludendorff*, S. 66, daß Stinnes und Krupp den Krieg mit Amerika für sehr unerwünscht gehalten hätten, geht auf Bethmann zurück und war in dieser allgemeinen Form vermutlich richtig; jedoch betont Jaeger, *Unternehmer*, S. 233, sicherlich mit Recht, daß Stinnes wie Kirdorf für den uneingeschränkten U-Boot-Krieg eintraten, und ebenso der der Schwerindustrie nahestehende Syndikus der Handelskammer von Essen, Wilhelm Hirsch, Mitglied des Alldeutschen Verbands und des preußischen Abgeordnetenhauses.

45 Jaeger, *Unternehmer*, S. 233 f.

46 Hierzu auch Vagts, Alfred, »The Golden Chains: the Jews and Wilhelminic Imperialism«, in: *The Maryland Historian*, Frühjahr 1973.

militärisch-industrieller Diktatur führte, hat die Schwerindustrie von vornherein eine wichtige Rolle gespielt, die freilich bis in die neuere Zeit nicht voll bekannt war. Die Geschichte ist eng verknüpft mit der Person von Matthias Erzberger, einem damals noch ziemlich jungen Führer der Zentrumspartei und einer der am meisten umstrittenen Figuren der deutschen Geschichte. Der unbemittelte Sohn eines Schneiders aus dem kleinen Ort Buttenhausen in Schwaben und überzeugte Katholik hatte sich schon früh dank seines Arbeitseifers und der Geschicklichkeit einen Namen gemacht, mit der er als noch grüner Reichstagsabgeordneter die Mißwirtschaft der deutschen Verwaltung in Südwestafrika für den Kolonialaufstand verantwortlich machte, der dort nicht sehr lange nach der Jahrhundertwende ausbrach[47]. Jedoch war er an und für sich alles andere als humanitär gesinnt. In der ersten Hälfte des Krieges agitierte er, in der Art kleiner Leute, die sich einen Namen machen wollen, für besonders rücksichtslose Kriegsführung, z. B. die Zerstörung Londons, und konnte sich als Annexionist mit jedem Alldeutschen messen[48]. Freilich hatte sein Annexionismus eine etwas katholische Färbung und erregte z. B. die Freude des Königs Ludwig III. von Bayern[48a], der von seinen Ideen ganz hingerissen war, wie auch des Großindustriellen August Thyssen, des größten aller katholischen Unternehmer, den er darüber informierte, in welcher Weise die Militärverwaltung Thyssens Konkurrenten, Krupp und Stumm, bei Bestellungen zu bevorzugen schien. Zum Dank für solche und andere Dienste machte Thyssen den Abgeordneten zu einem seiner Direktoren, mit einem Gehalt von 40 000 M[49], während Erzberger wiederum sich mit Macht für die Annexion von Briey und Longwy einsetzte, an der Thyssen, der in der Nachbarschaft seßhaft war, fast noch stärker interessiert war als der Rest der deutschen Schwerindustrie. Diese Dinge führten gleich nach dem Kriege, als sich Erzberger mit Macht für die deutsche Republik ins Zeug legte, zu einem berühmten Skandalprozeß, da man ihm Gesinnungswandel vorwarf, und trugen sicherlich zu seiner

47 Grundlegend ist das schöne Buch des leider durch einen Unglücksfall früh verstorbenen Klaus Epstein, *Matthias Erzberger and the Dilemma of German Democracy*, New York 1971.

48 Epstein, *Matthias Erzberger*, S. 108.

49 Epstein, *Mathias Erzberger*, S. 110.

50 Bei diesem Prozeß, der vor dem Landgericht Berlin-Moabit vom 19. Januar bis 12. März 1920 geführt wurde, war formell Erzberger der Kläger; sein Gegner, Karl Helfferich, langjähriger Direktor der Deutschen Bank, der hierauf als Staatssekretär für die Finanzpolitik des Reichs während des Kriegs verantwortlich geworden war, hatte sich wegen Verleumdung zu verantworten. Helfferich wurde zu einer lächerlich niedrigen Geldbuße verurteilt, da das – gegen Erzberger

schließlichen Ermordung (im Jahre 1921) bei[50]. Geschichtlich wichtiger bleibt jedoch, daß der Erzberger der Spätzeit von dem der Frühzeit keineswegs so verschieden war als es schien, ja daß ihm – und das ist hier das entscheidende – die Sicherung einer Art katholischen Imperiums nicht nur wichtiger als das Interesse der protestantischen, sondern auch der katholischen Industrie war[51]. Wo immer die Sorge für die industriellen Wünsche und katholischen Rücksichten sich kreuzten, beschnitt oder unterdrückte er sie entsprechend[52], was schließlich – wie gerade im Fall dieses so umstrittenen Mannes besonders betont werden soll – dazu führte, daß er seinen Anschauungen zuliebe seinen lukrativen Posten bei Thyssen aufgab[53].

Der entscheidende Augenblick kam für Erzberger, als er im April 1917 von den führenden Männern in Wien darüber unterrichtet wurde, daß Österreich-Ungarn zusammenbrechen werde, falls es nicht vor Jahresende aus dem Krieg ausscheide. Als er dann auch noch im Juni von Ludendorffs Vertrautem, jenem Oberst Max Bauer erfuhr, daß man hier alle Hoffnung auf den Erfolg der U-Boote aufgegeben habe, war sein Entschluß gefaßt. Zwar wurde er auch diesmal nicht – wie man ihm unrichtig nachgesagt hat – zum Pazifisten. Ganz im Gegenteil. Obwohl im Deutschen Hauptquartier heftig angegriffen, weil er als halboffizieller Unterhändler in seinen Verhandlungen mit einem Vertreter der vor-bolschewistischen russischen revolutionären Regierung in Stockholm angeblich zu sehr nachgegeben hatte[54], war er auch weiterhin bemüht, das mögliche zur Förderung der annexionistischen Ziele herauszuholen, denen Deutschland seit Kriegsausbruch nachhing. Dies umso mehr, als die Tatsache, daß der Zarismus gestürzt war, die Deutschen mit Einschluß des Reichskanz-

---

eingenommene – Gericht die meisten seiner Behauptungen als erwiesen ansah; mit Epstein halten auch wir hier E. eher als – zum mindesten – unglaublich fahrlässig; schon während der Verhandlung erlag er beinahe einem Mordversuch.

51 Es ist höchst interessant zu beobachten, wie genau Wilhelm II. – wie das bei Fischer, *Griff nach der Weltmacht*, S. 374 wiedergegebene ausführliche kaiserliche Zitat zeigt – Erzbergers »konfessionelle Einkreisung des vom verhaßten Hohenzollernhaus regierten Deutschlands« Schritt für Schritt beobachtete und wie er sie in seiner barocken Ausdrucksweise bewertete.

52 Laut Epstein, *Matthias Erzberger*, S. 112, suchte Erzberger der geplanten Annexion Belgiens eine Form zu geben, die den katholischen Interessen mehr entsprach; dasselbe gilt von seinem – phantastischen – Projekt betreffend beide Lothringen; Polen wollte er aus denselben Gründen unter deutscher Oberaufsicht ganz wiederherstellen und ihm sogar Deutsch-Polen herausgeben, wogegen die Alldeutschen wütend Einspruch erhoben.

53 Betont von Thyssen selbst, s. Epstein, *Matthias Erzberger*, S. 418.

54 Fischer, *Griff nach der Weltmacht*, S. 317 f. Nach Epstein, *Matthias Erzberger*, S. 176, wurde Erzbergers Verhandlung durch Stinnes und Ludendorff zunichte gemacht.

lers von Bethmann mit Mut erfüllte. Allein – und dies ist der entscheidende Punkt – zur Durchführung dieser Ziele schien ihm Bethmann, der als zu bedächtig verschrieen war, trotz der Ähnlichkeit ihrer Auffassungen im Grunde nicht mehr der richtige Mann, besonders auch, weil Ludendorff ihn haßte. Stattdessen ließ er sich durch Gustav Stresemann, der im Juli, inmitten der nun entstehenden politischen Krise, mit ihm und Oberst Bauer zusammentraf, für eine Kanzlerschaft des Fürsten Bülow gewinnen, die aber am Kaiser scheiterte, der sich 1909 in Unfrieden von Bülow getrennt hatte[55]. Das Ergebnis war, daß Deutschland, da Bethmann nun zurücktrat, von da an bis beinahe zum Kriegsende von zwei Schattenkanzlern regiert wurde und praktisch einer Diktatur des Generals Ludendorff unterstand. Dies bedeutete gleichzeitig einen völligen Sieg des deutschen industriellen und agrarischen Annexionismus, und zwar in demselben Augenblick, als die deutsche Bevölkerung – ebenfalls dank Erzbergers Einwirkung – annahm, er läge am Boden. Gleichzeitig mit seinen Bemühungen zum Sturz des Kanzlers – wohl dem größten Fehler in seiner ganzen politischen Laufbahn – hatte Erzberger nämlich daran gearbeitet, den Reichstag zur Annahme einer Friedensresolution zu bewegen, die seiner allgemeinen Auffassung der Lage entsprach[55a]. Sie schloß weitere Annexionen nicht geradezu aus, gestattete sie aber höchstens in Verkleidung als Austausch von Gebieten durch Vertrag und sollte auf alle Fälle der Welt einen freundlichen Eindruck von Deutschlands Absichten übermitteln. Dieser Zweck wurde sofort blockiert durch eine zweideutige Floskel, mit der Bethmanns unbedeutender erster Nachfolger die Resolution, die am 19. Juli (1917) angenommen wurde, am Folgetag kommentierte. Schlimmer noch war, daß das Auswärtige Amt, fast im selben Augenblick die Friedensresolution praktisch durch die Feststellung entwertete, ihre Grundsätze sollten die einzelnen Staaten nicht hindern, sich nach Wunsch zu vereinigen – denn jedermann wußte, wie sehr solche »Wünsche«, ausgedrückt etwa im sogenannten »Volksentscheid«, manipuliert werden konnten[56].

Die der Annahme der Friedensresolution folgenden Monate schienen zu beweisen, daß das Ausland in der Tat wenig Grund hatte, den deutschen Friedensschalmeien Gehör zu schenken. Als Gegenschlag

---

55 Epstein, *Matthias Erzberger*, S. 195 ff.

55a Siehe hierzu etwa Gatzke, *Germany's Drive to the West*, S. 189. Die Resolution wurde allgemein, aber irrtümlich, als eine Auflehnung des kriegsmüden Volkes gegen die Regierungspolitik angesehen.

56 Zum Beginn dieser Entwicklung vgl. Epstein, *Matthias Erzberger*, S. 203.

gegen die Annahme des Programms bereiteten die herrschenden Kreise des Reichs, wie später zu zeigen, unmittelbar darauf die Gründung der sogenannten deutschen Vaterlandspartei vor, deren krasser Annexionismus die deutsche Politik von da an immer stärker bestimmte; gleichzeitig aber geriet auch Rußland in eine solche Krise, daß ein Triumph dieser innerdeutschen Mächte in europäischem Maßstab nicht unmöglich schien. Beide Entwicklungen hinderten die deutsche Reichsleitung daran, etwas für seinen rasch absinkenden Bundesgenossen Österreich-Ungarn zu tun, der geradezu nach Frieden lechzte; auch dauernde päpstliche Friedensbemühungen blieben ohne Erfolg. Unter der Einwirkung des unseligen Vizekanzlers und Staatssekretärs des Inneren Karl Helfferich – des ehemals in außenpolitischen Dingen führenden Mannes der Deutschen Bank und hierauf, als Staatssekretär des Reichs-Schatzamts, Hauptverantwortlichen für den Beginn der Inflation[57] – bereitete man vielmehr gerade jetzt ein Programm für Belgien vor, das eine Lösung dieser für jeden Friedensschluß zentralen Frage praktisch ausschloß, sich jedoch weitgehend mit den Zielen der Obersten Heeresleitung deckte[58]. Im Osten wiederum, wo man sich mit dem revolutionär gewordenen Rußland maß, plante man, außer der Eingliederung eines riesenhaft bemessenen sogenannten polnischen Grenzstreifens, auch – in notdürftig verhüllter Form – die Angliederung von Kurland, Litauen, Polen, ja selbst Rumänien – Ziele, die sich bald noch durch Finnland und besonders die Ukraine, das Juwel des südwestlichen Rußland, vermehren sollten[59]. Mit anderen Worten: Die alte Sammlungspolitik, das Bündnis der Industrie und der Junker, wobei sich die Junker nach unten und nach Osten, die Industriellen wiederum nach unten und nach Westen zur Geltung brachten, feierte nun, wie schon angedeutet, in kriegerischer Form fröhliche Urständ; sie nahm hierbei, wie gleich zu zeigen, ganz unglaubliche Formen an[59a]. General Ludendorff, der seit Bethmanns Sturz zur schlechtweg leitenden Figur geworden war und den der dilettantische Kaiser notgedrungen schalten und walten ließ, kann hierbei als Vertrauensmann beider gesell-

57 Fischer, *Griff nach der Weltmacht*, S. 362 sowie Feldman, *Army, Industry and Labor*, S. 61. H. war der Urheber der Politik, den Krieg durch Anleihen zu finanzieren, gleichzeitig aber auch ein Gegner entsprechender Kriegssteuern.

58 Fischer, *Griff nach der Weltmacht*, S. 364.

59 Fischer, *Griff nach der Weltmacht*, S. 360.

59a In gleichem Sinne wie die Vaterlandspartei agitierten zahlreiche andere Verbände, an ihrer Spitze der Ausschuß für einen deutschen Frieden, in dem wir Duisberg, Röchling, Kirdorf, Poensgen und andere führende Unternehmer finden: vgl. Gatzke, *Germany's Drive to the West*, S. 121.

schaftlichen Kräfte gelten. Seine Beziehungen zu den großen Konzernen wurden durch seinen alten Vertrauensmann, Oberst Bauer, auch weiterhin pfleglich betreut; und wenn er auch selbst kein Junker war, ja den Junkern wenn nötig in Fragen der Heeresverstärkung und der Kriegswirtschaft auf die Füße trat, so war er doch weit davon entfernt, sie als Klasse zu bekämpfen oder ihre Privilegien antasten zu wollen; Anregungen hoher Generäle, er möge sich auch politisch zum deutschen Diktator aufschwingen, hat er fast mit Entrüstung abgewiesen, in der Erkenntnis, daß er kein Politiker war[60]. Dies schloß nun freilich – zu Deutschlands Unheil – nicht aus, daß er und die OHL sich dauernd in die Politik einmischten, – ja, diese Einmischung begann kaum mehr als zwei Monate, nachdem die soeben angedeuteten allgemeinen Kriegsziele auf einer Kronkonferenz in Berlin zum Staatsprogramm gemacht worden waren, unheimliche Bedeutung anzunehmen. Zu jenem Zeitpunkt, im Herbst 1917, war man sich bereits darüber klar geworden, daß man in jener Periode, in der Präsident Woodrow Wilson – obschon nunmehr Deutschlands Gegner – mit seinen Ideen die Welt durchdrang, nicht mehr schlechtweg beanspruchte Gebiete einfach annektieren dürfe. Es mußten vielmehr alle derartigen Pläne – wie es der Kanzler von Bethmann Hollweg im Mai jenes Jahres 1917, wenige Wochen vor seinem Sturz, noch selbst formuliert hatte – entsprechend »frisiert« werden[61]. Das heißt, selbst der böseste Länderraub, die nackteste Angliederung mußte nun so bewerkstelligt werden, daß es aussah, als diene sie der »Selbstbestimmung« der betreffenden Bevölkerung. Die deutsche Regierung erwies sich als Meister auf diesem Gebiet. Die russischen Ostseeprovinzen zum Beispiel, die Deutschland nunmehr militärisch besetzte, waren ja in früherer Zeit von deutschem Schwertadel erobert worden, der in jenen Jahren noch dort ansässig war. Was schadete es, daß nicht-russische, wenn auch gleichzeitig nichtdeutsche Volksteile in diesen Gegenden die Mehrheit bildeten. Man ließ einfach, wo angebracht, bloß die deutsche Minderheit abstimmen und hatte dann die »Willensmeinung« der Bevölkerung in der Hand.

Dieses Verfahren erwies sich für die Deutschen von großer Wichtigkeit, als im November – nach damaliger russischer Zeitrechnung im Oktober – jenes Jahres 1917 Lenin in Rußland die Macht ergriff. Bei den Friedensverhandlungen mit dem neuen Rußland, die nun alsbald in Brest-Litowsk begannen, suchten sich die deutschen Ver-

60 Feldman, *Army, Industry and Labor*, S. 500.
61 Fischer, *Griff nach der Weltmacht*, S. 419.

treter im Namen der »Selbstbestimmung« praktisch ganz Westrußland zu übereignen. »Der mächtigste Impuls«, schreibt hierüber Fritz Fischer[62], »kam von der deutschen Industrie selbst. Der Verein Deutscher Eisen- und Stahlindustrieller trug in einem Schreiben an Hindenburg die Wünsche der Eisenindustrie für den Friedensschluß mit Rußland nachdrücklich vor. Der Schwerindustrie ging es vor allem darum, den Bezug der phosphorarmen Erze aus der Ukraine und der für die Stahlproduktion notwendigen Manganerze aus dem Kaukasus sowie aus der Ukraine zu sichern. Um welche Mengen es sich dabei handelte, ging daraus hervor, daß Rußland bis 1914 einen Anteil von fünfzig Prozent an der Weltproduktion des Mangan besessen und drei Viertel des gesamten deutschen Bedarfs an Manganerzen gedeckt hatte ... Ungehindert, so wurde gefordert, ist Niederlassung und wirtschaftliche Betätigung für Deutsche in Rußland zuzugestehen; insbesondere sollte die Erwerbung und der Besitz von Gruben, die sich bisher in russischem Staatsbesitz befanden, ohne Einschränkung erlaubt werden. Unverhüllt forderten die beiden Schwerindustrieverbände West- und Ostdeutschlands[63], daß dem übrigen Ausland die wirtschaftliche Ausbeutung Rußlands erschwert werden solle, damit Rußland zu einem an Deutschland angelehnten Rohstofflieferanten werden könne ... Der Thyssenkonzern, der als Mitbesitzer der Mangangruben von Tschiaturi im Kaukasus auf dem Gebiet der Mangangewinnung schon lange tätig war, vertrat am 24. Dezember bei Helfferich die gleichen Wünsche noch detaillierter ... Thyssen erwähnte besonders die für die Stahlerzeugung so wichtigen und hochwertigen Erze von Krivoi Rog, die sich mit einem Eisengehalt von 68 Prozent für die Stahlherstellung besonders eigneten ...«
Die von Deutschland eingeschlagene Taktik, die Wegnahme russischen Gebietes durch manipulierte »Selbstbestimmung« der abzutretenden Gebiete zu verschleiern, führte von selbst dazu, daß sich die Wünsche der deutschen Industrie meist nur im Rahmen der deutschen Beziehungen zu diesen oder weiteren damals neu entstehenden Staaten aus dem Leibe des alten Rußland verwirklichen konnten. Da diese neuen Staaten aber vor dem deutschen Zusammenbruch im Herbst 1918 nichts weiter waren als abhängige deutsche Trabanten – wie denn auch fast alle binnen kurzem wieder verschwanden – so verstand sich die Durchsetzung der deutschen industriellen Wün-

---

62 Fischer, *Griff nach der Weltmacht*, S. 424 f.
63 Gemeint sind anscheinend einerseits der Verein Deutscher Eisen- und Stahlindustrieller und andererseits der Oberschlesische Berg- und Hüttenmännische Verein.

sche im Osten während des Zustandekommens des »Diktatfriedens« von Brest Litowsk und nach seiner Unterzeichung (3. März 1918) ganz von selbst. Das Bestreben der deutschen Konzerne, diese Gebiete nach Kräften auszubeuten, brachte es freilich mit sich, daß nur geringe Teile der heimischen Bevölkerung – etwa Kreise deutscher Abstammung oder der in den revolutionären Stürmen der Zeit wakkelig gewordene Großgrundbesitz – bereit waren, mit ihnen zusammenzuarbeiten. Dies wurde besonders sichtbar im Falle der Ukraine – des größten und wertvollsten der politischen Gebilde, die Deutschland auf diese Weise in die Hand bekam. Obwohl die Regierung dieses Gebiets, in der Art mancher von ihnen, Hilferufe an die deutsche Regierung richtete, sie zu schützen, suchte sie bei den nach Brest Litowsk beginnenden Verhandlungen zwischen beiden Teilen dauernd die Rechte der deutschen Besatzungsmacht zu beschneiden. Da die ukrainischen Bauern sich überdies weigerten, sich den Deutschen zuliebe bei der Felderbestellung zu beeilen, die für Deutschland und Österreich schlechthin lebenswichtig geworden war, so entschloß sich Ludendorff zu einem Gewaltstreich: Ende April (1918) verhaftete er die Regierung, löste die von ihm bisher begünstigte legislative Versammlung des Landes auf und übergab die Herrschaft einem erzreaktionären Grundbesitzer, General Skoropadski[64]. Hiermit war die Bahn für die wirtschaftliche Durchdringung des Landes durch die deutschen Konzerne geschaffen. Otto Wiedfeldt, der Vertrauensmann Krupps[64a] und Karl Melchior vom Bankhaus Warburg traten als die eigentlichen Willensträger der deutschen Ukrainedelegation hervor. Sie stoppten die im Gange begriffene Verteilung des Großgrundbesitzes an Kleinbauern, ersetzten die aufgelöste Legislative durch ein – wie in Preußen – auf Klassenwahlrecht fußendes Parlament, schufen die Voraussetzungen für die Entstehung einer Schicht mittelgroßer Grundbesitzer, und errichteten eine Agrarbank zu deren Finanzierung – all dies als Grundlage für die Hebung des für Deutschland so wichtigen Getreideexports dorthin.

---

64 Fischer, *Griff nach der Weltmacht*, S. 479. Vgl. hierüber ausführlich die Arbeit des Fischer-Schülers Peter Borowsky, *Deutsche Ukrainepolitik 1918 unter bes. Berücksichtigung der Wirtschaftsfragen*, Lübeck/Hamburg 1970. Nach Winfried Baumgart, Deutsche Ostpolitik 1918, Wien/München 1966, S. 133, war die Gewinnung von Getreide abhängig von der Anwesenheit deutscher Truppen. Auch im restlichen Rußland suchte Deutschland damals, laut Baumgart S. 265, sein militärisches Übergewicht zu seinem wirtschaftlichen Vorteil auszunutzen, stieß jedoch dort mit der neuen russischen Wirtschaftsgesinnung zusammen.

64a Wiedfeldt war in einer Besprechung in Essen zum Leiter der Firma ausersehen worden (Ernst Schroeder, *Wiedfeldt*, Essen 1964, S. 83).

Hiermit verband sich die Bemühung, die ukrainische Kohlen- und Erzförderung sowie die hierauf fußende örtliche Industrie zu heben und beides unter deutsche Kontrolle zu bringen[65]. Zu diesem Zwecke schlug Wiedfeldt, nach dem Vorbild des in Belgien Geleisteten, bereits kurz nach dem deutschen Einmarsch die Schaffung einer deutsch-ukrainischen Eisenerzgesellschaft vor, in die Deutschland die Halb- und Fertigwaren – mit den Hochöfen –, die Ukraine hinwieder den Rohstoffanteil – mit den Erzgruben – einbringen sollte. Auch die Manganproduktion sei in dieser Weise zu organisieren. Es scheint, daß sich die deutschen interessierten Konzerne teilweise vor dem vom Reichswirtschaftsamt für die westlichen wie die östlichen besetzten Gebiete vorbereiteten Staatsmonopolismus fürchteten; Geheimrat Duisberg, das Haupt der chemischen Industrie, schlug daher vor, eine »Industrie- und Bodengesellschaft« zu gründen, in die, nach Liquidierung der zumeist in Entente-Händen befindlichen Industrieunternehmen und Gruben, die entsprechenden Rechte vom Staat eingebracht werden sollten[66]; sie würden so unter die Herrschaft der deutschen Industrie geraten, welche in der neuen Gesellschaft führend sein sollte. Gleichzeitig wurde die Reorganisation des Eisenbahnwesens sowohl in der Ukraine selbst – wo zu diesem Zweck der alte Eisenbahnfachmann General Gröner erschien – als auch in allen anderen von Rußland geräumten Staaten, außerdem sogar in der neuen Sowjetrepublik als solcher in Angriff genommen. Das Auswärtige Amt plante, diesen ganzen Riesenkomplex unter deutsche Kontrolle zu bringen, um so die Zinsen für die ins Ungemessene gewachsenen deutschen Kriegsanleihen hereinzuholen; die Finanzierung, so schlugen Wiedfeldt und Melchior vor, wiederum sollte entweder durch die seit vielen Jahrzehnten in Berlin tätig gewesene Russengruppe[67] oder aber durch ein neues Syndikat erfolgen, dem die bereits in der Russengruppe figurierende Diskontogesellschaft, die Deutsche- und die Dresdener Bank sowie auch die Hamburger Bank M. M. War-

65 Auch dies nach Fischer, *Griff nach der Weltmacht*, S. 481, dem das Potsdamer Aktenmaterial zur Verfügung stand.

66 Nach Fischer, *Griff nach der Weltmacht*, S. 481, der sich hier, wie meist, auf Archivmaterial aus der DDR stützt; jedoch erlaubt seine Darstellung es nicht recht, sich vom Unterschied der Pläne Wiedfeldts und Duisbergs hier ein klares Bild zu machen; wie aus der von F. mitgeteilten Liste der Mitglieder der von Duisberg geplanten Gesellschaft (Deutsch-Lux.; Krupp; GBAG; Gutehoffnungshütte; Phoenix AG; AEG; Siemens; Harpen; IG-Teerfarben; HAPAG und Bohrgesellschaft) hervorzugehen scheint, handelte es sich hier weniger um Erzverhüttung als vielmehr um Kohleförderung, Elektrizitäts-, Chemie-, Öl- und Schiffahrtsinteressen.

67 Fischer, *Griff nach der Weltmacht*, S. 483.

burg angehören sollten, wo Melchior führend war. Man war hier überhaupt ganz »unter sich«. Wenn also z. B. im Rahmen der ungeheuren Pläne, mit denen sich Deutschland damals trug, Vizekanzler Karl Helfferich den Staatssekretär Richard von Kühlmann darum ersucht, die deutschen Interessen im Kaukasus fester zu umreißen, um die dortigen Erzschätze sowie vermutete weitere Rohstoffquellen dem türkischen Zugriff zu entziehen[68], so darf man nicht übersehen, daß hier der früher auf diesem Gebiet leitende Direktor der Deutschen Bank und Finanzier der Bagdadbahn zum Sohn des Leiters der Bagdadbahn, Otto von Kühlmann, spricht. Das Ausmaß der deutschen Pläne da unten – Mitteleuropa in Riesendimension – ist hübsch gekennzeichnet in einem Meinungsaustausch zwischen führenden österreichischen Militärs vom Juni 1918 – also weniger als ein halbes Jahr vor Toresschluß –, in dem es heißt[69]: »Die Deutschen verfolgen in der Ukraine ein bestimmtes wirtschaftlich-politisches Ziel. Sie wollen ... den sichersten Weg nach Mesopotamien und Arabien, nach Baku und Persien, den ihnen der Einmarsch in die Ukraine in die Hand gespielt hat, für immer in der Hand behalten. Zu diesem Zweck haben die Deutschen ... die Absicht, die Krim in irgendeiner Form zu behalten ... als Schutzgebiet, als Kolonie, oder in irgendeiner anderen Form.«

Dies war nur zu richtig, und es führte dazu, daß sich schließlich die deutsche Einflußsphäre militärisch desto weiter ausdehnte, je näher das Ende heranrückte, das freilich den meisten Beteiligten völlig überraschend kam. Die Tatsache, daß Deutschland, fast wie durch ein Wunder, plötzlich seinen Rücken im Osten frei bekommen hatte und der Wunsch, nunmehr alles Errungene und alle Kriegsprofite treu zu bewahren, hatte nämlich inzwischen ein doppeltes Verhängnis heraufbeschworen: seit Mitte 1917, als der Reichstag die Friedensresolution angenommen hatte, war die politische Entwicklung in Deutschland – im Gegensatz zur allgemeinen Volksstimmung – zunächst als Schlag hiergegen immer weiter nach rechts gelaufen, und durch die Erfolge im Osten wiederum hatten die an dieser Entwicklung interessierten Kreise, an ihrer Spitze die OHL und die Schwerindustrie, den Eindruck gewonnen, sie könnten sich einfach alles erlauben. All dies verkörperte sich in der Gründung und dem riesenhaften Aufstieg der sogenannten Deutschen Vaterlandspartei: eines Meteors politischer Propaganda und – wenn auch keiner »Partei« im engeren

---

68 Fischer, *Griff nach der Weltmacht*, S. 487.
69 Fischer, *Griff nach der Weltmacht*, S. 485.

politischen Sinn – so doch des weitaus größten Gebildes seiner Art, das Deutschland vor Hitler gesehen hat. Während der Gedanke zur Gründung dieses Zwitterwesens in militärischen Kreisen entstanden zu sein scheint[70], verdankte es seinen Erfolg einem Mann, der für diese Aufgabe wie geschaffen war: Dem Generallandschaftsdirektor Wolfgang Kapp. Als Sohn eines nach Amerika geflüchteten 48ers in New York geboren, also ursprünglich politisch Nicht-Deutscher wie der dreißig Jahre jüngere Adolf Hitler, teilte er mit diesem den Wunsch, sich im Dienste seines eigentlichen und Wahl-Vaterlandes besonders zu bewähren. Jedoch machte die Spanne von dreißig Jahren hier einen ganz gewaltigen Unterschied: Zum Unterschied von der Entwicklung nach der deutschen Revolution von 1918, wo die alldeutschen Ideen, mit denen sich beide identifizierten, zwecks Bekämpfung des Kommunismus plötzlich einen Stock tiefer rutschten und so einem Mann aus der Gosse, wie dem späteren Führer, erlaubten, Gesellschaftsretter zu spielen, ging so etwas im Kaiserreich, in dem Kapp aufwuchs – sein Vater war zurückgekehrt und schließlich Reichstagsabgeordneter geworden – nur, wenn man entweder, wie Carl Peters, als Kolonialpionier wirkte (was freilich der Regierung ebenfalls oft nicht bequem war) oder aber, wenn man es zum Über-Konservativen brachte. Letzteres war Wolfgang Kapps Fall. Auf seinem hohen Regierungsposten in Königsberg – heute Kaliningrad – fühlte er sich als eine Art Ludendorff – ein bürgerlich-korrekter Diener der Junker und ihrer landwirtschaftlichen Interessen. Daneben freilich besaß er, wie man wußte, starke industrielle Verbindungen, war also ganz der Mann, um ähnlich wie der langjährige Generalsekretär des Zentralverbandes der Deutschen Industriellen, Bueck, die »Sammlungspolitik« in eigener Person zu verkörpern, wenn auch in ganz gewaltigem Maßstab.

Freilich waren seine Verbindungen mit Ostpreußen äußerlich so stark, daß man ihn zunächst selbst in ihm nahestehenden Kreisen, z. B. Hamburgs, ablehnte; die Gründungssitzung der Deutschen Vaterlandspartei fand daher, und zwar am 2. September 1917, unter Teilnahme führender Junker und sonstiger Konservativer in Königsberg statt. Erster Vorsitzender wurde Admiral von Tirpitz, der auch die Programmrede hielt; Kapp selbst, die Seele des Unternehmens, begnügte sich mit der zweiten Stelle. Das Programm der DVP, ihre Forderung, Belgien, Briey und Longwy, Teile von Nordfrankreich

70 Nach Feldman, *Army, Industry and Labor,* S. 429, war der Vater der Idee der Generalmajor Magirus vom württembergischen Kriegsministerium, der sie 1916 dem Chef des militärischen Nachrichtendienstes Oberst Nicolai entwickelte.

usw. zu annektieren, ihre begeisterte Verteidigung der deutschen Annexionen im Osten usw., sowie der bestehenden deutschen Staats- und Rechtsordnung bei gleichzeitiger Ablehnung jedweder Erweiterung der recht kümmerlichen demokratischen Bestandteile, die sie enthielt, all dies entsprach völlig dem Denken der Alldeutschen, wie denn der DVP auch der gesamte organisatorische Apparat des Alldeutschen Verbandes zur Verfügung stand[71]. Der Unterschied war, daß die DVP eben das zur Wirklichkeit zu machen für möglich hielt, was dem Alldeutschen Verband nie gelungen war: die Schöpfung einer Massenbasis. Ihre Gründer fühlten, daß es ihnen nunmehr, dank der durch den Krieg geschaffenen politischen und seelischen Lage, glükken werde, gleichsam wie ein Magnet die ihr zugänglichen Elemente aus den alten Parteien herauszuziehen, ohne diese zerstören zu müssen – wie sie denn auch ihre angebliche politische »Überparteilichkeit« dauernd betonten – und ihnen gelang dies auch sehr gut; jedoch unterschied sich die soziale Qualität des von ihnen erfaßten Menschenmaterials noch sehr stark von dem Hitlers, der einmal von sich sagte, ein Führer wie er gleiche einem Magnet vor einem Misthaufen[72]. Im Reichsausschuß der DVP finden wir 1918 – um ein Beispiel zu geben – die Namen Conrad von Borsig, Professor von Below, Professor Brandenburg, Hirsch – es dürfte sich hier um den auf diesem Gebiet sehr tätigen Syndikus der Handelskammer Essen, Wilhelm H., gehandelt haben –, Kirdorf, Mehnert, Pschorr, Reichert – Geschäftsführer des Vereins deutscher Eisen- und Stahlindustrieller –, von Hertzberg-Lottin, Heinrich Class, Prinz Friedrich Wilhelm von Preußen, Roetger (Generaldirektor von Krupp), Schiele (bekannter Mittelstandspolitiker und Helfer von Kapp), Professor von Wilamowitz-Moellendorff, Frhr. von Schorlemer-Lieser (Oberpräsident der Rheinprovinz), von Siemens, Fürst Salm-Horstmar (1902–1908 Präsident des Deutschen Flottenvereins), Frhr. von Loe, C. B. Heye (Vors. der Handelskammer Bremen), etc.[73]. Handelt es sich hier nun zwar um Figuren von weit größerer Macht und Stellung, als sie die durchschnittlichen Mitglieder dieser Organisation besaßen, so ist doch ohne weiteres klar, daß man es hier im ganzen mit einer Bewegung

---

71 Vgl. den Artikel v. Ullrich, Robul, »Deutsche Vaterlandspartei« in dem sehr gediegen gearbeiteten Handbuch *Die bürgerlichen Parteien in Deutschland*, hrsg. v. Historischen Institut der Fr.-Schiller-Universität Jena unter der Leitung von Dieter Fricke. Hinfort zit. *Parteien-Handbuch*.

72 Nach Angaben des verstorbenen Konrad Heiden, des ersten Beobachters von Rang, der Hitler ernst nahm, und über den noch zu reden sein wird.

73 Stegmann, *Erben Bismarcks*, S. 505; die Kennzeichnungen stammen meist ebenfalls von Stegmann.

zu tun hat, in der – anders als in den Anfängen Hitlers – Adel, Grundbesitz, Industrie und deren intellektuelle Bundesgenossen eine führende Rolle spielten; etwa drei oder vier weitere – hier nicht genannte – Namen verkörpern die damalige Form der Mittelstandsbewegung, die aber damals, vor dem Umsturz von 1918, durchweg monarchistisch und weit konservativer war als später. »Finanziell«, so betont Stegmann[74] aufgrund überreichen Materials, »wurde die Deutsche Vaterlandspartei getragen durch die industriellen Verbände, den Verein Deutscher Eisen- und Stahlindustrieller und das Rheinisch-Westfälische Kohlensyndikat (Kirdorf allein gab 2 Millionen M für die Partei), die Saarindustrie und einzelne Unterverbände des Vereins ... und seit 1918 auch direkt vom Zentralverband Deutscher Industrieller, dessen Direktoriumsmitglieder ohnehin fast vollzählig Mitglieder wurden«. Seine Belegliste umfaßt in der Tat die Namen von fast sämtlichen Schwerindustriellen Rheinland-Westfalens; von einigen der führenden deutschen Bankiers, von Schiffsbauindustriellen wie Blohm und Ziese, dem Besitzer der Schichau Werft, von Großreedern, Großkaufleuten, Großgrundbesitzern, ja auch von einzelnen hohen Bürokraten, die im allgemeinen der Bewegung weniger freundlich gesinnt waren. Zum Erstaunen der Alldeutschen, die Kapp, als einer Art Konkurrenten, ursprünglich etwas mißtraut hatten und die genau wußten, welche Belastung ein Übermaß schwerindustrieller Hilfe für politische Bewegungen bedeutet[75], stieg die Mitgliederzahl der Partei, mit Einrechnung der Stärke der angeschlossenen Verbände, 1918 auf sehr weit über eine Million, darunter 800 000 Einzelmitglieder[76]. George Hallgarten hat damals, als Begleiter seiner Eltern, die beide die Bewegung nicht liebten – der Vater als gebürtiger Amerikaner und die Mutter als werdende Pazifistin – eine typische Versammlung der Vaterlandspartei mitgemacht. Sie fand, wohl Ende 1917, im überfüllten Löwenbräukeller in München statt. Leiter war der baumlange in München als politischer Schriftsteller bekannte Dr. Fritz Endres, der es später, in der Weimarer Zeit, auch einmal kurz zum Minister brachte. Durch seine doppelten Brillen auf die hochbürgerliche Menge einredend, sprach er von dem aus der Geschichte so geläufigen zergrübelten Charakter Deutschlands, den Georg Herwegh

---

74 Stegmann, *Erben Bismarcks,* S. 507 f.

75 Nach Stegmann, *Erben Bismarcks,* S. 507, A. 381, bezweifelten die Alldeutschen aus diesem Grunde sogar, ob es zweckmäßig sei, Schwerindustrielle in politische Vorstände aufzunehmen.

76 Stegmann, *Erben Bismarcks,* S. 509; Hallgarten fand meist die Ziffer 1, 250 000 erwähnt.

in seinem berühmten Gedichte geschildert habe, »Deutschland ist Hamlet«. »Nein, Deutschland ist nicht Hamlet!« verbesserte der Redner sich. »Deutschland ist Hindenburg!« Ungeheures Beifallgetöse der Riesenmenge, die vor Begeisterung schwitzte. Dann trat – wohl ebenso groß wie Endres, – der Erste Vorsitzende der Partei, der doppelbärtige Großadmiral von Tirpitz, selbst ans Pult. Er sprach langsam, schwerfällig, mit stark preußischem – aber nicht-berlinerischem – Akzent. »Das Erzbecken von Briey und Longwy müssen wir haben«, sagte er (seine Sätze umfaßten nur wenige Worte). Dies hörte sich die Versammlung mit Andacht an, denn die Lage schien durch die bolschewistische Revolution in Rußland mit allen ihren Folgen zugunsten Deutschlands entschieden zu sein. Wen Gott verderben will, den schlägt er mit Blindheit. Deutschland ist erst drei oder vier Wochen vor dem Zusammenbruch sehend geworden, als es zu einer Änderung viel zu spät war.

5.

Zu denen, die diese Blindheit schürten, gehörte die Macht hinter der Vaterlandspartei – die Schwerindustrie. Gerade in den Monaten, in denen das Reich seinem Untergang zuschritt, erreichte ihre Einwirkung fast den Höhepunkt. Während sich damals in Berlin und Moskau deutsche und russische Diplomaten über die vorgesehenen Zusatzverträge klar zu werden suchten, welche den in Brest Litowsk niedergelegten wirtschaftlichen Zugeständnissen an Deutschland ins Leben verhelfen sollten, versammelten sich im Stahlhof zu Düsseldorf die Spitzen der deutschen Schwerindustrie, um über noch weitergehende Forderungen zu beraten, die man mit Hilfe der deutschen Wirtschaftsmacht den Russen aufzwingen wollte. Es erschienen, laut einem der vielen wertvollen von Fritz Fischer in den Archiven der DDR gefundenen Aktenstücke[77], fünfzehn Herren, die die zwölf bedeutendsten deutschen Eisen- und Stahlkonzerne vertraten. Angesichts der historischen Wichtigkeit dieser Konferenz – sie kennzeichnet das politische Denken der deutschen Industrie am Vorabend des Zusammenbruchs – seien sie im einzelnen genannt. Es waren August Thyssen für Thyssen & Co. und Gewerkschaft Deutscher Kaiser, Hugo Stinnes für eines der Hauptwerke seines Riesenkonzerns: die Deutsch-Luxemburgische Bergwerks- und Hütten AG,

77 Fischer, *Griff nach der Weltmacht*, S. 497 f.

Kirdorf für die Gelsenkirchener Bergwerks AG, Hugenberg und Bruhn für Krupp, Reusch für die dem Hause Haniel gehörige Gutehoffnungshütte, Klöckner für den Lothringer Hüttenverein Aumetz-Friede, Röchling für die Röchlingschen Eisen- und Stahlwerke, Fahrenhorst und Poensgen für die Phoenix AG, Nothmann für die Oberschlesische Eisenbahn-Bedarfs-AG, Gerwin für den Stahlwerksverband und Hasslacher für die Rheinischen Stahlwerke.

Nicht gewillt, die Möglichkeit eines für Deutschland nicht günstigen Ausgangs des Krieges auch nur theoretisch in Erwägung zu ziehen, überlegten sich die versammelten Industrieführer nur das eine: wie sie sich für den Verlust der deutschen Seegeltung auf dem euro-asiatischen Kontinent – wie wir heute ihn nennen würden – schadlos halten könnten. Die Lösung sahen sie in einer von allen deutschen Kreditbanken und vom Reich zu finanzierenden riesenhaften Steigerung der deutschen Ausfuhr nach Osten, verbunden mit einem entsprechenden Ausbau des Eisenbahnsystems und des Verkehrswesens im gesamten russischen Raum. Und es blieb nicht bei theoretischen Überlegungen. Am 4. Juni (1918), als sich das Blatt auf dem westlichen Kriegsschauplatz bereits – wenn auch noch nicht für das deutsche Inland sichtbar – gegen Deutschland zu wenden begann, wurden die finanziellen Grundlagen des Riesenplans in einer Sitzung der Vertreter von M. M. Warburg, der Diskontogesellschaft, Krupp, Stinnes und des Phoenix im Reichswirtschaftsamt in Berlin festgelegt[78]. Etwa um die gleiche Zeit legte die deutsche Industrie – in enger Verbindung mit der obersten Heeresleitung – ihre Hand auf Rumänien, das unvorsichtig genug gewesen war, während des Kriegs zur Gegenseite überzugehen, und suchte den Ölreichtum des Landes für sich zu monopolisieren[79], ja, Deutschland machte Pläne für die Ausbeutung der besetzten Krim[80], trachtete im Streit mit den Russen und den Österreichern sich am Don und im Kuban festzusetzen, kämpfte – schon kaum mehr diplomatisch – mit seinen Bundesgenossen, den Türken, um die politische Kontrolle und Ausbeutung des gesamten Kaukasus, mehr noch: es suchte diese Interessensphäre sogar zu behaupten, als die Türken am Boden lagen

78 Fischer, *Griff nach der Weltmacht*, ebd.
79 Fischer, *Griff nach der Weltmacht*, S. 456 f.
80 Fischer, *Griff nach der Weltmacht*, S. 484 f. sowie – für den Kaukasus – S. 490 ff.; führend in diesen entfernten Gebieten war Ludendorff; jedoch gaben ihnen die Öl- und die Erzvorkommen dieselbe – ja eine noch größere – Bedeutung für die deutschen Konzerne, als die vorher besetzten Gegenden; auch taucht beim Kampf um den Kaukasus sogleich die Diskontogesellschaft auf.

und statt ihrer die Engländer dort erschienen, den Rücken der Zentralmächte bedrohend[81]. Mit demselben Mut der Verzweiflung hielten alle beteiligten deutschen Kreise – OHL und Industrie Hand in Hand – an ihren Annexionsplänen im Westen bis zu dem Zeitpunkt fest, als die alliierten Heere die entsprechenden Gebiete bereits überrannten.

Denn mittlerweile war das den Deutschen fast durchweg Unfaßbare eingetreten; ihre Kriegsmacht, die noch eben erst, dank der Ereignisse im Osten, zur siegreichen Beendigung des Krieges mittels einer Endoffensive im Westen ausersehen schien, flutete geschlagen zurück, und der Zusammenbruch war da. Die ungeahnte Wendung hat seither die Beteiligten und deren Nachkommen, und besonders auch die Historiker beschäftigt. Sicherlich hatte sie etwas mit der Hybris, dem aus der griechischen Tragödie bekannten Übermut führender Gestalten zu tun. Ein Napoleon, ein Ludendorff, ein Hitler, gewohnt zu kämpfen und zu siegen, konnten sich eben einfach nicht vorstellen, daß die Dinge je anders zu laufen vermochten; und dasselbe gilt von den Massen, die sie führten. Diese blinde Angriffslust – die freilich, wie im Fall Ludendorffs gleich zu zeigen, durch die Ziele der Gesellschaft, der er diente, so angefeuert war, daß er kaum mehr anders konnte – hat sie alle ins Verderben getrieben. Erst spätere vergleichende Analyse sieht die Dinge klarer. Carl von Clausewitz, der während Napoleons verhängnisvollem Feldzug gegen Rußland in der russischen Armee diente, hat aus seinen Beobachtungen den Schluß gezogen, *daß die Verteidigung an und für sich die stärkere Kriegsform sei* – ein Satz, der den Kerngedanken seines berühmten Buchs *Vom Kriege* bildet, und der bis zu den gewaltigen technischen Veränderungen dieses Jahrhunderts allgemeine Bedeutung besaß. Er besagte im Grunde, daß man sich auf die Strategie der Verteidigung zu beschränken habe, sofern man nicht dem Gegner entweder numerisch oder der Ausbildung oder der Bewaffnung nach überlegen ist. Der militärische Nachwuchs der Schlieffen-Zeit und die Führer, die aus dieser Schule hervorgingen, hatten schon seit längerem dieser Kernlehre des von ihnen so verehrten Clausewitz nicht mehr den rechten Glauben geschenkt. Die Siege von 1917 im Osten – Ergebnisse einer sozialen Revolution, und keiner besonderen Form der Strategie – vernebelten ihnen völlig die Sicht. Ludendorff hat bei seinen Großangriffen im Westen das Potential seiner nunmehr durch die USA verstärkten Gegner total verkannt. Dazu kam, daß den

81 Fischer, *Griff nach der Weltmacht*, S. 494.

deutschen Militärs eine offensive Strategie gewissermaßen durch die deutsche Sozialstruktur vorgeschrieben war. Die Erwerbungen im Osten und das geplante deutsche Festhalten an den Erzgruben von Briey und Longwy, ja an einem Großteil Belgiens, ließen sich nicht behaupten, wenn man nicht die Gegner im Westen niederwarf. Insofern trifft die deutsche Schwerindustrie, als Hauptinteressentin an diesen Erwerbungen, ein erhebliches Maß von Schuld an der deutschen Niederlage. Dies um so mehr, als die Beschäftigung von dreißig deutschen Divisionen im Osten, gleichsam als Nachtwächter des gewaltsam Erworbenen, bei dem Entscheidungskampf im Westen das nötige Menschenmaterial verknappte. So hat denn die Sammlungspolitik, ins Militärische übertragen, die damalige deutsche Niederlage besiegeln helfen.

Noch zu Anfang Juli 1918, nicht ganz zwei Wochen vor Wiederaufnahme der letzten jener Ludendorffschen Offensiven, deren Zusammenbruch die Niederlage einleitete, hat sich die kaiserliche Regierung auf einer Kriegszielkonferenz im Hauptquartier in Spa auf das ganze harte Zukunftsprogramm festgelegt, ja den Staatssekretär von Kühlmann zu Fall gebracht, der es gewagt hatte, öffentlich zu sagen, der Krieg werde kaum durch rein militärische Entscheidungen für Deutschland gewonnen werden. Ja nicht einmal Mitte August, als die Katastrophe völlig sichtbar war und eine weitere derartige Konferenz stattfand, hat man sich von jenen verstiegenen Zielen getrennt[82]. Verblendet durch den bis zuletzt zur Schau getragenen Optimismus der Obersten Heeresleitung, hat auch die Schwerindustrie selbst in diesen letzten Wochen des Weltkriegs geglaubt, unbedingt Herr der Lage zu sein. Noch am 20. Juli (1918), also genau in der Mitte zwischen jenen beiden Kriegszielerörterungen in Spa, hielt sie auf Betreiben von Dr. Duisberg im Industrieklub in Düsseldorf eine Konferenz ab, um Mittel und Wege zur Bekämpfung der Forderungen der Arbeiter nach kürzerer Arbeitszeit zu erörtern. Hierbei forderte der alte Vertreter der OHL bei solchen Treffen, Oberst Max Bauer, die Versammelten auf, »Stärke und Entschlossenheit« zu zeigen, und warnte sie, daß »jedwedes Zeichen von Zaghaftigkeit« sich fühlbar machen werde[83]. Der Oberst, ein geborener Intrigant, der sich zu guter Letzt, als es ihm vorteilhaft schien, auch gegen Ludendorff und den Kaiser wandte, hat freilich kurz darauf, als ihm die wahre Lage klar wurde, mit Stinnes

82 Fischer, *Griff nach der Weltmacht*, S. 546 f. und für die 2. Konferenz S. 550.
83 Feldman, *Army, Industry and Labor*, S. 510.

hierüber gesprochen, der seinerseits Albert Ballin ins Vertrauen zog, um, wenn möglich, den Kaiser zu einer Kursänderung zu bestimmen[84]. Allein der Kaiser nahm nach seiner Gewohnheit die Warnung nicht ernst genug, und was die übrigen Mitwisser anlangt – das Tagebuch des Obersten erwähnt Krupp und Duisberg –, so scheinen sie ihrer Natur und ihren Interessen nach teils nicht gewillt, teils nicht imstande gewesen zu sein, den Kurs ihrer Betriebe zu ändern oder gar den in die Tiefe rollenden Wagen des Kaiserreichs im letzten Augenblick zu bremsen.

Im ganzen glaubte die Industrie bis zum allerletzten Augenblick vor Kriegsende und Umsturz, sich auf den bevorstehenden Siegfrieden vorbereiten zu müssen, in dem sie die Löhne zu senken haben werde, um mit dem Ausland konkurrieren zu können! In der Tat waren ja nicht nur die Kriegsprofite, sondern auch die Löhne während des Krieges gestiegen, was auch von kommunistischer Seite zugegeben wird; strittig freilich bleibt das erreichte Maß[85]. Sachkenner wie Gerhard Bry, der sich seinerseits hier öfter auf Waldemar Zimmermann stützt[86] und Gerald Feldman[87] haben betont, wie schwer es ist, die Gesamtbewegung, und mehr noch die der Löhne untereinander, genau zu bestimmen. Das allgemeine Bild jedoch ist klar genug, um die geschichtliche Auslegung zu ermöglichen. Während der Mobilisierung von 1914 fielen, stiegen oder behaupteten sich die Löhne ohne merkliche Niveauveränderung nach oben oder unten. Von da ab bis etwa zur Mitte 1916 stiegen sie allgemein. Hierauf stiegen sie beschleunigt, und zwar in größerem Maße als während des gesamten früheren Teils des Krieges[87]. Von 1914 bis 1918 stiegen der Tageslohn der männlichen Munitionsarbeiter um 152 %, der der weiblichen sogar um 186 %. Die Steigerungen im zivilen Sektor waren etwas bescheidener, beliefen sich aber immerhin ebenfalls auf 81 bzw. 102 %.

Immerhin waren die erzielten Lohnsteigerungen nicht wesensgleich mit wirklichem Gewinn. Der Reallohn sank während des Krieges

84 *Deutschland im Ersten Weltkrieg*, Bd. 3, S. 417 ff. Offiziell hat der Oberst, wie in diesem Werk betont wird, seine optimistische Linie auch weiter beibehalten; von einer Mitwisserschaft der Industrie als ganzem kann also keinesfalls die Rede sein; sie war über das dicke Ende ebenso überrascht wie das gesamte deutsche Volk.

85 *Deutschland im Ersten Weltkrieg*, Bd. 3, S. 321 ff.

86 Bry, a. a. O., S. 191-214; Zimmermann, Waldemar, *Die Veränderungen der Einkommens- und Lebensverhältnisse der deutschen Arbeiter durch den Krieg*, Stuttgart 1932.

87 Feldman, *Army, Industry and Labor*, S. 471; Bry, *Wages in Germany*, S. 201.

im großen und ganzen, mit ganz verschiedenen Ausnahmen. Die damals häufig gemachte Beobachtung, daß die Lebenshaltung der Arbeiterschaft der des Mittelstandes, ja der Bürger zu gleichen begann, war mehr auf ein Sinken der oberen Schichten als auf ein Steigen der unteren zurückzuführen und erzeugte bei den fallenden Schichten tiefe Erbitterung. Hier entstand die seelische Grundlage für den späteren Nationalsozialismus.

Im großen und ganzen waren durch die soziale Entwicklung während des Krieges die Macht der organisierten Arbeiterschaft, d. h. besonders der Gewerkschaften, bedeutend gestiegen. Allein dies war mehr eine Folge des Kriegsverlaufs als solchem, als eines natürlichen wirtschaftlichen Fortschritts, und gegen Ende des Krieges waren die großen Unternehmer, wie gezeigt, aufs äußerste bedacht, der Arbeiterschaft diese Errungenschaften wieder abzunehmen. Daß es nicht so kam, war die Folge des unerwarteten Sieges der Alliierten, der binnen kaum viel mehr als zwei Monaten, von Mitte Juli bis Ende September 1918 – dem Augenblick, wo Ludendorff plötzlich die Absendung eines deutschen Gesuchs um Waffenstillstand erzwang[88] – ganz Deutschland und nicht am wenigsten die Schwerindustrie – zu deren maßlosem Erstaunen – vor eine ganz neue Lage stellte.

---

88 Es ist jedoch zu betonen, daß Ludendorff hierbei nicht – wie das oft dargestellt worden ist – einer persönlichen Laune nachgab, sondern daß ihm dieser Entschluß von seiner ganzen militärischen Umgebung nahegelegt worden war.

6. Abwälzung der Kriegslasten auf die Schultern anderer: Die Industrie in den Jahren der Inflation (1918–23)

Die hier so oft betonte Ahnungslosigkeit der Schwerindustrie als Gesamtheit gegenüber der kommenden Katastrophe hat am Ende dazu geführt, daß sie noch am 19. September 1918 – genau zehn Tage vor Ludendorffs schwerwiegender Erklärung, die den Krieg beendete – zwecks Erörterung der Wirksamkeit des genau zwei Jahre vorher verkündeten Hindenburg-Programms zusammenkam, und zu der Ansicht gelangte, das Programm sei erfüllbar, falls ihr nur von der Front – der total geschlagenen Front der Septemberwochen!!! – die nötigen Arbeitskräfte freigestellt würden. Toller noch ist, daß der auf allen Fronten besiegte Feldherr ihr noch am 21. Oktober – unmittelbar vor seinem Rücktritt – den Gefallen tat, einen entsprechenden Befehl zu erlassen[1]. Zu diesem Zeitpunkt waren den Industriellen mit Ausnahme von Stinnes und ein oder zwei anderen, die durch Oberst Bauer bereits Bescheid wußten, nun endlich die Augen für das, was sich abspielte, aufgegangen, und sie begannen, Gegenmaßnahmen zu treffen. Dies war um so nötiger, als die fast kindische Blindheit, mit denen sie hinter dem Siegeswagen Ludendorffs einhergelaufen waren, bei ihnen – wie ähnlich bei den Gewerkschaften – eine allgemeine Lage geschaffen hatte, die den Sprung von der Kriegswirtschaft vermeintlicher Sieger zur Friedenswirtschaft eines Landes von Besiegten noch weit schwieriger machte, als er sonst gewesen wäre.

1.

Die Eisen- und Stahlindustriellen hatten während des Krieges zwecks Sicherung hinreichender Mengen von Eisen und Kohle entsprechende Bergwerke erworben und so die vertikale Konzentration

1 Feldman, *Army, Industry and Labor*, S. 518.

gefördert. Aus ähnlichen Gründen hatten viele sonstigen schwerindustriellen Unternehmungen weiterverarbeitende Fabriken aufgekauft, um an deren Kriegsprofiten teilzunehmen und die Rohstoffpreise kontrollieren zu helfen. Ein – besonders von Duisberg hervorgekehrtes – Argument, das in diese Richtung trieb, war die Erwägung, daß ohne zureichende Kartellierung und Vertrustung die deutsche Industrie kaum imstande sein werde, ihre alte Stellung auf dem Weltmarkt zurückzuerobern; diese Konzentration, so pflegte er zu betonen, sei außerdem nötig, um die gestiegene Macht der Gewerkschaften und der Arbeiter zu bremsen[2]. Allein diese ganze Entwicklung mußte zu einer wirtschaftlichen Katastrophe führen, falls der Krieg zu Ende ging, ohne daß es der Industrie gelungen war, sich – wie sie das ja bis zuletzt im Osten versuchte – diesem Wachstum entsprechende zusätzliche Absatzgebiete zu schaffen, oder wenn Deutschland gar den Krieg verlor. Und ausgerechnet dieser Fall trat nunmehr ein. Die Aufgabe, aus dieser Patsche herauszukommen, war in der Tat für die Industrie und ihre Freunde riesengroß. Anfangs sah die Lage auch wirklich zum Verzweifeln aus.

Da taten ihr – noch ehe sie es begreifen konnte – ihre politischen Gegner einen mächtigen Gefallen. Als sich Anfang Oktober (1918) die Regierung des Prinzen Max von Baden bildete, der als Reichskanzler den verzweifelten Versuch machte, die monarchische Ordnung durch eine Art »Revolution von oben« und Beteiligung aller Linksparteien an der Regierung zu retten, lehnten die Sozialdemokraten, denen nun faktisch die Macht in die Hände fiel, es ab, den Eintritt der politischen Vertreter der Junker und der Schwerindustrie in dieses Kabinett zuzulassen. Die Folge war, daß später die Linksparteien, die von nun ab die Geschicke Deutschlands leiteten, auch für all das Schwere verantwortlich gemacht wurden, das sich damals ergab, in erster Linie für die Bedingungen des Waffenstillstandes, die zum Versailler Vertrag überleiteten, während die eigentlich Verantwortlichen, wie besonders Ludendorff, der auf den Waffenstillstand gedrungen, und die Schwerindustrie, die ihn dauernd angetrieben hatte, ihre Hände in Unschuld wuschen[3]. Und bloß sieben Tage später, am 9. Oktober, begab sich etwas Weiteres, das der Schwerindustrie die Lage zu meistern half: an diesem Tage trafen sich eine Anzahl Eisenindustrieller, wie so oft, im Stahlhof zu Düsseldorf, und kamen nunmehr, im Gegensatz zu früher, zu dem

---

2 Feldman, *Army, Industry and Labor*, S. 470.

3 Högner, Wilhelm, *Die verratene Republik – Geschichte der deutschen Gegenrevolution*, München 1958, S. 21.

Schluß, »inmitten der allgemeinen großen Unsicherheit, angesichts der wankenden Macht des Staates und der Regierung gibt es für die Industrie nur auf seiten der Arbeiterschaft starke Bundesgenossen, das sind die Gewerkschaften«[4]. Es galt deshalb, mit deren Führern in Verbindung zu treten. Am 11. Oktober traf der viellistige und realistische Hugo Stinnes – auch dem Aussehen nach eher ein Alberich oder, wie man oft gesagt hat, ein Assyrer, statt eines typischen Kommerzienrats – mit dem Gewerkschaftsführer Otto Hué zusammen. Er schrieb hierüber am nächsten Tage an Emil Kirdorf[5]: »Die gestrigen Verhandlungen mit Hué haben zu der Vereinbarung geführt, daß die Gewerkschaften an den Zechenverband eine Eingabe noch heute machen, in der sie in Anbetracht der sehr ernsten Situation um Verhandlungen über verschiedene Fragen bitten. Es ist nicht zweifelhaft, daß wir Montag darauf eingehen werden ... Am Freitag morgen erwarte ich Hué mit einem Vertreter des Metallarbeiter-Verbandes bei mir in Mülheim zu gemeinsamer Besprechung mit Herrn Vögler, um auch für die nordwestliche Gruppe eine Verständigung anzubahnen.« »Eine würdelose Nachlauferei ist somit vermieden worden« – in der Tat fühlten sich die Herren der Ruhr, wie man hier sieht, selbst in diesem hochkritischen Augenblick stark genug, die Arbeiter dazu zu bewegen, von sich aus zu diesen Zwecken an die Arbeitnehmer heranzutreten – »und die Konsequenzen aus den Geschehnissen der letzten Jahre werden in erträglicher Weise gezogen«.

»Die Gegenpartei fürchtet« – hier fehlt der naheliegende Gedanke »gleich uns Unternehmern« – »mit Recht das Eintreten bolschewistischer Zustände, wenn jetzt Arbeitgeber und Arbeitnehmer nicht Hand in Hand arbeiten.« Von Wichtigkeit für die Geschichtsschreibung ist hier besonders die Erwähnung von Albert Vögler, der als Generaldirektor der Deutsch-Luxemburgischen Bergwerks AG in Bochum das Kronjuwel des Stinnes-Konzerns betreute und durch führende Stellungen in den Berufsverbänden der Eisen- und Stahlindustrie[6] eine gewaltige Macht besaß; er saß schließlich 1920–1924 als Mitglied der Deutschen Volkspartei – der Nachfolgerin der Na-

---

4 Reichert, Jakob, *Entstehung, Bedeutung und Ziel der »Arbeitsgemeinschaft«*, Berlin 1919, S. 5 f.

5 Klass, Gert von, *Hugo Stinnes*, Tübingen 1958, S. 192 ff.

6 V. war Vorsitzender des Vereins deutscher Eisenhüttenleute, Düsseldorf; Hauptvorstands-Mitglied des Vereins deutscher Eisen- und Stahlindustrieller, Berlin; Vorstand der nordwestlichen Gruppe desselben Vereins in Düsseldorf; Vorstand des Vereins zur Wahrung der wirtschaftlichen Interessen in Rheinland und Westfalen, etc.

tionalliberalen Partei, als der Vertreterin der Industrie[7] – im Reichstag; dank seiner eindrucksvollen Gestalt und rednerischen Gabe stand er, wo er auch wirkte, an der Spitze[8]. In der Geschichte der deutschen Industrie und ihrer Politik spielte Vögler eine geradezu entscheidende Rolle: er ist das wahre Sinnbild der Entwicklung, die die Unternehmer 1918 an die Seite der Gewerkschaften, und ab 1932 an die des späteren Führers trieb[9].

In dem stürmischen Herbst 1918 versuchte es Vögler, wie die übrigen Unternehmer, gegenüber der Arbeiterschaft mit dem Zuckerbrot. Noch im Oktober kam eine Einigung im Ruhrgebiet zustande: die Gewerkschaftsführer erklärten sich grundsätzlich bereit, eine »Arbeitsgemeinschaft« zu bilden, die den Arbeitern zwar einige erhebliche soziale Verbesserungen – wie den Achtstundentag – brachte, den Unternehmern aber die Herrschaft über ihre Betriebe erhalten sollte. Anfang November begannen Verhandlungen in Berlin, wobei die führenden Unternehmer – Stinnes, Vögler, Borsig, Rathenau und Siemens – sich mit den Leitern der Gewerkschaften – Carl Legien, Theodor Leipart und anderen für die sozialistisch orientierten Freien Gewerkschaften, sowie Adam Stegerwald und anderen für die bürgerlichen Arbeiter- und Angestelltenorganisationen – trafen. Man einigte sich unter anderem darüber, das für die Liquidation des Krieges so wichtige Demobilmachungsamt dem Oberstleutnant Koeth zu übertragen, der sich während des Krieges das besondere Vertrauen der Unternehmer erworben hatte[10]. Über die beiden hierbei führenden Gestalten Hugo Stinnes und Carl Legien schrieb damals der Leiter des Zentralverbandes der elektrotechnischen Industrie, Hans von Raumer, der in den Oktoberverhandlungen füh-

---

7 Über den Hintergrund dieser Partei siehe *Parteien-Handbuch I*, S. 652. Für eine ausführliche Darstellung vgl. die umfassende und gediegene Studie des Abendroth-Schülers Lothar Döhn, *Die Interessenstruktur der Deutschen Volkspartei*, Meisenheim 1970. Nach Döhn (S. 396) vereinigten sich in der DVP die »Interessen der Industrie, des Großhandels, der Banken und der höheren Beamten«. Der totale finanzielle Zusammenbruch der Partei nach den Wahlen zur Nationalversammlung habe den Parteivorsitzenden Stresemann gezwungen, den industriellen Geldgebern noch weiter als bisher entgegenzukommen (ebd., S. 364). Während der Amtszeit Stresemanns und später habe die Industrie ihre Politik, die DVP »finanziell trockenzulegen«, dauernd fortgesetzt.

8 Klass, Gert von, *Albert Vögler*, Tübingen 1957.

9 Die Unterlassung der Darstellung der früheren Phase der Entwicklung Vöglers, in Henry A. Turners Buch, a. a. O., – ein Manko, das in seiner gleich zu besprechenden Außerachtlassung des Falls Eduard Stadtler durch ihn ein Gegenstück hat – ist einer der Fehler seiner Arbeit.

10 *Deutschland im Ersten Weltkrieg*, Bd. III, a. a. O., S. 457; Klass, Gert von, *Hugo Stinnes*, a. a. O., S. 195.

rend gewesen war, das folgende: »Es war ein glückliches Zweigespann zwischen diesen beiden Männern von ungewöhnlichem Format und gleich unkomplizierter realistischer Denkungsart. Es bildete sich sofort ein unbedingtes Vertrauensverhältnis. Carl Legien hatte 1890 nach Ablauf des Sozialistengesetzes den Vorsitz der Generalkommission freier Gewerkschaften übernommen und die ganze Bewegung unbestritten geführt. Seine Persönlichkeit hatte viel mit Friedrich Ebert gemeinsam. Er war ein Mann staatsmännischen Formats, eiserner, aber fest gezügelter Willenskraft, von unbedingter Ehrlichkeit. Als ich ihn in seiner bescheidenen Wohnung aufsuchte, zeigte er mir die Arbeit, die ihm seine alten Fachgenossen, die Drechsler, zu irgendeinem Jubiläum geschenkt hatten; da spürte man, wie er in seinem Herzen Arbeiter geblieben war und an seinem alten Handwerk hing ...« Der letztzitierte Satz enthielt einen grundlegenden Irrtum: Die Tatsache, daß Legien sich noch immer als Handwerker fühlte, macht es mehr als fraglich, wie weit seine Taktik den Bedürfnissen der Industriearbeiterschaft entsprach. Andererseits enthielten die Bemerkungen Raumers etwas sehr Richtiges: den Hinweis auf Legiens geistige Verwandtschaft mit Friedrich Ebert. Ebert, der nun als sozialdemokratischer Führer immer mehr hervortrat, war nicht nur ein Mann von gleichem Holz, er war auch, als Parteiführer, geradezu Legiens politisches Geschöpf: Im Jahre 1911, als es sich für die Sozialdemokratie darum handelte, einen zweiten Parteiführer zu wählen, der jederzeit die Nachfolge des greisen August Bebel als leitender Kopf antreten konnte, hatte Legien es durchgesetzt, daß er im Kampf gegen den mehr linksgerichteten Hugo Haase diese Stellung erhielt[11]. Seitdem waren beide, man kann wohl sagen, die mächtigsten Männer der deutschen Arbeiterschaft. Dies wurde niemals bedeutsamer, als während der »Revolution von oben« im Herbst 1918, in der Ebert zunächst mehrere seiner Parteigenossen mit seiner Zustimmung ins kaiserliche Kabinett eintreten sah, um am 9. November vom Reichskanzler Prinz Max, nach der von diesem erzwungenen Abdankung des Kaisers, persönlich die vollziehende Gewalt ausgehändigt zu bekommen. Die guten Beziehungen, die sich zwischen Carl Legien und Stinnes angebahnt hatten – sie wurden bald so herzlich, daß der Großunternehmer beim Tode des Gewerkschaftsführers zwei Jahre später, einem

11 Kotowski, Georg, *Friedrich Ebert* (Biographie), Wiesbaden 1963, S. 214 f. Daß jedoch die Mehrzahl der Unternehmer das Bündnis mit den Gewerkschaften nur als vorübergehende Notmaßnahme auffaßte, die sie allerdings einstweilen nicht wieder rückgängig machen konnte, zeigt Döhn, *Dt. Volkspartei*, S. 101.

Dampfer seiner Handelsflotte den Namen Carl Legien gab –, hatten ihr Gegenstück in dem Bündnis, das in denselben Wochen zwischen Ebert und General Gröner geschlossen wurde[12], dem Nachfolger General Ludendorffs als Haupt der geschlagenen deutschen Armee. Beide Bündnisse zwischen so stark getrennten Mächten gehören geschichtlich zusammen. Sie richteten sich in dem einen wie anderen Falle im Grunde gegen alle Außenseiter, das heißt praktisch die äußerste Linke, und sie dienten der Rettung der gesamten herrschenden Gesellschaft – mit Adel und Industrie im Mittelpunkt – vor der Novemberrevolution. Hatte auch die »Revolution von oben« des Prinzen Max ihr Ziel insofern nicht voll erreicht, als es ihr nicht gelungen war, die deutschen Monarchien zu retten, so war es ihr immerhin geglückt, als Wandschirm für die erwähnten Bündnisse zu dienen, hierdurch das Abgleiten nach links zu verhindern und die gesamte deutsche Sozailordnung, die so viel Fragwürdiges in sich schloß, intakt zu halten. Führende Sozialdemokraten rühmten noch nach dem Zweiten Weltkrieg, wie ihre Partei versuchte, die Monarchie zu retten[13].

An dem Tage, als diese Bemühungen endgültig scheiterten – dem historischen 9. November 1918 –, saß Hugo Stinnes mit einem kleinen Kreis von Männern in Berlin im Hotel Continental, während draußen das Geknatter der Gewehrschüsse ertönte. Man wollte, berichtet Gert von Klass[14], »die vor Monaten begonnenen Verhandlungen zu Ende führen ... Der Führer der Arbeitnehmer war Carl Legien. Hugo Stinnes erklärte, daß er sich bisher um die sozialen Fragen kaum gekümmert habe, er habe es bisher für seine Aufgabe angesehen, dafür zu sorgen, daß die Schornsteine rauchen. Unumwunden gab er zu, daß dies ein Fehler gewesen sei, der in Zukunft vermieden werden müsse. Seine einfache klare Sprache erweckte den Eindruck, daß hier ein Geist arbeitete, der sich auf das vorliegende Problem scharf konzentrierte ... Seinem Einfluß war es daher zu verdanken, daß das Novemberabkommen in zwei oder drei Tagen fertiggestellt wurde ...«

In der Tat schlossen sich vier Tage später, am 14. November, die Gewerkschaften mit dem deutschen Unternehmertum zu einer Arbeitsgemeinschaft zusammen, welche die folgenden Gegenstände behandeln sollte: Koalitionsfreiheit für die Arbeiter, Anerkennung der

---

12 Über die Bedeutung des Bündnisses Gröner–Ebert z. B. Feldman, *Army, Industry and Labor*, S. 530 f.

13 Högner, *Verratene Republik*, S. 25.

14 Klass, *Stinnes*, S. 195; Högner, *Verratene Republik*, S. 35.

Gewerkschaften als berufene Vertreter der Arbeiterschaft und der Angestelltenschaft, das Verbot der Unterstützung der Werkvereine (gelben Gewerkschaften), gemeinsame Verwaltung der Arbeitsnachweise, Einführung von Kollektivverträgen und Einigungsämtern, Arbeiterausschüsse für alle Betriebe mit fünfzig Arbeitern und darüber, Achtstundentag und ein paritätischer Zentralausschuß der beiderseitigen Verbände zur Durchführung der Vereinbarungen.
Vorgänge dieser Art, auch soweit sie nicht allgemein bekannt wurden, hatten gesellschaftspolitisch die Wirkung, die gesamte Linke – sowohl die Unabhängige Sozialdemokratische Partei, die sich während des Krieges von der Mutterpartei getrennt hatte wie auch die Lenin anhängende Spartakus-Gruppe – zu isolieren und hierdurch aufzureiben. Als am 6. Dezember (1918) unbewaffnete Gruppen dieser Richtung zwecks Demonstrationen ins Herz von Berlin marschierten, wurden sie von der Schutzgarde des sozialdemokratischen Kommandanten der Stadt, Otto Wels, niedergemacht. In den Weihnachtstagen geriet Wels in die Hände der Linken und einer mit ihr sympathisierenden Marinedivision, wurde aber durch das Artilleriefeuer einer ihm von der Ebert-Regierung zu Hilfe geschickten Armeedivision unter einem adeligen preußischen General befreit. Ein noch bedenklicheres Vorzeichen für den Bestand der deutschen Republik, die noch unterdessen von der Regierung vorbereitet wurde, waren die blutigen Vorgänge von Anfang Januar des Folgejahres 1919: der Einmarsch rasch gebildeter sogenannter Freikorps unter dem Befehl des ehemaligen sozialdemokratischen Reichstagsabgeordneten Gustav Noske, der von Ebert nach den Weihnachtsvorgängen zum Oberbefehlshaber ernannt worden war, und die Erstürmung des Zentrums von Berlin, das sich teilweise in den Händen der Linken befand, sowie die Ermordung von Karl Liebknecht und Rosa Luxemburg, die übrigens beide gegen einen Aufstand der Linken gearbeitet hatten[15].
Die Freikorps waren mit die ersten, die das, was sich kurz danach als Weimarer Republik formierte, zu »schützen« unternahmen. Es erinnerte das an ein Plato zugeschriebenes Wort, daß die Tyrannis meist damit beginnt, daß Leute etwas zu »schützen« vorgeben. Je mehr die Republik durch die Beratungen der Nationalversammlung in Weimar Gestalt gewannen, um so mehr wuchs die Zahl dieser »Schützer«. Rückblickend kann man sie als Elemente bezeichnen, die

---

15 Für die Hintergrundsinformation wurde hier besonders das Buch von Halperin, William S., *Germany Tried Democracy*, Handen, Conn., 1946, benutzt.

mit der neuen Ordnung der Dinge ein Hühnchen zu rupfen hatten. Es waren Leute allerverschiedenster Art, zusammengeführt mehr durch Haß als durch Liebe, und so ideale Bausteine einer Diktatur; jedoch besaßen nur wenige von ihnen jene besonderen Eigenschaften, die einen Mann zu dem machen, was man seit Max Weber einen »charismatischen« Führer nennt. Immerhin traten damals – wie das stets in unruhigen Zeiten zu gehen pflegt – Kandidaten für eine Führerschaft dieser Art schwarmweise auf. Wohl der interessanteste unter ihnen war ein gewisser Dr. Eduard Stadtler, der auch unter dem Gesichtspunkt der Teilnahme der Industrie an der Politik besondere Bedeutung besitzt. Es handelte sich bei Stadtler, wie bei geradezu sämtlichen Diktatoren mit Ausnahme mancher Militärdiktatoren, um einen ausgesprochenen Neurotiker[16]. Ähnlich wie Hitler aus einer untergehenden Familie, freilich gehobeneren Standes stammend, in der uneheliche Verbindung nichts Seltenes waren, und Sproß eines völkisch umstrittenen Gebiets – er war aus dem Elsaß – wurde Stadtler ursprünglich aus Mangel an Mitteln in einem französischen Priesterseminar untergebracht. Die Auflösung dieses Klosters durch den französischen Staat erfüllte den jungen Stadtler mit fanatischem Haß gegen die französische Laienrepublik, die er für den Zusammenbruch seiner Laufbahn verantwortlich machte. Ins Reich zurückgekehrt, entwickelte Stadtler allmählich einen deutlichen Retterkomplex, der sich verstärkte, als er in russische Kriegsgefangenschaft geriet. Von den Bolschewisten befreit, aber ein heftiger Bolschewistenfeind, bot Stadtler noch vor Hitler der deutschen Armee seine Dienste als Agitator an und wurde in dieser Eigenschaft verwandt. Diese Laufbahn fand durch den Ausbruch der deutschen Revolution im November 1918 ihr Ende[17]. Kein Wunder, daß sich Stadtler sofort mit aller Macht in den Kampf gegen die Revolution warf. Bereits am 7. Dezember 1918, viele Monate ehe Hitler seine ersten politischen Gehversuche unternahm, verlangte Stadtler öffentlich die Errichtung eines nationalsozialistischen Systems unter einem Diktator, gegründet auf nationale Solidarität unter Beseitigung von Klassenkampf und Pazifismus. Er hatte die Verwegenheit, für den 7. Januar 1919 – genau dem Zeitpunkt, wo

---

16 In G. W. F. Hallgartens Buch *Why Dictators? – The Causes and Forms of Tyrannical Rule since 600 B. C.*, New York 1954, wird versucht zu zeigen, welche speziellen psycho-neurotischen Typen in den verschiedenen Formen der Diktatur aufzusteigen vermochten.

17 Wörtlich entlehnt dem Buch von Hallgarten, George W. F., *Hitler, Reichswehr und Industrie*, S. 124, Anm. 14.

die Wogen der Revolution den Gipfel erreichten – eine Versammlung in den Kaisersaal des Rheingold im Zentrum Berlins einzuberufen, wo er über das Thema sprach: Bolschewistische Weltrevolutionspläne! Die überfüllte Versammlung gab diesem tollkühnen Menschen, während man draußen die Maschinengewehre rattern hörte, nach seinem Bericht eine mächtige Ovation. Nur drei Tage später, am 10. Januar – dem Tage, da die eindringenden Freikorps die spartakistische Revolution in Blut erstickten – fand nach seinen Angaben »eine bedeutsame Sitzung des Führertums der Wirtschaft« im Flugverbandhaus mit ihm als Redner statt, besucht von etwa fünfzig Großunternehmern, darunter Hugo Stinnes selbst, Albert Vögler, Ernst von Borsig, Karl Friedrich von Siemens, Geheimrat Deutsch (AEG), Mankiewitz (Deutsche Bank), Salomonsohn (Diskontogesellschaft) usw. – »die ganze ›haute volée‹«, wie er schreibt, »der Industrie-, Handels- und Bankwelt«. »Ich ließ«, so berichtet er, »nun eine Kampf- und Mahnrede auf diese 50 Herren niedersausen, wie sie es in dieser Form wohl ihr ganzes Leben hindurch noch nicht vernommen hatten ... Ich rüttelte und schüttelte sie durcheinander und sank nach der großen rednerischen Leistung erschöpft zusammen.« Unmittelbar nach dieser Rede erhob sich im Hintergrund des Saales die äußerlich unscheinbare Gestalt von Hugo Stinnes, und erklärte, wenn die Versammelten nicht in der Lage wären, gegen die vom Redner aufgezeigte Gefahr eine Versicherungsprämie von 500 Millionen Mark aufzubringen, dann seien sie nicht wert, deutsche Wirtschaft genannt zu werden[18]. Dann bat er acht der Anwesenden in ein Nebenzimmer, wo die Auflage verteilt wurde[19]. Nach dem Erfolg dieser Sitzung wurde Stadtler von Stinnes nach Düsseldorf gebeten, wo fünf Tage später im Stahlhof eine von Stinnes selbst geleitete zweite derartige Sitzung mit Stadtler als Redner stattfand, der diesmal der alte August Thyssen, Emil

---

18 Stadtler, Eduard, *Erinnerungen*, Düsseldorf 1935, Bd. III, S. 47 f.

19 Stadtler, *Erinnerungen*, Bd. III, S. 47 f. Der Fall Stadtler ist, wie auch dem Blindesten beim Studium seiner vielen Schriften klar werden dürfte – wir bezeichneten der Raumersparnis halber diejenigen davon, die er entsprechend kennzeichnet, als »Erinnerungen« – ein geradezu frappantes Gegenstück zum Fall Hitler, nur daß S. schließlich von der Industrie nicht mehr gebraucht wurde. Es ist daher einfach unverständlich, daß sich Henry A. Turner in seinem diesem Komplex gewidmeten Buche überhaupt nicht mit S. befaßt. Wenn man schon über *Faschismus und Kapitalismus in Deutschland* arbeitet, wie der Titel seiner Schrift sagt, kann man sich eben nicht der Verpflichtung entziehen, diese Tatsachen ganz genau zu analysieren. Geschichtsforschung ist die Aufklärung einzelner Vorgänge in der menschlichen Entwicklung mittels Vergleich. Wer sich in dieser krassen Weise der Möglichkeit der Vergleichsbildung entzieht, sündigt gegen die Grundmethode unserer Wissenschaft.

Kirdorf, Paul Reusch, von der zum Hanielkonzern gehörigen Gute-Hoffnungs-Hütte, Fritz Springorum vom Stahlwerk Hösch, Albert Vögler und etwa dreißig andere Großunternehmer beiwohnten. Der Erfolg war nach Stadtler wieder ganz groß. Besonders begeistert sei Albert Vögler gewesen, den er – Stadtler – an jenem Tage zum ersten Mal persönlich kennengelernt habe; Vögler habe ihn im Auto gleich mit nach Dortmund in sein Heim gebracht, wo sie noch bis in die späte Nacht Probleme gewälzt hätten, und es sei für Stadtler eine Freude gewesen, »gerade im Kreise der Industriellen des Westens einen so echt westfälisch-konservativen und doch auch bewegten und vorwärtsstrebenden Führertyp zu erleben». Vögler wird uns in diesem Zusammenhang noch bei mancher wichtigeren Gelegenheit begegnen. Auch diese zweite Sitzung Stadtlers mit den Industriellen, die noch am selben Tage zur Gründung einer Zweigstelle seiner antibolschewistischen Organisation, und zwar in Essen führte[20], war von dramatischen politischen Begebenheiten begleitet: am gleichen Tag – dem 15. Januar 1919 – wo sich dies im Rheinland begab, wurden Rosa Luxemburg und Karl Liebknecht in Berlin ermordet – ein Ereignis, für das Stadtler trotz seiner Abwesenheit das »Verdienst« beansprucht: er habe am 12. Januar bei einer politischen »Audienz«, die ihm Major Pabst, der Führer der in Berlin eingedrungenen Freikorps gab, auf die Notwendigkeit dieser Tat gedrungen[21].

Hiermit mag Stadtler sich freilich, und zwar natürlich ohne es zu wissen, selbst einen Knüppel in den Weg gelegt haben: Die Zerschmetterung der Linksrevolution in Berlin, verbunden mit der Zertrümmerung der bayerischen Räterepublik im darauffolgenden April und Mai, beseitigte für Stinnes & Co. die Notwendigkeit, weiterhin die »soziale Versicherungsprämie« gegen Vorgänge dieser Art zu zahlen: nach kurzer Zeit wurden seine Dienste als politischer Agitator beendet, und er erhielt sein Ruhegehalt in Form einer guten

---

20 Stadtler, *Erinnerungen*, Bd. III, S. 56 f.

21 Stadtler, *Erinnerungen*, Bd. III, S. 51 f. Die damalige Tätigkeit Stadtlers im Reich stand laut dem von ihm vorgelegten Material der späteren Agitation Hitlers nicht nach. Es ist auch von Interesse, festzustellen, daß die Großunternehmer zwischendurch einmal Angst vor Stadtlers wachsendem Sozialradikalismus bekamen (Stadtler, *Erinnerungen*, Bd. III, S. 70 f.) und von Stinnes beruhigt werden mußten. Ausschlaggebend für das schließliche Versanden dieser Agitation war jedoch die Verschiebung der allgemeinen Lage. Im Zusammenhang mit der Niederschlagung der sozialen Agitation im Reich und besonders in Bayern entstanden 1918/19 eine Unzahl von antirevolutionären Verbänden von Zivilisten, geführt und durchsetzt mit Kriegsteilnehmern und Militärs. Bezeichnenderweise war aber kaum einer von ihnen mit jenem Tropfen sozialistischen Öls gesalbt, das Stadtlers und Hitlers Organisationen auszeichnete und den Faschismus charakterisiert.

Stellung bei Stinnes. Gleichzeitig kehrte die Großindustrie in vollem Umfang zu den anscheinend mehr demokratischen Methoden zurück, die sie seit dem Herbst 1918 zu verwenden begonnen hatte, und die den Kampf mit der Arbeiterschaft auf die mehr wirtschaftliche Ebene verschob. Für diesen Zweck hatte sie sich bereits gerüstet: Anfang Januar sandten der Zentralverband Deutscher Industrieller und der Bund Deutscher Industrieller eine Einladung zu einer Konferenz zwecks Verschmelzung beider Organisationen aus, die im folgenden Monat – Februar 1919 – in Jena stattfinden sollte. Es war eine wichtige Entwicklung. Bereits im ersten Kriegsjahr hatten sich beide Organisationen im Kriegsausschuß der Deutschen Industrie zusammengefunden. Beratungen während dieser Phase hatten ergeben, daß es einer gänzlichen Neuorganisation bedürfe, um vorhandene Gegensätze auszugleichen. So kam es denn nunmehr am 4. Februar zur Gründung des mächtigen Gebildes, das von nun an die Interessen und die Politik der deutschen Unternehmer vertrat: des Reichsverbands der Deutschen Industrie. An der Ausarbeitung seiner Satzung waren Kirdorf, Röchling, Vögler, Stinnes und Wilhelm Beukenberg vom Phoenix beteiligt. Im Präsidium – dem Gehirn des Verbandes – sah man als Vorsitzenden des Verbandes den Generaldirektor von Krupp, Kurt Sorge, ferner Stinnes, Siemens, Felix Deutsch, Duisberg, sie alle als Vertreter von Fachgruppen, und daneben Vertreter anderer industrieller Zweige, beispielsweise der Seidenfabrikation und der keramischen Industrie[22]. Der Reichsverband sah es als seine Aufgabe an, die Scheinkonzessionen, die der Arbeiterschaft während der revolutionären Phase gemacht worden waren – selbst die Regierung Ebert drapierte sich als Volksbeauftragte, und die Errichtung von Betriebsräten war klar dem russischen Muster angepaßt –, raschestens auf die bürgerliche Alltäglichkeit zurückzuführen, und den Doppelkampf sowohl gegen Revolution wie gegen die organisierte Arbeiterschaft mit aller Macht aufzunehmen. Bei den Wahlen zur Nationalversammlung in Weimar (1919) und den Wahlen der Folgezeit unterstützten der Verband und seine Mitglieder daher im wesentlichen die Deutsche Volkspartei als die Nachfolgerin der Nationalliberalen[22a]; fast wichtiger als die Innenpolitik aber wurde freilich in jenen Jahren der Kampf um die außenpolitische Haltung des Reiches.

---

22 Eine eigentliche Geschichte des Reichsverbands fehlt: viel Material enthält u. a. der entsprechende Artikel im *Parteien-Handbuch*, Bd. II, S. 580-630.

22a Siehe Anmerkung 7 dieses Kapitels.

2.

Nur wenige Monate nach der Gründung des Reichsverbandes der Deutschen Industrie fand das Ereignis statt, das den Weg Deutschlands – und hiermit auch des Reichsverbands – für die Folgezeit bestimmte: das Deutsche Reich sah sich gezwungen, den Vertrag von Versailles zu zeichnen. Das Gefühl war allgemein, daß die dem Reich auferlegten Bedingungen sachlich und moralisch unerfüllbar seien[23]. Im Lichte alles dessen betrachtet, was sich inzwischen begab, mag man als das eigentlich Negative an diesem Vertrag die Tatsache betrachten, daß er nicht durchgeführt wurde. Wie schlimm auch seine einzelnen Bestimmungen waren oder zu sein schienen – so manche Beschwerden der Deutschen über ihn sehen von rückwärts betrachtet nicht ganz gerechtfertigt aus – so wäre es, hätte man ihn nur sachgemäß vollstreckt, niemals zum Zweiten Weltkrieg gekommen. Aber einen Vertrag dieser Art aufzuerlegen und ihn dann Schritt für Schritt preiszugeben, ja, das war ein Verbrechen – ein Verbrechen für das die Schuld bei dem sogenannten *appeasement* zu suchen ist, der Politik der Verfriedlichung und des schrittweisen Nachgebens, bei der man dem faschistisch werdenden Deutschland zuliebe schließlich das ganze Vertragswerk in Stücke riß, ohne ihm gleichzeitig die Gelegenheit zu nehmen, sich für das ihm Geschehene auch

---

23 Die wichtigsten Bedingungen: Die (von Deutschland 1871 annektierte, in früheren Jahrhunderten – was das Elsaß betrifft – zum Teil deutsch gewesene) Provinz Elsaß-Lothringen kehrte zu Frankreich zurück; das Rheinland wurde zwecks Garantie der Durchführung auf 15 Jahre besetzt, sollte jedoch – was bereits ein Zugeständnis an die deutsche Sache war – bei Wohlverhalten des Reichs schrittweise früher geräumt werden; das linke Rheinufer und Brückenköpfe auf dem rechten wurden entmilitarisiert; die Saar kam unter eine Sonderregierung, sollte jedoch ihr Schicksal später durch Volksabstimmung entscheiden und inzwischen ihre Kohle an Frankreich liefern; Belgien erhielt einige kleinere territoriale Zugeständnisse usw. Sehr große derartige Zugeständnisse wurden dem Reich zugunsten des wiederentstandenen polnischen Staates auferlegt, hierbei kam es zur Abtrennung Ostpreußens vom Reich, und später zum Verlust des schätzereichen Ost-Oberschlesiens; der Anschluß Deutsch-Österreichs an das Reich wurde untersagt; die deutsche Wehrmacht wurde auf 100 000 Mann reduziert; alle Handelsverträge, die Deutschland vorteilhaft waren, wurden aufgehoben, hingegen mußte Deutschland den Siegermächten Meistbegünstigung zugestehen; Deutschlands auswärtige Kapitalanlagen wurden praktisch von den Siegern konfisziert; schließlich mußte Deutschland einwilligen, die Bestrafung deutscher Staatsangehöriger, die die Alliierten als Kriegsverbrecher betrachteten, zu ermöglichen und zu dulden, ja das Reich wurde als verantwortlich für die den Alliierten entstandenen Kriegsschäden angesehen und verpflichtete sich, hierfür finanziell aufzukommen und einen noch festzustellenden Betrag zu leisten, der 1921 von den Alliierten auf 132 Milliarden Goldmark festgesetzt wurde.

noch blutig zu rächen. Der Kampf gegen Versailles, der praktisch am 7. Mai 1919, das heißt an dem Tage begann, an dem die deutsche Delegation in Versailles die Friedensbedingungen der Gegenseite ausgehändigt erhielt, hat von da an bis in die Zeit des Zweiten Weltkriegs im Mittelpunkt der deutschen Außenpolitik gestanden. Hierdurch verschob sich alles. In einer Zeit, in der das Kaiserreich und sein Militäradel besiegt am Boden lagen, in dem im Osten, anstelle Rußlands, mit dem sich Deutschland bis 1917 handelspolitisch wie militärisch gerieben hatte, ein neuer Staat – Polen – entstanden war, der es unmittelbar bedrängte, und in der im Westen die Alliierten siegreich auf deutschem Boden standen, konnte natürlich von etwas wie der Sammlungspolitik – jenem Inbegriff des sich in West und Ost ausbreitenden Imperialismus – nicht mehr die Rede sein. Immerhin gingen die Tendenzen, die sich während des Kaiserreichs auf diesem Gebiete gezeigt hatten, nicht vollkommen unter; sie verbargen sich lediglich für eine gewisse Zeit. Schließlich hatte man – schon um eine Bolschewisierung Deutschlands zu verhindern – trotz Versailles die soziologischen Träger der Sammlungspolitik – Junker wie Industrie – auf ihren Sitzen belassen. Es fragte sich also lediglich, ob sie nicht früher oder später mal wieder hervorkommen und – wenn auch natürlich in neuem politischem Rahmen – sich zur Geltung bringen würden.

Der politische Feldzug gegen den Vertrag von Versailles, ja die bewußte Sabotage des Vertragswerks, begann noch ehe die Tinte der Unterschriften auf dem Friedensdokument trocken geworden war. Unter Ausnutzung der Tatsache, daß die Vereinigten Staaten die Ratifizierung des Vertragswerks ablehnten, suchte Deutschland zunächst einmal sein Inkrafttreten als solches hinauszuschieben[24]. Gleichzeitig mit diesem diplomatischen Schritt, der in den Kreisen der Alliierten sehr übel vermerkt wurde, winkte Deutschland jedoch der Gegenseite mit dem Zuckerbrot: es begann sich als Retter der westlichen Welt gegen das Vordringen des russischen Bolschewismus zu gebärden – eine Geste, deren tiefere gesellschaftlich-politische Bedeutung freilich recht durchsichtig war[25]. Während die Befehlshaber der immer noch im Osten stehenden deutschen Truppen – der alsbald in Deutschland als möglicher Führer der Gegenrevolution berüchtigt werdende General Rüdiger von der Goltz und Gene-

---

24 *»Foreign Relations of the United States«: Paris Peace Conference 1919*, Bd. VIII, S. 706 f.

25 Für das folgende s. *Documents on British Foreign Policy*, 1919, Bd. VI, S. 223-232.

ral Max Hoffmann, der Vertreter General Ludendorffs in Brest Litowsk – den sie aufsuchenden Offizieren der Alliierten rundweg erklärten, die Zukunft Europas läge nicht in Versailles, sondern in Moskau, zeigten Geheimberichte, die an die Alliierten gelangten, was sich dahinter verbarg. Eine Zusammenfassung dieser Meldungen, welche bereits im November 1919 dem britischen Kabinett vorgelegt wurde, stellte fest, daß die zwecks Abwehr Rußlands betriebenen Rüstungen der baltischen Staaten sowohl von den deutschen Militärs wie besonders auch der deutschen Schwerindustrie – mit Krupp an der Spitze – dazu benutzt wurden, ihr militärisches und wirtschaftliches Potential wieder zu steigern, um es für die Revanche gegen Versailles vorzubereiten[26]. Die Alliierten freilich stellten sich von Anbeginn an gegenüber solchen Berichten so gut wie taub – eine Haltung, die schließlich zwanzig Jahre später dazu führen sollte, daß ein an die Zähne bewaffnetes Deutschland dem westlichen Europa um ein Haar dauernd den Garaus machte. Die einzelnen Etappen dieser Wendung, die sich freilich in den ersten zehn Jahren kaum ahnen ließ, und die Rolle, die die deutsche Industrie hierbei spielte, werden uns bis zum Schluß des ersten Teils dieses Buches immer wieder vor Augen treten und auch die erste Hälfte des zweiten Teiles füllen.

Einen sehr großen – wenn auch im Grunde ungewollten – Beistand in dieser langen Entwicklung leisteten den deutschen Revanchepolitikern und Rüstungsenthusiasten die »Revisionisten« im Lager des Westens, an ihrer Spitze der englische Wirtschaftstheoretiker John Maynard Keynes, dessen berühmte Schrift über die wirtschaftlichen Folgen des Friedensvertrags schon kurz nach den Vorgängen in Versailles erschien. Keynes' Ansicht, daß der Vertrag als ganzes für England, ja die Welt, eher schädlich war, wurde von einem großen Teil seiner Landsleute geteilt. Wenn auch Deutschland, besonders vor dem November 1923, der seiner verheerenden Geldinflation ein Ende setzte, einem Großteil der englischen Industrie als unbequemer Konkurrent galt, so waren doch manche Gewerbezweige und war besonders der Handel und die Schiffahrt am deutschen Markte interessiert, um davon abzusehen, daß ganz England rein machtpolitisch eines nicht allzu geschwächten Deutschlands als Gegengewicht gegenüber dem ausgreifenden Frankreich bedurfte. Für alle Beteiligten aber – ob Konkurrenten oder Kontrahenten deutscher Konzerne – war es erwünscht, Deutschlands Wirtschaftskräfte, ja seine politischen Ener-

26 *Documents on British Foreign Policy*, ebd.

gien, nach Möglichkeit nach dem Osten und Südosten abzulenken, was einen wesentlichen Bestandteil des Keynesschen Programmes bildete[27].

Weit erstaunlicher als dieser allmähliche Umschwung in England, das sich immerhin nach dem Verschwinden der deutschen Schlachtflotte von der Bildfläche[28] in militärischer Sicherheit wiegen mochte, war die Tatsache, daß auch Frankreich – seit langem als Deutschlands »Erzfeind« geltend – den Deutschen in der Rüstungsfrage entgegenkam. Die Art, wie Marschall Foch, der gerühmte Sieger im Weltkrieg, die deutsche Entwaffnung durchführte, wurde in der Französischen Kammer nicht selten als ganz unzureichend angegriffen, ja selbst der als Erzfeind Deutschlands geltende »Tiger«, Georges Clemenceau, wurde von solchen Angriffen dort nicht verschont[29], wobei deutlich zum Ausdruck kam, daß die kritisierte Nachgiebigkeit gegenüber Deutschland dem Zwecke galt, den gefürchteten Nachbarn gegen den Bolschewismus auszuspielen. Einzelne der Generäle, die damals Hand in Hand mit den westlichen Alliierten dem jungen Sowjet-Rußland den Garaus zu machen suchten, erhielten von den Alliierten ausdrücklich das Recht, Teile des ihnen nach dem Friedensvertrag abzuliefernden deutschen Kriegsmaterials direkt zu erwerben, obgleich dies mit dessen Wortlaut unvereinbar war[30].

Der ausgezeichnete ungarische Historiker L. Zsigmond, dessen Forschungen wir die Hinweise auf das schwer zu sichtende alliierte Quellenmaterial verdanken, betont mit Recht[31], daß die deutsche Kriegsindustrie weder vom Friedensvertrag noch von der Weimarer Verfassung in ihren Grundlagen berührt wurde. Sie hat nach ihm im Laufe 1919 und Anfang 1920 ihre bisherige Tätigkeit unter mannigfachen Vorwänden fortgesetzt, wenn auch nicht im vollen Umfang. Den Weg hierzu habe ihr ein widerspruchsvoller und auf Irreführung der Öffentlichkeit berechneter Beschluß des Botschafterrats der Alliierten vom 10. Februar 1922 geöffnet, wonach die im Friedensvertrag vorgesehene Liquidation der deutschen Kriegsbetriebe sich lediglich auf solche beziehen sollte, die vor oder während dem Kriege

---

27 Keynes, John M., *Die wirtschaftlichen Folgen des Friedensvertrags*, Leipzig 1921, S. 236-243.

28 Die deutsche Schlachtflotte wurde bekanntlich von ihren Besatzungen anläßlich der vertraglich geregelten Übergabe im Hafen von Scapa Flow versenkt.

29 Siehe Recouly, Raymond, *La bataille de Foch*, Paris 1920, S. 160-166 und *Chambre des Deputés, Débats*, 1919, S. 4311.

30 *Foreign Relations of the United States, Paris Peace Conference*, Bd. IX, S. 791, 816-817, 823.

31 Zsigmond, L., *Zur deutschen Frage 1918-1923*, Budapest 1964, S. 108.

gegründet worden seien, und zwar ausschließlich auf eigentliche Rüstungsbetriebe[32]. Die deutsche Regierung benutzte diese Formulierung sogleich zu einem Hauptschlag: Im April 1920 drängte sie die Alliierten, es sollte 27 Betrieben ermöglicht werden, Marinebestellungen entgegenzunehmen, und nicht weniger als 47 Werken solle gestattet sein, das Heer – nunmehr genannt Reichswehr – zu beliefern[33]. Auf der beigefügten Liste waren die Namen aller Firmen zu lesen, die vor und nach dem Ersten Weltkrieg zum Teil recht berüchtigt waren und die das Rückgrat der deutschen Kriegsindustrie bildeten. Dem Verlangen zur Seite gingen andere Bemühungen zur Revision des Friedensvertrags, wie besonders das Verlangen nach Milderung der vorgesehenen Bestrafung der Kriegsverbrecher – ein Gebiet, auf dem der deutsche Kampf gegen Versailles nicht minder erfolgreich war. Genährt durch die völlige Entwertung des Geldes, die der deutschen Produktion dauernden Ansporn gab und die die Macht der Konzernherrn, der größten Besitzer von Sachwerten, verstärkte, vollzog sich damals ein starker Ruck nach rechts. Am 12. März jenes Jahres – 1920 – ging der monatelange Prozeß, den Matthias Erzberger, ein Sinnbild der Weimarer Republik, gegen Karl Helfferich, den Verteidiger der Politik der Konzerne, wegen vielfacher Beleidigung angestrengt hatte, mit formaler Verurteilung des Beklagten, aber einer moralischen Niederlage Erzbergers zu ende[34], und einen Tag später führte der Begründer der im Ersten Weltkrieg so mächtig aufgeblühten, freilich inzwischen verschwundenen Vaterlandspartei, Generallandschaftsdirektor a. D. Wolfgang Kapp, seinen berühmten Putsch durch, der die Republik beseitigen sollte. Diesmal freilich fehlte Kapp die Unterstützung durch die Schwerindustrie, die ihm bisher so hold gewesen war. Der Putsch und der von ihm ausgelöste Generalstreik, durch den das Kapp-Abenteuer scheiterte, durchkreuzten die Politik der Zusammenarbeit zwischen Industrie und Gewerk-

---

32 Zsigmond, *Dt. Frage*, S. 108.

33 Zsigmond, *Dt. Frage*, ebd.

34 Einer der vielen von Helfferich gegen Erzberger gerichteten Vorwürfe war, daß sich Erzberger für seine Propaganda für Annexion des Erzbeckens von Briey und Longwy durch Annahme eines Direktorpostens in dem hieran hoch interessierten Thyssen-Konzern sozusagen habe bezahlen lassen, sowie daß er auch in vielen anderen Fällen Politik und Geschäft vermischt habe. Erzberger verteidigte sich nicht ungeschickt damit, daß ja schließlich er es gewesen sei, der nach Erkenntnis des Umschlags in der Kriegslage ungeachtet jener, seiner Interessen zum Frieden gedrängt habe. Einzelheiten über den interessanten Prozeß, bei dem der Beklagte, Helfferich, mit einer so leichten Buße wegkam, daß es einen moralischen Sieg zu bedeuten schien, finden sich im 14. Kapitel von Klaus Epsteins Buch über Erzberger.

schaften, welche die Industriellen 1918 gerettet hatten, und der sie auch weiterhin anhingen. Es gab zwar allerhand Debatten im Schoß der 1918 zu diesem Zweck gegründeten Zentralarbeitsgemeinschaft, jedoch man ließ Kapp fallen. Soweit die Unternehmer eine Änderung wünschten, mußten sie auf die Zukunft warten[34a].

Wie dem aber auch sein mochte, die wirtschaftlichen Kräfte, die hierbei im Spiele waren, wirkten unterirdisch weiter und führten gar bald weitere Krisen hervor.

Natürlich darf man die erwähnten schrittweisen Zugeständnisse der Alliierten an das deutsche Rüstungspotential und die Kriegsbetriebe nicht in dem Sinne ausdeuten, als ob sie nun den Friedensvertrag ohne weiteres preisgegeben hätten. Es handelt sich hier um einen langwierigen Prozeß, und sie haben mindestens im ersten halben Jahrzehnt nach Versailles, als der Vertrag noch scharfe Zähne besaß, von ihm im ganzen starken Gebrauch gemacht. Den Grund hierzu bildete der Kampf der beiderseitigen Industrien. Der Friedensvertrag hatte die Eisenerzbasis Frankreichs nicht nur nicht – wie das die Deutschen erhofft hatten – geschmälert, sondern sie mit Hilfe des von Frankreich zurückgeholten Teiles des ehemaligen Lothringen so vergrößert, daß Frankreich nunmehr nicht weniger als 48 % der Eisenerzreserven des Kontinents beherrschte, während Deutschland nach Versailles nur mehr 7 % besaß[35]. Hierdurch hob sich ganz von selbst der französische Bedarf an Kohle von etwa 22 Millionen Tonnen (vor dem Krieg) auf etwa 30[36]. Selbst die Kontrolle über das deutsche Saargebiet, die sich die Franzosen damals sicherten, half nur teilweise, da über die endgültige Gestaltung der Saarfrage mittels Volksabstimmung entschieden werden sollte. Deutschland begann schon vier Monate vor dem 10. Januar 1920 – dem Datum, an dem der Friedensvertrag in Kraft trat – mit der Lieferung von Kohle an die französische Wirtschaft, die auf das Reparationskonto gebucht wurde. Die Reichsregierung und besonders das Kohlensyndikat, das sich auf Betreiben seines Direktors Lübsen hierbei an die Spitze stellte, gedachten sich auf diese Weise gewisse Vorteile – besonders hinsichtlich der monatlich zu liefernden Menge – zu sichern, die ihnen für diese Sonderleistung zugesagt worden waren[37]. Jedoch stellte sich sehr bald

34a Für Einzelheiten vgl. die kurze, aber vortreffliche Studie von Gerald D. Feldman, »Business and the Kapp Putsch«, in: *Central European History*, Bd. 4 Nr. 2 (1971).

35 Zsigmond, *Dt. Frage*, S. 130.

36 Zsigmond, *Dt. Frage*.

37 Bergmann, Carl, *Der Weg der Reparation*, Frankfurt/Main 1926, S. 47.

heraus, daß mit einem Weiterlaufen dieser Vergünstigung nach Inkrafttreten des Vertrags nicht zu rechnen war. Frankreichs Bedarf an zusätzlicher Kohle – bedingt sowohl durch die Ausdehnung seiner Erzvorkommen wie auch die Zerstörung seiner Kohlengruben im Kriege – überstieg bei weitem das Höchstmaß, das die Deutschen liefern zu können behaupteten – oder zu liefern bereit waren. Die Entscheidung, wie weit sie ihr technisches Unvermögen – bedingt durch Kriegsfolgen, Hochwasser usw. – übertrieben, ist hier nicht leicht. Sicher ist, daß die Möglichkeit, unter Ausnützung der billigen Produktionskosten der Inflationszeit ihre Werke neu aufzubauen sowie mit Hilfe von Eisenerzen aus Schweden in die ganze Welt zu exportieren und in hochwertigen Währungen bezahlt zu werden, für Deutschland und besonders die Ruhrindustrie anziehender war, als Lieferungen an ihre französischen Konkurrenten. Wie dem auch sein mag, von nun an wurde der Kampf um die deutschen Kohlenlieferungen, als Bestandteil der Deutschland auferlegten Reparationsverpflichtungen, auf mehrere Jahre der wichtigste Punkt der Europäischen Politik und eine Schicksalsfrage für die Industrie beider Länder. Unter diesen Umständen setzte sich der Ruck nach rechts, der schon Anfang 1920 so sehr zu beobachten war, trotz des Scheiterns des Kapp-Putsches auch weiterhin fort. Bei den Wahlen vom 6. Juni büßte die Koalition aus Zentrum, Demokraten und Sozialdemokraten, die die Weimarer Verfassung gezimmert hatte, ihre Mehrheit im Reichstag ein. Das Hauptgewicht lag nunmehr in den Händen der unter führender Mitwirkung von Gustav Stresemann im November 1918 ins Leben gerufenen Deutschen Volkspartei, welche, wie erwähnt, sehr wesentlich die alte Nationalliberale Partei fortsetzte und somit auch die eigentliche politische Vertretung der Industrie war, sowie bei der Deutschnationalen Volkspartei, die in etwas modernisierter Form den alten Konservativen entsprach[38]. Daß sich Stresemann in den Tagen des Kapp-Putsches durch versuchtes Zusammengehen mit Kapp schwer bloßgestellt hatte, schadete ihm unter diesen Umständen nicht weiter; als alter Vorkämpfer der gegen die Schwerindustrie kämpfenden Industriellen war er der Deutschen Volkspartei um so unentbehrlicher, als die großen Konzerne durch

38 Zsigmond, *Dt. Frage*, S. 139. Über die deutsche Volkspartei vgl. außer den in Anm. 7 dieses Kapitels gemachten Angaben etwa Hartenstein, Wolfgang, *Die Anfänge der D. V. 1918-1920*, Düsseldorf 1964, sowie auch den entsprechenden Artikel im *Parteien-Handbuch*, und die noch anzuführende Literatur über Stresemann; über die Deutschnationale Volkspartei und ihr Verhältnis zur Industrie siehe das noch anzuführende Material über Hugenberg.

den Kampf gegen die Reparationen sowie die Inflation dauernd an Macht und Ansehen gewannen und so den Rest der Partei an die Wand zu drücken drohten. Mächtigster Mann in der Partei war Hugo Stinnes, dem man im Jahre 1919, auf Betreiben des Vertrauensmannes der Schwerindustrie für die Finanzierung der Partei, Johannes Flathmann, gemeinsam mit anderen Großindustriellen einen Sitz im Reichstag verschafft hatte[39]. Er nutzte nun seine Machtstellung in einer Weise aus, die ihn, der seine Expansion durch unbeschränkte Massen geborgten Papiergelds finanzierte, zeitweise zum mächtigsten Mann in Deutschland machte. Allein dieser Koloß stand auf tönernen Füßen: ging die galloppierende Geldinflation zu Ende, ohne daß es Stinnes rechtzeitig gelang, ausländische Kredite zu ergattern sowie seine Arbeiter zur Mehrarbeit zu zwingen, so war er verloren. Dies machte ihn zu einem Führer bei dem Versuch, die Inflation ins Ungemessene zu treiben, wobei man freilich nicht übersehen darf, daß damals alle Deutschen in dem Grade, als sie Sachwerte besaßen, an dem Weiterlaufen der Inflation interessiert waren. Auf der Konferenz von Spa – einer der wichtigeren jener vielen Zusammenkünfte, durch welche die westlichen Alliierten ihre inneren Gegensätze zu überbrücken und die schwebenden Fragen mit ihrem bisherigen Feinde zu regeln suchten – hielt er, als einer der deutschen Vertreter, am 10. Juli 1920 zur Verblüffung der Welt eine Rede, wie sie feindseliger kaum gedacht werden konnte. »Ich spreche stehend«, so begann er diesen Erguß – »damit ich meinen Gegnern ins Auge sehen kann . . . Wer nicht von der Siegerkrankheit unheilbar befallen ist, weiß, daß es mit den jetzt üblichen »Entscheidungen« durch die Siegermächte nicht getan ist . . .« Man munkelte bereits damals, daß dieser Angriff, der natürlich die von Stinnes erwünschte Folge hatte, die Inflation weiterzutreiben, einen geheimen Hintergrund besaß. Wie es hieß, hatte sich Stinnes unmittelbar vorher mit dem damaligen französischen Ministerpräsidenten und späteren Staatspräsidenten, dem ehemaligen Sozialisten Alexander Millerand, über die Möglichkeit deutsch-französischer Zusammenarbeit und sozusagen die Ehe zwischen Eisen und Kohle unterhalten, war aber abgeblitzt, da der Plan, den er hierüber vorlegte, der französischen Schwerindustrie, die Millerand heranzog, zu einseitig schien[40]. Die Nachricht ist sicherlich richtig, denn sie deckt sich genau mit einem etwas späteren Vorgang von weit größerer Be-

---

39 Turner, Henry A., *Stresemann*, S. 75.
40 Raphael, Gaston, *Hugo Stinnes*, Berlin 1925, S. 185.

deutung, der hier aufgrund von Akten im Besitz der Vereinigten Staaten dargestellt wird[41]. Ganz im Einklang mit dieser allgemeinen Linie forderten Stinnes, sein enger Vertrauter Albert Vögler, Leiter der zum Stinnes-Konzern gehörigen Deutsch-Luxemburgischen Bergwerks AG, und Emil Kirdorf, der Beherrscher der Gelsenberg AG und Senior der Schwerindustrie, die Reichsregierung im Oktober jenes Jahres (1920) telegraphisch auf, sie solle mit Rücksicht auf den Eigenbedarf der deutschen Industrie die vorgesehenen Mengen der zu liefernden Reparationskohle herabsetzen[42]. Ihr Schritt spiegelte den Beginn einer regelrechten deutschen Hochkonjunktur wider, die sich auf die Eisen- und Stahlproduktion, den Schiffbau, die Überholung des Eisenbahnwesens und auf die Konsumgütersphäre übertrug, und infolge der billigen deutschen Preise zu stetiger Ausfuhrsteigerung führte[43]. Der deutsche Wettbewerb und das Herunterschrauben der Kohlenlieferungen vergrämte die französische Industrie um so mehr, als sie durch eine neue jener zyklischen Krisen zu gehen begann, die das Zeitalter des Kapitalismus kennzeichnen. England litt ebenfalls unter dem deutschen Schleuderexport; jedoch fand man dort meist einigen Trost in der Erwägung, daß die Minderungen der Kohlenlieferungen besonders Frankreich schädigte, das die deutsche Kohle so dringend brauchte, und das England politisch zu zügeln bestrebt war[44].

Der plötzliche deutsche Wirtschaftsaufschwung hielt damals die beiden europäischen Westmächte davon ab, sich weiter zu zerzanken, was sich auch auf die Reparationsfrage auswirkte, die dringend der Regelung bedurfte. Mehr Aussichten, auf diesem Gebiete etwas zu leisten, als der sich fast zum Herrn der Ruhr aufschwingende, seine Fänge über ganz Europa ausbreitende Hugo Stinnes, hatte sein zivilisierter Gegenspieler, Walter Rathenau, der mächtige Gebieter der AEG. »Schon äußerlich«, so schreibt des letzteren Freund und Biograph, Harry Graf Kessler, »war der Gegensatz auffallend zwischen dem stets gepflegten, in wunderbaren Perioden mit komplizierten Vergleichen von einer hohen Warte herabdenkenden Rathenau und Stinnes, der proletarierhaft gekleidet, kein Freund schöner Worte, seine visionären Pläne hinter einem dicken Schein von Selbstverständlichkeit und einer undurchsichtigen Maske von gesundem Menschenverstand verhüllte. Stinnes forderte in Spa die Ablehnung des alli-

41 S. u., S. 165 f.
42 Zsigmond, *Dt. Frage*, S. 148.
43 Zsigmond, *Dt. Frage*, S. 150 f.
44 Zsigmond, *Dt. Frage*, S. 136.

ierten Diktats, auch wenn infolgedessen neues Gebiet in Deutschland besetzt und das übrige Deutschland bolschewisiert werde ... Sicher ist, daß, wenn die Alliierten unter den damaligen Verhältnissen die Ruhr besetzt hätten, Poincaré (der nationalistische französische Präsident aus der Zeit des Ersten Weltkriegs und damalige Ministerpräsident) sein Ziel, die Angliederung des Rheinlands an Frankreich, erreicht hätte. Daher ging die Auseinandersetzung zwischen Stinnes und Rathenau um das Schicksal Deutschlands und Europas!«[45] Dank seiner ungeheuren wirtschaftlichen Macht, die von seinem Vater Emil Rathenau herrührte[46], stand Walter Rathenau bereits unter den Hohenzollern mit an Deutschlands Spitze, womit sich bei ihm die Fähigkeit verband, den unaufhaltsamen Strom seiner Gedanken in vollkommenem Stil ausfließen zu lassen. Ihm war tatsächlich nichts unmöglich. Wie er etwa – und hierum war es ihm sehr zu tun – in seinem weltberühmten Aufsatz *Höre Israel* von 1897 als einer der kultiviertesten Erscheinungen seiner Art die übrigen Juden – »eine asiatische Horde auf märkischem Sand«, wie er sie fast mit den Worten eines Hitler beschreibt –[47] zur »bewußten Selbsterziehung und Anpassung an fremde Anforderungen« ermahnt und hierbei bei vielen von ihnen Gehör fand, so schienen ihm auch, besonders seit seinen Erfahrungen im Weltkrieg, alle anderen großen gesellschaftlichen Aufgaben seiner Zeit lösbar. Als erfolgreicher Schöpfer der Kriegsrohstoffabteilung, die er gleich zu Anfang des großen Brandes aus dem nichts hervorzauberte, glaubte er, gleich dem anderen bedeutenden Juden, Richard Merton, der gleichzeitig die Nahrungsmittelbewirtschaftung organisierte, allein freilich sein Licht unter den Scheffel stellte, neue Wege gefunden zu haben, die den Weg in die Zukunft wiesen. Seine – ungemein erfolgreichen und viel gelesenen – Schriften können, soweit sie Gesellschaftliches behandeln, als sehr durchdachte Bemühungen gelten, den Sozialismus salonfähig, oder vielmehr als ko-existierend mit dem Kapitalismus zu behandeln; wie sie denn auch vielfach vom linken Marxismus als Wegweiser vom monopolistischen zur sozialen Variante des staatsmonopolistischen Kapitalismus angesehen werden[48]. Was Rathenau schließlich

---

45 Nach Kessler, Harry Graf, *Walter Rathenau*, Wiesbaden o. J., S. 296.

46 Nach Kessler war Rathenau »im Lauf der Jahre bei 86 deutschen und 21 auswärtigen Unternehmungen leitend tätig gewesen, deren Liste K. aufgrund der Mitteilungen von R.s Sekretär auf S. 130 ff. wiedergibt.

47 Rathenau, Walter, *Schriften*, ausgew. von Harttung und anderen, Berlin 1965, S. 89.

48 R. glaubte nicht an soziale Gleichheit, aber an Entproletarisierung. Sie sollte durch hohe Erbschafts-, Vermögens-, Einkommens- und Luxussteuern, sowie

zum Verhängnis wurde, war die plötzliche Erlangung gesellschaftlicher und politischer Gleichberechtigung der deutschen Juden durch die Vorgänge von 1918/19 und deren politische Auswirkungen. Durch sie wurde ein so prominenter Jude wie er urplötzlich im wahren Sinn des Wortes in die Schußlinie gerückt.

Im Gegensatz zu Stinnes, der an der Lösung der Reparationsfrage nur unter der Voraussetzung mitzuwirken bereit war, daß ihn Freund wie Feind hierbei schalten und walten ließen, wie es ihm beliebte, glaubte Rathenau, der Vertrauensmann der Weimarer Koalition[49] und der Massen, an die Technik von Verhandlungen. Das zeigte sich bereits bei jener Konferenz vom Juli 1920 in Spa. Rathenau verstand, zum großen Ärger von Stinnes, die Mehrheit der deutschen Delegierten, darunter sogar den General von Seeckt, den Schöpfer der in der Entstehung begriffenen Reichswehr, dazu zu überreden, den Alliierten für die nächste Zeit die Lieferung von zwei Millionen Tonnen Kohle pro Monat zuzusagen[50]. Deutschland war eben vorläufig noch viel zu schwach, um gegen den Stachel zu löcken. Das, was alsbald als »Erfüllungspolitik« bezeichnet wurde, nahm damals seinen Anfang. Im Dienst dieser Politik fand sich Rathenau im Mai 1921 bereit, im Kampf gegen Stinnes in das sich soeben bildende Kabinett ihres überzeugten Verfechters, des Reichskanzlers Dr. Josef Wirth, einzutreten, obwohl er zu diesem Zwecke seine so zahlreichen leitenden Posten in der Industrie aufgeben mußte. Nur wenige Tage später fuhr er nach Wiesbaden, um dort durch Besprechungen mit dem französischen Großindustriellen Louis Loucheur die praktische Durchführung dieser Linie auf dem zentralen Gebiet – dem Feld der Reparationszahlungen – zu sichern. Im Oktober 1921 kam als Abschluß dieser Verhandlungen das sogenannte Wiesbadener

---

ferner durch Umschichtung der Gesellschaft kraft allgemeiner Bildung und Vergeistigung eintreten. R., der Trustherr, suchte den Trust nützlich zu machen. Seine Organisation mußte somit in Anlehnung an das Wesen der Kriegsgesellschaften umgestaltet werden, die Rathenau und Möllendorf fast aus dem Nichts schufen, und die zweifellos das Modell des R.schen Denkens auf diesem Felde waren, wenn er dies auch nicht wahrhaben wollte, da er keine Zwangswirtschaft wünschte. Nach Revesz, Imre, *Walter Rathenau und sein wirtschaftliches Werk*, Dresden 1927, S. 77, sind diese Kriegsgesellschaften als »eine Weiterentwicklung der schon vor dem Krieg vorhandenen gemischtwirtschaftlichen Unternehmungen« zu betrachten. Allein nach dem Krieg, wo er etwas seiner Linie Entsprechendes hätte durchsetzen können, war er infolge des Widerstands der Trusts gegen jede Änderung politisch zu schwach, dies zu tun.

49 Die Weimarer Koalition bestand aus den Parteien, die während der Beratung der Weimarer Verfassung im Jahre 1919 die Regierung gebildet und die Verfassung durchgesetzt hatten.

50 Kessler, *Rathenau*, S. 298.

Abkommen zustande, das unmittelbare Wiedergutmachungslieferungen seitens der deutschen Industrie an die im Krieg zerstörten französischen Gebiete vorsah[51]. Der schöne Plan erwies sich freilich als undurchführbar: er stieß auf Ablehnung bei den französischen Industriellen, für die das französische Wiederaufbaugebiet den damals ertragreichsten Absatzmarkt darstellte, und er wurde außerdem von der deutschen Großindustrie verworfen, die sich dagegen sträubte, daß sie für ihre beabsichtigten Reparationsleistungen statt wertbeständiger fremder Währungen nur die verfallende Mark erhalten sollte[52].

Das Scheitern dieser Pläne und weiterer Verständigungsversuche schürte den Hypernationalismus sowohl in Deutschland wie besonders auch in Frankreich, wo damals der ehemalige Staatspräsident Poincaré, den man – wenn auch mit zweifelhaftem Recht – zu den Mitschuldigen des Ersten Weltkriegs zählte, als Ministerpräsident neu zur Macht kam. Unter Poincaré, der der Schwerindustrie seines Landes als Rechtsberater diente, entwickelte sich alles so stark nach rückwärts, daß es auf der nächsten großen internationalen Konferenz, die im April 1922 in Genua stattfand und an der auch die Russen teilnahmen, zu einer diplomatischen Explosion kam. Die Deutschen, mit Reichskanzler Wirth und Rathenau an der Spitze, der inzwischen zum Außenminister aufgestiegen war, trafen sich, der unfruchtbaren Verhandlungen in Genua müde, heimlich mit den Russen in dem Vorort Rapallo. Die Teilnehmer zeichneten dort den berühmt gewordenen Vertrag, in dem die von ihnen vertretenen Mächte den Diktatfrieden von Brest-Litowsk, der inzwischen für ungültig erklärt worden war, durch ein verständigeres Abkommen ersetzten, das die Wiederanknüpfung diplomatischer Beziehungen, Verzicht auf Wiedergutmachungsforderungen und gegenseitige handelspolitische Begünstigung vorsah. Der Vertrag, obwohl anscheinend ohne unmittelbare Kenntnis des Führers der Reichswehr, General von Seeckt, entstanden, wurde von ihm und den deutschen Militärs aufs Wärmste begrüßt[53]. Man befand sich nämlich bereits in der Periode geheimer gegenseitiger militärischer Unterstützung, die dann, durch den Machtantritt des anti-russischen Hitler im Jahre 1933 zeitweise unterbrochen, im Hitler-Stalin-Pakt von 1939 eine so zweideutige kurze Auferstehung feierte.

---

51 Kessler, *Rathenau*, S. 313.
52 Kessler, *Rathenau*, S. 314.
53 Gordon, Harold J., *The Reichswehr and the German Republic 1919-1926*, Port Washington, N. Y., 1957, S. 345.

Rathenau, obschon er die Wiederherstellung besserer Beziehungen mit dem neuen Rußland seit Jahren befürwortet hatte[54], war geistig zu sehr ein Kind des Westens, um sich des Geschehenen zu freuen[55]. Es war ihm nur allzu klar, welch gewaltige Bedeutung der Westen, und vor allem die Vereinigten Staaten, für die deutsche Volkswirtschaft und besonders deren Belieferung mit Kapital besaßen, die nach dem schließlichen Ende der Inflation von höchster Bedeutung zu werden versprach. Er wußte auch aus den Verhandlungen des Reichsverbandes der Deutschen Industrie, daß aus diesen Gründen eine erhebliche Anzahl anderer Großunternehmer, wenn auch mit Ausnahme des Stinnes-Kreises, mit ihm gleicher Meinung war[56]. Allein seine Tage waren gezählt. Die Woge von Schmutz, die seit seiner Amtsübernahme, vor allem mittels der Stinnes-Presse, gegen ihn heranrollte, deren Herr und Meister sich nicht scheute, zu diesem Zweck gelegentlich antisemitische Äußerungen zu machen[57], tat ihre Wirkung: am 24. Juni jenes Jahres – 1922 –, das heißt nur wenige Wochen nach Rapallo, wurde Rathenau von völkischen Attentätern aus den Reihen der illegalen deutschen Militärverbände ermordet.
Rathenaus Abtritt von der Bühne bedeutete von selbst den sachlichen Sieg von Stinnes, den er merkwürdigerweise noch am Vorabend seiner Ermordung mit Zustimmung des US-Botschafters Houghton, bei dem er speiste, nach dem Abendessen auf die amerikanische Botschaft gebeten hatte, um sich dann noch bis vier Uhr morgens im Hotel Esplanada mit ihm zu unterhalten. Stinnes strebte damals rasch dem Gipfel seiner Macht zu, und er suchte offenbar einige der Grundgedanken seines Gegners für seine Zwecke zu benutzen. Es war ihm klar, daß die Dinge nicht lange so weiter gehen konnten wie bisher, wo er mittels Aufnahme ungemessener Darlehen in sich schnellstens entwertender Währung seinen Riesenbesitz von Stunde zu Stunde in praktisch unbegrenzter Weise ausgedehnt hatte. Außer seinem gigantischen Privatkonzern, der Hugo Stinnes GmbH, der nunmehr sechzig Unternehmungen kontrollierte, beherrschte er damals noch

---

54 Kessler, *Rathenau*, S. 299.
55 Wilde, *Rathenau*, S. 140.
56 Vgl. die sehr lesenswerte Wiedergabe von Bruchstücken aus den damaligen Verhandlungen des Reichsverbands bei Gossweiler, Kurt, *Großbanken, Industriemonopole, Staat*, Berlin 1971. Sehr richtig sagt G., daß »Erfüllungspolitik« und »Katastrophenpolitik« sich nicht gegenseitig ausschlossen, sondern eher ergänzten. Auch die größten Katastrophenpolitiker, wie Stinnes, wußten, daß sie ohne das Schmieröl des westlichen Kapitals auf die Dauer nicht auskommen konnten und wurden daher – freilich mit Bedingungen – zu »Erfüllungspolitikern«.
57 Kessler, *Rathenau*, S. 298.

einen zweiten Riesentrust, die Rhein-Elbe-Siemens-Schuckert-Union, die durch Zusammenschweißung der Kohlen- und Eisenwerke von Deutsch-Luxemburg, Gelsenkirchen und des Bochumer Vereins mit den Elektrointeressen von Siemens-Schuckert entstanden war und die siebenundvierzig Firmen und Geschäftshäuser von Ruf in Abhängigkeit hielt[58]. Seine Macht erstreckte sich bereits über Europa. Er konsolidierte, so zeichnete ein hoher amerikanischer Diplomat nach einer Unterredung mit ihm mit Andacht auf, damals seine Interessen in ganz Deutschland und Österreich – wo er, wie wir einfügen wollen, damals den Riesenkomplex der Alpinen Montanwerke übernahm –, und er erwarb Interessen in Italien, der Tschechoslowakei und Schlesien, um so – so formulierte es der Schreiber – wenn auch mehr auf industriellem als auf militärischem Gebiet, das alte deutsche Reich wiederherzustellen.

Nunmehr – Mitte 1922 – zeigten sich jedoch die Gefahren, die inflationistische Entwicklungen selbst für ihre Hauptnutznießer heraufzubeschwören pflegen. Mit dem zunehmenden Verfall der Mark sah sich die deutsche Wirtschaft vor die Möglichkeit einer plötzlichen Deflationskrise und allgemeiner Arbeitslosigkeit gestellt. Um der Gefahr zu begegnen, nahm Stinnes ganz kurz nach Rathenaus Ermordung, in Anlehnung an dessen Abkommen von 1921 mit Loucheur, und vermutlich veranlaßt durch die Unterredung, die er mit ihm in der Nacht vor seinem Ende gehabt hatte, einen Kurswechsel vor: am 14. August jenes Jahres (1922) schloß er, in scharfem Gegensatz zu der bisherigen Linie der Schwerindustrie in der Reparationsfrage, in Niederheimbach am Rhein ein weittragendes Abkommen mit dem Bevollmächtigten für den Wiederaufbau der zerstörten französischen Gebiete, Marquis de Lubersac, in welchem er sich verpflichtete, mittels der von ihm kurz vorher aufgekauften Hoch- und Tiefbaugesellschaft (»Huta«) Sachlieferungen für den Aufbau der zerstörten französischen Gebiete zu machen[59]. Eine der Antriebe für

58 Dieser Satz, wie auch die weitere Schilderung der Stinnes-Politik und des von ihr mit ausgelösten Ruhrkampfs ist teilweise wörtlich Hallgartens zitiertem Buch, *Hitler, Reichswehr und Industrie*, S. 13-19 entnommen; für Stinnes vgl. ferner etwa außer dem bereits zitierten Buch von Gaston Raphael, Berlin 1925, das sehr gut informierende, mit graphischen Darstellungen versehene Buch von Ufermann, Paul, und Hüglin, Karl, *Stinnes und seine Konzerne*, Berlin 1925 und die *Stinnes-Biographie* von Gert von Klass, die allerdings, wie die sonstigen Schriften dieses Autors auf diesem Gebiet – so sein Buch über Vögler – nur insofern Interesse bietet, als er aus den Archiven der betreffenden Unternehmer schöpfen durfte und manches wörtlich zitiert. (Das für den Historiker Wichtige wird von Klass oft übergangen; außerdem ist er gegenüber seinen Helden ganz unkritisch.)

59 S. Hallgarten, *Hitler*, S. 58-60; Aufzeichnung W. R. Castle's.

die jähe Kursänderung war sicherlich, daß die (alliierte) Reparationskommission, welche das ganze Reparationswesen überwachte, inzwischen das Rahmen-Abkommen zwischen Rathenau und Loucheur durch Streichung sozialer Schutzbestimmungen den Unternehmern schmackhaft gemacht hatte[60]. Darüber hinaus sah der Stinnes-Lubersac-Vertrag eine Ermäßigung der deutschen Lieferungen von Kohle an Frankreich vor, die ja ihm wie der übrigen Ruhrindustrie von jeher am Herzen lag.

Übrigens war dieser Vertrag nur als Vorspiel gedacht. Er bilde, so versicherte der Generaldirektor von Krupp, Dr. Sorge, Vorsitzender des Reichsverbands der deutschen Industrie, dem amerikanischen Botschafter Houghton am 15. September (1922), nur einen ersten Schritt auf dem Wege der Wirtschaft in der Reparationsfrage; Voraussetzung hierfür sei freilich Räumung des besetzten Rheinlands, Regelung der Saarfrage und Aufhebung der deutschfeindlichen Handelsbeschränkungen des Versailler Vertrags[61]. Was Stinnes eigentlich vorschwebte, ist enthalten in einem riesigen Plan, über den wir durch eine Denkschrift unterrichtet sind, die er Ende Oktober jenes Jahres – 1922 – durch Vermittlung Houghtons nach Washington gelangen ließ, da eine politische Mitwirkung Amerikas hierbei wünschenswert schien[62].

Es war ein Riesenplan im echtesten Stinnes-Geist, inspiriert von dem fanatischen Nationalismus, den die Welt seit seinem Auftreten in Spa an ihm kannte, und bestimmt, den Stinnes-Konzern durch politische Zugeständnisse der Franzosen und durch wirtschaftliche Opfer der deutschen Bevölkerung wie auf Granit zu gründen. Im Austausch für militärische Räumung des Rheinlands und Verzicht der Sieger von 1918 auf die mancherlei Zwangsmaßnahmen, die ihnen nach dem Vertrag von Versailles zustanden, erklärte sich Stinnes bereit, die Aufnahme einer Goldanleihe zum Aufbau Frankreichs und zur Stabilisierung der deutschen Währung zu befürworten, deren Zinsen aus nicht-extra bezahlter Überstundenarbeit der deutschen Bevölkerung zu vergüten seien. Die vorgesehene Einführung eines 10-

60 Hierfür allgemein, außer dem entsprechenden Abschnitt in P. Wentzkes ausführlichem, aber einseitigem Werk *Ruhrkampf*, Berlin 1930, Hallgarten, *Hitler*, S. 13 ff.; Zsigmond, a. a. O., S. 244 f. und Hortzschansky, Günter, *Der Nationale Verrat der deutschen Monopolherren 1923*, Berlin 1961, eine Diss., die trotz ihres hetzerischen Titels Beachtung verdient und viel neues Material bringt.

61 Hallgarten, *Hitler*, S. 14.

62 Hallgarten, *Hitler*, Anhang zu Teil I, Dokument 2.

Stundentages für zehn bis 15 Jahre lief faktisch auf Ableistung von 6-9000 solcher Zwangs-Überstunden pro Kopf der arbeitenden Bevölkerung hinaus[63]. Gepaart mit einer ganzen Serie weiterer antisozialer Bestimmungen, die der Plan enthielt[64], sah er – es läßt sich kaum anders ausdrücken – die Lösung der drei wichtigsten europäischen Probleme – der Reparationsfrage, der Währungsfrage und der deutsch-französischen Sicherheitsfrage – mittels sozialer Entrechtung und langjähriger regelrechter Versklavung der nicht-bürgerlichen Schichten Deutschlands vor.

Um die Mitwirkung der französischen Schwerindustrie zu sichern, die auch ihrerseits nach Reparationsaufträgen lechzte, plante Stinnes recht geschickt, sie an seinem Projekt zu beteiligen. Allein es war ihm von vornherein klar, daß die von ihm formulierten Gedanken zu einer solchen wirtschaftlichen – und hiermit auch politischen – Erstarkung Deutschlands führen mußten, daß sich Frankreich ohne Sicherheitsgarantie seitens der Vereinigten Staaten auf nichts einlassen werde. Ende Oktober (1922) verdichteten sich daher die Verhandlungen über seinen Plan, mit Washington im Mittelpunkt. Allein dort biß er begreiflicherweise auf Granit. Angesichts der Abneigung des damaligen Amerika gegen eine Wiederaufnahme der Politik des Präsidenten Wilson, der sozusagen den Welt-Schutzmann hatte spielen wollen, ist es in der Tat erstaunlich, wie sehr sich Stinnes in dieser Beziehung verrechnete[65]. Hiervon ganz abgesehen, war die französische Industrie von der Aussicht, sozusagen der Schwanz eines deutschen europäischen Trusts zu werden[66], nicht besonders entzückt. Nicht nur die Sondergruppe Louis Loucheur, sondern auch die Schwerindustrie als solche, deren lothringischen Kern er mit Hilfe des Direktors Jules Bernard von der Banque de France zu ködern gesucht hatte, verschlossen sich seinem Werben[67]. Ja, der abtretende französische Botschaf-

63 Hallgarten, *Hitler*, S. 14 f.

64 Nach Hallgarten, *Hitler*, S. 15, schlug der Stinnes-Plan ferner vor, daß alle Streiks in lebenswichtigen Betrieben auf die Dauer von fünf Jahren zu verbieten seien, sowie daß man alle Staatsbetriebe nach privatwirtschaftlichen Gesichtspunkten umorganisiere, die deutsche Steuergesetzgebung diesen Bedürfnissen anpasse, die Strafe für Eigentumsdelikte verschärfe usw. Hierzu habe sich die Aufgabe des gesamten – in der damaligen Inflation entstandenen und einstweilen unentbehrlichen – Konsumentenschutzes zu gesellen.

65 Hallgarten, *Hitler*, S. 16; die Vereinigten Staaten sind im Grunde von dieser Linie bis in die Zeit des Zweiten Weltkriegs nicht abgewichen; die Stabilität Europas, für die sie sich ihres Kapitalexports halber damals immer stärker interessierten, sollte nach dieser Politik durch die dortigen Mächte als solche geschaffen werden.

66 Hallgarten, *Hitler*, S. 60.

67 Hallgarten, *Hitler*, S. 75.

ter in Berlin, Charles Laurent, der wie fast alle Vertreter Frankreichs am dortigen Platz selbst eine prominente Stellung im *Comité des Forges* – dem gemeinsamen Ausschuß der heimischen Schwerindustrie – inne hatte, zeigte sich Ende Oktober (1922) anläßlich seines Abschiedsbesuchs bei Botschafter Houghton über die Stinnes-Ideen verstimmt. »Es war ein ungewöhnliches Gespräch«, berichtete Houghton hierüber nach Washington, »und mir kam es bei näherem Nachdenken vor, als hätte er mir gedroht, ich weiß nicht recht womit.«[68]

Worauf diese Drohung hindeutete, sollte sich alsbald herausstellen; ja, es war Stinnes selbst, der ihr Gestalt zu geben beitrug. Am 9. November (1922) formulierte er im Reichswirtschaftsrat seine Bedingungen zur Markstabilisierung, denen er mit Rücksicht auf sein Interesse an weiterem Markverfall eine unerfüllbare Gestalt gegeben hatte[69], und entfesselte damit einen Sturm. Seine Haltung in der Währungsfrage wurde vom Reichsverband der Deutschen Industrie unterstützt, dessen Mitglieder ähnliche Interessen besaßen wie er[70]. Diese Vorgänge führten von selbst zum Sturz der Regierung des Reichskanzlers Wirth, der ohne Mitwirkung der Industrie, als Garantin einer neuen Währung, die Mark nicht zu stabilisieren vermochte. An seine Stelle trat der Leiter der Hamburg-Amerika-Linie, Wilhelm Cuno, der durch Stinnes dem Reichspräsidenten Ebert empfohlen worden zu sein scheint[71]. Zwar besaß die eigentliche Schwerindustrie im Kabinett Cuno nur einen einzigen Vertreter, den Wirtschaftsminister Dr. Becker-Hessen, Vorstandsmitglied der Rheinischen Stahlwerke, und auch er gehörte eigentlich zu einem Außenseiter-Unternehmen[72], allein als eine Gruppe als rechtstehend bekannter Fachtechniker und Bürokraten folgte die Regierung der Industrie durchaus.

In der Hoffnung, von England und den Vereinigten Staaten, mit denen Cuno als Hanseat sympathisierte, gegenüber Frankreich gedeckt zu werden, unterließ er es, die seit einiger Zeit in Rückstand gelangten monatlichen deutschen Lieferungen von Reparationskohle

---

68 Hallgarten, *Hitler*, S. 17.

69 Hallgarten, *Hitler*, S. 75, Anm. 25, sowie Hortzschansky, *Nationaler Verrat*, S. 73 f. Stinnes äußerte hierbei, er werde keinerlei Stabilisierungsanleihe zustimmen, es sei denn, der Zehnstundentag werde Gesetz.

70 Hallgarten, *Hitler*, S. 75, Anm. 26.

71 Hallgarten, *Hitler*, S. 16; Cuno war anfangs als Außenminister im bestehenden Kabinett Wirth gedacht.

72 Die Rheinischen Stahlwerke gehörten zum Konzern Otto Wolffs, der bei den Ruhr-Unternehmern nicht beliebt war, s. Gossweiler, *Großbanken*, S. 201.

gemäß den Aufforderungen durch Poincaré in Ordnung zu bringen. Sehr wahrscheinlicher Weise hatte er aus direkten Fühlungnahmen mit der amerikanischen Bankwelt das Gefühl, daß man es dort nicht ungern sehen werde, wenn Deutschland zunächst einmal die Franzosen, ihren Drohungen gemäß, ruhig in das Ruhrgebiet marschieren lasse, also »Katastrophenpolitik« treibe, um so diesen amerikanischen Kreisen Gelegenheit zu geben, im rechten Augenblick als Friedensengel – wenn auch als zinsnehmende – herbeizueilen[73]. Es war dies die Politik, die Stinnes empfahl, und sie wurde in Amerika nicht nur von so manchem Anhänger des Isolationismus, sondern auch von Wall Street befürwortet – also durch Kreise, die beileibe nicht immer zusammengingen. Allein dies war nur eine Seite der Sache. Ebenso wichtig, ja vielleicht noch wichtiger, war ein zweites: Deutschland hoffte auf Verständnis, ja vielleicht auf Mithilfe, seitens der Sowjetunion. Die deutsche Revolution von 1918 – die ja keine wirkliche Revolution war – hatte die preußischen Junker auf ihren Sitzen belassen, und in diesen Kreisen rechnete man, trotz der totalen Änderung in der russischen Innenpolitik, auf Neuentstehen des seit 1815 immer wieder erfolgten Zusammenwirkens mit Rußland gegen Frankreich. Exponent der Junker in den fraglichen Jahren war der Leiter der Ostabteilung im Auswärtigen Amt, Baron Ago von Maltzan, Deutschlands treibende Kraft in Rapallo. Er, sowie der deutschnationale Führer Karl Helfferich und besonders Stinnes haben Deutschland damals geradezu in den Konflikt mit Frankreich hineingetrieben, ja Stinnes griff hierbei selbst das ihm praktisch hörige Cuno-Kabinett als zu schwächlich mit solchem Eifer an, daß es sogar der sonstigen Schwerindustrie zu arg wurde[74]. Nur wenige Tage hiernach, am 18. Dezember (1922) aber wurde Maltzan, der Mann der anti-westlichen Orientierung, zum Staatssekretär im Auswärtigen Amt ernannt und stieg somit zum tatsächlichen Leiter der deutschen Außenpolitik auf, denn der Außenminister Cu-

73 Hortzschansky, *Nationaler Verrat*, S. 49-66, zeigt aufgrund von Akten aus der DDR die Geschichte dieser amerikanischen Einstellung, die er – vermutlich mit Recht – für die Cunosche Politik und die Haltung von Stinnes mitverantwortlich macht, allein er übersieht völlig die Einwirkung der russischen Politik auf die Cuno-Linie, wie wir sie im Text anzudeuten suchen. Diese Einwirkung stand zum Teil im Widerspruch mit den Versuchen, die Ruhrkatastrophe für die Zwecke einer kommunistischen Weltrevolution zu benutzen.

74 Nach Hallgarten, *Hitler*, S. 18 f. kritisiert Stinnes persönlich in seiner Presse den Reparationsplan Cunos offen als zu weitgehend, worauf sich der Vorsitzende des Reichsverbands der Deutschen Industrie, Kruppdirektor Dr. Sorge, in offizieller Verlautbarung von diesem Dolchstoß gegen das Kabinett distanziert. Material über Maltzan und Helfferich a. a. O.

nos, von Rosenberg, der übrigens ähnlich gesinnt war, besaß kein entsprechendes Prestige.

3.

So kam, was kommen mußte. Am 11. Januar des Folgejahres – 1923 – sandte Poincaré – der Form nach als Strafmaßnahme wegen der teilweisen Nicht-Erfüllung von Reparationsleistungen – seine Truppen in die Ruhr. Organisatorisch handelte es sich hier – wie die französische Diplomatie betonte – um die Entsendung einer Gruppe von Ingenieuren und anderen Fachleuten zwecks Ausbeutung der Kohlengruben, gedeckt durch militärische Einheiten. Unmittelbar vor dem Einmarsch der Franzosen wurde die Zentrale des Kohlensyndikats von Essen nach Hamburg verlegt – ein kluger Schachzug der Schwerindustrie, der die Franzosen dazu zwang, bei ihrer Suche nach Kohlen, statt mit einer einzigen Organisation, mit einer Unzahl einzelner Zechen zu verhandeln und ihren Stab von Technikern aufs äußerste zu belasten. Die Belegschaften und die Bevölkerung leisteten im Einvernehmen mit der Reichsregierung passiven Widerstand und weigerten sich, beim Abtransport der Kohle mitzuwirken.
Es entstand ein buntes und aufregendes Bild[75]. Wichtige Männer der Ruhr verabredeten den Widerstand in Berlin mit dem Führer der sich bildenden Reichswehr, General von Seeckt; einer von ihnen, Fritz Thyssen, wurde eine Zeitlang von den Franzosen verhaftet; seine Rückkehr glich einem Triumph, nur die Linkspresse unterstrich, die wahren Helden des Ruhrkampfes seien nicht Unternehmer wie er, sondern die von der Inflation zermürbten Mengen der Arbeiter und Angestellten, die den Ruhrkampf trugen. Hinter dem Wandschirm dieses »passiven Widerstands«, der den Parolen Mahatma Gandhis entstammte, sowie hinter den unzähligen Zustimmungskundgebungen im ganzen Reich, vollzog sich allerhand Dunkles: geheime Aufrüstung, Organisation von Sabotage und verborgene außenpolitische Schachzüge. Es waren gefährliche Dinge, und selbst General von Seeckt – der mächtigste Deutsche jener Monate – mußte dauernd befürchten, sie möchten ihm über den Kopf wachsen. Seit der Niederwerfung der Unruhen von 1919 war das Reich von militärischen Formationen von zweifelhafter Legalität

---

75 Hallgarten, *Hitler*, S. 21 ff.

überschwemmt, die nun der Regierung ihre Hilfe anboten, wozu noch die Angebote von Tausenden von Flüchtlingen aus der Ruhr und dem übrigen besetzten Gebiet kamen, die gegen Frankreich eingesetzt werden wollten. An allen Ecken und Enden des Reichs gärte es; besonders in Bayern, wo ein gewisser Adolf Hitler der Regierung das Leben schwer machte. So lange es irgend ging, suchten Seeckt und das Kabinett solche Auswüchse dadurch zu bekämpfen, daß sie gleichsam dabei die Führung übernahmen. »Es handelt sich darum«, schrieb damals sein Vertrauter, Oberstleutnant (später General) Joachim von Stülpnagel, »den passiven Widerstand der Bevölkerung zu einem aktiven zu entwickeln (Bartholomäusnacht) und diesen – soweit möglich – staatlich zu organisieren.«[76] Stinnes, der ihn zu Ende Januar (1923) aufsuchte, erklärte ihm rundheraus, das Reich müsse Ostoberschlesien und das nordböhmische Industriegebiet besetzen, also Krieg mit Polen und der Tschechoslowakei beginnen. Der Plan war ganz offensichtlich von Stinnes industriellem Expansionsprogramm diktiert[77]. Seeckt, der aus geheimen Verhandlungen mit der Sowjetunion über deren Bereitschaft zu einem Angriff auf Polen unterrichtet war, zeigte sich nicht ganz abgeneigt, auf solche Vorschläge einzugehen, verlangte jedoch von Stinnes zunächst, daß er alles aufbiete, um der immer gefährlicher werdenden Soldatenspielerei in der Ruhr, besonders seitens Fritz Thyssens, ein Ende zu machen. Im darauffolgenden Monat weihte Seeckt den Reichspräsidenten Ebert in die Einzelheiten seiner Verhandlungen mit der Sowjetunion ein, und in den folgenden Wochen traf er sich zunächst in der Wannseevilla von Friedrich Minoux, dem Generaldirektor der Stinnes-Betriebe, mit Ludendorff und später in München mit Hitler, um beide von der Notwendigkeit zu überzeugen, der Regierung Cuno und ihm in diesen kritischen Wochen keine Schwierigkeiten zu machen[78].

Allein der Bogen war überspannt. Die Massen der Arbeiter und der katholischen Bevölkerung am Rhein, die den Ruhrkampf trugen und allen Arten von französischen Mißhandlungen trotzten, sahen mit steigender Erbitterung und Angst, wie sie von der Regierung an eine Militärherrschaft illegaler Verbände ausgeliefert wurden. Preußens sozialdemokratischer Minister Severing beklagte sich, daß die Reichswehr durch Führung bei dieser Bewegung ein geheimes Ab-

---

76 Hallgarten, *Hitler*, S. 25.

77 Hallgarten, *Hitler*, S. 24.

78 Hallgarten, *Hitler*, S. 29; die Darstellung folgt von hier bis zur Analyse des Hitler-Putschs dieser früheren Studie teilweise wörtlich.

kommen bräche, das sie mit ihm getroffen habe. Hierzu gesellten sich schwere Mißbräuche seitens der den Ruhrwiderstand leitenden Unternehmer, die viele Arbeiter geradezu ins kommunistische Lager trieben. Den Zechenbesitzern wurde nämlich auf deren Betreiben seitens des Reichs alle Kohle vergütet, soweit sie auf Halden gefördert wurde, die nicht unmittelbar von fremden Truppen besetzt waren. Hierdurch entstand vielfach eine Überförderung, welche die weitere Fortsetzung des Ruhrwiderstands lediglich davon abhängig machte, ob es den deutschen Eisenbahnern gelang, den Abtransport dieser Kohle nach Frankreich zu verhindern, was ihnen von den Franzosen immer schwerer gemacht wurde[79]. Infolgedessen geriet der Ruhrwiderstand in eine Sackgasse, und zwar gerade, als etwas ganz Entscheidendes geschah: es handelte sich um einen endgültigen Stoß gegen die Währungspolitik des Kabinetts, das zwecks Finanzierung der Ruhrbeihilfen sein Äußerstes daran setzte, eine weitere Markentwertung zu verhindern. Es war der Regierung auch in der Tat gelungen, besonders durch Erschwerung des Ankaufs fremder Währungen, in Fühlung mit der Wirtschaft die Mark zu heben und für einige Zeit auf dem Kurs von 20 000 gegen den Dollar festzuhalten. Allein hierdurch trat ein gewaltiger wirtschaftlicher Rückschlag ein, der besonders den Riesenkonzernen gefährlich wurde, die gewaltige Markschulden kontrahiert hatten. Stinnes wußte, daß das ungefüge wirtschaftliche Riesengebilde, das er errichtet hatte, ohne entweder Fortgang der Inflation oder – als Alternative – gewaltige (und einstweilen unerreichbare) Auslandskredite sowie Mehrarbeit, nicht zu halten war, wie es denn auch kurz darauf, als die Stabilisierung der Mark nicht mehr verhindert werden konnte, jählings zusammenstürzte, seinem Schöpfer ins Grab folgend[80]. So gab denn sein Konzern das Signal für den Angriff auf die Währung und auf die Männer, die er und die übrigen Unternehmer selbst in den Sattel gesetzt

---

79 Angesichts des von Hortzschansky, *Nationaler Verrat*, S. 110 ff. vorgebrachten Materials aus Archiven der DDR hat Hallgarten, wie der Text zeigt, seine Darstellung dieser Dinge, s. *Hitler*, S. 29, hier ergänzt. Die Rolle der Kommunisten beim Ruhrwiderstand ist wegen der späteren Spaltung, besonders der Kämpfe für und gegen Stalin, die auch auf die kommunistischen Bearbeitungen jener Frühzeit zurückwirken, schwer zu beurteilen. Die Stalingegner machen der damaligen offiziellen russischen Politik sowie der deutschen Kommunistischen Partei den Vorwurf, auf Betreiben Radeks die Linie Cunos auf Kosten der Linken ungebührlich unterstützt zu haben. Siehe hierfür Fischer, Ruth, *Stalin und der Deutsche Kommunismus*, Frankfurt 1948.

80 Vgl. besonders die bei Hallgarten, *Hitler*, S. 62 ff. abgedruckte Aufzeichnung Stresemanns vom 19. 3. 1923 über eine Unterredung mit Stinnes, in der dessen Motive klar herauskommen.

hatten: Am Spätnachmittag des 18. April (1923) kauften Stinnes-Firmen mit einem Schlag große Massen fremder Währungen unter Ausnützung gewisser Sonder-Bezugsrechte an der Börse auf und brachten damit die Mark von neuem ins Gleiten und zu baldigem schwindelndem Sturz: im November gelangte sie vorübergehend auf einen Tiefstand von 4 Billionen gegen den Dollar[81].

Verbunden mit dem ungeheuren Elend und den Unruhen vielfacher Art, die er hervorrief, sowie der hoffnungslosen außenpolitischen Lage, führte dieser neuerliche Finanzverfall ganz von selbst zu einem Umschwung der deutschen Ruhrpolitik, zum Sturz des Kabinetts Cuno am 15. August (1923) und im Inneren zur Bildung der sogenannten großen Koalition, die sich von den Sozialdemokraten auf der Linken bis zur rechtsstehenden und industriellen Deutschen Volkspartei unter Gustav Stresemann erstreckte, der die Kanzlerschaft übernahm. Von jeher als Gegenspieler der Schwerindustrie bekannt, allein auch als rabiater Alldeutscher verrufen[82], erreichte Stresemann nun sein lange erstrebtes Ziel – die politische Führung – ausgerechnet in einem Augenblick, wo es zu kapitulieren galt: Seine erste größere Leistung war der Abbruch des Ruhrwiderstands. Natürlich ist der bisherige Stresemann hierdurch nicht etwa über Nacht verschwunden; wenn auch durch die Kapitulation vor Frankreich und die ihr nachfolgende Ära der Verständigungspolitik verdeckt, hat er vielmehr im verborgenen weiter existiert, und zwar etwas mehr als der Mann selbst es sich eingestehen wollte; es bereitete sich hierbei eine Entwicklung vor, die direkt zu den späteren Katastrophen führte. Die Lage bei seinem Antritt bedeutete, richtig gesehen, den zweiten Zusammenbruch, den Deutschland seit dem Verlust des Ersten Weltkriegs erlebte. Ganz wie damals, suchte sich auch nunmehr die im wilhelminischen Reich herrschend gewesene Gesellschaft – Großgrundbesitz und Schwerindustrie – die hinter

81 Vor dem Reichstagsausschuß, der später diese Vorgänge untersuchte, gab der Generaldirektor von Stinnes, Minoux – derselbe, in dessen Villa sich Seeckt mit Ludendorff traf – diese Großankäufe stabiler Währungen mit einer Unbekümmertheit zu, die heftige Szenen hervorrief und wurde sachlich von allen Seiten, besonders von den Finanzsachverständigen kritisiert; allenfalls daß sie zu seiner Entschuldigung anführten, es hätte sowieso ein allgemeiner Angriff auf die Mark bevorgestanden. Dies traf zweifellos zu, da sich die Interessen der gesamten Schwerindustrie in diesem Punkte mit denen von Stinnes deckten. Reiches Belegmaterial in Hallgarten, *Hitler*, Anm. 61, S. 80.

82 Über Stresemann siehe außer der bereits genannten Literatur vor allem Gatzke, Hans, *Stresemann and the Rearmament of Germany*, Baltimore 1954, der ihn realistischer sieht als etwa Bretton, Henry L., *Stresemann and the Revision of Versailles*, Standford 1954 oder Felix Hirsch, von dem mehrere Publikationen vorliegen, zuletzt *Stresemann*, Göttingen 1964.

der »Sammlungspolitik« gestanden hatte, gegenüber dem heraufziehenden Sturm im Inneren nach Kräften zu wappnen. Dem Bündnis, das damals – 1918 – Hindenburg und Gröner mit den Führern des Rechtssozialismus, Ebert und Noske, und den hinter ihnen stehenden Gewerkschaften schlossen, entsprachen nunmehr Versuche seitens des Generals von Seeckt, sich von Reichspräsident Ebert – sozusagen dem politischen Überbleibsel jener früheren gesellschaftlichen Koalition – mit der Bildung eines »Direktoriums« beauftragen zu lassen. Der Plan war das Ergebnis der allgemeinen schweren Unruhe, die, ganz wie 1918, durch den vorhergehenden Zusammenbruch ausgelöst worden war. Wie damals, so geriet auch jetzt das von Berlin aus regierte Reich infolge seines Prestigeverlustes in starke Spannung mit dem Partikularismus der Länder, nur daß infolge des Verschwindens der Monarchien und der ausschlaggebenden Macht der politischen Parteien diese Opposition gegen das Reich in den einzelnen Ländern unter Umständen noch weit drohender zu werden vermochte als früher. Auf die Nachricht von dem Eintritt kommunistischer Minister in das sächsische Kabinett sandte Seeckt Ende Oktober (1923) mit Zustimmung des Reichskabinetts seine Truppen nach Sachsen und zwang die Dresdener Linksregierung zum Rücktritt, obwohl sie in verfassungsgemäßer Weise zustande gekommen war. Anfang November schickte er sich an, die gleiche Maßnahme in Thüringen durchzuführen, das sich in der gleichen Lage befand. Gleichzeitig mehrten sich die Anzeichen einer Abtrennung des Rheinlands, sei es bloß von Preußen, sei es sogar vom Reich. Bereits Anfang Oktober (1923), unmittelbar nach Abbruch des Ruhrkampfs, trat eine Abordnung rheinischer Industrieller, bestehend aus Stinnes, Peter Klöckner und Albert Vögler, an den französischen Kommandeur im Rheinland, General Degoutte, heran, was bei der Arbeiterschaft einen Sturm erregte und zu der Behauptung führte, die Schwerindustrie sei den französischen Rheinlandplänen geneigt, falls ihre sozialpolitischen Pläne erfüllt würden[83]. General Degoutte scheint sich gegenüber diesem Anliegen ganz korrekt auf das internationale Recht zurückgezogen zu haben, wonach er für solche Dinge nicht zuständig war; weit wichtiger erschien den Franzosen die Frage der politischen Zukunft des deutschen Rheinlands, über welche nicht nur die eigentlichen Separatisten, wie der

83 Geyer, Curt, *Drei Verderber Deutschlands* (Stinnes, Helfferich und Reichsbankpräsident Havenstein), Berlin 1924, bringt aus Reichstagsverhandlungen das vom sozialdemokratischen Führer Wels vorgelegte Protokoll dieser Besprechung.

in Deutschland verfehmte Dr. Dorten, sondern auch viel wichtigere Figuren, wie der Oberbürgermeister von Köln, Dr. Konrad Adenauer, ja Stinnes selbst[84] und der Kölner Bankier Louis Hagen mit den Franzosen verhandelten. Bei Adenauer entsprach der Wunsch einer Trennung des Rheinlands von Preußen – wenn auch nicht von Deutschland – alter Überzeugung; die Industriellen hinwieder suchten sozialpolitisch und währungspolitisch der deutschen Wirtschaftskatastrophe zu entgehen. Erst die Wahlen in Frankreich vom Mai 1924, die zum Sturz Poincarés führten, machten diesen Besprechungen ein endgültiges Ende[85].

Inzwischen aber war für das Reich, die Reichswehr, und hierdurch die Industrie, die bayerische Frage dringend geworden. Ganz wie im Ersten Weltkrieg, wo Bayern, als ein Land mit wenig Industrie, sich der Berliner Politik und vor allem den Höchstpreisen für die Erzeugnisse seiner Landwirtschaft widersetzt hatte, so kämpfte es auch jetzt gegen all das Widerwärtige, das der Abbruch des Ruhrkampfes für seine Politik und Wirtschaft im Gefolge haben mochte. Bayern war seit dem traditionswidrigen Zwischenspiel von 1918/19 – der kurzen Herrschaft Kurt Eisners, und, nach dessen Ermordung, der Räterepublik – mehr und mehr die »Ordnungszelle« geworden, auf die die besitzenden Klassen ganz Deutschlands mit Bewunderung, aber auch mit Besorgnis blickten: Wie der Separatismus im Rheinland, so mochte auch der weißblaue Partikularismus Bayerns eines Tages die Einheit des Reichs bedrohen, oder aber, er mochte der waghalsigsten unter den vielen militaristischen Verbindungen und Verbänden, die sich im Kampf gegen die Ereignisse von 1918/19 gebildet hatten, der nationalsozialistischen Partei Deutschlands (NSDAP) und ihrem noch jugendlichen Führer, dem aus Österreich eingewanderten Adolf Hitler, als Hebel dienen, allerhand Unfug zu tun. Das Ideale, so schien es nicht wenigen Industriellen, war eine gemeinsame Aktion von Weißblau und Haken-

---

84 Nach Aussage Hitlers im Hitlerprozeß sandte Stinnes ihm im Herbst 1923 einen Vertrauensmann – zweifellos Minoux – um ihn (Hitler) im Sinne seiner föderalistischen Rheinlandspläne und der Zusammenlegung der Kohle- und Stahlinteressen der Ruhr und Lothringens zu bearbeiten. Er, Hitler, habe dies abgelehnt. (Offenbar war es ihm unbequem, ein wirtschaftliches Pan-Europa statt eines von Deutschland zu beherrschenden Europa entstehen zu sehen.)

85 Adenauer ist, wie Karl Dietrich Erdmann in seinem Buch *Adenauer in der Rheinlandpolitik nach dem Ersten Weltkrieg*, Stuttgart 1966, nachweist, ein Opfer bewußter Fälschungen geworden, die in der Nazizeit unternommen wurden und ihn als 100prozentigen Separatisten anprangern. Daß A. jedoch die Trennung des Rheinlands von Preußen erstrebte, und also für seine spätere Rolle »prädestiniert« war, leugnet auch Erdmann nicht.

kreuz gegen die Republik. »Der deutsche Arbeiter«, so sagte Hugo Stinnes bei Abbruch des Ruhrwiderstandes zum amerikanischen Botschafter[86], »muß länger und härter arbeiten.« Er, Stinnes, glaube, die deutsche Arbeiterschaft sei unterbezahlt, allein er könne ihre Löhne verdoppeln, ja verdreifachen, wenn sie nur zehn Stunden täglich arbeite. Er sei jedoch überzeugt, daß sich die deutsche Arbeiterschaft nicht der Notwendigkeit beugen werde, und so müsse sie hierzu gezwungen werden. Aus diesem Grunde müsse ein Diktator gefunden werden, der die Macht habe, das Nötige zu tun. So ein Mann müsse die Sprache des Volkes sprechen und so einen Mann gäbe es bereits. Eine große Bewegung begänne in Bayern, um die alten Monarchien wiederherzustellen ... Die Bewegung werde durch alle Rechtsparteien und viele Leute der Mitte gestützt werden und in erster Linie ein Kampf gegen den Kommunismus sein, da der kommunistische Flügel die gegnerisch gesinnten Arbeiter führen werde. »Ich fragte ihn«, so berichtete der Botschafter hierüber, »ob die Industriellen sich mit der Bewegung vereinen würden. Stinnes erwiderte, sie würden das tun.« Stinnes ließ sich dann weiter über seine Erwartung aus, daß die deutsche Arbeitslosigkeit – offenbar wegen des Endes der Inflation – sich in kurzer Zeit auf drei bis vier Millionen Köpfe belaufen werde, was, wie er hoffe, die Kommunisten dazu veranlassen werde, ihrerseits den Angriff zu beginnen. Das sei sehr wichtig, denn andernfalls werde die Außenwelt die Sache deutschfeindlich deuten. »Sobald die Kommunisten die Operationen beginnen«, fuhr er fort, »wird Ebert im Namen der Republik ein Komitee von drei Männern als Diktator ernennen und wird die ganze militärische Gewalt unter des Diktators Befehl stellen. Von da ab wird die parlamentarische Regierung zu Ende sein. Die Kommunisten werden rücksichtslos zerschmettert werden, und wenn sie zum Generalstreik aufrufen, wird dieser ebenfalls mit Gewalt unterdrückt.« »Stinnes schloß«, so heißt es im letzten Absatz des Berichts, den Botschafter Houghton hierüber nach Washington sandte, »seine Bemerkungen mit der Feststellung, daß, sobald Ordnung und normale Produktion in Deutschland wiederhergestellt seien, es möglich sein werde, jeden notwendigen Kapitalbetrag vom Ausland zu erhalten.«

Als der Botschafter dies nach Washington berichtete, waren zwei wichtige Dinge noch nicht vorauszusehen. Es war erstens nicht klar, was eintreten würde, falls die bayerische Regierung – wie das fünf

86 Hallgarten, *Hitler*, S. 65 f.

Tage später, am 26. September (1923) geschah – in ihrer Angst vor dem Aufstieg Hitlers einen Mann aus ihrer Umgebung, Gustav von Kahr, unter dem schönen Titel Generalstaatskommissar sozusagen als Gegen-Diktator aufstellte. Ferner fragte es sich, wie sich Hitler und Kahr sowohl untereinander wie besonders auch gegenüber dem dritten Diktatur-Aspiranten, nämlich jenem Direktorium von drei Männern verhalten würden, welches, wie eben gesagt, Reichspräsident Ebert zu ernennen im Begriff war, und über das Stinnes ohne Zweifel durch seinen Generaldirektor Minoux gehört hatte, mit dem General von Seeckt, der leitende Geist dieser Männer, über seinen Eintritt in diesen Kreis verhandelte[87]. Als zweiter Vertreter der Schwerindustrie in diesem Direktorium war Dr. Otto Wiedfeldt in Aussicht genommen, wie früher gesagt, Vorstandsmitglied von Krupp und damals Botschafter des Reichs in Washington[87a]; die Interessen der Junker und übrigen Agrarier sollte ein Herr von Knebel-Döberritz vertreten. Kurz, Deutschland war um ein Haar daran, wieder eine Regierung der »Sammlungspolitik«, der Gemeinschaft zwischen Schwerindustrie und Großgrundbesitz, zu erhalten. Anlaß hierzu war die sich verschärfende Wirtschaftskatastrophe und der Konflikt mit Bayern, wo sich die Reichswehrdivision unter General von Lossow einem kategorischen Befehl Seeckts, den Völkischen Beobachter wegen beleidigender Artikel gegen ihn und den Kanzler[88] zu verbieten, glatt widersetzte. Zur Opposition Hitlers gegen die »Judenrepublik« gesellte sich also hier der Widerstand von Elementen, die dem geplanten Direktorium sozial viel näher standen als Hitler und dessen Kreis. Ungehalten über vieles, was im Norden vorging, waren von Lossow, und ähnlich auch Kahr, jedoch keineswegs gewillt, sich durch Hitlers Drängen auf eine entscheidende Tat – etwa den sogenannten »Marsch nach Berlin« – ohne weiteres vortreiben zu lassen; Hitler hingegen konnte kaum warten, denn er stand unter dem Druck seiner buntgewürfelten Anhängerschar, die durch die rasende Inflation außer sich geriet[89]. Kahr wie Lossow

87 Einzelheiten über den Plan des Direktoriums wurden mit zuerst von General Friedrich v. Rabenau in dessen Seeckt-Biographie, *General von Seeckt*, Leipzig 1940, S. 370, mitgeteilt. Über Minoux, der sich im Frühherbst 1923 im besten Einvernehmen von Stinnes trennte, anscheinend, um seinen in Windeseile aufgebauten Privatkonzern rechtzeitig vor Ende der Inflation durch Amerika-Aufträge etc. zu sichern, vgl. Ufermann, P., *Könige der Industrie*, Berlin 1924.

87a Über Wiedfeldt siehe Kap. 5, Anm. 59a und 64a.

88 Der Angriff richtete sich gegen die angeblich jüdische Abkunft von Frau von Seeckt, geb. von Fabian und Frau Stresemann, Käthe Kleefeld.

89 Für dies und die Geschichte Hitlers in jenen Monaten siehe Hofmann, H. H.,

suchten demgegenüber den Riß mit Berlin zu heilen und sich mit Seeckt irgendwie zu stellen. Diesem war das ganz recht, jedoch war er nicht unbedingt Herr der Dinge und mußte sie hinauszögern. Anscheinend hoffte er, mit Hilfe der politischen Wühlarbeit von Stinnes im Reichstag das republikanische Kabinett – es war Stresemanns zweites – zu Fall zu bringen[90] und dann als De-facto-Diktator das Direktorium zu gründen. Die eingetretene Verzögerung von vielleicht nur wenigen Tagen hat damals die Republik gerettet. Sie war veranlaßt durch die Weigerung des Reichspräsidenten Ebert, den General – wie dieser es vorschlug – damals sofort zum Kanzler zu machen. Obwohl er seiner ganzen Haltung nach auf dem rechten, konservativen, Flügel der Sozialdemokratie stand, fand Ebert doch die taktische Lage seiner Partei in jenem Augenblick, wo es inflationshalber nur wenig Arbeitslose gab, noch zu günstig, um ohne weiteres politisch abzudanken, und er verschob daher Seeckts Ernennung auf den Zeitpunkt, wo die Mitwirkung der in Aussicht genommenen Mitglieder des Direktoriums sicher sei. Um die Bayern zu gewinnen, hielt Seeckt anscheinend einen Platz für von Kahr frei, und er schrieb Kahr am 5. November – wohl durch Kurier – einen so klar vorbereiteten Brief, daß Kahr am Nachmittag des 6. November die bayerischen Militärverbände einschließlich der Hitlerbewegung streng verwarnte, ohne seine Zustimmung nichts gegen Berlin zu unternehmen. Er wartete nunmehr auf Seeckts Aktion, die er mitzumachen entschlossen war. Dies löste bei Hitler die sachlich berechtigte Befürchtung aus, daß andere im Begriff seien, ihm die ersehnte Führerrolle wegzunehmen, und so entschloß er sich zu seinem Putsch[91].

Hitlers Überfall auf die bekannte Versammlung im Münchner Bürgerbräu, die politische Erpressung der dort anwesenden führenden Gestalten, an der Spitze Kahr, die er zwang, seine politischen Verbündeten zu werden, das Scheitern dieses Vorhabens und – als Gipfel – der blutige Zusammenstoß zwischen Blauweiß und Hakenkreuz an der Feldherrnhalle, änderte, wie so vieles, auch die Lage für die Industrie. Hätte der Putsch nicht stattgefunden, so hätte sich möglicherweise das ja nur verschobene Direktorium-Projekt Seeckts

---

Der Hitlerputsch, München 1961 sowie Gordon, H. J. jr., *Hitlerputsch* 1923, Frankfurt 1966.

90 S. Hallgarten, *Hitler,* S. 69 ff., Botschafter Houghton an Staatssekretär Hughes 6. November 1923.

91 Hallgarten, *Hitler,* S. 38 und s. Belege S. 83, Anm. 85; Gordon, *The Reichswehr,* S. 225 f.; Hofmann, *Der Hitlerputsch,* S. 135 ff.

verwirklicht, mit Minoux, von Knebel-Döberritz, von Kahr, und etwa dem gleichfalls in diesem Zusammenhang genannten Generaldirektor von Siemens, Henrich[92], als Teilnehmern. Hitler wäre nichts übrig geblieben, als sich dieser Entwicklung – wenn auch zähneknirschend – zu fügen, und so unter Umständen zum »Trommler« für ein Reich der »Sammlungspolitik« zu werden, wie das – wie gleich zu zeigen – ja dann auch 1932 von den entsprechenden Kreisen beabsichtigt war. Bis zur Zeit seines Putsches hatte er, was seine Partei anging, finanziell von der Hand in den Mund gelebt und in seinem gut bezeugten Trachten, Geld an allen Ecken und Enden zusammenzuholen, sich dabei auch auf politisch sehr zweideutige Wege begeben[93]. Dazwischen gab es freilich bereits auch gelegent-

92 Gordon, *The Reichswehr*, S. 223.

93 Die eingehenden Hinweise in Heiden, Konrad, *Adolf Hitler*, Zürich 1936, S. 259 ff. – über Hitlers Finanzierung durch gelegentliche Spenden seitens vieler Privater (darunter etwa der Verleger Bruckmann und der Klavierfabrikant Bechstein) sowie auch Einzelspenden des Bayerischen Industriellenverbands und des Vorsitzenden der Vereinigung Deutscher Arbeitgeberverbände, von Borsig, werden bei Heiden gefolgt von Hinweisen auf »Ausländisches Geld«, das ihn – falls Näheres bekannt geworden wäre – hätte kompromittieren können. In diesem Zusammenhang ist ein Hinweis in den *Erinnerungen* des Kanzlers Heinrich Brüning, Stuttgart 1970, S. 98, von Interesse, wonach einer der respektabelsten Freunde Brünings, von Willisen, ihm seinerzeit sagte, er – W. – beklage die mangelnde Zusammenarbeit zwischen der Reichswehr und der bayerischen Staatspolizei, die bestimmte Dokumente über die finanzielle Unterstützung Hitlers in die Hand bekommen könne, auf grund deren eine Anklage Hitlers wegen Hochverrat (im Jahre 1923) möglich war. Was Spenden seitens der eigentlichen Schwerindustrie betraf, so kann als sicher gelten, daß Stinnes durch Minoux die Hitler-Ludendorffschen Kampfverbände finanzieren half. Letztere Angabe stützt sich auf die Angaben Fritz Thyssens, S. 80 ff., in seinem 1942 in New York auf Englisch durch Emery Reves herausgebrachten Elaborat, das vom Herausgeber mit dem Titel *»I paid Hitler«* versehen wurde. Es handelte sich hier um auf der Flucht gemachte Diktate und Berichte Thyssens (der sich um 1939 mit Hitler entzweite und floh, und dann vom Dritten Reich eingefangen wurde und es merkwürdigerweise überlebte). In der Beurteilung des Quellenwerts dieser Publikation, über die sich Hallgarten in *Hitler*, S. 127, Anm. 28 und 34, verbreitet, besteht in einer Beziehung Übereinstimmung zwischen ihm und Henry A. Turner, gegen den sich vorliegendes Buch richtet. Gleich T., der diesen Komplex in einer besonderen Studie, *Stresemann*, S. 87-113 seines Büchleins behandelt, findet H., daß einzelne Zahlenangaben aufgrund der Entstehungsgeschichte der Publikation ungenau sind – abgesehen davon, daß sich Th.s persönliche Interessen später drehten, so daß er sie nach 1945 als zu hoch kritisieren mußte. Turners sonstiges abfälliges Urteil über das Buch kann sich H. freilich nicht zu eigen machen, besonders da T., der Reves aufsuchte und dessen Manuskripte inspizieren durfte, zugeben muß, daß Reves durchaus ernst zu nehmen war, und daß Thyssen noch Gelegenheit hatte, wenigstens den größten Teil des französischen Originals selbst durchzukorrigieren. Was die Faktizität des Berichts anlangt, so hängt sie von der Einschätzung Thyssens durch den Leser ab, die Hallgarten – soweit die von H. verwerteten Angaben in Betracht kommen – in positivem Sinne vornimmt.

lich Spenden der Schwerindustrie. Allein die Situation änderte sich erst später, in der Wirtschaftskrise nach 1929, als er allmählich für die Industrie interessant zu werden begann. Einstweilen hatten die Unternehmer andere Sorgen. Nur sechs Tage nach seinem Putsch am 15. November (1923) wurde endlich die Inflation beendet und eine feste Übergangswährung geschaffen, und damit ergab sich für die gesamte Gütererzeugung auch eine völlig andersartige Situation.

Recht interessantes Material über die Finanzierung Hitlers und der NSDAP in der Frühzeit enthält eine Diss. von Willy Krebs über den *Alldeutschen Verband in den Jahren 1918 bis 1939*, Berlin 1970, die der Verfasser dankenswerterweise an Hallgarten übersandte. Nach S. 128 ff. dieser Arbeit haben sich in den Anfangsjahren die Alldeutschen mit Erfolg auf diesem Gebiet betätigt; sie sahen die NSDAP als ihr Kind an.

7. Die Industrie in der Zeit der Stabilisierung und in der Weltwirtschaftskrise (1924–33)

1.

Das Ende der Inflation bedeutete einen sehr schweren Einschnitt in der deutschen Wirtschaftsentwicklung und hiermit auch in der Geschichte der Weimarer Republik. In der Zeit der Inflation, d. h. praktisch seit dem Ende des Ersten Weltkriegs, hatte man es sich gestatten dürfen, darauf zu verzichten, den während der Kriegszeit heruntergewirtschafteten Produktionsapparat zu überholen sowie ihn gleichzeitig Jahr für Jahr auf den höchsten technischen Stand zu bringen[93a]. Nach Stabilisierung der Währung, die ihr Zustandekommen dem Umstand verdankte, daß die deutschen Preise bereits über die Weltmarktpreise emporgeklettert waren, ergab es sich sofort, daß die deutsche Wirtschaft gleichsam über Nacht konkurrenzunfähig geworden war. Zwar wurde in der allerersten Zeit – bis etwa zur ersten Hälfte 1925 – jene Rückständigkeit durch den – von der Unternehmerseite aus gesehen – Vorteil niedriger Löhne einigermaßen ausgeglichen. Allein die bald einsetzenden Lohnsteigerungen, die außerordentliche Belastung mit Steuern, die gegenüber der Vorkriegszeit um das drei- bis vierfache gestiegenen Sozialausgaben, die durch den Kapitalmangel hoch angestiegenen Kosten für Kredit, die schweren Kapitalverluste der deutschen Bevölkerung, und schließlich die Deutschland umringenden Zollmauern machten dem deutschen Unternehmer damals das Leben sauer[94]. Was ihm nun nottat, war vor allem Kapital, und – mit Hilfe dessen – Rationalisierung. Hiermit nahte die Zeit zweier bisher wenig bekannter Größen: Dr. Hjalmar Schacht und Jakob Goldschmidt.

93a Berkenkopf, Paul, *Deutsche Industriewirtschaft*, Leipzig 1933, S. 25.

94 Eine Schilderung der Deflationskrise nach der Mark-Stabilisierung findet sich u. a. in den Erinnerungen von Hans Luther (*Politiker ohne Partei*, Stuttgart 1960, S. 229-248), doch krankt sie an Luthers Selbstgefälligkeit in der Schilderung seiner eigenen Rolle und an seinem Unverständnis für die Wirkungen der sozialen Katastrophen, mit denen er es zu tun hatte.

Merkwürdigerweise kamen die beiden Männer, deren einer, Schacht, die Stabilisation der Mark überwachte, während der andere, ein gewandter Bankier, den hierdurch versiegenden Strom des Kredits für die deutsche Industrie wieder andrehte, aus demselben Unternehmen: der erst kurz vorher fusionierten Darmstädter- und Nationalbank (meistens zitiert nach ihrer Telegrammadresse als Danatbank). Das war kein Zufall. Es scheint, daß Goldschmidt, die treibende Kraft dieses Unternehmens, den Dr. Schacht, den er bei der Fusion in der Nationalbank vorfand und nicht sehr schätzte, auf gute Weise loszuwerden suchte[95], und ihn so – gegen den erklärten Willen des Reichsbankdirektoriums – auf den soeben frei werdenden Posten des Präsidenten dieses Instituts befördern half. Schacht wie Goldschmidt wurden hierbei – und das ist das Wesentliche – sehr stark durch die anglo-amerikanische Bankwelt unterstützt, der es im Interesse der Politik ihrer Länder wie ihres Geschäfts sehr daran lag, Frankreich aus der Ruhr und seiner allgemeinen Machtstellung zu drängen. Die Danatbank und deren Leute wurden sehr bald zum Rammbock dieser Kräfte, welche im Kampf gegen die älteren deutschen Bankinstitute, wie die Deutsche Bank und die Diskontogesellschaft, den deutschen Nach-Inflations-Wiederaufbau und dessen Finanzierung an sich zu reißen suchten[96]. Voraussetzung hierfür war erstens, daß der von Poincaré unter englischem und amerikanischem Druck zugestandene Gedanke, die deutsche Zahlungsfähigkeit durch einen Ausschuß von Sachverständigen untersuchen zu lassen, verwirklicht wurde und zweitens, daß das Ergebnis sinngemäß auf die Höhe der alliierten Reparationsforderungen an das Reich angewandt wurde. Ohne Regelung dieser Frage war kaum zu erwarten, daß die Amerikaner, so sehr ihr damaliger Kapitalüberfluß danach drängte, ihre Mittel in Europa anlegen würden. Beide Vorbedingungen erfüllten sich jedoch rasch. Bereits im April des Folgejahres, 1924, lag der unter Vorsitz von Charles G. Dawes, des engen Vertrauten des Hauses Morgan, fertiggestellte Plan der Sachverständigen vor und ganz kurz darauf – am 11. Mai – fanden Wahlen in Frankreich

---

95 *Schacht*-Biographien bieten Franz Reuter, Berlin 1937, offiziös, sowie Norbert Mühlen, Zürich 1938, kritisch; siehe auch seine Selbstbiographie, *76 Jahre meines Lebens*, Bad Wörrishofen 1953.

96 Der Kampf der Danatbank im Bunde mit der amerikanischen Finanz gegen die übrigen deutschen Großbanken wird besonders betont von Gossweiler, a. a. O., S. 266 ff. z. B. Seine Darstellung erhielt neuerdings eine interessante Bestätigung in den nachgelassenen Memoiren des Reichskanzlers Brüning, a. a. O., S. 313 f. Über Goldschmidt siehe u. a. die betreffende Skizze bei Pinner, Felix, *Deutsche Wirtschaftsführer*, Berlin 1924.

statt, bei denen Poincaré durch die vereinigte Linke unter Edouard Herriot eine vernichtende Niederlage erlitt, was die Annahme des Plans durch die Franzosen praktisch zur Gewißheit machte. Fraglicher schon war es, ob das Deutsche Reich als solches der Regelung zustimmen würde. Der Dawes-Plan sah jährliche Zahlungen von 1 bis 1,75 Mrd. Mark vor. Ab 1928 sollten es jährlich 2,5 Mrd. werden. Die Zahlungen sollten durch Einsparungen im Haushalt, durch Zölle, Steuern, sowie zweckmäßige Bewirtschaftung der Reichsbahn hereinkommen. Ein Schutz der Währung war vorgesehen. Jedoch fielen die parlamentarischen Verhandlungen über den Plan zusammen mit der Verstärkung der Deflationskrise, die der Markstabilisierung folgte und die nun zu politischen wie wirtschaftlichen Erscheinungen führte, die seine Annahme fraglich machten. Im April 1924, also mitten in dieser Krise, starb der »König der Ruhr«, Hugo Stinnes. Um sein bereits durch die Deflation erschüttertes Riesenreich zu halten, verschaffte die Danatbank seinen Erben zunächst Kredite. Sie wuchsen bis Juni 1925 auf insgesamt 140 Mill. M an[97]. Dann machte die Bank plötzlich halt und ein Riesen-Ausverkauf begann, der nur infolge der Tatsache weniger fühlbar wurde, daß die hereinrollenden amerikanischen Milliarden Deutschland für mehrere Jahre jene Erscheinung bescherten, die wir hier die »erborgte Konjunktur« nennen werden. Im April 1924, beim Tode des Industrieriesen, war diese Wendung freilich noch sehr unsicher. Nur wenig später, im Mai jenes Jahres – also etwa gleichzeitig mit den französischen Wahlen – schritt auch Deutschland zu den Wahlurnen. Das Ergebnis spiegelte die vorausgehende Zeit der Verarmung wider. Der deklassierte Mittelstand strömte nach rechts, und eine große Masse der enttäuschten und krisenbedrängten Arbeiterschaft ganz nach links. Politisch bedeutete dies, daß die Annahme des Dawes-Plans, auf der Rechten, durch die Stärke der Deutschnationalen Volkspartei – der durch die Krise angeschwollenen ehemals konservativen Vertretung der Landwirtschaft – sowie, auf der Linken, durch die Kommunisten gefährdet war. Zwar tat der Reichsverband der Deutschen Industrie das Seinige, um die zwecks Öffnung des amerikanischen Kapitalmarkts brennend erforderlich gewordene Annahme der Dawes-Gesetze durchzusetzen[98].

---

97 Gossweiler, *Großbanken*, S. 294.

98 Eine ausführliche Schilderung der Haltung des Reichsverbands der Deutschen Industrie gegenüber der Dawes-Plan-Gesetzgebung gibt das *Parteien-Handbuch*, Bd. II, S. 594. Hiernach verfolgten die Mitgliederversammlung des Verbands, die im März 1924 gemeinsam mit der Vereinigung Deutscher Arbeitgeber tagte,

Allein wenn alles streng nach der Linie der Parteien gegangen wäre, die in ihrer Mehrheit diese Gesetzgebung ablehnten, so wäre der Dawes-Plan im Reichstag gleichwohl gescheitert. Jedoch hier zeigte sich, wie so oft, daß in solchen Dingen die Sozialstruktur der Parteien wichtiger ist als ihre politische Ideologie. Trotz eines erbitterten langen Kampfes im Reichstag, der die Deutschnationale Volkspartei in der Front der Dawes-Gegner sah, trennten sich – im geheimen Einvernehmen mit der Parteileitung, die den Ausgang gegenüber der in diese Partei mächtig eingedrungenen Industrie zu verantworten hatte – bei der Abstimmung am 29. August (1924) 48 Mitglieder von ihr los und stimmten für die Annahme des Plans, ihm so zum Sieg verhelfend.

Eine unmittelbare Erholung der Wirtschaftsentwicklung erfolgte jedoch noch nicht. Augenscheinlich bedurfte der nun einsetzende Strom der amerikanischen Gelder einiger Zeit, um in Gang zu kommen sowie sich voll auszuwirken. Die Kurve ging im ganzen, besonders bei Verbrauchsgütern, bis Mitte 1926 nach unten, um sich allerdings dann scharf aufwärts zu bewegen. Nur bei den Produktionsgütern lag der Knick etwa um Neujahr 1925/26. Die Verzögerung war zweifellos zum Teil auch durch die politischen Verhältnisse verursacht, denn trotz der Annahme des Dawes-Plans waren noch längst nicht alle Probleme gelöst, die die Investitionstätigkeit anregten. Hierzu gehörte besonders die Frage der europäischen Sicherheit, das heißt der militärischen und politischen Unantastbarkeit all jener Staaten, die sich soeben im Weltkrieg bekämpft hatten. Die Erörterung dieses Problems war auf Veranlassung Dr. Stresemanns, der nach Abschluß der stürmischen Monate seiner Kanzlerschaft bis zu seinem Ende (im Oktober 1929) dem Reich auch weiter als Außenminister diente, soeben in Fluß gekommen, als wenige Wochen später Reichspräsident Ebert plötzlich starb (28. Februar 1925). Zum Unheil für den Weiterbestand der Weimarer Republik waren deren Vorkämpfer – Sozialdemokraten, Zentrum (die Partei der Katholiken) und Demokraten – zu schwach, um die Rechte, die in dem

---

den Zweck, die zwecks Durchsetzung des Planes im Reichstag notwendige Gleichschaltung der Industriellen und aller bürgerlichen Kräfte durchzusetzen. Der Generaldirektor der AEG, Hermann Bücher, habe als Sachverständiger an den Pariser Verhandlungen über den Plan teilgenommen und gemeinsam mit K. Sorge (von Krupp) und A. Vögler (von Deutsch-Lux) die Annahme empfohlen. Diese Darstellung wird bestätigt durch die Ausführungen eines so weit rechts stehenden Politikers wie Hans Luther (*Politiker ohne Partei*, S. 270 f.), wonach der Eifer des Reichsverbandes der Deutschen Industrie und insbesondere Dr. Sorges bei der Propaganda für den Dawes-Plan selbst der Reichsregierung peinlich war.

deutschen Heerführer im Ersten Weltkrieg, General von Hindenburg, einen zugkräftigen Kandidaten besaß, bei der Wahl von Eberts Nachfolger auszustechen. So kam es, daß das Geschick des Reiches während der Verhandlungen über den Sicherheitspakt und in der ganzen Folgezeit von einem bereits betagten Militär abhängig wurde, der im wesentlichen auf seine Freunde, die übrigen Militärs und die Junker, und deren parlamentarische Stützen hörte, und unter dem die Republik schließlich zugrunde ging. Die ärgsten Folgen der Hindenburgwahl von 1925 zeigten sich freilich erst später, in der Zeit der großen Wirtschaftskrise. Einstweilen benötigte man selbst auf der Rechten eine Ära von Beruhigung und Friedlichkeit als Köder für die ersehnte amerikanische Kapitalzufuhr. Ganz wie im Falle des Dawes-Plans im Jahre 1924, ja in sogar noch stärkerem Maße, setzte sich daher außer den Weimarer Parteien ein großer Teil der Rechten, besonders die Industrie, für die im Oktober 1925 von den politischen Führern Europas (mit Ausnahme der Sowjets) in Locarno fertiggestellten Sicherheitsverträge ein, die im folgenden Monat vor den Reichstag kamen; bereits am 27. November nahm sie der Reichstag mit 271 zu 174 Stimmen gegen die Opposition der Kommunisten, Deutschnationalen und der Anhänger Hitlers an[99].

Gleichsam den Hintergrund zu diesen politischen Vorgängen bildete eine mächtige Entwicklung im Rahmen der deutschen Industrie als solcher: am 9. Dezember 1925, noch nicht zwei Monate nach Locarno, vollzog sich der Zusammenschluß aller bedeutenden chemischen Unternehmungen des Reichs zur IG-Farbenindustrie[100]. Gemeinsam mit der Elektro-Industrie, wo nach wie vor Siemens und AEG an der Spitze standen, bildete dieser neue Riesenkonzern einen Block, der die alte Schwerindustrie überschattete. Der gewaltige Vorgang veranlaßte den Führer der Schwerindustrie, Dr. Albert Vögler,

---

99 Ganz wie den Dawes-Plan, so lehnte die Deutschnationale Volkspartei auch die Locarno-Verträge ab; ja sie zog im Protest ihre Minister aus dem damaligen deutschen Kabinett zurück, allein »eine Gruppe prominenter Geschäftsleute, die mit der DNVP verbunden waren, erkannte (ganz wie damals), daß eine Ablehnung des Sicherheitspaktes sich ungünstig auf Deutschlands wirtschaftliche Beziehung zu den Westmächten auswirken dürfte; sie protestierte daher Anfang November gegen den Beschluß der DNVP, das Locarno-Abkommen zurückzuweisen«. S. Turner, Henry A., *Stresemann*, Berlin 1968, S. 206.

100 Technisch vollzog sich die Fusion in folgender Weise; die Badische Anilin & Sodafabrik übernahm das Vermögen der übrigen Firmen – der Farbenfabriken zu Leverkusen, der Farbwerke Hoechst, der Agfa, der Chemischen Fabriken vorm. Weiler ter Mer in Uerdingen und der Chemischen Fabrik Griesheim-Elektron in Frankfurt/M. Sie erhöhte gleichzeitig ihr Kapital auf 646 Millionen M und nahm den Namen IG-Farben an. Sitz wurde Frankfurt/M.

den geistigen Erben und Vertrauten von Hugo Stinnes, zum Gegenschlag. Im Januar 1926 schlossen sich die führenden schwerindustriellen Werke, zunächst in Form einer »Studiengesellschaft« zu einem Riesengebilde zusammen, das alsbald als Vereinigte Stahlwerke (abgekürzt: Stahlverein) bekannt wurde und bereits im Mai jenes Jahres sein Kapital von 60 000 auf 800 Millionen M erhöhte; sein von Dr. Vögler geführter Vorstand umfaßt nicht weniger als 52 Köpfe[101].

Als Zweck der Gründung des Stahlvereins wurde offiziell »die Vorbereitung und Durchführung des zwecks Rationalisierung eines Teils der rheinisch-westfälischen Bergwerks- und Eisenindustrie geplanten Zusammenschlusses [einschlägiger Werke]« angegeben[102]. Die Gründer waren alle wesentlichen auf diesem Gebiete tätigen Unternehmen von Stinnes und Thyssen, sowie ferner der Phoenix und die Rheinischen Stahlwerke. Der Riesenkonzern besaß bei seiner Gründung eine Jahreskapazität an Roheisen von 9,5 Mill. Tonnen, an Stahl von 9 Mill. Tonnen, und an Kohle von 26 Mill. Tonnen. Das bedeutete 40,1 % der deutschen Rohstahlerzeugung und 20 % der deutschen Steinkohlenförderung[103]. Lediglich die großen einschlägigen Familienunternehmungen, wie Hösch, Haniel, Krupp, Stumm, und die Schlesier blieben draußen. Die Art der Gründung verriet deutlich das soeben in bürokratischer Formulierung wiedergegebene Motiv: Der Stahlverein war, ähnlich wie vor ihm die IG, schließlich unter wirtschaftlichem Druck, und zwar durch die Folgen der Nachinflationskrise geboren worden, und höchst bezeichnend sind auch die Kräfte, die hierbei Pate standen: Die ganze Entwicklung beleuchtet bereits die Einwirkung auf Europa seitens der amerikanischen Hochfinanz

---

101 Der Plan des Stahlvereins geht weit zurück. Am 12. 10. 1918 schrieb Stinnes an Kirdorf, er habe »heute« Vögler gebeten, auf eine Idee des Herrn Beukenberg (Generaldirektor der Phoenix) zurückzugreifen, die er streng vertraulich im Krieg mit Vögler erörtert habe, nämlich auf eine Fusion Phoenix-Deutsch-Lux. Als Herr des letzteren Werks, das er durch V. leitete, fand Stinnes an der Idee Gefallen und er schlug vor, auch die Gelsenkirchen, wo Kirdorf Herr war, hereinzunehmen. S. Klass, *Vögler*, S. 68. Der Plan wurde jedoch damals nicht verwirklicht, wohl weil die Geschäfte in der Inflation ohnedies gut gingen. Er wurde vielmehr, ganz wie der ebenfalls seit langem ventilierte Plan der IG, über den sich Duisberg mit Robert Bosch – einem der sympathischsten unter den deutschen Großindustriellen – seit Jahren abgerauft hatte, ein Kind der Nach-Inflations-Krise. Sehr wichtig ist die Prominenz Vöglers bereits in diesem frühen Zeitpunkt und dann bei der Verwirklichung des Projekts; beides preludiert der wichtigen Rolle, die er – wie wir zeigen werden – 1933 bei der Krise des Stahlvereins und der Berufung Hitlers spielte.

102 Klass, *Vögler*, S. 141.

103 Klass, *Vögler*, S. 150.

und ihres deutschen Agenten, der Danatbank und ihres Leiters, Jakob Goldschmidt. Wie es scheint, ist der Anstoß zur schließlichen Vornahme der so lange erörterten Transaktion von New York gekommen, nämlich durch die hinter der Danatbank stehende dortige Bank Dillon, Read & Company und deren Manager für europäische Angelegenheiten, Ferdinand Eberstadt[104].

2.

Der ganze Vorgang ist für das, was wir hier die »erborgte Konjunktur« nennen wollen, das heißt die Natur der scheinbar stabilen deutschen Wirtschaftsentwicklung 1926-29, durchaus typisch. In den Vereinigten Staaten herrschte damals Geldfülle und im Kernland des nunmehr dank amerikanischer Mitwirkung endlich pazifizierten Europa Geldmangel; also los! Uncle Sam gab das Geld und dazu gratis gute Ratschläge. Sie kreisten alle um das Modewort RATIONALISIERUNG. Und die neuen Verbündeten des amerikanischen Kapitals jenseits des Großen Teichs – damals klang diese Yankee-Phrase wie Übermut, heute hat sie das Flugzeug längst zur Wirklichkeit gemacht – hörten fleißig zu. Zusammenlegung, Modernisierung, Ausscheidung und Ersatz veralteter Betriebe – das waren die Schlagworte dieser Zeit. Die nunmehr im Stahlverein zusammengefaßten Werke hatten zum Beispiel vorher Schienen auf elf Unternehmungen hergestellt. Dies verminderte sich nunmehr auf zwei. Die finanziellen Folgen schienen für den Riesenkonzern günstig. Am 30. September 1926 schüttete er unter Vöglers bewunderter Führung 26 Mill. RM aus und ein Jahr später wurden es gar 53 Mill.[105]! Es schien, als habe die deutsche Industrie den Stein des Weisen gefunden. Die Kehrseite zeigte sich vorerst noch nicht.
Die Geldwelle aus Amerika strömte nur so herein. Von 1924 bis zum Beginn des Dritten Reichs Anfang 1933 sind in den Vereinigten Staaten 135 deutsche Dollaranleihen öffentlich aufgelegt worden, die weitaus meisten davon innerhalb von nur 50 Monaten, von Januar 1925 bis Februar 1929. In diesem kurzen Zeitraum wurden nicht weniger als 124 Anleihen mit einem Nennwert von $ 1 135 775 000 begeben. Sechs weitere Anleihen von insgesamt $ 62 500 000 wurden von Oktober 1929 – also vom Beginn der Weltwirtschaftskrise an – bis zum April 1930 aufgelegt. Im Juni folgte dann noch eine

104 Klass, *Vögler*, S. 151 f.
105 Klass, *Vögler*, S. 153.

größere Anleihe an das Reich, das den Reigen bereits 1924, durch die sogenannte Dawes Anleihe im Betrag von $ 110 000 000, eröffnet hatte. Hiermit kam der Tanz, mit zwei unbedeutenden Ausnahmen, zum Stillstand[106]. Das amerikanische Publikum, das diese Summen aufbrachte, hat sich später darüber beschwert, von den auf ihre Provisionen und anderen Gewinne lüsternen Emissionsbanken hereingelegt worden zu sein, und der Kongreß in Washington hat sich mehrfach mit dieser Frage befaßt. Einzelheiten gehören in die amerikanische Wirtschaftsgeschichte[107]. Die Einzelheiten lesen sich häßlich, allein, weltgeschichtlich betrachtet, sind diese Folgen gering gegenüber den negativen Auswirkungen, welche der Geldstrom aus Amerika für die deutsche Wirtschaft gehabt hat.
Sie waren nicht mit einem Schlage sichtbar; während des amerikanischen Geldsegens lebte Deutschland und lebten seine Banken, Unternehmer und Arbeiter im Gefühl einer unbegrenzt erscheinenden Konjunktur. Eine der wesentlichen Voraussetzungen für die Vorgänge dieses kurzen Zeitraums war die gründliche Niederlage, die dem Proletariat in den Kämpfen des Herbst 1923 zugefügt worden war[108]; Bildung von Arbeiter-Regierungen oder gewaltsame Lösungen waren von nun an verpönt; die erborgte Konjunktur ist bis tief in den Beginn der Weltwirtschaftskrise hinein die große Zeit der Gewerkschaften. Sie ist ebenfalls die Periode, in der Carl Duisberg, der Begründer und Leiter der IG Farben, an der Spitze des Reichsverbands der Deutschen Industrie stand, um bis nahe an die Hitlerzeit dort zu bleiben. Nicht viel mehr als zwei Wochen vor Duisbergs Amtsantritt, nämlich Ende Dezember 1925, hatte der Verband in seiner sogenannten Weihnachtsdenkschrift die politischen Hauptziele der deutschen Unternehmer umrissen: Er verlangte darin Förderung der Kapitalbildung durch den Staat, Senkung der Besitzsteuern, Einschränkung aller öffentlichen Ausgaben und besonders der als zu hoch empfundenen Soziallasten, und sprach sich schroff gegen Lohnerhöhungen und Verkürzung der Arbeitszeit aus, ja drohte mit Betriebsstillegungen und Aussperrungen für den Fall von Streiks zur Erzwingung solcher Forderungen[109]. In den Augen Vöglers, der sowohl im

---

106 Kuczynski, Robert, *Wall Street und die deutschen Anleihen*, Leipzig 1933, S. 10 f.

107 Für die neun hierbei führenden amerikanischen Banken siehe die Tabelle bei Kuczynski, *Wall Street*, S. 106.

108 H. Bücher, der nunmehr leitende Mann der AEG, erklärte am 18. 1. 1924 im sozialpolitischen Ausschuß des Reichswirtschaftsrats, die Waagschale der Macht habe sich nunmehr zugunsten der Unternehmer gesenkt.

109 *Veröffentlichungen des Reichsverbands*, Heft 29, Dezember 1925.

Reichsverband als auch eine Zeitlang im Reichstag hervortrat, hatte der Staat eine rein mechanische Aufgabe, nämlich zu verwalten, zu besteuern und die Privatwirtschaft zu schützen; alles andere schien ihm von Übel[110]. Duisberg war nicht ganz derselben Meinung. Es schien ihm, der ja mehrfach in Amerika gewesen war, durchaus zweckmäßig, die Anliegen der Industrie, statt mit Hilfe eines Polizeistaats, mit Hilfe des Parlaments zu lösen; er pries gelegentlich bei den Mitgliederversammlungen des Reichsverbands die sinnreiche Art und Weise, wie man die industriellen Interessen durch Veranstaltung parlamentarischer Abende bei Bier und Tabak durchsetzen könne[111]. Hiervon ganz abgesehen, pflegte die Großindustrie Männer ihres Vertrauens recht unparteiisch in die verschiedenen bürgerlichen Parteien des Reichstags und des preußischen Landtags zu senden[112], wie sich umgekehrt ihre Aufsichtsräte mit prominenten Abgeordneten und anderen wichtigen Personen füllten[113]. Zu einer vertrauensvollen Zusammenarbeit zwischen Staat und Wirtschaft führte dies freilich nur in dem Sinn, daß sich die Vertrauensmänner der Schwerindustrie, keine besonderen Freunde des Weimarer Systems, mit den verschiedenen Politikern zusammenfanden, die ihm kritisch gegenüberstanden, oder daß sie Manifestationen unterstützten, die sich irgendwie gegen dieses System richteten, wie etwa 1927 den Ankauf des Gutes Neudeck zu Ehren des 80. Geburtstags Hindenburgs, eine Re-feudalisierung des Reichspräsidenten, die sich als verhängnisvoll herausstellte[114].

Zwei Jahre später – im Jahre 1929 – war der schwerindustrielle Flügel der Unternehmer, dessen Macht durch die ihm während der erborgten Konjunktur zugeflossenen Mittel gewachsen war, bereits so stark geworden, daß es zu schwerem Konflikt zwischen ihm und Dr. Stresemann, dem Führer der industriell bestimmten Deutschen Volkspartei kam, welcher zum Sinnbild der europäischen Verständigungspolitik und des guten Willens der Weimarer Republik geworden war, der er noch immer als Außenminister diente. Anlaß des Konflikts war die Verständigung Deutschlands mit seinen früheren Gegnern über den Young-Plan – eine Kette von Abma-

---

110 *Veröffentlichungen des Reichsverbands etc.*, Heft 21, 1924.
111 Duisberg, C., *Abhandlungen, Vorträge und Reden etc.*, Berlin 1933, S. 29.
112 *Parteien-Handbuch*, Bd. II, S. 597.
113 *Parteien-Handbuch*, Bd. II, S. 598.
114 *Parteien-Handbuch*, Bd. I, S. 601; über die Umgestaltung des deutschen Gesellschaftsbildes infolge des Durchbruchs der industriellen Interessen vgl. allgemein Bracher, K. D., *Die Auflösung der Weimarer Republik*, Villingen 1960, Kap. VIII.

chungen, welche den Dawes-Plan zu ersetzen bestimmt war. Der Plan setzte, im Gegensatz zu dem früheren Dokument, eine endgültige Summe für die deutschen Reparationsleistungen fest und schuf auch sonst Erleichterungen, ging jedoch der Rechten und vielen Industriellen in dieser Beziehung nicht weit genug. Zu den entscheidenden Verhandlungen über den Plan, die in Paris stattfanden, entsandte der Reichsverband der Deutschen Industrie vier Vertreter, geführt von Albert Vögler. Allein noch vor Schluß der Beratungen zog sich Vögler demonstrativ aus der deutschen Verhandlungsdelegation zurück. Gleich ihm, lehnte auch Paul Reusch, der Sachwalter der Haniel-Interessen und Gründer der sogenannten Ruhrlade – des geheimen Kabinetts der Schwerindustrie, das ab 1928 deren Geschicke leitete – den Young-Plan glatt ab[115]. Der Widerstand der Schwerindustrie auf diesem Gebiet und besonders auf dem der Sozialpolitik[116] verbitterte die letzten Wochen, ja Stunden, des schwer leidenden Dr. Stresemann; am 3. Oktober jenes Jahres (1929) – im selben Monat, dessen Ende durch den New Yorker Börsenkrach bezeichnet ist, der den Beginn der Weltwirtschaftskrise einleitete, – starb er, erst 51 Jahre alt. Unter den Nachrichten, die ihn in den letzten Lebenstagen beunruhigten, war die Kunde vom Entstehen einer gemeinsamen Front der Deutschnationalen Volkspartei und des nach seiner Niederlage von 1923 nunmehr wieder aufsteigenden Hitler zum Zweck der Durchführung eines Volksbegehrens gegen den soeben von der Reichsregierung angenommenen Young-Plan.

3.

Der im Herbst 1929 beginnende erbitterte Kampf gegen den Young-Plan bildet, auch wenn die Antragsteller mit ihrem Anliegen nicht durchdrangen, die Ouvertüre zum letzten Akt der Weimarer Republik, die mit dem Machtantritt Hitlers am 30. Januar 1933 endet. Diese Periode ist, sowohl was die politische Propaganda anbelangt als auch wirtschaftlich, als unmittelbare Folge der vorausgehenden Zeit des Aufschwungs anzusehen. Die »erborgte Konjunktur« jener Jahre hatte nicht nur die industriellen Unternehmungen als solche,

---

115 *Parteien-Handbuch,* Bd. II, S. 602; über die auf 12 Mitglieder beschränkte Ruhrlade vgl. den aufschlußreichen Beitrag von Turner in dessen hier als *Faschismus* zitiertem Buch. T.s hohe Bewertung dieses Gremiums, die ich in Anbetracht der Machtstellung jedes seiner Mitglieder teile, ist freilich nicht unbestritten.

116 Turner, *Stresemann,* S. 245 f.

sondern beispielsweise auch den gewaltigen Presse- und Nachrichtentrust aufblähen helfen, der mit dem Namen des Dr. Alfred Hugenberg verknüpft ist. Hugenberg, ein Geburtshelfer des Alldeutschen Verbands und zu jener Zeit als preußischer Beamter Vorkämpfer polenfeindlicher Maßnahmen, hatte es später bis zum Generaldirektor von Krupp gebracht, was ihm die nötigen Mittel gab, um 1916 den Berliner Verlag von August Scherl an sich zu bringen, eines der reaktionärsten Unternehmen dieser Art in der Kaiserzeit, das unter anderem den Berliner Lokalanzeiger herausgab. 1926 hatte Hugenberg dann die Ufa – damals das größte deutsche Filmunternehmen – aufgekauft, wobei er, wie sehr wahrscheinlich, durch große Kredite unterstützt wurde, die er von den maßgebenden Großbanken erhielt[117]. Sein gleichzeitiges Eindringen in die Deutschnationale Volkspartei, die ihn schließlich zu ihrem Vorsitzenden machte, wird meist als Erfolg der industriellen über die dort vorherrschenden agrarischen Interessen gebucht[118]. Daß Hugenbergs Macht durch Banken wie Industrie gefördert wurde, ist sicher; jedoch darf über dem Materiellen etwas sehr wichtiges nicht vergessen werden: Hugenbergs Persönlichkeit. Dieser Punkt ist gerade hier, wo wir uns rasch der Errichtung der deutschen Diktatur nähern, von besonderer Bedeutung. Nicht, als ob »Männer die Geschichte machten«, wie so oft behauptet wird. Gleich den meisten sogenannten großen Männern wäre Hugenberg zu anderer Zeit und an anderem Platz »fehl am Ort« gewesen. Das Geheimnis des Erfolgs (wie oft auch: schließlichen Untergang) solcher Leute liegt vielmehr darin, daß für Gestalten ihrer besonderen Art in dem betreffenden Augenblick und Platz eine besondere Nachfrage besteht, die nicht selten schließlich erlöscht, worauf sie zu Fall kommen. Was Hugenberg groß machte, ist, daß er – gleich manchen deutschen Nationalisten – eine sinnierende Figur war; gleich Männern wie etwa Dr. Schacht, oder dem nicht recht anerkannten, auf seine Umwelt erbosten jungen Künstler aus Braunau - »Bruder Hitler« hat ihn Thomas Mann in einer ironischen, aber ernstge-

---

117 Der Verteidigung Hugenbergs diente außer den verschiedenen Schriften von Ludwig Bernhard, einem der Führer seines Kreises, etwa Kriegk, Otto, *Hugenberg*, Leipzig 1932; scharf gegnerisch ist u. a. »Dr. Wahrmund« (Pseudonym) *Gericht über Hugenberg*, Dillingen 1932; dort auch, S. 32, Bemerkungen über die ihn stützenden Banken. Die ältere Literatur über Hugenberg ist heute durch Kurt Koszyk, *Geschichte der deutschen Presse*, 3. Teil, Berlin 1972, vielfach überholt.

118 Turner, *Faschismus*, S. 124. Jedoch behagten seine diktatorischen Allüren der Schwerindustrie laut Turner je länger je weniger. Über den allgemeinen Einfluß der Schwerindustrie auf die Presse in der wilhelminischen und Weimarer Zeit, siehe den Anhang zum ersten Teil.

meinten Vignette einst genannt – begann er auf einem durchaus unrationellen Gebiet, nämlich als Dichter[119]. Was ihn von dem späteren Führer unterschied, war, daß er sich von vornherein, im Gegensatz zu dem groß werdenden Kleinbürger Hitler, als zu klein geratener Großbürger empfand, dem Aufstieg Macht, und Macht Reichtum war, der sich jedoch – ganz wie Hitler und auch General Ludendorff – der Oberschicht, nämlich dem Adel, durchaus überlegen fühlte. In den Jahren, um die es an dieser Stelle geht – denen der Weltwirtschaftskrise – benahm sich Hugenberg, die Führung der Deutschnationalen Partei an sich reißend, innerhalb des – immerhin beschränkten – Rahmens dieser Gruppe, wie auch im Gebietsbereich seines Nachrichtenkonzerns, kaum weniger als Diktator, als kurz darauf auf weiterem Felde Hitler. Gesellschaftlich gesehen, wurde ihm dies durch den Umstand erleichtert, daß man beim Aufbau der Partei im Jahre 1919 den monarchistisch-konservativen Kern der Partei, den man vom Kaiserreich übernommen hatte, absichtlich durch rechtsbürgerliche Elemente nach außen hin überdeckt hatte, die sich nun der Hugenberg-Diktatur zur Verfügung stellten[120]. Das weitere Schicksal Hugenbergs wie Hitlers und die Stellung der Industrie zu beiden freilich hing, wie alles zu jener Zeit, vom Verlauf der Weltwirtschaftskrise und ihren Wirkungen auf Deutschland ab.

Fast alle Länder der Welt standen 1929-32 unter der Wirkung der Krise. Verursacht durch die Kapazitätserweiterung und Neuindustrialisierung während des 1. Weltkrieges, welche durch die plötzliche Entstehung und Industrialisierung einer Menge neuer Staaten noch verschärft wurde, und keine Rücksicht auf die vorhandene Nachfrage nahm, richtete sie immerhin, außer in Amerika, fast nirgendwo solche Verheerungen an wie in Deutschland. Es rächte sich nunmehr, daß das Deutsche Reich während des Weltkriegs und während der Inflation, die wie ein Betäubungsmittel gewirkt hatte, seine Gütererzeugung zunächst – zwangsweise – dem Kriegsbedarf angepaßt hatte und hierauf, während der Umstellung auf Friedensbedarf, es unterlassen hatte, sie auf den neusten technischen Stand zu bringen[121]. Hierdurch tat Deutschland während der etwa drei Jahre der

---

119 »Wahrmund« betitelt bezeichnenderweise den ersten seiner 18 Abschnitte über Hugenberg »Hugenberg besteigt den Pegasus«. Norbert Mühlen betitelt den zweiten Unterabschnitt seines Buches über Schacht: Poet and Doctor of Political Science.

120 Eine gute Skizze der Entwicklung der Deutschnationalen Volkspartei – auf welche hier aus Raummangel wir nicht eingehen konnten – bietet Wolfgang Ruge in dem betreffenden Artikel des *Parteien-Handbuchs*.

121 Die Literatur zur Geschichte der großen Krise war lange Zeit nicht besonders

plötzlichen Amerika-Kredite und der durch sie angeregten Rationalisierung sozusagen einen »Sprung«, der die üblichen durch Kapitalkonzentration und Vertrustung geschaffenen Absatzprobleme noch schwieriger zu lösen machte als gewöhnlich. Diese Lösung etwa durch das probate Mittel der Aufrüstung herbeizuführen, war nicht ohne weiteres möglich. Zwar hatte es Deutschland fertiggebracht, an die als so friedlich angepriesenen Locarno-Verträge eine Vereinbarung anzuhängen, wonach die Alliierten nunmehr die Kontrolle der deutschen Rüstung opferten, und dies hatte, wie vorauszusehen, dazu geführt, daß das Reich sich bereits kurz nach dem Tode Stresemanns als die größte Waffenschmiede auf dem europäischen Festland ansehen konnte[122]. Allein so lange Deutschland nach den Bestimmungen des Vertrags von Versailles nicht aufrüsten durfte, gingen diese Erzeugnisse ins Ausland, und der hoffnungsvollste Markt lag brach!

Mittlerweile freilich führte die Krise zu Vorgängen, die das Anstreben eines solchen Auswegs immer dringender machten. Dem New Yorker Bankkrach folgte in Deutschland eine Periode der Stagnation, gefolgt im Mai 1931 von dem international bedeutsamen Zusammenbruch der seit langem morschen österreichischen Kreditanstalt; er zog alsbald die schrittweise Abrufung der von der Schweiz, Holland und besonders von Amerika an Deutschland gewährten kurzfristigen Auslandskredite nach sich; diese Erscheinung und ein dringender amtlicher deutscher Hilferuf lösten im Juni 1931 die Aufforderung des Präsidenten der Vereinigten Staaten, Herbert Hoover, aus, die Reparationszahlungen zeitweise zu stoppen – ein Schritt, der im Juli 1932 auf der Lausanner Konferenz zu deren dauernder Streichung führte. Doch dies war nur ein Tropfen auf den heißen Stein: der Abzug der Auslandsgelder und die Kapitalflucht aus dem Inland führte noch vor Verkündung des Hoover-Moratoriums zu dem Zusammenbruch größerer Industrieunternehmungen, wie dem skandalösen Fall Nordwolle, der automatisch den Untergang der finanzierenden Bank – nämlich der Danatbank Jakob Goldschmidts – nach sich zog, des Helden der vorangegangenen Konjunktur-Periode, dem die beiden führenden D-Banken seit Jahren aufgelauert hatten; es kam

---

groß; vgl. etwa allgemein Strachey, J., *The Nature of Capitalist Crisis*, New York 1935, sowie Lewinsohn, R. (Morus), *Geschichte der Krise*, Leipzig/Wien 1934, und Born, K. E., *Die Deutsche Bankenkrise*, München 1967. Neuerdings vgl. W. Treue (Hrsg.), *Deutschland in der Weltwirtschaftskrise*, Düsseldorf 1970, und im gleichen Jahr R. Goronwy, *The Great Slump*, New York 1970.

122 Vgl. etwa Hallgarten, G. W. F., *Das Wettrüsten – seine Geschichte bis zur Gegenwart*, Frankfurt 1969, Kap. 6, S. 131 ff.

zu einer längeren Schließung aller Banken[123]. Das ganze war von schwerer internationaler Krise der Landwirtschaft und zahllosen Skandalaffairen begleitet, von denen der Fall Clarence Hatry in England, der Sturz des Zündholzkönigs Ivar Kreuger in Schweden und der Zusammenbruch von Samuel Insull in Chicago die bekanntesten waren.

Die Krise untergrub die Grundlagen der Weimarer Republik; sie vervollständigte gewissermaßen das Werk der Zerstörung, das Hugenberg und Hitler ganz kurz nach Stresemanns Tode begonnen hatten, indem sie ein »Volksbegehren« gegen den Young-Plan inszenierten. Es war zu jener Zeit noch verfrüht; die Krise hatte damals erst begonnen; der Reichstag war einstweilen um so weniger geneigt, sich auf solche Zumutungen einzulassen, als eine Zustimmung zur Politik der beiden die Räumung des Rheinlandes unterbrochen hätte, die mit dem Young-Plan verbunden war; bei der hierdurch nötig werdenden Volksbefragung erhielten sie noch nicht ein Viertel der nötigen Stimmen. Nun aber begann sich alles zu ändern. Vom März 1930 an wurde es offenkundig, daß eine regierungsfähige Mehrheit im Reichstag nicht mehr zu erzielen war. In Deutschland regierte damals – zum zweiten Mal seit der kurzen Amtswaltung Stresemanns als Kanzler (1923) – die sogenannte Große Koalition, in der die Sozialdemokratie und die Deutsche Volkspartei – immer noch die Hauptpartei der Industrie – und kleinere Gruppen vertreten waren. Allein die Soziallasten und die gewerkschaftlich bestimmte Lohnpolitik, welche die Industrie, wenn auch widerwillig, in der Inflation und in der »geborgten Konjunktur« getragen hatte, trieben die Koalitionspartner nunmehr, in der Krise, für immer auseinander[123]. Der Besuch war ganz im Sinne des Reichsverbandes der Deutschen Industrie, der sich seit dem Beginn der Krise mit steigender Wucht gegen die Zusammenarbeit mit der SPD und den Gewerkschaften ausgesprochen hatte. Von da ab bis zum Antritt Hitlers gab es nur Minderheitskabinette, die sich auf den Artikel 48 der Weimarer Verfassung stützten, welcher dem Reichspräsidenten – also Hindenburg – die Macht verlieh, mit Hilfe des Kanzlers ohne parlamentarische Zustimmung zu regieren, wenn auch an sich nur kurzfristig. Die Entwicklung war Wasser auf die Mühle jener Militärs, welche die Niederlage, die Adel und Kriegswesen 1918 erlitten hatten, nicht schnell genug auswetzen konnten. Führend unter ihnen

---

123 Zu diesem Problem und zur Stellung der deutschen Industrie zu ihm, welche beide hier aus Raumgründen nicht behandelt werden können, siehe K. E. Born, *Die deutsche Bankenkrise*.

war der 1882 geborene, aber immer noch jugendliche General Kurt von Schleicher, aus altem Offiziersadel, der die ganz außergewöhnliche Rolle, die er in der Republik bis zu beider tragischem Untergang spielte, sehr wesentlich dem Umstand verdankte, daß er bereits in den Jahren vor dem Ersten Weltkrieg als Kamerad Oskars von Hindenburg intim im Hause von dessen Vater, eines damals noch wenig bekannten, zur Disposition gestellten Generals in Hannover verkehrte, den ein eigentümliches Geschick zum deutschen Kriegsgott machte. Schon an dem Plane des Generals von Seeckt, die Krise des Herbstes 1923 zur Aufstellung eines Direktoriums zu benützen, das das Deutschland der Kaiserzeit in etwas verjüngter Form wieder auferstehen lassen sollte, war Schleicher beteiligt[124]; und der Umstand, daß nunmehr, in der abermaligen Krise, in die die Weimarer Republik geraten war, und in der die Arbeitslosigkeit schließlich auf etwa sechs Millionen kletterte[125], sein alter Gönner, General von Hindenburg, ausgerechnet Präsident eben dieser Republik war, der er im Grunde nicht wohlwollte, war für ihn ein wahres Gottesgeschenk. Es war zweifellos wesentlich Schleicher, der den alten Herrn dazu überredete, das Privileg, mittels des Artikels 48 regieren zu dürfen, nur einem Mann anzuvertrauen, der ihm – Schleicher – genehm war: es war der Führer der Zentrumspartei, der auf ihrem rechten Flügel stehende Dr. Heinrich Brüning, der im Krieg als Reserveoffizier gedient hatte und 1918 der Revolution entgegengetreten war[125a]. Zu seinem Unheil war Brüning, der später längere Zeit mit den katholischen Gewerkschaften gearbeitet und hierauf in den Reichstag gesandt, für über sechs Jahre dessen Haushaltsausschuß angehört hatte, weit mehr ein pflichtgetreuer Verwalter als ein Staatsmann, der das Schiff in der Krise lenken konnte. Über seinem Haupt-Anliegen, den Staatshaushalt trotz der krisenbedingten sinkenden Einnahmen balanciert zu halten, übersah er völlig, daß er durch Schrumpfung der Staatsausgaben ungefähr das Gegenteil dessen tat, was vom Leiter eines kapitalistischen Staates in der Krise erwartet wurde. Nichts kennzeichnet die Regierung dieses Unglücksmannes besser, als daß

124 Sehr interessante Bemerkungen hierüber bei Gossweiler, *Großbanken*, S. 256; ferner für den Gesamtkomplex außer Caro und Oehme, *Schleichers Aufstieg*, Berlin 1933, besonders die gründliche Arbeit von Vogelsang, Thilo, *Reichswehr, Staat und NSDAP*, Stuttgart 1962.

125 Über den Arbeitsmarkt in der Krise s. Bry, *Wages in Germany*, S. 297 f.

125a An Brünings Ernennung war ferner die damals von Vögler, Springorum (Hoesch) und Silverberg (Rhein. Braunkohle) kontrollierte Norddeutsche Allgemeine Zeitung publizistisch beteiligt: s. Koszyk, *Geschichte der deutschen Presse*, Bd. 3, S. 154.

er auf dem Tiefpunkt der Depression im Gespräch mit John Maynard Keynes, dem Haupt der kapitalistischen Theoretiker der Krisenbekämpfung, äußerte, dessen Ansichten seien ihrer inflationistischen Richtung halber geeignet, jede vernünftige Finanzpolitik in Deutschland zu erschüttern[126]. Die Schwerindustrie geriet aus diesem Grunde gegenüber Brüning in immer stärkere Opposition[126a]. Seit Beginn der Krise hatte sie teils auf militärische und politische Expansion, und teils auf Beschneidung der Sozialabgaben gedrungen. Die *Deutsche Bergwerkszeitung*, eines ihrer wichtigsten Organe, ließ an Brünings »Notverordnungen« selten ein gutes Haar. Es war typisch, daß anstelle des zu Kompromissen geneigten Carl Duisberg von IG-Farben, nunmehr – im September 1931 – Gustav Krupp von Bohlen zum Vorsitzenden des Reichsverbandes der Deutschen Industrie gewählt wurde, unterstützt von einem neu errichteten Senat, in dem keiner der führenden Schwerindustriellen fehlte[127]. Am 11. Oktober versammelte sich in Bad Harzburg bei Braunschweig unter Führung von Hitler und Hugenberg und Teilnahme zahlreicher Vertreter des Adels wie der Schwerindustrie die größte Menge der politischen Rechten, die Deutschland je beisammen gesehen hatte, und verlangte stürmisch den Rücktritt der von der Sozialdemokratie geführten preußischen Regierung und der Reichsregierung, gefolgt von Neuwahlen. Das Mindestprogramm der Unternehmer war die Umformung des Reichskabinetts. Besonders die Kohle- und Stahlindustrie, für die die Krise noch ernster war als für die Chemischen Unternehmungen, trat hierbei hervor; sie wünschte anstelle des Farben-Vertreters H. Warmbold einen ihrer Führer – Albert Vögler, oder Fritz Springorum vom Stahlwerk Hoesch – als Wirtschaftsminister in die Brüning-Regierung zu entsenden. Am 9. Dezember 1931 konferierten Fritz Thyssen, Vorsitzender des Aufsichtsrates des Stahlvereins und Albert Vögler, dessen Generaldirektor, mit Hitler persönlich. Das Ergebnis dieser Unterredung war Hitlers berühmtes Auftreten vor den Führern

126 S. Brüning, Heinrich, *Memoiren 1918-1934*, Stuttgart 1970, S. 505. Für die Gesamtgeschichte der Ära Brüning vgl. Bracher, *Dt. Diktatur*, Teil II, Kap I-VI.

126a Wie die glänzende Diss. von Klaus Rößler, *Die Stellung der deutschen Unternehmer in der Wirtschaftskrise 1929-33*, Hannover 1966, mit Recht sagt (S. 109), haben die Unternehmer zu Anfang die Regierung Brüning sozusagen als staatskapitalistischen Fortschritt gegenüber Weimar begrüßt. »Aber je stärker und schneller der Wirtschaftsverfall wurde«, fährt er fort (S. 110), »desto mehr begegnete Brüning einer wachsenden Opposition auch in Wirtschaftskreisen. Die Opposition richtete sich sowohl gegen Brünings asketische Finanzpolitik, wie besonders auch seine Aufrechterhaltung der Soziallasten trotz der Krise.«

127 *Parteien-Handbuch*, Bd. II, S. 608.

der Schwerindustrie im Stahlhof in Düsseldof am 27. Januar 1932[128].

Es war keineswegs das erste Mal, daß sich enge Beziehungen zwischen der Schwerindustrie und Hitler flochten. Bereits 1926 – nicht viel mehr als ein Jahr nach Entlassung aus seiner berühmten Haft in Landsberg – hatte er vor Unternehmern in Essen gesprochen, und im Folgejahr tat er das am selben Ort noch zweimal, und ein weiteres Mal in Königswinter[129]. Bei einer dieser Gelegenheiten hörte ihn niemand anderes als Emil Kirdorf, der Gründer der Gelsenkirchener Bergwerks AG und »Gott Wotan« der Schwerindustrie, dem der spätere Diktator denn auch im Sommer 1927 in München durch die Gattin Elsa des Verlegers Hugo Bruckmann, geborene Prinzessin Kantakuzene, vorgestellt wurde, eine jener – wie die Münchner das auszudrücken pflegten – »Zugereisten«, das heißt mehr oder minder Fremden, deren exotischster Teil sich in München-Schwabing zu versammeln pflegte, darunter ab 1913 auch der spätere Führer[130]. Ein dritter »Fremder«, ohne den Hitlers Laufbahn nicht zu denken wäre, kam als Autor im Verlag Bruckmann heraus: es war der verkrüppelte Engländer Houston Stewart Chamberlain, der daheim in der Schule von seinen Gefährten bösartig verlacht wurde, worauf er sich voll Inbrunst Deutschland und vor allem der Sphäre Richard Wagners an den Hals hing, sie zum Inbegriff aller Kultur erklärend. Die Verbindung Elsa Bruckmanns mit dem Österreicher Hitler – eine Verbindung, die übrigens Werner Maser, im Gegensatz zu den damaligen Beobachtern, als eine von seinen Liebesaffären darstellt[131] – hatte, was das politische angeht, der Verbindung Chamberlains mit seiner späteren Schwiegermutter Cosima Wagner entsprochen, der illegitimen Tochter Franz Liszts und der französischen Gräfin D'Agoult. Sproß dieser Verbindung wurde Chamberlains Werk *Die Grundlagen des 19. Jahrhunderts*, die Urquelle von Hitlers *Mein Kampf* und von

---

128 *Parteien-Handbuch*, Bd. II, S. 609. Äußerer Anlaß für Hitlers Rede war der Wunsch der Veranstalter, eine als taktlos empfundene Rede eines sozialdemokratischen Reichstagsabgeordneten im gleichen Kreise aufzuwiegen.

129 Turner, *Faschismus*, S. 35.

130 Diese Dinge behandelt G. W. F. Hallgarten in seinem Aufsatz »Fremdheitskomplex und Übernationalismus«, in: *Zeitschrift für Freie Deutsche Forschung*, 1938. Für Hallgartens allgemeine Auffassung des Problems der Diktatur siehe sein Buch *Why Dictators? – The Causes and Forms of Tyranical Rule since 600 B. C.*, New York 1954, in dem er Typen diktatorischen Verhaltens im Sinne Max Webers entwirft. Seine *Geschichte der Diktatur*, Frankfurt 1956, benutzt diese Typen zwecks Erklärung der geschichtlichen Wirklichkeit.

131 Maser, Werner, *Adolf Hitler*, München 1971, S. 311, betrachtet Frau B. als eine von Hitlers Geliebten.

Alfred Rosenbergs *Der Mythos des 20. Jahrhunderts.* Der Verbindung Hitler-Elsa Bruckmann entstammt ebenfalls ein Buch, das freilich bis vor kurzem nicht bekannt war und geistig diesem Stammbaum von »Fremden« entsproß: Durch die von Frau Bruckmann herbeigeführte Besprechung mit Kirdorf wurde Hitler veranlaßt, im August 1927 dem »sehr verehrten Herrn Geheimrat«, wie der Empfänger im Vorwort angeredet wird, eine von ihm für diesen Zweck verfaßte Broschüre von etwa zwölf Druckseiten betitelt *Der Weg zum Wiederaufstieg* zu überreichen, in der natürlich nichts von Sozialismus – und sei er auch noch so „national" – dahingegen dauernd vom Wert der »Rasse« für die Erweiterung des deutschen Wirtschaftsraums und deutsche Zukunft zu lesen ist, und die Kirdorf voll Anerkennung an andere Industrielle übersandte. Professor Henry A. Turner, der diese Schrift im Archiv eines Ruhrkonzerns entdeckte und dem es – wie in der Einleitung vorliegenden Buches ausgeführt – im ganzen darum zu tun ist, die Industrie von dem Vorwurf, sich Hitlers bedient zu haben, zu entlasten, hat hier wie öfter eher im entgegengesetzten Sinne gewirkt. Die Broschüre[132] kennzeichnet den Hitler der Mittelperiode – er ging damals auf vierzig zu – der die Industrie schweifwedelnd umsprang – und dort hie und da Anklang fand. Sein weiterer Erfolg hing sowohl von seinen Bemühungen, wie auch von der Frage ab, wie weit die allgemeine Wirtschaftsentwicklung ihnen Erfolg bescherte. Turner hat betont, daß Kirdorf in den entsprechenden Jahren zu den politischen Fonds der Industrie bereits keinen Zugang mehr hatte, daß er persönlich nicht Summen von solcher Höhe besaß, daß sie politisch ins Gewicht gefallen wären, ja daß er sehr knauserig war, und daß er obendrein im geheimen für einige Jahre die Hitler-Partei verließ, um dann freilich – in aller Stille – wieder einzutreten[133]. Das alles mag richtig sein. Jedoch das Prestige des Namens Kirdorf war ungeheuer, und kaum minder groß war das von Fritz Thyssen, der bis zu seinem verspäteten Bruch mit Hitler in den letzten Jahren des Dritten Reichs mit Fug und Recht als Finanzier der NDSAP galt[134].

Die Einschränkungen, die Turner in beiden Fällen macht, verschieben daher das überlieferte Bild kaum wesentlich. Dagegen hat Turner es andererseits unterlassen, ein Bild der zahllosen Beziehungen Hitlers zur Industrie zu liefern, die sich in den zwanziger und zu Beginn

---

132 Siehe hierüber Turner, *Faschismus,* zweite und dritte Studie.

133 Siehe die Studie in Turners *Faschismus,* besonders S. 79 ff.

134 Auch Turner in seiner Tyssen-Studie, *Faschismus,* S. 87-113, kann das nicht leugnen.

der dreißiger Jahre anbahnten[135], um sich vom 27. Januar 1932 an – dem Tag seiner Düsseldorfer Rede vor der Industrie als Gesamtheit – in einer nun zu schildernden Weise zu verdichten.

Die Rede wiederholte im ganzen – wie Turner richtig sieht – genau die Gedanken, die sich bereits in der von ihm aufgefundenen Broschüre Hitlers finden, die er für Kirdorf schrieb, das heißt u. a. sie vermied es peinlich, das Wort Sozialismus auch nur zu erwähnen. Auch streifte sie das rassische und selbst den Antisemitismus nur flüchtig – die Unternehmer waren vielfach auf Juden, als Wächter ihrer Kreditwürdigkeit, angewiesen und änderten ihre tolerante Meinung in diesem Punkt, soweit überhaupt, erst später, als es im Dritten Reich ans »Arisieren« ging. Dagegen unterstrich die Rede kräftig, daß der Industrie nur durch die Errichtung eines starken Staats, so wie er Hitler vorschwebte, aus der Krise zu helfen sei. Die Wirkung der Rede war, wenn natürlich auch verschiedenartiger Natur, so doch überall stark. Sie bildete gewissermaßen den Auftakt zu dem größten Ereignis jenes Jahres (1932): der Wahl des Reichspräsidenten. Der Vorgang lieferte ein groteskes Bild. Aus Furcht vor einer Überflutung der Reichswehr durch Hitlers Braunhemden unter dem skandalumwitterten Ex-Hauptmann Ernst Röhm konnte sie, und konnte besonders ihr politischer Sprecher General von Schleicher, nicht im Traum daran denken, Hitler an die Spitze des Reichs befördern zu helfen. Die Reichswehr mußte also wohl oder übel die Wiederwahl

135 Es ist schwer verständlich, wieso im Buche eines Autors wie Turner, der es sich zum Ziel gesetzt hat, die Beziehungen zwischen Faschismus und Kapitalismus zu untersuchen, die folgenden Namen fehlten, die Czichon in *Wer verhalf Hitler zur Macht?*, Köln 1967, nach genauer Erforschung der Archive – besonders der DDR – mit Dokumentenbezeichnungen als Hitleranhänger gibt: Erich Lübbert (Mitglied des Stahlhelm, Generaldirektor der AG für Verkehrswesen); Edmund Hilgard (Mitglied des Vorstands der Allianz und Stuttgarter Vereins Versicherungs AG); Kurt Schmitt (Generaldirektor dieser AG); Friedrich Reinhart (Commerz und Privatbank AG); Otto Chr. Fischer (Bankhaus Merck, Fink & Co.); Emil Meyer (Dresdner Bank); Karl Rasche (Westfalenbank in Bochum); Rudolf Blohm (Blohm und Voss, Hamburg); Louis Ravené (Vors. d. Aufsichtsrats der AG Deutscher Eisenhandel); Max Schlenker (1. Vorsitzender des Langnam-Vereins), sowie mehrere Mitglieder von Prinzenhäusern. Ferner vermißt man bei Turner die Wiedergabe der zahlreichen diesbezüglichen Vorgänge, die sich bei Hallgarten, *Hitler*, S. 95-107 dargestellt finden und zeigen, wie Hitler, der ursprünglich die Industriellen eher anwiderte, sich ihnen während der Krise anzunähern verstand. Bezeichnend ist, daß der mächtige Paul Reusch, Leiter des Haniel-Konzerns (Gutehoffnungshütte), während der Präsidentenwahl im Frühjahr 1932 mit Hitler ein Abkommen schloß, in dem Reusch zusagte, in der von ihm kontrollierten Presse persönliche Angriffe auf Nationalsozialisten zu unterbinden: was bei der riesigen Angriffsfläche, die die Nazi-Führer boten, für die NSDAP kein unbedeutender Vorteil war. Siehe Koszyk, *Geschichte der dt. Presse*, Bd. 3, S. 197.

Hindenburgs – und zwar diesmal hauptsächlich durch dessen frühere Gegner, den Kanzler Brüning und die Weimarer Parteien – unterstützen, obwohl sie hiermit einen Betrug verübte: Brüning gingen dauernd geheime Nachrichten zu, daß man ihn und seine Anhänger hinterher sogleich zum Teufel jagen würde.

4.

Der Sturz Brünings, der der Wiederwahl Hindenburgs denn auch binnen weniger als zwei Monaten folgte, und der der Mitwelt als schwärzester Undank seitens des sturen alten Mannes erschien[136], war ganz zweifellos in erster Linie das Werk von Schleichers, dessen Treiben in der Bendlerstraße – dem Sitz der Reichswehr – an das Gehaben so vieler Militärs in Lateinamerika gemahnt. Unter den vielen Projekten, an denen Schleicher im Verlauf seiner langen Laufbahn als Königsmacher Anteil hatte, gehörte unter anderem General von Seeckts Plan eines Direktoriums, in dem Industrielle und adelige Großgrundbesitzer vertreten sein sollten. Schleicher hatte damals – in den Tagen vor dem Hitlerputsch von 1923, dem man durch solche Schachzüge hatte vorbeugen wollen[137] – dem Plan ein soziales Mäntelchen umgehängt[138]. Nunmehr aber war es so weit. Das neue Kabinett, geleitet von dem schwerreichen katholischen Mitglied des Preußischen Landtags, Franz von Papen, der durch Heirat und Vermögensanlagen starke industrielle Interessen besaß, sah sowohl durch seine Zusammensetzung als auch durch die Person des Kanzlers, ganz wie eine Verkörperung jener »Sammlungspolitik« aus – eine Reihe Adeliger umgaben Unternehmer – die unter Bismarck und unter seinen Nachfolgern im Kaiserreich gewissermaßen Mode gewesen war und die auch durch Seeckts Direktorium versinnbildlicht worden wäre, hätte der General es zustandegebracht. Hierzu kam, daß das Papen-Kabinett es wagte, auf den Artikel 48 gestützt, die ordnungsgemäß gewählte Regierung des weitaus wichtigsten der deutschen

---

136 In Wirklichkeit hatte Hindenburg seine Aufstellung zur Wiederwahl nur nach erheblichem Widerstand gestattet, während andererseits Brüning für Hindenburg eintreten mußte, weil es für seine Zwecke eben keinen anderen Kandidaten gab. Der Industrie war Brüning wegen seiner Lahmheit in wirtschaftlichen Dingen verhaßt. Sein Sturz wäre daher auch wohl ohne H.s »Untreue« erfolgt.

137 Natürlich wußte man über die drohende Gefahr von dort damals nur im allgemeinen Bescheid.

138 Gossweiler, *Großbanken*, S. 256, gibt interessante Einzelheiten.

Länder, nämlich Preußens, davonzujagen, wo seit dem Zusammenbruch des Kaiserreichs die Sozialdemokraten führend waren, und Preußen in kommissarische Verwaltung zu nehmen. Daß Schleicher auch diesmal suchte, ein soziales Fähnchen hinauszustecken, werden wir gleich zeigen. Was die deutsche Industrie anbelangt, so war sie im großen und ganzen mit Papen zufrieden; eine Regierung der obersten Stände und praktische Außerkraftsetzung der Demokratie oder zum mindesten deren Beschränkung wie einst unter dem Kaiserreich waren ihr ganz recht. Ende Juni 1932 referierte C. Lammers in einer Präsidialratssitzung des Reichsverbands der Deutschen Industrie über »Autarkie-Planwirtschaft-berufsständischer Staat«. Zwecks »Gestaltung der deutschen Wirtschaftszukunft« schlug er die Errichtung eines »Ständestaats« mit »autokratischer Staatsführung« vor, in dem eine Planung der Wirtschaft, aber auf der Grundlage privatwirtschaftlicher Selbstbestimmung, erfolgen sollte[139]. Dies klang ganz wie die Reden, die Reichskanzler von Papen damals hielt, der, wo er irgend konnte, sich über die »konservative Staatsführung« – so sprach er es aus[140] – verbreitete; es war noch nicht Faschismus in seiner vollen, autonomen Form, wie kurz darauf bei Hitler, allein es war noch weit weniger als vorher unter Brüning echte Demokratie; es war etwas, das die maßgebenden Rechtskreise geradezu in ganz Europa seit Beginn der Krise zwecks ihrer Behebung mittels allgemeiner Aufrüstung ersehnten, wie denn auch der mit der französischen Schwerindustrie eng verbundene französische Botschafter in Berlin, der monokeltragende André François-Poncet, der hierüber verdutzten Brüning-Regierung bereits während der Hindenburg-Wiederwahl klar zu erkennen gegeben hatte, daß man auf etwas derartiges hoffe[141]. Es war, was man etwa als kontrollierten Faschismus bezeichnen könnte.

Alles, was Papen wollte, hätte sich angesichts des einhelligen Widerstandes im Reichstag seitens der Weimarer Parteien plus der in der Krise hochaufgestiegenen Kommunisten nur durch rücksichtslose Diktatur sowie – was die Außenpolitik anging – wahrscheinlich nur durch Krieg, und zwar möglicherweise einen Krieg der vereinigten

---

139 *Parteien-Handbuch*, Bd. II, S. 610.

140 George Hallgarten hörte Papen damals in dem von H. mitbegründeten Akademischen-Politischen Klub in München; H. hatte in jenen Monaten übrigens auch die Aufgabe, anläßlich einer Rede zu präsidieren, die der Generaldirektor von Krupp und Vorsitzende des Reichsverbands der Deutschen Industrie, Dr. Kurt Sorge, in dieser der politischen Unterrichtung gewidmeten Vereinigung hielt.

141 Siehe Brünings *Memoiren*, Namensindex.

europäischen Rechten gegen die Sowjetunion durchsetzen lassen[142], was Duldung, ja Teilnahme seitens Hitlers und der von ihm geführten Massen voraussetzte. Unglücklicherweise haben so manche nichtkommunistische Historiker, darunter besonders auch Turner, diesen fundamentalen Sachverhalt übersehen und somit Papen seines Faschismus entkleidet[143], was bei Turner, der das Thema »Faschismus und Kapitalismus« behandelt, weit schwerer wiegt als in den sonstigen Fällen. Über die Dinge, die in vorliegendem Buch behandelt, und die freilich aus Raummangel selbst hier nur ganz kurz angedeutet werden, also etwa – soweit es sich um die Zeit des Faschismus handelt – die Entwicklung der sozialen Gruppierungen unter dem Druck der Wirtschaftsentwicklung und die positiven Ziele der hierbei führenden Gestalten, der Brüning, Papen, Schleicher, Hindenburg, Hitler, sowie speziell der Stellung der Industrie zu ihnen wird man bei Turner wenig finden. Seine Definition des Faschismus, im Schlußaufsatz seines Buches geboten, wo er ihn als »Anti-Modernismus« beschreibt, ist viel zu schal und zu flach, um sich als Handwerkszeug bei der Klärung dieser Grundfragen verwerten zu lassen[144]. Angesichts des Interesses, das die Industrie in ihrer Gesamtheit an »Ruhe und Ordnung«, an klaglosem Funktionieren der Staatsmaschine, an Staatsaufträgen – eventuell durch Wiederaufrüstung – sowie an Ausschaltung des Reichstags bei der Steuer- und Lohnpolitik hatte, ist es nur selbstverständlich, daß sie zunächst das Papen-Kabinett stützte, das ihr all dies garantierte, und einstweilen in ihrer Mehrheit noch nicht Hitler[145]. Auch kam sie im großen und ganzen noch mit den Gewerkschaften aus; deren Auflösung und die Zerschlagung der Parteien ist erst ein Ergebnis der von den politischen Interessen des Kleinbürgertums inspirierten Hitler-Herrschaft. Hierüber kann gar kein Streit herrschen. Allein dies alles war erstens an die Voraussetzung geknüpft, daß sich Hitler und die

142 Nach dem sogleich – in Zusammenhang mit Hitlers Finanzierung – zu zitierenden Zeugenbericht des Franzosen Albert Thomas suchte die französische Schwerindustrie Hitler hochzuziehen, um sich durch Aufrüstung aus der Krise zu retten.

143 Nichts ist weniger begründet als die Verwunderung Turners, *Faschismus*, S. 18, daß »sogar« Hallgarten zugibt, daß die Industrie während der Präsidentenwahl Hitlers Gegenkandidaten, statt ihn selbst, unterstützte. H. hat vielmehr, in *Hitler*, S. 97 f., 106 f., 114 f., dauernd betont, daß sie als Gesamtheit ihr Geld auf die Gegner Hitlers setzte, sofern ihr diese als hinreichend konservativ erschienen. Dies schließt jedoch nicht aus, daß es bei ihr aus noch zu erörternden Gründen schließlich zu einer »Kernspaltung« kam.

144 Turner, *Faschismus*, S. 151-181.

145 Turner, *Faschismus*, S. 18 f.

Massen hinter ihm, die bei der sofort nach Papens Amtsantritt angeordneten Neuwahl nicht weniger als 230 Abgeordnete in den Reichstag schickten, von der mikroskopisch kleinen Industriellen- und Großgrundbesitzergruppe hinter Papen – dem im Wahlkampf arg zusammengeschmolzenen Block der Deutschen und der Deutschnationalen Volksparteien – gängeln ließen, sowie daß zweitens die Industrie in ihrer Gesamtheit davon absah, mit der riesenhaft angeschwollenen Hitlerpartei Geschäfte zu machen, und daß schließlich Herr von Papen im Kabinett keinerlei mächtige Gegner hatte. Keine dieser drei Voraussetzungen ging in Erfüllung! Hitler und die Massen hinter ihm dachten gar nicht daran, sich Papens Wünschen anzupassen und ihm so Gelegenheit zu bieten, zum ersten Mal in der deutschen Geschichte das zu verwirklichen, was Hans Ulrich Wehler – diesen Ausdruck als erster in dem hier gemeinten Sinne gebrauchend – »Sozialimperialismus« genannt hat, und dessen Eintritt in die deutsche Geschichte die beiden freilich ein halbes Jahrhundert zu früh einsetzen. Das, was Wehler und Stegmann hier im Auge haben – die Ablenkung einer sozialen Revolution durch Vorstoß in den Außenraum – bildete zwar einen unverlierbaren Bestandteil der verschiedenen Varianten der Imperialismus-Ideologie, hatte jedoch für Deutschlands älteren Imperialismus keine praktische Bedeutung gehabt. Auch jetzt bestand der Imperialismus älterer Form lustig weiter. Kapitalkonzentration und Vertrustung riefen nach gesteigertem Export, und mit der Streichung der Reparationen und der Aussicht auf wirtschaftliche Erholung war auch die Perspektive für Kapitalexport wieder gegeben. Allein mit all dem verband sich diesmal tatsächlich etwas Neues. Mit dem Ansteigen der Arbeitslosigkeit auf sechs Millionen war nun tatsächlich ein Druck zur Ablenkung nach Außen gegeben, sei es als Folge der krisenüberwindenden Aufrüstung und eines durch sie hervorgerufenen Krieges, sei es direkt durch Siedlung besonders im Osten, was von jeher Hitlers Ziel gewesen war. Beide Varianten konnten von der Industrie ausgenutzt werden. Die Zeit war längst vorbei, wo »die Nazi« nur von kleinen Industriellen herbeigewünscht wurden, die einen Wunsch nach Lohnherabdrückung hatten. Die Großindustrie bürdete hohe Löhne einfach dem Publikum auf, allein sie wünschte, bei den Maßnahmen zur Wiederankurbelung der Wirtschaft so ungehemmt wie möglich zu sein, und sie sympathisierte daher immer mehr mit einer Lösung im Sinne Hitlers, wenn auch nicht unbedingt mit allem, wofür er eintrat.

Die Summen, die sie für diese Zwecke ausgab, sind im ganzen unbekannt und kontrovers. Turner mag recht haben, wenn er die von Fritz Thyssen später dem amerikanischen Schriftsteller Emery Reves bei hastigen Diktaten tatsächlich oder angeblich genannten Summen anzweifelt[146]. Wir legen keinen besonderen Wert auf diese Daten als solche. Leider hat man ja den Schatzmeister der NSDAP, der Bescheid gewußt hätte, Franz Xaver Schwarz, nach 1945 zu verhören unterlassen, ehe er starb. Somit werden die genauen Ziffern – nach oben wie unten – nie bekannt werden. Allein daß Hitler über große Summen – und freilich noch größere Schulden (etwa 8 bis 10 Millionen M im Jahre 1933) verfügte, geht schon aus der Tatsache hervor, daß er die Partei zu riesiger Größe zu entwickeln vermochte. Die Finanzierung einzelner Objekte wie des Braunen Hauses in München, das Fritz Thyssen, der sich dafür verbürgte, 300 000 M kostete, ist immerhin bekannt. So auch die Tatsache, daß Hitler beim Geldnehmen völlig skupellos war und große Summen einkassierte. Sie kamen, wie z. B. aus einem sehr guten Bericht im Deutschen Zentralarchiv hervorgeht, der sowohl Turner wie auch Eberhard Czichon entgangen ist, die dort arbeiteten, sicher zum Teil von der Schwerindustrie[147]. Dr. Brüning sagt in seinen erst vor verhältnismäßig kurzer Zeit – 1970 – und zwar posthum herausgekommenen Memoiren, daß die Vereinigten Stahlwerke, über deren Interesse am Aufstieg Hitlers sogleich berichtet werden wird, diesem während seiner Wahlkampagne gegen Hindenburg eine halbe Million M zur Verfügung stellten[148], sowie daß andere Unternehmer ihm »aus Angst« »zehnmal mehr« überwiesen als dem berühmten alten Herrn. Gut gesichert sind gleichfalls Berichte, daß die IG-Farben kurz vor dem Machtantritt 100 000 M beisteuerten[149] und daß bei der Präsidentenwahl erhebliche Sumen durch den holländisch-englischen Ölkönig Sir Henry Deterding überwiesen wurden[150]. Allein dieböseste – und

---

146 Siehe Kap. 6, Anm. 93.

147 In einer Sammlung von Berichten über die NSDAP, die vom Reichsministerium des Inneren zusammengestellt wurde, *DZA R. d. I.*, Nr. 13/123/3, findet sich, Blatt 23, ein Bericht des Oberpräsid. d. Prov. Sachsen, gez. Dr. Fahts, datiert 20. 10. 1930, in dem der Direktor Köppel der Berliner Handelsgesellschaft – den der Bericht als ungewöhnlich gut informiert bezeichnet – als Gewährsmann für die Behauptung in Anspruch genommen wird, daß »die ungeheuren Gelder für die Durchführung der Wahlpropaganda (der NSDAP) sowie deren Fortsetzung nach der Wahl (zum Reichstag)« »von der rheinisch-westfälischen Schwerindustrie« gegeben worden seien. Die Haltung der Reichstagsfraktion der NSDAP in einigen aktuellen sozialen Punkten habe jedoch auf Teile der Industrieellen ernüchternd gewirkt.

148 Brüning, *Memoiren*, S. 531.

149 Czichon, *Wer verhalf Hitler zur Macht?*, S. 50.

150 Diese Angaben, die auf der bekannten *Deterding*-Biographie von Glyn Roberts,

dabei mit am besten gesicherte – dieser Meldungen über auswärtige Finanzierungen Hitlers betrifft Frankreich. Wie Dr. Brüning im Frühjahr 1932 von dem langjährigen Direktor des Internationalen Arbeitsamts in Genf, M. Albert Thomas, einem vorzüglich informierten Franzosen, mitgeteilt erhielt, waren damals (als soeben – unter dem Geläute von Kirchenglocken – die Genfer Abrüstungskonferenz in Gang gekommen war) »sowohl die französische wie die internationale Rüstungsindustrie mächtig an der Arbeit, um eine Einigung über eine mäßige Aufrüstung Deutschlands unter gleichzeitiger Abrüstung der anderen Mächte zu sabotieren«. Thomas, so sagte dieser damals zu Brüning, »habe nunmehr das Material in der Hand, mit dem er nachweisen könne, daß *die nationalsozialistische Bewegung von der Rüstungsindustrie, vor allem der französischen, auf dem Weg über die Schweiz finanziert wurde*« (von Brüning gesperrt). M. Thomas fügte laut Brüning hinzu, er werde dieses Material in den nächsten Wochen in Paris veröffentlichen und im Anschluß daran eine Kampagne gegen die Kriegstreiber beginnen, die indirekt auch Brüning nützen werde. Hierzu sei es freilich, so endet Brüning, nicht mehr gekommen, denn Thomas sei, als er unter Mißachtung einer Lungenentzündung zu diesen Zwecken pünktlich nach Paris fuhr, in einem dortigen Hospital, zunächst unerkannt, gestorben[151]. Was Brüning betrifft, so hat er bekanntlich noch beinahe vier Jahrzehnte weitergelebt, doch seine geschichtliche Rolle wurde durch seinen Sturz in eben jenen Tagen abgeschlossen. Er hinterließ zwar die ihm anvertrauten Reichsfinanzen intakt, allein wirtschaftlich hinterließ er infolge seines eigensinnigen Verzichts auf jedweden »Keynesianismus«, wenn man dies so nennen will, d. h. durch seine Ablehnung jedweder großzügigen Arbeitsbeschaffungspolitik, ein Chaos. Dies hatte sich schon in seinen letzten Monaten im Amt gezeigt, als Dutzende von Unternehmern und Verwaltern öffentlicher oder privater Betriebe bei ihm erschienen, um nach oft kriminellem Zugriff auf die ihnen anvertraute Kapitalsubstanz durch Reichsintervention vor dem Bankrott gerettet zu werden, was dank der Mitteilungen, die er hierbei über Zugriffe auf die Kapitalsubstanz erhielt, ihm einen einfach niederschmetternden Eindruck vom zeitgenössischen Deutschland und von dessen Geschäftsmoral machte und bei

London 1939, S. 322, sowie auf Mowrer, Edgar A., *Germany puts the Clock Back*, London 1933, S. 146, fußen, sind nach Czichons Angaben, a. a. O., S. 33, durch zeitgenössisches ungedrucktes Memoirenmaterial bestätigt worden, das er einsah.

151 Brüning, *Memoiren*, S. 563 f.

Mitgliedern seines Kabinetts zu dem Wunsche führte, das beste sei, »aus so einem Korruptionsland auszuwandern«[152]. Der seiner Dimensionen und Folgen halber vielleicht berühmteste dieser Fälle – allein, wie scharf zu betonen nur einer von vielen – war die ungeheure Subvention, die die Brüning-Regierung im Augenblick ihres Sturzes zwecks Verhinderung der Verschleuderung von Aktienpaketen der Schwerindustrie an einen Riesenspekulanten auf diesem Gebiet, den Unternehmer Friedrich Flick, zahlte, und die wegen ihrer volkswirtschaftlichen Bedeutung auch durch das eben eintretende Kabinett von Papen gutgeheißen wurde: sie ist als »Fall Gelsenkirchen« bekannt, und sie ist – wenn auch Professor Turner dies geleugnet hat – von erheblicher, wenn auch nicht allein ausschlaggebender Bedeutung für das wichtige Problem, dem wir uns nunmehr, am Ende des Ersten Teils dieses Buchs, folgerichtigerweise zuzuwenden haben: der Rolle der Industrie bei der Machtergreifung Hitlers[153].

Es war Friedrich Flick, dem Sproß einer Familie kleiner Eisenindustrieller aus dem Siegerland, gelungen, sich 1915 zum Herrn des beachtlichen Eisen- und Stahlwerks Charlottenhütten aufzuschwingen und während der Inflation, zuerst durch Aktientausch oberschlesischer Erwerbungen, die er gemacht hatte, sowie später mit Hilfe erheblicher Bankkredite das Kernstück des zerfallenden Riesenkonzerns von Stinnes, die Rhein-Elbe-Union, zu erobern, die er 1926 mit einer ihrer Untergesellschaften, der altrenommierten Gelsenkirchner Bergwerks-AG vereinigte und deren Namen annehmen ließ. Indem er diese Anleihetechnik wiederholte, ließ er einige Jahre später die Gelsenkirchener Bergwerks AG die Aktien der Vereinigten Stahlwerke aufkaufen, zu deren Mitbegründern und Besitzern einer Aktienminderheit die Gelsenkirchen gehört hatte. Wäre nicht die große Wirtschaftskrise dazwischen gekommen, so hätte sich Flick sicher zum Wirtschaftsdiktator über Rhein und Ruhr gemacht. Allein er hatte durch seine Anleihen seine Kräfte überspannt und zu Beginn des Jahres 1932 war der Stahlverein schwach, Gelsenkirchen-Aktien wurden zu

152 Brüning, *Memoiren*, S. 442-450; speziell S. 449. Wie jedoch L. Mühlich, *Die Reichsfinanzpolitik in der Weltwirtschaftskrise*, Tübingen 1951, z. B. S. 251 nachweist, hat selbst Brüning schließlich kräftig subventioniert.

153 Zum »Fall Gelsenkirchen« und dessen Bedeutung für die Versuche, Reichspräsident Hindenburg zur Berufung Hitlers als Kanzler zu bestimmen, s. Hallgarten, *Hitler* etc., a. a. O., S. 108-118; Volkland, Gerhard, *Hintergründe und politische Auswirkungen der Gelsenkirchen-Affaire*, in: *Zeitschr. f. Gesch.-Wissenschaft* 1963, S. 289-318; und Gossweiler, K., »Die Ver. Stahlwerke und die Großbanken«, in: *Jahrb. f. Wirtsch.-Gesch.*, 4/1965.

22 % ihres Nominalwerts gehandelt, und der Riesenkonzern war finanziell und besonders auch wirtschaftlich am Untergehen, da bei einem Ramschverkauf natürlich auch die ineinander verfilzten Absatzchancen der beteiligten Werke sinken mußten. Der Vorsitzende des Aufsichtsrats des Stahlvereins, Fritz Thyssen, versuchte mit Hilfe ausländischer Konzerne und Banken den Bankrott aufzuhalten, allein Flick und der Vorstands-Vorsitzende des Stahlvereins[153a], Albert Vögler, benutzten dies, um die Regierung Brüning, man kann ruhig sagen, zu erpressen: Um dieses in der Tat für die deutsche Wirtschaft hochwertvolle Objekt in deutschen Händen zu halten und so auch dem Zusammenbruch der vielen dem Stahlverein angehörigen oder mit ihm geschäftlich verbundenen Werke zu steuern, entschloß sie sich, im letzten Augenblick vor ihrer Ersetzung durch das Papen-Kabinett (das übrigens dem Handel zustimmte), die Gelsenkirchen Aktien zum Kurs von 90 – also zu mehr als 300 % ihres Marktwerts – zu erwerben. Über die Beweggründe zu diesem außerordentlichen Entschluß gibt es verschiedene Versionen; für den Geschichtsschreiber, der das Verhältnis der deutschen Industrie zu Staat und Politik zu ergründen sich vorgenommen hat, handelt es sich vor allem um die Frage, wie sich die betroffenen, aber auch alle anderen wichtigen Werke, zu dem urplötzlichen Übergang des Kernstücks der Großindustrie in Reichshand stellten, und was sie zur Durchsetzung ihrer Meinung schließlich zu tun unternahmen[154].
Die Lage sowohl der in der Gelsenkirchen verschachtelten Unternehmungen – das heißt außer der Gelsenkirchen selbst besonders des Stahlvereins mit seinen vielen angeschlossenen Werken – war durch die plötzliche Überführung in Reichshand, vom Gesichtspunkt der kapitalistischen Wirtschaft aus betrachtet, prekär geworden, und selbst die übrigen Unternehmer befürchteten nun, je nach der politischen Lage, eine mögliche Sozialisierung. Um dies zu verhindern,

153a Vögler wird oft der Einfachheit halber als Generaldirektor des Stahlvereins bezeichnet.

154 Turner, *Faschismus*, S. 19, erklärt, Anm. 29, die Auffassung Hallgartens von der Bedeutung der Gelsenkirchen-Sache für Hitlers Aufstieg sei von Volkland (siehe letzte Anm.) »überzeugend widerlegt« worden. Allein erstens ist es seltsam, daß ein Autor, der sich zum Ziel gesetzt hat, die kommunistische Version vom Aufstieg Hitlers zu widerlegen, sich hier ausgerechnet eines Kommunisten bedient, um einem Berufskollegen zu Leibe zu gehen, und zweitens wird, wer Volklands Ausführungen liest, sofort erkennen, daß sich seine Kritik überhaupt nicht gegen Hallgartens These als solche, sondern gegen Nebenpunkte richtet, wie etwa die Beurteilung der Haltung Schleichers, und H.s Analyse der Beweggründe, die zur Über-Bezahlung des Gelsenkirchen-Paktes durch das Kabinett Brüning führte.

hatte Flick, der an dem ganzen in der Gelsenkirchen verklammerten Komplex von Werken auch weiterhin starkes Interesse behielt, sogleich in den Tagen des Gelsenberg-Verkaufs eine mehrtägige Erörterung über den Fall mit Hermann Göring, der ihn in seiner neuen Eigenschaft als Reichstagspräsident aufsuchte, um die Sache zu untersuchen. Als Vertreter des rechten Flügels der NSDAP, der auch in Zukunft die Kapitalisten beschirmte – was ihn freilich nicht davon abhielt, die Juden unter ihnen auszurauben –, stimmte Göring den Vorschlägen Flicks völlig zu; und auch Hitler, dem Göring sogleich entsprechenden Bericht erstattete, erkärte sich mit diesen Vorschlägen einverstanden; es kam ihm augenscheinlich damals darauf an, sich des Beistands der Großindustrie zwecks Aufstiegs an die Macht und Förderung seiner Rüstungs- und weltpolitischen Pläne zu versichern[155]. Über den weiteren Verlauf der Angelegenheit wurde Hitler hierauf von einem der Flick-Direktoren, Otto Steinbrink, dauernd auf dem laufenden gehalten, der hierüber mit Hitlers Vertrauensmann für Wirtschaftsfragen, Wilhelm Keppler, in Fühlung stand[156]. Keppler war an der Sache hoch interessiert. Er hatte seit Anfang jenes Jahres – auf Anregung Hitlers, der der Präsidentenwahl entgegensah –, den alsbald so genannten Freundeskreis, das heißt eine Gruppe hitlerfreundlicher Unternehmer, zusammengestellt und in der Tat manche namhafte Persönlichkeiten hierfür gefunden[157]. Allein der

---

155 *Military Tribunal*, case number 5, *The USA against Flick et al.*, Nürnberg 1947 (von hier an zitiert *Flick Trial*), Steinbrincks Aussage, S. 5069; Flicks Aussage 3185. Die Tatsache, daß die Besprechungen mehrere Tage dauerten und daß nicht nur Göring (wie das öffentliche Zeugnis der Angeklagten zeigt) sondern auch Hitler die Abmachung billigte, wird in der einleitenden Darlegung der Anklage, *Flick Trial*, a. a. O., S. 52, aufgrund schriftlicher Eideserklärung der Angeklagten festgestellt.

156 *Flick Trial*, S. 5078, Aussage Steinbrincks.

157 Der Bankier Kurt von Schröder, dem allgemein ein außerordentlich hoher politischer Ehrgeiz zugeschrieben wird, war laut eigener Aussage derjenige, der den Grundstock an Wirtschaftlern für den Keppler-Kreis zusammenbrachte. Mit einer bezeichnenden Formulierung, die von der NSDAP wie von einer Aktiengesellschaft spricht, fügte er hinzu: »Eine finanzielle Beteiligung dieser Herren an der Partei war aber nicht vorgesehen.« Schröder hätte sich wohl anders ausgedrückt, wenn eine solche »Beteiligung« dann nicht doch stattgefunden hätte. Direkt darauf heißt es: »Im Juli 1932 hat Hitler im Kaiserhof diesem Kreis seinen Dank für die Unterstützung ausgesprochen.« In: Anklagebehörde bei dem Spruchgericht Bielefeld, *Strafsache gegen Kurt v. Schröder*, Bd. I, Bl. 3. Mit Recht fragt Reinhard Vogelsang in: *Der Freundeskreis Himmlers*, Göttingen 1972, S. 30: »Wenn die – uneingestandene – Absicht der Finanzhilfe nicht zugleich hinter der Aufforderung zur Gründung dieses Kreises stand, was sollte dann der Kreis überhaupt?« – Weitere Mitglieder des Kreises waren 1932 Hjalmar Schacht, Albert Vögler, August Rosterg (Wintershall), Friedrich Reinhart (Commerzbank), Emil Helfferich (Hapag), Emil

Wahlgang war negativ verlaufen, und sowohl finanzielle wie politische Erwägungen machten es nun nötig, die Anstrengungen auf diesem Gebiete zu verdoppeln. Nichts konnte hierbei förderlicher sein als eine Spaltung im Lager der anscheinend monolithischen sozialen Gruppe, welche die »konservative Staatsführung«, d. h. die Defacto-Diktatur Franz von Papen trug, die nunmehr – im Augenblick ihres Entstehens – dank der Operationen Flicks auch noch praktisch die Kommandogewalt über den Kern der Ruhrindustrie an sich gezogen hatte. Solange Papen und sein »Kabinett der Barone« am Ruder waren, wie man seine Regierung nannte, ging freilich für die Schwerindustrie meist noch alles nach Wunsch. Albert Vögler, der Vorsitzende des Vorstands des Stahlvereins, verstand sich mit dem Vertreter des Reichs bei den nun sofort einsetzenden Verhandlungen über Re-privatisierung der Gelsenkirchen und hiermit des Stahlvereins, Geheimrat Hans von Flotow vom Bankhaus Hardy[158], so gut, daß er Flotow in den Aufsichtsrat des Stahlvereins wählen und sogar an dessen Vorstandssitzungen teilnehmen ließ[159]. Vögler betrachtete die Loslösung des Stahlvereins aus der Reichshand, an der er nunmehr arbeitete, als das Meisterwerk seines Lebens. Der ganze, als Stahlverein figurierende Komplex war, wie ihm schien, viel zu umfangreich und somit unkontrollierbar geworden, und so suchte er mit Genehmigung Flotows wieder, über das ganze Revier verteilte Betriebsstätten mit den dazu gehörigen Verwaltungen zu schaffen. Im Lauf der allgemeinen Transaktion wurde dann aber auch die durch Friedrich Flick geschaffene Mehrheitsposition, die an das Reich übergegangen war, wieder beseitigt, ja das Reich verlor schließlich sogar die qualifizierte Minorität; die Umorganisation und die mit ihr verbundenen steuerrechtlichen Fragen waren von einer Art, daß es hierfür schließlich unter Hitler eines sanktionierenden Sondergesetzes bedurfte. Das Reich büßte hierbei seinen 1932 bezahlten Überpreis für das Gelsenpaket ein[160]. »Meine Befürchtungen«, schreibt hierüber Brüning später in

---

Meyer (Dresdner Bank) u. a., vgl. Vogelsang, *Freundeskreis Himmlers*, S. 157. Gleichzeitig erhielt Hitler die Unterstützung Ludwig Grauerts, des Generalsekretärs des wichtigen Deutschen Arbeitgeberverbandes, Gruppe Nordwest, der die Haltung der Schwerindustrie in Lohnfragen bestimmte. Hierdurch wurde auch der Exekutivsekretär des berühmten Langnamvereins, Schlenker, ins Hitlerlager gebracht, s. Hallgarten, *Hitler*, S. 103.

158 Hardy war die Empfängerbank für die Millionen, die das Reich an Flick zahlte.

159 Details über die Verhandlungen Vögler–Flotow in dem Vögler-Buch seines Bewunderers Klass, *Vögler*, S. 220 ff.

160 Über Vögler und Flotow besonders Klass, *Vögler*, a. a. O., S. 220-229, wo freilich jedweder Hinweis auf Hitler fehlt.

seinen Memoiren, »daß eine neue Regierung ein Geschenk an die Schwerindustrie machen würde, haben sich bestätigt.«[161]

Hiermit haben wir jedoch etwas vorgegriffen. Einstweilen war Hitler noch nicht an der Macht, ja es schien sogar in der zweiten Hälfte 1932, in der diese Verhandlungen mit Wucht begannen, als ob er nie ans Ziel gelangen werde. Die Tatsache, daß er es bei den Reichstagswahlen, welche Papen sogleich nach seinem Machtantritt anordnete, wie berichtet auf 230 Abgeordnete brachte, half ihm nicht. Bei den hierdurch ausgelösten Verhandlungen über die endgültige Regierungsbildung stellte sich heraus, daß weder Reichspräsident von Hindenburg noch von Papen selbst in irgendeiner Weise die Absicht hatten, das System des »Kontrollierten Faschismus«, wie wir es nannten, preiszugeben, um Hitler zur Herrschaft zu verhelfen. Wäre damals die von Papen eingeleitete Methode, die NSDAP durch eine Reihe von Neuwahlen finanziell und politisch zu zermürben, konsequent weiter durchgeführt worden, so hätte sicher Hitler sein Spiel verloren. Allein der soziale Riß unter dem Regierungsblock, der von Kennern seit längerem zu vermuten war, begann plötzlich sichtbar zu werden und die Einheitlichkeit der Reichsführung zu bedrohen, und die De-facto-Kontrolle des Reichs über den Kern der Schwerindustrie erweiterte den Spalt. Papen hatte nicht nur sämtliche Siedlungspläne aufgegeben, welche seit Jahren erwogen worden waren, um die Republik auf Kosten der ostelbischen Junker zu stärken, er hatte auch auf Drängen des mächtigen Landbunds Einfuhrkontingentierungen verfügt, die dem industriellen Sektor der Bevölkerung die Nahrung verteuerten. All dies ging so weit, daß sich selbst Krupp, in seiner Eigenschaft als Vorsitzender des Reichsverbandes der Deutschen Industrie, hierüber mündlich beim Reichspräsidenten beschwerte. Der größere Teil der Schwerindustrie blieb Papen zwar auch weiterhin treu[162], allein der offenbar eingetretene Bruch im Kabinett war nicht mehr zu heilen. Die Opposition gegen den Reichskanzler führte der Reichswehrminister, General von Schleicher, den seine ganze Ver-

---

161 Brüning, *Memoiren*, S. 612.

162 Czichon, *Hitler*, S. 39, gibt aufgrund des Aufsatzes von K. Gossweiler, in: *Jahrbuch für Wirtschaftsgesch.*, 1965, IV, über die Vereinigten Stahlwerke und die Großbanken die Namen folgender Unternehmer als Mitglieder des papenfreundlichen rechten Flügels der Industriellen: Paul Silverberg (Rheinische AG für Braunkohlenbergbau etc.), Carl Duisberg und Hermann Schmitz (beide von IG-Farben), Carl Friedrich von Siemens, Florian Glöckner – der größte der katholischen Unternehmer – Friedrich Flick, Paul Reusch und Karl Haniel (beide von der Gutehoffnungshütte, die Haniel gehörte), Robert Bosch (von der IG), Fritz Springorum Senior, sowie den Bankier Robert Pferdemenges und Walter Fahrenhorst (AEG und Stahlverein).

gangenheit für eine Politik prädestinierte, die für die Bedürfnisse der breiten Massen größeres Verständnis bewies. Maßgebend für ihn – wie für fast alle übrigen Reichswehr-Generäle – war hierbei, wie schon früher gesagt, der Umstand, daß jedwede Politik, die, wie der nunmehrige Papen-Kurs, durch soziale Isolierung des Kabinetts auf eine schließliche Machtübernahme Hitlers hinsteuerte, automatisch die Gefahr heraufbeschwor, daß die Reichswehr auf die Dauer durch Himmlers SS und besonders Röhms SA überschattet werden würde. In Schleichers Fall verband sich hiermit, wie gleichfalls schon angedeutet, die Erinnerung an das soziale Programm, das im Kreise Rathenaus und dessen Mitarbeiter Richard Merton während des Krieges ausgeheckt worden war, und das Schleicher schon in der Krise des Herbstes 1923 aus der Schublade gezogen und als Mitarbeiter in einer etwaigen Seeckt-Diktatur zu verwirklichen gedacht hatte. Demgemäß hatte Schleicher nun seit längerem die Art von Vorschlägen zur Arbeitsbeschaffung unterstützt, die ein Kreis von Experten unter Führung des Landrats a. D. Günther Gereke[163] ausgearbeitet hatte, und die u. a. vorsahen, daß der Staat mit seinen kommunalen Organen wie Stadt-, Kreis- und Gemeindeverwaltungen entsprechend Aufträge für Straßenbau, Wohnungsbau und landwirtschaftliche Siedlungen sowie für Meliorationen, also allgemein nützliche Zwecke an die örtliche Industrie vergeben solle[164]. Dies fand zwar den Beifall der Gewerkschaften, nicht jedoch der Schwerindustrie, die stattdessen auf Arbeitsbeschaffung durch militärische Wiederaufrüstung erpicht war, was offensichtlich mehr Gewinn versprach[165]. Dies wäre nun freilich auch nach dem Herzen General von Schleichers gewesen, allein er sah ganz offenbar ein, daß man durch Erzeugung von Waffen allein darbende Massen nicht für kriegerische Zwecke begeistern könne – und selbst Hitler ist ja, als er schließlich zur Macht kam, auf diesem Gebiet sehr behutsam gewesen. Angesichts der Abneigung der Schwerindustrie gegen die Schleicher-Pläne blieb Schleichers eigene Anhängerschaft im industriellen Lager auf Einzelgänger beschränkt, wie besonders den Konzern des Katholiken Otto Wolff, der einen jüdischen Partner, Othmar Strauss, besaß, und selbst Gustav Krupp und dessen Schwager Tilo von Wilmowski, die nicht selten in solchen Fragen ihre eigenen Wege gingen[166].

163 Über Gereke siehe Vogelsang, *Freundeskreis Himmlers*, S. 275; über seine Unterstützung durch Schleicher Czichon, *Hitler*, S. 34.
164 Über die in der DDR verwahrten und unpublizierten Gereke-Memoiren siehe u. a. Czichon, *Hitler*, S. 34 f.
165 Czichon, *Hitler* S. 36 und 40.
166 Czichon, *Hitler* S. 39.

Die hier angedeuteten Gegensätze im Kabinett von Papen kamen zum Austrag nach der Reichstagswahl vom 6. November 1932, der zweiten jener Wahlvorgänge, durch deren Anhäufung Papen, seinem Programm gemäß, Hitler zu paaren zu treiben gedachte. Hitler verlor in der Tat 38 Sitze, und die geldlichen Schwierigkeiten seiner Partei erreichten ihren Gipfel, allein sie war mit 192 Abgeordneten immer noch die weitaus stärkste Gruppe im Reichstag und – was wichtiger war – General von Schleicher weigerte sich nunmehr – wie er angab mit Rücksicht auf die militärische Unmöglichkeit für die Reichswehr, einen durch neuerliche Auflösung provozierten Aufstand niederzuwerfen – den bisherigen Kurs weiter zu unterstützen. Die Folge war, daß ihn Hindenburg, der Not gehorchend, zum Kanzler machte. Was die Industrie betrifft, so war dies ein ganz schwerer Schlag für die meisten Großunternehmer und besonders für den in Reichshand geratenen Riesenkomplex Gelsenkirchner Bergwerks AG – Vereinigte Stahlwerke. Den Industriellen in ihrer Gesamtheit drohte durch den Antritt der Regierung Schleicher zum mindesten eine starke Beschneidung der Unternehmergewinne bei der allgemein erwarteten Aufrüstung, ja eventuelle Sozialisierung; und was den Gelsenkirchen-Komplex anbelangt, so war vorauszusehen, daß Schleicher den Verhandlungen zwischen Vögler und von Flotow, die mit so günstigen Aussichten für die zahlreichen daran interessierten Aktionäre und besonders die im Stahlverein zusammengeschlossenen Werke begonnen hatten, sofort ein Ende machen würde. Hieran mochte sich – so stand zu befürchten – eine Reorganisation des Stahlvereins etwa unter Führung des der Industrie verhaßten aber Schleicher nahestehenden Otto-Wolff-Konzerns[167] anschließen, wenn er nicht überhaupt auf Grund der Reichskontrolle über Gelsenkirchen zu einer Sozialisierung des gesamten Komplexes schritt. In Verbindung mit der Tatsache, daß 1931 die führenden Banken in Reichshand geraten waren, stand hier ein Militär-Sozialismus bevor. Schleicher sprach von sich im Rundfunk als einem »sozialen General«.
Mochten diese Möglichkeiten einstweilen theoretisch sein oder nicht, Vögler, Fritz Thyssen und andere dem Stahlverein nahestehende Unternehmer machten sofort aufs schärfste gegen Schleicher Front, um von dem Papen folgenden Flügel der Industrie gar nicht zu reden. Auf der Tagung des Langnamvereins am 23. November wurde Hitlers Kandidatur für den Reichskanzlerposten bereits eifrig befürwor-

167 Die oft diskutierten nahen Beziehungen zwischen Schleicher und dem Otto-Wolff-Konzern werden u. a. illustriert durch die bei Turner, *Faschismus*, S. 148 zitierten Dokumente.

tet, und als Vögler, der sein altes Alldeutschtum nun aufs praktischste zu bestätigen Gelegenheit erhielt, wenige Tage später auf dem Eisenhüttentag schließlich unverblümt ein Hitler-Kabinett forderte, wurde ihm nicht mehr widersprochen[168]. Aufgemuntert durch Papen, der dem Kanzler seine Beseitigung nicht zu vergessen vermochte und ihm ja auch sozialpolitisch opponierte, und erregt über den Schleicher-Kurs, der dem großen Besitz verdächtig war, begannen die sozialen Mächte, die Papens »kontrollierten Faschismus« gestützt hatten – Schwerindustrie und Großgrundbesitz, also die alten Träger der »Sammlungspolitik« – sich allmählich mit dem Gedanken einer Hitler-Führung vertraut zu machen[169]. Freilich fiel ihnen dies durchaus nicht leicht. Obwohl nunmehr nachgerade die gesamte Schwerindustrie mit wenigen Ausnahmen Schleicher mit Abneigung gegenüberstand, fürchteten doch die mehr unabhängigen Werke – besonders die großen Privatunternehmer wie Krupp, Hoesch, Haniel oder Klöckner, aber auch andere Großunternehmen wie z. B. die HAPAG – die wirtschaftliche Diktatur der Männer um den Stahlverein, die sich immer enger mit Hitler verflochten, viel zu sehr, um mit ihren politischen Wünschen einverstanden zu sein[170]. Im Zusammenhang hiermit ging es der NSDAP zunächst politisch wie finanziell schlimmer. Nach den Novemberwahlen, in denen ihre Stimmen von 37,4 der Gesamtstimmenzahl auf 31,1 sanken, wandten sich Kurt von Schröder, Bankier der Stahlverein-Gruppe, Albert Vögler, ihr Haupt, und Dr. Hjalmar Schacht, der seinen Posten als Leiter der Reichsbank seinem politischen Ehrgeiz geopfert hatte, an die führenden Industriekreise mit der Bitte, eine Petition zu unterzeichnen, in der Präsident von Hindenburg gebeten wurde, Hitler zum Kanzler zu machen[171]. Die Antwort, die sie außerhalb ihres – freilich nicht gar kleinen – Kreises fanden, war nicht ermutigend. Dr. Schachts Bericht an Hitler war in sehr vorsichtige Ausdrücke gekleidet: »Erlauben Sie mir, Ihnen zu dem starken Widerstand, den Sie [im Wahlkampf] geleistet haben, zu gratulieren«, schrieb er damals an Hitler[172]. »Ich zweifle nicht

168 Czichon, *Hitler*, S. 49.

169 Czichon, *Hitler*, ebd.; die Namen des »Papen-Flügels« der Industriellen sind mitgeteilt S. 181, Anm. 3.

170 Die Reise des Nazi-Finanzexperten Walter Funk durch die Ruhr Ende 1932, um Geld zu sammeln, wurde ein fast völliger Fehlschlag, denn der einzige größere Betrag waren 20-30 000 M, die Steinbrinck für Flick gab. Ein Versuch des Prinzen Salm-Horstmar, einer der alten Drahtzieher des deutschen Imperialismus, Gustav Krupp zur Zeichnung eines Briefes an Hindenburg zu veranlassen, der Hitlers Ernennung zum Kanzler empfahl, scheiterte ebenfalls.

171 Hallgarten, *Hitler*, S. 115; Wortlaut der Eingabe bei Czichon, *Hitler*, S. 69; s. auch Vogelsang, Reinhard, *Freundeskreis Himmlers*, S. 40 f.

172 Hallgarten, *Hitler*, S. 115 und Anm. 89.

daran, daß Sie Kanzler werden. Es scheint, als ob unser Versuch, eine Anzahl von Unterschriften aus Unternehmerkreisen für diesen Zweck zu sammeln, nicht gänzlich umsonst gewesen ist, aber ich glaube, daß die Schwerindustrie kaum teilnehmen wird, denn sie trägt ihren Namen »Schwerindustrie« zu recht, weil sie sich so schwer entschließt.«

Die Goebbels-Tagebücher dieser Wochen zeigen deutlich, wie sowohl die Moral als auch die finanzielle Stellung der Partei unter diesen Umständen auf einen unerhörten Tiefstand sanken und die Partei von einer Spaltung bedroht wurde. Allein, hier wandte sich das Blatt. Schleichers nun einsetzende Versuche, die Strasseranhänger der Partei sowie ferner die Gewerkschaften an seine Regierung heranzuziehen, scheiterten beide[173] – der eine am Widerstand Hitlers, und der andere an dem der sozialdemokratischen Linken – und ferner war der gemäßigte Flügel der Großindustrie, der Papen unterstützte, kaum weniger daran interessiert, einen völligen Zusammenbruch der NSDAP zu verhindern, als die Hitlerenthusiasten um die Vereinigten Stahlwerke. Dies ist der Hintergrund für das berühmte Treffen zwischen Hitler und von Papen am 4. Januar 1933 im Hause des bereits genannten Bankiers Kurt von Schröder in Köln, welches mit Recht als der Beginn der Entwicklung zum Dritten Reich gilt.

5.

Die Aussöhnung zwischen Hitler und von Papen ist kurz nach den Novemberwahlen (von 1932) von beiden Seiten ins Auge gefaßt[174] und durch eine Begegnung zwischen Papen und von Schröder eingeleitet worden, die am 10. Dezember ganz kurz nach Schleichers Ernennung zum Kanzler, anläßlich eines Vortrags stattfand, den Papen in Berlin hielt. Es ist nicht sicher, wer von den beiden zuerst den anderen angesprochen hat; Motive zur Besprechung hatten sie beide. Papen, wenn er das auch später abgeleugnet hat, fühlte sich durch Schleicher in den Rücken gestoßen und wollte sich rächen; gleichzeitig entsprach jedoch seine Haltung auch den Wünschen der hinter

---

173 Bracher, Dietrich Karl, *Die Auflösung der Weimarer Republik*, 3. Aufl., Villingen 1960, Kapitel 10 und 11; hier auch S. 689 ff., eine ausführliche Schilderung der sogleich zu besprechenden Begegnung Hitlers mit Papen, über die wir freilich nunmehr neues Mateial besitzen.

174 Czichon, *Hitler*, Dokument 6, Wilhelm Keppler an Kurt v. Schröder, 13. 11. 1932.

ihm stehenden Industrie, die sich im Falle des Weiterregierens von Schleicher um einen Teil des Profits der erwarteten Wirtschaftsankurbelung, gipfelnd in Aufrüstung, betrogen sah. Schröder andererseits hatte ein ebenfalls doppeltes und nicht geringeres Motiv: seit längerem ein starker Nazi, war er gleichzeitig durch seine leitende Stellung in dem altrenommierten Kölner Bankhaus J. H. Stein daran interessiert, Schleicher so rasch als möglich durch Hitler zu ersetzen, um so zu verhindern, daß die von dem Pflegekind der Steinbank, den Vereinigten Stahlwerken, und deren Haupt, Albert Vögler, mit dem Reichsvertreter von Flotow erörterte »Reprivatisierung« des Stahlvereins durch die Schleichersche Wirtschaftspolitik durchkreuzt wurde. In der Verkennung der Natur und Funktion der Steinbank und damit der Rolle Schröders besteht einer von Professor Turners schwersten Fehlern. Er stellt diese Rolle als unerheblich hin[175], ja von der Bank als solcher spricht er überhaupt nicht. Dabei bezeichnet Gossweiler – ein Mann der über Banken sicher etwas weiß – die Steinbank als eine der wichtgsten im ganzen Rheinland, bedeutsam kraft ihrer Verschmelzung von Chemieinteressen mit denen der Ruhr, durch die sie groß wurde, ja, als Bank des Stahlvereins[176]. Heinrich von Stein, das damalige Haupt der Bank, saß sowohl im Aufsichtsrat des Stahlvereins wie auch der Gelsenkirchen, während Kurt von Schröder als Schwiegersohn des bedeutenden Finanzmanns Richard Schnitzler, eines der Begründer der IG-Farben, sowohl dessen Einlage in der Steinbank, wie auch den Einfluß der Londoner Bank J.-Henry Schroeder verkörperte, die damals bereits das Hamburger Stammhaus Schroeder, aus dem Kurt von Schroeder kam, an Bedeutung überragte. Freilich stand die Steinbank nicht allein. Finanziell führend in der Stahlvereins-Frage, wie fast in allem, was die Montanindustrie betraf, war die seit 1929 aus den zwei größten deutschen Banken zusammengefügte Deutsche Bank und Diskontogesellschaft. Kurt von Schröder stand mit Vögler, als dem Leiter des Stahlvereins, bereits seit den Novemberwahlen über die Frage in Verbindung, wie man den Rest der Schwerindustrie dazu veranlassen könne, Hindenburg um Berufung Hitlers als Kanzler zu ersuchen; beide waren gleich Hjalmar Schacht betrübt, daß sich die von Vögler zu diesem Zwecke angegangenen Unternehmer so stur verhielten[177]. Um so glücklicher war Schröder über die plötzlich entstandene Aussicht, Papen und dessen mächtige Anhängerschaft für

175 Turner, *Faschismus*, S. 28.
176 Gossweiler, *Großbanken*, S. 352 f.
177 Czichon, *Hitler*, Dok. Nr. 13, »Vögler an Schröder, 21. 11. 1932«.

Hitler zu gewinnen; er setzte daher alles daran, die geplante Konferenz zwischen beiden zustande zu bringen, und legte in eifrigem Briefwechsel mit Hitlers Vertrautem, Wilhelm Keppler, der gleichzeitig der Vertrauensmann der Stahlsvereins-Gruppe für die NSDAP-Mitwirkung bei der »Reprivatisierung« des Stahlvereins war[178], die Einzelheiten für das Zustandekommen der Besprechung und deren möglichste Geheimhaltung fest, welch letztere bekanntlich nicht gelang.

Schon bei den Vorbereitungen für das Treffen standen wirtschaftliche Erwägungen hierbei fast im Vordergrund[179], und bei der Zusammenkunft selbst, die am 4. Januar 1933 stattfand und dazu führte, daß Papen bei Hindenburg zu intervenieren versprach, um eine Hitler-Papen-Regierung herbeizuführen[180], war das Wirtschaftliche von solcher Wichtigkeit, daß es wohl am besten ist, hierüber – schon angesichts der Bagatellisierung dieses gesamten Komplexes durch Turner – einige Sätze aus der eidesstattlichen Beschreibung des Ereignisses durch Schröder zu zitieren: »[Die Konferenz] wurde von mir arrangiert«, erklärte er 1947 in einem der dem Krieg folgenden Nürnberger Prozesse[181], »nachdem Papen mich ungefähr am 10. Dezember 1932 darum ersucht hatte. Bevor ich diesen Schritt unternahm, besprach ich mich mit einer Anzahl von Herren der Wirtschaft und informierte mich allgemein, wie sich die Wirtschaft zu einer Zusammenkunft der beiden stellte. Die allgemeinen Bestrebungen der Männer der Wirtschaft gingen dahin, einen starken Führer an die Macht kommen zu sehen, der eine Regierung bilden würde, die lange Zeit an der Macht bleiben würde. Als die NSDAP am 6. November 1932 ihren ersten Rückschlag erlitt und somit ihren Höhepunkt überschritten hatte, wurde eine Unterstützung durch die deutsche Wirtschaft besonders dringend. Ein gemeinsames Interesse der Wirtschaft bestand in der Angst vor dem Bolschewismus und der Hoffnung, daß die Nationalsozialisten – wenn an der Macht – eine beständige politische und wirtschaftliche Grundlage herstellen würden. Ein weiteres gemeinsames Interesse war der Wunsch, Hitlers wirtschaftliches Programm in die Tat umzusetzen, wobei ein wesentlicher Punkt darin

---

178 Hallgarten, *Hitler*, S. 131 f. Text der Anm. 79.

179 Czichon, *Hitler*, Dok. Nr. 6, »Keppler an Schröder, 13. 11. 1932«.

180 Papen hat es bereits damals – und zwar gegenüber Leuten, denen gegenüber er vorsichtig zu sein hatte – wie besonders auch nach der Hitlerzeit so dargestellt, als sei in Köln ein Kabinett Papen oder Papen–Hitler verabredet worden. Diese Version verdient keinen Glauben.

181 Die im Text zitierte Passage ist der Aussage Schröders vor dem sogenannten Krupp-Prozeß entnommen, aus dem englischen Prozeßbericht, S. 690.

lag, daß die Wirtschaft sich selbst lenken sollte zur Lösung der von der politischen Führung gestellten Probleme. Zur praktischen Durchführung dieses Programmpunktes erwartete man, wie es ja auch später geschah, daß die gesamte Wirtschaft auf einer neuen Basis organisiert werden würde ... Weiterhin erwartete man, daß eine wirtschaftliche Konjunktur durch die Vergabe von größeren Staatsaufträgen [angeregt] werden würde.« Die letzten Sätze deuten offenbar auf die Riesentransaktion der Reprivatisierung des Stahlvereins hin, über die damals Vögler vom Stahlverein, Flotow für das Reich, Steinbrinck für Flick und Keppler im Namen Hitlers, in dauernder Fühlung waren. Auf die positive Seite des Hitler-Papen-Programms eingehend, fuhr Schröder fort:

»In diesem Zusammenhang sind zu erwähnen: eine von Hitler projektierte Erhöhung der deutschen Wehrmacht von 100 000 auf 300 000 Mann, der Bau von Reichsautobahnen ... Aufträge zur Verbesserung des Verkehrswesens, insbesondere der Reichsbahn, und Förderung solcher Industrien wie Automobil- und Flugzeugbau und der damit verbundenen Industrien. Es war allgemein bekannt, daß einer der wichtigsten Programmpunkte Hitlers die Abschaffung des Versailler Vertrags darstellte und die Wiederherstellung eines in militärischer als auch in wirtschaftlicher Hinsicht starken Deutschlands ... Das wirtschaftliche Programm Hitlers war der Wirtschaft allgemein bekannt und wurde von ihr begrüßt.«

Also Ankurbelung der Wirtschaft, besonders durch Aufrüstung! Dies war natürlich auch das Programm Schleichers, freilich mit dem Unterschied, daß nach seinen Plänen der Profit aus der Aufrüstung in weit geringerem Grade, als von den Großunternehmern gewünscht wurde, in die Taschen ihrer Konzerne rollen sollte und daß das Reich zwecks Durchführung dieser mehr sozialen Rüstungspolitik aus seiner Kontrollposition in der Gelsenkirchen Nutzen zog. Also mußte Schleicher weg, und die Industrie – nicht nur die Mitglieder des Freundeskreises und die Männer um den Stahlverein sondern auch jene, welche nach Schacht es so schwer hatten, sich zu entschließen – begannen plötzlich zu entdecken, daß ihr Herz für Hitler schlug!

Am 7. Januar – drei Tage nach dem Treffen mit Hitler bei von Schröder in Köln – machte Papen, auf der Fahrt nach Berlin, wo er Hindenburg zu bearbeiten plante, in Dortmund halt und besprach seine Pläne mit von ihm rasch zusammengerufenen Mitgliedern der »Ruhrlade« – jenes geheimen Kreises ganz weniger industrieller Potentaten, der seit 1928 faktisch die Geschicke der deutschen Schwerindustrie leitete[182]. Nach Turner, der Einsicht in die Papiere zweier ihrer Mitglieder hatte, wies Papen – was er aus taktischen Gründen mehrfach getan zu haben scheint – auf sich selbst als mögliches Haupt einer Hitler-Papen-Reigerung hin. Wichtiger ist Turners Mitteilung, daß sich die großen Männer feindlich gegen Schleicher und dessen Wirtschaftspolitik äußerten und so den Papen-Kurs billigten. Turner zieht hieraus den Schluß, es sei »durchaus möglich, daß die Männer der ›Ruhrlade‹ durch ihre Einstellung zum Kabinett Schleicher den verhängnisvollen Lauf der politischen Ereignisse im Januar 1933 indirekt beeinflußt haben könnten«. Aber es gäbe keinen Beweis dafür, »daß sie irgend eine direkte Rolle gespielt hätten, oder gar an den Machenschaften beteiligt gewesen seien, die zu Ende jenes Monats Januar des Jahres 1933 zu Hitlers Ernennung als Kanzler führten«[183]. Diese Sätze sind unserer Meinung nach typisch für die Art, wie ein Historiker – und besonders jemand, der sich in der Analyse des Verhältnisses von Industrie zur Politik spezialisiert – eben Geschichte *nicht* schreiben darf. Turner übersieht vollständig, daß die Industriellen als solche mit einigen wenigen Ausnahmen nie persönlich politisch tätig werden, sondern dies den Berufspolitikern überlassen, die sie hierfür unterstützen und oft auch finanzieren.

Zu erwarten, daß damals die großen Unternehmer persönlich in die politischen Intrigen der letzten Januarwochen hätten eingreifen müssen, um das Urteil zu rechtfertigen, sie hätten Hitler zur Macht gebracht, ist ebenso naiv wie absurd. Für das zu vollbringende Schmutzwerk brauchte man nicht sie, sondern ihre Vertrauensleute, einen Hugenberg und vor allem Papen. Die Ruhrlade wußte, daß Papen, den sie als ihren politischen Sachwalter ansah, auf eine Diktatur mit Hitlers Beteiligung hinsteuerte, wie auch immer das Kabinett im einzelnen aussehen mochte. Was den Stahlverein angeht, so wurde das Vögler-Flotowsche Reorganisationswerk – wie gezeigt, ein Riesen-Fischzug für die beteiligten Unternehmer – wie geplant 1933/34 unter Hitler durchgeführt[184].

Von größerem Interesse als der zitierte Kommentar Turners zu den von ihm ans Licht gezogenen Akten sind seine Angaben, daß die Sitzung in Dortmund unter anderem von Vögler und von Springorum (Hoesch) besucht war. Konrad Heiden, der erste Schriftsteller von Rang, der den Flair hatte, Hitler – lange vor dessen Machtübernahme

182 Turner. *Faschismus*, S. 150 f.

183 Turner, *Faschismus*, S. 152.

184 Klass, *Vögler*, S. 224-229, sowie besonders Schwerin v. Krosigk, *Gr. Zeit des Feuers*, Bd. 2, S. 508-531.

– ernst zu nehmen, und der als rechte Hand seines Chefs, des bekannten Zeitungshistorikers Dr. Otto Groth, die »Frankfurter Zeitung« bis 1933 in München vertrat, schrieb kurz darauf, die NSDAP sei damals unmittelbar nach »Köln« von einem Konsortium unter Leitung der beiden genannten Industriellen aus finanziellen Nöten gerettet worden[185]. Die auf Aktenstudien gestützten Mitteilungen Turners zeigen, daß Heiden, den er stets als einen »Journalisten« abtut, recht gut unterrichtet war. Ob der Geldstrom von jenen beiden Unternehmern und aus Dortmund kam, läßt sich freilich nicht beweisen. Möglicherweise hat Schröder Hitlers Wechsel diskontiert, worauf ein merkwürdiger Passus in den Memoiren Brünings hindeuten mag[186]. Wie dem auch sei, Hitler hielt finanziell durch, und sobald er an der Macht war, begannen die industriellen Quellen reichlich zu sprudeln.

Vielleicht die größte Hilfe, die er damals politisch erhielt, war die Agrarpolitik des Kanzlers von Schleicher, die im Grunde den Kurs Brünings fortführte. Sie bestand darin, daß das Reich, statt den Agrariern, besonders denen Ostelbiens, als »notleidend« durch die sogenannte »Osthilfe« beizuspringen, solche Mittel zum Zwecke der Siedlung benutzte. Der Ärger der Agrarier über Schleichers Politik auf diesem Gebiet, die besonders von dem Sachverständigen Dr. Gereke befürwortet wurde, hat Schleicher mehr geschadet als irgend etwas anderes. Der Druck der Junker auf Hindenburg, der ja durch die Schenkung des Gutes Neudeck selbst zum Agrarier geworden war, diesen Kurs zu stoppen, hat Papens Vorstoß gegen Schleicher erleichtert[187]. Damit war noch einmal etwas wie die »Sammlungspolitik« in Er-

---

185 Heiden wanderte sogleich nach Hitlers Regierungsantritt aus Deutschland aus. Die betreffende Angabe befindet sich u. a. in seinem Buch *Hitler*, Zürich 1936, S. 326. Aufgrund dieser Angabe hat Hallgarten (sie – wie er ausdrücklich sagt – mit einer dokumentarischen Angabe aus den späteren Nürnberger Prozessen verbindend) den Schluß gezogen, die Industriellen hätten damals eine Million Mark bei der Steinbank für die NSDAP eingezahlt. Turner hat darauf hingewiesen, daß diese Ziffer sich auf eine spätere Zeit bezieht. Hallgarten ist Turner für diese Richtigstellung verpflichtet.

186 Brüning teilt in seinen *Memoiren*, S. 641, mit, nach damals im Umlauf gewesenen Gerüchten habe Papen damals, um Hitler kirre zu machen, durch Schröder Wechsel im Nominalbetrag von sieben Millionen Mark aufkaufen lassen, welche die NSDAP ausgestellt habe.

187 Daß bei Hindenburg jedoch nicht nur agrarischer, sondern auch industrieller Einfluß im Spiel war, wird durch die Memoiren des Hamburger Großkaufmanns Emil Helfferich (*1932-1946; Tatsachen*, Jever 1968, S. 19) bestätigt, wonach Hindenburg über das Zustandekommen der Industriellen-Eingabe laufend unterrichtet wurde und sich am 30. Januar 1933 unmittelbar vor Hitlers Empfang davon überzeugte, daß die Eingabe vorlag.

scheinung getreten: Die Junker und die Schwerindustrie wirkten vereint. Ihr Ziel war, das neue Kabinett so zu gestalten, daß es zwar Schleicher und seine Leute ersetzte, allein die politische Macht sehr wesentlich in die Hände Papens und besonders auch der Deutschnationalen Partei des Reichstages legte, der politischen Repräsentantin der Sammlungspolitiker, an deren Spitze Hugenberg stand. Politisch gelang dies freilich nicht, da Hitler mit den wenigen Leuten, die er in dieses Kabinett senden durfte, schließlich die Männer überlistete, die sich als seine weisen Aufseher fühlten, allein sozial gesehen, bestand die »Sammlung« von Industrie und Großgrundbesitz auch weiterhin fort. Die Ereignisse von 1934 – Hitlers Zertrümmerung des linken Flügels seiner Partei unter dem Druck der Generäle und des Großteils der Oberschichten – sollte beweisen, daß auch er nicht umhin konnte, sich diesen Mächten anzupassen. Ihr Prestige wich erst am 20. Juli 1944, als der Versuch des Adels und Großgrundbesitzes, und mancher mit diesen Mächten verknüpften Einzelpersonen, sich Hitlers zu entledigen, ehe die Russen eindrangen, in Blut und Grauen endigte, und nur die Industrie als soziale Großmacht übrig blieb.

Exkurs: Über die Möglichkeit und Unmöglichkeit von Faschismus-Theorie von Joachim Radkau (1981)

Hallgarten war im allgemeinen zurückhaltend mit der Verwendung von »Faschismus« als einem Oberbegriff, der nicht nur die italienische Bewegung meint, sondern auch den Begriff »Nationalsozialismus« ersetzt; ich bin ihm in dieser Zurückhaltung gefolgt. Die eher skeptische Position gegenüber der Verallgemeinerung des »Faschismus«-Begriffes teilte Hallgarten mit vielen anderen deutschen Emigranten.[1] Während die

1 Radkau, J., *Die deutsche Emigration in den USA*, Düsseldorf 1971, S. 223ff.

Neue Linke der 1960er Jahre bei »Faschismus« vor allem an Deutschland, nicht an Italien dachte, wurde um 1933 mit dem »Faschismus«-Begriff noch bewußt eine Übertragung der italienischen Erfahrung auf Deutschland verbunden. Nun konnte es vor 1933 ironisch-entlarvend wirken, wenn man bei Hitler ein Imitationsverhalten gegenüber dem römischen Duce aufzeigte; nach 1933 dagegen sahen sich gerade viele Emigranten fatal in die Irre geführt, wenn sie geglaubt hatten, vom italienischen Faschismus her – der nun neben der NS-Diktatur fast harmlos wirkte – Prognosen für ein nationalsozialistisches Deutschland stellen zu können. Diese Erfahrung konnte zu einer entschiedenen Ablehnung von Faschismus-Theorien führen.

Eine heutige Faschismus-Theorie darf nicht hinter diese Erfahrung zurückfallen; sie sollte nicht so angelegt sein, daß Terror und Totalitarismus, Judenvernichtung und Entfesselung eines größenwahnsinnigen Krieges wie nebensächliche, theoretisch uninteressante Akzidenzien erscheinen. Zugleich brauchte der Allgemeinbegriff »Faschismus« aber auch ein strikt komparatistisches Fundament; der deutsche Nationalsozialismus allein reicht als Grundlage nicht aus. Diese beiden Kriterien werden bis heute am besten von der Faschismus-Theorie Ernst Noltes erfüllt.[2] Hierbei handelt es sich jedoch um eine im Kern geistesgeschichtliche Theoriebildung; ein Faschismus-Begriff mit historischem Tiefgang dagegen müßte eine gesellschaftliche Substanz besitzen. Nun ist den neomarxistischen Theorieansätzen eine solche Substanz durchaus zu eigen; aber sie erscheinen durchweg unter den beiden erstgenannten Kriterien unbefriedigend. Allen drei genannten Kriterien zugleich gerecht zu werden ist prinzipiell schwierig: Der Stand der wirtschaftlichen und gesellschaftlichen Entwicklung war nun einmal in den Ländern, in denen faschistische Bewegungen besondere Bedeutung erlangten – außer Deutschland und Italien wäre noch an Spanien, Rumänien, Ungarn und Kroatien zu denken –, höchst unterschiedlich; andererseits bewirkte keine andere faschistische Bewegung eine Katastrophe von solchen Dimensionen wie der deutsche Nationalsozialismus. Dennoch ist nicht auszuschließen, daß es künftig einmal eine sozialhistorisch befriedigende Faschismus-Theorie geben wird; nur muß sie sich der bezeichneten Problematik bewußt sein. Im folgenden werden einige Vorüberlegungen zu einer möglichen Theorie kurz skizziert.

Zunächst soll versucht werden, die im deutschen Nazismus wirksamen gesellschaftlichen Triebkräfte und die Art ihres Zusammenwirkens mo-

---

2 Nolte, E., *Der Faschismus in seiner Epoche. Action Française – Italienischer Faschismus – Nationalsozialismus*, Erstausgabe München 1963.

dellhaft – und daher vereinfachend – zu bestimmen. Für den Historiker stellt sich der Nationalsozialismus zunächst als synthetisches, aus unterschiedlichen Traditionen und Interessen gespeistes Phänomen dar. Erhard Eppler hat treffend hervorgehoben, daß eben dies zum Wesen des Nazismus gehörte: »Neu am Nazismus waren weder Gedanken noch Ressentiments, neu war die ebenso unlogische wie wirksame Bündelung heterogener Strukturen ... Der ideale Vollnazi, der ausnahmslos alle NS-Parolen geglaubt hat, war selten.«[3] Faschismus-Theorien sind auf dem Holzweg, wenn sie diese Einsicht verstellen und den Eindruck erwecken, als gebe es unter den menschlichen Verhaltensweisen *den* faschistischen Regeltypus, *die* faschistische Sozialisation oder gar (eine Ansicht, zu der der vielgelesene Theweleit[4] verführt) *das* faschistische Sexualverhalten. Daraus ergibt sich, nebenbei gesagt, auch eine wichtige pädagogische Konsequenz für das Verhalten gegenüber heutigen Jugendlichen, die die Identifikation mit dem Faschismus suchen: Statt ihnen ihr faschistisches Selbstverständnis bereitwillig abzunehmen und sie eilfertig als »Neofaschisten« abzustempeln und zu attackieren, sollte die historische Aufklärung lieber darauf zielen, ihnen gegenüber richtigzustellen, daß der Faschismus in Wahrheit nicht viel Stoff für persönliche Identität hergibt.
Nun ist die Erkenntnis, daß der Nazismus ein komplexes Phänomen war, als solche banal. Man kann sich mit ihr nicht als Endresultat zufriedengeben, sondern muß weiterfragen, welche Kräfte die entscheidenden Bestandteile der Komplexion waren, nach welchem System diese funktionierte und mit welcher Gesetzmäßigkeit sich die Katastrophe entwickelte. In der vorliegenden Untersuchung wird die Großindustrie als Gravitationszentrum der Entwicklung hervorgehoben. Das soll nicht den Eindruck erwecken, als ließe sich der Nazismus als solcher direkt aus dem Wesen und der Interessenlage der Großindustrie deduzieren; vielmehr wird im zweiten Teil des Buches immer wieder gezeigt werden, wie gerade die ungeklärte Divergenz zwischen großindustriellen und spezifisch nazistischen Zielen zur Entfesselung des Zweiten Weltkriegs wesentlich beitrug. Von Anfang an entwickelte sich der NS-Imperialismus – und er war und blieb der Kern nationalsozialistischer Politik, dem alle anderen Ziele untergeordnet wurden – in einem Spannungsfeld zwischen den Interessen und Aktionsmöglichkeiten der Großindustrie einerseits und den Defensivstrategien der Agrarier und weiterer protektionsbedürftiger Schichten

3 Eppler, E., *Spannungsfelder. Beiträge zur Politik unserer Zeit*, Stuttgart 1968, S. 78f.
4 Theweleit, K., *Männerphantasien. Frauen, Fluten, Körper, Geschichte*, Bd. 1 Frankfurt a. M. 1977.

andererseits; es war jenes Spannungsfeld, das seit der Bismarckzeit die deutsche Politik bestimmte. Der Umstand, daß ein simples Schutzzollbündnis wie unter Bismarck und Bülow als Grundlage einer rechtsgerichteten »Sammlung« längst nicht mehr taugte, führte zu exzentrischen Lösungsversuchen. In dem germanisch-introvertierten Gestus der NS-Ideologie schlugen sich die Ängste protektionssuchender Schichten nieder; die gerade in den 1920er Jahren gewaltig expandierte Großindustrie dagegen drohte in einem autarken, vom Ausland abgeschnittenen Deutschland zu ersticken. Autarkie war für die deutsche Wirtschaft nicht innerhalb der bisherigen Grenzen, sondern nur in einem erheblich ausgeweiteten »Großwirtschaftsraum« erträglich, und diese Notwendigkeit wurde vom Nationalsozialismus antizipiert. Für die protektionistischen Schichten andererseits wäre ein lediglich mit ökonomischen Mitteln beherrschter »Großwirtschaftsraum« nicht zu ertragen gewesen, denn auch sie mußten befürchten, am Ende zu den Opfern der neuen Wirtschaftsdimensionen zu gehören. Wenn schon imperiale Expansion, dann ergab sich aus ihrem Interesse, daß von Deutschland direkte und brachiale Herrschaft ausgeübt wurde – und auch dies war im Nationalsozialismus von vornherein angelegt.[5] So läßt sich in groben Zügen die gesellschaftliche Mechanik, die im Nazismus wirksam war, begreifen. Einen ähnlich zusammengesetzten Grundzug weist das Spektrum der Mentalitäten auf, das den NS-Imperialismus prägte: Die statusbedrohten Schichten brachten den Haß und das Ressentiment der Bedrängten ein, während die kleinbürgerlichen Ängste und Hemmungen, die mit dieser Mentalität gewöhnlich als Bremser verkoppelt sind, im NS-Syndrom überspielt wurden. Aufstrebende Wirtschaftskreise brachten in das Syndrom die technokratische Routine des rücksichtslosen Organisierens, der Verdrängung des Schwächeren, der globalen Operation ein. Bis in die Judenverfolgung hinein läßt sich die Wirksamkeit dieses Syndroms verfolgen: Der Antisemitismus war ursprünglich ganz ein Charakterzug der statusbedrohten Schichten, aber die Großindustrie und Hochfinanz waren es, die aus dem abstrusen kleinbürgerlichen Judenhaß ein großes Geschäft und eine Strategie zur Durchdringung der von Deutschland besetzten Gebiete zu machen vermochten.[6]

Kein Zweifel, »Faschismus« und »Kapitalismus« haben viel miteinander zu tun. Aber kann man ihre Beziehung auf einen allgemeinen Begriff

5 Radkau, J., *Entscheidungsprozesse und Entscheidungsdefizite in der deutschen Außenwirtschaftspolitik 1933–1940*, in: *Geschichte und Gesellschaft*, 2/1976, S. 63ff.

6 Vgl. den Anhang der Erstausgabe von Hallgarten/Radkau, *Deutsche Industrie und Politik*, S. 534f.

bringen? In der Neuen Linken geriet die Faschismus-Diskussion mitunter zu einer Art Gesellschaftsspiel, bei dem derjenige am meisten galt, der am reinsten immanent-logisch den Begriff »Faschismus« aus dem Begriff »Kapitalismus« abzuleiten wußte; aber dieses für den Historiker irritierende Spiel hat am Ende nur wenig überzeugende Ergebnisse hinterlassen. Der simple Umstand, daß faschistische Bewegungen außerhalb Deutschlands gerade in den hochkapitalistischen Ländern bedeutungslos blieben und nur in weniger entwickelten Staaten Macht gewannen, hätte von einem derartigen kapitalismustheoretischen Abstraktionsniveau von vornherein abhalten sollen.

Der komparatistische Zugang ist am ehesten geeignet, die Suche nach allgemeinen gesellschaftlichen Bedingungen des Faschismus in Richtung des *Agrarkapitalismus* zu lenken. Mit Recht wundert sich Heinrich August Winkler über die Vernachlässigung der Agrarier in der faschismustheoretischen Diskussion.[7] Die prägende Bedeutung agrarischer Einflüsse für die Faschismen ist sehr augenfällig, ob in Deutschland, Italien, Spanien oder Rumänien. Charakteristische Elemente des Faschismus – ob seine Sozialromantik, seine Verherrlichung brachialer Gewalt oder sein Antisemitismus – lassen sich von dorther am leichtesten erklären und historisch orten. Die Theoriediskussion hat um diesen Faktenkomplex vermutlich aus dem Grunde oft einen Bogen gemacht, weil das Phänomen »Faschismus« mit den Agrariern zu sehr in Bereiche des »Vorkapitalistischen«, »Feudalen«, ja »Archaischen« abgeschoben schien; aber dieser Eindruck trügt: Auch der Agrarbereich unterliegt seit langem kapitalistischen Einflüssen. Immanuel Wallersteins Gesamtschau des »modernen Weltsystems« hat dazu angeregt, neben der Industrialisierung auch die Durchkapitalisierung der agrarischen Welt als bestimmenden Vorgang der neuzeitlichen Geschichte zu begreifen.[8] Hier ist am ehesten der welthistorische Rahmen sowohl für die Faschismen als auch für die reichsdeutsche Tradition der »Sammlungspolitik« zu suchen. Im Hinblick darauf ist im übrigen auch neuerlichen Kritiken (Geoff Eley, Helga Grebing) an einer Überbetonung des »deutschen Sonderweges« recht zu geben.[9]

Nun kann an dieser Stelle mitnichten eine perfekte Faschismus-Theorie auf agrarkapitalistischer Basis geboten werden; dazu ist dieser Bereich

---

7 Winkler, H. A., *Revolution, Staat, Faschismus*, Göttingen 1978, S. 72 ff.

8 Wallerstein, I., *The Modern World-System. Capitalist Agriculture and the Origins of the European World-Economy in the 16th Century*, New York u. a. 1974.

9 Eley, G., *Deutscher Sonderweg und englisches Vorbild*, in: D. Blackbourn/G. Eley, *Mythen deutscher Geschichtsschreibung*, Frankfurt a. M. u. a. 1980. H. Grebing, *Aktuelle Theorien über Faschismus und Konservatismus. Eine Kritik*, Stuttgart u. a. 1974, S. 49 ff.

noch zu wenig erforscht und durchdacht. Beachtung verdient immerhin folgender Umstand: Im Agrarbereich wird, zumal bei traditionalistischer Produktionsweise, besonders deutlich, daß die kapitalistische Wirtschaftsweise – hierin von vorkapitalistischen Wirtschaftsformen unterschieden – nur unzureichend fähig ist, auch »Gesellschaft« im vollen Sinne – als reproduktionsfähige Gemeinschaft, Lebensform und Herrschaftsstruktur – hervorzubringen. Das gilt aber nicht nur für den Agrarkapitalismus, sondern mehr oder minder für den Kapitalismus überhaupt: Das Gewinnstreben als solches ist antisozial und isolierend; wenn man von »kapitalistischer Gesellschaft« spricht, so darf man doch nicht vergessen, daß der Kapitalismus in gesellschaftlicher Hinsicht auf Ressourcen außerhalb der Kapitalbeziehungen zurückgreifen muß. Das soziale Vakuum des Kapitalismus ist sein Freiheitspotential, aber auch seine Gefahrenzone. Hier ordnen sich die Faschismen ein: nicht von einem inneren Wesen des Kapitalismus, sondern von seinem sozialen Defizit sind sie herzuleiten.[10] Eben die durchaus unkapitalistische Gemeinschaftsideologie machte die Faschismen dazu geeignet, als soziales Supplement kapitalistischer Strukturen zu fungieren.

Eine seit langem beliebte Verquickung von Marxismus und Systemtheorie pflegt in allen gesellschaftlichen Phänomenen – ob Familie, Bildungswesen oder parlamentarische Institutionen – Emanationen des »kapitalistischen Gesellschaftssystems« zu sehen. Im Gegensatz dazu erscheint es mir von großer theoretischer wie praktischer Bedeutung, daß alle auf solidarische menschliche Beziehungen angelegten Lebens- und Gesellschaftsformen sich ihrer – auch historisch begründbaren – Eigenständigkeit bewußt werden. Daß in der ökologischen Bewegung ein Reservoir von Werten, die traditionell als romantisierendes Beiwerk der agrarisch-industriellen »Sammlung« figurierten, sein Eigenbewußtsein gewonnen hat, könnte ein bahnbrechendes Ereignis sein – aber die Geschichte lehrt, daß nicht makrohistorische Deduktionen, sondern nur die intensive Beobachtung und Erfahrung der Gegenwart zuverlässige Orientierungen zu geben vermögen.

---

10 Vgl. darüber den Anhang der Erstausgabe dieses Buches, S. 528 ff.

Die hypothetischen Imperative …

... sagen mir: Wenn du deinen Hunger stillen willst, so mußt du essen; wenn du deinen Durst löschen willst, so mußt du trinken; wenn du dir ein sorgloses Alter bereiten willst, so mußt du in deiner Jugend arbeiten und sparen; in summa: wenn du glücklich werden willst, so mußt du dieses und jenes tun und dieses und jenes meiden. Wer diesen hypothetischen Imperativen folgt, der ist darum noch kein guter, sondern nur ein kluger Mensch, der in richtig berechnender Weise die Mittel zu wählen weiß, die zu dem egoistischen Zwecke der eigenen Glückseligkeit im einzelnen wie im ganzen die dienlichsten sind (Paul Deussen, Die imperative Form der kantischen Ethik).

Zweiter Teil

Von der nationalsozialistischen Machtergreifung bis zur Gegenwart

von Joachim Radkau

1. Die Kooperation von Großindustrie[1] und NS-Regierung spielt sich ein

1.1 *Lehren der Weltwirtschaftskrise: Zerschlagung der Hoffnungen auf Rückgewinn der deutschen Weltstellung durch wirtschaftliche Expansion*

In Hitlers ursprünglichem Verhältnis zur Großindustrie läßt sich ein Element der Eifersucht und Rivalität erkennen, entspringend aus der Sorge, die Industriegewaltigen könnten dem NS-Führer als Retter Deutschlands zuvorkommen. Ausführlich verbreitet er sich in *Mein Kampf* über den »Unsinn«, den die Vorstellung einer »wirtschaftlichen Eroberung« enthalte[2]; mit heftigen Worten polemi-

1 Zur Definition des »Großunternehmens« vgl. Breitling, Rupert, »Politische Pression wirtschaftlicher und gesellschaftlicher Kräfte in der Bundesrepublik Deutschland«, in: *Die Gesellschaft in der Bundesrepublik, Analysen*, H. Steffen (Hrsg.) 1. Teil, Göttingen 1970 (kl. Vandenhoeck-Reihe 312), S. 82 ff. Die »Großindustrie« ist keine theoretische Konstruktion, sondern spätestens seit den zwanziger Jahren auch ein den Quellen zu entnehmender Begriff; realiter existierte das »System der modernen industriellen Großunternehmen« bereits seit der Mitte der 1890er Jahre (vgl. H.-U. Wehler, *Das Deutsche Kaiserreich 1871-1918*, Göttingen 1973, S. 50). In der vorliegenden Untersuchung soll der Begriff nicht so sehr Unternehmen von einer ganz bestimmten quantitativen Größenordnung bezeichnen, wie vielmehr jenen – im ganzen klar erkennbaren – Kreis von Unternehmen, die sich – ob aufgrund ihrer Größe, ihrer Tradition oder ihrer Relevanz für Außenhandel oder Wehrwirtschaft – in der Politik relativ direkt, d. h. nicht unbedingt auf dem Wege über Verbandsleitungen, und relativ kontinuierlich zur Geltung bringen konnten. Über die Konstanz dieser wirtschaftlichen Oberschicht um 1930 vgl. Treue, Wilhelm, *Der deutsche Unternehmer in der Weltwirtschaftskrise 1928-1933*, S. 91 f. – Der Begriff »NS-Führung« empfiehlt sich als »mittlere Ebene« zwischen einerseits der Person Hitlers, andererseits der in ihrer Zusammensetzung sehr uneinheitlichen NSDAP insgesamt. Vgl. Zapf, Wolfgang, *Wandlungen der deutschen Elite. Ein Zirkulationsmodell deutscher Führungsgruppen 1919-1961*, Tübingen 1965 (Studien zur Soziologie 2), S. 125: »Die immobilste Elitegruppe, die Deutschland in diesem Jahrhundert gesehen hat, war die Reichsleitung der NSDAP.« Für die Führungsschicht des italienischen Faschismus gilt offenbar nicht ganz das Gleiche: vgl. Deakin, F. W., *Die brutale Freundschaft Hitler, Mussolini und der Untergang des italienischen Faschismus* (aus dem Engl.), Köln 1964, S. 57, 66.

2 Hitler, Adolf, *Mein Kampf*, München 263./264. Auflage 1937, S. 257.

siert er gegen eine seinerzeitige Äußerung Stinnes', »daß die Wirtschaft als solche allein in der Lage wäre, Deutschland wieder aufzurichten«: dieser »Unsinn«, den Stinnes da »verzapft« habe, habe die »unglaublichste Verwirrung« angerichtet, indem er »in staunenswerter Schnelligkeit zum Leitmotiv all der Kurpfuscher und Salbader« geworden sei, »die das Schicksal seit der Revolution als ›Staatsmänner‹ über Deutschland losgelassen hatte«[3]. Allerdings bezeichnete Otto Wagener 1931 im *Wirtschaftspolitischen Pressedienst* der NSDAP die »Expansion der Schlüsselindustrie« als einen »Teil der nationalen Machtentfaltung«.[4] Zugleich aber wiederholte Hitler Anfang 1932 vor dem Düsseldorfer Industrieklub seine Überzeugung, daß die Ansicht, »man könne auch wirtschaftlich die Welt erobern«, »einer der größten und grimmigsten Trugschlüsse« sei, die es gebe. Es weist in die Zukunft, wenn Hitler in diesem Zusammenhang – angeblich einen »berühmte(n) Engländer« referierend – »diese wunderbare Vermählung von wirtschaftlichen Erwerbungen mit politischer Machtbefestigung, und umgekehrt der politischen Machterweiterung mit sofortiger wirtschaftlicher Inbesitznahme« rühmt, die die britische Politik beim Aufbau des Empires charakterisiert habe[5]. Noch nach der Machtergreifung, am 20. September 1933 vor dem Generalrat der Wirtschaft, hebt Hitler hervor: »... zu allen Zeiten war das Schwert der Wegbereiter des Pfluges, war die Macht die Wegbereiterin der Wirtschaft.«[6]

Hitler täuschte sich offenbar nicht, wenn er in verbreiteten Anschauungen der Unternehmerschaft in den zwanziger Jahren die Prioritäten eher umgekehrt gesetzt sah. Gerade das von Hugo Stinnes geschaffene Modell großindustriellen Führertums und abenteuernder Expansivität war dazu angetan, die Eifersucht eines Hitler zu wecken. Eine 1924 erschienene Schrift des schon von Hallgarten erwähnten Agitators Eduard Stadtler mit dem Titel *Der Unternehmer als Führerpersönlichkeit* hat vor allem den verstorbenen Stinnes im Auge, wenn sie die Überzeugung vertritt, daß eine vom Unternehmertum erstellte »Führerkraft« imstande sei, »zur erlösenden Befriedigung der vom Volke harrend ihr entgegengebrachten Sehnsucht [zu] gelangen«: Stadtler glaubt zu erkennen, daß »in den

---

3 Hitler, *Mein Kampf*, S. 257 f.

4 Bracher/Sauer/Schulz, *Die nationalsozialistische Machtergreifung. Studien zur Errichtung des totalitären Herrschaftssystems in Deutschland 1933/34*, Köln/Opladen, 2. Aufl. 1962, S. 396 (G. Schulz).

5 Domarus, Max, *Hitler, Reden und Proklamationen 1932–1945*, 4 Bde., München 1965, Bd. 1, S. 75.

6 BA, R 43 II/321, Bl. 112.

letzten Jahren die allgemeine Sehnsucht nach dem Führer das Auge der Menschen immer wieder nach dem Typus des führenden Mannes der Industriekonzerne lenkte«; Stinnes' Schicksal lasse »ahnen, bis zu welchem Grade der große Wirtschaftler heute geschichtlicher Mittelpunkt werden kann«, und die Konzernleiter hätten »keine größere Aufgabe« als »das Nacherleben des Schicksals dieser großen Persönlichkeit«.[7] Die Konzeptionen führender Weimarer Politiker kamen – wie auch im Zerrspiegel der Hitlerschen Polemik erkennbar – der Auffassung von der initiatorischen Rolle der großindustriellen Expansion entgegen. So war es, wie Hildebrand bemerkt, ein Plan Stresemanns, »Politik mit der Schwungkraft des ökonomischen Hebels zu machen« und die deutsche Wirtschaftsmacht zur Wiederherstellung der deutschen Großmachtstellung einzusetzen[8]. Auch Hjalmar Schacht hatte eine Zeit, da er meinte, der Neuerwerb eines Kolonialreiches für Deutschland ließe sich »mit großen privilegierten kolonialen Unternehmergesellschaften unter vorläufigem Verzicht auf staatliche Hoheit über überseeische Gebiete«, so Hildebrand, verwirklichen[9].

Voraus geht die allgemein festzustellende Steigerung des Selbstbewußtseins der Industriellen durch den Ersten Weltkrieg: anders als das Heer, das zur Wiederherstellung seines Selbstbewußtseins der Dolchstoßlegende bedurfte, und die Landwirtschaft, die die deutsche Bevölkerung im Kriege nicht hinreichend zu ernähren vermocht hatte, präsentierte sich die deutsche Großindustrie mit dem guten Gewissen, daß es an ihr nicht gelegen hatte, wenn der Krieg verlo-

7 Stadtler, Eduard, *Der Unternehmer als Führerpersönlichkeit. Eine politisch-psychologische Untersuchung*, Hannover 1924, S. 7, 42, 44 f.; vgl. auch einen damaligen Vortrag des Grafen Keyserling im Dortmunder Industrieklub mit dem Thema »Wirtschaft und Weisheit«, referiert in: Stein, Gustav (Hrsg.), *Unternehmer in der Politik*, Düsseldorf 1954, S. 86; Weber, Alfred, *Die Krise des modernen Staatsgedankens in Europa*, Berlin/Leipzig 1925, S. 124 f. Friedrich Naumann vertrat in einer Fraktionssitzung der Demokratischen Partei am 2. 3. 1919 die Auffassung, die zur Wiederherstellung geordneter Verhältnisse erforderlichen »großen Persönlichkeiten« müßten »nicht aus Kreisen der Demokratie, sondern aus dem großen Unternehmertum kommen«. (Zit. n. Lothar Albertin, *Faktoren eines Arrangements zwischen industriellem und politischem System in der Weimarer Republik 1918-1928*, Referat auf dem Internat. Symposium in Bochum, Juni 1973, S. 4.)

8 Klaus Hildebrand in: *FAZ*, 26. 9. 72, S. 23, Rez. von Werner Weidenfeld, *Die Englandpolitik Gustav Stresemanns . . .*, Mainz 1972.

9 Hildebrand, Klaus, *Vom Reich zum Weltreich. Hitler, NSDAP und koloniale Frage 1919-1945*, München 1969 (Veröffentlichungen des hist. Instituts der Universität Mannheim I), S. 205 (Vortrag Schachts am 24. 3. 1926 vor der dt. Kolonialgesellschaft).

ren wurde[10]. 1923, als Hitlers erster Griff nach der Macht kläglich mißglückte, brachte der Ruhrkampf einige Schwerindustrielle zu einer bis dahin nicht gekannten Popularität[11]. Noch 1931, auf dem Höhepunkt der Wirtschaftskrise, wurde der »Ruf nach einer Wirtschaftsdiktatur unter Schacht, Krupp, Vögler und Seeckt« vernehmbar[12]. Die hier umrissene – theoretisch naheliegende – Allianz von Schwerindustrie und Reichswehr kam damals in politisch handlungsfähiger Form jedoch nicht zustande; der Wehrmachtsvertreter Schleicher verfolgte im Gegenteil als Reichskanzler eine Politik, die die Industrie alarmierte. Jedoch war die vor 1914 der Ruhrindustrie mitunter drohende Gefahr der Isolierung längst gebannt. Der ruhrindustrielle »Langnam«-Verein begann, wie Winschuh sagt, während der zwanziger Jahre in benachbarte Regionen und in die verarbeitende Industrie überzugreifen und vermochte dank innerer Konsolidierung gerade in den letzten Jahren vor 1933 »wuchtiger« und in einer »robusteren Art« als bisher aufzutreten[13]. Allgemein war seit 1919 durch die Gründung des RDI, der den voraufgehenden Verbands-Dualismus beseitigte, eine Großindustrie als geschlossene Macht vorstellbar geworden.

Als soziologisches Moment kam hinzu, daß den Wirtschaftsführern nach 1918 – durch den Abstieg der adlig-höfischen Gesellschaft und den Ruin vieler alter Vermögen durch die Inflation – der Weg an die Spitze auch der gesellschaftlichen Pyramide offenstand[14]: dieser Umstand mußte zusätzlich die großindustriellen Ambitionen erhöhen.

Die Wirtschaftsdepression zerstörte jedoch die Hoffnung, durch

---

10 Vgl. Jakob W. Reichert in: *Ruhr und Rhein*, 25. 7. 1941, S. 465 (BA, R 13 I/616); Mendelssohn-Bartholdy, Albrecht, *The War and German Society. The Testament of a Liberal*, New Haven (Yale UP) 1937 (Economic and Social History of the World War, German Series), S. 195 ff.

11 Thyssen, Fritz, *I Paid Hitler*, New York/London 1941, S. 99. Über Hitlers Reaktion auf diese Ereignisse vgl. Kuhn, Axel, *Hitlers außenpolitisches Programm. Entstehung und Entwicklung 1919-1939*, Stuttgart 1970, S. 75 ff.

12 Schmidt, Paul, *Statist auf diplomatischer Bühne 1923-45. Erlebnisse des Chefdolmetschers im Auswärtigen Amt mit den Staatsmännern Europas*, S. 211, 49.

13 Winschuh, Josef, *Der Verein mit dem langen Namen. Geschichte eines Wirtschaftsverbandes*, Berlin 1932, S. 175, 181. Vgl. dazu neuerdings Bernd Weisbrod, *Zur Form schwerindustrieller Interessenvertretung in der zweiten Hälfte der Weimarer Republik*, Referat auf dem Internat. Symposium in Bochum, Juni 1973, S. 11 ff.

14 Auf diesen Aspekt verweist Röseler, »Unternehmer in der Weimarer Republik. Die Stellung der Unternehmer zur Entwicklung in Staat, Politik und Wirtschaft bis 1928«, in: *Tradition*, Jg. 13/1968, S. 223 f.; Treue, *Dt. Unternehmer in der Weltwirtschaftskrise*, S. 91, 95; schon früher Lewinsohn, Richard, *Das Geld in der Politik*, Berlin 1930, S. 163.

ökonomische Initiativen die deutsche Weltstellung zu restituieren. Ein Anstieg der deutschen Exporte während der ersten Krisenjahre wurde seit dem Herbst 1931 durch die internationale Abwertungswelle und die allgemeinen Handelsrestriktionen in sein Gegenteil verkehrt[15]. Die Aussicht auf Errichtung von Wirtschaftsimperien durch Kapitalexport schwand vollends, als die Illiquidität der deutschen Wirtschaft sogar einen Abbau der Auslandsbeteiligungen erzwang[16].

In der Folgezeit gibt besonders die seit Ende August 1931 unauffällig vollzogene Reorganisation des Wiener »Mitteleuropäischen Wirtschaftstages« (MWT) durch den Düsseldorfer Langnam-Verein Aufschlüsse über die Art, wie die Großindustrie auf den Zusammenbruch der weltwirtschaftlichen Konzepte reagierte. Nach Sohn-Rethel vertrat der vom Langnam-Verein kommende Max Hahn, der den MWT für die Zwecke der deutschen Industrie neu organisierte, das Konzept der Großraumwirtschaft, ausgehend von der Überzeugung, »daß es auf der Weltmarktlinie der relativ offenen internationalen Konkurrenz wie in der Weimarer Zeit keinen deutschen Wiederaufstieg geben könne«[17]. Der MWT entwickelte sich zu einer Kooperationsbasis von Schwerindustrie, Elektro- und chemischer Industrie bei der Neuerschließung des Balkans für die deutsche Wirtschaft[18]; von hier aus führt der Weg direkt in die Außenwirtschaftspolitik des Dritten Reiches. Eben zur Zeit der Reorganisation des MWT war durch das Scheitern der deutsch-österreichischen Zollunion deutlich geworden, daß eine systematische Südost-Expansion der deutschen Wirtschaft eine stärkere Rücksichtslosigkeit auf seiten der deutschen Politik voraussetzte, ja eine nationale Abschließung erforderte, die gegen Kreditabzüge des Auslandes gefeit machte.

Es ist wichtig, sich all diese Konsequenzen, die sich aus der Weltwirtschaftskrise für die großindustriellen Zukunftsperspektiven er-

---

15 Keese, Dietmar, »Die volkswirtschaftlichen Gesamtgrößen für das Deutsche Reich in den Jahren 1925-1936«, in: Conze/Raupach, *Die Staats- und Wirtschaftskrise des Deutschen Reichs, 1929-1933*, Stuttgart 1967, S. 75 ff.

16 Ulshöfer, Otfried, *Einflußnahme auf Wirtschaftsunternehmungen in den besetzten nord-, west- und südosteuropäischen Ländern während des Zweiten Weltkrieges, insbesondere der Erwerb von Beteiligungen (Verflechtung)*, Tübingen 1958 (Studien des Instituts für Besatzungsfragen 15), S. 39.

17 Sohn-Rethel, Alfred, »Die soziale Rekonsolidierung des Kapitalismus (urspr. Sept. 1932)«; und: ders., »Ein Kommentar nach 38 Jahren«, in: *Kursbuch*, Bd. 21/1970, S. 29-30. Über die Reorganisation des MWT vgl. auch Tilo Frhr. v. Wilmowsky, *Rückblickend möchte sagen ...*, Oldenburg/Hamburg 1961, S. 190 ff.

18 *Anatomie des Krieges*, S. 86 f., Geschäftsbericht des MWT vom 22. 1. 38; auch in ALG, NI-1351.

gaben, zu vergegenwärtigen: zwar waren es nicht diese Motive, sondern das durch die Krise entstehende Elend der Massen, das dem Nazismus seine millionenstarke Anhängerschaft gab, und insofern läßt sich argumentieren, daß die »Schuld« am Sieg des Nazismus breitgestreut ist; jedoch sind die Entwicklungslinien, die folgerichtig zu ganz bestimmten imperialistischen Expansionskonzepten führten, nicht im Schicksal des Kleinbürgertums oder gar der Arbeiterschaft zu suchen. Dort hatten in der Wirtschaftskrise die unmittelbarsozialen Forderungen absolut den Vorrang, und in diesem Bereich lagen die Hoffnungen, die man auf die NSDAP setzte. Der imperialistische Ehrgeiz der NS-Führung konnte sich nicht aus den Bedürfnissen dieser Schichten nähren; dagegen gab die durch die Krise erwirkte Veränderung der industriellen Expansionsbedingungen der Staatsführung konkrete imperiale Aufträge.

Der Großindustrie brachte die Krise Ängste und Verlockungen zugleich. Zwar war sie jetzt auf die Hilfe des Staates angewiesen; aber zur selben Zeit boten sich ihr durch die Ausschaltung des Reichstages erhöhte Chancen für eine unmittelbare Einschaltung in die Politik. Die Schwächung der Staatsfinanzen gab Gelegenheit zum Abbau der sozialstaatlichen Ansätze der Weimarer Zeit[19]; es galt, die Lähmung der Gewerkschaften durch die Arbeitslosigkeit soweit wie möglich auszunutzen.

Die kurzlebige Regierung Papen besaß Modellcharakter für die Wunschträume jener politisch-ökonomischen Kräfte, die sich seit Bismarcks Zeiten wiederholt in nationalistischen Rechtsblöcken sammelten[20]. Aber die immer neue Reaktivierung dieser »Sammlung« besaß ihre Tücken: das Bündnis, das unter Bismarck noch eine zollpolitische Rationalität besaß und allgemeine Notwendigkeiten der wirtschaftlichen Entwicklung Deutschlands repräsentierte, wurde später zu einer Kumpanei der innen- und außenpolitischen Aggression. Mit Recht hebt Hallgarten hervor, daß das Papen-Regime, das die sozialdemokratisch geführte Regierung in Preußen per Staats-

---

19 Petzina, Dieter, »Zur Interpretation der Weltwirtschaftskrise in Deutschland«, S. 166 f.; in: G. Alföldi/F. Seibt/A. Timm (Hrsg.), *Probleme der Geschichtswissenschaft*, Düsseldorf 1973. Über großindustrielle Hoffnungen auf eine Wirtschaftskrise schon im Frühjahr 1929 vgl. Link, Werner, *Die amerikanische Stabilisierungspolitik in Deutschland 1921-1932. Die Vereinigten Staaten von Amerika und der Wiederaufstieg Deutschlands nach dem Ersten Weltkrieg*, Düsseldorf 1970, S. 467.

20 Winkler, Heinrich August, »Unternehmerverbände zwischen Ständeideologie und Nationalsozialismus«, in: *VjhZG*, Jg. 17/1969, S. 366; Stegmann, Dirk, *Die Erben Bismarcks. Parteien und Verbände in der Spätphase des Wilhelminischen Deutschlands*, Köln/Berlin 1970, S. 521 f.

streich beseitigte, nicht lediglich als Vorspiel, sondern bereits als der Beginn der faschistischen Herrschaft anzusehen ist.
Aber dieser Faschismus wies noch erhebliche Unvollkommenheiten auf. Die Massen der Bevölkerung entglitten einem solchen unverhüllten Regime der führenden Wirtschafts- und Gesellschaftskreise; außerdem geriet eine Regierung, die – ohne parlamentarischen Rückhalt – den potenten Interessengruppen fast widerstandslos gegenüberstand, zwangsläufig in einen Zustand, der sie am allerwenigsten zu einer geradlinigen und energischen Außenpolitik befähigte. Der Langnam-Verein hatte seine »weithin beachtete und umstrittene« Mitgliederversammlung vom Juni 1931 unter die Devise gestellt: »Wir verlangen ganze Arbeit!«[21] Aber dazu war eine Regierung Papen nicht fähig. 1931/32 war in der Großindustrie der Ruf nach dem »starken Mann« allgemein: dem Mann, der nicht nur im Innern »Ruhe und Ordnung« schaffen, sondern auch in der Welt Deutschlands Vorkriegsstellung zurückgewinnen würde[22]; solche Wünsche liefen letztlich nicht auf eine Regierung Papen, sondern auf eine Regierung Hitler hinaus. Obwohl der IG-Farbenkonzern in den schwachen Regierungen vor 1933 unmittelbar vertreten gewesen war, bekräftigte der Konzernchef Duisberg 1933: »Das Wichtigste für die Industrie ist ein starker Staat, eine machtvolle und energische Regierung.«[23] Zwei Wochen vor Hitlers Regierungsantritt projektierte Duisberg eine Großraumwirtschaft, die erst durch erhebliche machtpolitische Veränderungen zu realisieren war[24].
Es war vor allem die Ungeduld alldeutsch-schwerindustrieller Kreise, die in die deutsche Außenpolitik des Jahres 1933 bereits eine Komponente undiplomatischer Direktheit einbrachte, die Deutschland der Gefahr völliger Isolation aussetzte. Wenn die NS-Regierung im Oktober 1933 kurz hintereinander die deutschen Delegierten von der Genfer Abrüstungskonferenz zurückbeorderte und den Austritt Deutschlands aus dem Völkerbund erklärte – Schritte, die zu ihrer im allgemeinen noch vorsichtigen Taktik nicht paßten –, so bewegte sie sich damit auf der Linie industrieller Forderungen; bereits zwei Wochen vor Hitlers Regierungsantritt hatte der Reichsverband der deutschen Industrie in einer an das Reichswehrministerium gerich-

21 Winschuh, *Verein mit dem langen Namen*, S. 182.
22 Treue, *Dt. Unternehmer in der Weltwirtschaftskrise*, S. 82.
23 Duisberg, Carl, *Meine Lebenserinnerungen*, Leipzig 1933, S. 138; vgl. das Staunen des Amerikaners Schoenbaum (*Die braune Revolution*, S. 343 Anm.) über die positive Resonanz, die Hitlers These vom Primat der Politik vor der Wirtschaft bei einem industriellen Publikum fand!
24 Treue, *Dt. Unternehmer in der Weltwirtschaftskrise*, S. 117 f.

teten Stellungnahme seine Bedenken gegen die Genfer Verhandlungen zum Ausdruck gebracht und rundheraus erklärt: »Die deutsche Privatwirtschaft muß auf Grund eingehender Erwägungen jede Kontrolle von Kriegswaffenherstellung und Kriegswaffenhandel grundsätzlich ablehnen.«[25] Unmittelbar nach Deutschlands Austritt aus dem Völkerbund soll Fritz Thyssen sich gebrüstet haben: »*Wir* haben die deutsche Regierung gezwungen, aus dem Völkerbund auszutreten.«[26]

Vor allem aber war es Hugenberg, der – unter Hitler zum Wirtschafts- und Landwirtschaftsminister geworden – schon kurz nach der NS-Machtergreifung die Tür zur internationalen Verständigung hörbar zuschlagen und sogleich zur Wirtschaftsoffensive auf breiter Front und zur zentraleuropäischen Blockbildung übergehen wollte. Statt eines »Zollwaffenstillstandes« bis zur Londoner Weltwirtschaftskonferenz, wie er von Washington vorgeschlagen und auch vom Berliner Auswärtigen Amt befürwortet wurde, forderte er für Deutschland eine stärkere »Zollrüstung«[27], und zwar in einer Art, die nicht mehr als bloße agrarwirtschaftliche Schutzmaßnahme, sondern nur als politische Offensive zu verstehen war. Eine Aufzeichnung des Auswärtigen Amtes spricht davon, daß die von Hugenberg geplanten »industriellen Zollerhöhungen« »in erster Linie gegen England gerichtet« seien[28]. Nicht genug damit, wollte Hugenberg den deutschen Zöllen noch eine »Entschuldungsabgabe« von 5-10 % des Wertes aufschlagen, deren Ertrag dann »zur Erleichterung der deutschen Ausfuhr« verwendet werden könne[29]. Mit der Erhebung dieser »Entschuldungsabgabe« wollte Hugenberg zu guter Letzt auch noch die Realisierung deutscher Großraumpläne vorantreiben: er sah nämlich vor, daß auch »Italien, Holland, Schweiz, den Ostseeländern und den südosteuropäischen Ländern einschließlich Österreich« die Aufnahme in das Innere dieser handelspolitischen Mauer angeboten werden solle. Dabei war er sich immerhin »klar darüber, daß in einem solchen Vorschlage eine starke Zumutung an die anderen Staaten liegt«[30].

Eine »starke Zumutung« enthielt denn auch der Entwurf, den Hu-

---

25 ALG, EC-371, 16. 1. 33.
26 Dodd, William E., *Diplomat auf heißem Boden* (aus dem Amerikan., Originalausgabe 1941), Berlin (Ost) 1962, S. 74.
27 ADAP, C, Bd. I/1, S. 377 (5. 5. 33).
28 AA, HaPol, Wiehl, Weltwirtschaftskonferenz Bd. 1, Ritter an dt. Botschafter in Washington, 9. 5. 33.
29 ADAP, C, Bd. I/1, S. 293, Hugenberg an Hitler, 16. 4. 33.
30 Ebd., S. 295.

genberg zwei Monate später der Londoner Weltwirtschaftskonferenz präsentierte: da hieß es, die Wiederherstellung der deutschen Zahlungsfähigkeit wäre einmal dadurch zu erreichen, »daß man Deutschland wieder ein Kolonialreich in Afrika gäbe«, und zum anderen dadurch, daß man dem »Volk ohne Raum« Gebiete eröffne, »in denen es seiner tatkräftigen Rasse Siedlungsraum schaffen« könne; aus Passagen, die kurz darauf folgten, war zu erschließen, daß dabei an Rußland gedacht war, auch wenn dies natürlich nicht offen ausgesprochen werden konnte[31]. Hugenbergs Denkschrift mit ihren Eskapaden in das alldeutsche Vokabular zeigt ein ungeduldiges Bestreben, mit den diplomatischen Umschweifen energisch Schluß zu machen[32] und die imperialistischen Wunschträume auf direktem Wege anzustreben.

Es war kein Wunder, daß das Ausland – wo Hugenberg schon vorher teilweise als der gefährlichste Mann des Kabinetts Hitler galt[33] – mit Empörung reagierte und insbesondere die Sowjetregierung Alarmstimmung verbreitete; Hugenberg, von seiner eigenen Regierung desavouiert, trat unmittelber nach seiner Rückkehr aus London von seinen Ministerposten zurück. Er fand sich isoliert: sein außenpolitisches Vorpreschen – wohl mehr von dem Selbstbewußtsein des Konzernführers als von dem des Vorsitzenden einer in Auflösung begriffenen Partei getragen – entsprach nicht mehr dem politischen Stil einer Unternehmerschaft, die die Erfahrungen der Wirtschaftskrise hinter sich hatte. Hugenbergs Auftritt auf der Londoner Konferenz im Juni 1933 erinnert an die Demarche Schachts auf der Pariser Sachverständigen-Konferenz im April 1929 (einen Monat, bevor Vögler, der andere deutsche »Sachverständige«, seinen Rücktritt von der Konferenz erklärte): auch Schacht überreichte damals ein Memorandum, in dem er für Deutschland sowohl eine überseeische Rohstoffbasis als auch einen Ausgleich seiner Gebietsverluste im Osten forderte[34], – eine Forderung, die auf die westlichen Verhandlungspartner wie eine »Bombe« wirkte[35]. Im April 1933, vor seiner Reise nach Washington, trug Schacht in einer Sitzung des Wirtschaftspolitischen Ausschusses, bei der Hitler und Hugenberg zuge-

---

31 ADAP, C, Bd. I/2, S. 561, 14. 6. 33.

32 Vgl. besonders den Anhang des Hugenberg-Entwurfs, ebd., S. 557 f.

33 Wendt, Bernd-Jürgen, *Economic Appeasement. Handel und Finanz in der britischen Deutschland-Politik 1933-1939*, Düsseldorf 1971 (Studien zur modernen Geschichte 3), S. 76 f., 81.

34 Link, *Amerikan. Stabilisierungspolitik*, S. 462 f.; Eyck, Erich, *Geschichte der Weimarer Republik*, Erlenbach 1956/57, Bd. 2, S. 238 f.

35 Link, *Amerik. Stabilisierungspolitik*, S. 463.

gen waren, erneut seine kolonialen Perspektiven vor und fand bei den Sitzungsteilnehmern keinen Widerspruch[36]; kurz darauf wiederholte er seine Kolonialforderungen in Washington, unmittelbar nachdem er die US-Regierung durch die Aussicht auf Unterbrechung der Schuldenüberweisungen irritiert hatte[37].
Hugenbergs Londoner Erklärung war also von ihrem Inhalt her durchaus repräsentativ für maßgebliche Kräfte Deutschlands und läßt sich als Vorausdeutung auf die »spätere Verständigung zwischen den Vorkämpfern einer Expansion in Osteuropa und den Kolonialisten« auffassen, so Wolfe W. Schmokel[38]. Das eigenmächtige Vorgehen Hugenbergs dagegen erscheint als unzeitgemäße Fortsetzung von Aktionsweisen, die aus der Überzeugung resultierten, die deutsche Großmachtstellung könne durch Eigeninitiativen der Wirtschaftsführer zurückgewonnen werden.

1.2 *Wiederankurbelung der Wirtschaft durch Vorleistungen der NS-Regierung an die Großindustrie. Verlust der Alternativen zur imperialistischen Kräftekonstellation*

Es bleibt ein erstaunlicher Vorgang, wie zielstrebig die Führung der NSDAP – dem Namen nach immerhin einer »sozialistischen Arbeiterpartei« – schon frühzeitig ein Vertrauensverhältnis zu führenden Kreisen der Wirtschaft herzustellen begann, und mit welcher Selbstverständlichkeit sie gegebenenfalls die Nöte und Erbitterungen der kleinbürgerlichen Schichten, denen die Masse ihrer »alten Kämpfer« entstammte, hintanstellte. Der gesamte Gang der Dinge läßt erkennen, daß bei der NS-Führung mehr als ein bloßes taktisches Kalkül im Spiel war: von vornherein war die NS-Bewegung durch ihre Ziele und ihre Frontstellungen – ihre imperialen Ambitionen, ihren Haß auf »Marxisten« und »Novemberverbrecher« – in einer Art vorstrukturiert, die mit einem gewissen Automatismus zur Anlehnung an die alten Gesellschaftsmächte und insbesondere zur Interessenverquickung mit der Großindustrie führte.
Man hat sich also das Verhältnis von Nationalsozialismus und Großindustrie nicht als eine Allianz zwischen Mächten, die einander

36 Hildebrand, *Vom Reich zum Weltreich*, S. 303.
37 Weinberg, Gerhard L., »Schachts Besuch in den USA im Jahre 1933«, in: *VjhZG*, Bd. 11/1963, S. 178.
38 Schmokel, Wolfe W., *Der Traum vom Reich. Der deutsche Kolonialismus von 1919 bis 1945* (aus dem Amerikan.), Gütersloh 1967, S. 93.

bis dahin ganz fremd gewesen wären, vorzustellen. Dennoch besteht die Geschichte der Beziehungen zwischen Industrie und NS-Führung aus einem langen Prozeß wechselseitiger Anpassungen, einer langen Aufeinanderfolge von Leistungen und Gegenleistungen, die nicht immer automatisch und ohne Zwänge erbracht wurden. Ein perfekt funktionierendes »System« kam nicht zustande. Es genügt keineswegs, das Verhältnis von Faschismus und Kapitalismus in der »Ursprungs«-Phase der NS-Bewegung zu analysieren; diese Verbindung behielt durch ihre labilen und zentrifugalen Züge bis zum Zusammenbruch des NS-Reiches eine innere Dynamik.

Dabei läßt sich bei der NS-Führung erkennen, daß sie den Ausbau ihrer Beziehungen zur Großindustrie mit einer gewissen Systematik betrieb und auf Vollständigkeit bedacht war: schon in dem Wahlkampf-Treffen vom 20. Februar 1933, dann wieder in einer Besprechung mit Hitler über die Frage der Arbeitsbeschaffung[39] am 29. Mai 1933 und schließlich in dem am 20. September einberufenen »Generalrat der Wirtschaft« waren alle wesentlichen Branchen der Großindustrie vertreten. Der Wirtschaftsminister Schmitt hatte zuvor Anträge »von allen möglichen Seiten« auf Entsendung von Vertretern in den Generalrat mit dem Hinweis abgewiesen, »nach der ganzen Auffassung unseres dritten Reiches« könne es »nicht der Sinn des Generalrats der Wirtschaft sein, daß einzelne Wirtschaftszweige, Handel, Industrie, Landwirtschaft, Banken etc. ihre Vertreter hierher geschickt haben«[40]; die in den Generalrat Berufenen säßen dort nicht in einer repräsentativen Funktion, sondern weil sie sich »durch ihre Vergangenheit als Charaktere« und Fachmänner qualifiziert hätten[41]. In Wahrheit besaß der Generalrat jedoch, was die Großindustrie anging, durchaus einen repräsentativen Charakter. Offenbar führten jedoch Beschwerden über die Zusammensetzung des Generalrates auch in der Umgebung Hitlers zu der Erkenntnis, daß man mit der einseitigen und öffentlichen Bevorzugung der Großindustrie zu weit gegangen war[42]. Der »Generalrat«

---

39 Teilnehmerliste dieser Besprechung: BA, R 43 II/ 536, Bl. 319.

40 BA, R 43 II/321, Bl. 2, 5; vgl. R 43 II/320 das Ersuch eines mittelständigen Industrievertreters (Theodor H. Frank, Nürnberg), »doch neben den Prominenten der Großindustrie auch Glieder von mittleren und kleineren Betrieben hier einzuschalten, da die Interessen und Belange der Großindustrie doch ganz anders gelagert sind als diejenigen des Mittelstandes und der kleineren Gewerbetreibenden«. Im Generalrat selbst moniert Krogmann, »in diesem Kreise« hätte »die Frage der großen Unternehmungen« seiner Meinung nach »viel zu sehr im Vordergrunde« gestanden: R 43 II/321, Bl. 71.

41 Ebd., BL. 3.

42 R 43 II/320, Bl. 2.

wurde keine Dauereinrichtung: er tagte nur dieses eine Mal und geriet dann so sehr in Vergessenheit, daß 1936 unter dem gleichen Namen ein ganz andersartiges, aus Staatssekretären zusammengesetztes Gremium ins Leben gerufen werden konnte[43].

Eine solche quasi-parlamentarische Art des Verkehrs zwischen Industrie und NS-Regierung mußte ohnehin überholt erscheinen, hatten sich doch längst weit massivere Arten der Zusammenarbeit ergeben. Eine Woche nach dem Industriellen-Treffen vom 20. Februar, das der NSDAP einen Wahlfonds von mindestens 3 Millionen RM erbrachte[44], hatte mit dem Reichstagsbrand der allgemeine Terror gegen die Kommunisten und binnen kurzem gegen die gesamte politische Linke eingesetzt. Die Betriebsrätewahlen im März 1933 bewiesen einmal mehr, daß die NSDAP nicht imstande war, die Mehrheit der Arbeiter für sich zu gewinnen[45]; zwar war die Führung des Allgemeinen Deutschen Gewerkschaftsbundes zu »positiver Mitarbeit« bereit[46], aber das NS-Regime begab sich der Möglichkeit, nach dieser Seite zu paktieren, indem es am 2. Mai 1933 die Gewerkschaften auflöste. Die Nachfolgeorganisation der Gewerkschaften, die Deutsche Arbeitsfront, die eine Zeitlang zum Sammelbecken radikaler Bestrebungen der Nationalsozialistischen Betriebszellenorganisation (NSBO) zu werden schien, wurde so sehr ihres gewerkschaftlichen Charakters entkleidet, daß ihr im November 1933 auch die Arbeitgeberverbände beitreten konnten[47]. Erst im Mai, nach der Zerschlagung der Gewerkschaften, rückte die NS-Regierung mit Plänen zur Arbeitsbeschaffung heraus. Ungehemmter als zuvor konnte nun ohne Rücksicht auf die organisierte Arbeiterschaft geplant werden, und Hitler legte seine wirtschaftlichen Pläne

---

43 Facius, Friedrich, *Wirtschaft und Staat. Die Entwicklung der staatlichen Wirtschaftsverwaltung in Deutschland*, Boppard 1959, S. 143.

44 Bracher/Sauer/Schulz, *Nationalsozialist. Machtergreifung*, S. 69 ff., 630

45 Broszat, *Staat Hitlers*, S. 181 f.

46 Broszat, *Staat Hitlers*, S. 181.

47 Broszat, *Staat Hitlers*, S. 191; vgl. DZA, RWM, 9073, Bl. 3, Reichsarbeitsminister an die Treuhänder der Arbeiter in Westfalen, 23. 5. 34: »Die Deutsche Arbeitsfront ist die Organisation *aller* schaffenden Deutschen und nicht etwa die gewerkschaftliche Interessenvertretung der Arbeitnehmer«. Die DAF fungierte häufig geradezu als Hebelarm bestimmter unternehmerischer Partialinteressen; vgl. DZA, RWM, 9029, Bl. 330, Quassowski an Barth, 3. 11. 36, über »die Fälle«, in denen sich Betriebe hinter die Arbeitsfront stecken, um irgend etwas zu erreichen«, und ebd., Bl. 328 über Versuche von Unternehmern, »für ihre wirtschaftlichen Belange die Arbeitsfront vorzuspannen«. Über den noch wenig erforschten Komplex der NSBO-Aktivitäten im Sommer 1933 und die Gegenzüge der Industrie vgl. neuerdings Tim Mason, *Zur Entstehung des Gesetzes zur Ordnung der nationalen Arbeit . . .*, Referat auf dem Internat. Symposium in Bochum, Juni 1973, S. 25 f.

zuerst (am 29. Mai 1933) den Großindustriellen und erst zwei Tage später dem Kabinett vor: »Die Reihenfolge zeigt, wen Hitler als wichtigeren Partner für seine Politik empfand.«[48]
Schon unter Papen und Schleicher hatte das Hauptproblem der Arbeitsbeschaffung in der simplen Frage bestanden, wer dafür zahlen solle. Während die Regierung Papen die Industrie durch Steuererleichterungen beleben wollte, plante Günther Gereke, der von Schleicher zum Reichskommissar für Arbeitsbeschaffung ernannt wurde, die Bekämpfung der Arbeitslosigkeit durch öffentliche Aufträge vor allem der Kommunen[49], also wesentlich durch die Gewerbesteuer: ein Plan, der der Regierung Schleicher die Gegnerschaft des Reichsverbandes der deutschen Industrie einbrachte. Gereke wurde von Hitler zunächst im Amt belassen, am 24. März 1933 jedoch verhaftet; am 13. Juli 1933 wurde das Reichskommissariat für Arbeitsbeschaffung überhaupt aufgelöst: damit war auch institutionell der Grundsatz wiederhergestellt, daß die Beseitigung der Arbeitslosigkeit über die Privatindustrie zu laufen habe. Somit war die NS-Regierung auf die Industriellen angewiesen, wenn sie nicht gegenüber dem drängendsten Problem des deutschen Volkes als Versager dastehen wollte. Hitler machte sich denn auch in der Kabinettsbesprechung vom 31. Mai 1933, die der Zusammenkunft mit den Industriellen folgte, die Wünsche der Privatwirtschaft voll und ganz zu eigen; das Protokoll vermerkt über die Ausführungen des Reichskanzlers: »Die Ertragsfähigkeit der Wirtschaft müßte durch eine Beschränkung der Steuerlasten herbeigeführt werden. Die steuerliche Belastung der Unternehmungen dürfte in den nächsten fünf Jahren die Höhe der Steuer des Jahres 1932 nicht übersteigen. ... Die Etats müßten durch Ausgabensenkungen, insbesondere durch Abbau der Soziallasten, ausgeglichen werden.«[50] Diese Richtlinien sind nicht nur das reaktionäre Konzept par excellence, sondern hätten dazu noch einen Rückfall in die verhängnisvolle Austerity-Politik dargestellt, wenn sie nicht auf dem Hintergrund der zugleich geplanten Aufrüstung zu sehen wären.
Wenig später wurden weitere alte Wünsche der Industrie von der Regierung Hitler in geradezu hemmungsloser Weise erfüllt: durch die Kartellgesetze vom 15. Juli 1933. Dem Wortlaut zufolge bedeuteten sie zwar primär eine Erweiterung der Eingriffsmöglichkeiten

---

48 Petzina, Dieter, »Hauptprobleme der deutschen Wirtschaftspolitik 1932/33«, in: *VjhZG*, Jg. 15/1967, S. 46.
49 Ebd., S. 27; Czichon, Eberhard, *Wer verhalf Hitler zur Macht?*, S. 34 f., 45 ff.
50 BA, R 43 II/536, Bl. 222.

des Staates in die Wirtschaft, indem der Reichswirtschaftsminister ermächtigt wurde, unter bestimmten Bedingungen »Zwangskartelle« in Kraft zu setzen; aber die 133 Anträge auf »Zwangs«-Kartellierungen, die bereits in den folgenden zwölf Monaten eingingen, bezeugen, daß die Initiative zu dem Gesetz aus der Privatwirtschaft stammte[51]. Tatsächlich gründete sich das Gesetz auf einen Entwurf, der aus dem Reichsverband der Deutschen Industrie kam und dessen Verfasser die »Genugtuung« hatten, »so sehr die nationalsozialistische Auffassung zu treffen, daß unser Vorschlag nach vier Wochen Gesetz war«[52].

Während die Arbeiter durch die Auflösung der Gewerkschaften tarifpolitisch wehrlos geworden waren – auch die DAF erlangte trotz anfänglicher Bemühungen keine Zuständigkeit für Tariffragen[53] –, wurden den Unternehmern mit den Kartellgesetzen wirksame Mittel zur Absicherung von Marktmacht und zum Vorgehen gegen preisdrückende Außenseiter in die Hand gegeben. Alles in allem konnte Hitler am 20. September 1933 vor dem Generalrat der Wirtschaft mit Grund sagen: »Ich glaube, es ist in diesen acht Monaten wieder ein starkes Postament geschaffen und wieder ein Rahmen gestaltet worden, in den sich die deutsche Wirtschaft hineinlegen kann ...«[54] Der Wirtschaftsminister Schmitt dagegen klagte vor dem gleichen Gremium: »Es besteht vielfach die Auffassung, daß man jetzt die Bereinigung darin erblicken muß, daß man in den einzelnen Branchen nach Beseitigung der Outsider zunächst einen Zusammenschluß macht und dann, wenn man den hat, die Preise um 20, 30, sogar um 50 und selbst 100 % hinaufsetzt.«[55]

Wenn die NS-Regierung solchem Preiswucher auch nicht tatenlos zusah[56], so wurden doch durch die 1933 geschaffenen wirtschaft-

51 Swatek, Dieter, *Unternehmenskonzentration als Ergebnis und Mittel nationalsozialistischer Wirtschaftspolitik*, Berlin 1972 (Volkswirtschaftliche Studien 181), S. 117 f.; gegenteilige Auffassung bei Esenwein-Rothe, Ingeborg, *Die Wirtschaftsverbände von 1933 bis 1945*, Berlin 1965, S. 45.

52 Swatek, *Unternehmenskonzentration*, S. 116.

53 Broszat, *Staat Hitlers*, S. 190 ff.

54 BA, R 43 II/321, Bl. 112.

55 Ebd., Bl. 11; R 43 II/312a, Bl. 79, Schmitt an Lammers, 23. 10. 33, über Preissteigerungen als »Folge einer durch die nationale Erhebung geförderten wirtschaftlichen Zusammenschlußbewegung«, die er kurz darauf als »überstürzte Zusammenschlußbewegung« bezeichnet. Die sich aus der staatlichen Sanktionierung der Kartelle ergebenden Mißstände wurden während der NS-Zeit immer wieder und von verschiedener Seite angegriffen; vgl. *Berliner Tageblatt*, 18. 11. 34 (»Kartelle am Abend«), in DZA, RJM, 10 706, Bl. 2; »Das schwarze Korps«, 9. 2. 39, in: RJM, 10 701, Bl. 303; Brinkmann (Staatssekretär im Reichswirtschaftsmin.), *Staat und Wirtschaft*, S. 40 f.

56 Über drastische Maßnahmen gegen Münchner Geschäftsleute vgl. Broszat, *Staat Hitlers*, S. 212.

lichen Machtverhältnisse die Grundlinien der Lohn- und Einkommensentwicklung während der gesamten NS-Zeit bestimmt. Während die Arbeiterlöhne im großen und ganzen auf dem niedrigen Stand der Depressionszeit eingefroren blieben, sprangen die Unternehmereinkommen schon 1934 um 2,2 Milliarden RM in die Höhe und behielten dieses Wachstum auch in den folgenden Jahren bei[57]; ganz allgemein stieg sowohl die Anzahl als auch das Einkommen der Großverdiener erheblich rascher als das Einkommen der niederen Ränge[58]. Nicht allein daran ist die wachsende Kapitalmacht abzulesen; ein Bericht der Reichskanzlei vom Januar 1938, der im übrigen durch Zusammenfassung der »Arbeits- und Unternehmereinkommen« die klaffende Distanz schamvoll verhüllt, stellt fest: »Die unverteilten Gewinne der Gesellschaftsunternehmungen haben ihren ehemaligen Höchstbetrag von 1928 ungefähr wieder erreicht.«[59] Dabei sollte die große Zeit der unverteilten Gewinne unter dem Dividendenstopp der Kriegszeit erst noch kommen.

Das »Gesetz zur Ordnung der nationalen Arbeit« vom 20. Januar 1934 sah innerhalb gewisser Grenzen eine Eigengerichtsbarkeit der Firmen vor. Dieses Privileg und das dort verkündete Recht des Unternehmers auf Schutz seiner »sozialen Ehre« gemahnen an die Feudalzeit. Eine 1935 erschienene Schrift begeisterte sich: »Das sind doch geradezu ideale Geschenke, die dem Betriebsunternehmer ... durch das nationalsozialistische Ethos gemacht worden sind.«[60]

Die Formierung der Wirtschaft wurde auf verschiedenen Ebenen betrieben: parallel zur Einrichtung der »Zwangskartelle« vollzog sich die 1934 abgeschlossene Organisation der Wirtschaft in Gruppen. Während 1933 zunächst »ständische« Konzepte der Wirtschaftsorganisation grassierten, wurde 1934, in Abkehr davon[61], der »or-

---

57 Erbe, René, *Die nationalsozialistische Wirtschaftspolitik im Lichte der modernen Theorie*, Zürich 1958, S. 156. Die Stagnation zumindest der tariflichen Stundenlöhne von 1933 bis 1938 bei leicht ansteigenden Lebenshaltungskosten zeigt die Tabelle bei Hennig, Eike, *Thesen zur deutschen Sozial- und Wirtschaftsgeschichte 1933 bis 1938*, Frankfurt 1973, S. 61 (nach Gerhard Bry, Wages in Germany 1871-1945, Princeton 1960).

58 Schoenbaum, *Braune Revolution*, S. 193.

59 BA, R 43 II/311, Bl. 1 f.

60 Hartmann, Heinz, *Der deutsche Unternehmer: Autorität und Organisation* (aus dem Amerikan.), Düsseldorf 1971, S. 97 f., nach Gerstner, Paul, *Vom Unternehmer zum Betriebsführer*, Berlin 1935, S. 65. Ausführlich hierzu neuerdings Tim Mason, *Zur Entstehung des Gesetzes zur Ordnung der nationalen Arbeit vom 20. Januar 1934*, der (S. 25) urteilt, das Gesetz habe in sozialromantischer Verklausulierung die »totale Verfügungsmacht des Arbeitgebers über den Arbeiter« begründet.

61 Schweitzer, Arthur, »Der organisierte Kapitalismus, Die Wirtschaftsordnung in

ganische« Aufbau der Wirtschaft proklamiert; »organisch« konnte nach der herkömmlichen Akzentuierung dieses Begriffes in Deutschland nur bedeuten, daß eine möglichst enge Anlehnung an die bisherigen, »gewachsenen« Formationen der Wirtschaft gesucht wurde. Eben dies geschah auch; besonders auf großindustrieller Ebene gingen die bisherigen Interessenverbände fast unverändert in die neuen »Wirtschaftsgruppen« über. In anderen Bereichen der Industrie führte das neue Wirtschaftsreglement häufig zu einem organisatorischen Wirrwarr, das nicht nur für viele Einzelfirmen, sondern auch für den Staat undurchdringbar wurde[62]. Das proklamierte Ziel, die »Überorganisation« der Wirtschaft zu beseitigen[63], wurde insgesamt keineswegs erreicht. Das Organisationschaos brauchte jedoch die Großindustrie nicht zu ängstigen. Ein Lübecker Fabrikant schrieb Ende 1938 an das Reichswirtschaftsministerium:

»In allen Organisationen, Fachgruppen, Kartellen, Marktvereinigungen, Überwachungsstellen, Industrie- und Handelskammern, oder was es sonst noch an ganz- oder halbstaatlichen Stellen gibt, sind durchweg seit dem Umbruch Männer der Großbetriebe, des Großkapitals oder Angestellte derselben in den führenden Posten.«[64]

Das Verhältnis der Wirtschaftsgruppen zu den Kartellen ist nicht immer durchsichtig und variierte im Laufe der Zeit sowie auch von Fall zu Fall. Anfangs war es den Gruppen untersagt, Kartellfunktionen auszuüben; im Laufe der Organisation des Vierjahresplanes wurden dann die Kartelle den Gruppen formal untergeordnet

---

der ersten Periode der nationalsozialistischen Herrschaft«, in: *Hamburger Jb. f. Wirtschafts- und Gesellschaftspolitik*, Jg. 7/1962, S. 37; Esenwein-Rothe, *Wirtschaftsverbände*, S. 45.

62 DZA, RWM, 8930, vgl. bes. drastisch Bl. 87: Brief der oberfränkischen Mühlenbesitzerin Katharina Greiner, 22. 11. 34; oder RWM, 8933, Bl. 206: Rede des Spinnereidirektors Köhler auf dem bayer. Industrie- und Handelstag, 19. 11. 35: »Wir sind überorganisiert. Wir sind in alle möglichen Verbände gepreßt, die uns wenig oder nichts zu bieten haben, . . . Das Verbandswesen ist schlimmer als früher.« Zur Undurchsichtigkeit der Wirtschaft selbst für den Staat vgl. Welter, Erich, *Falsch und richtig planen. Eine kritische Studie über die deutsche Wirtschaftslenkung im Zweiten Weltkrieg*, Heidelberg 1954, bes. S. 113.

63 BA, R 43 II/309, Bl. 115; Ungewitter, Claus (Hrsg.), *Chemie in Deutschland. Rückblick und Ausblick*, Berlin 1938, S. 41.

64 DZA, RWM, 8934, Bl. 331 f., F. R. O. Heinrich an Brinkmann, 7. 11. 34: vgl. RWM, 9026, Bl. 7, Fr. Düwel an Reichswirtschaftsmin., 17. 3. 34: »Ich bitte ergebenst um Nachricht, ob ich in meiner Eigenschaft als . . . bevollmächtigter Vertreter und Treuhänder von einigen Klein- und Mittelbetrieben der Deutschen Bergwirtschaft nach wie vor weiter und unmittelbar mit Ihrer Behörde verhandeln kann, oder in Zukunft nur noch mit den in diesen Tagen ernannten Wirtschafts-Gruppenführern: Krupp, Vögler usw.«

(12. November 1936). In der Praxis kam es jedoch dazu, daß die Möglichkeiten, die sich aus dem öffentlich-rechtlichen Status der Gruppen ergaben, dazu benutzt wurden »um die private Macht der Kartelle zu verstärken«[65].

Den bisherigen Wirtschaftsmächten wurden also noch neue Absicherungen zuteil. In einem besonderen Fall wie dem der IG-Farben kam es allerdings zu Spannungen zwischen der Wirtschaftsgruppe und ihrem größten Konzern: während der Leiter der Wirtschaftsgruppe Chemie, Ungewitter, 1940 die Kartellisierung der Wirtschaftsgruppe anstrebte, um sie, nicht zuletzt im Hinblick auf die »Behandlung der Friedensprobleme«, effektiver zu gestalten, zeigte sich die IG-Farben, die ihre eigenen »Friedenspläne« entwarf und zu ihrer Geltendmachung den Dienstweg nicht brauchte, ungehalten über diese Absichten[66]. Ungewitter seinerseits denunzierte 1944 den sinkenden Kriegseifer der »großen Industriekonzerne« bei der SS[67].

Die institutionelle Absicherung privatwirtschaftlicher Positionen erhielt ihre Kehrseite in der wachsenden Reglementierung der Wirtschaft, die 1934 mit der Rohstoffbewirtschaftung einsetzte; andererseits standen nun mit den Kartellen und Wirtschaftsgruppen schon privatwirtschaftliche Instanzen bereit, die diese Reglementierung auffangen und in eigene Regie nehmen konnten: auch hier ist die Aufeinanderfolge der Maßnahmen bezeichnend. J. S. Geer, seinerzeit Leiter der Abteilung »Bewirtschaftungsaufgaben« der Wirtschaftsgruppe Maschinenbau, wendet sich (1961) gegen Vorstellungen, die aus der formalen Weisungshierarchie irrtümlich folgerten, die Bewirtschaftungsmaßnahmen seien von oben initiiert worden; er führt aus, die Kartelle (hier der Eisenindustrie) seien in die Quotenzuteilung »weitgehend eingeschaltet« worden, bis sie schließlich sogar offiziell diese Aufgabe übertragen erhielten. »Zweifellos knüpfte diese Quotenregelung an die in den Kartellen bereits übliche Produktionsquotierung an. Im Zweifelsfall war sie wohl nichts anderes als eine staatliche Sanktion der Kartellquoten.« Geer

---

65 Swatek, *Unternehmenskonzentration*, S. 141; das größere Gewicht der Kartelle im Vergleich zu den Wirtschaftsgruppen geht aus einem Schreiben von R. Blohm (Blohm & Voss) an Min.-Dir. Pohl hervor: DZA, RWM, 8947, Bl. 77 f. (4. 10. 36).

66 ALG, NI-6840, Aktennotiz Terhaar, 7. 8. 40, veröffentlicht bei Eichholtz, IG-Farben-»Friedensplanung«, S. 330 ff.; NI-15 027, Kühne an Schmitz, 18. 10. 41; NI-9086, Affid. Ehrmann, 25. 7. 47; NI-11 375, Affid. Schlotterer, 20. 9. 47.

67 *Anatomie des Krieges*, S. 459, Backhaus an R. Brandt, 26. 8. 44.

spricht in diesem Zusammenhang von einem »ideelle(n) Verschmelzungsprozeß« zwischen der Privatindustrie und den staatlichen Beauftragten; erst dieser »Verschmelzungsprozeß« sei es gewesen, der »alle Kräfte der Industrie für die geforderte Produktionssteigerung frei« gemacht habe[68].

Hier und auch sonst erkennt man das einfache Grundprinzip der nationalsozialistischen Wiederankurbelung der Wirtschaft: wie eben die NS-Führer nicht in der Terminologie ökonomischer Eigengesetzlichkeiten, sondern in Freund-Feind-Beziehungen dachten, so war in der Ökonomie offenbar ihr Prinzip einfach das, eine Belebung der Wirtschaft durch eine fast schrankenlose Begünstigung der Unternehmer zu erreichen.

Die Wirtschaftskrise war die große Chance der NSDAP gewesen; dabei hatte es für die NS-Führung jedoch zunächst auch fatale Seiten, daß sie, die ihren eigenen Bekenntnissen zufolge von der Wirtschaft nichts verstand, in einer Zeit an die Macht kam, als die ökonomischen Nöte absolut dominierten. Die NS-Bewegung, entstanden in einer Situation, da – nach Niederlage und Umsturz – machtpolitische Probleme die Emotionen der von ihr anzusprechenden Schichten beherrschten, war durch diese ihre Entstehungssituation geprägt worden und daher auf die Bewältigung schwerster wirtschaftlicher Probleme nicht eingerichtet. Hitler selbst gibt in einer aufschlußreichen Passage seines Vortrags vor dem Düsseldorfer Industrieklub zu erkennen, daß er, soweit es um die Überwindung der Wirtschaftsdepression ging, seiner Sache nicht sicher war. Er bestreitet nicht die Möglichkeit, daß auch er als Regierungschef der wirtschaftlichen Not nicht Herr würde, setzt aber – unter »lebhaftem Beifall« – hinzu: »Die Not aber würde als eine rein materielle – ohne daß man dem Volk irgendein Ideal wiedergegeben hat – tausendfach stärker empfunden.« Garantieren kann er nur dafür, daß er »Ideale«, also konkret: Propaganda bietet – Propaganda, die das Volk gegebenenfalls über seine Not hinwegtäuscht. Er fährt fort, auch wenn er »nur der Trommler wäre«, würde er bereits eine »staatsmännische Tat« vollbringen[69]. Zur Macht gekommen, mußte Hitler erwarten, zumindest kurzfristig vor den Wirtschaftsproblemen ebenso zu scheitern wie seine Vorgänger und dann ebenso wie diese vom Verlust seiner Anhängerschaft bedroht zu sein; nicht zuletzt

---

68 Geer, *Der Markt der geschlossenen Nachfrage. Eine morphologische Studie über die Eisenkontingentierung in Deutschland 1937-1945*, Berlin 1961 (Nürnberger Abhandl. z. d. Wirtschafts- und Sozialwiss. 14), S. 34, 35.

69 Domarus, *Hitler*, Bd. 1, S. 89.

daraus erklärt sich die rigorose und hektische Art, mit der sich das NS-Regime schon in der ersten Zeit seines Bestehens gegen jeglichen Umsturz absicherte.

In der Hinterhand allerdings hielt die NS-Regierung die Aufrüstung: durch diese mußte es auf längere Sicht so oder so zu einer Beseitigung der Arbeitslosigkeit kommen. Während des Jahres 1933 ging es jedoch mit der Rüstung noch erst wenig voran[70]; ein wesentliches Hindernis war zunächst die mangelnde Klärung der Kompetenzen zwischen Reichswehr und SA[71]. In dieser Gefahrenzone bis zum sichtbaren Anrollen der Rüstungskonjunktur suchte die NS-Regierung der Krise mit teilweise recht unansehnlichen Waffen zu Leibe zu gehen. So ging etwa eine Maßnahme des Jahres 1933, der damals sogar im Generalrat der Wirtschaft beträchtliche Bedeutung beigemessen wurde[72], dahin, daß vom Staat auf die Hauszinssteuer Gutscheine ausgegeben wurden, die zur Bezahlung von Reparaturen verwendet werden konnten, so daß nicht nur die Hausbesitzer, sondern auch die Handwerker davon ihren Vorteil hatten, und schließlich die Banken nicht zu vergessen, die die neu instandgesetzten Häuser mit höheren Hypotheken belegen konnten[73]. Die später von der CDU weit gründlicher betriebene Politik, der Rechtsregierung eine breite soziale Basis in den Hausbesitzern zu sichern, war ansatzweise bereits 1933 vorhanden.

Eine stärkere Beziehung zu den nationalsozialistischen Zukunftsplänen und zu der vom Nazismus zur Schau gestellten Dynamik wies der im September 1933 begonnene Bau der Autobahnen auf; in eine ähnliche Richtung wies die von der NS-Regierung gewährte Steuerfreiheit für neue Personenkraftwagen und Motorräder[74]. Aber es war in der Situation von 1933 möglich, die Arbeitslosigkeit an manchen Stellen sogar durch technischen Rückschritt zu bekämpfen: am 14. Juli 1933 stimmte das Reichskabinett einem Gesetzentwurf über die Einschränkung von Maschinen in der Zigarrenindustrie zu, und dieses Gesetz, das einen zünftlerischen Bü-

---

70 BA, R 43 II/536, Bl. 28, Rede Hitlers vor dem Ausschuß zur Arbeitsbeschaffung, 9. 2. 33; Meinck, *Hitler und die Dt. Aufrüstung 1933-1937*, Wiesbaden 1959, S. 87; Erbe, *Nationalsozialistische Wirtschaftstheorie*, S. 25.

71 Bloch, Charles, *Die SA und die Krise des NS-Regimes 1934*, Frankfurt 1970 (ed. suhrkamp 434), S. 78.

72 Vgl. BA, R 43 II/321, Bl. 90 f. (Schwerin von Krosigk) und 96 (Siemens).

73 Vgl. die vom »Centralverband des dt. Bank- und Bankiergewerbes« verbreitete Denkschrift von Franz Hülsmann, die in der Reichskanzlei starke Beachtung fand: BA, R 43 II/538, Bl. 372 f.

74 BA, R 43 II/323, Bl. 121; dazu allgemein Kluke, Paul, »Hitler und das Volkswagenprojekt«, in: *VjhZG*, Jg. 8/1960, S. 343.

rokratismus ausstrahlt, wurde erst 1939 abgeändert[75]. Jedenfalls stellte sich die Wirtschaftspolitik der NS-Regierung in ihren Anfängen nicht eben eindrucksvoll dar und hatte wenig Aussicht, den von der Propaganda aufgepeitschten Erwartungen der Anhängerschaft zu genügen. Desto mehr setzte sie sich der Gefahr aus, in Sackgassen des Protektionismus hineinzugeraten und damit Bahnen einzuschlagen, die sich schon in der Endphase der Weimarer Republik als verhängnisvoll erwiesen hatten[76]. Die Privilegienverteilung an die Vielzahl von Interessen, die sich in den Hilfstruppen des Nazismus versammelt hatten, mußte unweigerlich eine Schraube ohne Ende ergeben, wobei die vom NS-Regime proklamierte Volksgemeinschaft immer illusorischer geworden wäre. Billigte man den Bauern höhere Preise zu, so empörten sich die Einzelhändler, wenn man ihnen nicht Ähnliches zugestand: wie denn aus solchem Anlaß der wirtschaftspolitische Kommissar der NSDAP, Otto Wagener, im Juni 1933 von aufgebrachten Münchener Lebensmittelhändlern »nahezu totgetrampelt« wurde[77]. Eine prinzipiell gleichartige Situation mußte ständig von den staatlich sanktionierten Kartellen drohen. Hinzu kommt, daß die Kartelle, mochten sie auch der Beruhigung der Privatwirtschaft dienen, zur Belebung der Wirtschaft von zweifelhaftem Wert waren: denn zu den Kartellabsprachen gehörten fast immer Investitionsbeschränkungen[78]. Alles in allem war der Übergang zur Rüstungspriorität für die NS-Führung schon deshalb geradezu rettend, weil diese neue Ebene ihr eine Zuflucht vor dem ausweglosen Gedränge der widersprüchlichen Interessen ihrer buntgemischten Gefolgschaft bot. Nicht zuletzt trug die Rüstungskonjunktur zur Lösung des noch 1933 schwelenden Konfliktes zwischen agrarischen Schutzzoll- und industriellen Exportinteressen bei[79], indem die Industrie durch die Binnenkonjunktur so exportunabhängig wurde, daß ihre Exportträgheit Anlaß zu öffentlicher Klage gab[80].

---

75 BA, R 43 II/308a, Bl. 134, 136 ff.; vgl. die vorausgehende Anregung von W. Sudhaus (Bielefeld): R 43 II/311a, Bl. 22, 8. 6. 33.

76 Heinrich August Winkler, *Mittelstand, Demokratie und Nationalsozialismus. Die politische Entwicklung von Handwerk und Kleinhandel in der Weimarer Republik*, Köln 1972, S. 141 über »jene Lawine extrem protektionistischer Forderungen . . ., die schließlich den Staat von Weimar unter sich begrub«.

77 Schoenbaum, *Braune Revolution*, S. 175; vgl. auch DZA, RWM. 8933, Bl. 109-115, »Wo bleibt die vereinheitlichte Führung im Einzelhandel? Notschrei der Hamburger Fachgruppe ›Haus- und Küchengeräte‹«.

78 Swatek, *Unternehmenskonzentration*, S. 120.

79 Petzina, *Hauptprobleme der dt. Wirtschaftspolitik*, S. 42.

80 BA, R 43 II/308, Bl. 36: Rede Schachts auf der Leipziger Messe 1935; kurz darauf im gleichen Sinne Hitler selbst: ebd., Bl. 42 f. (22. 3. 35).

Für die Großindustrie und ihre Interessenvertreter andererseits war die Rüstung nicht nur eine Quelle von Profiten, sondern auch ein geeigneter Hebel, um populistische Bestrebungen mancher NS-Amtsträger abzublocken. So zog sich durch die Jahre von 1934 bis 1936 eine Auseinandersetzung zwischen Schacht und dem Landwirtschaftsminister Darré um die Devisenzuteilung für Agrarimporte. Schacht, seit dem 21. Mai 1935 zu seinen bisherigen Positionen noch »Generalbevollmächtigter für die Kriegswirtschaft«[81], sicherte sich, indem er die Priorität der Rüstung verfocht, die Unterstützung Hitlers, der schon im Herbst 1934 den Blut-und-Boden-Ideen Hohn sprach und verfügte, daß man lieber die Futtermitteleinfuhr reduzieren und das betroffene Vieh zu Konserven verarbeiten als der Industrie notwendige Importe vorenthalten solle[82]. Schacht, der gern über die verschwenderische Bautätigkeit der Kommunen in den zwanziger Jahren herzog, hatte – bis er 1936 auch gegen das Tempo der Aufrüstung zu opponieren begann – allgemein die Manier, zivile Ausgaben unter Hinweis auf den Vorrang der Rüstung zusammenzustreichen[83].

Wenn die Reichswehr ihre Stellung gegenüber der SA behauptete, so verdankte sie dies ebenfalls wesentlich den Notwendigkeiten der Aufrüstung[84]. Es war also diejenige Aktionslinie des NS-Regimes, die zuletzt in den Weltkrieg mündete, die dem Kern der alten sozialen Mächte gewährleistete, daß er sich gegenüber den innovatorischen und sozialutopischen Kräften der NS-Bewegung behaupten konnte.

In diesem Zusammenhang ist noch die Frage zu erörtern, ob sich in der Anfangsphase der NS-Herrschaft alternative Ansätze erkennen lassen: Ansätze zu einem Bündnis anderer sozialer Kräfte, die sich nicht unter einem primär imperialistischen Konsensus zusammengefunden, sondern innenpolitischen Innovationen – welcher Art auch immer – den Vorrang gegeben hätten. Die sich unter dem

---

81 Vgl. dazu Thomas, *Gesch. der dt. Wehr- und Rüstungswirtschaft*, S. 75.

82 BA, R 43 II/331, Bl. 35, 18. 10. 34.

83 Bracher, *Nationalsozialistische Machtergreifung*, S. 790; Schweitzer, Arthur, *Die Nazifizierung des Mittelstandes*, Stuttgart 1970 (Bonner Beiträge zur Soziologie 9), S. 113, 131 f.; Klein, Burton H., *Germany's Economic Preparations for War*, Cambridge, Mass. (Harvard UP) 1959, S. 24; Kehrl, Hans, *Krisenmanager im Dritten Reich*, Düsseldorf 1973, S. 58. Über Schachts Angriffe auf die Kommunen während der zwanziger Jahre vgl. besonders Böhret, Carl, *Aktionen gegen die »kalte Sozialisierung« 1926-1930. Ein Beitrag zum Wirken ökonomischer Einflußverbände in der Weimarer Republik*, Berlin 1966, S. 173 ff.

84 Bloch, *Die SA*, S. 76 ff.

Nazismus durchsetzende Kooperation zwischen Großindustrie und Staatsführung, die ihre höchste Perfektion in der letzten Phase der NS-Geschichte mit dem »System Speer« erreichte, besaß die Vorteile der »kurzgeschlossenen« und damit noch relativ unbürokratischen Verbindung von Staat und Wirtschaft. Eine Konfiguration auf unterer Ebene dagegen – also zwischen kleinbürgerlichen Schichten einerseits und den populistisch-plebejischen Kräften der NSDAP andererseits – hätte als vermittelnder und verbindender Kraft wahrscheinlich einer entwickelten Wirtschaftsbürokratie bedurft, die das Kleinbürgertum ökonomisch gestützt und die quasi-sozialistischen Kräfte der NSDAP institutionell verankert hätte: aber die Amalgamierung solch unterschiedlicher Bevölkerungsgruppen ist eben nur sehr hypothetisch zu umreißen. Bereits die Konstellation innerhalb der Beamtenschaft stand solchen Entwicklungen entgegen: denn dort waren die NS-Sympathien mit einer Verfechtung des »Berufsbeamtentums« und einer Frontstellung gegen das – sich vor allem in den öffentlichen Wirtschaftsunternehmen entfaltende – »Parteibuchbeamtentum« verbunden[85]. Zwar bildete sich auch während der NS-Zeit ein »Wirtschaftsbeamtentum« in beträchtlichem Umfange aus[86], aber es ist fraglich, ob dieses von seiner Tradition und seinem Selbstverständnis her in der Lage war, soziale und institutionelle Basis eines Staatssozialismus zu werden.

Dabei war an sich rein von der Idee her die Begründung eines »Staatssozialismus« für die NS-Regierung sehr naheliegend, und teilweise wurden die NS-deutschen Verhältnisse ja auch als »Staatssozialismus« ausgegeben. 1933 waren es in einigen Fällen die öffentlichen Wirtschaftsinstanzen, die man zu Angelpunkten der deutschen »Erneuerung« auszubauen suchte. Der Nationalsozialist Th. A. von Renteln übernahm im Mai 1933 mit hochgespannten Ansprüchen das Präsidium des Deutschen Industrie- und Handelstages und forderte in seiner ersten Ansprache eine Ausdehnung der Kompetenzen der Industrie- und Handelskammern, die »bis in die letzte Faser« mit dem »Geiste der deutschen Erhebung« zu erfüllen seien: »Die Kammern werden den Eckstein im kommenden ständischen Aufbau bilden. Sie werden zu Brennpunkten der ständischen Selbstverwaltung werden.«[87] Renteln, zugleich Führer des

---

85 Mommsen, Hans, *Beamtentum im Dritten Reich. Mit ausgewählten Quellen zur nationalsozialistischen Beamtenpolitik*, Stuttgart 1966, S. 22 ff.

86 Winschuh, Josef, »Der Unternehmer im neuen Europa«, in: *Der praktische Betriebswirt*, Baden-Baden u. a. 1954, S. 139.

87 BA, R 43 II/328, Bl. 37 (Wolffs Te.-Büro, 22. 6. 33); im gleichen Sinne noch

militanten »Kampfbundes für den gewerblichen Mittelstand«[88], war somit dabei, die Brücke von dem grollenden Kleinbürgertum zu den öffentlich-wirtschaftlichen Einrichtungen zu schlagen; aber der DIHT war, schon von seiner Weimarer Vergangenheit her[89], ein höchst ungeeignetes Instrument für seine Ambitionen. Von dort aus war keine Machtposition aufzubauen, waren keine vollendeten Tatsachen zu schaffen. Im Mai 1935 verlor Renteln seinen DIHT-Vorsitz: zu einer Zeit, als der Aufsichtsratsvorsitzende der Ilseder Hütte, Ewald Hecker, der seinerzeit von Renteln seines Amtes als Präsident der IHK Hannover enthoben worden war, zum »Führer der deutschen Wirtschaft« aufgestiegen war[90].

Eine mit dem DIHT vergleichbare Position stellten 1933 die Sparkassen dar: Hätte der Nazismus seine Gegnerschaft gegen die »Spekulanten« und das »internationale Finanzkapital« ernsthaft in die Tat umsetzen wollen, so wäre es naheliegend gewesen, die öffentlichen und halböffentlichen Sparkassen gegenüber den Privatbanken zu bevorzugen. Der NS-Wirtschaftstheoretiker Feder, dessen Schlagwort der Kampf gegen die »Zinsknechtschaft« war und der mit A. R. Hermann, dem Direktor des Deutschen Sparkassen- und Giroverbandes, in engem Kontakt stand[91], versuchte denn auch 1933, die Sparkassen zu einem Stützpfeiler der neuen Ordnung zu machen[92]. Aber diese Bemühungen waren von vornherein zur Erfolglosigkeit verurteilt: im Unterschied zu den Privat- und Großbanken, die bereits in der Vorgeschichte der Machtergreifung mit Kurt von Schröder, Hjalmar Schacht (früher bei der Dresdner und Danat-Bank) und Emil Georg von Stauß (Vorstandsmitglied der Deutschen Bank) in Schlüsselrollen vertreten waren, gehörten die Sparkassen nicht zu der Konstellation, die die NSDAP zur Macht brachte. Im Generalrat der Wirtschaft besaßen – wie die Hamburger Sparcasse von 1827 dem Reichswirtschaftsministerium klagte – die Privatbanken vier Vertreter, während die Sparkassen nicht vertreten waren[93]. Nicht besser stand es mit dem 1933 eingesetzten Ausschuß zur Ban-

---

am 19. 11. 35 die militante Rede des Spinnereidirektors Köhler, des Präsidenten der IHK Oberfranken: DZA, RWM, 8933, Bl. 201.

88 Broszat, *Staat Hitlers*, S. 208 ff.

89 Vgl. Schäfer, *Dt. Industrie- und Handelstag*, S. 73.

90 BA, R 43 II/328, Bl. 1, Vermerk Willuhn über v. Renteln, 12. 1. 35; Bracher, *Nationalsozialistische Machtergreifung*, S. 651; über erregte Reaktionen auf die schließliche Auflösung der Industrie- und Handelskammer im Frühjahr 1942 vgl. DZA, RWM, 9330, Bl. 291, ungezeichnete Eingabe von April 1942.

91 BA, 53 II/243, Bl. 74.

92 Schweitzer, *Nazifizierung des Mittelstandes*, S. 44 f.

93 BA, R 43 II/320, Bl. 17.

kenenquête, der von Schacht geleitet wurde: seine Zusammensetzung und Arbeitsweise veranlaßte den Braunschweiger Gauleiter Loeper, in einem Schreiben an Rudolf Heß der Befürchtung Ausdruck zu geben, »daß es den privaten Großbanken unter Führung des Reichsbankpräsidenten Dr. Schacht gelingen könnte, die öffentlich-rechtlichen Kreditinstitute (Sparkassen, Girozentralen usw.) mehr und mehr auszuschalten«[94]. Loeper beschwor in diesem Zusammenhang die »antikapitalistische Sehnsucht, die den größten Teil unseres Volkes beherrscht«.

Gottfried Feder leitete im Juli 1933 der Reichskanzlei ein Schreiben des Inhabers der Firma Harkort zu, eines traditionsreichen Unternehmens, das zu Beginn des 19. Jahrhunderts die deutsche Industrialisierung mit eingeleitet hatte, inzwischen aber längst in die hinteren Ränge der Industrie zurückgefallen war. Das Schreiben schildert, wie unter den bedrohten Klein- und Mittelindustriellen »Groll und Erbitterung gegen die großen Aktiengesellschaften entstanden« sei, und welche Hoffnungen man in dieser Lage auf die NSDAP gesetzt habe. »Aber: die Hoffnungsstimmung ist einer dumpfen Sorge gewichen – auch in Arbeiterkreisen. Wir sehen den großen Einfluß der Großindustrie auf die Staatsleitung. Die Namen der Herren, die als Berater für wirtschaftliche Fragen berufen sind, stellen ein Programm dar.«[95]

1.3 *Vom Kompagnon zum Favoriten: weitere Entwicklung der großindustriellen Position in der konsolidierten Diktatur (Aufrüstung, Vierjahresplan, »Arisierung« der Wirtschaft)*

Es ist typisch für Diktatoren, daß sie nach Konsolidierung ihrer Herrschaft ihre ersten Verbündeten und Steigbügelhalter zum Teil in den Hintergrund drängen, wenn nicht gar beseitigen; denn die

---

94 R 43 II/243, Bl. 74, 13. 3. 34; Loeper bekam Unterstützung von Darré: ebd., Bl. 77, 27. 4. 34.

95 R 43 II/312, Bl. 112 f., 20. 7. 33. Zu dem Problem, ob eine Allianz zwischen dem Kleinunternehmertum und einer staatlichen Wirtschaftsbürokratie überhaupt vorstellbar gewesen wäre, vgl. neuerdings Dirk Stegmann, »Zum Verhältnis von Großindustrie und Nationalsozialismus . . .«, S. 428 f. Stegmann sieht die Möglichkeit, daß auf solche Art ein Bündnis der Kleinindustrie mit dem »sozialrevolutionären Flügel der NSDAP gegen die Großindustrie« entstanden wäre, ursprünglich durchaus gegeben; Hitler jedoch habe schon vor der Machtergreifung »den klein- und mittelindustriellen Flügel zusammen mit dem sog. Alten Mittelstand bewußt fallengelassen«.

Helfer der ersten Stunde, die dann auf alte Rechte pochen und dem Diktator noch als Ebenbürtige gegenübertreten können, werden oftmals hinderlich bei der Perfektionierung der Herrschaft. Geeigneter für die neue Rolle des Günstlings sind andere, die vielleicht ursprünglich von der Diktatur einiges zu fürchten hatten, sich jedenfalls von vornherein in stärkerer Abhängigkeit von der Gunst des Regimes sehen. In diesem Machiavellismus findet man eine Erklärung für die Gesamtlinie industrieller Positionsveränderungen unter dem NS-Regime, daneben allerdings auch in einem Spezifikum der neuesten Zeit, nämlich der Notwendigkeit, den Anschluß an den technischen Fortschritt zu finden.

Schlüsselereignisse sind die Zurückstufung Thyssens[96], dem schon kurz nach der Machtergreifung andere Wirtschaftsführer vorgezogen wurden, bis ihm 1935 auch noch sein Betätigungsfeld in der ständestaatlichen Planung genommen wurde (schließlich ging er, als einziger nichtjüdischer Wirtschaftsführer, ins Exil); dann die Entmachtung Schachts, der ebenfalls den NS-Führern als Gleichgestellter gegenüberzutreten und ihnen Lehren zu erteilen pflegte; schließlich der Aufstieg der IG-Farben. Bezeichnend ist auch, daß Paul Reusch, der 1932 die Nationalsozialisten unterstützt hatte[97], später gegenüber dem NS-Regime in Oppositionsstellung ging: er war der Typus des Industriemagnaten, der selbst gewohnt war, als oberster Führer dazustehen; »aut Cäsar, aut nihil« war sein Wahlspruch, und noch Ende 1939 erlebte ihn Ulrich von Hassell als den »typische(n) Industriekönig, vor dem alles kriecht«[98]. Der sich in der zweiten Hälfte der dreißiger Jahre vollziehende Aufstieg des Flick-Konzerns ist nicht nur auf innerökonomische Faktoren, sondern wesentlich auch auf einen neuen Stil in der Kooperation mit dem Staat zurückzuführen: es war nicht zuletzt Flicks diplomatische Geschmeidigkeit gegenüber den NS-Machthabern, unterstützt durch ein wohlausgebautes Informationssystem, mit dem er die Schwerindustriellen alten Schlages wiederholt überflügelte. Der Aufstieg des

---

96 Vgl., wie Thyssen in der Besprechung vom 29. 5. 33 Hitler gegenüber noch den Überlegenen spielte und über einen Vorschlag Hitlers einfach hinwegging: R 43 II/536, Bl. 373 ff.

97 Koszyk, Paul, »Reusch und die Münchener Neuesten Nachrichten«; Czichon, *Wer verhalf . . .*, S. 71 f.

98 Maschke, Erich, *Es entsteht ein Konzern. Paul Reusch und die GHH*, Tübingen 1969, S. 66, 58. Den Wahlspruch »Aut Cäsar, aut nihil« proklamierte Reusch auch dann, wenn es um die Führerstellung der Schwerindustrie im industriellen Verbandswesen ging: vgl. Weisbrod, *Zur Form schwerindustrieller Interessenvertretung*, S. 12.

Architekten Speer schließlich zum Kriegskommandeur der gesamten Industrie ist eine typische Günstlings-Karriere; und mit der neuen Stellung Speers wiederum war die exponierte Stellung der von Speer zu enger Zusammenarbeit herangezogenen Industrieführer verknüpft.

Dabei besaßen die Industrieführer jedoch durch ihre privatwirtschaftliche Position ein starkes Eigengewicht; sie konnten nicht in dem Maße wie der Idealtypus des Günstlings beliebig ausgetauscht werden. Die unter der NS-Herrschaft zunächst sichtbare Tendenz einer verstärkten Abhängigkeit der Industrie vom Staat setzte sich nicht geradlinig weiter fort; vielmehr machte sich die strukturelle Verankerung der großindustriellen Position dann auch in Gegenausschlägen des Pendels sichtbar. Der Wechsel im Oberkommando der Wirtschaft: von Schacht zu Göring, und dann von Göring zu Speer, enthält bereits eine solche Pendelbewegung: während die Wirtschaft sich mit Göring einem Mann gegenübersah, der durch eine pure Parteilaufbahn hochgekommen war und einer anderen Welt als der der Privatwirtschaft angehörte, fand sie dann in Speer einen Vorgesetzten, der in der Großindustrie leicht zu akkulturieren war.

Die Entwicklung, die dahin führte, daß das Verhältnis zwischen NS-Regierung und Industrie den Charakter einer Allianz zweier auf gleicher Ebene stehender Mächte verlor, zeichnete sich bereits 1933 ab. Im September 1933 schlug Hitler vor dem Generalrat der Wirtschaft noch einen vertraulichen Ton an und gab sich den Anschein, als wolle er die leitenden Männer der Wirtschaft in den engsten Kreis der Reichsführung einbeziehen:

»Untereinander können sich die Männer der Führung eines Volkes darauf aufmerksam machen, daß sie das eine oder andere Mal fehlgeschossen haben. Das ist eine Sache für sich. Das ist sehr gut und sehr nützlich, und dem sollen auch die ganzen, ich möchte sagen, korporativen Besprechungen dienen. Nach außen hin aber muß es ein einziger großer Block sein.... Das Volk wird dann nämlich der Faktor sein, das (sic!) in ganz blindem Vertrauen an uns glaubt ...«[99]

Der »Generalrat« wurde jedoch hinfort nicht wieder einberufen und kam auch bereits bei diesem einzigen Treffen nicht dazu, als »Rat« Hitlers zu fungieren: Hitler hielt es, anders als bei seiner Beratung mit den Industrierepräsentanten über die Arbeitsbeschaffung (29. Mai 1933), jetzt nicht mehr für nötig, den kollektiven Rat der

---

99 BA, R 43 II/321, Bl. 138 f.

Industriellen einzuholen, sondern verfiel in sein bekanntes Monologisieren[100].

Als Ende 1937 das Wirtschaftsministerium nach dem Abtreten Schachts vorübergehend von Göring übernommen wurde, wurden auch dort andere Saiten aufgezogen und bisherige kollektive Formen industrieller Einflußnahme abgekanzelt[101]. Aber wenn die organisierte und öffentliche bzw. halböffentliche Einflußnahme industrieller Verbände verpönt oder gar unterbunden wurde, so schließt das nicht aus, daß individuelle und informelle Kontakte zwischen der Privatindustrie und staatlichen Stellen zum NS-System mit Notwendigkeit hinzugehörten: jene oben dargestellte »kurzgeschlossene« Kooperation machte die verbandsmäßig organisierte Einflußnahme obsolet. Ökonomische Grundlage dieser Entwicklung ist die Aufrüstung, in deren Folge für die Industrie laut Mason »die direkten Beziehungen zum Auftraggeber wirtschaftlich wichtiger wurden als der kollektive Verkehr mit dem Staat über die Verbände«[102].

Mit der Aufrüstung wurde die private Großindustrie unentbehrlich für die unmittelbare Durchführung der nationalsozialistischen Politik; zugleich allerdings wurde der Industrie durch die Verschärfung der Devisenkontrolle eine wesentliche Freiheit genommen, mit der sie im Konfliktfall auf die Regierung hätte Druck ausüben können: die Freiheit, Betriebe stillzulegen und das Kapital ins Ausland zu transferieren (wobei allerdings in der weltweiten Depression der dreißiger Jahre der Spielraum ohnehin nicht groß gewesen wäre). Hitlers geheime Denkschrift vom Sommer 1936, die den neuen Kurs in der Wirtschaftspolitik ankündigte, bricht gerade über dem Punkt der auswärtigen Devisenreserven der Privatwirtschaft in brutale Drohungen aus: »Es gibt keinen Zweifel, daß die Außenstände unserer Wirtschaft heute ganz enorme sind. Und es gibt weiter keinen Zweifel, daß sich dahinter z. T. auch die niederträchtige Absicht verbirgt, für alle Fälle im Ausland gewisse, dem inneren Zugriff entzogene Reserven zu besitzen.« Darin sehe er »eine bewußte Sabotage der nationalen Selbstbehauptung«, für die er die Todesstrafe fordern wolle[103].

---

100 Darauf macht Petzina, Hauptprobleme, S. 48 f., aufmerksam.

101 Sörgel, Werner, *Metallindustrie und Nationalsozialismus*, Frankfurt 1965, S. 63 f.

102 Mason, Tim, »Der Primat der Politik – Politik und Wirtschaft im Nationalsozialismus«, in: *Das Argument*, Jg. 8/1966, H. 6 (Faschismus-Theorien IV), S. 487.

103 Treue, Wilhelm, »Hitlers Denkschrift zum Vierjahresplan 1936«, in: *VjhZG*, Jg. 3/1955, S. 209 f.

Von diesen Drohungen erfuhren die Betroffenen allerdings nichts: nicht einmal Schacht bekam die Denkschrift zu sehen; nur Göring und Blomberg erhielten Exemplare[104]. Göring selbst bemerkte gemütlich im Juli 1937 vor den Leitern der Wirtschaftsgruppe Eisenschaffende Industrie, es sei »zwecklos, festzustellen«, wer die Schuld an der entstandenen Rohstoff- und Devisenknappheit trage; es sei nun einmal so, daß die Menschen vor allem an sich selber dächten[105]. Die unter dem Titel »Vierjahresplan« vereinigten Maßnahmen[106] bewahrten denn auch gegenüber der Privatwirtschaft eine Balance von Pression und Begünstigung: während die Ruhrindustrie zumindest zeitweise mit den »Reichswerken Hermann Göring« unter Druck gesetzt wurde, wurde mit einer anderen Vierjahresplan-Instanz, dem Amt für deutsche Roh- und Werkstoffe, eine Verflechtung des Staatsapparates mit dem größten deutschen Konzern, der IG-Farben, angebahnt; aus dieser Verflechtung, die sich unter Speer auf die Gesamtindustrie ausdehnte, ergaben sich für führende Industrielle neue Möglichkeiten der Einschaltung in die Politik, auch auf außenwirtschaftlichem und damit außenpolitischem Gebiet.
Göring, der seit Ende 1936 die Wirtschaft nicht nur mittels der Vierjahresplan-Organisation, sondern auch mittels seiner auf Partei und Luftwaffe gegründeten Machtposition beherrschte[107], verwies zwar die Industriellen in die Rolle von bloßen Günstlingen; jedoch war sein verschwenderisches Wirtschaftsregiment für die Privatindustrie in mancher Beziehung bequemer und profitabler als die voraufgegangene Regie Schachts, der die Wirtschaft unter anderem auch aus der Perspektive des Beamten sah und an einem Rest gesamtökonomischer Solidität zäh festhielt. Es ist zweifelhaft, ob Schacht noch 1936/37 gegenüber Göring eine Mehrheit der Privatwirtschaft repräsentierte; nach 1945 sprach er mit Geringschätzung von den Industriellen, die »schon zahlreich in Görings Vorzimmer« saßen, »um Aufträge zu erlangen«, als er, Schacht, sich »noch um die Durchsetzung der Vernunft« bemüht habe[108]. Während die von der Auf-

---

104 Schacht, Hjalmar, *Abrechnung mit Hitler*, Berlin/Frankfurt 1949, S. 65.
105 ALG, NI-353, 23. 7. 37.
106 Vgl. Petzina, Dieter, *Autarkiepolitik im Dritten Reich. Der nationalsozialistische Vierjahresplan*, Stuttgart 1968 (Schriftenreihe der Vierteljahreshefte für Zeitgeschichte), S. 148, über den mangelnden Zusammenhang der Vierjahresplan-Maßnahmen.
107 Von 1939 an verstärkte sich allerdings wieder die Stellung des Reichswirtschaftsministeriums gegenüber dem Vierjahresplan: vgl. Facius, *Wirtschaft und Staat*, S. 170.
108 Schacht, *Abrechnung*, S. 174, vgl. auch S. 195; ähnlich Thyssen, *I Paid Hitler*, S. 170, 255. In dem von A. Schweitzer entworfenen Kräfteparallelogramm

rüstung geschaffene Binnenkonjunktur der Industrie zu einer Zeit, als die Depression im Ausland noch weithin anhielt, bequeme Verdienstmöglichkeien bot, wollte Schacht angesichts der gespannten Devisenlage die Industriellen wieder auf den Weg des Exports zwingen und veranlaßte im März 1935 Hitler zu einer Bestimmung, daß öffentliche Aufträge nur an solche Firmen vergeben werden dürften, die ihr Exportsoll erfüllt hätten, und außerdem mit einer Abgabe für die Exportförderung verbunden werden sollten[109]. In dieser Situation wurde das Autarkiekonzept zur angenehmeren Alternative für die Industrie.

Auch die »Reichswerke Hermann Göring«, die im Juli 1937 gegründet wurden[110] und zunächst auf Opposition der Ruhrindustrie, mit Poensgen und Vögler an der Spitze, trafen[111], hielten sich an die Spielregeln des Kapitalismus und brachten auf die Dauer für die Privatwirtschaft sogar manche Annehmlichkeiten mit sich. Da sie zur Ausbeutung unrentabler Erzlager (in Salzgitter, Baden und der Oberpfalz)[112] bestimmt waren, entzogen sie der Privatindustrie keine Verdienstmöglichkeit; oder, andersherum argumentiert: eine Ausbeutung dieser Erzminen hätte nur durch eine beträchtliche Erhöhung der Zölle auf Importerze rentabel gemacht werden können – eine Maßnahme, die die auf billigen Schwedenerzen basierende Schwerindustrie getroffen hätte[113]. Die mit der Gründung der »Reichswerke« getroffene Regelung verteuerte nicht die Produktion der privaten Schwerindustrie; dabei stellten die »Reichswerke« mit ihrer kostspieligen Produktionsweise jedoch eine gewisse Garantie für eine künftige Hochhaltung der Stahlpreise dar. Später ließ sich

---

figuriert Schacht dagegen als Führer des Big-business-Machtblocks, wobei Schweitzer allerdings einräumt, daß Schacht sich dieser Stellung nur unzureichend bewußt gewesen sei: Schweitzer, *Big Business in the Third Reich*, Bloomington (Indiana UP) 1964, S. 540. In das entgegengesetzte Extrem verfällt Turner, der »für das Jahr 1932« Schacht als bloßen »politische(n) Abenteurer« abtut: Turner, H., *Faschismus und Kapitalismus in Deutschland. Studien zum Verhältnis zwischen Nationalsozialismus und Wirtschaft*, Göttingen 1972, S. 26.

109 BA, R 43 II/308, Bl. 36 (Rede Schachts vom 4. 3. 35) und Bl. 42 f. (Anordnung Hitlers vom 22. 3. 35).

110 Über die Reichswerke vgl. Petzina, *Autarkiepolitik*, S. 104-108.

111 ALG, NI-052, Aufzeichnung Poensgens über Besprechung mit Göring, 12. 8. 37. Die Großbanken, Mannesmann und Klöckner hingegen waren bereits an einer Beteiligung an den »Reichswerken« interessiert: Czichon, *Der Bankier und die Macht. Hermann Josef Abs in der deutschen Politik*, Köln 1970, S. 81 f.; ALG, NID-10 228, Aussage K. Rasche, 27. 12. 45.

112 Petzina, *Autarkiepolitik*, S. 105.

113 Mandel, Ernest, *Marxistische Wirtschaftstheorie* (aus dem Französ.), Wiss. Sonderausgabe, Frankfurt 1970, S. 524, 528.

denn auch Paul Pleiger, der Generaldirektor der »Reichswerke«, von der Schwerindustrie zu Hitler vorschicken, um diesen zur Bewilligung eines »gerechten« Preises für Kohle und Eisen zu veranlassen[114]; gelegentlich mußte Pleigers Drängen auf Erhöhung der Eisenpreise von der Ruhrindustrie sogar gebremst werden[115]. Die »Reichswerke« standen in der letzten Vorkriegszeit vor dem Dilemma, daß der Engpaß in der Eisenproduktion, der ihre Gründung veranlaßt hatte, schon beseitigt war, bevor ihre Produktion überhaupt angelaufen war: Ende 1938 versicherte General von Hanneken, Görings Bevollmächtigter für die Montanindustrie, im Düsseldorfer »Stahlhof« den Vertretern der Schwerindustrie, daß es bereits einen »Eisenüberfluß« gebe und es ihm daher leid tue, wenn mit dem Schlagwort »Eisennot« immer noch »Schindluder getrieben« werde[116]. Die Spannungen zwischen der Ruhrindustrie und dem Stabe Görings wurden wieder von gegenseitigen Komplimenten abgelöst; die »Reichswerke«, in ihrer ursprünglichen Konzeption überholt, suchten sich eine neue Rolle und zugleich Rentabilitätsbasis, indem sie Schrittmacher der großindustriellen Expansion in die von Deutschland annektierten Gebiete wurden und sich auf diese Weise stürmisch vergrößerten. Daraus konnte sich eine Konkurrenz zu Privatfirmen ergeben, die gleiche Absichten hatten; andererseits dienten sie den Privatfirmen mitunter auch als Drohmittel gegen renitente ausländische Firmen: so wird im September 1940 berichtet, daß deutsche Firmenvertreter bei »Übernahmeverhandlungen« mit holländischen und belgischen Firmen »zwecks Einschüchterung ihrer Verhandlungspartner so getan haben, als ob die Enteignung beispielsweise durch die Hermann-Göring-Werke unmittelbar bevorstände«[117]. Pleiger biederte sich in der Folgezeit der Ruhrindustrie an; im August 1941 notierte sich Zangen, der Generaldirektor der Mannesmann-Werke und Leiter der Reichsgruppe Industrie, über eine Besprechung mit Pleiger: »Er will mit uns durch dick und dünn gehen, wenn wir ihn jetzt in der Übergangszeit unterstützen.«[118] Ein ähnliches Angebot erhielt Poensgen, der Generaldirektor der Vereinigten Stahlwerke, von Pleiger; Poensgen allerdings zeigte

114 Boelcke (Hrsg.), *Deutschlands Rüstung im Zweiten Weltkrieg. Hitlers Konferenzen mit Albert Speer 1942-1945*, Frankfurt 1969, S. 172, 13. 8. 42.
115 BA, R 7 X/458, Niederschrift Zangens, 30. 8. 41; ALG, NIK-11 658, Besprechung im Kleinen Kreis, 16. 9. 41.
116 ALG, NI-096, 4. 11. 38.
117 BA, R 7 VIII/207, Ausführungen Schlotterers, 7. 9. 40.
118 R 7 X/458, 30. 8. 41.

sich nicht zur Versöhnung bereit[119]. Zwischen Krupp und den »Reichswerken« dagegen entwickelte sich während des Krieges eine enge Zusammenarbeit, die in der Mitteilung von Produktionsverfahren, aber auch in einem Zusammengehen auf dem Balkan und in den besetzten Teilen der Sowjetunion ihren Ausdruck fand[120].

Aus dem amerikanischen Exil kommentierte Franz Neumann die Gründung der »Reichswerke«: »Ein Gangster kann nur überleben, wenn er ehrenwert wird. ... Nur eine wirtschaftliche Basis ... öffnet ihm den Weg in die Gesellschaft. Die Hermann-Göring-Werke stellen den Versuch der Partei dar, die Parteiherrschaft mit der wirtschaftlichen Basis zu versehen.«[121] Aber wahrscheinlich hat diese sozialistische Interpretation die Bedeutung der »Reichswerke« noch überakzentuiert: einmal waren die NS-Führer damals in der Sicht des Großteils der traditionellen deutschen Oberschicht sicherlich keine »Gangster«, die erst durch Vermögen ehrenwert wurden; zum anderen begann der »Reichswerke«-Konzern nach Kriegsausbruch ein vom Vierjahresplan gelöstes Eigenleben zu führen[122], das ihn mehr und mehr den privaten Konzernen annäherte. Josef Winschuh schreibt 1941, die Gründung und Expansion der Göring-Werke stelle nur scheinbar eine »Gegenbewegung« zu der gleichzeitig laufenden »großen Reprivatisierungswelle« staatlicher Unternehmen dar: der Unterschied zwischen staatlichen und privaten Betrieben sei nämlich inzwischen »so fließend geworden, daß wir bei einem staatlichen Betrieb kaum mehr an den Begriff ›Sozialisierung‹ denken. Frage sich jeder, und er wird finden, daß ihm dieser Begriff dabei kaum mehr ins Bewußtsein tritt«[123].

Eine »große Reprivatisierungswelle« hatte tatsächlich etwa zur gleichen Zeit eingesetzt, als der Vierjahresplan und die Gründung der Göring-Werke verkündet wurde. 1936/37 wurden die Gelsenkirchener Bergwerks-AG (und damit die Vereinigten Stahlwerke) und die Dresdner Bank reprivatisiert: damit war die Privatwirtschaft zweier besonders schwerer Hypotheken aus der Zeit der großen Krise wieder entledigt worden, und noch dazu auf eine höchst profitable Weise. Die Reprivatisierung des Stahlvereins – eine enorme

---

119 Ebd., Besprechung im Reichswirtschaftsministerium, 27. 6. 41.

120 ALG, NIK-12 985, Affid. K. Smeets, 1. 12. 47; NIK-3892, Bericht über gemeinsame Rußlandreise von Pleiger und Alfried Krupp, August 1942; Jäger, Jörg-Johannes, *Die wirtschaftliche Abhängigkeit des Dritten Reichs vom Ausland, dargestellt am Beispiel der Stahlindustrie*, Berlin 1969, S. 250 f.

121 Neumann, Franz, *Behemoth*, London 1943, S. 247.

122 Petzina, *Autarkiepolitik*, S. 107.

123 Winschuh, *Unternehmer im neuen Europa*, S. 144 f.

Transaktion, bei der Thyssen und Flick mit der Deutschen Bank kooperierten – war, wie Kimmich (Deutsche Bank) im November 1936 bemerkte, eine »außerordentlich interessante Tätigkeit«[124], die nur für die Kasse des Reichs einen Verlust von 33 Mill. Mark brachte[125]. Sogar eine Reprivatisierung der Junkers-Flugzeugwerke, die erst 1933 in Staatsbesitz übergegangen waren und sich zu einem »Riesenkonzern« (Schwerin von Krosigk) auszuwachsen begannen, wurde 1935 vom Luftfahrtministerium ins Auge gefaßt, wobei man Flick die Nachricht zuleitete, daß das Ministerium auf seine Beteiligung »sehr großen Wert« lege. Aber für Flick bedurfte es keiner Reprivatisierung der Junkerswerke, um sie in seinen Einflußbereich zu bringen; denn seitdem im November 1933 Hugo Junkers aus politischen Gründen zur Niederlegung der Werksleitung gezwungen wurde, unterstanden die Werke dem von Flick delegierten Heinrich Koppenberg, der bis dahin Direktor in der von Flick beherrschten Linke-Hoffmann-Lauchhammer AG war[126].

Es ist wichtig, die Vierjahresplan-Maßnahmen simultan mit solchen Vorgängen zu sehen und überhaupt zu verfolgen, wie sich gleichlaufend mit der Intensivierung der staatlichen Wirtschaftslenkung eine neue Machtzusammenballung in der Industrie vollzog. Gerade 1936, als die Unterordnung der Wirtschaft unter die Politik scheinbar verstärkt wurde, setzte »rasch sich steigernd, wieder ein Konzentrationsprozeß von höchster Dynamik ein« (Günter Keiser, 1939)[127]. An der Spitze lag dabei neben Flick der Mannesmann-Konzern, und der Generaldirektor dieses Konzerns, Wilhelm Zangen, trat im Oktober 1938 an die Spitze der Reichsgruppe Industrie: hiermit und mit der zwei Monate vorher erfolgten Bestallung des IG-Direktors Carl Krauch zum Bevollmächtigten Görings wurde der Gleichtakt der staatlichen Wirtschaftsorganisation mit der großindustriellen Dynamik sichtbar verstärkt.

---

124 DZA, Deutsche Bank, 21 078, Bl. 55, Sitzung Rhein.-Westf. Beirat, 11. 1. 36.

125 Gossweiler, K., *Die Vereinigten Stahlwerke und die Großbanken*, JbWG, Jg. 1965, T. 4, S. 44; über die Reprivatisierung der Verein. Stahlwerke allgemein: Schwerin von Krosigk, *Gr. Zeit des Feuers*, Bd. 2, S. 686; Pritzkoleit, *Männer, Mächte, Monopole*, S. 132 f. Über die Staatsbeteiligung an der Dresdner Bank und deren Reprivatisierung: Säuberlich, Hans, *Das Großkapital und der Staat in der Weltwirtschaftskrise 1931/32 in Deutschland*, Diss. Berlin (Ost) 1964, S. 124; Pritzkoleit, Kurt, *Bosse, Banken, Börsen. Herren über Geld und Wirtschaft*. Wien/München/Basel 1954, S. 148.

126 ALG, NI-10 114, Aktennotiz für Flick, 2. 5. 35; Schwerin von Krosigk, Bd. 3, S. 62; Ogger, *Friedrich Flick der Große*, Bern/München/Wien 1971, S. 145.

127 Keiser, Günter, »Der jüngste Konzentrationsprozeß«, in: *Die Wirtschaftskurve*, Jg. 18/1939, S. 136.

Besonders die Verflechtung der Vierjahresplan-Organisation mit der IG-Farben, dem großindustriellen Spitzenreiter, markiert eine Entwicklung, in deren Verlauf die NS-Politik die privatwirtschaftlichen Strukturen gewissermaßen »einholte« – und von ihnen eingeholt wurde. Der Chemiekonzern war zwar schon Ende 1932 mit Hitler in Verbindung getreten, aber er hatte noch eine Umorientierung durchzumachen, bis er zum Favoriten des NS-Regimes geeignet wurde. Keiner der großen Konzerne besaß so umfangreiche Exportinteressen wie die IG[128]; andererseits bekam sie mit der synthetischen Benzinherstellung, die durch das Sinken der Erdölpreise ihre weltwirtschaftliche Rentabilität verlor[129], schon vor 1933 ein Interesse an der Abschließung Deutschlands vom Weltmarkt und ein Gesprächsthema für Kontakte zur NS-Führung. Immerhin genoß die chemische Industrie seit dem Ersten Weltkrieg, als sie durch synthetische Stickstoffherstellung Deutschland vor einem raschen Ende seiner Feuerfähigkeit bewahrt hatte, einen wehrwirtschaftlichen Nimbus.

Aber der Chemiekonzern, der in den letzten Jahren vor Hitlers Machtergreifung eine gouvernementale Linie verfolgt und mit seinem Vorstandsmitglied Hermann Warmbold unter Brüning, Papen und Schleicher den Wirtschaftsminister gestellt hatte, vermochte die volle Gunst des neuen Regimes nicht sofort zu erlangen, zumal er innerhalb der NS-Bewegung zunächst auf das falsche Pferd gesetzt und Kontakte zu Feder und Röhm gepflegt hatte[130]. Feder hatte der IG immerhin den »Benzinvertrag« vom 14. Dezember 1933 eingebracht, der Finanzhilfen und Absatzgarantien für die Produktion des Leuna-Benzins vorsah, die IG-Profite dabei allerdings in festen Grenzen hielt[131]. Durch die Verdrängung Feders aus dem Wirtschaftsministerium und den Sturz Röhms wurde der Einfluß der IG-Farben zurückgeworfen, wenn auch nur für kurze Zeit.

---

128 ALG, NI-9086, Affid. F. Ehrmann, 25. 7. 47.

129 Wickel, Helmut, *IG-Deutschland. Ein Staat im Staat*, Berlin 1932, S. 141, 146; Sohn-Rethel, *Soziale Rekonsolidierung*, S. 29; allerdings war die Regierung der IG-Farben schon vor 1933 durch eine Zollerhöhung für Mineralölimporte entgegengekommen: DZA, IG-Farben, A 4697, IG-Ausarbeitung »Leuna-Benzin. Die Wirtschaftliche Seite«, Oktober 1931.

130 Über die Beziehungen der IG-Farben zur SA-Führung vgl. die Nürnberger Affidavits von Schnitzler (NI-2693) und Krüger (NI-11 370); Bracher, *Nationalsozialistische Machtergreifung*, S. 883; ausführlich Gossweiler, *Die Rolle des Monopolkapitals bei der Herbeiführung der Röhm-Affäre*, maschinenschriftl. Diss., Berlin (Ost) 1963, S. 307 f.; kritisch zu Gossweiler: J. Streisand in: *Monopole und Staat*, S. 164.

131 Birkenfeld, Wolfgang, *Der synthetische Treibstoff 1933-1945. Ein Beitrag zur nationalsozialistischen Wirtschafts- und Rüstungspolitik*, Göttingen 1964 (Studien und Dokumente zur Gesch. des Zweiten Weltkrieges, Bd. 8), S. 27 f.

Der Anbiederung der IG an den Nationalsozialismus gingen im übrigen innere Auseinandersetzungen in der Konzernleitung voraus. Als sich Max Ilgner, damals Leiter der Volkswirtschaftlichen Abteilung der IG-Farben[132], 1933 geradezu stürmisch zum Schrittmacher eines neuen außenwirtschaftlichen Stils, nämlich eines Operierens mit der Staatsmacht im Rücken aufwarf, erregte er den Ärger des Vorstandsmitgliedes Georg von Schnitzler[133], in dessen Kommentaren der ganze Kontrast der alten und der neuen Linie exemplarisch zum Ausdruck kommt:

»Wir haben bisher alle ausnahmslos nach der Regel gehandelt, daß wir im Ausland nur für unsere Firma und nicht für das Reich oder die Interessen der Gesamtindustrie aufzutreten haben. Konsequenterweise haben wir unsere eigenen Botschaften und Gesandtschaften wie auch führende Wirtschaftler im Ausland immer nur in eigener Angelegenheit aufgesucht und samt und sonders davon abgesehen, uns als sog. ›Wirtschaftsführer‹ feiern zu lassen oder Gedanken über die allgemeine politische oder handelspolitische Entwicklung von uns zu geben. ... Bei den Reichsbeamten drinnen und draußen haben wir uns nicht als ›Konkurrenten‹ mißliebig gemacht, sondern die Regierung in ihren sachlichen Aufgaben da unterstützt, wo es notwendig war. ... Mit Ilgners Reisen, die er teils allein, teils in Begleitung anderer Berliner Herren ausführt, scheint sich nun eine neue Entwicklung anzubahnen. Wir werden zu Vorkämpfern der deutschen Sache im allgemeinen und erscheinen als Nebenagenten der Regierung, ohne daß wir überhaupt wissen, ob der Regierung dies angenehm oder unangenehm ist. ... Bei diesem ganzen nunmehr von Berlin aus beliebten Vorgehen scheint mir ein grundsätzlicher Irrtum nach der Richtung obzuwalten, daß die Herren, die diese Propaganda betreiben oder betreiben möchten, ... Propagandaformen auf uns übertragen, die vielleicht für Firmen der elektrotechnischen oder metallurgischen Branche, deren Absatz weitgehend an staatliche oder andere öffentliche Stellen erfolgt, angebracht sein mögen, die aber gar nicht zu unserem Geschäft passen.«[134]

Das Letztere sollte sich ändern: schon der Benzinvertrag vom 14.

132 Gossweiler, Kurt, *Großbanken*, S. 384; zu Ilgners politischem Stil schon vor 1933 vgl. Brüning, Heinrich, *Memoiren 1918-1934*, Stuttgart 1970, S. 425.

133 Über Schnitzlers Position in der IG-Farben vgl. Gossweiler, *Großbanken*, S. 338 f.

134 ALG, NI-697, Schnitzler an Selck, 28. 8. 33; eine ähnliche Einstellung reflektieren Gajewskis Sorgen bei dem Übertritt eines IG-Mitgliedes in den Staatsdienst: NI-13 545, Gajewski an Selck, 5. 9. 34. 1935 will Gajewski nach anfänglichem Sträuben den IG-Angehörigen Schieber für den Aufbau einer staatlichen Kunstfaserfabrik freigeben und entgegnet dem widerstrebenden Schie-

Dezember 1933 leitete eine Entwicklung ein, in deren Verlauf sich auch die IG-Farben auf Staatsaufträge hin orientierte. 1934, als die SA-Führung zerschlagen wurde und außerdem der neue Wirtschaftsminister Schacht den IG-Plänen Widerstand entgegensetzte, verfügte die IG bereits über Einfluß im Reichswehrministerium[135]. Dort und beim Heereswaffenamt stieß sie allerdings auf die Konkurrenz von Winterhall; IG-Farben zeigte sich nicht geneigt, sich eine solche Konkurrenz im eigenen Produktionsbereich gefallen zu lassen, und suchte das Reichsluftfahrtministerium gegen den Konkurrenten zu mobilisieren[136]. Die durch die synthetische Treibstoffproduktion vermittelte Allianz der IG mit Görings Luftwaffe erwies sich stabiler als die bisherigen Allianzen und schuf die Grundlage für die Einschaltung des Chemiekonzerns in die Vierjahresplan-Konzeption und -Organisation; IG-Farben stellte das eigentliche Bindeglied dar zwischen diesen beiden sehr verschiedenartigen Betätigungsfeldern des »Reichsmarschalls«. Wie die Flotte im wilhelminischen Reich, so wurde die Luftwaffe im NS-Reich zum Zentrum einer tonangebenden ökonomischen Interessenbündelung.

Bereits auf die Rohstoff- und Devisenbewirtschaftung reagierte die IG mit der Schaffung einer Wirtschaftspolitischen Abteilung, »deren Hauptzweck es ist, den auf handelspolitischem und wirtschaftspolitischem Gebiet immer wichtiger werdenden Verkehr mit amtlichen und halbamtlichen Stellen zu vermitteln und im ständigen Kontakt mit den Behörden die diesbezüglichen Wünsche der IG soweit vorzubereiten, daß sie den amtlichen Stellen zur Entscheidung vorgelegt werden können«[137]. Diese Hinweise von IG-Seite zeigen, wie Großkonzerne die Fähigkeit besaßen, mit der Ausdehnung der staatlichen Wirtschaftslenkung durch Installierung eines eigenen organisatorischen Pendants Schritt zu halten und die staatliche Lenkung für eigene Interessen einzuspannen: Möglichkeiten, die kleineren Unternehmen naturgemäß verschlossen blieben.

---

ber: »Es wäre uns auch angenehm, ihn auf der Gegenseite zu sehen, da wir in ihm doch einen uns freundlich gesinnten Vertreter hätten, der die Sitten und Gebräuche der IG kennen würde . . .« (DZA, IG-Farben, A 4825, Bl. 140 ff., Gajewski an Otto, 12. 7. 35). Die IG-Farben mußte damals befürchten, daß ihr vom Staat auf dem Zellwolle-Sektor eine Konkurrenz aufgebaut wurde: vgl. Kehrl, *Krisenmanager im Dritten Reich*, S. 89. – Zur Charakterisierung Ilgners vgl. besonders: Wilmowsky, *Rückblickend möchte ich sagen . . .*, S. 192.

135 Petzina, *Autarkiepolitik*, S. 28 f.

136 ALG, NI-7285, Aktennotiz G. Pistor, 6. 2. 35.

137 NI-2640, IG-Rundschreiben, 22. 9. 37; vgl. auch NI-2845, KA-Sitzung, 10. 9. 1937. Innerhalb der Wirtschaftspolit. Abt. wurde Ende 1938 ein Referat Wehrwirtschaft gegründet, das sich bald verselbständigte. (NI-9634, Affid. E. Müller, 6. 8. 47).

Aber noch 1938 kritisierte der Kaufmännische Ausschuß der IG dem Vorstandsvorsitzenden gegenüber, »1. daß die IG in ihrer obersten Spitze noch nicht den wünschenswerten Kontakt zur obersten Reichsleitung habe, 2. daß die Nichtarier im Aufsichtsrat sofort entfernt werden müssen, wenn wir uns nicht das Vertrauen der Reichsregierung verscherzen wollen«[138]. Erst in der Folgezeit erreichte die Machtstellung der IG ihren Höhepunkt, als Carl Krauch, der in der IG zum Aufsichtsratsvorsitzenden avancierte[139], am 22. August 1938 von Göring zum Bevollmächtigten, dann Generalbevollmächtigten für Sonderfragen der chemischen Erzeugung ernannt und ihm Ende 1939 schließlich noch das Reichsamt für Wirtschaftsausbau unterstellt wurde[140]. Es wurde üblich, die nun miteinander verflochtenen Organisationen des Generalbevollmächtigten und des Reichsamtes zusammen als »Amt Krauch« zu bezeichnen.

»Dieses ›Amt Krauch‹ unterschied sich von allen anderen Behörden dadurch, daß es völlig freizügig Persönlichkeiten in Anspruch nahm, die keine Beamten waren, sondern ehrenamtlich tätig waren. Diese ehrenamtlichen Herren waren Kapazitäten der Industrie und in jeder Hinsicht den besoldeten Angestellten des Amtes Krauch weit überlegen ... Der ganz überwiegende Teil dieser ehrenamtlich tätigen Herren, ungefähr 90 % der Gesamtziffer, bestand aus Vertretern der IG-Farbenindustrie. Der Einfluß und die Bedeutung dieser ehrenamtlich tätigen Herren auf das gesamte Wirtschaftsleben war ungeheuer groß ...«[141]

Der jährliche Reingewinn der IG-Farben, der von 1933 bis 1935 stagnierte und sich 1936 von 70 auf 140 Millionen RM verdoppelte, schnellte von 1938 bis 1940 noch einmal steil nach oben: von 190 auf 300 Millionen RM[142]. Zugleich wurde die Stellung des Konzerns auch gegenüber der NS-Partei unangefochtener als je zuvor: es gelang ihm, sich den Hauptschriftleiter des Völkischen Beobachter zu verpflichten, und so erschien in diesem obersten Parteiorgan am 31. Juli 1938 anläßlich des 75jährigen Bestehens von Bayer-Leverkusen eine lange Eloge auf IG-Farben. Es war, einer IG-Notiz zufolge, das erste Mal, daß »aus dieser politischen Atmosphäre heraus die grund-

138 NI-13 540, 10. 2. 38.
139 NI-1295, Aussage Frank-Fahle.
140 Birkenfeld, *Synthet. Treibstoff*, S. 118 ff.; Petzina, *Autarkiepolitik*, S. 119 ff.
141 NI-4952, Erklärung F. Ehrmann, 13. 3. 47; als das Amt für dt. Roh- und Werkstoffe noch unter der Leitung von Oberst Löb stand, war es zu Konflikten mit der IG gekommen: vgl. etwa das in schroffem Ton gehaltene Schreiben der IG an das Amt in: DZA, IG-Farben, A 4825, Bl. 9 ff., 20. 3. 37.
142 NI-10 027 (nach einer eigenen Statistik der IG-Farben).

sätzliche Frage der Berechtigung von Großkonzernen wie die der IG in einem so positiven Sinn behandelt« wurde; die IG hatte also einen Erfolg für die Großindustrie insgesamt eingebracht. Tatsächlich hieß es in dem Artikel:

»Gewiß ist die IG-Farben ein Großkonzern. Das beste, was zu ihrem Jubiläum gesagt werden kann, ist, daß sie die Notwendigkeit von Großkonzernen bewiesen hat ... Gerade die IG-Farben zeigt, wie kleinlich es ist, wenn man derartigen Betrieben ihren Gewinn nachrechnet.«[143]

Im gleichen Jahr 1938 erreichte die »Arisierung« der Wirtschaft, nun unter staatlichem Druck systematisch betrieben, ihren Höhepunkt. Der Antisemitismus, der seinen Ursprung vor allem in mittelständischen Angstpsychosen besaß, wurde auf wirtschaftlichem Gebiet zu einer Zeit massiv in die Tat umgesetzt, als die Finanzkraft von Großbanken und Großindustrie nach Jahren der Rüstungskonjunktur wieder erstarkt war und eine privatwirtschaftliche Nachfrage nach Arisierungsobjekten geschaffen hatte. Schon der 1939 in Deutschland erschienene Artikel Günter Keisers »Der jüngste Konzentrationsprozeß« verweist recht ungeschminkt auf die Zusammenhänge zwischen der »Arisierung« und der neuerlichen Konzentrationswelle in der Wirtschaft[144]. Die »Arisierung« in der Anfangszeit des NS-Regimes, deren prominenteste Opfer die jüdischen Wissenschaftler waren, entsprach keineswegs dem Interesse der Großindustrie: die erzwungene Auswanderung dieser Gelehrten, mit Einstein an der Spitze, trug wesentlich dazu bei, daß in der Folgezeit die USA alle übrigen Länder wissenschaftlich-technisch überflügelten, während Deutschland provinzialisiert wurde[145]. Durch die akademische Emigration der ersten Jahre nach 1933 wurde im Grunde bereits entschieden, daß die auf wissenschaftlicher Forschung basierenden Industriezweige – die chemische, optische und elektrotechnische Industrie also vor allem – die zurückersehnte Weltstellung der Zeit vor 1914 nicht würden wiedergewinnen können. 1938 dagegen befand sich die »Arisierung« bereits in stärkerem Gleichtakt mit der großindustriellen Expansionsdynamik. Die Verdrängung der Juden wurde in forcierter Weise von einem Zeitpunkt an betrieben, als auch außenpolitisch – mit dem Anschluß Österreichs und des Sudetengebietes – die Signale auf Ex-

---

143 NI-1184 (mit Schreiben von M. Passarge an Schnitzler, 8. 8. 38).

144 Keiser, *Konzentrationsprozeß*, S. 144 f., 147 f., 150 f.

145 Radkau, Joachim, *Die deutsche Emigration in den USA. Ihr Einfluß auf die amerikanische Europapolitik 1933–1945*, Düsseldorf 1971 (Studien zur modernen Geschichte 2), S. 58 f.

pansion gestellt wurden; zwischen beiden Vorgängen gab es wie noch zu zeigen sein wird, funktionale Verbindungen.

Die »Arisierung« der Wirtschaft konnte nicht ohne Rückwirkungen auf die Zukunftsperspektiven der von ihr profitierenden Firmen bleiben: stärker als bisher mußten sie sich nun an das Schicksal des Nazismus gebunden sehen. Es war ein Unterschied, ob man bei der nationalpolitisch respektablen Aufrüstung kooperierte oder bei der Herausdrängung der Juden aus Deutschland: das zweite war keine traditionelle Profitmethode, sondern ein Verstoß gegen internationale Spielregeln des bürgerlichen Zeitalters. Die Teilhaber der Arisierung mußten mehr als zuvor eine Wiederöffnung Deutschlands nach den Ländern, in die die verdrängten Juden emigriert waren, für bedenklich halten und den Ausweg aus der Enge des deutschen Marktes vornehmlich in der gewaltsamen Expansion sehen. Ein Aktenvermerk der Reichskanzlei von 1938 macht deutlich, daß viele Firmen damals darauf angewiesen waren, daß die Emigranten keine Gelegenheit bekamen, ihre hinterlassenen Sperrguthaben wieder in Anspruch zu nehmen:

»Durch die Auswanderung entstehen fortlaufend Sperrguthaben in ausländischem jüdischem Besitz. Ohne die Liquidität der Banken und auch der wirtschaftlichen Unternehmungen, in denen diese Gelder langfristig arbeiten, zu gefährden, könnte ein Betrag im Ausmaß von 250 Millionen RM (aus Sperrguthaben; J. R.) nicht flüssig gemacht werden. ... z. T. sind sie (die Sperrmarkforderungen) den schuldnerischen Unternehmungen in der Erwartung belassen worden, daß sie bis zu einer Entlastung der deutschen Devisenlage in diesen Unternehmungen arbeiten können.«[146]

Allerdings brachte es die Lage der Dinge nicht unbedingt mit sich, daß die Unternehmen, die jüdische Firmen aufkauften, sich als Komplizen des Antisemitismus vorkommen mußten: Je mehr sich der Druck von Partei- und Staatsstellen auf die Juden verschärfte, desto eher konnten sich die Nichtjuden, die den Bedrängten bei der Liquidation ihrer Güter und damit bei der Bewerkstelligung der Auswanderung halfen, als Wohltäter ansehen und auch von den Juden als solche angesehen werden[147]. Es ist das ein beispielhafter Fall, wie profitabel die äußerliche Trennung von Staat und Privatwirtschaft für

146 BA R 43 II/323, Bl. 264, 26. 2. 38.

147 Vgl. den bei Treue, »Ein Fall von ›Arisierung‹«, S. 297 ff., wiedergegebenen Brief William Petscheks an H. J. Abs, der Abs gegen Czichon in Schutz nimmt; vgl. außerdem Ulshöfer, *Einflußnahme*, S. 116: Im Kriege wurde die Genehmigung zur Auswanderung vom Verkauf des Besitzes abhängig gemacht.

die letztere sein kann, indem sie ihr die Möglichkeit bietet, an den Ausschreitungen des Staates zu verdienen und zugleich den versöhnlichen Gegenpol zu spielen.
Die »Arisierung« der Wirtschaft setzte schon 1933 ein; aber der Anteil der Kapitalgesellschaften scheint, nach Genschel, dabei noch jahrelang gering geblieben zu sein: »denn große Konzerne konnten kaum ohne Hilfe zentraler Reichs- oder Parteibehörden nur auf Grund lokaler Maßnahmen arisiert werden ... Die Mithilfe zentraler Behörden begann aber in großem Ausmaß erst Ende 1937«[148]. Bei der nun einsetzenden »Arisierungs«-Welle waren es besonders der Flick-Konzern und die Dresdner Bank[149] – beide im »Freundeskreis Himmler« doppelt vertreten –, die vorangingen. Flick, der sich der Bedenklichkeit des »Arisierungs«-Geschäftes offenbar bewußt war, hatte sich Jahre zuvor bei einer entsprechenden Gelegenheit noch zurückgehalten: als ihm 1934 das Heereswaffenamt anbot, die Waffen- und Fahrzeugwerke Simson & Co. im thüringischen Suhl von ihrem bereits unter Druck gesetzten »nichtarischen« Besitzer zu übernehmen, verfolgte Flick eine hinhaltende Taktik, obwohl das HWA an ihn noch mehrmals in dieser Sache herantrat[150]. Dafür wurde Flick in der Folge der Hauptgewinner bei der »Arisierung« der Hochofenwerke Lübeck und des Petschek-Konzerns, der beiden wohl größten industriellen »Arisierungs«-Transaktionen innerhalb Deutschlands. Flick konnte sich der deutschen Regierung damals als Kompensationsbedürftiger empfehlen: er hatte, auf polnischen Druck ebenso wie auf Drängen des am Einvernehmen mit Polen interessierten Auswärtigen Amtes, 1936 seine oberschlesischen Bergbau- und Hüttenbeteiligungen an eine polnische Holdinggesellschaft abgegeben[151], war beim Anlaufen der großen »Arisierungs«-Projekte also relativ liquide. Bei der Ende 1937 durchgeführten »Arisierung« der Teilhaberfirmen der Hochofenwerke Lübeck erlangte der durch Mittelsmänner operierende Flick eine Mehrheitsbeteiligung, wobei er nunmehr den staatlichen Druck auf die »nichtarischen« Besitzer systematisch ausnutzte[152].

---

148 Genschel, Helmut, *Die Verdrängung der Juden aus der Wirtschaft im Dritten Reich*, Göttingen 1966, S. 136.
149 Vgl. ebd., S. 127 Anm.
150 NI-5337, Notiz Steinbrinck, 23. 5. 35; Genschel, *Verdrängung der Juden*, S. 99-104; Ogger, *Flick*, S. 160 f.; Vogelsang, R., *Der Freundeskreis Himmler*, Göttingen 1972, S. 101 f.
151 NI-5254, Burkart an Gillitzer, 17. 9. 40; Ogger, *Flick*, S. 94 f.
152 Genschel, *Verdrängung der Juden*, S. 218-236; Ogger, *Flick*, S. 161-173; über Ausnutzung staatlichen Drucks vgl. Genschel, *Verdrängung der Juden*, S. 225, 228, 234.

Schwieriger war die »Arisierung« des Petschek-Konzerns, der nahezu ein Viertel des gesamten Aktienkapitals der deutschen Braunkohlenindustrie umfaßte[153]: denn seine Besitzer, deren kleinere Gruppe in Prag und deren größere Gruppe im sudetendeutschen Aussig residierte, waren tschechoslowakische Staatsbürger und hatten außerdem eine britische und eine amerikanische Holdinggesellschaft in die Verwaltung des Konzerns eingeschaltet[154]. Flick war schon 1933 an der Petschek-Braunkohle interessiert[155], aber erst nach der Annexion des Sudetengebietes konnten die Petscheks zum Verkauf gezwungen werden[156]: Hier beginnt bereits die Verflechtung der »Arisierung« mit der äußeren Expansion.

Unter den schwerindustriellen Konzernen, die an der »Arisierung« partizipierten, sind neben Flick vor allem die Mannesmann-Werke zu nennen, die sich damals »in wenigen Jahren aus einem Spezial- zu einem Vollkonzern« abrundeten[157]. Der Beteiligung an der »Arisierung«[158] folgte eine allgemein verstärkte Verflechtung des Mannesmann-Konzerns in die NS-Politik: die Annexion des Sudetengebietes im Oktober 1938 brachte die Tochtergesellschaft der Mannesmannröhren-Werke im erzgebirgischen Komotau wieder in unmittelbare Kontrolle des Konzerns[159], wobei die Beteiligungen der Komotau-Gesellschaft weitere Expansionsbahnen nach Südosteuopa wiesen. Unmittelbar nach dem sudetendeutschen Anschluß stieg Wilhelm Zangen, der Generaldirektor des Konzerns, zum Leiter der Reichsgruppe Industrie auf; er wurde der erfolgreichste Exponent der Ruhrindustrie im NS-Reich, ohne sich dabei politisch sonderlich zu belasten.

Wenn sich auch die nationalsozialistische Judenverfolgung insgesamt so irrational und funktionslos wie nur möglich ausnimmt, so erlangte doch ihre wirtschaftliche Seite eine wesentliche Funktion im Zuge der deutschen Gebietsausdehnung: die »Arisierung« der Wirtschaft wurde zu einem entscheidenden Hebel der ökonomischen Ein-

---

153 BA, R 43 II/323, Bl. 223, Vermerk Willuhn, 9. 12. 36.
154 Ogger, *Flick*, S. 175.
155 NI-4346, Besprechung mit Flick im Reichswirtschaftsmin., 25. 11. 33.
156 Ogger, *Flick*, S. 200; in der Folge traf Flick noch auf die Konkurrenz des Chefs der Göring-Werke, Pleiger, der mit Harpener Steinkohle zufriedengestellt werden mußte: ebd., S. 201-213. Der Wintershall-Konzern erwarb bei der Petschek-Liquidation die Grube Cecilie, wodurch seine »Position erheblich gestärkt« wurde: DZA, Dt. Bank, 19 639, Bl. 125, AR-Sitzung Wintershall 7. 11. 1938, Ausführungen Rostergs.
157 Keiser, *Konzentrationsprozeß*, S. 137.
158 Pritzkoleit, *Gott erhält die Mächtigen. Rück- und Rundblick auf den deutschen Wohlstand*, Düsseldorf 1963, S. 34 f.
159 Ebd., S. 37 f.

flußnahme in den besetzten und für den deutschen »Großraum« in Aussicht genommenen Gebieten[160]. Das Zusammenspiel von Staat und Privatwirtschaft bei der »Arisierung« hatte ein Aktionsmodell geschaffen, das sich zur Weiterverwendung bei der Realisierung der »Großraumwirtschaft« anbot.

Unter den Auswirkungen der »Arisierung« auf die innerdeutsche Wirtschaftsstruktur ist, neben der allgemeinen Förderung der Konzentration[161], besonders der erneute Positionsgewinn der Großbanken zu erwähnen. Den Banken galt ursprünglich der besondere Haß der kleinbürgerlichen NS-Anhänger; als sie dennoch 1933 ebensowenig wie die übrige Privatindustrie ernstlich angetastet wurden, reagierte der oberbayerische Gauleiter und bayerische Innenminister Adolf Wagner mit unheilvollen Drohungen:

»Ich sehe, daß unter der Parole ›Eingriffe in die Wirtschaft dürfen nicht stattfinden‹ sich heute wieder ein Natterngezücht an die Oberfläche wagt, von dem man hoffte und glaubte, es wäre verschwunden. In den Banken sitzen heute noch dieselben Halsabschneider wie früher. Die nationalsozialistische Bewegung ist aber nicht gewillt, diesen Dingen zuzuschauen, und ich sage Ihnen ganz freimütig, daß ich in den letzten Tagen schon einiges in Gang gesetzt habe, was den Herren nicht sehr angenehm sein wird.«[162]

Der Privatbankier Kurt von Schröder, dessen Rolle bei Hitlers Machtergreifung bekannt ist, propagierte 1933 im Industrie- und Handelstag einen Plan zur Entflechtung der Großbanken (wobei allerdings die DeDi-Bank verschont bleiben sollte)[163]. Da jedoch nicht so sehr die Großbanken wie die Privatbanken ein typisches Betätigungsfeld der Juden waren, mußte die »Arisierung« mehr den ersteren zugute kommen; darüber hinaus erlangten die Großbanken bei der »Arisierung« eine Schlüsselposition als Vermittler und Financiers, zumal später in den besetzten Gebieten, wo den deutschen Firmen oftmals der Überblick über die in Frage kommenden Kaufobjekte fehlte.

Die NS-deutsche Situation stellte sich den Großbanken zunächst nicht

---

160 Einige Beispiele: für Österreich: AA, Keppler, Reichsbeauftr. f. Österr., Keppler an RWM, 24. 3. 38; für Ungarn: AA, Inland II D, Ungarn: Bank-, Industrie- und Bodenfragen, »Deutsches Kapital und Arisierung in Ungarn«; für Holland: NI-5973, Dresdner Bank, Bielefeld, an Overbeck, 13. 9. 40; für Belgien vgl. Ulshöfer, *Einflußnahme*, S. 71.

161 Swatek, *Unternehmenskonzentration*, S. 88-93.

162 Frankfurter Zeitung, 19. 1. 34, zit. n. Gossweiler, *Rolle des Monopolkapitals*, S. 175 (Rede Wagners auf einer NSDAP-Tagung in Wasserburg, 17. 1. 34).

163 Gossweiler, ebd., S. 164 f.; vgl. Schröders eigene Aussage am 24. 11. 45: Mohrmann, Heinz, »Zur staatsmonopolistischen Konkurrenz deutscher Großbanken unter dem Faschismus«, in: *JbWG*, Jg. 8/1967, T. IV, S. 14 f.

sehr günstig dar, auch nachdem die unmittelbare Bedrohung durch radikale Reformisten der NSDAP abgeschlagen war: die Position der Dresdner Bank war durch die Krise von 1931 schwer erschüttert worden, und die DeDi-Bank litt empfindlich unter der Verschlechterung der auswärtigen Beziehungen Deutschlands nach der Machtergreifung[164]. Bei der Finanzierung der Rüstung durch die Mefo-Wechsel kam den Banken keine eigene Funktion zu. Das wachsende Angebot an jüdischen Unternehmen dagegen schuf bei den Interessenten einen extraordinären Geldbedarf, der durch die routinemäßigen Staatskredite nicht zu decken war. Im »Arisierungs«-Geschäft entwickelte sich ein neuer Akkumulationseifer, der sich dann im Gefolge der äußeren Expansion Deutschlands bruchlos fortpflanzte. Glum schreibt: »Das große Geschäft der Arisierung der jüdischen Firmen, an dem man (= die Banken; J. R.) viel verdient hatte, war vorüber. Man hatte sich danach auf das österreichische Geschäft gestürzt, wobei die beiden Großbanken ... sich gegenseitig Konkurrenz machten. Inzwischen war man auch nach Prag gegangen.«[165] Bei der von offizieller Seite vorangetriebenen Kapitalverflechtung mit den besetzten Gebieten kam die internationale Versiertheit der Banken wieder voll zum Tragen. Es entstanden dadurch – in den Worten Josef Winschuhs (1941) – »neue Finanzierungsaufgaben für die deutschen Banken, die ihre bisherige Arbeit – die man ja fast ›Stillhaltung‹ nennen könnte – sprengen, für die sie aber aus ihrer Tradition heraus gerüstet sind«[166]. Mit der imperialen Expansion verstärkten sich auch wieder die finanzkapitalistischen Züge der deutschen Wirtschaftsstruktur. Gerhard Saager, seinerzeit Referent für internationale Kapitalbeziehungen im Reichswirtschaftsministerium, gab 1947 in Nürnberg zu Protokoll:

»Auf dem Gebiet der Kapitalverflechtung waren wir wesentlich auf Auskünfte der Großbanken angewiesen, da diese uns in speziellen Fällen allein Auskunft geben konnten, wo Aktienpakete überhaupt lagen, über die Höhe der Aktienpakete, Personalbesetzung, Beschlüsse der Generalversammlungen.«[167]

---

164 BA, R 43 II/244, Bl. 22, Ansprache E. Mosler, 26. 4. 34; R 43 II/323, Bl. 128, Zusammenfassung des Geschäftsberichtes der DeDi-Bank von Willuhn, 28. 3. 1935.

165 Glum, Friedrich, *Zwischen Wissenschaft, Wirtschaft und Politik: Erlebtes und Erdachtes in vier Reichen*, Bonn 1964, S. 519.

166 Winschuh, *Unternehmer im neuen Europa*, S. 142.

167 *Anatomie des Krieges*, S. 269 (= NID-13 775). Das Reichswirtschaftsministerium förderte das Engagement der Banken mit devisenrechtlichen Sondergenehmigungen: Ulshöfer, *Einflußnahme*, S. 52.

Diese nachträgliche Feststellung findet in authentischen Dokumenten ihre Bestätigung[168]; besonders der Eifer der Dresdner Bank in dieser Beziehung wurde sprichtwörtlich[169]. Kurt von Schröder, der Ende 1945 den alliierten Befragern gegenüber den von den Großbanken geschädigten Privatbankier spielte, obwohl seine Gewinne aus der Kölner Stein-Bank während der NS-Zeit von jährlich 40 000 auf über 200 000 Mark angewachsen waren[170], behauptete sogar, die Großbanken seien »fast eine zweite Regierung« geworden und von der Parteiführung bei jeder Gelegenheit zu Rate gezogen worden[171]. Das war übertrieben; Schröder selbst hatte damals allen Grund, von seinem eigenen Anteil am Lauf der Dinge abzulenken. Dennoch hatten die Banken bis zum Kriegsausbruch wieder einiges von ihrer alten Mittlerstellung zwischen Staat und Wirtschaft zurückgewonnen und mußten diese Position nur mit den Industriekonzernen teilen, die selber zur Ausübung einer solchen Mittlertätigkeit imstande waren.

1.4 *Konkurrenzlosigkeit der Großindustrie im NS-System; ihr Komplementärverhältnis zu den Aktionsweisen des Nazismus*

Wenn sich die Stellung der Großindustrie unter der Diktatur in manchen Punkten als die eines Favoriten, eines Günstlings charakterisieren läßt, so geben diese aus älteren, mehr personalistischen Herrschaftsformen entlehnten Muster doch nicht das ganze Bild. Ein Günstling kann gestürzt, ja vernichtet werden, und zwar von einem auf den anderen Tag; für die private Großindustrie jedoch galt das keineswegs: sie genoß die Vorteile des Favoritentums, ohne die herkömmlich mit dieser Stellung verbundenen Risiken zu teilen. Daß die einzelnen Einflüsse von Wirtschaftsführern auf die Beziehungen zu diesem oder jenem NS-deutschen Bevollmächtigten – ob Schacht, Göring, Speer oder Hitler selbst – zurückgehen, darf nicht vergessen lassen, daß die Position der Großindustrie insgesamt in erheblichem Maße strukturell verankert war und auf die NS-Führung zurückwirkte.
In diesem Zusammenhang ist die Stellung Görings innerhalb der

168 Vgl. ALG, NI-5973, Dresdner Bank, Bielefeld, an Overbeck, 13. 9. 40; NID-14 820, Dresdner Bank an Overbeck, 10. 2. 41.
169 Vgl. den in Nürnberg kursierenden Vers auf Rasche: ALG, Fall XI, S. 97 (Anklageschrift); Anatomie des Krieges, S. 205 (= NID-11 870).
170 Anklagebehörde bei dem Spruchgericht Bielefeld, Strafsache gegen K. v. Schröder, Bd. 1, Bl. 179 (Aussage des Hauptbuchhalters der Stein-Bank).
171 Mohrmann, *Zur staatsmonopolist. Konkurrenz*, S. 25.

gesamten NS-deutschen Konstellation zu analysieren. An und für sich hat seine lange Zeit unangefochtene Position als zweiter Mann im Staat etwas Phänomenales; denn seine sprichwörtliche Eitelkeit und Verschwendungssucht, dazu später noch seine Arbeitsscheu, und all das untermalt durch die schwammige Unförmigkeit seines Körpers, hätten ihn zu einer besonders verwundbaren, leicht zu stürzenden Gestalt machen müssen. Man kann die Lösung des Rätsels in Görings Popularität sehen; Görings einstiger Financier Thyssen wies im Exil darauf hin, daß die Berliner Bevölkerung die Extravaganzen Görings mit einer gewissen Nachsicht ertrage, während sie Goebbels nichts verzeihe[172]. Der Reichsmarschall hatte offensichtlich einen Symbolwert bekommen: er verkörperte für viele eine Verheißung von Wohlleben und Gemütlichkeit bei aller beunruhigenden Militanz der NS-Bewegung; er, so Fraenkel/Manvell, der »gleichsam das Sicherheitsventil« der NS-Führer darstellte[173], wurde dem Regime dadurch zu einem wesentlichen Garanten der Volkstümlichkeit. Man muß in diesem Image jedoch ein Resultat bewußter Mache sehen; es entsprach nur wenig den Tatsachen: vielmehr war gerade Göring in der ersten Zeit des NS-Regimes der eigentliche Schrittmacher des Terrors, und Bracher schreibt, er sei »in jeder Hinsicht der aktivste Machtergreifer und Säuberer bis zum 30. Juni 1934« gewesen[174]. Es ist merkwürdig, daß Göring dessen ungeachtet als vertrauenerweckend und gutmütig galt; man muß darin nicht zuletzt ein Werk jener Wirtschaftskreise sehen, die in der Tat Göring von seinen besten Seiten erlebten. So bezeichnete Thyssen noch nach seiner Emigration seinen einstigen Protégé Göring als »vernünftig«[175]; und sein Aufstieg zum leitenden Mann der NS-Wirtschaftslenkung vollzog sich zunächst auf Empfehlung Schachts[176]. Görings unerschütterliche Position in der NS-Führung gründete sich nicht nur darauf, daß er – mehr als alle anderen NS-Größen – ein wirklicher Kriegsheld des Ersten Weltkrieges und zugleich Pionier der Luftwaffe gewesen war, sondern auch darauf, daß er der NS-Bewegung Thyssen und Schacht zugeführt[177] und in besonderem Maße den »Brückenschlag zur konservativ-traditionellen Führungsschicht« bewerkstelligt hatte[178].

---

172 Thyssen, *I Paid Hitler*, S. 214.
173 Fraenkel/Manvell, *Hermann Göring*, Hannover 1964, S. 123.
174 Bracher, Karl Dietrich, *Die deutsche Diktatur. Entstehung, Struktur, Folgen des Nationalsozialismus*, Köln 1969, S. 305. Vgl. Fraenkel/Manvell, *Göring*, S. 123.
175 Turner, *Faschismus und Kapitalismus*, S. 102 Anm.
176 Schacht, *76 Jahre meines Lebens*, Bad Wörishofen 1953, S. 463.
177 Zu Thyssen vgl. Turner, S. 105; zu Schacht vgl. Schacht, *76 Jahre*, S. 350 f.
178 Bracher, *Dt. Diktatur*, S. 304.

Göring, dem einst schon an mehreren Tiefpunkten seines Lebens die Privatindustrie als Retterin erschienen war[179] und dessen luxuriöses Leben durch die Zuwendungen Thyssens begründet wurde[180], mußte noch lange nach 1933 darauf bedacht sein, seinen Kurswert in den Augen der Industriellen zu halten. Als im Kriege das Anwachsen der Speerschen Kompetenzen seine ersten Schatten über die Stellung Görings warf, bemerkte Speer bei dem Reichsmarschall vor allem die Sorge, es könnte sein, Görings, Ansehen bei den Industriellen untergraben werden und eine entsprechende Kürzung seiner Bezüge erfolgen[181]. Man erkennt, daß die besondere Unbekümmertheit, die das Göringsche Auftreten vor dem der anderen NS-Führer kennzeichnete, eine wesentliche Grundlage in den Gratifikationen besaß, die dem Reichsmarschall aus der Privatindustrie zuströmten; in Görings Stellung reflektiert sich zu einem Teil die Stellung der Privatwirtschaft im NS-System.

Vor allem wenn man den Vergleich zu anderen Gruppen zieht, erkennt man die besondere Geschütztheit der Großindustrie. Kirche, Schule, Rechtswesen, Wissenschaft, Heeresleitung – von den Parteien, Vereinen und Gewerkschaften ganz zu schweigen – wurden im Verlaufe der NS-Herrschaft von empfindlichen Eingriffen und demütigenden Attacken betroffen; für die Wirtschaftsführer ist Entsprechendes kaum zu nennen, und so sind sie denn auch im Widerstand gegen den Nazismus besonders wenig hervorgetreten. Ohnehin gab es seit der Auflösung der Gewerkschaften, Interessengruppen und Parteien, überhaupt seit der Ausschaltung der kritischen Öffentlichkeit und der hierarchischen Durchorganisierung der Wirtschaft kaum noch Potenzen, die der Großindustrie einigermaßen auf gleicher Ebene begegnen konnten. Innerhalb der NSDAP waren solche Kräfte am wenigsten zu finden: zwar gab es dort die von Keppler geleitete »Zentralstelle für Wirtschaftsorganisation«, aber diese verfügte über keinen Unterbau[182]. Daß die Vierjahresplan-Organisation und die Reichswerke Hermann Göring, insgesamt gesehen, ebensowenig eine solche Gegenkraft darstellten, wurde bereits ausgeführt.

Als relativer Widerpart der Großindustrie traten manchmal die Gauleiter in Erscheinung; mit einer gewissen Sachlogik entwickelten sich die Gauleitungen teilweise zu einem Sammelpunkt regionaler klein- und mittelindustrieller Interessen. Besonders der emigrierte

179 Vgl. Fraenkel/Manvell, *Göring*, S. 27, 30, 55.
180 Thyssen, *I Paid Hitler*, S. 131; Turner, *Faschismus und Kapitalismus*, S. 110 f.
181 Speer, Albert, *Erinnerungen*, Frankfurt/Berlin 1969, S. 221.
182 ALG, NID-6906, Binder an Overbeck, 30. 5. 38.

Thyssen klagte über die Gauleiter-Herrschaft, die er – was der Wirklichkeit keineswegs entsprach – als nahezu absolut darstellte[183]. Ein Streitpunkt wurden schon vor dem Krieg die Ambitionen einiger Gauleiter – namentlich genannt werden Bürckel (Rheinland-Pfalz und Saar) und Kaufmann (Hamburg) –, die Wirtschaftsorganisationen nach Gauen einzuteilen, die Gaue mithin zur unmittelbaren Lenkungsinstanz der Wirtschaft auszubauen[184]. Zu der Einrichtung von »Gauwirtschaftskammern«, die an die Stelle der Bezirkswirtschafts- und der Industrie- und Handelskammern traten, kam es aber erst im Mai 1942 unter Speer, der den Gauleitern zugleich jegliche Weisungsbefugnis gegenüber den Gauwirtschaftskammern verwehrte[185].

Wenn sich in der Folgezeit vor allem in den Reihen der Gauleiter eine Opposition gegen die Speerschen Maßnahmen zur Durchsetzung der totalen Kriegswirtschaft sammelte[186], so fanden darin u. a. klein- und mittelindustrielle Widerstände gegen die nunmehr drohende Allmacht der Großindustrie ihren Ausdruck. Der Luftkrieg gab den Gauleitern, denen industriearme Gebiete unterstanden, ein gewichtiges Argument in die Hand, um die Aussiedlung von Industrien aus den Ballungsgebieten zu fordern[187]; aber diese Argumentationslinie scheint nicht konsequent verfolgt worden zu sein, da man zugleich die Konkurrenz für die bestehende lokale Industrie fürchtete[188]. So besaßen die Gauleiter dem Speerschen Zentralismus gegenüber von vornherein keine taktisch sehr aussichtsreiche Position. Bei den Auseinandersetzungen mit den Gauleitern hatte die Großindustrie schon vor dem Aufstieg Speers den Reichswirtschaftsminister Funk auf ihrer Seite, der im Frühjahr 1941 in der Reichskanzlei Klage über Fälle von »wirtschaftlichem Gaupartikularismus« führte:

---

183 Thyssen, S. 135, 199; vgl. die Kritik Eike Hennigs an dieser Auffassung, in: *Kritik der bürgerlichen Geschichtswissenschaft*, Bd. 1, Berlin 1972 (= Argument 70), S. 304 f.

184 BA, R 13 I/606, Bl. 177, Besprechung General Thomas mit Poensgen und Reichert, 17. 2. 38 (Aufz. von Reichert); R 13 I/621, Bl. 55, Niederschrift Poensgens über Industriellenbesprechung am 8. 11. 40.

185 Hüttenberger, *Die Gauleiter. Studie zum Wandel des Machtgefüges in der NSDAP*, Stuttgart 1969 (Schriftenreihe der Vierteljahrshefte für Zeitgeschichte 19), S. 183; Facius, *Wirtschaft und Staat*, S. 146; Bleyer, Wolfgang, »Totaler Krieg und totale Monopolmacht. Der staatsmonopolistische Verschmelzungsprozeß zwischen Monopolorganen und faschistischem Staat im Zweiten Weltkrieg«, in: *ZsGW*, Jg. 14/1966, S. 162 f.; Gauwirtschaftskammerverordnung im RGBI 1942, T. I, S. 371: die Kammern sollten »von aktiven Unternehmern geführt« werden.

186 Hüttenberger, *Gauleiter*, S. 183 ff.

187 Milward, Alan, *Die deutsche Kriegswirtschaft 1939-1945*, Stuttgart 1966 (Schriftenreihe der Vierteljahrshefte zur Zeitgeschichte), S. 113.

188 Speer, *Erinnerungen*, S. 299.

so hatte etwa der sächsische Gauleiter Mutschmann interveniert, als ein Dresdener Werk unter die Kontrolle einer Ruhrfirma geraten war und von dieser einer Reorganisierung unterworfen wurde. Die Gauleitung drang darauf, personell und kapitalmäßig den sächsischen Charakter des Werkes zumindest teilweise zu erhalten. Funk fuhr fort, ihm scheine »die Angelegenheit typisch zu sein für die Einstellung mancher Gauleitungen und insbesondere Sachsens«. Als weiteren Beleg führte er die unter Beteiligung der sächsischen Landesregierung gegründete »Sächsische Industrie-AG« (Siag) an, die darauf spekulierte, daß nach Kriegsende »voraussichtlich zu nicht ungünstigen Bedingungen« ein Ausverkauf von Staatsbetrieben an die Privatwirtschaft erfolgen würde, und dabei sächsischen Interessenten einen gehörigen Anteil sichern wollte[189]. Lammers erwirkte bei Hitler eine Mißbilligung dieses »wirtschaftlichen Gaupartikularismus« – Funks Ausdruck wurde übernommen. Hitlers Referent Willuhn unterstützte Funks Beschwerde mit einem Hinweis, aus dem hervorgeht, wie der NS-deutsche »Großraum«-Imperialismus die Großindustrie und ihren Expansionismus auch nach innen absicherte:

»Die deutsche Wirtschaft ist ständig bemüht, Auslandsbeteiligungen zu erwerben und hat hierbei auch Erfolg. Dieser Erwerb gehört auch zur wirtschaftlichen Neuordnung Europas. Auf diesem Wege muß weitergegangen werden. Was für Europa als Zielsetzung gilt, kann im Altreich nicht als wirtschaftlich fehlerhaft angesehen werden.«[190]

Einen in Zukunft möglicherweise gefährlichen Rivalen der Großindustrie könnte man in der SS vermuten: während die Partei selbst – einschließlich der Gauleitungen – zumindest der Tendenz nach aus der Wirtschaft herausgehalten wurde[191], baute die SS mit offizieller Billigung ein konzerniertes System wirtschaftlicher Beteiligungen auf, wobei – im Unterschied zu den Göring-Werken – hohe Profite nahezu garantiert waren, da der SS in einer Zeit stärkster Verknappung der Arbeitskräfte die KZ-Insassen als sehr billige Arbeiter zur Verfügung standen[192]. Es ist jedoch nicht zu erkennen, daß das Wirt-

189 BA, R 43 II/311, Bl. 102 ff., Funk an Lammers, 26. 3. 41.

190 Ebd., Bl. 107 f., Notiz Lammers, 16. 5. 41; auch Göring war schon seit langem ein Gegenspieler des »wirtschaftlichen Gaupartikularismus«: vgl. DZA, RWM, 9031, Bl. 73 f., Göring an Gauleiter usw., 15. 2. 37; vgl. 1941 den Konflikt zwischen den Göring-Werken und dem Gauleiter Simon über der Inbesitznahme des Arbed-Konzerns: ALG, NI-1479 und NI-323.

191 Im Dezember 1940 erfolgte eine entsprechende Anordnung des Reichsschatzmeisters der NSDAP mit der Begründung, daß die Partei schon wiederholt durch den Zusammenbruch von Unternehmen, an denen sie sich beteiligt habe, finanziell schwer geschädigt worden sei! Lükemann, *Reichsschatzmeister*, S. 143.

192 Georg, Enno, *Die wirtschaftlichen Unternehmungen der SS*, Stuttgart 1963, S. 137.

schaftsimperium der SS, das sich äußerlich an privatwirtschaftliche Formen hielt, eine Spitze gegen die Privatindustrie besaß. Gerade die SS hatte durch den »Freundeskreis Himmler« ihre Beziehungen zu den Spitzen der Industrie- und Bankwelt systematisch ausgebaut, und es läßt sich erkennen, daß sie bei ihren wirtschaftlichen Aktivitäten – die sich, ohne im ganzen sonderlich planmäßig betrieben zu werden[193], vor allem auf die Baustoff-, Möbel- und Mineralwasser-Industrie konzentrierten – um die bereits von der Großindustrie beherrschten Branchen einen Bogen machte. Ende 1943 allerdings begann das Wirtschafts-Verwaltungshauptamt (WVHA) der SS mit der Verwirklichung eines Projektes zur Ausbeutung von Ölschiefervorkommen, das der SS die Treibstoff-Autarkie bringen sollte. Es kam darüber zu Differenzen mit Krauch, dem IG-Farben-Vertreter im staatlichen Wirtschaftsapparat; man einigte sich jedoch auf »engstes gemeinsames Vorgehen« bei der Schieferölgewinnung[194]. Ohnehin begann damals die Zerstörung der IG-Hydrierwerke durch alliierte Luftangriffe; für Sonderpläne in der Ölgewinnung war kein Raum mehr.

Aber die wirtschaftlichen Ambitionen der SS wurden noch in der letzten Kriegsphase weiterverfolgt; Anfang Juni 1944 wurde Speer von Hitler regelrecht aufgefordert, die SS bei dem Aufbau eines geschlossenen Wirtschaftsimperiums »von der Rohstoff- bis zur verarbeitenden Industrie« zu unterstützen. Hitlers Begründung war, »daß die SS stark genug sein müsse, um unter seinen Nachfolgern beispielsweise einem Finanzminister entgegentreten zu können, der ihr die Mittel beschneiden wolle«[195]: ein Zeichen dafür, wie wenig konsolidiert Hitler die Stellung der Parteiformationen gegenüber der Bürokratie empfand. Reichten die ökonomischen Pläne der SS in Wahrheit über das Ziel der finanziellen Sicherung der eigenen Existenz hinaus? Enno Georg bemerkt bei der SS »Anzeichen deutlicher Kritik an der kapitalistischen Privatwirtschaft«, stellt aber zugleich fest, daß entsprechende Zeugnisse »sehr blaß« seien und über die »Variation des damals bekannten Gemeinplatzes, daß im nationalsozialistischen Deutschland der Staat der Wirtschaft befehle«, kaum hinausgingen[196]: eine Formel, die zu bestreiten auch der Großindustrie nicht einfiel, da sie keineswegs für die staatliche Politik die Verantwortung zu übernehmen gedachte.

---

193 Ebd., S. 145.
194 Ebd., S. 106 Anm.
195 Speer, *Erinnerungen*, S. 382.
196 Georg, *Wirtschaftl. Unternehmungen*, S. 145.

Durch die unsystematischen Ad-hoc-Operationen dieser und jener Parteistellen war die Organisationsmacht der Großindustrie auf keinen Fall zu ersetzen; das wäre nur durch den planmäßigen Ausbau einer Wirtschaftsbürokratie möglich gewesen. Aber es wurde bereits an früherer Stelle dargelegt, daß die NS-deutschen Verhältnisse dafür nicht günstig waren; mehr noch: wenn es gegen die »Bürokraten« ging, hatte die Privatindustrie Grundinstinkte der NS-Bewegung, mit Hitler an der Spitze, auf ihrer Seite. Daß die NS-Bewegung sich schon in den letzten Jahren vor der Machtergreifung in beträchtlichem Maße aus der Beamtenschaft rekrutierte[197], änderte wenig daran, daß Hitlers Aversion gegen das Beamtentum tief und heftig blieb[198]. Nun wäre es zweifellos falsch, von Hitlers verächtlichen Auslassungen über die Juristen und Bürokraten ohne weiteres auf die realen Verhältnisse des Dritten Reiches zu schließen, wo sich durch den Fortfall der parlamentarischen Kontrolle die Herrschaft der Ministerialbürokratie in mancher Hinsicht ungehemmter als je zuvor entfalten und der Finanzminister den Staatshaushalt praktisch ganz allein festsetzen konnte[199]. Schon Anfang 1936 führte der Gauleiter Sauckel in einer 36seitigen Denkschrift Klage über die Ohnmacht der »alten Kämpfer« der NSDAP gegenüber der Bürokratie[200]. Der Partei fiel gegenüber der zentralen Bürokratie immer mehr als einzige noch verbleibende Rolle die eines »boshaften Querulanten« zu[201]. Anders stand es mit der Großindustrie: ihr kam die Bürokratiefeindlichkeit der NS-Führung durchaus zugute. Zwar erlebte unter der NS-Herrschaft das Ämterwesen auch in der Wirtschaftslenkung eine üppige Blüte, aber dieses Wachstum vollzog sich so planlos und schlecht koordiniert, daß zuletzt unter Speer die Organisationsmacht der privaten Großindustrie als Retterin in Aktion trat: niemals war daran zu denken, daß der Staat die Produktion unmittelbar in eigene Regie nahm.

---

197 Mommsen, *Beamtentum*, S. 21, 28.

198 Mommsen, *Beamtentum*, S. 21; Peterson, E. N., »Die Bürokratie und die NSDAP«, in: *Der Staat*, Jg. 2/1967, S. 164; ALG, NG-197, Aussage Sauckel, 28. 9. 46; Picker, Henry, *Hitlers Tischgespräche im Führerhauptquartier 1941-1942*, Bonn 1951, S. 195 (1. 8. 41). Über Hitlers heftige Aversion gegen das Beamtentum vgl. auch Erwin Viefhaus in den Anmerkungen zu Kehrl, *Krisenmanager im Dritten Reich*, S. 512; das dort aufgeführte Hitler-Zitat erweist zugleich, daß Hitler sich – der Selbstdarstellung der Unternehmer folgend – die Privatwirtschaft als Gegenbild zu der trägen, durch Sicherheit verweichlichten Beamtenschaft vorstellte.

199 Vialon, »Die Stellung des Finanzministers«, in: *VjhZG*, Jg. 2/1954, S. 139.

200 BA, R 43 II/494; dazu Hüttenberger, S. 112-117, Peterson, S. 155-158.

201 Peterson in: *Der Staat*, S. 172.

Man kann im übrigen feststellen, daß die NS-Bewegung bereits in ihren fundamentalen Wesenszügen die Existenz der Privatindustrie voraussetzte. Die gesamte Mentalität und Aktionsweise des Nazismus war von dem Bewußtsein durchdrungen, daß man sich um die Wirtschaft, um die eigentliche produktive Arbeit nicht zu kümmern brauchte, sondern im Grunde eben jenes parasitäre Dasein – mit großer Show, verschwenderischem Rummel, aber ohne kontinuierliche Arbeit – führen konnte, das man den Juden unterstellte. Eben dieser destruktive Grundcharakter des Nazismus enthielt für die etablierten Ordnungsmächte die Versicherung, daß man ihrer nicht entbehren konnte.

Aber nicht allein auf solche mehr indirekte Weise wurde die Unangefochtenheit der Privatwirtschaft gesichert, sondern auch durch direktere Bevorzugung seitens der Führung. Es fehlt nicht an Hinweisen darauf, daß Hitler die bürgerliche Hochschätzung des Privatunternehmers durchaus teilte: in diesem einen, ökonomisch ausschlaggebenden Punkte übernahm er die bürgerliche Ideologie, während er die meisten anderen Vertreter des traditionellen Bürgertums – die Juristen, Verwaltungsbeamten, Pastoren, Lehrer und Intellektuellen – im internen Kreis mit Spott und Verachtung zu bedenken pflegte. In den »Tischgesprächen« führt Hitler die Fabrik als Beweis für die Berechtigung rücksichtsloser Organisation an[202]; besonders die Krupp-Werke stellten für Hitler ein ideales Modell der faschistischen Gesellschaft dar: die Krupp-Arbeiter schienen ihm »ihrer inneren und äußeren Haltung nach wahre Herrenerscheinungen« zu sein[203]; »hart wie Kruppstahl« sollten die Hitlerjungen werden[204]. Speer bekam von Hitler immer wieder den Rat, sich »möglichst viel der Industrie zu bedienen«, da er »dort die wertvollsten Kräfte finden würde«; »große Aufgaben« solle man, so Hitler, »am besten unmittelbar von der Wirtschaft in Angriff nehmen« lassen und nicht von der Ministerialbürokratie, die die Privatinitiative nur hemme[205].

Wenn Hitler in den *Tischgesprächen* wiederholt den Grundsatz der Trennung von Staat (bzw. Partei) und Wirtschaft unterstreicht, so hat das bei ihm nicht in erster Linie den Grund, daß er in der Privatwirtschaft ein unsoziales und korrumpierendes Element erblickt; deutlicher ist bei ihm die Befürchtung, die Staatsbeamten möchten in der

---

202 Picker, *Hitlers Tischgespräche*, S. 216 (31. 3. 42).
203 Picker, *Hitlers Tischgespräche*, S. 285 (19. 5. 42).
204 Mühlen, Norbert, *Die Krupps* (aus dem Amerik.), Reinbek 1965 (rororo 679), S. 119.
205 Speer, *Erinnerungen*, S. 218; vgl. Petzina, *Autarkiepolitik*, S. 122.

Wirtschaft eine unrühmliche Rolle spielen. Im Zusamenhang mit der Feststellung, »Deutschlands Stärke liegt darin, daß die Männer von Partei, Staat und Wehrmacht sich an privatwirtschaftlichen Unternehmungen nicht beteiligten«[206], erwähnt Hitler nur Beispiele für das Versagen von Staatsbeamten in der Wirtschaft, nicht Beispiele für schädliche Einflüsse privatwirtschaftlicher Interessen auf die Politik.

Die internen Äußerungen Hitlers korrelieren mit Publikationen der NS-Zeit, in denen der Unternehmer als Prototyp des Führers, des Kämpfers und des aus eigenem Recht lebenden Herrenmenschen gefeiert wird[207]. Diese Emporstilisierung des Kapitalisten war schon in den letzten beiden Jahrzehnten vor 1933 vorbereitet worden durch die von Schumpeter angeführte Richtung der Nationalökonomie, die, vom mechanistischen Wirtschaftsmodell abgehend, im Unternehmer die dynamische Kraft der Wirtschaft erblickte und von diesem ein geradezu charismatisches Bild entwarf[208], obwohl in der Realität bereits durch die wirtschaftliche Konzentration der Typus des Pionierunternehmers zunehmend von einem mehr funktionärartigen Typus verdrängt wurde.

Eine Dissertation von 1933 über *Die politische Ideologie der deutschen industriellen Unternehmerschaft* führt aus, daß der Unternehmer, wie er in der Wirtschaft dem Ideal des »Übermenschen« folge, auch in der Politik nur das überragende Individuum respektiere[209]. Ähnliche Komplimente bekamen die Unternehmer sogar aus Wehrmachtskreisen; vermutlich war dadurch, daß nach dem Ersten Weltkrieg ein Großteil der Offiziere sein Auskommen in der Wirtschaft hatte suchen müssen, der Respekt der Militärs vor der Privatwirtschaft erhöht worden. Im Herbst 1936 – ein Jahr darauf begann Göring damit, Industriemanager zu »Wehrwirtschaftsführern« zu erheben – verwahrte ein Major Hesse im Deutschen Volkswirt den »Wirtschaftsführer« gegen »die vielfach in der Öffentlichkeit bestehende Vorstellung«, die »in ihm nicht selten nur den Vertreter eigener Interessen, den Geldverdiener« sehe, »nicht aber die Persönlichkeit, die sich einer Gesamtheit gegenüber verantwortlich weiß«. Heute sei sich der Wirtschaftsführer seiner politischen Funktion bewußt, und man dürfe ihn in dieser Funktion nicht als ein bloß »verwaltendes Organ«

---

206 Picker, *Hitlers Tischgespräche*, S. 266 (26. 7. 42).
207 Allgemein dazu Petzina, *Autarkiepolitik*, S. 196.
208 Vgl. W. Dürrhammer in: *Konzentration ohne Kontrolle*, S. 192 f.
209 Lange, Ernst, *Die politische Ideologie der deutschen industriellen Unternehmerschaft*, Diss. Greifswald 1933, S. 16, 19.

verstehen: »Er ist eine Eigenpersönlichkeit mit dem Willen zur Gestaltung und dem R e c h t z u r B e s t i m m u n g.« Bei genauerem Hinsehen stelle man »nicht ohne Überraschung« fest, wie kongenial er dem militärischen Bereich sei, und es sei »überhaupt reizvoll, einmal die militärischen Züge (s)eines Gesichts neben den wirtschaftlichen in die Erscheinung treten zu lassen«[210].

Sogar dem Frontkämpfer wurde der Unternehmer an die Seite gestellt; in einer Schrift von 1938, die repräsentativ für die Deutsche Gesellschaft für Wehrpolitik und Wehrwissenschaft ist, heißt es: »Auch die beste behördliche Organisation kann nie die Erfahrungen sammeln, wie derjenige, der auf eigenes Risiko wirtschaftet. Wirtschaft und bürokratische Organisation verhalten sich zueinander wie Front und Etappe. Die dauernde Lebensgefahr an der Front weckt geradezu alle Instinkte des Kämpfertums und der Selbstsicherung ...«[211] Dabei war durch die Wirtschaftsreglementierung der NS-Zeit das unternehmerische Risiko weitgehend ausgeschaltet bzw. besser: in die Politik abgewälzt worden. Der Staatssekretär im Wirtschaftsministerium Rudolf Brinkmann ließ in einem vielbeachteten[212] Vortrag auf einer DAF-Tagung in Düsseldorf am 21. Oktober 1938 keinen Zweifel daran, daß der nationalsozialistische Idealtyp von Unternehmertum – »ein Geschlecht mit einem unbändigen Willen zu wirtschaftlicher Bewegungsfreiheit ..., bereit, selbstbewußt und gefährlich zu leben« – einstweilen nur ein Zukunftsprogramm war[213].

Es wäre allerdings irrig, die Position der Industriellen nach 1933 nur aus ideologischen Affinitäten zum NS-Führertum herzuleiten; mindestens ebensosehr beruhte sie auf den Qualifikationsunterschieden zwischen den Wirtschaftsführern und dem Gros der NS-Elite: eben weil die letztere auf die Bewältigung ökonomischer Probleme nicht eingestellt war, war das Privatunternehmertum unersetzlich, bzw. seine Existenz wurde von vornherein vorausgesetzt. Gerade weil die Großindustrie eine Gegenkraft zu den vielfach kleinbürgerlichen,

---

210 Hesse, Major, »Der Wirtschaftsführer im Dienste der Wehrwirtschaft«, in: *Der deutsche Volkswirt*, 2. 10. 1936, S. 11, 12.

211 Wiel, Paul, *Krieg und Wirtschaft. Wirtschaftskrieg, Kriegswirtschaft, Wehrwirtschaft*, Berlin 1938, S. 70 f.

212 DZA, RWM, 8934, Bl. 328, F. R. O. Heinrich an Brinkmann, 7. 11. 38.

213 Brinkmann, *Staat und Wirtschaft*, S. 47, Stuttgart/Berlin 1938. Über Brinkmann vgl. Kehrl, *Krisenmanager im Dritten Reich*, S. 111 (»Er galt als Original, das man so nehmen mußte, wie es war.«). Brinkmann verfiel wenige Monate darauf in einen manischen Zustand und wurde seines Amtes enthoben (ebd., S. 145-155).

partikularistischen und rückschrittlichen Komponenten der NS-Bewegung darstellte und ihnen gegenüber in einem begrenzten, technologisch-organisatorischen Sinne den Fortschritt und die moderne Zeit verkörperte, besaß sie eine so unangreifbare Stellung in der Konfiguration der nach 1933 herrschenden Kräfte; denn auch das NS-Regime mußte auf seine Art einen Anschluß an den Forschritt finden. Diese Position der Großindustrie zum Nationalsozialismus – diese Mischung aus Affinität und Polarität – könnte man als »Komplementärstellung« charakterisieren. Ohne daß die konzentrierte Industrie der eigentliche Ursprung der faschistischen Ideen gewesen wäre, gehörte sie doch als Voraussetzung und ergänzender Partner zu einem erfolgreichen faschistischen Regime zwangsläufig hinzu, und schon ihre bloße Existenz war von Einfluß darauf, welche Elemente der faschistischen Ideologie den Stempel des Realistischen und Praktizierbaren bekamen und an welche sich das Odium des wirrköpfigen Utopismus heftete.

Fühlte sich die Großindustrie unter der NS-Diktatur tatsächlich gesichert, oder lag es im Bereich ihres Vorstellungsvermögens, daß auch sie selbst schließlich ein Opfer des NS-Terrors werden und die Eigendynamik der Diktatur am Ende alle wirtschaftlich gegründete Macht zunichte machen könnte? Man findet gelegentlich eine Notiz von Konrad Kaletsch – für seinen Vetter Friedrich Flick bestimmt und mit dem Vermerk »Streng vertraulich! Ev. gesamte Rüstungsindustrie verständigen!« versehen –, die berichtet, man habe im Finanzministerium gehört, »daß die Absicht bestehen soll, die Firma Krupp zu verstaatlichen«[214]. Aber für solche Pläne fehlt in der NS-Politik jeglicher Kontext. Poensgen, der Generaldirektor der Vereinigten Stahlwerke, berichtete im Herbst 1938 dem General Thomas (Wehrwirtschaftsstab) von der Bemerkung eines Assessors Krämer aus dem Reichskommissariat für Preisbildung, dahingehend, daß man im Kriegsfall an eine »Sozialisierung der ganzen Eisenindustrie« denken könne. Im Protokoll der Besprechung heißt es weiter: »Thomas schüttelt den Kopf und lacht und erklärt es für Unsinn.« Auch bei dem General Hanneken vom Reichswirtschaftsministerium rief der Bericht über den Assessor Krämer nur ein Lachen hervor[215]. Tatsächlich wurde gerade im Krieg die Stellung der Schwerindustrie noch unangefochtener als zuvor. Die Großindustriellen schienen sogar von einer weiteren Straffung der Diktatur auch im wirtschaftlichen Be-

---

214 ALG, NIK-5834, 11. 5. 39.
215 NI-058, 23. 9. 38.

reich für sich nur Vorteile zu erwarten. Schon Ende Juni 1933 ersuchte Krupp »im Namen des Reichsstandes der Deutschen Industrie« den Führer, bei Annahme des Hugenbergschen Rücktrittsgesuches, »selbst die Leitung der wirtschaftlichen Ressorts zu übernehmen«[216]. Besonders nach Kriegsausbruch wurde die Forderung nach verstärkter »Führung« in der Wirtschaft zu einem immer wieder aufgenommenen Leitmotiv der großindustriellen Stellungnahmen; Poensgen und Hermann Waibel von IG-Farben gaben Anfang 1940 gemeinsam zu Protokoll: »Es schreit alles nach einem Mann, der die Dinge mit Sachverständnis diktatorisch regelt.«[217] Die Großindustrie stand oberhalb der Sphäre, wo sich das NS-Regime als furchterregende monolithische Diktatur präsentierte. Wenn Staatssekretär Brinkmann in seiner schon zitierten Rede mit Nachdruck erklärte, daß es zwischen dem staatlich kontrollierten Raum und der freien, auch von keiner »Marktmacht« beherrschten Wirtschaft kein »Niemandsland«, keine »Zone des Schweigens« geben dürfe, in der »private Machtkörper eine eigene Herrschaft aufgerichtet haben«[218], so geht aus seinen Ausführungen deutlich hervor, daß es eben ein solches »Niemandsland« im nationalsozialistischen Deutschland reichlich gab.

Anmerkung: Der im Titel des 1. Kapitels bezeichnete Prozeß des »Sich-Einspielens« der Kooperation von Industrie und faschistischer Führung vollzog sich im Italien Mussolinis bisweilen auf anschaulichere und dramatischere Weise als im nationalsozialistischen Deutschland; vgl. dazu Roland Sarti, *Fascism and the Industrial Leadership in Italy 1919–1940, A Study in the Expansion of Private Power Under Fascism,* Berkeley usw. (University of California Press) 1971; weniger informativ ist: Karin Priester, *Der italienische Faschismus, Ökonomische und ideologische Grundlagen,* Köln 1972 (Pahl-Rugenstein, Kleine Bibliothek 25). Das beiderseitige Abtasten der Kräfte, der Wechsel von Druck und Gegendruck, Leistung und Gegenleistung vollzog sich in Italien mitunter offener und direkter, und die Partner operierten gelegentlich mit Instrumentarien, die die entsprechenden Kräfte in Deutschland verschmähten: die faschistische Regierung suchte 1925 durch Ermutigung von Streiks die Industrie unter Druck zu setzen; die Industrie andererseits machte zunächst Anstalten, die noch existenten freien Gewerkschaften gegen die faschistischen Syndikate auszuspielen (Sarti, *Fascism and the Industrial Leadership,* S. 70 f.). Da die italienische Industrie zur Zeit des faschistischen Aufstiegs erheblich schwächer war als die deutsche, vermochte sie den Faschismus nicht in dem Maße vorzuprägen, wie es der deutschen Industrie schon vor der Machtübernahme der NSDAP gelang. Andererseits hatten die Beziehungen Mussolinis zu manchen Wirtschaftsführern eine Unmittelbarkeit, wie sie Hitler fernlag (vgl. Sarti S. 6, 14, 19). Mehr als in Deutschland gab es einen Dialog zwischen ökonomischer und politischer Führung (vgl. Sarti S. 67 f.).

---

216 NIK-6567, 28. 6. 33 (Telegramm-Entwurf).

217 1456-PS, Sitzung des General Thomas mit Wirtschaftsführern, 16. 2. 40, zit. n. Eichholtz, *Geschichte der deutschen Kriegswirtschaft 1939–1945,* Bd. 1: 1939–1941, Berlin (Ost) 2. Aufl. 1971, S. 118; vgl. auch ebd., S. 116 ff. und *Anatomie des Krieges,* S. 238 f.

218 Brinkmann, *Staat und Wirtschaft,* S. 47.

2. Gruppierungen und Umgruppierungen innerhalb der Großindustrie; zum Problem industrieller Gruppendynamik

Die Historie kann bei der Analyse der ökonomischen Determinanten der Geschichte auf die Dauer nicht dabei bleiben, nur von »der Wirtschaft«, »der Industrie« schlechthin zu sprechen; vielmehr muß sie schärfer die Konturen unterscheiden und die Verschwommenheit des bloßen »ökonomischen Hintergrundes« auflösen. Aber es gilt dabei zu überlegen, bis zu welch einer Ebene der Konkretion hinunter man das Differenzieren sinnvollerweise betreibt. Es würde die ökonomischen Zusammenhänge verstellen, wenn man soweit ginge, nun nur noch – analog zu dem verbreiteten Personalisieren der politischen Historie – von einzelnen Firmen oder gar einzelnen Wirtschaftsführern zu sprechen. Das übertriebene Differenzieren pflegt – da man für die Vielfalt einen Rahmen braucht – als Korrelat schließlich doch wieder undifferenzierte Pauschalvorstellungen zu benötigen[1]. Auch in der Wirtschaftsgeschichte muß nach mittleren Ebenen gesucht werden; weder ist die Privatwirtschaft als ganze politisch handlungsfähig, noch ist es der einzelne Unternehmer oder Manager allein.

In der Geschichtsschreibung der DDR pflegt von den großkapitalistischen Gruppierungen ein sehr klar umrissenes Bild entworfen zu werden, ohne daß jedoch bereits eine zureichende theoretische und empirische Basis erarbeitet worden wäre[2]. Die Konstruktion von Kämpfen monopolistischer Gruppen ergibt sich hier zunächst aus Notwendigkeiten der Praxis der Geschichtsdarstellung, wenn es gilt, die Auseinandersetzungen innerhalb und zwischen den kapitalistischen Staaten zu erklären und die wechselnden und widersprüchlichen Linien der Politik zu motivieren. Andererseits geht der Entwurf monopolkapitalistischer Kämpfe leicht auf Kosten der Marxschen Konzeption einer gesamtgesellschaftlichen Dialektik. Je überanschaulicher

1 Vgl. die Kritik des Verf. an Turner, *Faschismus und Kapitalismus*: NPL, Jg. 1973, S. 260 f.

2 Eichholtz, *Gesch. der Dt. Kriegswirtschaft*, Bd. 1, S. 148.

der innerkapitalistische Kampf wird, desto unanschaulicher wird der Klassenkampf, die Wirksamkeit gesamtgesellschaftlicher Antagonismen in dem Gang der Ereignisse. Die Geschichte des Kapitalismus scheint sich oft nur innerhalb des Zirkels der führenden Kapitalisten zu vollziehen; die vom Kapitalismus hervorgebrachten und betroffenen Bevölkerungsschichten treten als Faktoren des historischen Prozesses kaum mehr in Erscheinung. Eben damit enthält das Modell des Monopolgruppenkampfes allerdings auch einige realistische historische Erfahrungen: die Geschichte läßt sich in der Tat schwerlich insgesamt als Geschichte von Klassenkämpfen interpretieren, jedenfalls nicht als Kampf zwischen Ausbeutern und Ausgebeuteten, – dazu waren die letzteren in den meisten Zeiten zu wehrlos. Zumindest vordergründig handelt es sich bei dem Großteil der Kämpfe tatsächlich um Auseinandersetzungen zwischen privilegierten Schichten; diese Kämpfe wurden in vielen Fällen allerdings unter Mobilisierung unterer Schichten ausgetragen, und die Unteren ließen sich dabei nicht immer zum bloßen Werkzeug machen. Auch wenn es ihnen nicht möglich war, in der Politik die Initiative zu ergreifen und in eigenem Namen zu kämpfen, so wurde doch die Politik häufig von der Notwendigkeit, untere Schichten zu mobilisieren, mitbestimmt; so etwa der Übergang vom Papen- zum Hitler-Faschismus, der nicht auf direktem Wege aus den Interessen der industriellen und agrarischen Mächte zu motivieren ist. Es ist Leo Kofler nicht zuzustimmen, wenn er meint, der »dialektische ... Widerspruch zwischen dem subjektiven und dem objektiven Interesse der herrschenden Klasse« werde »stets nur ausgetragen innerhalb dieser Klasse selbst«[3]. Auch in den Auseinandersetzungen herrschender Gruppen sind die machtlosen Schichten immer wieder präsent, allerdings oft nur in verzerrter, verfremdeter Gestalt: als Eigenleben derjenigen Mächte, die zu ihrer Manipulation bestimmt sind, und so auch als Eigengewicht der NS-Führung gegenüber denjenigen Kräften, die sie an die Regierung gebracht hatten[4].

Diese Möglichkeiten dürfen bei der Diskussion der industriellen Gruppierungen nicht aus den Augen verloren werden; man darf sich die Gruppierungen nicht als alleinige Beherrscher des Spielfeldes vorstellen. Mitspieler und oft auch Schiedsrichter bei den Gruppenkämpfen ist namentlich der Staat, wie sich überhaupt solche Gruppierungen vornehmlich zur Beeinflussung der staatlichen Politik bilden.

---

3 Kofler, *Der asketische Eros. Industriekultur und Ideologie*, Wien 1967, S. 273.

4 Vgl. dazu J. Streisand in: *Monopole und Staat*, S. 164.

Weiterreichende, politisch relevante Gruppierungen entstanden in der Zeit vor dem Ersten Weltkrieg vor allem durch gemeinsame Zollinteressen; im Zeitalter des freien, nur durch Zölle regulierten Welthandels und der noch unentwickelten Staatswirtschaft waren die Zollfragen in der Industrie das gruppenbildende Moment schlechthin. Besonders seit den letzten Jahren vor 1914 war es dann das Interesse an der Aufrüstung, an ihrer permanenten Aufrechterhaltung und weiteren Steigerung, das immer weitere Industriebranchen verband; schon für die Zeit vor 1933 ist zweifelhaft, ob die Rüstungsinteressenten überhaupt noch als bestimmte Gruppe der Großindustrie, die sich von einer Gegengruppe absetzt, angesehen werden können: als seit dem Ersten Weltkrieg die Rüstungsprofite nicht nur der Schwerindustrie, sondern auch der chemischen und schließlich auch der Elektroindustrie zuflossen, läßt sich eine umfassende Gegenformation gegen die Rüstungsinteressenten kaum noch erkennen.

Mit dem Fortschreiten der Industrialisierung – dem Anwachsen der internationalen Konkurrenz, dem Hinzukommen neuer Leitbranchen – setzen in manchen Industriezweigen, deren Blütezeit in früheren Phasen der industriellen Entwicklung lag, Strukturkrisen ein: dieser Vorgang wirkt ebenfalls gruppenbildend. Es liegt in der Natur der Sache, daß die älteren Industrien im allgemeinen bereits über besser ausgebaute politische Beziehungen und Legitimationsideologien verfügen und daher wirksam auf staaliche Subventionierung drängen können. In England, das eine längere industrielle Geschichte als Deutschland besaß, hatte sich in den 1930er Jahren bereits ein deutlicher Unterschied von »old and declining industries« und »new and growing industries« herausgebildet[5]. Die in Deutschland 1931/32 aufgebrochene Interessendistanz zwischen den von der Krise akut betroffenen Firmen – mit den Vereinigten Stahlwerken an der Spitze – und den noch einigermaßen zahlungsfähigen Unternehmen – mit IG-Farben an der Spitze[6] – erinnert an diese englische Gruppierung. Bei den vom Bankrott bedrohten Industrien war im allgemeinen die

---

5 Wendt, Bernd-Jürgen, *Appeasement 1938. Wirtschaftliche Rezession und Mitteleuropa*, Frankfurt 1966, S. 14; der Gegensatz zwischen »alten« und »neuen« Industrien wird für Deutschland besonders von A. Schröter, »Einige methodologische Fragen der Entstehung und Entwicklung monopolistischer Gruppierungen in Deutschland«, in: *JbWG*, Jg. 7/1966, T. IV, S. 126 ff. hervorgehoben; aber aus dem Großteil der ebd., S. 128 f. aufgeführten Gegensatz-Punkte ergibt sich nicht notwendig eine politische Konfrontation.

6 Brüning, *Memoiren*, S. 351: im Sommer 1931 stellte sich bei dem Versuch, die Danatbank mit Hilfe der Konzerne zu sanieren, sogleich heraus, »daß außer der IG niemand von ihnen Geld hatte«.

Bereitschaft zu einer gewagten politischen Spekulation, wie es das Engagement für eine NS-Diktatur darstellte, sicherlich größer als bei den noch relativ finanzkräftigen Industrien, wobei allerdings die imperialistische Motorik, mit der sich die NS-Politik später verband, eher bei den letztern lag[7]. Im übrigen war die Einstellung zum Nationalsozialismus innerhalb der Unternehmerschaft, ebenso wie im Bürgertum allgemein, nicht zuletzt eine Generationenfrage: Friedrich Glum, der um 1931 einen Vortrag vor den in der sogenannten »kleinen Ruhrlade« versammelten ruhrindustriellen Junioren hielt, »merkte deutlich, daß die junge Generation bereits ziemlich geschlossen sich auf dem Abmarsch zu Adolf Hitler befand«[8].

Besonders seit der Verbreitung der keynesianischen und ähnlicher Lehren könnte die Befürwortung einer restriktiven bzw. expansiven Kreditpolitik die gesamte Wirtschaft unter Umständen in zwei Lager teilen, obwohl man es heute immer mehr als fraglich ansehen muß, ob es in der Großindustrie eine Gruppe gibt, die nachhaltig für eine Stabilitätspolitik eintritt. Für die Jahre 1931/32 unterscheidet Eberhard Czichon zwischen einer NS-freundlichen Wirtschaftsgruppe, die durch die Krise in besondere Panik versetzt worden war, und einer anderen, weniger betroffenen und bei der Unterstützung Brünings verharrenden Gruppe, die er merkwürdigerweise als »Keynesianer« charakterisiert[9]. Tatsächlich verlangte Warmbold, der aus der IG-Farben-Leitung kommende Wirtschaftsminister Brünings, 1932 nach »radikalen Erweiterungen in der Kreditgebung«[10], aber er verfolgte damit keine generelle politische Linie des Farbenkonzerns. Carl Bosch, der Vorstandsvorsitzende der IG-Farben, vertrat im Mai 1933 gegen Hitler wie auch gegen Thyssen eine strikt nichtexpansive Art der Arbeitsbeschaffung; in Erwiderung auf Ausführungen Hitlers, der eine Verringerung der Arbeitslosigkeit durch »brachiale Methoden, wie z. B. die Arbeitszeit auf 6 oder 5 Stunden zu kürzen«, abgelehnt hatte[11], erklärte Bosch:

---

7 Die Gruppierung der Industrie in die – in der Harzburger Front gesammelten – »Bankrotteure« einerseits und die noch auf eigene Kraft vertrauenden Unternehmen andererseits wird besonders von Sohn-Rethel, *Soziale Rekonsolidierung*, hervorgehoben: vgl. ebd., besonders S. 31. Die Konstruktion eines Gegensatzes von »alten« und »neuen« Industrien findet sich in der damaligen Zeit etwa bei Paul Sering (Richard Löwenthal), »Die Wandlungen des Kapitalismus«, in: *Zs. f. Sozialismus*, Karlsbad 1935, S. 704-725; zur Kritik daran vgl. neuerdings Gunnar Stollberg, Theorie und Erfahrung (Manuskript, zur Veröffentlichung in der IWK vorgesehen).

8 Glum, *Zwischen Wissenschaft, Wirtschaft und Politik*, S. 409.

9 Czichon, *Wer verhalf . . .*, S. 24 ff.

10 Brüning, *Memoiren*, S. 504.

11 BA, R 43 II/536, Bl. 342, 29. 5. 33.

»Ich gehöre zu den Leuten, die brachiale Methoden für richtig halten. Ich stehe auf dem Standpunkt ..., daß das Problem der Arbeitslosigkeit ein Rechenexempel ist ... Ich stehe auf dem Standpunkt, daß man hier daran denken sollte, zwangsweise die Einführung einer kürzeren Arbeitszeit anzuordnen. ... Generell möchte ich sagen, daß die große Frage der Arbeitslosigkeit nur durch ganz einschneidende Maßnahmen auf dem Wege der Unterbringung von Arbeitslosen zwangsweise gelöst werden kann.«[12]
Fern von einer dynamischen, »keynesianischen« Sicht der Wirtschaft, zeigte der IG-Vorsitzende hier in Reinform das simple Kalkül desjenigen Unternehmers, der noch finanzielle Reserven hat und vor allem anderen die Abwertung seines Geldes durch eine Expansion der Geldmenge zugunsten der illiquiden Unternehmen fürchtet. Thyssen dagegen, der von Czichon nicht zu den »Keynesianern« gerechnet wird, übte heftige Kritik an Bosch[13] und verlangte im September 1933, man müsse »durch irgendwelche Maßnahmen« zuwege bringen, daß »uns« zumindest die »uns« seit 1931 vom Ausland abgezogenen 10 Mrd. RM« wieder zuflössen[14]. Carl Friedrich von Siemens wiederum, der von Czichon zu den »Keynesianern« gerechnet wird[15], bekundete Skepsis gegenüber den – u. a. von Thyssen propagierten – »großen Projekte(n)«[16], bewies also eine »anti-keynesianische« Haltung. Allgemein ist daran zu erinnern, daß es um 1933 zwangsläufig weithin außer Übung gekommen war, in den Perspektiven einer wachsenden Wirtschaft zu denken; stattdessen galt es vielfach als Axiom, daß die Zuwendungen, die der eine bekommt, dem anderen weggenommen werden müssen, – eine Denkweise, die die Konfrontationen verschärfte.
Dennoch ist eine grundsätzliche Skepsis gegenüber zu perfekten Konstruktionen einer dualistischen Gruppenformierung, die die gesamte Wirtschaft durchzieht, angebracht. Wenn in der Privatwirtschaft ein Interessenkomplex zustande kommt, so ist nicht gesagt, daß automatisch auch eine Gegengruppierung aufkommt, die imstande ist, das politische Gewicht der ersten Gruppe auszubalancieren. Ebensowenig ist vorauszusetzen, daß zwei konträre Parteiungen, wenn vorhanden, die gesamte Wirtschaft durchziehen: stärker als die Neigung zur Parteinahme ist bei den Unternehmen häufig die Neigung, zweigleisig

---

12 Ebd., Bl. 358 f.
13 Ebd., Bl. 366.
14 R 43 II/321, Bl. 41 f., 20. 9. 33.
15 Czichon, *Wer verhalf* ..., S. 39.
16 R 43 II/321, Bl. 97.

zu operieren bzw. die Position des lachenden Dritten zu suchen. Wie Wilhelm Treue bemerkt, »mochte der Unternehmer auch in den ärgsten Zeiten sich selten einer Gruppe anschließen und sich deren Kolektivexistenz unterordnen; vielmehr neigte er dazu, als Individualist Gruppen, Vereine und Verbände zu verlassen, zu verraten und selbst zu betrügen«[17]. Die Profitorientierung ist einer festen und dauernden Gruppenbindung nicht günstig; man darf Verbandszugehörigkeiten eines Unternehmens nicht überinterpretieren. Die großindustrielle Geschichte während der NS-Zeit ist nicht als Aufeinanderfolge von Kämpfen zwischen gleichbleibenden Gruppen mit wechselndem Sieg der einen über die andere vorzustellen, sondern mehr als eine Abfolge von Umgruppierungen unter dem Einfluß der allgemeinen wirtschaftlichen Entwicklung und der Politik der NS-Regierung. Die ökonomische Sachlogik ist nicht außer Acht zu lassen: als es schließlich mehr Aufträge gab, als die Kapazität der Industrie bewältigen konnte, bestand kein Anlaß mehr zur Formation konkurrierender Gruppen. In manchen Situationen der dreißiger Jahre wäre es zutreffender, die Stellung der Großbanken, der IG-Farben oder neuer Konzerne wie Flick, Mannesmann und Otto Wolff gegenüber der Ruhrindustrie, der Regierung und den Agrariern als tertius-gaudens-Position zu charakterisieren, als aus ihnen eine eigene »Partei« zu machen.

In der Endphase der Weimarer Republik ist die politische Konkurrenz zwischen dem Großteil der Industrie einerseits und den Agrariern andererseits weit dominanter als der ererbte Antagonismus zwischen Schwerindustrie und Chemie/Elektroindustrie[18]. Das alte Zusammengehen zwischen Schwerindustrie und Agrariern, das in den 1870er Jahren durch das gemeinsame Schutzzoll-Interesse zustande gekommen war, ließ sich in der früheren Form nicht wieder erneuern; denn in dem dazwischenliegenden halben Jahrhundert war die Schwerindustrie unvergleichlich viel stärker geworden, und ihr Exportinteresse hatte ihr Schutzbedürfnis gegenüber Importen aus dem Ausland übertroffen, zumal sie selber seit dem Verlust Lothringens an billigen Erzimporten interessiert war. Das Fortschreiten der Industrialisierung hatte den Abstand zwischen Industrie und Land-

---

17 Treue, *Dt. Unternehmer in der Weltwirtschaftskrise*, S. 105.

18 Petzina, *Hauptprobleme*, bes. S. 32 f.; Braatz, Werner E., »Die agrarisch-industrielle Front in der Weimarer Republik 1930-1932. Die Rolle der Interessentengruppen als Triebkräfte des sozio-ökonomischen Wandels während der Weltwirtschaftskrise«, in: *JbWSW*, Jg. 91/1971, T. II), der mit Brünings Sturz abschließt, vermag die Entstehung einer regelrechten Interessenallianz zwischen Industrie und Agrariern nicht nachzuweisen.

wirtschaft erweitert; Hugenberg, der das alte Schutzzoll-Bündnis erneuern wollte, stieß bei führenden Ruhrmagnaten wie Krupp und Reusch auf Widerstand[19]. Es mußte die auf Kiruna-Erze angewiesene Schwerindustrie beunruhigen, daß Hugenberg prompt im Februar 1933 u. a. die Handelsvertragsverhandlungen mit Schweden scheitern ließ[20]. Auf dem Industriellen-Treffen mit Hitler am 20. Februar 1933 zeigt sich Krupp über eine Bevorzugung der Agrarier besorgt[21].

Agrarier und Schwerindustrie waren, wie zu Zeiten Bismarcks, so auch vor 1933 die geschlossensten und in ihrem politischen Stellenwert eindeutigsten Machtblöcke der Wirtschaft, und gerade die NS-Ideologie war von ihrer beider Gravitationskraft tief geprägt worden: durch die Blut-und-Boden-Mystik, durch die Aufrüstungspläne und die Unterscheidung zwischen nationaler und internationaler Industrie war eine gewisse Bevorzugung dieser beiden Wirtschaftsmächte im Nationalsozialismus von vornherein strukturell verankert[22]. Aber der Nazismus war dadurch nicht auf eine bestimmte Konstellation fixiert: es ist ein entscheidendes Faktum, daß in der Krisensituation vor 1933 Schwerindustrie und Agrarier aus eigener Kraft und auf der Grundlage aktueller ökonomischer Interessen zu einer stabilen gemeinsamen Front nicht mehr fähig waren. Das erweiterte den taktischen Freiraum der NS-Führung und schuf auch innerhalb der Industrie ausgedehnte Taktiermöglichkeiten für Dritte. In besonderem Maße war IG-Farben für die Rolle eines solchen Drit-

---

19 Turner, *Faschismus und Kapitalismus*, S. 130, 138. Auch Tilo Freiherr von Wilmowsky, ein professioneller Vermittler zwischen Schwerindustrie und Agrariern, geriet über den südosteuropäischen Aktivitäten des von ihm präsidierten Mitteleuropäischen Wirtschaftstages in heftige Konfrontationen mit den deutschen Landwirtschaftsvertretern; das Reichslandbundorgan brandmarkte die Förderung bestimmter Agrarsektoren auf dem Balkan als »Dolchstoß in den Rücken der kämpfenden Bauern«! (Wilmowsky, *Rückblickend möchte ich sagen . . .*, S. 189) Über die damaligen Schwierigkeiten bei der Erstellung eines industriell-agrarischen Konsensus' vgl. neuerdings: Klaus-Peter Hoepke, *Alfred Hugenberg als Vermittler zwischen großindustriellen Interessen und Deutschnationaler Volkspartei*, Referat auf dem Internat. Symposium in Bochum, Juni 1973.

20 Petzina, *Hauptprobleme*, S. 51.

21 Paterna u. a., *Deutschland 1933-1939*, S. 26; vgl. auch die heftige Polemik Reithingers (IG-Farben) gegen die »Überhöhung des Agrarpreisniveaus« in weiten Teilen Europas: Reithinger, Anton, *Das wirtschaftliche Gesicht Europas*, Stuttgart/Berlin 1936, S. 32; Thyssen wehrte als Aufsichtsratsvorsitzender der Bank für dt. Industrie-Obligationen Bestrebungen, die Bank in den Dienst der Landwirtschaft zu stellen, energisch ab: DZA, RJM, 10 720, Bl. 77, Thyssen an Schlegelberger, 20. 10. 38.

22 In *Mein Kampf* (S. 257) brandmarkt Hitler den »dauernde(n) Krieg gegen die deutsche ›Schwerindustrie‹« als »sichtbare(n) Beginn der durch den Marxismus erstrebten Internationalisierung der deutschen Wirtschaft«.

ten, der nach beiden Seiten taktieren kann, prädestiniert: durch die Vielfalt ihrer Produkte und Ausgangsstoffe war sie politisch und ideologisch viel weniger festgelegt als Schwerindustrie und Agrarier. Auch der Antagonismus des Chemiekonzerns zur Ruhrindustrie war keineswegs unüberwindbar; denn in den Verkaufsprodukten bestand ja keine Konkurrenz. Nur über der Kohle – die damals noch ein sehr begehrter Rohstoff war und immer mehr zur Basis auch der chemischen Industrie wurde – kam es zeitweise zu Konfrontationen: Ende 1925 hatte die IG verhindert, daß die von ihr beherrschten Rheinischen Stahlwerke ihre Kohlenzechen in die Vereinigten Stahlwerke einbrachten[23]. Ein Dauerkonflikt entstand dadurch jedoch nicht; Hermann Schmitz von IG-Farben kam in den Aufsichtsrat der Vereinigten Stahlwerke, und als 1931 Duisberg von Krupp als Vorsitzender des RDI abgelöst wurde, war dies, nach Wickel, 1932, »nicht im Sinne eines neuerlichen Vormarsches der alten Schwerindustrie und Zurückdrängens der chemischen zu deuten«[24]. Erstaunlicherweise war es Vögler von den Vereinigten Stahlwerken, der sich im Generalrat der Wirtschaft (September 1933) besonders für den Ausbau der Kohlehydrierung einsetzte[25]. In der Folge wurde Carl Bosch sogar in die exklusive »Ruhrlade« aufgenommen[26].

Zugleich zeigte IG-Farben die Fähigkeit, auch mit den Agrariern zu paktieren; schon vor 1933 wurde deutlich, daß die IG durchaus in der Lage war, sich vom Vorkämpfer des freien Welthandels zum Vorkämpfer deutscher Autarkie zu wandeln. Duisberg selbst schrieb Ende 1931 im *Berliner Tageblatt* – nachdem die Aussichten des deutschen Exports durch die britische Pfundabwertung wesentlich getrübt worden waren –: »Wir dürfen aber nicht vergessen, daß bei der gegenwärtigen Tendenz in der Welt unser Interesse in größtem Maße wieder dem Binnenmarkt gelten muß, der immer das Rückgrat unserer Wirtschaft bleiben wird . . .«[27] Damals war innerhalb Deutschlands die Landwirtschaft zum wichtigsten Kunden des Chemiekonzerns geworden, und zur Erhaltung der agrarischen Kaufkraft waren der IG auch Mittel von der Art der umstrittenen »Osthilfe«

---

23 Schwerin von Krosigk, Graf Lutz, *Die große Zeit des Feuers. Der Weg der deutschen Industrie*, 3 Bde., Tübingen 1957-59, Bd. 2, S. 495; Wickel, *IG-Deutschland*, S. 147.

24 Wickel, ebd., S. 200. Duisberg war damals Mitglied des engeren Präsidiums des Langnamvereins (Weisbrod, *Zur Form schwerindustrieller Interessenvertretung*, S. 14).

25 BA, R 43 II/321, Bl. 61.

26 Turner, *Faschismus und Kapitalismus*, S. 154.

27 Wickel, *IG-Deutschland*, S. 204 f.

recht[28]. Noch mehr war der Wintershall-Konzern mit seiner Kali-Produktion, die im Ausland auf immer schärfere Konkurrenz traf, für ein Zusammengehen mit den Agrariern prädestiniert[29].

Erst nach Herausarbeitung dieser großindustriell-agrarischen »Gruppendynamik« läßt sich in etwa ermessen, wie die wirtschaftlichen Gruppierungen in der Endphase der Weimarer Republik zu gewichten sind. Es wäre methodisch unvollständig, nur von den Wirtschaftlern, die den Nationalsozialismus zu unterstützen begannen, her zu argumentieren; man muß zugleich die Frage stellen, ob es auch auf der Gegenseite noch eine vergleichbar stabile und politisch engagierte Gruppierung gab, die das Weimarer System stützte. Erst dann zeichnet sich die Rolle der Industrie beim Sturz der Weimarer Republik voll ab. Es wird klar, daß wirtschaftliche Blöcke von der Massivität und ideologischen Festgelegtheit der Schwerindustrie und Agrarier in anderen Branchen kaum zu finden sind; die politisch chamäleonhafte IG-Farben kann nicht als wirkliche Gegenkraft gelten. Czichon, der von einer zu figürlichen Vorstellung der monopolkapitalistischen »Widersprüche« ausgeht und zu einer sehr genauen Beschreibung großindustrieller Dualismen neigt, zeichnet die Industriellen, die die Regierung Brüning unterstützten, als eine recht starke Gruppe mit einem artikulierten Selbstverständnis[30]; aber wie schon seine Bezeichnung »Keynesianer« nicht haltbar ist, so muß auch überhaupt der Gruppen-Charakter der industriellen Brüning-Unterstützer in Frage gestellt werden[30a].

Bei den Wirtschaftsführern, die noch zur Zusammenarbeit mit der Regierung Brüning bereit waren, braucht ja gar keine bestimmte politische Entscheidung vorausgesetzt werden: es war nicht mehr als ein »gouvernementales« Verhalten, wie es in der deutschen Industrie eine lange Tradition hatte. Eine spezifische politische Willensbildung dagegen lag bei den Förderern der NS-Bewegung vor. Normalerweise neigten die deutschen Industriellen nicht zum politischen Engagement, und noch weniger war es ihre Art, sich dafür einzusetzen, eine rela-

---

28 Ebd., S. 203 f.

29 DZA, Dt. Bank, 19 639, Bl. 64, AR-Sitzung der Kali-Industrie AG 17. 9. 32.

30 Czichon, *Wer verhalf . . .*, S. 24 f.

30a Vgl. schon für die voraufgehenden »guten Jahre« der Weimarer Demokratie das Urteil von Lothar Albertin (*Faktoren eines Arrangements zwischen industriellem und politischem System*, S. 14), »daß die parlamentarische Demokratie in der sogenannten Konsolidierungsphase 1924-1928 bei der führenden Unternehmerschaft nicht an Legitimität gewann. Gelegentliche offizielle Erklärungen, die Achtung gegenüber Staat und Verfassung bekundeten, waren Zeichen eines Arrangements der Zweckmäßigkeit mit dem System.«

tiv neue, in der Macht noch unerprobte Partei mit der Regierung zu betrauen; desto stärker ist das Engagement prominenter Wirtschaftsführer für Hitler zu gewichten.

Eben weil der durchschnittliche Unternehmer sich um die Politik wenig kümmerte, fällt die Haltung einiger weniger Wirtschaftsführer, die den übrigen zur politischen Orientierung dienten, besonders ins Gewicht[31]. Es sagt wenig aus, wenn man diejenigen Unternehmer, die schon vor 1933 die NSDAP unterstützten, den vielen anderen gegenüberstellt; entscheidend ist, daß sich unter den Unterstützern Gestalten wie Vögler und Schacht befanden. Die Signalfunktion Schachts wird auch von dem Industrie-Apologeten Lochner stark hervorgehoben[32]; über Vögler – jene »männlich strahlende, geradezu germanische Erscheinung«, nach Glum[33] – schreibt Gert von Klass, er sei seit der Gründung der Vereinigten Stahlwerke »allen sichtbar und unbestritten der erste Mann im Revier« gewesen; »im Positiven oder im Negativen« habe sich das Revier fortan »nach dem Verhalten der Vereinigten Stahlwerke« gerichtet[34].

Der von Keppler gegründete »Freundeskreis Himmler« und die Reichswerke Hermann Göring wurden Kristallisationskerne einer neuen Gruppierung von Industrieunternehmen und Banken, die Schrittmacher einer noch engeren Zusammenarbeit von NS-Regierung und Wirtschaft waren. Man darf diese Gruppierung allerdings nicht vorschnell zu einer in sich geschlossenen Formation machen: teilweise überwog deutlich die Konkurrenz zwischen den um die Gunst des Regimes wetteifernden Unternehmen.

Pleiger war, bevor er zum Leiter der Göring-Werke berufen wurde, ein enger Mitarbeiter Kepplers gewesen[35]; Keppler andererseits wurde im Oktober 1936 Göring unterstellt[36]. Neben der Dresdner Bank war es vor allem der Flick-Konzern, der sowohl im »Freundes-

---

31 Die Industriellen-Eingabe vom November 1932 – großzügig gedruckt und von jedem Unterzeichner einzeln eingesandt – sticht aus all den Eingaben, die zu jener Zeit dem Präsidialamt übermittelt wurden, schon rein optisch hervor; die Gegenprobe – Eingaben, die vor Hitler warnten oder Alternativen vorschlugen – fällt ungleich dürftiger aus: vgl. DZA, *Büro des Reichspräsidenten*, Aktenordner Nr. 47.

32 Lochner, Louis P., *Die Mächtigen und der Tyrann. Die deutsche Industrie von Hitler bis Adenauer*, Darmstadt 1955, S. 33 ff.

33 Glum, *Zwischen Wissenschaft . . .*, S. 272.

34 Klass, Gert von, *Albert Vögler*, Tübingen 1957, S. 145.

35 ALG, NID-10 228, Aussage K. Rasche, 27. 12. 45; NID-12 876, Aussage Pleiger 27. 3. 46; aus dem Vorstand der Göring-Werke gehörten Roehnert und Voss zum »Freundeskreis Himmler« (Vogelsang, *Freundeskreis*, S. 165 f.).

36 BA, R 43 II/1602, Bl. 26-28.

kreis« gewichtig vertreten[37] als auch mit den Göring-Werken durch gewinnbringende Transaktionen (dem Tausch von Harpen-Steinkohle gegen Petschek-Braunkohle) verbunden war. Im Konfliktfall war die Beziehung zu Göring wirkungsvoller als die zu Keppler: so versuchte der Wintershall-Konzern – im »Freundeskreis« durch seinen Generaldirektor Rosterg und seinen Aufsichtsratsvorsitzenden Heinrich Schmidt so stark wie möglich vertreten – über Keppler die Genehmigung zum Erwerb von Braunkohlen-Majoritäten aus Petschekschem Besitz zu erlangen, wurde jedoch – obwohl seine Verhandlungen mit Petschek schon weit fortgeschritten waren – Anfang 1938 von Flick, der sich der Unterstützung Görings versichert hatte, brüsk aus dem Geschäft gedrängt[38].
Keppler bezog seit 1933 Front gegen Vögler[39], in der Folgezeit auch gegen Schacht: also gegen die beiden vor 1933 prominentesten Unterstützer der NSDAP in der Wirtschaft, die anfangs selber zum Keppler-Kreis gehört hatten. Noch 1934 ging Keppler mit Schacht bei der Ausschaltung Feders[40] und der Gründung der Braunkohle-Benzin-AG[41] zusammen; aber die Planungen von Kepplers Büro »Sonderaufgabe Roh- und Werkstoffe« verstießen zunehmend gegen das Schachtsche Rentabilitätsdenken[42]; jedenfalls betrieb Keppler seit dem Frühjahr 1936 eine eifrige Stimmungsmache gegen Schacht[43]. Das gleiche galt für Vögler, der gegen die Gründung der Göring-Werke zunächst opponierte; 1938 sprach Keppler in einem Brief an Himmler abschätzig von »Vögler und Konsorten«, und als Reichsbeauftragter für Österreich trug er das Seine dazu bei, daß die Alpine Montangesellschaft, die bis dahin von den Vereinigten Stahlwerken kontrolliert wurde, dem Göring-Konzern einverleibt wurde[44].

---

37 Flick stand namentlich zu K. v. Schröder schon seit dem 1. Weltkrieg in geschäftlichen Beziehungen: NI-230, Vernehmung Schröders, 13. 11. 45.

38 NI-5603, Aussage W. Jantzen (Wintershall), 19. 3. 47; Flick selbst über den Nutzen seiner Beziehung zu Göring: NI-3338, 5. 12. 39 (Ansprache vor dem Harpener Vorstand).

39 DZA, RWM, 8932, Bl. 10, Sitzung im RWM, 28. 11. 33: Gegen Vögler vertrat Keppler die Auffassung, »daß es doch nur sehr bedingt richtig ist, in den großen Kartellorganisationen Ansatzpunkte für den ständischen Aufbau zu sehen«; ebd., Bl. 8: »in der Belastung des Ständeaufbaus mit privatkapitalistischen Interessen« erblickte Keppler die Ursache des Fehlschlags der ständischen Versuche.

40 Schweitzer, *Nazifizierung des Mittelstandes*, S. 43.

41 Birkenfeld, *Synthet. Treibstoff*, S. 43; NI-15 655, Aktennotiz Keppler, 2. 11, 34

42 Meinck, *Hitler und die dt. Aufrüstung*, S. 159.

43 NID-13 841, Aktennotiz Brinkmann, 12. 3. 36; Schacht, *76 Jahre*, S. 411.

44 AA, Keppler, Reichsbeauftragter f. Österreich, Keppler an Himmler, 10. 4. 38. Vgl. auch Wilmowsky, *Rückblickend möchte ich sagen ...*, S. 193 über das gespannte Verhältnis Kepplers zu dem Mitteleuropäischen Wirtschaftstag.

Aber daraus ist nicht zu schließen, daß die im Keppler-Kreis vertretenen oder an Görings Vierjahresplan-Organisation beteiligten Unternehmen diese Frontstellung ohne weiteres mitgemacht hätten, und daß man etwa von 1936 an die Wirtschaft in die Ruhrindustrie und den Anhang Schachts auf der einen Seite und in die Göring-Werke, den Flick-Konzern, IG-Farben, die Dresdner Bank – und eventuell weitere im Keppler-Kreis vertretene Firmen wie Siemens und Wintershall – auf der anderen Seite gruppieren könnte. Namentlich Flick und die IG-Farbenindustrie hatten auch jetzt, bei den zeitweiligen Spannungen zwischen der Ruhrindustrie und dem Göring-Apparat, im ganzen eher die Position des flexibel taktierenden Dritten.

Die IG-Farben war, wenn man sie mit ihrem Konkurrenten Wintershall vergleicht, im Keppler-Kreis nicht besonders stark und anscheinend auch erst relativ spät vertreten: durch den Direktor der Leuna-Werke, Heinrich Bütefisch[45]. Zwar war der Chemiekonzern weit stärker als jedes andere Großunternehmen an dem Organisationswesen des Vierjahresplanes beteiligt, aber seine Beziehungen zu Pleiger, dem Direktor der Göring-Werke, scheinen gespannt gewesen zu sein[46]. Im Bewußtsein seiner Unentbehrlichkeit für die nationalsozialistischen Autarkiepläne hatte es der Konzern gar nicht nötig, sich der NS-Führung übertrieben anzubiedern; er konnte es sich leisten, offiziellen Stellen Wünsche, deren Erfüllung der IG im Ausland Unannehmlichkeiten bereiten konnte, abzuschlagen, so Ersuche des Oberkommandos der Wehrmacht, des Reichssicherheitshauptamtes und der Dienststelle Ribbentrop um Unterstützung bei der Unterbringung von Agenten im Ausland[47]. Carl Bosch verbreitete sich in der »Ruhrlade« noch 1938 ungeniert über Korruptionserscheinungen in der NSDAP, und es war Gustav Krupp von Bohlen und Halbach, der den Regimefrommen spielte und gegen solche Reden protestierte[48].

Als besonderer Favorit Hitlers ist noch ein weiterer Wirtschaftsführer zu erwähnen: der Saarindustrielle Hermann Röchling. Es ist bezeichnend, daß Hitler ihn im Mai 1933, noch bevor er eine parlamentarische Delegation der Saar empfing, zu einer Unterredung ein-

45 Vogelsang, *Freundeskreis*, S. 157; Spannungen zwischen Keppler und der IG kommen besonders in einem Schreiben Kepplers an die IG-Direktion vom 15. 2. 1935 zum Ausdruck: DZA, IG-Farben, A 4825, Bl. 195.

46 NI-15 027, Besprechung im Reichswirtschaftsministerium, 18. 10. 41.

47 NI-7646, v. d. Heyde an v. Schnitzler, 30. 3. 40; NI-3804, Antwort Schnitzlers, 3. 4. 40; NI-1301, Frhr. v. Rheinbaben an v. Schnitzler, 17. 7. 40.

48 Thyssen, *I Paid Hitler*, S. 139.

lud[49]. Während des Krieges, als Röchling zum Leiter der Reichsvereinigung Eisen aufstieg und als solcher einen diktatorischen und scharfmacherischen Ton anschlug[50], wurden seine Qualitäten wiederholt von Hitler hervorgehoben und über diejenigen Vöglers und Pleigers gestellt[51]. Die Rolle Röchlings erinnert an die des Saarindustriellen Stumm unter Bismarck. Röchling zeigte ganz das Bewußtsein des Grenzlanddeutschen und war damit dem Nazismus besonders geistesverwandt; sein Buch *Wir halten die Saar* (1934) schlägt schrille Haßtöne gegen den Versailler Vertrag an und erblickt in ihm »die greuliche Fratze des französischen Materialismus«[52]. In industrielle Gruppierungen ist Röchling nur schwer einzuordnen; er erscheint als betonter Einzelgänger, der sich von den meisten anderen industriellen Günstlingen des Regimes distanzierte. Geradezu seinen Antitypus erblickte er in Friedrich Flick, der 1929 den finanziell geschwächten Röchlings die Maxhütte abgekauft und zum Kern seines eigenen mitteldeutschen Stahlimperiums gemacht hatte. Im Kontrast zu dem politisch wendigen, mehr spekulativ als produktiv eingestellten Flick zeichnete Röchling sich selbst als den getreuen Paladin der nationalen Sache, als er Anfang 1941 – vergeblich – versuchte, die Übertragung der begehrten Rombacher Hüttenwerke im lothringischen Erzbecken an Flick zu verhindern[53]. Eine ähnliche Aversion hegte Röchling gegen die IG-Farben, die einst die Röchlingsche Konkurrenz in der Stickstoffherstellung ausgeschaltet hatte, indem sie über Flick die Röchling-Anlage aufkaufte und stillegte[54]. Wenn Röchling 1937 Göring vor einem deutschen Engagement »in fremden, fernliegenden Ländern wie Brasilien« warnte[55], so durchkreuzte er damit die Interessen der meisten anderen Konzernmächte, sowohl der Chemie- und Elektrobranche als auch der Ruhr, mit Krupp an der Spitze. Ohnehin wurde die Ruhrindustrie durch seine Immediateingaben bei der Regierung, mit de-

---

49 Jacobsen, Hans-Adolf, *Nationalsozialistische Außenpolitik 1933-1938*, Frankfurt/Berlin 1968, S. 769 (Zeittafel).
50 Vgl. etwa NI-3178, zit. im JbWG, Jg. 1963, Teil 3, S. 212. (Röchling an die Mitgliedswerke der RVE, 4. 10. 43).
51 Boelcke (Hrsg.), *Deutschlands Rüstung*, S. 76, 97, 106 (Frühjahr 1942).
52 Röchling, Saar, S. 35; im Frühjahr 1931 allerdings schrieb Röchling noch: »Unsere Industrie dürfte wohl kaum auf die närrische Idee verfallen, die Nationalsozialisten zu unterstützen, die im Reichstag sich für die streikenden Berliner Metallarbeiter einsetzen.« DZA, RMdI, 26 091, Bl. 85 (= »Germania« Nr. 119, »Die Industrie nazifreundlich?«).
53 NI-3018, Röchling an Hanneken, 22. 1. 41; Ogger, *Flick*, S. 224 ff.
54 NI-3018.
55 *Anatomie des Krieges*, S. 155.

nen er die Wirtschaftsgruppe umging, verärgert[56]. Als Leiter der Reichsvereinigung Eisen schließlich geriet er in einen Dauerkonflikt mit Pleiger, dem Leiter der Reichsvereinigung Kohle, wobei Alfried Krupp mit wenig Erfolg die Rolle des Vermittlers übernahm[57]. Dabei hatte Röchling seinerzeit das Pleigersche Projekt der Verhüttung deutscher Erze mit besonderer Verve unterstützt, noch bevor Göring dafür gewonnen wurde[58]; wie er sich später rühmte, war er es gewesen, der die Bestrebungen, eine geschlossene Stellungnahme der deutschen Schwerindustrie gegen die Gründung der Göring-Werke zustande zu bringen, zum Scheitern brachte[59]. Die Röchlingschen Kontroversen zeigen, wie bestehende Spannungen unter den Wirtschaftsführern durch den Wettbewerb um die Gunst des NS-Regimes verschärft werden konnten.

Ein weiteres Beispiel liefert die Elektrobranche. Hier hatte die Konkurrenz der beiden beherrschenden Konzerne, Siemens und AEG, schon Anfang der zwanziger Jahre einen starken politischen Akzent bekommen, als Siemens-Schuckert sich mit Stinnes liierte, während der AEG-Präsident Rathenau sich zum meistgeschmähten »Erfüllungspolitiker« entwickelte. Als sich im Kampf gegen den Young-Plan die pronazistische Wirtschaftsgruppierung vorbereitete, stand kaum einer der deutschen Konzerne so dezidiert auf der Gegenseite wie die mit General Electric liierte AEG, in deren Aufsichtsrat Owen D. Young als Präsident von General Eelectric saß[60]. Rudolf Bingel, der Generaldirektor der Siemens-Schuckert AG, war seit 1932 Mitglied des Keppler-Kreises[61], und als am 30. Januar 1933 die Bildung des Kabinetts Hitler bekannt wurde, gingen an der Börse die Siemens-Kurse in die Höhe, während die meisten anderen Papiere zunächst Kursverluste erlitten[62]. Die Konkurrenzfront zwischen

56 BA, R 13 I/608, Bl. 106 f., Besprechung Poensgen–Hanneken, 15. 7. 41.

57 ALG, NIK-12 293, Affid. A. Krupp, 24. 6. 47.

58 *Anatomie des Krieges*, S. 154 f., Röchling an Göring, 27. 3. 37.

59 NI-3018, Röchling an Hanneken, 22. 1. 41.

60 Gossweiler, *Großbanken*, S. 341 f., Link, *Amerikan. Stabilisierungspolitik*, S. 746 Anm.; ebd., S. 371 ff.: General Electric war allerdings auch an Siemens beteiligt, aber der heftige Konkurrenzkampf zwischen Siemens und ITT in Lateinamerika, Süd- und Osteuropa machte bei Siemens offenbar eine antiamerikanische Einstellung zur Dominante.

61 Vogelsang, *Freundeskreis*, S. 157; über frühzeitige NS-Sympathien bei Siemens vgl. Lewinsohn, *Geld in der Politik*, S. 150; Wolfgang Ruge, *Weimar – Republik auf Zeit*, Berlin (Ost) 1969, S. 273.

62 *Völkischer Beobachter*, 31. 3. 33. Über den Einfluß des Siemens-Konzerns bei Hitler während des Krieges vgl. Kehrl, *Krisenmanager im Dritten Reich*, S. 253. Georg Siemens (*Geschichte des Hauses Siemens*, Bd. 3, S. 303) spricht von einem »Krieg« zwischen Siemens und der DAF, aber die Fakten sprechen eine ganz andere Sprache: das KdF-Programm ging auf eine Umfrage der Firma Siemens

Siemens und AEG verbreiterte sich, als Siemens seit 1938 an dem gemeinsamen Besitz von Telefunken kein Interesse mehr zeigte und eine Besitzteilung herbeiführte[63]. Anfang 1939 führte dann die Konkurrenz um einen Scheinwerfer-Auftrag der brasilianischen Armee zu einem hemdsärmeligen Intrigenkampf zwischen Siemens- und AEG-Vertretern; dieses Gerangel, in das sich auch offizielle Instanzen hineinziehen ließen, gibt einen Einblick in die Aktionsmöglichkeiten innerhalb des staatlich-großindustriellen Komplexes der NS-Zeit. Die AEG, die in dieser Angelegenheit mit Krupp und Zeiss zusammenging[64], wurde von der deutschen Botschaft in Rio de Janeiro unterstützt; die Reichsgruppe Industrie allerdings, die Ende März 1939 zart andeutete, man habe »Anlaß, anzunehmen, daß in Rio mitunter mit nicht ganz fairen Mitteln gearbeitet worden ist«, empfahl, auch Siemens zur Bewerbung um den brasilianischen Auftrag zuzulassen[65]. Der Siemens-Konzern, der in Brasilien einen ausgedehnten Filialapparat unterhielt und den Leiter der dortigen Deutsch-Brasilianischen Handelskammer stellte[66], ließ seine Beziehung zu Keppler spielen[67], während die brasilianische Siemens-Vertretung auf eigene Faust bei brasilianischen Regierungsstellen antichambrierte, sich beharrlich gegen Berliner Rückzugssignale sperrte[68] und es zum offenen Bruch mit der deutschen Botschaft in Rio ankommen ließ[69]. Auch dann, als das Reichswirtschaftsministerium einen drohenden Befehlston anschlug[70], zeigte Siemens sich wenig beeindruckt. Schließlich fand sich Siemens doch dazu bereit, der AEG den Vortritt zu lassen – aber der brasilianische Auftrag ging schließlich, im Herbst 1940, an eine US-Firma.

Es war jedoch durchaus nicht so, daß der großindustrielle Konkurrenzkampf von offizieller Seite systematisch angeheizt worden

zurück, die bei ihren Arbeitern »einen großen Nachholbedarf an Ferienreisen« festgestellt hatte (Mason, *Zur Entstehung des Gesetzes zur Ordnung der nationalen Arbeit,* S. 17), und diese Anregung geriet der Firma nicht zum Schaden: Siemens wurde von der DAF mit der Lieferung des elektrischen Antriebes für den KdF-Dampfer »Robert Ley« beauftragt, das »größte dieselelektrische Schiff der Welt«, das zumal in seiner elektrischen Ausstattung – so Georg Siemens (ebd., S. 323) – »wohl das üppigste bisher gebaute Schiff« war.

63 Siemens, Georg, *Geschichte des Hauses Siemens,* 3 Bde.; Die Dämonie des Staates, 1922-1945, München 1952, Bd. 3, S. 352 f.

64 AA, HaPol, Handel mit Kriegsgerät: Brasilien, Bd. 2, Bl. 200 475, Dt. Botschaft Rio an AA, 23. 3. 39.

65 Ebd., Bl. 200 485-87, Reichsgruppe Industrie an AA, 28. 3. 39.

66 Ebd., Bl. 200 501, Dt. Botschaft Rio an AA, 29. 3. 39.

67 Ebd., Bl. 200 511, Bingel an Clodius, 18. 4. 39.

68 Ebd., Bl. 200 518-20, Siemens-Schuckert S. A. Rio an Siemens-Zentrale, 15. 4. 39.

69 Ebd., Bl. 200 535, Levetzow an AA, 2. 5. 39.

70 Ebd., Bl. 200 509, Landfried an Siemens-Schuckert-Werke, 19. 4. 39.

wäre: grundsätzlich galt im Dritten Reich eine gegenseitige Konkurrenz deutscher Firmen im Ausland als etwas höchst Verwerfliches, als eine Zurschaustellung deutscher Uneinigkeit. Das Oberkommando der Wehrmacht schrieb im Oktober 1940 an das Auswärtige Amt: »In vielen Fällen ist es bisher gelungen, den Wettbewerb der Firmen auf das Gesamtinteresse der deutschen Volkswirtschaft auszurichten und zu steuern. Das erwähnte Scheinwerferangebot scheint eine Ausnahme zu sein . . .«[71]
Tim Mason glaubt, durch die NS-deutsche Aufrüstung sei ganz allgemein die Konkurrenz innerhalb der deutschen Wirtschaft erheblich verstärkt, ja qualitativ verschärft worden; besonders der Rohstoffengpaß von 1936 habe dabei ein akutes Stadium heraufgeführt: damals sei eine »gewaltige Strukturveränderung in der deutschen Wirtschaft« eingetreten, nämlich eine förmliche »Zersplitterung des industriellen Machtblocks«[72]. Es paßt jedoch nicht recht dazu, wenn Mason andererseits hervorhebt, bereits die nationalsozialistische Machtergreifung sei auf eine »Zersplitterung der bürgerlichen Gesellschaft« zurückzuführen[73], und die Funktion des Nazismus sei es geworden, »gerade den fehlenden Ausgleich, den fehlenden Konsens« herbeizuführen[74]. Gerade aus Masons Ausführungen geht hervor, wie die Interessengruppen unter der NS-Herrschaft lernten, sich auf »unpolitische« Art zur Geltung zu bringen – ein Lernprozeß, dessen Wirkungen bis weit in die Geschichte der Bundesrepublik hineinreichen[75]. Tatsächlich wurden nach 1933 die ökonomischen Gegensätze viel lautloser als zur Weimarer Zeit ausgetragen; mit dem Verlust der Öffentlichkeit verloren sie auch weitgehend ihre politische Akzentuierung, zumal von einer »liberalen« Fraktion der Großindustrie, gebildet durch die Chemie- und Elektrobranche mitsamt einem Teil der Hochfinanz, ohnehin nicht mehr die Rede sein konnte. Nun können Antagonismen allerdings auch hinter verschlossenen Türen sehr heftig ausgetragen werden; aber aus dem Quellenmaterial ist nicht zu entnehmen, daß das NS-System dazu angetan gewesen wäre, die wirtschaftlichen Konkurrenzkämpfe qualitativ zu verstärken. Die Gruppenorganisation der Wirtschaft und die Förderung von Zwangskartellen engten den Spielraum der Konkurrenz im Gegenteil ein. Die Rüstungskonjunktur

71 Ebd., Brasilien, Bd. 3, 23. 10. 40.
72 Mason, *Primat der Politik*, S. 282-284.
73 Mason, *Primat der Politik*, S. 490.
74 Mason, *Primat der Politik*, S. 478.
75 Vgl. Mason, *Primat der Politik*, S. 491.

schließlich kann gerade in ihrem späteren Stadium, als sie die Kapazitäten der Industrie mitunter schon zu überlasten drohte, im ganzen keineswegs mehr konkurrenzverstärkend gewirkt haben[76]. In diesem Zusammenhang ist auch von Bedeutung, daß es – wie schon Günter Keiser 1939 bemerkte – dem ökonomischen Konzentrationsprozeß der zweiten Hälfte der dreißiger Jahre an »ausgesprochenen Konzernkämpfen« fehlte, da auf Grund der »Arisierung« und auch der voraufgegangenen großen Depression »verfügbare Objekte in einer seltenen Fülle angeboten wurden«[77]. Damit unterschied sich dieser Konzentrationsprozeß erheblich von entspechenden Vorgängen der zwanziger Jahre.

Es wäre also gerade im Bereich der Wirtschaft nicht richtig, die chaotischen Züge des NS-»Systems«, die Systematik der Teile- und-herrsche-Taktik seitens der NS-Führung überzubetonen, wie es, in Reaktion auf das Totalitarismus-Modell, nicht selten geschehen ist[78]. Insgesamt gehörte die Industrie sicherlich zu den stabilisierenden, »funktionalen« Elementen des NS-Systems; das lag sowohl daran, daß die staatlichen Stellen an einem glatten Funktionieren der Wirtschaft interessiert waren, als auch daran, daß es die Konzerne im allgemeinen verstanden, sich miteinander zu arrangieren. Der IG-Konzern nutzte seine Position im Göring-Apparat offenbar nicht bis zur gänzlichen Mißachtung innerkapitalistischer Spielregeln aus; vielmehr warf Krauch sich bei Gelegenheit zum »Fürsprecher der freien Initiative der Industrie«, wie Petzina ihn nennt, auf[79]. Im übrigen trat die IG während des Krieges, als die Panzerproduktion die stärkste Aufmerksamkeit auf sich zog, neben der Schwerindustrie wieder etwas in den Hintergrund: zwar hatte ein 1938 in Krauchs Organisation verfaßtes Memorandum die »chemische Waffe« als »die typisch deutsche Waffe« gepriesen, »da sie der besonderen naturwissenschaftlich-technischen Begabung der Deutschen entspricht«[80], aber Gas und Nebel spielten im Zweiten Weltkrieg, im Unterschied zum Ersten, keine Rolle mehr. Zudem wurde der deutsche Treibstoffbedarf durch die synthetische Produktion der IG nicht ausreichend abgedeckt[81], und Deutschland blieb wesentlich

---

76 Vgl. Krupps Klage über Kapazitätsüberlastung: ALG, NIK-8556, Lwowski an H. Müller, 21. 6. 40.

77 Keiser, *Konzentrationsprozeß*, S. 149.

78 Allgemein dazu: Bollmus, *Amt Rosenberg*, S. 245 ff.

79 Petzina, *Autarkiepolitik*, S. 120.

80 *Anatomie des Krieges*, S. 186 (= NI-8917), »Vorschläge zur Nutzbarmachung der deutschen Chemie für die Landesverteidigung«.

81 Klein, *Germany's Economic Preparations*, S. 40 f.

auf den Import von russischem und rumänischem Erdöl angewiesen. Mit der Gründung der Reichsvereinigung Kohle (März 1941) unter der Leitung Pleigers, der im staatlichen Wirtschaftsapparat nicht weniger gewichtig war als Krauch, war – wie Eichholtz wohl mit Recht betont[82] – u. a. ein Gegengewicht gegen die Machtstellung der IG entstanden, die selber großes Interesse an der Einflußnahme auf den Kohlesektor hatte. Ein Jahr später strich Speer die Krauchschen Ausbauprogramme drastisch zusammen[83].

Wie schon ausgeführt, war Pleiger mittlerweile vom Zuchtmeister der Privatindustrie zu ihrem Anwalt gegenüber der Staatsführung geradezu »umgedreht« worden; der einstige Kritiker der Großindustrie gefiel sich längst selber in der Rolle des Wirtschaftsmagnaten. Pleiger und Röchling, deren Extratouren und Führerallüren den übrigen Großindustriellen besonders lästig geworden waren, neutralisierten sich als Kontrahenten an der Spitze der Speer-Organisation gegenseitig.

Innerhalb der Ruhrindustrie wurde – nachdem eine Sonderstellung des NSDAP-Förderers Thyssen schon 1933 kaum erst zustande kam – die zunächst betonte traditionelle Führerstellung Krupps bald wieder eingeschränkt. Krupp verdroß die zuständigen staatlichen Stellen ebenso wie die anderen Rüstungsfirmen mehr und mehr durch seine Gegenforderungen bei der Weitergabe rüstungstechnischer Produktionsverfahren[84] und durch seine Monopolansprüche im Waffenexport[85]. In einer Besprechung des schwerindustriellen »Kleinen Kreises« im Juni 1940 kam eine allgemeine Verstimmung über die von Krupp beanspruchten Sonderrechte zum Ausdruck[86]. Einen Monat später las Todt, der Reichsminister für Bewaffnung und Munition, der Firma Krupp geradezu die Leviten, als diese eine Denkschrift *Die Enteignung des geistigen Eigentums* übersandt hatte, die Entschädigungen für die Weitergabe rüstungstechnischer Verfahren verlangte[87].

Die beiden relativ »neuen« Stahlkonzerne, Flick und Mannesmann[88], die, wie erwähnt, enger als die »alte« Ruhrindustrie mit

---

82 Eichholtz, *Kriegswirtschaft*, Bd. 1, S. 140 f.

83 Birkenfeld, *Synthet. Treibstoff*, S. 165; Welter, *Falsch und richtig planen*, S. 21.

84 Vgl. ALG, NIK-9256, Niederschrift Reiff, 3. 8. 37.

85 Besonders das Heereswaffenamt und das Kriegsministerium setzten sich für die Zulassung auch der Nachbaufirmen zum Waffenexport ein, während das AA die Monopolstellung der »Konstruktionsfirmen« zu befürworten pflegte.

86 Alg, NI-3576, 7. 6. 40.

87 NIK-12 314, Todt an G. Krupp v. B. u. H., 11. 7. 40; Krupps Antwortschreiben: NIK-12 314.

88 Über die Sonderstellung Mannesmanns in der Ruhrindustrie als »neuer« Kon-

der NS-Politik kooperierten, integrierten sich seit 1938 vollkommen in das industrielle Organisationswesen. Während die »Ruhrlade«, in die anscheinend weder Flick noch der Mannesmann-Chef Zangen aufgenommen worden waren, damals zerfiel, hatten Flick und Zangen eine führende Stellung in dem Ende 1938 gegründeten »Engeren Beirat der Reichsgruppe Industrie«, der bald unter dem Namen »Kleiner Kreis« lief und ein ausschließlich schwerindustrielles Gremium war. Zangen, soeben zum Leiter der Reichsgruppe Industrie aufgestiegen, wollte Flick sogar mehrere Vertreter zugestehen, und es war Flick selbst, der aus Sorge vor »Vorwürfe(n) in der Richtung einer Cliquenwirtschaft« abwehrte[89]. Walter Rohland zufolge war der »Kleine Kreis« in der »Idee« eine Fortsetzung der »Ruhrlade«[90]. Man verständigte sich dort über eine gemeinsame Taktik gegenüber dem Göring-Konzern und fühlte sich offenbar ganz unbeobachtet: sogar das Protokoll verzeichnet Überlegungen, wie man eine staatliche Stelle wie den Preiskommissar hintergehen könne[91].

Görings Vierjahresplan-Organisation und Himmlers »Freundeskreis« – die beiden Kristallisationszentren von enger an das NS-Regime gelehnten Wirtschaftskreisen – spielten in ihrer alten Form während des Krieges keine große Rolle mehr. Eine Neukonsolidierung der Großindustrie als Gesamtgruppe setzte ein; das Wettrennen um die Gunst des Regimes war nicht mehr nötig. Die Okkupation Österreichs, der Tschechei und der Benelux-Staaten ließ noch manche Rivalität neu aufbrechen; aber die Ausbeutung des riesigen Rußland begünstigte breitangelegte Konsortien. Im Aufsichtsrat der Kontinentalen Öl AG waren Krauch und Bütefisch von IG-Farben und Rosterg von Wintershall, Abs von der Deutschen und Rasche von der Dresdner Bank beisammen; Krupp kooperierte mit Pleiger (Göring-Werke) in den besetzten Ostgebieten.

Anders als im Ersten Weltkrieg bestand diesmal für die Industriellen keine Notwendigkeit, sich politisch sonderlich zu exponieren: die Staatsführung hatte ja die Rolle des Maximalisten übernommen, und die Industrie konnte sich mit der Rolle des scheinbar sachlichen Technologen und Exekutanten begnügen. Sie zeigte während des Krieges kaum ein Interesse an Publizität, so daß Speer in seiner Sportpalast-Rede vom 5. Juni 1943 die Spitzen der Kriegswirtschaft

---

zern vgl. Pritzkoleit, *Gott erhält* ..., S. 37 f.; Keiser, *Konzentrationsprozeß*, S. 137; Gossweiler, *Großbanken*, S. 39.

89 *Anatomie des Krieges*, S. 195, Flick an Zangen, 21. 11. 38.

90 NIK-13 220, Aussage am 18. 12. 47.

91 BA, R 13 I/621, Bl. 35, 9. 5. 41 (Niederschrift Poensgens).

als die »zum Teil unbekannten Männer in der Rüstung« vorstellen konnte[92]. Erst durch diese Wiederherstellung einer optimalen Distanz der Privatwirtschaft zur Regierung wurde der staatlich-großindustrielle Komplex bis zu einem gewissen Grade innerlich ausbalanciert. So eng durfte die Verflechtung ja nicht werden, daß die Wirtschaft alle Risiken der Politik geteilt hätte und von einer Katastrophe des NS-Regimes mit in den Abgrund gerissen worden wäre.

---

92 *Anatomie des Krieges*, S. 425; dazu Bleyer, *Staat und Monopole*, S. 169.

3. Inkonsequenzen der nationalsozialistischen Außenpolitik – erneute Politik des Sowohl-als-auch

3.1 *Ökonomische Ursprünge der Katastrophenpsychose*

Daß die führenden Wirtschaftskreise unter der NS-Herrschaft in der Wirtschafts- und Sozialpolitik ihre Interessen in ungewöhnlichem Maße durchsetzen konnten, dürfte heute von ernstzunehmender Seite kaum mehr bestritten werden; jedoch herrscht der Eindruck vor, daß auf dem Gebiet der äußeren Politik die Wirtschaft sich desto mehr der Staatsführung untergeordnet habe. Das Vabanque-Spiel der Hitlerschen Außenpolitik, die sprunghafte Aggressivität in immer neue Richtungen scheint im Gegensatz zur privatwirtschaftlichen Rationalität zu stehen. So bemerkt denn rückblickend Paul Schmidt, der damalige Chefdolmetscher im Auswärtigen Amt, der sich öfters an die Privatwirtschaft ausleihen ließ: »Es war für mich immer eine wahre Erholung, aus der überhitzten Atmosphäre der Politik nach 1933 in die sachliche Kühle dieser von allen Zeitkrankheiten des Nationalsozialismus und der chauvinistischen Reaktionen in anderen Ländern so gut wie gar nicht angekränkelten Verhandlungen der Kaufleute und Industriellen einzutauchen.«[1]
Aber wenn die Kommunikation zwischen den Wirtschaftsführern der verschiedenen Länder weit weniger anstrengend verlief als diejenige zwischen den Politikern, so bedeutet das nicht, daß nicht doch die Interessen der Wirtschaftler der Politik »Sachzwänge« und Ausgangsdaten übermittelten, die einer Entspannung keineswegs dienlich waren. Der gleiche Paul Schmidt, der später besonders auf das Jahr 1927 wie auf eine Oase ökonomischer Rationalität zurückblickte[2], stellt – in merkwürdigem Widerspruch dazu – in seiner Schilderung der damaligen Genfer Weltwirtschaftskonferenz an-

1 Schmidt, *Statist*, S. 288.
2 Schmidt, *Statist*, S. 585.

schaulich dar, wie die Wirtschaftsführer weit mehr als die Politiker einem Ausgleich zwischen den Nationen entgegenstanden[3].

Für die NS-Zeit gibt es einige Dokumente, in denen prominente Wirtschaftsführer der Regierung gegenüber ausdrücklich von der Notwendigkeit eines großen Krieges sprechen. Der Saarindustrielle Hermann Röchling, der sich damals offenbar zum Wirtschaftsplaner der NS-Regierung aufzuwerfen suchte und kurz zuvor eine Denkschrift *100 000 Bauernsiedlungen in 25 Jahren* an Hitler gesandt hatte, übermittelte im August 1936 der Reichskanzlei *Gedanken über die Vorbereitung zum Kriege und seine Durchführung.* Er führt darin aus, daß der Krieg »fast unvermeidlich« sei, und zwar, ganz im NS-Stil, besonders mit Hinweisen auf die angebliche Macht des Weltjudentums. Dabei bemerkt er, daß die nationalsozialistische Politik in letzter Konsequenz »an das Leben schlechthin der jüdischen Rasse« rühre[4]. Röchling, der sich als heftiger Antisemit zeigt, scheint diese Konsequenz nicht zu bedauern; er hält auch für gegeben, daß die jüdische Emigration überall, wo sie hinkomme, »den Antisemitismus mächtig anschwellen« lasse. Im übrigen glaubt er nicht, daß der Krieg »bald kommen« werde; wenn er jedoch komme, werde er eine totale Mobilisation erfordern: »Es darf keine Scheidung in Front, Etappe und Heimat geben.« Lammers versprach Röchling, seine Denkschrift »bei nächster Gelegenheit« dem Führer vorzulegen; intern vermerkte er, Röchlings Gedanken seien »recht interessant«, enthielten »jedoch nichts wesentlich Neues« und sollten nicht an andere Ressorts weitergeleitet werden[5]. Daß Hitler selbst jedoch von Röchlings Denkschrift beeindruckt wurde, ist kaum zu bezweifeln; denn er schätzte Röchling, und seine Geheimdenkschrift über den Vierjahresplan, die eine Woche später abgeschlossen wurde, hat mit der Röchlingschen Ausarbeitung entscheidende Grundzüge gemein: die Erwartung eines kommenden großen Krieges gegen Bolschewismus und Weltjudentum und das Drängen auf totale und rücksichtslose Kriegsvorbereitung.

Ein in der Kraßheit seiner Aussagen mit der Röchling-Denkschrift zu vergleichendes Dokument ist der umfangreiche Arbeitsbericht von Carl Krauch vor dem Generalrat des Vierjahresplanes am 28. April 1939; die technologischen Detailausführungen werden eingerahmt

---

3 Schmidt, *Statist*, S. 134.

4 NI-299; in *Anatomie des Krieges*, S. 142 f., ist diese Passage nicht abgedruckt, und ebensowenig Röchlings Kritik am Kirchenkampf und Lammers Anmerkung.

5 NI-299.

von Einkreisungs- und Katastrophen-Perspektiven, die einzig einen kriegerischen Ausweg lassen. Nicht einmal zwischen den Zeilen wird dem Faktum Rechnung getragen, daß Deutschland selbst der Herausforderer ist und sich durch die Annexion der Resttschechei außenpolitisch isoliert hat; es heißt vielmehr, »wie 1914« sei Deutschland »eine von der Welt belagerte Festung«, und diese Lage verlange »eine rasche Kriegsentscheidung durch Vernichtungsschläge gleich zu Beginn der Feindseligkeiten«. Dabei scheint die von Westen kommende Bedrohung mehr wirtschaftlicher als militärischer Art zu sein: »Der insgeheim schon lange angelaufene Wirtschaftskrieg gegen die Antikominternmächte unter Führung von England, Frankreich und USA ist jetzt endgültig eröffnet; er wird mit der Zeit immer schärfere Formen annehmen.« Der kommende Krieg hat in den Krauchschen Vorstellungen bereits Dimensionen, die über die Planungen der Wehrmachtsführung weit hinausgehen: Deutschland und seine Verbündeten, fordert Krauch, müßten »den Anstrengungen fast der ganzen übrigen Welt« gewachsen sein. Namentlich die USA werden von vornherein zu Deutschlands Feinden gerechnet, die Sowjetunion dagegen – die ja als wirtschaftlicher Konkurrent nicht gefährlich war – offenbar nicht: »Die hohe Bedeutung der Erweiterung der Handelsbeziehungen mit Rußland« wird hervorgehoben, und wenn in diesem Zusammenhang »die zwingende Notwendigkeit, im Kriegsfalle die Ukraine wehrwirtschaftlich auszunutzen«, erwähnt wird, so scheint nur an eine Nutzung auf dem Wege friedlicher Vereinbarungen – im Kriege mit den Westmächten – gedacht zu sein[6].

Auch die besonderen Interessen des deutschen Wirtschaftsimperialismus werden von Krauch nicht vergessen, wenn er die »Schaffung eines einheitlichen Großwirtschaftsblocks« fordert, dessen Einfluß sich nicht nur über den Balkan, sondern via Türkei bis zum Iran auszudehnen habe[7]. Überhaupt muß man bezweifeln, ob Krauchs Interessen über den Bereich der Wirtschaft wirklich hinausgingen und ernsthaft auf Deutschlands militärische Sicherung gerichtet waren. Nicht nur in dem militärisch irrsinnigen Projekt eines – auf einen globalen »Wirtschaftskrieg« antwortenden – Globalkrieges zeigt sich eine verantwortungslose Fixiertheit auf privatökonomische Konkurrenzen, sondern auch darin, daß der gleiche Krauch nicht einmal für eine Sicherung der unter seiner Leitung erbauten Hy-

---

6 Anatomie des Krieges, S. 210 ff. (=EC-282); dazu Eichholtz, *Kriegswirtschaft*, Bd. 1, S. 59 f.

7 *Anatomie des Krieges*, S. 211.

drierwerke gegen Luftangriffe sorgte: eine Unterlassung, die 1944 zur Katastrophe der deutschen Kriegswirtschaft führte. 1944 erwiderte Krauch auf die massiven Vorwürfe, mit denen er überschüttet wurde, »daß man ganz bewußt die Anlagen nach rein wirtschaftlichen Gründen gebaut hätte, um der Konkurrenz der bestehenden Ölfirmen begegnen zu können«[8]. Der Aufbau einer wirksamen Verteidigung vertrug sich mit der privatökonomischen Rentabilität weit weniger gut als die Vorbereitung eines Angriffskrieges mit weitgesteckten Zielen.

Gerade aus der Lage der deutschen Wirtschaft – so wie sie von ihren führenden Köpfen interpretiert wurde – ergaben sich Katastrophenpsychosen, die den Übergang Hitlers zur offenen Aggression zumindest beschleunigen mußten; aufschlußreich hierüber sind gerade auch Verlautbarungen Hjalmar Schachts, also eines Gegners der Krauchschen Projekte. Wenn es – im Anschluß an Schachts eigene nachträgliche Behauptungen – oft so dargestellt wird, als habe Schacht auf den sich seit 1934 abzeichnenden wirtschaftlichen Engpaß mit einer Bremsung der ökonomischen Kriegsvorbereitung reagieren wollen, so sprechen damalige Äußerungen Schachts eine andere Sprache und enthalten aggressive Reaktionen auf das wirtschaftliche Dilemma. Im September 1935 sagte er zu dem amerikanischen Generalkonsul S. R. Fuller (der Schachts Worte dem Präsidenten Roosevelt übermittelte): »Wir haben keine ausländischen Valuten, daher, Herr Fuller, müssen wir eine Deutsche Welt für die Mark schaffen ... Wir müssen eine Deutsche Welt für die Mark schaffen, in welcher die Mark Rohmaterialien erwerben kann und in der unser Bevölkerungsüberschuß zufriedenstellende Arbeit finden kann. ... Wir müssen Kolonien haben.« Wenn man diese nicht durch Verhandlungen bekommen könne, werde man sie sich nehmen; und noch zweimal wiederholte Schacht sein Schlagwort von der »deutschen Welt«[9].

Ende 1936 präsentierte Schacht in einem Vortrag vor dem Verein für Geographie und Statistik in Frankfurt die Lebensraum-Ideologie in Reinkultur und stellte unverblümt einen Weltkrieg in Aussicht, falls das Ausland eine friedliche Expansion Deutschlands nicht zu-

---

8 Birkenfeld, *Synthet. Treibstoff*, S. 186 f. (nach Mitteilung Krauchs).

9 ALG, EC-450. Helmut Müller (*Die Zentralbank – eine Nebenregierung? ... Hjalmar Schacht als Politiker der Weimarer Republik*, Opladen 1973, S. 14, 15) spricht von Schachts »impulsiver Aggressivität« und läßt seine Geistesverwandtschaft mit Hitler erkennen: »Schacht liebte das Dramatische, das unerwartete Zustoßen aus heiterem Himmel, den Überraschungseffekt. ... Schacht war ein politischer Illusionist höchsten Grades.«

lasse. In der Ansprache, die auch in der Reichskanzlei beachtet wurde, führte Schacht aus: »wir seien ein Land, das auf zu geringem Raum eine zu große Bevölkerung habe. Diese Tatsache laste auf uns wie ein Alp. ... Der Versuch, ein großes Volk durch dauernden äußeren Druck zur Schrumpfung zu bringen, müsse zunächst zu sozialen Nöten und Unruhen, schließlich ›zu irgendeiner Expansion‹ (Hitlers Referent Willuhn ergänzte handschriftlich diese wörtliche Formulierung Schachts) führen. Der Friede in Europa und wohl auch in der übrigen Welt hänge davon ab, ob die dichtgedrängten Massen Zentraleuropas eine Lebensmöglichkeit für sich bekämen oder nicht.«[10] Während der oben zitierte Krauch-Bericht – mit seinen Hinweisen auf bestimmte wirtschaftliche Gegner und bestimmte dem »Großwirtschaftsblock« einzuverleibende Regionen – mehr einem an direkten Konzerninteressen orientierten Imperialismus entspricht, sind Schachts Ausführungen typisch »sozialimperialistisch«: die äußere Expansion ist notwendig, um Deutschland vor sozialen Unruhen zu bewahren.

Nun war es allerdings nicht so, daß in den führenden Wirtschaftskreisen aus den ökonomischen Engpässen nur aggressive Konsequenzen gezogen worden wären. Karl Kimmich vom Vorstand der Deutschen Bank, der darüber klagte, daß durch die Ausbreitung bilateraler Clearing-Abkommen der Welthandel »abgeschnürt« werde[11] – eine für die Deutsche Bank verlustreiche Entwicklung – und der im November 1936 davon sprach, daß die Industrie »diese Epoche als Zeiten eines Wirtschaftskrieges zu betrachten« habe[12], betonte immer wieder, daß die Staatskonjunktur – also die Aufrüstung – kein Dauerzustand der Wirtschaft werden dürfe[13], und erklärte sogar noch im Mai 1936 vor dem Rheinisch-Westfälischen Beirat der Deutschen Bank, es dürfe nunmehr »im Interesse einer gesunden Finanzwirtschaft sein, die Bestrebungen für eine allgemeine Abrüstung wieder aufzunehmen«[14]. Die Deutsche Bank ist als ein wirtschaftspolitischer Informant der Reichskanzlei nachzuweisen: so wird etwa in einem Bericht des Referenten Willuhn über den Welthandel im zweiten Quartal des Jahres 1936 bei der Befürchtung, ein Handelsvertrag zwischen Deutschland und den USA werde nicht zustandekommen, hinzugesetzt: »Die Angaben des letzten Absatzes

10 BA, R 43 II/323, Bl. 224, 12. 12. 36.
11 DZA, Dt. Bank, 21 078, Bl. 21, Rhein.-Westf. Beirat, 17. 6. 35.
12 Ebd., Bl. 62, 11. 11. 36.
13 So noch am 31. 3. 38: ebd., Bl. 109.
14 Ebd., Bl. 43, 5. 5. 36.

beruhen auf der Mitteilung eines leitenden Angestellten der Deutschen Bank.«[15]

Die Berichterstattung Willuhns verdient in diesem Zusammenhang besondere Beachtung. Willuhn, der im März 1933 aus dem Wirtschaftsministerium in die Reichskanzlei berufen wurde, begnügte sich nicht mit sachlichen Berichten, sondern projektierte schon im Mai 1933 eine auf »ferne Zukunft« angelegte Imperialpolitik und erging sich zugleich in demagogischer, zweifellos auf Hitler berechneter Weise in Einkreisungsphobien. Er führte aus, Deutschland dürfe in Zukunft seinen Handelsverkehr namentlich mit Großbritannien und den USA nicht mehr auf der Grundlage der unbeschränkten Meistbegünstigung fortführen; dem ökonomischen Konkurrenzdenken entsprechend, sieht er also die Hauptgefahr im Westen. Er fährt fort:

»In ferner Zukunft wird die Meistbegünstigung zwischen Großraumgebieten verabredet werden müssen, deren Mitglieder, so, wie das im englischen Weltreich geschieht, sich untereinander bevorzugt behandeln.

Deutschland muß sich nach jeder Lücke in der politischen und handelspolitischen Umzingelung umsehen, in der es sich befindet. Deutschland würde in den Kulturzustand vergangener Jahrhunderte und von Kolonialreichen zurückgedrängt werden, wenn es ihm nicht gelänge, die Bresche in die Umzingelung zu schlagen.«[16]

Im Februar 1937 fügte Willuhn einem Bericht über den deutschen Außenhandel handschriftlich hinzu: »... Alle Anstrengungen, den Handel zu heben, sind ohne Erfolg geblieben. ... In der Welt tobt ein Wirtschaftskampf. Eine Psychose, welche die Kriegsmöglichkeit in den Vordergrund rückt, hat das Streben nach einer vollständigen wirtschaftlichen Unabhängigkeit zur Folge. Dies wirkt einer Wiederaufnahme der zwischenstaatlichen Beziehungen entgegen.«[17] Hier wird die »Psychose« des Wirtschaftskampfes mit ihren kriegerischen Konsequenzen den anderen Mächten unterstellt. Auch wenn er im folgenden bemerkt, »daß der Krieg bisweilen als eine Lösung aus der gegenwärtigen schwierigen Weltwirtschaftslage angesehen wird«,

---

15 R 43 II/323, Bl 212 f.; der Ministerialrat wird von einem Angehörigen der DeDi-Bank (Erdschmidt?) »Lieber Herr Willuhn« angeredet: R 43 II/244, Bl. 9, 27. 4. 34; über Willuhns Mittlerrolle zwischen Regierung und Dt. Bank vgl. Czichon, *Bankier*, S. 28, 124. Allerdings zeugt es wohl von irrigen Vorstellungen, wenn Czichon, ebd., S. 124, davon ausgeht, Willuhn habe dabei im Auftrage von Hitler persönlich gehandelt.

16 R 43 II/329, Bl. 103, 24. 5. 33 (laut Vermerk wurde die Aufzeichnung Hitler vorgelegt).

17 R 43 II/323, Bl. 232 f., 12. 2. 37, handschriftl. Hinzufügung vom 24. 2. 37.

scheint er nur vom Ausland zu reden. Pessimistische Prognosen stellte Willuhn dem deutschen Außenhandel auch Anfang 1939[18]. Seine Berichterstattung war ganz dazu angetan, Hitler in der Überzeugung zu stärken, daß Deutschland keine Hoffnungen auf den Welthandel, überhaupt auf internationale Verständigungen setzen dürfe[19], sondern sich seine eigene »Welt« erkämpfen müsse.

Hitler selbst gab bei der Motivierung seines Entschlusses, einen Krieg zu provozieren, weltwirtschaftlichen Erwägungen einen bemerkenswerten Raum. Schon in seinen von Oberst Hoßbach schriftlich festgehaltenen Ausführungen vor den Oberbefehlshabern der Wehrmacht, dem Kriegs- und dem Außenminister am 5. November 1937 – dem ersten Dokument einer zielstrebigen Kriegspolitik – beginnt er mit wirtschaftlichen Argumentationen, um die Unausweichlichkeit einer kriegerischen Expansion zu beweisen: die Produktivität der deutschen Landwirtschaft, führt er aus, sei begrenzt, und auch der deutschen »Beteiligung an der Weltwirtschaft« seien »Grenzen gezogen, die wir nicht zu beheben vermöchten«:

»Einer sicheren Fundierung der deutschen Lage ständen die Konjunkturschwankungen entgegen, die Handelsverträge böten keine Gewähr für die praktische Durchführung. Insbesondere sei grundsätzlich zu bedenken, daß seit dem Weltkriege eine Industrialisierung gerade früherer Ernährungsausfuhrländer stattgefunden habe. Wir lebten im Zeitalter wirtschaftlicher Imperien, in welchem der Trieb zur Kolonisierung sich wieder dem Urzustand nähere ...«[20]

Stärker noch akzentuierte Hitler den Zwang der ökonomischen Bedingungen in seiner Ansprache vor den Oberbefehlshabern der Wehrmacht am 22. August 1939: »Unsere wirtschaftliche Lage ist infolge unserer Einschränkungen so, daß wir nur noch einige Jahre durchhalten können. Göring kann das bestätigen. Uns bleibt nichts anderes übrig, wir müssen handeln ...«[21]

---

18 Ebd., Bl. 282 f., 2. 2. 39; wirtschaftliche Einkreisungsphobien gab es damals auch im AA: eine ungezeichnete Notiz aus den Handakten Wiehl vom 11. 3. 1938 bemerkt: »Unsere heutige handelspolitische Lage ergibt sich am klarsten aus der Erwägung, daß wir geographisch durch die Hull'sche Handelspolitik nahezu völlig eingekreist sind.« Schröder, Hans-Jürgen, *Deutschland und die Vereinigten Staaten 1933-1939. Wirtschaft und Politik in der Entwicklung des deutsch-amerikanischen Gegensatzes,* Wiesbaden 1970 (Veröff. des Instituts f. europ. Geschichte, Mainz, 59), S. 192 f. Der amerikanisch-britische Handelsvertrag vom 17. 11. 38 war geeignet, solche Befürchtungen zu verstärken.

19 Vgl. besonders Willuhns geringschätzigen Rückblick auf die Londoner Weltwirtschaftskonferenz 1933: R 43 II/368b, Bl. 124, handschriftl. Vermerk, Ende 1939.

20 ADAP, D, Bd. I, S. 27.

21 Hildebrand, Klaus, *Deutsche Außenpolitik 1933-1945. Kalkül oder Dogma?,* Stuttgart 1971, S. 92.

Ein wirtschaftlicher Druck war damals auch durch den immer höher gewachsenen Berg der Reichsschulden entstanden. Die im Umlauf befindlichen Mefo-Wechsel, die das Reich zur Bezahlung von Rüstungslieferungen ausgegeben hatte, waren im Frühjahr 1938 auf 12 Mrd. RM angewachsen: 1939 wurde die erste Tranche der Wechsel nach fünfjähriger Laufzeit fällig, konnte jedoch vom Reich nicht eingelöst werden[22]. Wäre der Nationalsozialismus zu einer wirklichen Wirtschaftsplanung fähig gewesen, hätte er auf diese Situation mit ökonomischen Mitteln reagieren können; aber der angebliche »Vierjahresplan« war, nach Petzina, um 1939 bereits »zum Plakat geworden, hinter dem sich eine Reihe von Sonder-Programmen und Institutionen verbargen, die zumeist ... nichts mehr miteinander zu tun hatten«[23]. Zwar sprach der Nationalsozialismus von »Arbeitsfront«, aber er war doch keineswegs in der Lage, in dem Maße, wie es in Sowjetrußland geschah, alle militanten Energien auf den wirtschaftlichen Aufbau, auf langfristige wirtschaftliche Projekte zu konzentrieren. Die grundsätzliche Beibehaltung der Privatwirtschaft entzog den ökonomischen Bereich weitgehend der staatlichen Aktivität, und der Nationalsozialismus setzte mit seinem geringen Interesse an ökonomischen Problemen im Grunde von vornherein privatwirtschaftliche Verhältnisse voraus. Auf wirtschafts- und sozialpolitischem Gebiet hatte der Nationalsozialismus auf die Dauer zu wenig zu bieten, um die von seiner Propaganda hervorgerufenen gewaltigen Erwartungen zu befriedigen. Hier ist ein wesentlicher Strukturzusammenhang zwischen der Aggressivität der NS-Politik und den privatkapitalistischen Bedingungen zu sehen. Der emigrierte Thyssen behauptet, seinem Ghostwriter Reves zufolge: »In Wahrheit nahm Hitler deshalb seine Zuflucht zum Krieg, weil er trotz seiner Ignoranz erkannte, daß seine ökonomischen Methoden in kurzem zur Inflation und zum totalen Ruin des Landes führen würden.«[24]
Noch bei dem Entschluß zum Angriff auf die Sowjetunion spielten Hitlers enttäuschende Erfahrungen mit dem »Vierjahresplan« eine Rolle. Am 20. Juni 1941, also unmittelbar vor dem Beginn des Angriffs, sagte er zu Keitel und Todt: »Es ist unmöglich, alles was uns fehlt durch synthetische Verfahren oder sonstige Maßnahmen selbst herstellen zu wollen ... Man muß einen anderen Weg gehen und muß das, was man benötigt und nicht hat, erobern ...«[25] Sogar

22 Erbe, *Nationalsozialist. Wirtschaftspolitik*, S. 47.
23 Petzina, *Autarkiepolitik*, S. 148.
24 Thyssen, *I Paid Hitler*, S. 71.
25 Hillgruber, Andreas, *Hitlers Strategie, Politik und Kriegführung 1940-1941*,

noch ein weit simpleres finanzielles Kalkül konnte Hitlers Zeitplanung bestimmen. So berichtet der Gesandte Hewel im November 1938 eine Bemerkung Hitlers, »es sei wichtig, die uns durch die Rückgliederung des Sudetenlandes zufließenden Tschechenkronen sobald wie möglich dort (d. h. in der Resttschechei, J. R.) fest anzulegen, da die Gefahr bestünde, daß die Tschechenkronen entwertet würden«; im übrigen sollten »Verhandlungen über die Währungsunion usw. erst dann geführt werden ... wenn die Tschechenkronen aufgebraucht sind.«[26]

Das Bestreben, die Schuldenlast des Reiches unter Schonung des Steuerzahlers abzutragen, bestimmte die NS-Führung noch während des Krieges gegen die Sowjetunion. Göring teilte im November 1941 mit, es sei »der klar zum Ausdruck gebrachte Wille des Führers, daß die sich aus dem Kriege ergebende Schuldenlast des Reiches zum größten Teil durch Einkünfte, die aus den neu besetzten Ostgebieten herauszuziehen sind, gedeckt werden«. Durch Ausbeutung der Ostgebiete »nach kolonialen Methoden und Gesichtspunkten«, fuhr er fort, solle »eine Einkommensquelle für das Deutsche Reich eröffnet werden, die es ermöglichen wird, in einigen Jahrzehnten den größten Teil der Schulden – verursacht durch die Finanzierung des Krieges – zu decken, während der deutsche Steuerzahler soweit als möglich geschont wird«[27].

Im übrigen bestimmten ökonomische Ziele den Krieg gegen die Sowjetunion bis in die strategischen Entscheidungen hinein: so wurden die Ziele Moskau und Leningrad, die von einem rein militärischen Denken her wohl die Priorität gehabt hätten, hintangestellt und die Hauptstoßrichtung immer mehr in den Süden verlegt: auf die Getreidegebiete der Ukraine, die Erzvorkommen des Donbas, schließlich die Ölfelder von Baku. Hitler pflegte dem OKH gegenüber von Anfang an die Rolle des wehrwirtschaftlichen Fachmannes zu spielen[28]. Je irrationaler die Kriegführung wurde, desto mehr be-

---

Frankfurt 1965, S. 266; Förster, Gerhard, *Totaler Krieg und Blitzkrieg. Die Theorie des totalen und des Blitzkrieges in der Militärdoktrin des faschistischen Deutschlands am Vorabend des Zweiten Weltkrieges*, Berlin (Ost) 1967, S. 101 f.; vgl. auch Schlange-Schöningen, *Am Tage danach*, Hamburg 1946, S. 97 f. (im Frühjahr 1940 niedergeschrieben): »Heute dämmert der Tag auch der wirtschaftlichen Abrechnung herauf ...«

26 AA, HaPol, HA Wiehl, Tschechoslowakei, Bd. 5, Bl. D 496 863, gez. Brücklmeier, 17. 11. 38.

27 Czollek/Eichholtz, »Zur wirtschaftspolitischen Konzeption des deutschen Imperialismus beim Überfall auf die Sowjetunion. Aufbau und Zielsetzung des staatsmonopolistischen Apparats für den faschistischen Beute- und Vernichtungskrieg«, in: *JbWG*, Jg. 9/1968, T. I, S. 176 (= NI-440), 8. 11. 41.

28 Hillgruber, *Hitlers Strategie*, S. 366 f.

durfte man der Pseudorationalität ökonomischer Argumente, und je auswegloser die militärische Situation Deutschlands wurde, desto mehr waren es die unter Speer immer noch ansteigenden Kurven der Rüstungsproduktion, die Hitlers Entschlossenheit zur Fortsetzung des Krieges bestärkten und in den Vordergrund der Durchhaltepropaganda gestellt wurden[29].

Nicht nur durch die allgemeinen Bedingungen der Privatwirtschaft, sondern auch durch die in der NS-Herrschaft konservierte Machtstellung der Agrarier wurde die Politik der Regierung Hitler vorstrukturiert und von manchen – potentiell denkbaren – nichtkriegerischen Aktionsfeldern abgedrängt: eine innerdeutsche Siedlungspolitik, wie sie der Blut-und-Boden-Ideologie rein von der Idee her sehr wohl entsprochen hätte, die jedoch auf Kosten des ostelbischen Großgrundbesitzes gegangen wäre, war der NS-Regierung von vornherein verwehrt: vor allem über einem solchen Versuch war ja Hitlers Vorgänger Schleicher gestürzt[30]. Unter Schacht wurde der Deutschen Siedlungsbank, die in der Weimarer Zeit die Landaufkäufe zu Siedlungszwecken finanziert hatte, der Zugang zum Kapitalmarkt entzogen; damit geriet die innerdeutsche Neusiedlung ins Stocken[31]. Erst unter diesen Umständen blieb den nationalsozialistischen Siedlungsideen zu ihrer Verwirklichung nur der Weg auswärtiger Eroberungen. Wer nicht die gewaltigen Ländereien der ostelbischen Gebiete als tabu betrachtete, konnte die Deutschen schwerlich als »Volk ohne Raum« ansehen.

Durch die Aufrüstung und den Übergang zur territorialen Expansion bis hin zum Krieg wurde also in mehrfacher Beziehung die Kompatibilität der NS-Politik mit der Erhaltung der Position jener wirtschaftlichen und gesellschaftlichen Mächte, die dem Nationalsozialismus zur Herrschaft verholfen hatten, gewahrt; und es war auch gerade diese im Endeffekt katastrophale Linie der NS-Politik, die den Industriekonzernen eine im Grunde unantastbare Position sicherte. Noch mehr als in der Zeit vor 1914 galt jetzt die Wirtschaft als der Bereich, von dem alles abhing. Gerade in dieser Beziehung hatte der erste Weltkrieg traumatische Erinnerungen hinterlassen[32]. In der NS-Zeit kam der Begriff der »Wehrwirtschaft« als einer bereits im Frieden organisierten Kriegswirtschaft auf[33]. Im Laufe des Krieges

29 Boelcke (Hrsg.), *Deutschlands Rüstung*, S. 30 f., 360.

30 Vgl. darüber Petzina, *Hauptprobleme*, S. 36 f.

31 Schweitzer, *Nazifizierung des Mittelstandes*, S. 119.

32 Vgl. etwa ALG, EC-128, »Bericht über den Stand der Arbeiten für eine wirtschaftliche Mobilmachung«, 30. 9. 34.

33 Wiel, *Krieg und Wirtschaft*, S. 5; Bauer, *Einfuhr von Rüstungsgütern in die Bundesrepublik*, Diss. Köln 1963, S. 6.

verstärkte sich noch der Primat der Wirtschaft und die Unabhängigkeit der Wirtschaftsführer von der militärischen Organisation.
Vor allem seit den Augusttagen des Jahres 1914 – jener in der Erinnerung zum Mythos erhobenen nationalistischen Euphorie – war es eine gängige Überzeugung, daß der Krieg mehr als alles andere geeignet sei, soziale Unruheherde zu vertilgen. Vor allem in dem Rauschzustand von 1914 ist das konkrete Leitbild zu sehen, das dem Nationalsozialismus und seinen Förderern vorschwebte. In dem (von nationalsozialistischer Seite verfaßten) Protokoll der Hitler-Rede vor dem Düsseldorfer Industrieklub am 27. Januar 1932 wird »Starker Beifall!« zum ersten Mal an einer Stelle verzeichnet, wo Hitler davon spricht, daß »der deutsche Arbeiter ... sich 1914 in intuitiver Erkenntnis vom Marxismus abgewendet« habe[34]. Gehörte zu den sozio-emotionalen Sensationen, die der Nationalsozialismus suchte, die Kriegssituation untrennbar hinzu, oder ließ sich die Stimmung von 1914 auch ohne Krieg reaktivieren?
Tatsächlich bestand das Spezifikum des Nationalsozialismus zunächst darin, daß er die aggressive Gemeinschafts-Euphorie des Krieges auf dem weit weniger gefährlichen Wege der »inneren Kämpfe« – des Kampfes gegen wirkliche oder eingebildete innere Gegner – wieder heraufzubeschwören suchte. Er war ja in einer Zeit außenpolitischer Ohnmacht, den Jahren nach 1918, entstanden, und dieser Situation war seine spezifische Leistung angepaßt: daß er nämlich den Haß gegen die siegreichen Gegner, denen man nichts anhaben konnte, auf innerdeutsche Gruppen – Juden und »Marxisten« – umlenkte. Der Faschismus als solcher ist nicht eigentlich als extremste Form des Imperialismus zu klassifizieren, sondern läßt sich eher als Imperialismus-Ersatz kennzeichnen; er entwickelte sich denn auch außerhalb Deutschlands nur in Ländern, die zu einem eigenständigen Imperialismus kaum oder gar nicht mehr fähig waren (Italien, Spanien, Rumänien). Verglichen mit dem wilhelminischen Nationalismus, der Frankreich und England als Feindbilder brauchte, hätte der Nationalsozialismus außenpolitisch eine pazifizierende Seite haben können[35], – wenn er sich eben wirklich von den Trägerschichten des alten Nationalismus abstrahieren ließe und die reale Möglichkeit gehabt hätte, der sozioökonomisch bedingten Erbitterung des Groß-

34 Domarus, *Hitler*, Bd. 1, S. 83.
35 Vgl. Wendt, *Appeasement 1938* (n. b. den Untertitel: »England zwischen Hitler und Preußen«!); interessante Bemerkungen bei Eichholtz, »Probleme einer Wirtschaftsgeschichte des Faschismus in Deutschland«, in: *JbWG*, Jg. 4/1963, T. III, S. 103.

teils seiner Anhänger durch »innere Kämpfe« und einen Radikalismus auf sozialpolitischem Gebiet Genüge zu tun.

3.2 *Funktionsweisen privatwirtschaftlicher Einflüsse auf die nationalsozialistische Außenpolitik*

Nachdem erörtert wurde, inwieweit der Spielraum der nationalsozialistischen Politik durch die Existenz der Privatwirtschaft und des Großgrundbesitzes vorstrukturiert und eingeengt wurde, wäre zu untersuchen, ob es auch Raum für direkte Einflüsse der Wirtschaft auf die Außenpolitik gab. Unter den Bedingungen der nationalsozialistischen Herrschaft erlangten solche Einflüsse zweifellos nicht die Form einer Kontrolle. Es würde einen falschen Eindruck erwecken, wenn man aus der teilweise engen Verzahnung der Interessen und Aktionsweisen von Großindustrie und NS-Regierung ein perfekt funktionierendes System konstruieren würde, das alle Bereiche umfaßte: dadurch würde die Erkenntnis der dieser Allianz immanenten Spannungen und Zentrifugalkräfte verstellt. Grundsätzlich war es ja so, daß einerseits die NS-Regierung auf eine direkte Kontrolle der Produktion verzichtete und zumindest den großen Konzernen weite Freiräume zugestand, andererseits die Wirtschaft die Etablierung einer unkontrollierbaren Willkürherrschaft zuließ; diese Verknüpfung von Unkontrolliertheiten ergibt kein System im eigentlichen Sinne.

Ließ auch der politische Entscheidungsprozeß bei der NS-Führung Freiräume für Einflüsse der Wirtschaft? Es ist nicht leicht, über diesen Entscheidungsprozeß Klärung zu schaffen[36]. Die Schwierigkeiten rühren nicht zuletzt daher, daß eine politische »Willensbildung« im vollen Sinne gar nicht stattzufinden brauchte; denn Hitler fand eine imperialistische Tradition und Interessenkonstellation ja bereits vor: die Vorbereitung eines großen Krieges erforderte keinen völligen Neuanfang, keine allmähliche Entwicklung der Überlegungen und Planungen, sondern konnte sich in wesentlichen Grundlagen bereits eingespielter Mechanismen bedienen.

Hitler selbst war nicht der Mann, um mit Systematik und Konsequenz eine von Grund auf neue politische Planung zu erarbeiten. Zwar gab es seit den zwanziger Jahren in Hitlers außenpolitischen Plänen eine Konstante in dem Fernziel, in Osteuropa neuen Sied-

---

36 Vgl. Mason, *Primat der Politik*, S. 475, Anm. 8.

lungsraum zu erobern, aber Hitler war außerstande, dieses Ziel konsequent anzustreben, ja er entfesselte einen Krieg unter entgegengesetzter Frontstellung. Es ist ziemlich deutlich, daß Hitler in seinen außenpolitischen Schritten keinem von langer Hand festgelegten Programm folgte, sondern sich eher von günstigen Gelegenheiten leiten ließ[37]. Seine Stärke lag eben in der Fähigkeit, Chancen blitzartig zu erkennen und wahrzunehmen, und nicht etwa in kontinuierlicher methodischer Arbeit. Auch in den in der Hoßbach-Niederschrift festgehaltenen Ausführungen vom November 1937 beschrieb Hitler nicht ein solches Programm zum militärischen Losschlagen, an das er sich dann wirklich gehalten hätte: als er keine zwei Jahre später den Krieg entfesselte, war keiner der im Hoßbach-Protokoll erwähnten Fälle gegeben[38]. Und auch im Herbst 1939 gab es nach wie vor offenbar keinen festumrissenen Plan für die dem Polen-Feldzug folgende weitere Kriegführung[39].

Dieser politische Stil Hitlers ließ Einflüssen von mancherlei Seite beträchtlichen Raum[40]. Zwar war Hitler letztlich keineswegs ein Opportunist; aber da sich seine rassistischen Fernziele im Rahmen der Diplomatie der dreißiger Jahre kaum in bestimmte Einzelschritte und Nahziele umsetzen ließen, war dem politischen Lavieren keine Grenze gesetzt. Darüber hinaus wurde es zu einer »Eigenart der deutschen Diplomatie unter Hitler«, daß sogar über längere Zeitspannen hinweg nicht ein einziger politischer Kurs, »sondern verschiedene Kurse existierten, und daß die Anhänger des einen politischen Kurses teilweise oder ganz ohne Kenntnis davon waren, was die Anhänger anderer Kurse unternahmen«[41]. Man hat darin nicht unbedingt einen wohlüberlegten Plan Hitlers zu sehen, sondern oft auch ein Zeichen der Unschlüssigkeit und des Wartens auf Gelegenheiten, woher sie auch kommen mochten. Je zahlreicher die außenpolitischen Aktionslinien waren, desto häufiger mußten sich günstige Gelegenheiten bieten; desto rascher verspielte die deutsche Regierung aber auch jeglichen internationalen Kredit und damit die Aussicht, entsprechend der NS-Ideologie einst an der Spitze der »arischen« Völker den Osten zu unterwerfen.

Es wäre nicht richtig, von dem allgegenwärtigen Terror der NS-

---

37 Jacobsen, *Nationalsozialist. Außenpolitik*, S. 615 f.; Geiss, Imanuel, *Studien über Geschichte und Geschichtswissenschaft*, Frankfurt 1972 (ed. suhrkamp 569), S. 36.

38 Darauf verweisen Maser/Höhne: SP 28. 5. 73, S. 119.

39 Förster, *Totaler Krieg und Blitzkrieg*, S. 91-93.

40 Über Hitlers Beeinflußbarkeit vgl. Speer, *Erinnerungen*, S. 140.

41 ADAP, D, Bd. I, S. XIII.

Herrschaft auf einen unermüdlich aktiven und wachsamen, ständig alle Bereiche kontrollierenden Diktator zu schließen. Der Terror nach unten kann auch das Ergebnis einer Konkurrenz verschiedener Gruppen um die Macht sein. Hitlers eigene Rolle bei den Geschehnissen wirkt in der Tat häufig bloß reaktiv und geradezu passiv, oft nur darauf wartend, welche der streitenden Richtungen das größere Durchsetzungsvermögen besitzt[42]. Man kann daher den Ausgangspunkt der politischen Kurswendungen NS-Deutschlands nicht immer und grundsätzlich bei Hitler suchen. In den widersprüchlichen und wechselnden Ausrichtungen der NS-deutschen Außenpolitik ist nicht lediglich ein Kalkül Hitlers zu erblicken, sondern ein Ausdruck der heterogenen Kräfte, die sich in der nationalsozialistischen Sammlung vereinten[43].

Der Einfluß des traditionell-bürgerlichen Imperialismus wilhelminischer Prägung war nicht mit der Auflösung der Deutschnationalen und dem Rücktritt Hugenbergs beseitigt, und auch nicht damit, daß das Auswärtige Amt dem fanatischen Nationalsozialisten Ribbentrop unterstellt wurde: Selbst die politische Linie Ribbentrops läßt sich weithin als »klassische Revisionspolitik« charakterisieren[44]. Auch in den Konzeptionen seiner Führungsspitze ist der Nationalsozialismus nicht durchweg vom älteren Imperialismus klar zu trennen. Zwar heißt es in *Mein Kampf* in gesperrtem Druck: »Die Forderung nach Wiederherstellung der Grenzen des Jahres 1914 ist ein politischer Unsinn von Ausmaßen und Folgen, die ihn als Verbrechen erscheinen lassen«[45]; dennoch ließ Hitler den Krieg über Danzig ausbrechen, also einer typischen Revisionsforderung. In alter Weise wird auf dem Balkan der wirtschaftliche Kampf gegen den englischen und französischen Einfluß geführt, außerdem in Lateinamerika die Konkurrenz mit den USA immer weiter verschärft; es ist kein Gedanke daran, daß die spezifisch nationalsozialistischen Expansionsziele es

42 Vgl. für Hitlers Verhalten vor dem Massaker vom 30. Juni 1934: Gossweiler, *Rolle des Monopolkapitals*, S. 513 ff., bes. S. 521. Kehrl (Krisenmanager im Dritten Reich, S. 205) bemerkt für die Zeit um 1940: »Hitler war fast nie in Berlin, hielt auch keine Kabinettssitzungen ab, noch übte er – wie wir das heute nennen würden – eine ›Richtlinienkompetenz‹ aus. Es schien noch nicht einmal eine ausreichende Unterrichtung des ›Führers und Reichskanzlers‹ von unten her zu erfolgen. Nach meinen Eindrücken gab es nur punktuelle, oft zufällige Informationen und punktuelle Weisungen.«

43 Dazu H. Mommsen, *Betrachtungen z. Entwicklg. d. neuzeitl. Historiographie*, S. 133; Link in: *NPL*, Jg. 1973, S. 229.

44 Hildebrand, *Dt. Außenpolitik*, S. 44 f.

45 Hitler, *Mein Kampf*, S. 736.

notwendig machten, traditionelle Ziele des deutschen Wirtschaftsimperialismus zurückzustecken.

1936 wurde der Apparat des Auswärtigen Amtes einer Reorganisation unterzogen, indem die bisherigen Länderabteilungen, die für politische wie für wirtschaftliche Fragen zuständig gewesen waren, aufgelöst und ihre Geschäfte der Politischen bzw. der Handelspolitischen Abteilung (HaPol) übertragen wurden[46]. Der offizielle Sinn der Maßnahme war der, die Überordnung des »Politischen« auch organisatorisch zu unterstreichen; im Effekt jedoch müssen dadurch zumindest die Routinegeschäfte der Handelspolitik noch unabhängiger von den gesamtpolitischen Erfordernissen geworden sein. Von Führerweisungen ist in der »HaPol« kaum die Rede. Im übrigen gab es, anscheinend schon seit den zwanziger Jahren, den Handelspolitischen Ausschuß, dessen Existenz möglichst geheim gehalten wurde und in dem sich Vertreter sämtlicher zuständiger Ministerien trafen; auch die Vierjahresplanbehörde, die Reichsbank und das OKW waren vertreten[47]: es gab also auch außerhalb des Auswärtigen Amtes zahlreiche Wege, um handelspolitische Belange zur Geltung zu bringen. Von dem Ministerialdirigenten Schlotterer etwa wird die »im allgemeinen reibungslos(e)« Zusammenarbeit zwischen IG-Farben und dem Wirtschaftsministerium auf dem Außenhandelssektor hervorgehoben[48].

Bis in die Reichskanzlei hinein bestand der überkommene Apparat der Ministerialbürokratie fort[49]; der Staatssekretär Lammers entschied, was Hitler vorzulegen war, und übte damit faktisch einen erheblichen Einfluß aus; die Beziehungen des Referenten Willuhn zur Privatwirtschaft wurden schon berührt[50]. Die neu emporgekommene nationalsozialistische Führungsschicht suchte jedoch mindestens so sehr nach Kontakten zur Wirtschaft, wie es bereits die traditionellen politischen Eliten getan hatten, die in der Ministerialbürokratie und im diplomatischen Korps noch fortbestanden. Göring hing mehr als irgendein anderer von den Zuwendungen der Wirtschaft ab; Himmler suchte über den »Freundeskreis« einen, wenn auch distanzierteren, Kontakt zu den Wirtschaftskreisen; Hitlers Günstling Speer

---

46 Hans Philippi in: *Der Archivar*, Jg. 11/1958, S. 148.

47 Zum Handelspolit. Ausschuß: ALG, NG-3506, Affid. G. Ripken, 14. 11. 47; Fall XI, S. 4300, Aussage Hemmen, 23. 3. 48.

48 NI-11 375, Affid. Schlotterer, 20. 9. 47.

49 Jacobsen, *Nationalsozialist. Außenpolitik*, S. 325, verweist auf die noch »viel zu wenig« beachtete außenpolitische Rolle der Reichskanzlei.

50 Vgl. auch Willuhns Korrespondenz mit dem Offenbacher Lederfabrikanten Heinrich Krumm: BA, R 43 II/330!

arbeitete mit den Industrieführern enger zusammen als zuvor die Wehrwirtschaftsorganisation der Armee. Am gefährlichsten im Kabinett Hitler erschien der Wirtschaft bisweilen der einzige aus vornationalsozialistischer Zeit überkommene Minister, der Finanzminister Graf Schwerin von Krosigk: Kimmich (Deutsche Bank) klagte 1940, das Finanzministerium stelle Steuern in Aussicht, durch die »der Unternehmer im guten alten Sinne zum Absterben verurteilt« sei[51].

Unter den Leitern des Auswärtigen Amtes stand Ribbentrop, der Schwiegersohn des Sektfabrikanten Henkell, gesellschaftlich den Wirtschaftsführern näher als sein der Berufsdiplomatie entstammender Vorgänger, der Freiherr von Neurath. Entgegen dem herkömmlichen diplomatischen Stil wollte Ribbentrop offenbar in den auswärtigen Aktivitäten das Tempo und die Leistungsorientiertheit der Privatwirtschaft einführen[52]. Die »Dienststelle Ribbentrop« wurde u. a. aus Mitteln der Adolf-Hitler-Spende der deutschen Wirtschaft finanziert[53]. Ein enges Einvernehmen zwischen den führenden Industriellen und dem Auswärtigen Amt galt als Normalzustand auch nach Ribbentrops Aufstieg zum Minister; Zangen äußerte 1940 dem Staatssekretär gegenüber, »die Aktionsfähigkeit der Reichsgruppe Industrie beruhe ... darauf, daß ihre prominenten Vertreter überall offene Türen fänden, so insbesondere im Auswärtigen Amt der Leiter der Außenhandelsabteilung der Reichsgruppe Industrie«[54].

In Angelegenheiten des Außenhandels betätigte sich auch die Auslandsorganisation der NSDAP: sie besaß ein Außenhandelsamt, das auslandsdeutsche Handelskammern gründete und Reklame für deutsche Waren machte, dessen Tätigkeit im einzelnen allerdings kaum dokumentiert ist[55]. Diese Außenhandelsorganisation der NSDAP, die personell mit der Privatwirtschaft verflochten war, er-

---

51 DZA, Dt. Bank, 21078, Bl. 139, Rhein.-Westf. Beirat, 30. 4. 40; über die quasi-autonome Stellung des Finanzministers im NS-Staat: Vialon, *Stellung des Finanzministers*, S. 139.

52 Vgl. Jacobsen, *Nationalsozialist. Außenpolitik*, S. 288, bes. die Zitate aus Otto Abetz, *Das offene Problem*, Köln 1951, S. 44, 48 f.

53 Jacobsen, S. 264 Anm., *Nationalsozialist. Außenpolitik*.

54 AA, Büro Staatssekr., Aufzeichnungen über Nicht-Diplomatenbesuche, Bd. 2, Bl. 36 626 f., Aufzeichnung Weizäcker, 11. 9. 40; Anlaß war eine Anfrage Zangens, ob – was nicht sicher war – ein Herr Brücklmeier, der zum Leiter der Außenhandelsabt. der RG Industrie ernannt werden sollte, »ohne Beanstandung und gern gesehen im Auswärtigen Amt verkehren könne«.

55 Jacobsen, *Nationalsozialist. Außenpolitik*, S. 159; Hinweise auf die Tätigkeit des Außenhandelsamtes lassen sich entnehmen aus: AA, Chef A. O., Tschechoslowakei, Bl. 175 150, Fa. Jänecke-Schneemann KG an Dt. Gesandtschaft Prag, 2. 8. 38.

reichte einen bemerkenswerten Umfang: Mitte 1939 verfügte sie im Ausland über 244 »Wirtschaftsstellenleiter«, die fast ausschließlich deutsche Geschäftsleute waren und ihre Tätigkeit für die Auslandsorganisation unentgeltlich verrichteten. Zunächst hatten häufig deutsche Handelsattachés die Leitung der Wirtschaftsstellen übernommen; aber mit Hilfe der Kaufleute hatte sich die Auslandsorganisation von dem diplomatischen Apparat unabhängig gemacht. Dem Ministerialdirektor Wiehl wurde 1939 »eine bereits 110000 Karten umfassende, sehr gut eingerichtete Vertreterkartothek« gezeigt[56]. Auf den Einwand Wiehls, daß die vom Außen- und Wirtschaftsministerium besetzte Reichsstelle für Außenhandel »im wesentlichen die gleichen Aufgaben wie das Außenhandelsamt der AO« habe, ebenso wie die Handelsattachés die gleichen Aufgaben wie die Wirtschaftsstellenleiter hätten, entgegnete Alfred Hess, der stellvertretende Leiter der AO: »Die im Geschäftsleben stehenden als Wirtschaftsstellenleiter tätigen Kaufleute könnten für die praktische Förderung von Exportgeschäften eine ungleich lebendigere und wirkungsvollere Tätigkeit entfalten als die Handelsattachés, Konsuln und Beamte der Missionen, denen mehr eine berichtende Tätigkeit auf dem Gebiete der Handelspolitik obliege«[57]. Die Partei konnte gegen die traditionelle Bürokratie nach Bedarf das Selbstbewußtsein der Privatwirtschaft mobilisieren. Die Wirtschaft verstand das Nebeneinander von Handelsmissionen und NSDAP-Wirtschaftsstellen vorteilhaft auszunutzen; wie der deutsche Gesandte in Guatemala berichtete, wandten die Firmen »sich manchmal an beide Stellen, in der Regel aber an diejenige Stelle . . ., von der sie glauben, besser bedient zu werden, bzw. der sie eine größere Durchschlagskraft zutrauten«[58], – und das waren offenbar häufig nicht die offiziellen deutschen Vertretungen.

---

56 AA, Büro Staatssekr., Konf. unserer südamerikan. Missionschefs, Bl. 432 101, Aufzeichnung Wiehl, 30. 6. 39.

57 Ebd., Bl. 432 101 f.; ähnlich ebd., Bl. 35 929 der Bericht der AO-Landesgruppe Kolumbien: »Die Bearbeitung von Wirtschaftsfragen allgemeiner Art durch die Bewegung ist schlagkräftiger, weil die Partei über ein ganzes Netz von Stellen verfügt.« Die Klagen vor allem kleinerer und mittlerer Unternehmen über Unzulänglichkeiten der konsularischen Dienste hatten bereits Tradition: vgl. Alfred Vagts, *Deutschland und die Vereinigten Staaten in der Weltpolitik*, Bd. 1, New York 1935, S. 387 f.; Vagts meint (S. 388): »Die außenpolitisch-bürokratische Praxis bringt eine Vorliebe für das Großunternehmen und damit eine Begünstigung des Großunternehmens bei der zuständigen Bürokratie auch darum mit sich, weil dieses zur Eigenhilfe übergeht und damit seine Ansprüche an sie einschränkt . . .«

58 Ebd., Bl. 35 853.

Ein weiterer Konkurrent auf dem Felde der Außenpolitik kam nicht zum Zuge: das Außenpolitische Amt (APA) Alfred Rosenbergs, das ebenfalls handelspolitische Ambitionen hegte. Das APA hatte es zu seinem erklärten Ziel gemacht, die Benachteiligung der kleineren Firmen im Außenhandel zu beheben und außerdem die Handelsbeziehungen in Einklang mit der Außenpolitik zu bringen; ein Rundschreiben des APA vom Juli 1933 führt aus, daß beides bisher nicht geschehen sei, daß vielmehr bei den »Warentauschgeschäften«, also den bilateralen Clearing-Abkommen, »die Großkonzerne den Hauptnutzen« davongetragen hätten und obendrein dadurch, daß die Initiative bei diesen Handelsbeziehungen »ausschließlich Sache der Privatwirtschaft« geblieben sei, die »außenpolitischen Möglichkeiten«, die dabei »in großem Umfange bestanden« hätten, unberücksichtigt geblieben seien[59]. Aber auch Rosenberg, der seinen Hauptfeind in der Bürokratie des Auswärtigen Amtes erblickte, suchte die Unterstützung der großen Konzerne[60]. Von Thyssen wurden dem APA für ostasiatische Aktivitäten 1933/34 200 000 RM zur Verfügung gestellt[61], und der anglohölländische Ölmagnat Deterding war Rosenbergs große Hoffnung im Hinblick auf die Herstellung einer deutsch-englischen Waffenbrüderschaft gegen das bolschewistische Rußland[62]. Die von Rosenberg geforderte Einsetzung eines Außenhandelskommissars scheiterte vor allem an dem Widerstand industrieller Kreise[63]. Gerade am Beispiel Rosenbergs wird deutlich, wie gering die NS-Ideologie gegenüber den Wirtschaftsmächten wog. Wirtschafts- und Ressortinteressen widersetzten sich entschieden einer zentralen Zusammenfassung der Außenhandelskompetenzen und damit einer konsequenten Unterordnung des Außenhandels unter die – oft ohnehin nicht bestehende – politische Generallinie. Philipp Keßler, der im März 1934 zum »Führer der Wirtschaft« ernannt wurde, stürzte schon wenige Monate später über dem Versuch, ein Außenhandelsamt zu errichten[64].

Ein besonders zielstrebiger Anlauf zur Organisation informeller Di-

---

59 AA, Allgemeines, Korr.: Schriftwechsel mit dt. Wirtschaftlern betr. finanzielle Unterstützung des APA, 11. 7. 33.

60 Vgl. ebd., die Schreiben von Ilgner, Thyssen u. a.

61 Seraphim, Hans-Günther (Hrsg.), *Das politische Tagebuch Alfred Rosenbergs aus den Jahren 1934/35 und 1939/40*, Göttingen 1967, S. 30, 28. 6. 34.

62 Ebd., S. 139 f., Rosenbergs an Hitler gerichtete Denkschrift »England und Deutschland. Skizze einer weltpolit. Möglichkeit«, 12. 5. 34.

63 Jacobsen, *Nationalsozialist. Außenpolitik*, S. 69 f.

64 DZA, RWM, 8930, Bl. 14 ff., Juni/Juli 1934; ebd., Bl. 17, Bleistiftanmerkung des Referenten Steffler/RWM, 5. 7. 34: »durch den Abgang Keßlers« werde »eine Stärkung der Organisation der deutschen Wirtschaft zu erwarten sein«.

rektkontakte zwischen der wirtschaftlichen Oberschicht und der NS-Führung wurde 1933 von dem bisherigen Deutschen Herrenklub unternommen, der eben noch in seiner großen Mehrheit die Regierung Papen gestützt hatte, nun jedoch, bald in »Deutscher Klub« umbenannt, sich unter dem Patronat der neugegründeten Dirksen-Stiftung für die Dienste der NS-Herrschaft zur Verfügung stellte[65]. Die Fördererliste der Dirksen-Stiftung war lang; nebst vielen anderen umfaßte sie die Großbanken, aber auch die Privatbankiers K. v. Schröder und Pferdmenges, außerdem Siemens, Bosch, Flick, das Kali-Syndikat und vor allem IG-Farben, während die Ruhrindustrie sich weniger spendenfreudig zeigte[66]. Zweck der Stiftung war laut Statut, »im Interesse der Allgemeinheit den Führern der nationalsozialistischen Bewegung eine Stätte zu schaffen, in welcher sie außerdienstlich mit führenden Persönlichkeiten des öffentlichen Lebens, der Landwirtschaft, der Arbeit, des Handels, der Industrie, der Wissenschaft und der Kunst, sowie mit dem heranzubildenden Führernachwuchs zusammentreffen können«. Zu diesem Zweck finanzierte die Dirksen-Stiftung ein Klubhaus, das unter der Leitung eines Architekten des IG-Farben-Konzerns erbaut wurde und dessen Schönheit von Ilgner immer wieder gepriesen wurde; wie er im April 1934 schrieb, erfuhr dies Haus »bereits das lebhafte Interesse der führenden Kreise«[67]. Im Mai 1933 hatte Himmler die Einladung, dem Kuratorium der Dirksen-Stiftung beizutreten, angenommen, wobei er zugleich zum Ausdruck brachte, »für wie ausgezeichnet« und »äußerst begrüßenswert« er diese Stiftung und diesen Klub halte[68]. Aber nicht nur Himmler, sondern auch der SA-Chef Röhm trat dem Kuratorium bei; im Frühjahr 1934 wurde SA-Angehörigen der Beitritt zum Deutschen Klub gestattet[69], obwohl der vormalige Deutsche Herrenklub dem Gros der SA ein Inbegriff der verabscheuten »guten Gesellschaft« gewesen sein muß.

Der Deutsche Klub erlangte in der NS-Zeit dennoch nicht die Schlüsselposition, die der Deutsche Herrenklub in der Endphase der Weimarer Republik besessen hatte; eine gewisse Zurückhaltung der NS-Prominenz blieb bestehen[70]. Ilgner, der nach 1933 auch im Deutschen

---

65 Die Stiftung war nach ihrer Schirmherrin benannt: Victoria v. Dirksen, einer Anhängerin Hitlers mit Beziehungen u. a. zur Stein-Bank (vgl. Dirksen, *Moskau, Tokio, London*, S. 10). Allg. über die Dirksen-Stiftung: *Die bürgerlichen Parteien in Deutschland*, Bd. 1, S. 467.

66 DZA, IG-Farben, A 2029, Bl. 176 f., Wilmowsky an Ilgner, 21. 2. 34.

67 Ebd., Bl. 95, Ilgner an B. v. Harbou, 25. 4. 34.

68 Ebd., Bl. 111, Himmler an Victoria v Dirksen, 15. 5. 33.

69 DZA, IG-Farben, A 200/313, Bl. 31, Rundschreiben des dt. Klub, 16. 3. 34.

70 DZA, IG-Farben, A 116, Bl. 208, 11. 11. 35, Schreiben v. Tirpitz.

Klub mit gewohntem Eifer die Initiative an sich zu reißen suchte, bekam von Wilmowsky den Rat, in der Klubarbeit »das Auslandsinteresse möglichst in den Vordergrund zu rücken«, und in einer folgenden »Rücksprache unter prominenten Wirtschaftsführern« wurde »die Bedeutung des Klubs besonders für die Außenwirtschaft allgemein anerkannt«; Ende 1935 schrieb Ilgner, das Interesse der »amtlichen Stellen« an dem Klub bestehe nach wie vor »im Hinblick auf die Pflege der Auslandsbeziehungen«[71].
Die über die NSDAP emporgekommene Führungsschicht besaß ja im ganzen weit weniger als die bisherigen politischen und ökonomischen Führungsschichten private Zugänge zu den entsprechenden Eliten des Auslandes; daher wurden die Mitglieder der bisherigen »guten Gesellschaft« von den Nationalsozialisten für die Herstellung von Auslandskontakten besonders nötig gebraucht. Gerade wenn man wie Hitler dem Apparat des Auswärtigen Amtes nicht viel zutraute, war man desto mehr auf die Dienste der Wirtschaftsführer angewiesen. Der General von Hanneken, der in kriegswirtschaftlichen Funktionen im Vierjahresplan und im Reichswirtschaftsministerium tätig gewesen war, erklärte 1947 in Nürnberg:
»... Aber die Industriellen hatten doch einen weiteren Blick als wir Beamte oder Offiziere. Die hatten doch Verbindung mit dem Ausland und wußten, wie die Dinge wirklich standen. Sie haben eben das Geschäft zu groß geschrieben. Sie haben sich irgendwie geeinigt und gesagt: »Wir wollen Hitler stützen.« Hätten sie gesagt: »Wir treiben hier bewußt in eine Schweinerei hinein«, dann wären die Dinge anders gekommen. ... Hätten diese Leute gesagt: »Wir machen hier nicht mit«, dann wäre es nie so weit gekommen.«[72]

3.3 *Die Außenhandels-Offensive (Balkan, Lateinamerika) und der Fehlschlag der Absicherung nach Westen*

In seiner ersten Ansprache vor den Generälen, die von dem Generalleutnant Liebmann stichwortartig festgehalten wurde, erklärte Hitler, man könne jetzt noch nicht sagen, wie die politische Macht – wenn sie durch die Aufrüstung wiedererlangt sein würde – gebraucht werden solle: »Vielleicht Erkämpfung neuer Export-Mögl(ichkeiten),

71 DZA, IG-Farben, A 2029, Bl. 176, 21. 2. 34; über den praktischen Nutzen des dt. Klubs bei der Transferkonferenz im Mai 1934 vgl.: A 200/295, Bl. 317, v. Gleichen-Rußwurm an die Vorstandsmitglieder des Dt. Klubs, 11. 5. 34.
72 NI-6019.

vielleicht – und wohl besser – Eroberung neuen Lebensraumes im Osten u(nd) dessen rücksichtslose Germanisierung.«[73] Hitler selbst läßt mitunter ein Bewußtsein dessen erkennen, daß man viele traditionelle Ziele der deutschen Politik würde opfern müssen, um den Kampf um den »Lebensraum im Osten« erfolgreich zu führen[74]; aber das außenpolitische und außenwirtschaftliche Instrumentarium, das ihm zur Verfügung stand, war nicht so geartet, daß es gestattet hätte, etwa auf die erstgenannte Alternative »Erkämpfung neuer Exportmöglichkeiten« konsequent zu verzichten. Eine einzig auf den »Lebensraum im Osten« konzentrierte Außenpolitik läßt sich selbst als Idealtypus kaum in sinnvoller Weise konstruieren: man müßte eine innere Autonomie des Nationalsozialismus gegenüber dem traditionellen Imperialismus und seinen Trägerschichten voraussetzen, wie sie weder der Realität noch dem »Wesen« des Nazismus entsprach. Hitler hatte in *Mein Kampf* geschrieben: »Der unerbittliche Todfeind des deutschen Volkes ist und bleibt Frankreich«[75]; dennoch lagen die Ziele der nationalsozialistischen Expansion nicht im Westen, und es lag in der Logik der NS-Politik, die Beziehungen zu den Westmächten ganz unter dem Gesichtspunkt der Absicherung zu gestalten, um bei Eroberungskriegen in Osteuropa den Rücken frei zu haben. Der England-Haß, der die Spätphase des wilhelminischen Imperialismus charakterisiert, wurde von Hitler nicht geteilt. Auch eine Ausarbeitung des Auswärtigen Amtes im Juni 1938 betont, daß »unsere wesentlichen Kriegsziele« nicht im Westen lägen und man vielmehr alles daran setzen müsse, um ein Eingreifen der Entente bei einem deutschen Ostfeldzug zu verhindern. »Griffe sie doch ein, so hätte unsere Politik versagt.« Die Absicherung nach Westen sei »eine militärische, wirtschaftliche, finanzielle, soziale und diplomatische«[76].

---

73 Hofer, Walther (Hrsg.), *Der Nationalsozialismus. Dokumente 1933-1945*, Frankfurt 1957 (Fischer Bücherei 172), S. 181.

74 Kuhn, *Hitlers außenpolit. Programm*, S. 119.

75 Hitler, *Mein Kampf*, S. 699. Hitlers Äußerungen im Hinblick auf Frankreich waren wechselnd und widersprüchlich; so verkündete er etwa im April 1937 vor einer Schulungsgruppe auf der Ordensburg Sonthofen: »Aussöhnung und Frieden mit Frankreich rechtfertige auch einen Verzicht auf Elsaß-Lothringen«; die deutsch-französische Erbfeindschaft sei eine »Idiotie«, »für die mindestens in der Gegenwart nicht mehr die geringste Veranlassung vorliege« (Kehrl, *Krisenmanager im Dritten Reich*, S. 85). Rücksichtnahmen auf das Ausland konnten diese Äußerungen vor einem parteiinternen Kreis nicht bestimmen. In der von der Hoßbach-Niederschrift festgehaltenen Besprechung am 5. 11. 1937 dagegen geht Hitler von der grundsätzlichen Gegnerschaft Frankreichs und Englands aus, aber das Ziel bleibt bestehen, die Westmächte aus einem zukünftigen Krieg herauszuhalten.

76 ADAP, D, Bd. II, S. 334.

Es ist auffällig, daß diese Aufzeichnung die »wirtschaftliche, finanzielle« und »soziale« Seite dieser Aufgabe vor ihrer diplomatischen Seite rangieren läßt. Die Auffassung, daß man gerade über die Wirtschaft das Einvernehmen mit den Westmächten, zumindest mit England, sichern könne, entsprach eigensten Erfahrungen der NSDAP, hatte sie doch in den Jahren vor 1933 in Sir Henry Deterding, dem Präsidenten der Royal Dutch Shell – also einem der mächtigsten Wirtschaftsführer Westeuropas –, einen finanziellen Förderer gefunden[77]. Deterdings politisches Leitmotiv war der Haß auf Sowjetrußland, und er hatte sich schon vorher mit Abenteurern eingelassen, um den Sturz der Sowjetmacht zu betreiben[78]. Ein derart prominenter Unterstützer muß erheblich dazu beigetragen haben, um in Hitler die Überzeugung zu stärken, daß Deutschland in einem Bündnis mit England die Sowjetunion niederwerfen könne, und daß in der Wirtschaft der Schlüssel zu einem solchen Bündnis liege. Als im Oktober 1933 ein Berliner Textilkaufmann, dessen englische Beziehungen vornehmlich über dem Pferdesport entstanden waren, der Reichskanzlei eine schönfärberische und schlecht fundierte Ausarbeitung *Wie denkt man in England wirklich über das Neue Deutschland?* übermittelte, widmete Hitler diesem Bericht eine ungewöhnliche Aufmerksamkeit[79]. Während der deutsch-englischen Industrieverhandlungen Anfang 1939 sagte Göring zu Ashton-Gwatkin, dem Leiter der Wirtschaftsabteilung im britischen Foreign Office: »Das deutsch-englische Verhältnis müsse man beim jetzigen Stand der Dinge von der wirtschaftlichen Seite her zu bessern versuchen. Wenn zwei Länder miteinander gute Geschäfte machten, so würden sie weniger geneigt sein, sich in einen Konflikt zu begeben, als wenn die Wirtschaftsbeziehungen schlechte seien.«[80] Im Sommer 1939 wurde noch einmal ein Wirtschaftsfachmann – der in der Vierjahresplan-Organisation tätige Ministerialdirektor Wohlthat – zu Verhandlungen nach England entsandt[81], und unmittelbar vor dem deutschen Angriff auf Polen unternahm Göring über den schwedischen Industriellen Dahlerus einen letzten Versuch, England zur Neutralität zu bewegen. Hitler rechnete offenbar bis zuletzt damit, daß England und Frankreich sich aus dem Kriege heraushalten würden.

Bei dieser von der NS-Regierung erstrebten Absicherung nach We-

---

77 Bracher, *Nationalsozialist. Machtergreifung*, S. 393 Anm.
78 Lewinsohn, *Geld in der Politik*, S. 353 ff.
79 Jacobsen, *Nationalsozialist. Außenpolitik*, S. 352.
80 ADAP, D, Bd. IV, S. 364, 25. 2. 39.
81 Hildebrand, *Dt. Außenpolitik*, S. 90 f.; Eichholtz, *Kriegswirtschaft*, Bd. 1, S. 60 f.

sten kam der Privatwirtschaft ein erheblicher Stellenwert zu. Ihre Vielzahl von auswärtigen Verbindungen und ihre Erfahrenheit auf dem internationalen Parkett schien sie für eine solche Rolle zu prädestinieren; dennoch ist zu fragen, ob die Wirtschaft willens und in der Lage war, den gesamtpolitischen Erfordernissen zu entsprechen, und ob sie nicht, ungeachtet ihres vergleichsweise geräuschlosen Auftretens, eher noch zusätzliche Fronten schuf. Der verbreitete Mythos von der friedensstiftenden Kraft der Privatwirtschaft könnte die NS-Führung zu Fehlkalkulationen verführt haben.

Zunächst sind die außenpolitischen Wirkungen der Maßnahmen und Reden Hjalmar Schachts zu untersuchen; denn in der NS-Regierung verkörperte Schacht in besonderem Maße die Sphäre der Privatwirtschaft, und er fungierte denn auch wiederholt als Vermittler zur angloamerikanischen Welt. Dabei hat jedoch seine gesamte Tätigkeit etwas von einem Doppelspiel an sich. Wie es in der inneren Wirtschaftspolitik seine Manier war, zwar durchaus den Weg der Kreditschöpfung zu gehen, aber davon in der Öffentlichkeit nicht zu reden[82], sondern desto lautstarker den Biedermann und den Hüter finanzieller Soliditäts-Prinzipien zu spielen, so trieb er auch dem Ausland gegenüber ein Doppelspiel: wenn er durch seine Handels- und Zahlungspolitik weite Kreise des Auslandes erheblich provozierte, so erweckte er doch zugleich, mit weltmännischem Witz und schöngeistigen Allüren, auswärts den Eindruck, für seine Person zu den gemäßigten und vertrauenswürdigen Kräften in der deutschen Regierung zu gehören. Dieses Spiel mußte jedoch auf die Dauer fatale Wirkungen haben. Gerade weil Schacht im Ausland zunächst das Image eines maßvollen und vernünftigen Ökonomen besaß, so etwa in England, war »die Verblüffung und Verärgerung in London« jedesmal »um so größer«, »wenn ein neues Diktat oder Ultimatum aus Berlin, das allen Gesetzen der ökonomischen Vernunft Hohn zu sprechen schien«, die Erwartungen enttäuschte[83]. Schon Ende 1933 war es gerade Schacht, auf den sich in der englischen Öffentlichkeit die Kritik konzentrierte; die »Times« warf ihm »eine anmaßende Mißachtung der legitimen Ansprüche der auswärtigen Gläubiger« vor[84]. Der deutsche Emigrant Norbert Mühlen schilderte 1938 dem Ausland in drastischen Bildern, was die Schachtschen Termini im Effekt bedeuteten:

---

82 Vgl. Schachts Ausführungen vor dem Generalrat der Wirtschaft: BA, R 43 II/321, Bl. 32 und besonders 75!
83 Wendt, *Economic Appeasement*, S. 161.
84 Wendt, *Economic Appeasement*, S. 169.

»Seit fünf Jahren hört man ihn seine magischen Formeln, Beschwörungen und Wundersprüche wiederholen. Er ruft »Stillhaltung!«, und Milliarden, die soeben noch der Welt gehört hatten, verschwinden in der Versenkung. Er verkündet »Moratorium!«, und aus den Portefeuilles von 100 000 Menschen hat er neue Milliarden in seine Tasche gezaubert. Er murmelt »Clearing«, und wieder verschwinden Milliarden, die Europa eben noch selbst zu besitzen geglaubt hatte, in seinem Zauberkasten.«[85]

Die Interessen der amerikanischen Großindustrie und Hochfinanz wurden allerdings durch die deutsche Außenwirtschaftspolitik offenbar weniger tangiert. Die amerikanischen Banken hatten die deutschen Schuldverschreibungen in der Regel rasch weiterverkauft und wurden durch die Moratorien nicht geschädigt, während ihnen das Milliardengeschäft mit den Anleihen gewaltige Profite gebracht hatte[86]. Die Opfer dieser Maßnahmen befanden sich eher in den mittelständischen Schichten; es waren, wie Weinberg schreibt, »gerade jene Amerikaner . . ., die ihren Glauben an und ihre Freundschaft für Deutschland in barer Münze bezahlt hatten«[87]. Industriegiganten wie Standard Oil, General Motors, Ford oder ITT pflegten zwar weiterhin auf profitable Weise ihre Beziehungen zu Deutschland[88]; aber ihnen standen so viele Möglichkeiten offen, auch von einem Krieg gegen Deutschland zu profitieren, daß auf ihren Einsatz für die amerikanische Neutralität nicht ernsthaft zu rechnen war.

Was schließlich Frankreich anbelangt, so war Schacht dort von vornherein persona ingrata; als Silverberg im Juni 1931 sich bei Brüning für die Nominierung Schachts zum Reichsbankpräsidenten einsetzte, entgegnete Brüning, Schachts Ernennung würde in Anbetracht der ohnehin gespannten Lage »auf die Franzosen wie ein rotes Tuch wirken«[89].

---

85 Mühlen, Norbert, *Der Zauberer: Leben und Anleihen des Dr. Hjalmar Horace Greeley Schacht,* Zürich 1938, S. 13; vgl. auch S. 68; das Buch erschien im gleichen Jahr (1938) auch in engl. Ausgabe. Hitler äußerte sich noch 1942, als Schacht längst in Ungnade gefallen war, beifällig über die Gerissenheit der ausländischen Transaktionen Schachts: Picker, *Hitlers Tischgespräche,* S. 144, 22. 4. 1942.

86 Mühlen, *Zauberer,* S. 94 f.; Dodd, *Diplomat auf heißem Boden,* S. 162, 1. 8. 34.

87 Weinberg, *Schachts Besuch,* S. 169.

88 Über Standard Oil und General Motors vgl. Kolko, *American Business and Germany;* über ITT vgl. Anthony Sampson, SP 25. 6. 73, S. 106 f.; vgl. auch Hitlers Unterredung mit James D. Mooney, dem Vizepräsidenten von General Motors, am 4. 3. 40, in: *Staatsmänner und Diplomaten bei Hitler,* Bd. 1, S. 80-86.

89 Brüning, *Memoiren,* S. 300.

Noch in seiner »Abrechnung mit Hitler« bekennt Schacht sich als ehemals »eifrige(n) Verfechter des kolonialpolitischen Gedankens«, den er auch wiederholt Hitler nahegebracht habe[90]. Wenn koloniale Ziele im Vergleich zu dem Hitlerschen Zukunftsplan einer rassistischen Neuordnung Europas konventionell anmuten, so bedeutet das nicht, daß sie wirklich als halbwegs friedliche Alternative anzusehen wären[91], wenn auch Verhandlungen über die Rückgabe von Kolonien an Deutschland in den letzten Jahren vor dem Kriegsausbruch mitunter die Funktion eines Ablenkungsmanövers – sowohl von Deutschland als auch von den Westmächten aus gesehen – besaßen. Schacht selbst hatte offenbar Zweifel, ob Deutschland auf friedlichem Wege wieder zu Kolonien kommen könne. Seine Ansprache vor dem Verein für Geographie und Statistik wurde bereits erwähnt; sogar zu dem amerikanischen Botschafter Dodd sprach er Ende 1936 davon, »daß Kolonien für Deutschland absolut notwendig seien, selbst um den Preis eines Krieges«. Diese Forderung war damals, als er von Hitler zu Kolonialverhandlungen ermächtigt worden war, zu einem Lieblingsthema Schachts geworden; kurz darauf legte er dem US-Botschafter sogar dar, daß die Kolonien, die Deutschland vor dem Kriege besaß, nicht ausreichen würden. Dreimal, berichtet Dodd, habe er wiederholt: »Wir müssen Neuguinea erhalten.«[92] In der Frankfurter Rede hatte er noch hinzubemerkt, daß auch »eine befriedigende Regelung der Kolonialfrage« die deutschen »Rohstoffnöte« nicht völlig beseitigen würde[93]: europäischen Expansionsforderungen wurde also nicht vorgegriffen. Auch Schacht trug seinen Teil bei zu dem schrankenlosen Expansionismus, der schließlich die NS-deutsche Politik bestimmte, und manchmal ließ er noch ungenierter als Hitler die diplomatischen Verbrämungen fallen.

Gerade weil überseeische Kolonialprojekte weit abseits der Leitideen Hitlers lagen, ist es bemerkenswert, daß er ihnen dennoch nie für die Dauer eine Absage erteilt hat; das Endziel eines deutschen Weltreiches mit afrikanischem Kolonialbesitz blieb bestehen[94]. Wurde vor dem Kriege wohl vorwiegend aus taktischen Gründen mit Paris über die Abtretung von Kolonien verhandelt[95], so kam Hitler doch gleich

90 Schacht, *Abrechnung*, S. 63 f.

91 Vgl. Seraphim, *Polit. Tagebuch Alfred Rosenberg*, S. 73, 22. 8. 39: Rosenberg glaubt, ein deutsch-britisches Zusammengehen gegen Rußland sei durch die – auch von Ribbentrop aufrechterhaltenen – deutschen Kolonialansprüche verhindert worden.

92 Dodd, *Diplomat auf heißem Boden*, S. 419, 422, 18. und 29. 12. 36.

93 Ba, R 43 II/323, Bl. 225.

94 Hillgruber, *Hitlers Strategie*, S. 23.

95 Hildebrand, *Dt. Außenpolitik*, S. 45.

nach Beendigung des Westfeldzuges wieder auf die Kolonialpläne zurück und wies die obersten Reichsbehörden an, ihre – bereits Anfang 1940 angeordneten – Vorbereitungen für die Übernahme der ehemals deutschen Kolonien in kürzester Zeit abzuschließen[96]. Kolonialpläne waren sicherlich besonders typisch für rückwärtsgewandte, am Kaiserreich orientierte Kreise und außerdem für Kreise der Hochfinanz; aber die Kolonialanhänger reichten bis in die NS-Führung: Göring und Ribbentrop sind ihnen zuzurechnen, auch wenn sie sich nicht systematisch für eine neue Kolonialpolitik einsetzten[97]. Auf dem Gebiet der kolonialen Planungen kam es geradezu, wie Hildebrand schreibt, zu einer »Verquickung zwischen Bankwelt und Parteielite«[98]. Auf seiten der Finanz war vor allem Kurt Weigelt, ein Vorstandsmitglied der Deutschen Bank und bis 1939 Besitzer einer Bananenplantage in Kamerun, in Kolonialprojekten engagiert, aber später gab es auch bei der Dresdner Bank Bemühungen, der Deutschen Bank in Sachen Kolonien den Rang abzulaufen[99]. Da während der NS-Zeit die Kolonialanhänger niemals glaubhaft machen konnten, daß die Erfüllung der kolonialen Forderungen Deutschland zum Verzicht auf seine innereuropäischen Aspirationen bringen würde, mußte diese Komponente der deutschen Politik im Ausland eher noch den Eindruck verstärken, daß das Deutsche Reich, wenn es erst einmal seine osteuropäischen Ziele erreicht habe, andere Teile der Welt in Angriff nehmen würde. –
Die Analyse der Außenhandelspolitik der NS-Zeit ist von besonderer Bedeutung für die Beantwortung der Frage, welche Rolle die stark von privatwirtschaftlichen Interessen bestimmten Aktionslinien der Politik im Rahmen der NS-deutschen Gesamtentwicklung spielten. Schachts »Neuer Plan«, die Bilateralisierung der Handelsbeziehungen und die offizielle Abkehr von dem Grundsatz der Meistbegünstigung, griff zwar auf Ansätze aus der Weimarer Republik zurück[100], aber stellte in seiner Systematik eine »revolutionäre Umkehr« der gesamten deutschen Außenhandelspolitik dar (Kroll) und hatte, wie Kroll (der während der NS-Zeit sowohl lateinamerikanische als auch balkanische Missionen übernahm) bemerkt, »naturgemäß nicht nur wirtschaftlichen Charakter«: »Er mußte sich auch auf unsere Außenpolitik im weitesten Sinne auswirken und sie in eine bestimmte

96 Hillgruber, *Hitlers Strategie*, S. 243 f.
97 Hildebrand, *Vom Reich zum Weltreich*, S. 233 f. und 360 f.
98 Hildebrand, *Vom Reich zum Weltreich*, S. 202.
99 Hildebrand, *Vom Reich zum Weltreich*, S. 189 ff., 202.
100 Vgl. W. Link, *NPL*, Jg. 1973, S. 228.

Richtung drängen.«[101] Für das westliche Ausland hatte das von Schacht perfektionierte System, bestimmte Länder durch Handelspräferenzen und bilaterale Clearing-Abkommen an Deutschland zu binden und aus dem Welthandel herauszulösen, ein bedrohliches Aussehen, zumal die westlichen Nationen, deren staatliches Wirtschaftsinstrumentarium noch nicht so ausgebildet war wie das deutsche, dieses System nur unvollkommen nachahmen konnten[102]. Deutschlands Austritt aus dem Völkerbund hatte in der deutschen Außenwirtschaftspolitik vollauf seine Entsprechung: auch hier wurde die Ebene der internationalen Verständigung systematisch verlassen. Die handelspolitischen ebenso wie die zahlungspolitischen Maßnahmen besaßen ein Element von Katastrophenpolitik: sie reflektierten eine Einstellung, der es nicht mehr darauf ankam, Deutschlands Kredit im Ausland für die Zukunft zu kultivieren und das internationale Interesse an einer wirtschaftlichen Gesundung Deutschlands aufrechtzuerhalten. Statt den Versuch zu machen, die provokativen Züge NS-Deutschlands durch Entgegenkommen auf wirtschaftlichem Gebiet auszubalancieren, ahmte die Wirtschaftspolitik den allgemeinen NS-Stil eher nach und machte es sich zunutze, daß man offenbar keine Rücksichten mehr zu nehmen brauchte. Die Bilateralisierung besaß im übrigen von vornherein ein stark expansives Moment: denn man mußte eine möglichst große Zahl von Staaten auf diese Weise an das Deutsche Reich zu binden versuchen, damit der Rückzug aus der Weltwirtschaft nicht zu einer einschneidenden Fessel für die deutsche Industrie wurde.

Die erheblichen Unbequemlichkeiten des Clearing-Verkehrs und der Devisenbewirtschaftung konnten von den großen Konzernen am ehesten neutralisiert werden. Diese Konzerne konnten dabei sogar die Notlage der kleineren Firmen vorteilhaft ausnutzen, wie es ein Exposé des Rosenbergschen Außenpolitischen Amtes am Beispiel der IG-Farben darlegt:

»Diese Firma hat ein eigenes Kompensationsbüro, welches 20-30 Angestellte hat. Durch dieses Kompensationsbüro werden Geschäfte

---

101 Kroll, Hans, *Lebenserinnerungen eines Botschafters*, Köln/Berlin 1967, S. 76; Karl Schiller, der spätere bundesdeutsche Wirtschaftsminister, stellte 1941 (Von den Handelsverträgen . . ., S. 110) fest, der »Aufgabenkreis der Handelsverträge« habe sich »ungeheuer vergrößert und umgestaltet«: »Stellten sie früher nur ein verhältnismäßig lose geknüpftes Band handelsmäßiger Zusammenarbeit dar, so sind sie jetzt Ausdruck und Mittel intensiver zwischenstaatlicher Kooperation.«

102 Besonders anschaulich darüber für England: Wendt, *Appeasement 1938*, besonders S. 51 f., 54.

großen Stils mit dem Auslande abgewickelt, wobei aber gewiß nicht von gemeinnützigem Standpunkt ausgegangen wird. So liegt es beispielsweise in der Hand dieser großen Konzerne, die ausländischen Guthaben kleinerer Firmen unter einschneidenden Bedingungen abzulösen, da diese kleinen Firmen nicht die Möglichkeit haben, ihre Guthaben an anderer Stelle an den Mann zu bringen.«[103]

Nun konnte Schacht allerdings bei seinen außenwirtschaftlichen Maßnahmen auf sehr gewichtige Sachzwänge verweisen: auf die katastrophale Schrumpfung der Gold- und Devisenbestände der Reichsbank[104], und auf die Behinderung des deutschen Exports durch die britische Pfundabwertung und die ihr folgende Abwertung weiterer ausländischer Währungen. Man muß sich daher auch auf die Frage konzentrieren, weshalb Deutschland nicht seinerseits die Mark abwertete und auf diesem Wege eine generelle Erleichterung für seinen Export durchführte, statt den komplizierten und politisch brisanten Weg der bilateralen Präferenzverträge zu beschreiten.

Die Alternative der Abwertung war schon unter den Regierungen Brüning und Papen zurückgewiesen worden[105], und so immer wieder auch von Schacht. Das Inflations-Trauma mag Erwägungen in dieser Richtung paralysiert haben; aber auch konkretere Interessen waren im Spiel. Die Import-Interessen besaßen damals ein erhebliches politisches Gewicht, da die Schwerindustrie zu ihnen gehörte. Sie produzierte seit den zwanziger Jahren großenteils auf der Basis von Schwedenerzen, und die neuerliche Abwertung der schwedischen Krone hatte ihre Gewinnspanne beträchtlich erhöht[106]. Die Interessen der Schwerindustrie werden dazu beigetragen haben, daß sich unter dem Nationalsozialismus – in krassem Gegensatz zur späteren Bundesrepublik – eine regelrechte Import-Ideologie entwickelte. Clodius, der stellvertretende Leiter der Wirtschaftspolitischen Abteilung des Auswärtigen Amtes, schrieb 1942: »Es ist ein altes Gesetz, daß eine aufblühende Wirtschaft einfuhrfördernd und ausfuhrhindernd wirkt und daß eine sterbende Wirtschaft in immer größerem Maße Export treiben und in immer stärkerem Maße auf die Einfuhr

103 AA, APA Allgemein, Schriftwechsel mit deutschen Wirtschaftlern, »Exposé . . .«, 11. 7. 33.

104 DZA, RJM 10 722, Verwaltungsbericht der Reichsbank für das Jahr 1934, ebd., S. 32 f. Überblick über die Goldbestände der Reichsbank seit 1901: schon der Stand von 1933 war mit 386,2 Mill. RM (1932: 806,2 Mill.) so niedrig wie noch nie seit der Jahrhundertwende; 1934 jedoch schrumpften die Bestände auf einen Bruchteil des Standes von 1933 zusammen: auf 79,1 Mill. Reichsmark!

105 Klein, *Germany's Economic Preparations*, S. 59.

106 ALG, Fall XI, S. 5797, Aussage Puhl.

verzichten kann.«[107] Außerdem aber spielte sicherlich die Überlegung eine große Rolle, daß eine Abwertung der Mark die Last der deutschen Auslandsverschuldung, die sich soeben durch die Dollarabwertung beträchtlich verringert hatte[108], wieder erhöht hätte. Brüning hat wahrscheinlich recht, wenn er ein Leitmotiv der großindustriellen NS-Unterstützer in dem simplen Bestreben sieht, auf billige Art die Schulden los zu werden[109] – wohl zahlreiche Katastrophen der Geschichte besitzen auf dieser Ebene ihre Rationalität –, und Schacht machte sich dieses Motiv voll und ganz zu eigen. Die »heutigen deutschen Auslandsschulden«, erklärte er 1934 auf der Leipziger Herbstmesse, seien »ihrem Wesen nach« nichts anderes als »privatisierte Reparationen«[110]; und so bestand denn die Essenz seiner Politik darin, private Schulden zu verstaatlichen, also die privaten Krisen zur Staatskrise zu machen. Als Kimmich im Oktober 1937 vor dem Rheinisch-Westfälischen Beirat der Deutschen Bank den steigenden Profit und die vergrößerte Liquidität der Wirtschaft hervorhob, merkte er an, daß »sich gleichzeitig die Verschuldung der Privatwirtschaft auf den Staat verlagere«[111].

Unter der Regie Schachts wurden die deutschen Handelsbeziehungen vor allem zu zwei Regionen der Welt erheblich intensiviert: zu dem Balkan und zu Lateinamerika. Die Bilateralisierung des Handels diente nicht etwa dazu, die Beziehungen zu den Westmächten – entsprechend den Hitlerschen Ostzielen – ökonomisch zu untermauern, sondern baute die deutschen Wirtschaftsbeziehungen zu solchen Gebieten aus, in denen eine Rivalität zu den Westmächten entstehen mußte.

Die Südostrichtung der NS-deutschen Handelsoffensive folgte ganz den Bahnen des wilhelminischen Imperialismus, und die entsprechenden politischen Untertöne mischten sich fast automatisch ein. Mit der Reorganisation des Mitteleuropäischen Wirtschaftstages hatten die

---

107 In: *Europäische Wirtschaftsgemeinschaft* (Hrsg. Verein Berliner Kaufleute und Industrieller), S. 189.

108 Mühlen, *Zauberer*, S. 72.

109 Brüning, *Erinnerungen*, S. 443: »(Vöglers) Gedanke, wie bei allen denen, die mit Hugenberg und Schacht konspirierten, war ein einfacher: Durch Inflation Senkung der inneren Schulden und durch Einstellung der Zinszahlung nach außen praktische Streichung der Auslandsschulden. Das war, was sich hinter dem Geschrei: ›Es muß alles anders werden!‹ in Wirklichkeit verbarg. Deshalb wurde Geld hinausgeworfen für die Rechtsparteien, um eine Regierung zu schaffen, die beides durchführen und gleichzeitig die Arbeiter völlig entrechten sollte.«

110 BA, R 43 II/331, Bl. 175, 26. 8. 34.

111 DZA, Dt. Bank, 21 078, B. 91 f., 28. 10. 37.

führenden deutschen Konzerne – wie erwähnt – schon kurz vor 1933 eine Südost-Orientierung vollzogen, und während der NS-Zeit wurden diese Aktivitäten, im Zusammenspiel mit den staatlichen Autoritäten, laufend weiter verstärkt. Eine besondere Bedeutung erlangten die deutschen Rüstungsexporte nach dem Balkan. Die offizielle Wiederherstellung der deutschen Wehrhoheit im März 1935, ohnehin eine Provokation für das westliche Ausland, schuf den Westmächten obendrein noch eine ökonomische Konkurrenz, indem nunmehr auf dem Waffensektor eine deutsche Exportoffensive einsetzte. Seit November 1935 wurde der Waffenexport durch die Ausfuhrgemeinschaft für Kriegsgerät (AGK) organisiert, die dem wehrwirtschaftlichen Institut der Reichsgruppe Industrie angegliedert wurde und zunächst unter dem Vorsitz des Staatssekretärs Trendelenburg, seit dem 10. Dezember 1938 jedoch unter dem Vorsitz Zangens stand. 1936 folgten die Balkanstaaten als Abnehmer deutscher Rüstungsgüter noch »in weitem Abstand hinter China«[112]; auch das Jahr 1937 war »im wesentlichen bestimmt durch das China-Geschäft«, und 1938 lag Brasilien mit einem Großauftrag an Krupp an der Spitze. 1938 aber gingen bereits 40 % der Lieferungen in den Balkan, und 1939 stieg dessen Anteil auf 65 %; etwa diese Höhe behielt er auch während des ersten Halbjahres 1940[113]. Das politisch brisante Rüstungsgeschäft erreichte also in der Zeit kurz vor Kriegsausbruch seinen Höhepunkt; es demonstrierte in aller Deutlichkeit, daß das Deutsche Reich durch Annexionen wie die der Tschechei keineswegs saturiert wurde, sondern dadurch erst recht die Schlüssel für eine weitere Ausdehnung seines Einflusses in Ost- und Südosteuropa fand, so auf dem Rüstungssektor vor allem in den Geschäftsbeziehungen der tschechischen Škoda-Werke. Kriegsmaterial wurde von Rumänien als »ölträchtig« anerkannt, d. h. als Gegenleistung für Erdöl-Lieferungen akzeptiert[114].

Bis 1938 waren die meisten osteuropäischen Staaten in ihrem Außenhandel nahezu zur Hälfte, wenn nicht – wie Bulgarien – in einem noch höheren Grade von Deutschland abhängig geworden; Rumänien allerdings mit seinem begehrten Erdöl war unter den Balkanstaaten vergleichsweise noch am wenigsten auf Deutschland als Abnehmer angewiesen, nur 35,8 % seiner Exporte gingen nach Deutschland[115]. Insgesamt konnte das Ausmaß der deutschen Kon-

112 AA, HaPol, Handel mit Kriegsgerät: Allgemeines Bd. 1, Bl. E 236 605.
113 ALG, NIK-11 360, AGK-Geschäftsbericht, 14. 8. 40.
114 AA, HaPol, Handel mit Kriegsgerät: Rumänien, Bd. 3, Bl. E 395 499, Klönne an RWM, 18. 1. 40.
115 Vgl. Schröder, *Deutschland und die Verein. Staaten*, S. 272, Anm. 38.

zentration auf den Balkan keinen Zweifel daran lassen, daß der im gleichen Jahr 1938 vollzogene Anschluß Österreichs und des Sudetengebietes nicht lediglich »völkische« Motive hatte, sondern den Operationslinien einer weiter gezogenen wirtschaftsimperialistischen Strategie folgte. Und die letzten Ziele dieser Strategie waren wiederum nicht auf den Balkan beschränkt, sondern besaßen eine deutliche Spitze gegen die Westmächte. Von der Gesamtkonzeption der Hitlerschen Politik her hätte man erwarten können, daß Konflikte mit den Westmächten in Südosteuropa mehr als eine möglichst zu vermeidende Nebenerscheinung betrachtet worden wären; in Wirklichkeit wurden jedoch solche Konflikte mitunter geradezu gesucht. Das geht etwa aus einem Schreiben des deutschen Gesandten in Bukarest an das Auswärtige Amt hervor, das Kredite an Rumänien nicht nur zur Förderung der deutschen Waffenexporte empfiehlt, sondern auch unter dem Gesichtspunkt befürwortet, daß man auf diese Weise »den Franzosen und Tschechen das Wasser abgraben« und »diese beiden Länder in ihrem stärksten wirtschaftlichen Absatzgebiet ... treffen« würde[116].

Der gleiche Ministerialdirektor Wohlthat, der im Sommer 1939 zu Verhandlungen nach England entsandt wurde, berichtete Ende März 1939 triumphierend über den Schlag, der England mit dem deutsch-rumänischen Wirtschaftsvertrag versetzt worden sei. Wohlthat hatte diesen Vertrag selber in Bukarest ausgehandelt, und sein Erfolgsbericht zeigt, daß er die Spannung der politischen Atmosphäre, die durch den gleichzeitigen Einmarsch deutscher Truppen in die Resttschechei entstanden war, eher noch zu erhöhen gesucht hatte:

»Ob der deutsch-rumänische Vertrag abgeschlossen wurde oder nicht, war durch die englische Politik zu einer Frage von entscheidender Bedeutung für die deutsche Stellung in Südosteuropa geworden. ... Deutschland setzte sich vor den Augen Rumäniens in einem offenen Machtkampf gegen England durch. ... Alle südosteuropäischen Länder sollten sehen, wer die wahre auf wirtschaftliche Tatsachen gestützte Vormachtstellung an der Donau innehat. Deutschland mit modernen Vertragsformen oder England und Frankreich mit alten Ansprüchen und Propaganda.«[117]

Mit Absicht habe er daher gerade jetzt die Wirtschaftsverhandlungen in forciertem Tempo zuende geführt. Einen Monat vorher hatte Wohlthat in einem Schreiben an Göring sogar davon gesprochen, daß

---

116 AA, HaPol, Handel mit Kriegsgerät: Rumänien, Bd. 1, Bl. E 395 084 f., Fabricius an AA, 27. 12. 37.
117 AA, Staatssekr., Rumänien, Bd. 1, Bl. 82 540, 27. 3. 39.

das Deutsche Reich durch die Erlangung der Hegemonie in Südosteuropa seine »Stellung bei der Auseinandersetzung mit den Wirtschaftsinteressen des Britischen Weltreiches und Nordamerikas« stärken werde[118].

Die deutsch-britische Rivalität in der Türkei erreichte in der zweiten Hälfte der dreißiger Jahre eine Heftigkeit, die an die Zeiten der Bagdad-Bahn erinnert. Hier war besonders Krupp engagiert, und wie so oft setzte die deutsche Diplomatie ihren ganzen Ehrgeiz darein, ohne Rücksicht auf politische Spannungen die deutschen Wirtschaftsinteressen durchzusetzen. Kroll, der damalige deutsche Botschafter in Ankara, berichtet in seinen Memoiren, daß der kurz nach dem Münchener Abkommen zustandegekommene deutsch-türkische Kreditvertrag, der überwiegend der Finanzierung deutscher Rüstungsgüter diente, in der internationalen Diplomatie »wie eine Bombe« einschlug und von dem britischen Botschafter in Ankara als »eine persönliche Beleidigung« angesehen wurde[119]. Die Türkei selbst dagegen, auf ihre Unabhängigkeit bedacht, trug immer wieder Sorge dafür, daß es zwischen ihr und England nicht zu einem Bruch kam[120].

Stärker noch als England und Frankreich zeigten sich die USA durch die deutschen Präferenzverträge mit den Balkanstaaten irritiert. Vor allem der Unterstaatssekretär Messersmith wurde seit 1936 zum Warner vor der deutschen Südost-Expansion und gab im Mai 1937 sogar in einer öffentlichen Ansprache vor dem New York Board of Trade indirekt zu verstehen, daß die deutschen Präferenzverträge von den USA nicht akzeptiert werden könnten[121]. Washington wollte in Südosteuropa weiterhin das Prinzip der »offenen Tür« durchsetzen. Die deutschen Erfolge auf dem Balkan wurden dadurch besonders aufreizend, daß es den USA keineswegs gelang, ihrerseits die deutschen Waren aus Lateinamerika herauszuhalten. Wenn die einzelnen deutschen Wirtschaftsmaßnahmen, für sich genommen, über die normalen Verhaltensweisen des internationalen Konkurrenzkampfes

---

118 ADAP, D, Bd. V, S. 338, 27. 2. 39.

119 Kroll, *Lebenserinnerungen*, S. 104; vgl. Wendt, *Appeasement 1938*, S. 77 über den »politischen Sprengstoff«, den »das Kreditgeschäft auf dem Balkan 1938 für alle Beteiligten enthielt«.

120 Wendt, *Appeasement 1938*, S. 73; Jacobsen, *Nationalsozialist. Außenpolitik*, S. 379; Kroll, *Lebenserinnerungen*, S. 106.

121 Schröder, *Deutschland und die Verein. Staaten*, S. 276; über die besondere Stärke des US-amerikanischen Widerstandes gegen die deutschen Präferenzverträge mit den südosteuropäischen Staaten besonders: BA, R 43 II/329, Bl. 104, Vermerk Willuhn, 24. 5. 33; R 43 II/368a, Bl. 6, Ansprache Clodius vor der dt. Gruppe des MWT, 28. 11. 35.

nicht allzu weit hinauszugehen scheinen, so ergeben sie doch zusammengenommen ein durchaus offensives Bild.

Schon in den Anfängen des NS-Regimes wurde *Lateinamerika* mit aller Deutlichkeit zu einem Schwerpunkt des deutschen Außenhandels deklariert: nach monatelangen Vorbereitungen der diplomatischen Missionen reiste seit dem Sommer 1934 eine deutsche Handelsdelegation ein halbes Jahr in Südamerika umher. Ein derartiges Engagement Deutschlands in dieser Weltgegend war neuartig und erzielte beträchtliche Anfangserfolge[122]. Diese überseeische Operationslinie der deutschen Wirtschaftspolitik wurde kontinuierlich weiterverfolgt, obwohl sie im Unterschied zu den südosteuropäischen Aktivitäten in keinerlei Beziehung zu den nationalsozialistischen Autarkie-, Großraum- und Ostexpansionsplänen stand. Die Orientierung auf Südamerika konnte als ideologische Verbrämung nur ein Alldeutschtum älteren Stiles heranziehen, das von einer Weltgemeinschaft der Auslandsdeutschen träumte; aber derartige Phantasien lagen Hitler fern. Gerade in der Lateinamerika-Politik zeigt sich mit besonderer Deutlichkeit, zu welch gefährlichen Inkonsequenzen die NS-Politik durch die Interessen der Großindustrie veranlaßt wurde; es ist bemerkenswert, mit welch einer Selbstverständlichkeit sich der außen- und wirtschaftspolitische Apparat unter Hitler solche rein von wirtschaftlichen Partikularinteressen bestimmten Aktionsrichtungen zu eigen machte. Der Saarindustrielle Röchling allerdings, der mit Seitenhieben auf seine großindustriellen Konkurrenten manchmal demonstrativ die nationalen Belange über den Profit stellte, warnte Göring »davor, unsere Kräfte und unsere Arbeit zu verzetteln in fremden, fernliegenden Ländern wie Brasilien«; das seien »Spielereien, die nichts nützen, wenn es um den letzten Einsatz geht, die aber die Verantwortlichen in der Industrie von der großen Aufgabe ablenken, die im Innern unseres Landes – und nur da! – gelöst werden muß«[123].

Aber solche naheliegenden Einwände lassen sich, zumal in so deutlicher Formulierung, in den staatlichen Akten kaum finden. Der Ministerialrat Gustav Schlotterer rühmte 1936 in einem öffentlichen Artikel die Möglichkeiten der deutsch-südamerikanischen Beziehungen sogar in superlativischen Wendungen, die den Eindruck erwecken, als gehe es auch hier um die Schaffung eines »Großraums«: »Beide Wirtschaftsgebiete«, schrieb er, »brauchen einander,

122 Frye, Alton, *Nazi Germany and the American Hemisphere 1933-1941*, New Haven/London (Yale UP) 1967, S. 73.

123 *Anatomie des Krieges*, S. 155, 27. 3. 37.

beide stellen, zusammengenommen, die beste und vernünftigste Ergänzung dar, die zwischen zwei Wirtschaftsgebieten auf dieser Erde überhaupt denkbar ist.«[124]

Das Durchsetzungsvermögen der Lateinamerika-Interessen wurde in der NS-Führung dadurch erhöht, daß es in Südamerika umfangreiche und selbstbewußte Bevölkerungsguppen deutscher Abstammung gab und die Auslandsorganisation der NSDAP dort ein weites Betätigungsfeld gefunden hatte. Hier bot sich den deutschen Firmen in besonderem Maße die Möglichkeit, zur verstärkten Geltendmachung ihrer Interessen mit Teilen des Parteiapparates zusammenzuarbeiten (eine ähnliche Situation bestand auf dem Balkan vor allem in Rumänien, dem nach 1918 Siebenbürgen zugefallen war[125]); dadurch wurde jedoch die politische Brisanz des Lateinamerika-Geschäftes wesentlich verschärft. Die NS-Aktivitäten unter den Auslandsdeutschen wurden zum wirksamsten Thema der interventionistischen Propaganda in den USA. Der deutsche Gesandte in Guatemala klagte auf der Berliner Ibero-Amerika-Konferenz im Juni 1939, die »Doppelgleisigkeit« der Firmen – ihre Kooperation sowohl mit der Handelsabteilung der Missionen als auch mit den Wirtschaftsstellen der NSDAP – »mache dem Ausland gegenüber nicht nur einen schlechten Eindruck, sondern leiste der feindlichen Propaganda von den angeblichen wirtschaftlichen Hegemonieabsichten Deutschlands, als deren Träger in erster Linie die Partei hingestellt wird, Vorschub«[126].

Brasilien war, wie Schlotterer im Oktober 1938 dem Auswärtigen Amt berichtete, »vom wirtschaftlichen Standpunkt aus gesehen« für Deutschland »der weitaus wichtigste Staat in Südamerika«. »Mit der zunehmenden Devisenknappheit«, fuhr er fort, werde Brasiliens »Bedeutung für uns zudem dauernd weiter steigen.«[127] Krupp besaß also den offiziellen Stellen gegenüber gewichtige Argumente für die Fortführung seiner umfangreichen Rüstungsgeschäfte mit Brasilien, die im Jahre 1938 42 % der gesamten deutschen Rüstungsexporte ausmachten[128]: auf diese Weise wurden brasilianische Roh-

---

124 Schlotterer, Gustav, »Südamerika als Außenhandelsziel«, in: *Wirtschaftsdienst*, Jg. 21/1936, S. 459.

125 Über Zusammenarbeit deutscher Wirtschaftskreise mit der auslandsdeutschen NS-Organisation in Rumänien: AA, Staatssekr., Rumänien, Bd. 1, Bl. 82 588 f., Notiz Twardowski, 3. 3. 39.

126 AA, Büro Staatssekr., Konf. unserer südamerikan. Missionschefs, Bl. 35 853 f.

127 ADAP, D, Bd. V, Aufzeichnung Clodius, 4. 10. 38.

128 ALG, NIK-11 360, AGK-Geschäftsbericht 1939/40; über das 1938 zustande gekommene Waffengeschäft mit Brasilien, die vorausgegangenen Schwierig-

stofflieferungen großen Stils an Deutschland ermöglicht. Sogar nach Kriegsausbruch, als die Krupp-Werke mit deutschen Rüstungsaufträgen mehr als ausgelastet werden konnten, durfte Krupp die Verhandlungen mit Brasilien fortführen. Das Interesse an deutschen Waffen wurde damals ja noch verstärkt; denn auf potentielle Waffenkäufer wirkte, so Boelcke, »der unerwartet rasche militärische Sieg Deutschlands über Frankreich eher wie ein gelungener Werbefeldzug der deutschen Rüstungsindustrie«[129]. Noch im April 1941 warnte der deutsche Botschafter in Rio de Janeiro das Auswärtige Amt davor, die Kruppschen Lieferungen an Brasilien auch nur zeitweilig zu unterbrechen: »Präsident Vargas«, telegraphierte er, »der einzige totalitär gesinnte Staatsmann Südamerikas, und die brasilianische Armee ansehen Kruppverträge über deren praktische Bedeutung hinaus als ein tatsächliches und ideelles Bindeglied zu Deutschland. Sie haben diese Verträge bisher gegen alle Versuche Nordamerikas und unserer brasilianischen Gegner, sie zum Erlöschen zu bringen, hartnäckig und geschickt verteidigt.«[130] Obwohl es damals ständig gefährlicher wurde, den interventionistischen Kräften in den USA neue Argumente zu liefern, glaubt also der deutsche Botschafter in Brasilien, der Berliner Zentrale gegenüber die politischen Implikationen der Krupp-Lieferungen noch ausdrücklich hervorkehren zu können, um die Notwendigkeit ihrer Aufrechterhaltung zu unterstreichen!

Der Wettbewerb der deutschen Elektrokonzerne um brasilianische Wehrmachtsaufträge wurde bereits an früherer Stelle berührt. Das Konzert der deutschen Großindustrie in Lateinamerika wird vollkommen, wenn man noch die dort traditionell starke Stellung der chemischen Industrie[131] einbezieht. Die emigrierte Schriftstellerin Vicki Baum schrieb 1943, die IG-Farben seien, einem Polypen gleich, »tückisch in jeden Staat von Zentral- und Südamerika gekrochen«[132], und die Beweismaterialien des Nürnberger IG-Farben-Prozesses enthalten zahlreiche Belege über Zahlungen lateinamerikanischer Tochtergesellschaften des Farbenkonzerns an dortige diplomatische Mis-

---

keiten und die Konkurrenz zwischen Krupp und Rheinmetall vgl. Boelcke, Willi A., »Die Waffengeschäfte des Dritten Reichs mit Brasilien«, in: *Tradition*, *Jg. 16*/1971, S. 182 ff. und ausführliche Dokumentation in AA, HaPol, Handel mit Kriegsgerät: Brasilien, Bd. 1.

129 Boelcke, *Waffengeschäfte*, S. 198.

130 AA, HaPol, Handel mit Kriegsgerät: Brasilien, Bd. 3, Bl. 194 974 f., 23. 4. 41; vgl. auch DAP, D, Bd. XII/2, S. 827 ff. (Wiehls Bericht über Prüfers Telegramm); allg. dazu: Frye, *Nazi Germany*, S. 126 ff. und 176.

131 Frye, *Nazi Germany*, S. 76.

132 Baum, *Kautschuk*, 1943, S. 367 f.

sionen des Reiches – Zahlungen, die dem Konzern in Deutschland vom Reich vergütet wurden und ein weiteres Geflecht von Vertraulichkeiten zwischen dem Industriegiganten und dem Staatsapparat schufen[133]. Ein IG-Memorandum vom Januar 1937, das Gedankengänge Ilgners wiedergibt und für einen Angehörigen des Auswärtigen Amtes angefertigt wurde, geht davon aus, daß das Ziel der deutschen Politik in Lateinamerika kein geringeres als das der »Beseitigung der US-amerikanischen Beeinflussung« sei, und glaubt, dieses Ziel vornehmlich durch Propaganda und durch ein geschlossenes Auftreten der deutschen Industrie in Lateinamerika erreichen zu können[134]. Für die »eingehende Aufklärungsarbeit« in Lateinamerika, die das IG-Memorandum empfiehlt, stand schon seit 1923 eine Organisation bereit: der »Aufklärungs-Ausschuß Hamburg-Bremen«, der, aus privater Initiative hervorgegangen, 1933 dem Propagandaministerium unterstellt wurde[135]. Es gibt ein Dokument über die Zusammenarbeit des »Aufklärungsausschusses« mit den IG-Farben unmittelbar vor dem Kriegsausbruch 1939: dort geht es um die Verbreitung von Artikeln, die in der Polemik gegen die USA alle Register ziehen, wie sich aus Titeln wie »Roosevelts Kriegsgeschrei« oder »Die politische Unmoral der USA« ersehen läßt[136].

Die Propaganda in den Vereinigten Staaten wurde von Ilgner persönlich geleitet, der Vorsitzender der Vereinigung Carl Schurz war und auch diese Funktion mit üblicher Geschäftigkeit wahrnahm[137]. Ob diese Vereinigung geeignet war, in der amerikanischen Öffentlichkeit positive Resultate zustande zu bringen, muß bezweifelt werden; denn die deutsch-amerikanische Carl Schurz Memorial Foundation legte größten Wert darauf, nicht mit der »Vereinigung« verwechselt zu werden[138]. Ilgner selbst wurde in Washington auf Grund seiner lateinamerikanischen Aktiviäten beargwöhnt[139]. Dennoch glaubte man in der IG-Führung offenbar, amerikanische Wirtschaftskreise in einem prodeutschen Sinne beeinflussen zu können[140]. Die IG arbeitete ja mit führenden US-Konzernen, vor allem

---

133 Über IG-Zahlungen an deutsche Missionen: ALG, NI-7141, 7142, 7144/46, NI-062, NI-9269, 9270; vgl. Thyssen, *I Paid Hitler*, S. 258.
134 NI-070, Schwarte (IG) an Benzler (AA), 27. 1. 37.
135 Frye, *Nazi Germany*, S. 75 f.
136 NI-2866, Korrespondenz zwischen dem »Aufklärungs-Ausschuß« und Hermann Waibel, 24. 8. 39.
137 NI-14 313, Ilgner an Dieckhoff, 29. 5. 36; NI-9509, Aussage H. H. Ahlemann, 15. 6. 47.
138 NI-14 318.
139 Dodd, *Diplomat auf heißem Boden*, S. 427 f., 27. 1. 37.
140 Vgl. NI-5741, IG-Postbesprechung, 12. 10. 37.

mit Standard Oil, zusammen, sogar noch nach Ausbruch des Krieges. Georg von Schnitzler, der 1940 maßgeblich an der Kriegszielplanung der IG mit ihrer stark antiamerikanischen Orientierung[141] mitarbeitete, veröffentlichte im gleichen Jahr im *Atlantic Monthly* einen Aufsatz »Germany and World Trade after the War«, der »in enger Absprache mit dem AA« entstanden war und von der deutschen Botschaft in Washington wegen seiner »grundsätzlichen Bedeutung« in 1250 Sonderdrucken an »ausgesuchte Persönlichkeiten des amerikanischen Wirtschaftslebens« verschickt wurde[142]. Der Aufsatz verfolgte vor allem das Ziel, die Amerikaner über die deutschen Bestrebungen in Lateinamerika und Südosteuropa zu beruhigen. Ob er dazu geeignet war, ist zweifelhaft; denn er präsentierte mit einiger Naivität die Ansichten eines faschistischen Wirtschaftsführers. In Deutschland bemühe man sich »um einen echten und dauerhaften sozialen und wirtschaftlichen Frieden«, teilte er den amerikanischen Adressaten mit, »weil wir überzeugt sind, daß nur Frieden Wohlstand bringt, während Streitigkeiten (disputes) ... wertvolles Eigentum durch Streik, Aussperrungen und ähnliche Vorfälle töricht zerstören«. »Dieses gleiche Prinzip« solle man auch auf die zwischenstaatlichen Beziehungen anwenden[143] – eine Perspektive, die US-Kreise über die deutschen Absichten schwerlich beruhigen konnte.

Das Vordringen der deutschen Wirtschaft in Lateinamerika hatte tatsächlich für die USA höchst ärgerliche Aspekte. Zu einer Zeit, da wegen der noch andauernden Wirtschaftsdepression der Export für die USA von vitalerer Bedeutung war als je zuvor, mußten sie zusehen, wie Deutschland in den Jahren 1932–1936 seinen Anteil an den lateinamerikanischen Importen von 7 auf 14 % verdoppelte, während der US-amerikanische Anteil auf etwa 29 % stagnierte. Der deutsche Export nach Brasilien und Chile übertraf 1936 bereits den der USA in diese Staaten[144]. Sogar in Mexiko, in nächster Nachbarschaft der USA, war Deutschland – wie der deutsche Gesandte in Mexiko 1938 dem AA berichtet – zum »unbequemsten Konkurrenten« der US-amerikanischen Wirtschaft geworden[145]. Von deutscher Seite wurde der Handel mit Lateinamerika stärker sub-

---

141 *Anatomie des Krieges*, S. 277, Schnitzler und Krüger an Schlotterer, 3. 8. 40.
142 Schröder, *Deutschland und die Verein. Staaten*, S. 281 f.
143 Schnitzler, Georg von, »Germany and World Trade after the War«, in: *Atlantic Monthly*, vol. 165/1940, S. 820.
144 Schröder, *Deutschland und die Verein. Staaten*, S. 235, 239, 254 f.
145 ADAP, D, Bd. V, S. 697, 8. 4. 38.

ventioniert als der Handel mit allen anderen Ländern, während der Handel mit den USA durch die deutschen Bestimmungen ebensosehr diskriminiert wurde[146]. Zu alledem kamen die erwähnten Behinderungen des Schuldentransfers. Wie der amerikanische Außenminister Hull im Juli 1938 dem deutschen Botschafter Dieckhoff gegenüber ausführte, waren die Gründe, die die öffentliche Meinung der USA gegen das Deutsche Reich aufbrachten, vor allem wirtschaftlicher Art. Hull verwies darauf, daß Deutschland sich »in den letzten Jahren konsequent ... Vorteile auf Kosten Amerikas zu schaffen versucht und verstanden« habe[147].

Obwohl Hitler sich, wie Saul Friedländer nachgewiesen hat, spätestens seit dem Sommer 1940 der in einem längeren Krieg von den USA drohenden Gefahr bewußt war[148], nahm er die Gegnerschaft zwischen Deutschland und den USA offenbar als einen vorgegebenen Sachzwang seiner Politik hin; am Ende war es sogar er selbst, der den USA den Krieg erklärte. Dieser scheinbare Sachzwang, der wesentlich von Wirtschaftsinteressen vorgespiegelt wurde, ließ es zu einer systematischen Politik der Kulanz und Vorsicht gegenüber den USA nicht kommen. Gerade der Reichswirtschaftsminister Funk zeigte den Amerikanern wiederholt auf brüske Art die kalte Schulter, sogar im August 1939, als der deutschen Regierung alles daran gelegen sein mußte, die Verbindungen nach dem Westen nicht abreißen zu lassen[149].

Ein Jahr später, nach den ersten deutschen Siegen, gab Funk in einer Ansprache vor Pressevertretern zu verstehen, daß Deutschland keineswegs gewillt sei, in Südamerika zurückzustecken und eine Eigenständigkeit der westlichen Hemisphäre, wie sie seit der Monroe-Doktrin zu den Dogmen der US-Politik gehört, auf wirtschaftlichem Gebiet zu akzeptieren:

»Ich glaube nicht, daß die Bestrebungen Erfolg haben werden, die amerikanischen Märkte in sich autark zu machen. ... Die Vereinigten Staaten müssen den Gedanken aufgeben, daß sie Deutschland bzw. Europa ihre wirtschaftlichen Bedingungen aufzwingen können. Um mit den südamerikanischen Staaten Handel zu treiben, brauchen wir die nordamerikanische Vermittlung nicht.«[150]

---

146 Schröder, *Deutschland und die Verein. Staaten*, S. 237.

147 ADAP, D, Bd. I, S. 589, AA-Aufzeichnung, 28. 7. 38.

148 Friedländer, Saul, *Auftakt zum Untergang. Hitler und die Vereinigten Staaten von Amerika 1939-1941* (aus dem Franzs.), Stuttgart u. a. 1965, S. 71 ff., 215.

149 Vgl. BA, R 43 II/308, Bl. 69 f., Erklärung Funks zu einem Korrespondenten der New York Times, 14. 8. 39.

150 R 13 II/311, Bl. 51, 25. 7. 40.

Dabei wäre es gerade von dem geopolitischen »Großwirtschaftsraum«-Denken her, das im Sommer 1940 in Deutschland seinen Höhepunkt erreichte, nur folgerichtig gewesen, wenn man die US-Hegemonie in Lateinamerika ausdrücklich akzeptiert hätte, zumal eine Fortsetzung der lateinamerikanischen Aktivitäten zugleich mit dem Ausbau des »Großwirtschaftsraumes« die deutsche Wirtschaftskapazität wohl ohnehin überfordert hätte. Aber die etablierten Lateinamerika-Interessen und die Interessen der Auslandsschuldner, die von einer Normalisierung der deutsch-amerikanischen Beziehungen nichts Gutes erwarten konnten, waren in die NS-deutsche Politik von Anfang an fest inkorporiert.

Wenn die NS-Regierung zu einer systematisch kalkulierten Politik der Absicherung nach Westen fähig gewesen wäre, so hätte sie besonders nach der Annexion Österreichs und des Sudetengebietes peinlich darauf bedacht sein müssen, daß den Westmächten zumindest auf ökonomischem Gebiet keine Nachteile, möglichst sogar Vorteile aus diesen deutschen Gebietsgewinnen entstünden. Aber auf deutscher Seite setzte sich an entscheidenden Punkten das Interesse an kurzfristigen ökonomischen Vorteilen gegen die Erfordernisse langfristiger Sicherheit durch. Während Montagu Norman, der mit Schacht befreundete Gouverneur der Bank von England, nach dem österreichischen Anschluß 5 Mill. £ österreichische Gold- und Devisenreserven, die in London lagen, ohne Vorbedingungen zur Überweisung nach Deutschland freigab[151], zeigte die deutsche Regierung keine Neigung, diese überraschende Großzügigkeit mit gleichem zu erwidern. Das Reichswirtschaftsministerium ließ Hitler zur Kenntnis bringen, »daß eine Anerkennung der Rechtsnachfolge in die Staatsschulden des untergegangenen selbständigen österreichischen Staatswesens . . . abgelehnt werden kann und daher schon im Interesse der deutschen Devisenlage eine derartige Ablehnung beabsichtigt wird«[152]. Die deutsche Regierung machte sich diese Spitzfindigkeit zu eigen und erhöhte dadurch die Verärgerung der USA[153]. In gleicher Weise verfuhr Deutschland nach der Annexion des Sudetengebietes gegenüber den tschechischen Auslandsschulden; auf der einen Seite wurden die sudetendeutschen Filialen tschechischer Banken von deutschen Banken übernommen, auf der anderen Seite erklärte das Reich sich für die tschechischen Auslands-

---

151 Wendt, *Appeasement 1938*, S. 87.
152 ADAP, D, Bd. I, S. 893 f., Brinkmann an Körner, 29. 4. 38.
153 Ebd., S. 589 (Vorwürfe Hull's).

schulden nicht zuständig[154]. Dabei hatte es vor dem sudetendeutschen Anschluß durchaus vielversprechende Ansätze einer deutsch-englischen Zusammenarbeit in der Wirtschaft des Sudetengebietes gegeben[155]. Aber das nach erfolgter Annexion ausbrechende Wettrennen deutscher Firmen nach den verfügbaren Objekten im Sudetengebiet machte eine systematische Weiterverfolgung dieser Ansätze kaum möglich.

Auf der gleichen Linie liegt das Verhalten der IG-Farben gegenüber Standard Oil nach dem deutschen Westfeldzug. In den früheren Abmachungen zwischen dem deutschen und dem amerikanischen Konzern war Frankreich zum Einflußbereich des letzteren gerechnet worden; aber die IG dachte nicht daran, sich unter den neuen Umständen an diese Übereinkunft zu halten[156]. Sie vertrat sogar generell die Auffassung, daß es »notwendig« sei, »die Amerikaner mit allen nur verfügbaren Mitteln aus der französischen Produktion zu entfernen«, und »daß man in der Auswahl dieser Mittel keineswegs wählerisch zu sein brauch(e)«, und sie überzeugte auch den Ministerialdirigenten Schlotterer im Reichswirtschaftsministerium von dieser »Notwendigkeit«[157]. Eine wirksame deutsche Politik zur Erhaltung der US-amerikanischen Neutralität hätte dagegen erfordert, daß man die Bereitschaft zu erkennen gegeben hätte, auch die USA von dem neuen deutschen Imperium profitieren zu lassen.

Abschließend sind noch die deutsch-englischen Industrieverhandlungen von Ende 1938/Anfang 1939 unter dem Gesichtspunkt der Erfordernisse der NS-deutschen Außenpolitik zu analysieren. Ihr Stellenwert in der NS-deutschen Politik hätte außerordentlich sein können; aber es ist nicht zu erkennen, daß diese Chance, einflußreiche Kreise Englands an einem weiteren friedlichen Auskommen mit Deutschland zu interessieren, von deutscher Seite systematisch genutzt worden wäre. Dabei waren die Bedingungen noch immer nicht ungünstig: das Interesse der britischen Regierung an den Industrieverhandlungen war erklärtermaßen groß, und die Federation of British Industry verfocht noch bis Mitte 1939 die Politik des »Appeasement«; sie zeigte sich sogar geneigt, die südosteuropäischen

---

154 AA, HaPol, Ha Wiehl, Tschechoslowakei, Bd. 5, Internat. Ausschuß zur Regelung der Anwendung des Münchner Abkommens. Unterausschuß B, Sitzung 21. 11. 38; DZA, Dt. Bank, 21 078, Bl. 127, entsprechende Ausführungen Abs' vor dem Rhein.-Westf. Beirat, 2. 11. 38.

155 Vgl. BA, R 43 II/1496a, Bl. 114 f., Fritz Geisler an Lammers, 7. 7. 38.

156 Hass, Gerhart, *Von München bis Pearl Harbor. Zur Geschichte der deutsch-amerikanischen Beziehungen 1938-1941*, Berlin (Ost) 1965, S. 179.

157 NI-6840, IG-Aktennotiz, 7. 8. 40.

Staaten dem Deutschen Reich zu überlassen[158]. Aber auf seiten der deutschen Wirtschaft war die Lage nicht so, daß das britische Entgegenkommen wirklich hätte aufgenommen und politisch relevant gemacht werden können. Die deutsche Wirtschaftsdelegation schlug in London gleich jenen trotzig-gekränkten Ton an, der aus der neueren deutschen Politik wohlbekannt ist: »Man verlange immerzu Leistungen von Deutschland und wünsche, daß Deutschland seinen Markt für andere Waren öffne, ohne daß man in der Welt gewillt sei, Deutschland durch die Gewährung von Ausfuhrmöglichkeiten die notwendigen Mittel zukommen zu lassen.«[159] Den Verhandlungen der Diplomaten folgten die der Industrievertreter, des Rheinisch-Westfälischen Kohlensyndikats und der Mining Federation of Great Britain, – Verhandlungen, die, wie der deutsche Botschafter aus London berichtete, »mit größter Hartnäckigkeit« geführt wurden. Dabei wirkte das britische Bergbauministerium auf die Mining Federation mäßigend ein, während der deutsche Botschafter »den deutschen Forderungen erhöhten Nachdruck (zu) verleihen« suchte[160]. Wenige Tage darauf notierte ein Vertreter der Reichsgruppe Industrie: »Bezeichnend ist, daß während der vielen Reden auf dem Jahresessen der deutschen Handelskammer in England kein deutscher Vertreter die Industriebesprechungen erwähnte, hingegen die beiden englischen Hauptredner ... auf die künftigen Vereinbarungen zu sprechen kamen. Auch Chamberlain hat in seinen beiden letzten Reden die Besprechungen erwähnt.«[161]

Weit ausgeprägter noch war das Desinteresse der deutschen Wirtschaft mitsamt dem Reichswirtschaftsministerium in der letzten Vorkriegszeit gegenüber Frankreich. Das Wirtschaftsministerium reagierte 1937 und 1938 abweisend auf französische Gesuche, eine Exportdelegation durch Deutschland reisen zu lassen[162]. Auch das Anfang 1939 aufgebrachte Projekt einer deutsch-französischen Zusammenarbeit beim Wiederaufbau Spaniens, das auf starkes Interesse in der französischen Wirtschaft rechnen konnte[163], fand in Berlin keinen Widerhall. Der Legationsrat Kreutzwald von der

158 Wendt, *Economic Appeasement*, S. 585; vgl. auch die deutsch-britische Industrieerklärung vom 16. 3. 39: ebd., S. 574.

159 ADAP, D, Bd. IV, S. 286, Deutsche Wirtschaftsdelegation an AA, 9. 11. 38.

160 Ebd., S. 343, 28. 1. 39.

161 Ebd., S. 353, Aktenvermerk Hipp, 2. 2. 39; vgl. Gesamturteil über das deutsche Verhalten bei Wendt, *Economic Appeasement*, S. 626.

162 AA, HaPol, Wirtschaftl. Bez. zu Dtld. (Frankreich), Bd. 1, RWM an AA, 16. 3. 38.

163 Ebd., Aufzeichnung Campe, 1. 2. 39.

Wirtschaftspolitischen Abteilung des AA vermerkte, »aus politischen Gründen« sei eine Kooperation in Spanien abzulehnen, um gleich darauf das geschäftliche Argument zu bringen: Deutschland könne »diese Geschäfte wirtschaftlich und finanziell allein durchführen«[164]. Von französischer Seite wurde weiterhin eine Zusammenarbeit bei »große(n) Straßenbauten auf dem Balkan oder Hafenausbauten in Südamerika« vorgeschlagen, wobei die Kooperation sich im allgemeinen auf privatwirtschaftlicher Ebene vollziehen sollte[165]. Aber die deutschen Engagements auf dem Balkan und in Lateinamerika waren für eine Verständigung mit Frankreich nicht disponibel. Überhaupt wahrte die deutsche Industrie Frankreich gegenüber damals eine geradezu demonstrative Zurückhaltung[166].
All diese Verhaltensweisen der deutschen Wirtschaft brauchten, für sich genommen, sicherlich nicht notwendig zu einem Kriege zu führen, erst in der Verbindung mit der aggressiven Politik der NS-Regierung trugen sie dazu bei, Deutschlands Fronten zu verbreitern. Die Verbindung der Wirtschaftsimperialismen mit dem »Sozialimperialismus«, der in Teilen der NS-Bewegung ein Eigenleben erlangt hatte, entwickelte eine besondere Explosivkraft.

3.4 *Die Aushöhlung der deutschen Bündnisse mit Italien und Japan durch wirtschaftliche Rivalitäten*

Sogar den wenigen Verbündeten gegenüber, die sich das nationalsozialistische Deutschland erwarb, konnte sich die Sprengkraft wirtschaftlicher Partikularinteressen in erstaunlichem Maße geltend machen. Seitdem im Herbst 1936 die »Achse Berlin–Rom« proklamiert wurde, trat die Wirtschaft beständig als Störfaktor in Erscheinung. Während sich Deutschland auf politischem und militärischem Gebiet in wesentlichen Punkten entgegenkommend zeigte – so mit dem Desinteresse an dem Schicksal der deutschsprachigen Südtiroler oder später mit dem Rommel-Feldzug in Nordafrika – und von daher das schließliche Abspringen Italiens von der »Achse« als Undankbarkeit und Verrat empfinden konnte, ergibt sich auf dem ökonomischen Sektor ein durchaus anderes Bild.

---

164 ADAP, D, Bd. IV, S. 439, 1. 3. 39.
165 Ebd., S. 420, 7. 12. 38.
166 AA, HaPol, Wirtschaftl. Bez. zu Dtld. (Frankreich), Bd. 1. RG Industrie an AA, 4. 2. 39; ADAP, D, Bd. IV, S. 440, 2. 3. 39; AA, ebd., Bd. 2, Bl. 340 504, 29 3. 39.

Anton Reithinger, der während des Krieges als Leiter der Volkswirtschaftlichen Abteilung der IG-Farben auf die deutsch-italienischen Wirtschaftsbeziehungen einigen Einfluß nehmen sollte, schrieb 1936 ganz offen, daß Italien sich wirtschaftlich nicht so entwickele, wie es »sollte«:

»Italien, das seiner Struktur nach in der Hauptsache feinere Verarbeitungsindustrien entwickeln sollte, wird neuerdings durch den Ausbau der Verbrauchsgüterproduktion im gesamten europäischen Randgürtel gleichfalls auf die Herstellung technischer Produktionsgüter abgedrängt, wozu ihm die natürlichen Voraussetzungen fehlen.«[167]

In einer vorausgeschickten Skizze mit der Überschrift »Die schwindende Monopolstellung der europäischen Industriestaaten durch Industrialisierung der randeuropäischen Zone ...« gehört Italien zu der letztgenannten Zone, die sich wie ein Einkreisungsgürtel um die alten Industriestaaten legt[168]. Das Selbstbewußtsein des faschistischen Italiens – führt Reithinger an späterer Stelle aus – sei nur »aus einer falschen historischen Perspektive zu erklären ..., die den heimatlichen Kulturkreis vergrößert und die kontinentale und atlantische Welt stark verkleinert«; in Wahrheit besitze dieses Land »keine der materiellen Voraussetzungen, die für den Aufstieg der heutigen Großmächte ... wichtig gewesen sind«, vielmehr sei es »durch eine in Europa nicht wiederkehrende Ungunst der politischen Voraussetzungen stark eingeschränkt«[169]. Die Sarkasmen über das faschistische Italien mögen zwischen den Zeilen auch eine Spitze gegen das nationalsozialistische Deutschland enthalten – Reithinger enthält sich in dem zitierten Buch jeglicher Komplimente an die nationalsozialistische Adresse –; jedenfalls trachtete die IG-Farben während des Krieges danach, diese angeblichen Sachzwänge, die einem italienischen Großmachtstreben entgegenstanden, durch politische und ökonomische Maßnahmen zu perpetuieren.

Schon Ende 1935 wurden deutsch-italienische Wirtschaftsverhandlungen, wie Willuhn in der Reichskanzlei notierte, »dadurch stark belastet, daß auf deutscher Seite die Notwendigkeit bestand, infolge größerer Eigenerzeugung an Kunstseide und Zellwolle ... einen erheblichen Abstrich bei der Einfuhr aus Italien vorzunehmen«[170]. Von Anfang an waren es also besonders die Monopolbestrebungen

---

167 Reithinger, *Wirtschaftl. Gesicht Europas*, S. 41.
168 Reithinger, *Wirtschaftl. Gesicht Europas*, S. 39.
169 Reithinger, *Wirtschaftl. Gesicht Europas*, S. 156.
170 BA, R 43 II/323, Bl. 173, 9. 1. 36.

der chemischen Industrie, die sich einer deutsch-italienischen Annäherung entgegenstellten. Weitere gewichtige Wirtschaftsinteressen kamen hinzu: so teilte der Staatsrat Eßberger – offenbar ein Vertreter der Hansestädte – im April 1938 dem Staatssekretär Weizsäkker mit, »es wäre sein Wunsch, daß auf der Reise des Führers nach Italien über wirtschaftliche Fragen möglichst nicht verhandelt werden möchte«; insbesondere »träte er natürlich dafür ein, daß für den Hafen von Triest keine Zusagen gemacht werden, welche den deutschen Häfen abträglich sein könnten«[171].

Mit den deutschen Eroberungen vermehrten sich die Streitobjekte zwischen der deutschen und der italienischen Wirtschaft[172]. In der umfangreichen Denkschrift der IG-Farben über die »Gestaltung einer europäischen Großraumwirtschaft« ist von den »besonderen Schwierigkeiten« die Rede, »die sich zweifellos in der Relation zu einem italienischen Großraum und angesichts der bislang schon erkennbar gewesenen Expansionsbestrebungen Italiens in Südosteuropa und in Lateinamerika ergeben werden.«[173] Auch der Zeiss-Konzern hatte besonders über Schwierigkeiten mit Italien zu klagen und bekam ebenfalls vom Wirtschaftsministerium im Sommer 1940 Gelegenheit, entsprechende Wünsche für eine zukünftige »Neuordnung des europäischen Wirtschaftsraumes« anzumelden[174]. Ein Memorandum von Karl Albrecht, dem Hauptgeschäftsführer der Wirtschaftsgruppe Feinmechanik und Optik, billigte nur der optischen Industrie in Frankreich, Großbritannien und den USA zu, daß sie sich »auf natürliche Weise entwickelt« habe, während diese Qualifikation den optischen Industrien eben der beiden deutschen Verbündeten Italien und Japan abgesprochen wurde[175]. Aus den weiteren Darlegungen und Forderungen der Denkschrift ergibt sich, daß der Zeiss-Konzern damit rechnete, im europäischen Großwirtschaftsraum der Zukunft die optische Industrie Italiens weitgehend ausschalten zu können.

Obwohl die italienische Zustimmung zum österreichischen Anschluß eine erhebliche Konzession Italiens an Deutschland darstellte, zeigte man sich auf deutscher Seite keineswegs bereit, dieses italienische Entgegenkommen zumindest auf wirtschaftlichem Gebiet zu hono-

---

171 AA, Büro Staatssekr., Aufzeichnungen über Nicht-Diplomatenbesuche, Bd. 1, Bl. 36 286, Aufzeichnung Weizsäcker, 26. 4. 38.

172 Vgl. Vortrag Ulrich v. Hassells am 19. 9. 40: DZA, IG-Farben, A 995, Bl. 183.

173 Zit. n. Eichholtz, *Kriegswirtschaft*, Bd. 1, S. 256.

174 Schumann, *Beteiligung des Zeiss-Konzerns an der Vorbereitung und Durchführung des Zweiten Weltkriegs*, phil. Habil-Schrift, Jena 1961, S. 253.

175 Zit. n. Eichholtz, *Kriegswirtschaft*, Bd. 1, S. 339.

rieren und dem italienischen Kapital freie Hand in Österreich zu lassen[176].

Zu einer Waffenbruderschaft des deutschen und des italienischen Faschismus kam es zum ersten Mal – und danach so bald nicht wieder – im spanischen Bügerkrieg; aber unter den erreichbaren Objekten der spanischen Wirtschaft sicherte sich Deutschland den Löwenanteil[177]. Die italienische Chemie allerdings hatte in Spanien das Quecksilbermonopol erlangt. Aber IG-Farben blieb ihren italienischen Konkurrenten auch in Spanien auf den Fersen. Am 21. Oktober 1941 schloß sie mit der Saltos del Duero S.A. einen Vertrag über die Errichtung einer Stickstoffanlage ab; der Kaufmännische Ausschuß der IG-Farben bemerkte zu diesem Großauftrag: »Die uns von Montecatini, die mit Saltos de(l) Duero einen Verfahrensvertrag abgeschlossen hatte, übermittelten Beschwerden, daß wir sie entgegen der Absprache auf freundschaftliche Zusammenarbeit aus dem Geschäft gedrängt hätten, sind schon deswegen nicht stichhaltig, weil die zur Durchführung des Montecatini-Vertrages erforderlichen Maschinen- und Apparatelieferungen von Italien nicht bewerkstelligt werden konnten.«[178]

Vor allem jedoch auf dem Balkan nahm die wirtschaftliche Rivalität zwischen deutschen und italienischen Firmen schärfste Formen an. Dieser Konkurrenzkampf ergab sich fast automatisch, seitdem Deutschland mit dem österreichischen Anschluß das Erbe der Habsburgermonarchie anzutreten suchte; aber der deutsche Emigrant Gerhard Schacher bemerkte schon 1937, wie sich auf dem Balkan die Situation zwischen Deutschland und Italien zuspitzte, wobei damals allerdings die Deutschen gegenüber den Italienern häufig zurückstekken mußten[179]. Aber Deutschland war schon bald danach in der Lage, auf dem Balkan zur Offensive überzugehen; im Juli 1939 klagte der italienische Botschafter in Berlin dem Staatssekretär Weizsäcker, daß die rumänische Regierung aus einem Vertrag mit der italienischen Firma S.I.A.I. über die Lieferung von Flugzeugteilen ausgestiegen sei, um den Auftrag an Deutschland zu vergeben. Der Botschafter betonte den »schweren Schaden«, den dieses Vorgehen der italienischen Industrie zufügen würde[180]; aber wenige Tage darauf

---

176 AA, HaPol, HPA-Protokolle, Bl. E 227 070 f., 6. 4. 38.
177 Einhorn, Marion, *Die ökonomischen Hintergründe der faschistischen deutschen Intervention in Spanien 1936-1939*, Berlin (Ost) 1962, S. 172, 175 f.
178 NI-6088, Sitzung des Kaufmänn. Ausschusses, 4. 11. 41.
179 Schacher, Gerhard, *Germany Pushes South-East*, London 1937, S. 71 f.
180 AA, Staatssekr., Rumänien, Bd. 1, Bl. 82 656, Attolico an Weizsäcker, 11. 7. 39.

stellte das Auswärtige Amt die deutschen Flugzeuglieferungen an Rumänien nach wie vor in Aussicht. Die deutsche Luftfahrtindustrie war überdies an den jugoslawischen Kupfer- und Bauxitvorkommen interessiert, und daher verschärfte sich der Konflikt mit den italienischen Interessenten nach der deutschen Eroberung Jugoslawiens[181], – eines Landes also, das das nächstliegende Ziel des italienischen Imperialismus gewesen war.

Im Falle des eroberten Griechenlands gab es zwar eine Führerweisung, daß die wirtschaftliche Nutzung dieses Landes den Italienern zu überlassen sei; aber mit einer Führerweisung war für die Firma Krupp noch lange nicht das letzte Wort gesprochen, und mit Unterstützung des Wehrwirtschafts- und Rüstungsamtes machte sie Anstalten, den gesamten griechischen Bergbau zu vereinnahmen. Der Gesandte Clodius empfahl, zumindest bei den Bergwerken von Lokris den Italienern entgegenzukommen: »Lokris sei die einzige Forderung, die Italien auf den Grubenbesitz in Griechenland erhoben habe, und die italienische Delegation mache diese Angelegenheit zu einer Prestigefrage.« Krupp zeigte sich von solchen Vorstellungen ungerührt, und Clodius war nicht der Mann, um der Kruppschen Zähigkeit standzuhalten. Erst nach längeren Kontroversen kam es zwischen Deutschland und Italien zu einem Kompromiß[182]. IG-Farben war in Griechenland ihrem Konkurrenten Montecatini gegenüber weniger erfolgreich[183]. Aber die IG gab den Kampf keineswegs auf, und eine Sitzung ihres Südosteuropa-Ausschusses am 14. Januar 1943, die nur den Konflikten mit italienischen Firmen auf dem Balkan gewidmet war, kam zu dem Schluß, daß »Verhandlungen mit Montecatini auf ganz breiter Grundlage mit dem Ziel, eine ›Generalbereinigung‹ des Verhältnisses IG/Montecatini zu finden, weder unter den augenblicklichen allgemeinen Umständen als nützlich, noch angesichts der bestehenden Tendenzen des Montecatini-Konzerns als erfolgversprechend angesehen werden«[184]. Vollends in einem Land wie Rumänien konnte der Farbenkonzern bei den staatlichen Stellen auf eine härtere Politik gegenüber den Italienern drängen und sich dabei, wie im folgenden Ilgner, auf »die gesamtdeutsche Linie« berufen. Ilgner, dem zu Ohren gekommen war, daß Kehrl – der Gene-

181 Deakin, *Die brutale Freundschaft*, S. 32 f.

182 Jäger, *Wirtschaftl. Abh. des Dritten Reichs*, S. 251; ALG, NIK-13 439, Aktenvermerk Sohl, 11. 6. 41; *Anatomie des Krieges*, S. 332, Rundschreiben der IG, 22. 5. 41.

183 Radandt, Hans, »Die IG-Farbenindustrie AG und Südosteuropa 1938 bis zum Ende des Zweiten Weltkrieges«, in: *JbWG/Jg.* 1967, T. I, S. 95 f.

184 DZA, IG-Farben, A 1758, Bl. 44.

ralreferent im Reichswirtschaftsministerium – die Italiener an einem rumänischen Zellwolle-Projekt beteiligen wollte, schrieb an den Ministerialrat Fritz Reinhardt im Wirtschaftsministerium, daß seinem Eindruck zufolge »sich die Italiener schon sowieso ziemlich breit in Rumänien machen« und man ihnen die Zellwolle-Konzession nicht geben solle, da sie »immer wieder versuchen« würden, »überall, wo wir auftreten, dazwischenzukommen«[185].

Ilgner konnte damit rechnen, daß solche Anregungen im Wirtschaftsministerium offene Ohren fanden; denn schon im Herbst 1940 hatte der Ministerialdirigent Landwehr aus dem Wirtschaftsministerium dem IG-Vertreter Reithinger gegenüber erstaunliche Einblicke in seine – wenn auch nichtamtlichen – Überzeugungen über die Zukunft Italiens gegeben, – wobei Reithinger selbst es dem Ministerialdirigenten sicher nicht an Formulierungshilfen hat fehlen lassen:

»L.s Überzeugung war, daß die geopolitische Lage und die natürlichen Voraussetzungen Italiens jetzige Ansprüche selbst im Mittelmeerraum reduzieren müßten. Das natürliche Schwergewicht des von Deutschland beherrschten Nordraums werde sich zwangsläufig in relativ kurzer Zeit einen politischen und wirtschaftlichen Ausgang auch zum Mittelmeer verschaffen. ... (Er) meinte ..., daß auch nach der Neuordnung Italien ... weder Kohle noch genügend Wasserkräfte habe und damit in der Grundlage seiner Industrialisierung vorläufig von Deutschland abhängig sein werde. Diese Grundtatsache müsse sich nach der Wiederkehr des Friedens im deutsch-italienischen Verhältnis sehr bald Geltung verschaffen.«[186]

Diese Sätze erinnern stark an Reithingers eigene Ausführungen über die Ungunst der geopolitischen Lage und natürlichen Ressourcen Italiens. Während die deutsche Wirtschaft sich aus den italienischen Interessenzonen ebenso wie aus Italien selbst keinesfalls ausschalten lassen wollte, suchte man jedoch die Italiener aus dem deutschen Interessenbereich herauszudrängen. So war im Oktober 1941 zwischen Deutschland und Italien auf ministerieller Ebene eine Aufteilung der europäischen Kunstfaser-Märkte auf die Industrien der beiden Länder festgelegt worden, aber die Durchführung des Abkommens stieß auf Schwierigkeiten, dem Staatssekretär Landfried zufolge vor allem durch Schuld der Italiener:

»Italien möchte offensichtlich eine eigene Kunstfaserpolitik auch in

---

185 *Anatomie des Krieges*, S. 392 f., 28. 3. 42.

186 *Anatomie der Aggression, Neue Dokumente zu den Kriegszielen des faschistischen deutschen Imperialismus im Zweiten Weltkrieg*, Hrsg. Gerhard Hass, Wolfgang Schumann, Berlin (Ost) 1972, S. 103, Vermerk Reithingers, 16. 9. 40.

Ländern, die Deutschland als Einflußgebiet zuerkannt worden waren, betreiben. Gerade dies muß aber unter allen Umständen vermieden werden. ... (L. bittet Weizsäcker,) nunmehr mit den Ihnen zu Gebote stehenden Mitteln die italienische Regierung zu veranlassen, ihre vertraglich übernommenen Verpflichtungen zu erfüllen. Da Italien auf die prompte Erfüllung der deutschen Lieferverpflichtungen ja ebenfalls großen Wert legt, glaube ich, daß uns genügend Druckmittel zur Verfügung stehen, um Italien hierzu zu zwingen.«[187]

Das war im Februar 1943, ein halbes Jahr, bevor Italien die Allianz mit Deutschland löste und sich Deutschlands Gegnern anschloß. Man kann nicht ohne Erstaunen sehen, wie dennoch deutsche Regierungsvertreter in brüsker Weise die monopolistischen Interessen deutscher Firmen verfochten, ohne die allgemeine politisch-militärische Situation Deutschlands zumindest mit in Erwägung zu ziehen.

Von »prompte(r) Erfüllung der deutschen Lieferverpflichtungen« an Italien war ohnehin häufig keine Rede gewesen. In der ersten Kriegszeit geriet Deutschland besonders mit den begehrten Kohlelieferungen weit in Rückstand; damals erlebte auch die deutsche Bevölkerung eine bedrohliche Kohlenverknappung[188]. Der Schlußpassus eines Briefes Hitlers an Mussolini vom März 1940 läßt die Peinlichkeit des Kohleproblems und der deutsch-italienischen Wirtschaftsbeziehungen überhaupt zwischen den Zeilen erkennen: »Lassen Sie mich endlich hoffen, daß es vielleicht gelingt, die wirtschaftlichen Beziehungen unserer beiden Länder noch mehr zu vertiefen und gerade jetzt die Sie vielleicht besonders bewegende Kohlenfrage zu lösen.«[189]

Allerdings wurde auch von deutscher Seite über italienische Rückstände bei Bauxit- und Tonerde-Lieferungen geklagt. Wieweit all diese Klagen zutrafen, und ob die Lieferungsverzüge in objektiven wirtschaftlichen Engpässen oder in Profitkalkulationen der jeweiligen Firmen begründet waren, war schon den damaligen Ministerialbeamten kaum durchsichtig. Zu den erwähnten deutschen Klagen bemerkte ein HaPol-Mitarbeiter einem Angehörigen des Wirtschaftsministeriums gegenüber:

»Die bisherige Behandlung der Angelegenheit hat gezeigt, daß eine

187 DZA, AA, 68 724 (HaPol, HA Clodius), Bl. 15, Landfried an Weizsäcker, 10. 2. 43; vgl. auch ebd., 68 736, Bl. 253 ff., Aufzeichnung Lurtz, 10. 3. 43, über die Notwendigkeit, nunmehr auf dem rumänischen Erdölsektor ohne Rücksicht auf die Italiener vorzugehen.

188 Boberach (Hrsg.), *Meldungen aus dem Reich. Auswahl aus den geheimen Lageberichten des Sicherheitsdienstes der SS 1939-1944*, Neuwied/Berlin 1965, S. 34 ff., 8. 1. 40.

189 ADAP, D, Bd. VIII, S. 392 f., 8. 3. 40; vgl. dazu die voraufgehende Ressortsitzung: ebd., S. 572, 1. 2. 40.

schnelle und befriedigende Lösung aller auftretenden Fragen eine vollständige Kenntnis der bisher nur den Firmen bekannten Einzelheiten zur Voraussetzung hat. Um über diese Schwierigkeiten hinwegzukommen, regt das Auswärtige Amt an, einen Sonderbeauftragten der beteiligten Firmen zu ernennen und in Italien zu stationieren.«[190]

Ein solches Schreiben ist symptomatisch für manche Hilflosigkeiten der Ministerialbürokratie gegenüber der Privatwirtschaft, – ein Zustand, der gerade während des Krieges zur Delegierung von Schlüsselfunktionen an Privatindustrielle führte. Aus dieser Lage der Dinge erklärt es sich, wenn sich ein Primat der Gesamtpolitik oft sogar in entscheidenden historischen Momenten nicht folgerichtig durchsetzen ließ.

Wenn dem deutschen Bündnis mit *Japan* etwas »Unwirkliches« (so Theo Sommer[191]) anhaftete, so trugen wirtschaftliche Interessenüberschneidungen dazu mindestens so sehr bei wie die geographische Distanz. Für den Großteil der deutschen Wirtschaft stellte sich in Ostasien sehr klar China als der gegebene Handelspartner und ein gewaltiges Feld für die Zukunft dar, während Japan schon damals ein gefährlicher Konkurrent zu werden begann. Gerade seit 1933 drang die japanische Konkurrenz in das Bewußtsein der deutschen Wirtschaft ein, eine Entwicklung, die auch in der Reichskanzlei registriert wurde; dort vermerkte Willuhn im Juni 1934:

»Im vergangenen Jahre ist der Ausdruck ›Japanische Exportoffensive‹ entstanden, mit dem das erstaunliche Vordringen der japanischen Ausfuhr auf den Weltmärkten in einer Zeit ausgeprägter allgemein rückläufiger Tendenz des Welthandels bezeichnet wird. Seitdem Japan Ende 1931 vom Goldstandard abgewichen ist, mehrten sich vor allem im Jahre 1933 von seiten der deutschen für den Export arbeitenden Industrie- und Handelskreise die Klagen über die wachsende japanische Konkurrenz, welcher deutsche Erzeugnisse auf fast allen Weltmärkten begegneten. Man spricht von einem schweren Einbruch dieser Konkurrenz in die Domäne des deutschen Handels in Übersee und sieht in der jüngsten exportwirtschaftlichen Expansion Japans eine Gefahr nicht nur für Deutschland, sondern für den ganzen westlichen Kulturkreis . . .«[192]

---

190 DZA, AA, 68 698 (= HaPol, HA Wiehl, Wirtsch. Bez. zu Italien), Junker an Frhr. v. Süßkind-Schwendi, 14. 11. 42.

191 Sommer, Theo, *Deutschland und Japan zwischen den Mächten 1935-1940. Vom Antikominternpakt zum Dreimächtepakt*, Tübingen 1962, S. 15.

192 BA, R 43 II/323, Bl. 81, 23. 6. 34; ähnliche Warnungen von Kimmich (Dt. Bank): DZA, Dt. Bank, 21 078, Bl. 25, Rhein.-Westf. Beirat, 17. 6. 35.

Die deutsche Großindustrie hatte besonders von dem japanischen Vordringen in China erhebliche Verluste zu befürchten. Das galt zumal für die Rüstungsfabrikanten (die zugleich allerdings vom chinesisch-japanischen Krieg profitierten): 1936 gingen über die Hälfte der Rüstungsausfuhren nach China, und noch 1937 machte das chinesische Waffengeschäft etwa ein Drittel der Rüstungsexporte aus[193]. Zugleich war China für Deutschland als Rohstofflieferant von großer Bedeutung: in den letzten Jahren vor 1933 stand es unter den deutschen Rohstofflieferanten an zweiter Stelle, hinter den USA[194]. Zwar waren (1931) die deutschen Exporte nach Japan in den wichtigsten Branchen etwa ebensohoch wie die nach China; aber es konnte – wie die HaPol bemerkte – »leider kein Zweifel darüber herrschen, daß der Absatz deutscher Waren in Japan unvermeidlich einer steten Schrumpfung unterworfen ist ... So ist es z. B. das eingestandene Bestreben der japanischen Industrie, sich von der deutschen Einfuhr von künstlichen Düngemitteln und synthetischen Farben so schnell wie möglich unabhängig zu machen«[195]. In China dagegen kamen 1934 49 % der chinesischen Farbenimporte aus Deutschland. Von 1931 bis 1937 verdreifachte sich der deutsche Anteil am Außenhandel Chinas[196].
Dieser wirtschaftlichen Interessenlage entsprach die Haltung des Auswärtigen Amtes, solange es unter der Leitung des Freiherrn von Neurath stand. Das Waffengeschäft mit China, notierte Clodius 1934, sei »für viele deutsche Firmen ... in der Zeit der Krise ... eine starke Stütze gewesen«, zumal die Chinesen die Lieferungen in bar bezahlten: »Für Waffen hätten die chinesischen Machthaber bisher immer noch Bedarf und Geld gehabt.«[197] Als Krupp im September 1933 im Auswärtigen Amt anfragte, ob man dort »wegen der zu erwartenden Mißstimmung in Japan Bedenken gegen das chinesische Geschäft« habe, wurde er beruhigt: da Deutschland, wenn es sich die japanische »Mißstimmung« zuziehe, »nicht allein« stünde, »sondern auch Amerika, England, Italien, Holland und viele andere Staaten in China engagiert seien, verteilt sich das Risiko so sehr, daß man es auf den japanischen Widerstand und Widerspruch ruhig ankom-

---

193 AA, HaPol, Handel mit Kriegsgerät: Allg., Bd. 1, Bl. E 236 602; ALG, NIK-11 360.
194 Schmitt, K., *Die Wirtschaft im neuen Reich*, München 1934, S. 25.
195 AA, HaPol, Clodius, China, Bd. 2, Bl. E 526 623, Aufzeichnung über dt. Wirtschaftsinteressen in China und Japan, 8. 11. 32.
196 Drechsler, Karl, *Deutschland – China – Japan 1933-1939. Das Dilemma der deutschen Fernostpolitik*, Berlin (Ost) 1964, S. 13.
197 AA, HaPol, Clodius, China, Bd. 2, Bl. E 526 584, 6. 10. 34.

men lassen könne«[198]. Krupp äußerte sich bei dieser Gelegenheit »sehr anerkennend« über die »Unterstützung, die seine Firma stets bei der Abteilung IV China gefunden habe«. Auch nach Abschluß des »Antikominternpaktes« mit Japan im November 1936 machte das Auswärtige Amt keine Anstalten, diese seine Position in Ostasien zu revidieren, zumal dieser Pakt ein Werk des AA-Konkurrenten Ribbentrop war. Weizsäcker, damals Ministerialdirektor, stellte sich noch im Juli 1937 schwerhörig gegenüber japanischen Vorhaltungen[199].

Im Herbst 1937 drohten die Japaner mit der Kündigung des Antikominternpaktes, wenn Deutschland die Lieferungen von Kriegsmaterial an China fortsetze; diese Drohung erzielte zunächst bei Hitler ihre Wirkung, und am 18. Oktober erging eine Führerweisung, die Lieferungen zu stoppen. Aber die China-Interessenten wurden prompt aktiv und fanden sogleich in Göring einen Anwalt an höchster Stelle; schon zwei Tage nach der Führerweisung erging von Göring die Gegenorder, »die Geschäfte in der bisherigen Form mit China weiter fortzuführen«[200]. Die Industriellen erfuhren diese neue Weisung, noch bevor sie beim Auswärtigen Amt und beim Wirtschaftsstab der Wehrmacht bekannt war[201]. Der Wert des 1937 an China gelieferten Kriegsmaterials betrug das Achtfache der gleichzeitigen Rüstungslieferungen an Japan; die deutsche Ausfuhrgemeinschaft für Kriegsgerät kommentierte lakonisch: »Japan hat die politische Freundschaft mit Deutschland noch nicht durch Bestellungen von Bedeutung betätigt.«[202] Erst Ende April 1938, als das Auswärtige Amt unter der Leitung des projapanischen Ribbentrop stand, erging wieder ein Verbot von Rüstungslieferungen an China[203]. Aber Göring gab sich nicht zufrieden, zumal eine Lieferung von 20 Flugzeugen an China noch ausstand, – ein Geschäft, das der deutschen Luftfahrtindustrie zugleich Aluminium-Importe einbringen sollte. Staatssekretär Neumann von der Vierjahresplan-Organisation schlug in einer Unterredung mit Weizsäcker vor, man möge die Japaner mit dem Hinweis beruhigen, daß die Flugzeuge »nicht besonders hochwertig« seien; im übrigen suchte er das Auswärtige Amt mit der finanziellen Schraube unter Druck zu setzen, indem er be-

198 Ebd., Bl. E 526 607, Aktenvermerk Bülow, 27. 9. 33.
199 ADAP, D, Bd. I, S. 602 f., 22. 7. 37.
200 Ebd., S. 629 f., Aufzeichnung Heyden-Rynsch, 22. 10. 37.
201 AA, Staatssekr., Aufzeichn. über interne Angelegenheiten, Bd. 1, Bl. 472 164, Mackensen, 19. 10. 37.
202 Drechsler, *Deutschland – China – Japan*, S. 53.
203 Drechsler, *Deutschland – China – Japan*, S. 80.

merkte, »gewisse Devisenanforderungen« des Amtes würden »geschädigt« werden, wenn das »Ostasien-Geschäft nicht glatt ginge«[204]. Das Auswärtige Amt wies diesen Erpressungsversuch zurück[205]; aber die dann folgende Annäherung Deutschlands an die Sowjetunion, die den Antikomintern-Pakt im Grunde zur Farce machte, ließ die Gegner der einseitigen Japan-Orientierung wieder an Boden gewinnen. In dem deutsch-japanischen Handels- und Kreditabkommen vom 28. Juli 1939 wurden die japanischen Wünsche nur unzureichend erfüllt, während man sich zugleich den Russen gegenüber – gegen die man sich eigentlich mit Japan verbündet hatte – weit großzügiger verhielt[206]. Göring klagte im Juni 1939 dem italienischen Generalkonsul in Berlin, durch Japan hätten die Achsenmächte den chinesischen Markt und damit hunderte von Millionen an Devisen verloren; die Japaner hingegen, die immer nur Forderungen stellten, bezahlten »nicht einmal die deutschen Lieferungen«. Auf Nationen, »die sich wie Japan aufführen«, brauche man gegebenenfalls nicht übertrieben Rücksicht zu nehmen[207].

Allerdings muß man fragen, ob das deutsche Bündnis mit Japan wirklich so schroff und absolut gegen die Interessen der deutschen Privatwirtschaft verstieß, oder ob nicht zumindest die Großfirmen flexibel genug waren, um sich auch auf die projapanische Linie umzustellen, zumal industrielle Kerngebiete Chinas ohnehin schon seit 1931 in japanischer Hand waren. Ilgner entdeckte im Herbst 1934 Mandschukuo als ein »ganz neues und wichtiges Gebiet«; wie er aus Shanghai nach Hause schrieb, teilte er »nicht die Auffassung, daß die Japaner auf die Dauer alle Europäer und Amerikaner restlos an die Luft setzen werden«[208]. Die IG zögerte, sich in Ostasien festzu-

---

204 AA, Staatssekr., Aufzeichn. über Nicht-Diplomatenbesuche, Bd. 1, Bl. 36 317, 20. 8. 38.

205 Ebd., Bl. 36 318, 29. 8. 38.

206 Sommer, *Deutschland und Japan*, S. 279.

207 Sommer, *Deutschland und Japan*, S. 277 f.; vgl. auch AA, HaPol, Clodius, China, Bd. 2, Bl. E 526 438-41, Aufzeichnung Voss, 20. 2. 38: Zusammenfassung von Klagen über die Zerstörung der Hoffnungen deutscher Firmen in China.

208 ALG, NI-15 166, Ilgner an Krüger, 13. 11. 34; vgl. Drechsler, *Deutschland – China – Japan*, S. 15 über den damals von Ilgner verfaßten Ostasien-Bericht, der auch in der Reichskanzlei Beachtung fand; Eichholtz, D., »Wege zur Entbolschewisierung und Entrussung des Ostraumes«. Empfehlungen des IG-Farben-Konzerns für Hitler im Frühjahr 1943, in: *JbWG*, Jg. 11/1970, T. II, S. 25, Ilgner an Lammers, 30. 4. 43. Wenn in der deutschen Großindustrie damals die China-Interessen wohl dominierten, so gab es doch auch frühzeitig Spekulationen auf die Möglichkeiten eines deutschen Zusammengehens mit dem japanischen Imperialismus. Ferdinand Heye unternahm im August/September 1933 im Auftrag des APA eine von Thyssen finanzierte Reise in den

legen. Reithinger sprach noch Ende 1938 von der Gefahr, die IG könne sich in Nordchina zwischen die Stühle setzen, »indem wir politisch Gegner der Chinesen und wirtschaftlich Feinde der Japaner sind«[209]. Die Formulierungen, die die umfangreiche IG-Wunschliste für die Neuordnung Europas im Sommer 1940 hinsichtlich Japans gebraucht, sind zurückhaltend, lassen aber doch keinen Zweifel daran, daß man in Japan keinen Verbündeten, sondern einen Rivalen sah[210]. Immerhin ergab sich aus dem Kalkül der IG-Farben, daß man einstweilen an dem Bündnis mit Japan festhalten müsse: die Auseinandersetzung mit den USA hatte den Vorrang.

Aber nicht einmal dann, als Japan und Deutschland beide im Krieg gegen die USA standen und der deutsch-japanische Handel durch den Ausfall der sowjetischen Verbindungswege ohnehin nur noch ein geringes Volumen besaß, erfuhr das deutsch-japanische Verhältnis auf wirtschaftlichem Gebiet eine merkliche Entspannung. Was Theo Sommer für die Zeit bis Pearl Harbor bemerkt[211], stellt Bernd Martin für die folgende Zeit in noch verschärfter Form fest: daß »die Wirtschaftsbeziehungen das unerfreulichste Kapitel in dem deutsch-japanischen Bündnis« waren[212]. Hatte zunächst Deutschland die Japaner durch die umfangreichen Waffenlieferungen an China provoziert, so revanchierten sich die Japaner nach der Eroberung Südostasiens und Indonesiens, indem sie die Tätigkeit der deutschen Firmen auf vielerlei Art behinderten und mit Rohstofflieferungen an Deutschland zurückhielten; Deutschland wiederum verfocht nach der Eroberung Frankreichs Ansprüche auf Lieferungen aus Französisch-Indochina. Während Hitler selbst offenbar sehr wohl begriff, daß Japan sich an der Errichtung eines eigenen ostasiatischen Wirtschaftsimperiums ebensowenig hindern lassen würde wie Deutschland an der Etablierung seines europäischen »Großwirtschaftsraumes«, brachte es die Privatwirtschaft – seit Anfang 1941 in dem Ostasien-Ausschuß der Reichsgruppe Industrie institutionell gesammelt[213] – immer wieder fertig, durch ihr Verlangen nach »Schutz der deutschen Firmen« im japanischen Herrschaftsgebiet, ja nach Gleichberechtigung

japanischen Vasallenstaat Mandschukuo und warb anschließend in Berlin für die Anerkennung Mandschukuos (Gerhard L. Weinberg, *The Foreign Policy of Hitler's Germany*, Chicago 1970, S. 126 ff.).

209 Drechsler, *Deutschland – China – Japan*, S. 59.
210 Eichholtz, *Kriegswirtschaft*, Bd. 1, S. 256 (= NI-11 252).
211 Sommer, *Deutschland und Japan*, S. 14.
212 Martin, *Deutschland und Japan im 2. Weltkrieg. Vom Angriff auf Pearl Harbor bis zur deutschen Kapitulation*, Göttingen 1969, S. 170.
213 Schumann, *Beteiligung des Zeiss-Konzerns*, S. 257 f.

mit der japanischen Industrie[214] ein endgültiges wirtschaftliches Arrangement zwischen Deutschland und Japan hinauszuzögern[215]. Die hybride Überspanntheit der nationalsozialistischen Globalpolitik fand ihre Entsprechung, aber zugleich ein empfindliches Hemmnis in den globalen Aspirationen der deutschen Industrie.

214 Schumann, *Beteiligung des Zeiss-Konzerns*, S. 259 f.

215 Martin, *Deutschld. u. Japan im 2. Weltkrieg*; zum Voraufgehenden: ebd., S. 152 ff.; vgl. auch Sommer, S. 482 ff. über japan. Zurückhaltung mit Rohstofflieferungen 1940.

4. Ökonomische Substrukturen in den Eskalationsstufen des Zweiten Weltkriegs

4.1 *Vom österreichischen Anschluß zur Okkupation der Tschechoslowakei*

Im folgenden geht es um unmittelbarere Zusammenhänge zwischen dem Übergang der NS-Regierung zu immer weiter ausgreifenden Aggressionen und den Interessen von Großindustrie und Hochfinanz. Es ist zu analysieren, ob die sich immer weiter treibenden Expansionen unter anderem einer Logik der Konzernimperien folgten. Daß die Privatwirtschaft den deutschen Truppen auf dem Fuße folgte oder zumindest versuchte, mit ihnen mitzuhalten, läßt sich aus den vorhandenen Dokumenten leicht erkennen; darüber hinaus jedoch steht zur Untersuchung, ob die privaten Wirtschaftsinteressen zu den Kräften gehörten, die aus den deutschen Gebietserweiterungen immer wieder Sprungbretter für weitere Expansionen machten und einen Reproduktionskreis der Aggression schufen.
Bei dem ersten Schritt der NS-deutschen Expansion, dem »Anschluß« Österreichs, scheint das völkisch-ideologische Motiv erheblich stärker ins Gewicht zu fallen als ökonomische Motive; Österreich selbst war durch sein Wirtschaftspotential weniger interessant als viele andere der deutschen Nachbarstaaten. Es war dennoch das Tor zum Südosten, die notwendige Zwischenstation auf dem Wege zu Hauptzielen des deutschen Wirtschaftsimperialismus. Der Anschluß intensivierte alle derartigen Bestrebungen in der Wirtschaft und ihren staatlichen Kontaktstellen und machte eine Begrenzung der deutschen Expansion auf »völkische« Ziele weniger als zuvor möglich. Nach dem österreichischen Anschluß entwarf Ministerialdirektor Wohlthat seinem Vorgesetzten Göring den Plan, »unter deutscher Initiative die Nachfolgestaaten der österreichisch-ungarischen Monarchie auf wirtschaftlichem Gebiet wieder zusammenzufassen und schrittweise Zollunionen unter ihnen durchzuführen«[1]. Hitler selbst

1 Hillgruber, Andreas, *Hitler, König Carol und Marschall Antonescu. Die deutsch-*

sah in dem Habsburgerreich zweifellos in keiner Weise ein Modell für sein zukünftiges Imperium; in »Mein Kampf« bekundet er eine an Haß grenzende Aversion gegen diesen Vielvölkerstaat, in dem er selber aufgewachsen war. Es waren die Interessen der Wirtschaft, die die schon halb überdeckten Strukturen der Donaumonarchie wiederbelebten[2] und zu Aktionslinien der deutschen Politik machten.
Aber auch die von Österreichs eigenem Wirtschaftspotential ausgehenden Verlockungen dürfen nicht unterschätzt werden. Eben weil es seit dem Ende des Ersten Weltkrieges wirtschaftlich daniederlag, besaß es in relativ großem Umfange ungenutzte Kapazitäten – an Arbeitskräften wie an Kapitalien, Rohstoffen und Wasserkräften –, die der deutschen Wirtschaft besonders in der zweiten Hälfte der dreißiger Jahre Auswege aus ihren Engpässen versprachen. Besonders verlockend waren die österreichischen Gold- und Devisenvorräte[3]. Seit dem Sommer 1936 setzte eine regelrechte »wirtschaftliche Durchdringung Österreichs durch das deutsche Großkapital« (Schausberger) ein[4]. Einen besonderen Eifer entwickelte die Dresdner Bank, die seit 1932 die Wiener Mercurbank kontrollierte und, im »Freundeskreis Himmler« gewichtig vertreten, die Beziehung zu Keppler zunächst in Österreich nutzbar machen konnte: denn Keppler wurde 1937 Hitlers Sonderbeauftragter für österreichische Angelegenheiten. Über Keppler ließ sie sich von Hitler bestätigen, daß ihre Mercurbank ein wichtiger Stützpunkt des Deutschtums in Österreich sei, der »unbedingt« ausgebaut werden müsse[5]. Ein solcher »Ausbau« fand nach dem Anschluß in großem Umfange statt und wurde nach der Annexion des Sudetengebietes und der Resttschechei weiter fortgesetzt. Als die Dresdner Bank 1938 aus ausländischem Besitz die Länderbank Wien erwarb und mit der Mercurbank fusionierte, besaß sie das zweitgrößte Banknetz in Österreich, [redacted]

rumänischen Beziehungen 1938-1944, München 1969 (Veröffentlichungen des Histor. Institutes der Universität Mannheim 1), S. 42 f. (nach pers. Mitt. Wohlthats).

2 Vgl. die im Auftrage des MWT verfaßte Denkschrift U. v. Hassells, Sept. 1941, in: *Anatomie der Aggression*, S. 141.

3 Schausberger, Norbert, *Rüstung in Österreich 1938-1945. Eine Studie über die Wechselwirkungen von Politik ,Wirtschaft und Kriegsführung*, Wien 1970 (Publikationen des österreich. Instituts für Zeitgeschichte der Univ. Wien 8), S. 26 f.

4 Schausberger, *Rüstung in Österreich*, S. 25 f.

5 ALG, NI-6368, Keppler an Goetz, 13. 7. 37; NI-3934, Goetz an Keppler, 14. 7. 37.

Es waren besonders Göring und Keppler, die bei der Vorbereitung und Durchführung des österreichischen Anschlusses die Regie führten[7]: allein dieser Umstand läßt vermuten, daß, wenn auch der Hinzugewinn Österreichs ein altes großdeutsch-völkisches Ziel war, Zeit und Art dieses Anschlusses wesentlich durch Impulse aus der Wirtschaft mitbestimmt wurden. Es waren ja innerhalb der NS-Führung die Kontaktmänner zur Wirtschaft, die bei dieser Operation die Initiative ergriffen. Keppler, durch Anordnung vom 14. September 1937 offiziell »mit der Betreuung und Behandlung aller österreichischen Fragen, die die NSDAP betreffen«, beauftragt[8], verrichtete seine Aufgabe offenbar zu voller Zufriedenheit; denn kurz darauf wurde er in einer ähnlich delikaten Mission in die Slowakei entsandt. Auch als Kontaktmann zu den kroatischen Separatisten und zur Eisernen Garde in Rumänien[9] wird er erwähnt. Eben seine unauffällige Art und seine Beziehungen zur Wirtschaft machten ihn für die brisante Aufgabe geeignet, die Aktivitäten der deutschfreundlichen Kräfte innerhalb der von Deutschland bedrohten Staaten mit der Reichspolitik zu synchronisieren. Dabei tat Keppler offenbar ebenfalls das Seine dazu, um entsprechende Entscheidungen der NS-Regierung voranzutreiben[10]. Im Februar 1938 vertrat er Ribbentrop gegenüber die Auffassung, daß in Österreich auf dem bisherigen Wege der wirtschaftlichen Verflechtung nicht weiterzukommen sei; sogar eine »wirkliche ... Belebung des Handels« zwischen Deutschland und Öster-

---

7 Zu Göring vgl. Hildebrand, *Dt. Außenpolitik*, S. 65.

8 ALG, NG-2934, Reichsleitung NSDAP, 26. 10. 37.

9 Hillgruber, *Hitler, König Carol*, S. 74.

10 Vgl. ALG, 4005-PS, Rede von Friedrich Rainer in Klagenfurth am 11. 3. 42, bes. S. 33; Kepplers eigene Aussage: 3248-PS, 24. 11. 45. Daß Keppler bei den ihm übertragenen außenpolitischen Missionen erfolgreich war, wird auch von Kehrl anerkannt, der Keppler im übrigen verharmlost (Kehrl, *Krisenmanager im Dritten Reich*, S. 42 f.). Für die Zeit vor der Machtergreifung betont Axel Kuhn, daß Keppler keineswegs nur als Hitlers »Sprachrohr« fungierte, sondern – so etwa bei der Vermittlung des Treffens zwischen Hitler und Papen am 4. 1. 1933 – durchaus zu eigenen politischen Initiativen fähig war. Vgl. Axel Kuhn, Die Unterredung zwischen Hitler und Papen im Hause des Barons von Schröder. Eine methodisch-systematische Quellenanalyse mit dem Ziel, Möglichkeiten und Grenzen der Geschichtswissenschaft anzudeuten, in: GWU, Jg. 24/1973, besonders S. 718 ff.

reich erfordere eine Währungsunion[11], – die eine politische Union im Grunde implizierte. Keppler wurde also von Erfahrungen der Wirtschaft mitbestimmt, wenn er auf den politischen Anschluß Österreichs drängte. Der *Völkische Beobachter* hob 1942 anläßlich Kepplers 60. Geburtstag hervor, daß er neben seinen Sondermissionen in Österreich, in der Slowakei und auf dem Balkan »seine wirtschaftlichen Interessen durchaus nicht aufgegeben« habe, und das »dank(t)en ihm seine vielen Freunde«[12]. Insgesamt läßt sich in den Reichswerken Hermann Göring, der Dresdner Bank und der IG-Farbenindustrie ein wirtschaftliches Trio erkennen, das – durch die Beziehungen zu Göring und Keppler miteinander und mit der NS-Führung verbunden – im annektierten Österreich den Löwenanteil davontrug und auch bei der Einverleibung der dann folgenden Gebietsgewinne voranging.

Die Reichswerke Hermann Göring entwickelten sich seit dem österreichischen Anschluß – also nur acht Monate nach ihrer Gründung – in eine Richtung, die sie von ihrer ursprünglichen Konzeption weit entfernte: statt sich ganz auf die Verhüttung eisenarmer Erze zu konzentrieren, erwarben sie nun mit dem Erzberg bei Eisenerz in der Steiermark eines der berühmtesten Erzvorkommen Europas und drangen außerdem in die eisenverarbeitende Industrie ein. Auf Görings Geheiß gaben die Vereinigten Stahlwerke ihre in den zwanziger Jahren erworbene Mehrheitsbeteiligung an der Alpinen Montangesellschaft – dem größten österreichischen Industrie- und Bergbau-Konzern, in dessen Besitz sich der steirische Erzberg befand – an die Reichswerke ab; Poensgen zufolge fühlte sich die Leitung der Stahlwerke »mit Recht vergewaltigt«[13], aber der Stahlverein hatte Grund, sich den NS-Machthabern erkenntlich zu zeigen, weil diese seine Reprivatisierung zugelassen hatten. Weiterhin erwarben die Reichswerke mit der Steyr-Daimler-Puch AG Österreichs größtes Kraftfahrzeug-Unternehmen[14]. Im übrigen gab die eine Expansion die andere: die österreichischen Erwerbungen machten eine Erweiterung der Kohlebasis der Reichswerke wünschenswert, und der Konzern zeigte sich auch in der Folgezeit unersättlich.

Aber auch Krupp ging beim österreichischen Anschluß nicht leer aus.

---

11 ADAP, D, Bd. I, S. 412, 414, Keppler an Ribbentrop, 7. 2. und 10. 2. 38.

12 BA, R 43/II/1602, Personalakte Keppler (Völk. Beobachter, 14. 12. 42).

13 Klass, *Vögler*, S. 256; vgl. für die Vorgeschichte auch NI-054, Ansprache Ph. v. Schoeller, 10. 6. 38; Klein, *Germany's Economic Preparations*, S. 53.

14 Schausberger, *Rüstung in Österreich*, S. 32; BA, R 7 X/454, IG-Memorandum, 20. 2. 40.

Schon vorher hatte er Interesse an der Berndorfer Metallwarenfabrik genommen, die 1843 von Hermann Krupp, einem Bruder des Essener Firmenchefs, gegründet worden war, sich seit 1927 jedoch nicht mehr in Kruppschem Besitz befand[15]. Berndorf mit seinem Krupp-Mausoleum und weiteren von den Krupps gestifteten Bauten[16] bot, ähnlich wie in größerem Maßstab Essen, das Bild einer kulturell ausgeschmückten Firmen-Kommune, und für solche Ziele war auch die NS-Führung zu interessieren. Über seinen einflußreichen Schwager Wilmowsky trat Krupp schon im Februar 1937 »wegen der Möglichkeit des Erwerbs einer österreichischen Beteiligung« mit Lammers in Kontakt, der die Verbindung zu Hitler selbst herstellte[17]. Ein Einverständnis, daß als nächstes Österreich auf dem Programm stand, war zwischen den Politikern und Wirtschaftsführern offenbar damals bereits vorhanden. Sofort nach dem deutschen Einmarsch in Österreich begann Wilmowsky über die bereits erwähnte Mercur-Bank in Sachen der Berndorf-Werke zu verhandeln und hielt sich mit Hilfe einer staatlichen Verordnung Konkurrenten vom Leibe; schon am 22. März 1938 schrieb er an Krupp:

»Inzwischen ist eine Verordnung über Beschränkung der Errichtung von gewerblichen Unternehmen in Österreich erschienen (RGBl. vom 19. 3. 1938). Darnach ist es verboten, im Lande Österreich bestehende gewerbliche Unternehmungen zu erwerben oder sich an solchen zu beteiligen. Dies ist die Verordnung, deren Erlaß Herr Keppler mir bereits in Aussicht stellte. Hiernach scheint mir einem Erwerb durch einen Dritten vorläufig ein Riegel vorgeschoben zu sein.«[18]

Für IG-Farben kam der österreichische Anschluß, ähnlich wie für Krupp, zu einem passenden Zeitpunkt: denn gerade hatte sich die Pulverfabrik Škodawerke Wetzler AG renitent gezeigt gegen Bestrebungen der IG, sie unter ihre Kontrolle zu bringen; im Januar 1938 hatte die IG entsprechende Verhandlungen vorerst eingestellt, in der Erwägung, daß eine Änderung in der Haltung des Verhandlungspartners nicht zu erwarten sei, »solange nicht grundsätzliche Verschiebungen in den wirtschaftlichen und politischen Beziehungen zwischen Deutschland und Österreich eintreten«[19]. Andererseits konnte IG-Farben nicht lange warten; denn es galt »zu verhindern,

---

15 Manchester, William, *Krupp. Zwölf Generationen* (aus dem Amerikan.), München 1968, S. 374.

16 *Handbuch der histor. Stätten Österreichs*, Bd. 1, Stuttgart 1970, S. 215.

17 Manchester, *Krupp*, S. 375 (= NIK-8700, Wilmowsky an Krupp, 3. 2. 37).

18 NI-776; zum weiteren Verlauf der Berndorf-Transaktion vgl.: NIK-8438, Löser an Krupp, 24. 6. 38; NIK-6262, Vermögensstelle Wien an Krupp, 29. 9. 38).

19 NI-15 195, IG-Aktennotiz, 18. 1. 38.

daß Generaldirektor Pollak von SWW (Škoda-Wetzler-Werke) Anschluß an andere chemische Industrien, insbesondere Aussig oder Montecatini, sucht und allein oder mit einer dieser Gruppen zusammen seine Industrialisierungspläne auf dem Gebiet der chemischen Industrie in Österreich weitertreibt«[20]. Pollak fiel offenbar als »Nichtarier« nach dem März 1938 aus[21], und im annektierten Österreich konnte die IG den von ihr »seit langem gehegten Plan« einer Vereinigung der österreichischen Chemie unter ihrer Führung verwirklichen[22]. Die IG schloß die Škoda-Wetzler-Werke mit dem anderen Großunternehmen der österreichischen Chemie, dem Carbidwerk Deutsch-Matrei, zu einem Tochterkonzern mit dem klangvollen Namen »Donau-Chemie AG« zusammen: schon dieser Name enthielt ein auf den weiteren Südosten gerichtetes Programm. Ein besonderer Umstand kam der reibungslosen Abwicklung dieses Geschäftes zugute: ein österreichischer Nationalsozialist, Hermann Neubacher, der, in Österreich verurteilt, nach Deutschland gegangen war, kehrte im März 1938 als Angestellter der IG-Farben nach Österreich zurück und wurde von Göring zum Bürgermeister von Wien ernannt. Ilgner selbst hat später über die Dienste berichtet, die Neubacher in seiner politischen Position der IG erwies[23]. Als sich der Gauleiter Fritz Sauckel am 24. März 1938 an Göring wandte mit der Bitte, der Erwerbung der Patronenfabrik im österreichischen Hirtenberg durch Sauckels Gustloff-Stiftung zuzustimmen, setzte er bezeichnenderweise hinzu: »Ich bin der Meinung, daß die IG-Farben nicht alles haben müssen.«[24] Als aber Keppler einem IG-Vertreter gegenüber am 2. April bemerkte, »daß man nur nicht wolle, daß etwa die IG die sämtlichen kleinen chemischen Unternehmungen in Österreich aufkauft«, stand dieser Hinweis in einem IG-freundlichen Kontext[25]. Damals richtete die IG-Farben bereits wie selbstverständlich ihr Augenmerk auf das Sudetengebiet; die auswärtige Expansion begann zur Routine zu werden. Die eben erwähnte Unterredung mit Keppler wurde von dem IG-Vertreter Haefliger gleich zum Anlaß genommen, »um zu sondieren, wie sich die deutschen Behörden zu einer Einflußnahme auf Unternehmungen in der Sudeten-Tschechoslowakei stel-

20 NI-2845, Bericht Weber-Andreä über Sitzung des Kaufmänn. Ausschusses, 10. 9. 37.

21 Vgl. NI-4024, IG an Büro Keppler, 9. 4. 38.

22 NI-6070, 19. 4. 38; AA, Keppler, Reichsbeauftragter f. Österreich, Schreiben der Kreditanstalt, 31. 3. 38.

23 *Anatomie des Krieges*, S. 168 f. (NI-6649).

24 *Anatomie des Krieges*, S. 171.

25 *Anatomie des Krieges*, S. 175 (= NI-3981).

len«; er berichtete Keppler, »daß tschechische Unternehmen bereits beginnen, sich von ihrem Besitz in der Sudeten-Tschechoslowakei loszulösen«. Dieser Hinweis darauf, daß die tschechische Wirtschaft angeblich das Sudetengebiet bereits verloren gab, erregte Kepplers besondere Aufmerksamkeit: die IG übermittelte also der deutschen Regierung Material, das geeignet war, zu einem beschleunigten Vorgehen in der Sudetenfrage zu ermutigen. Die Interessenlage der IG in diesem Gebiet war schon damals klar und wurde von Haefliger sogleich Keppler gegenüber mit bemerkenswerter Offenheit dargelegt: es ging um den größten Chemiekonzern der Tschechoslowakei, den Aussiger Verein. Haefliger legte dar, »daß Aussig im Südosten eine bedeutende Rolle spielte und daß es nicht damit getan wäre, Aussig von seinen Märkten abzuriegeln, weil er dann in unsere Märkte eindringen würde, was Kampf und damit für uns Ausfall von Devisen zu bedeuten hätte«[26].

Während der Münchener Konferenz im September 1939 intensivierte die IG ihre Bemühungen um den Aussiger Verein[27] und erlangte dabei die Unterstützung der Dresdner Bank samt ihrer politischen Beziehungen[28]. Als die Annexion des Sudetengebietes vollzogen war, nützte es dem Aussiger Verein auch nichts mehr, daß er seine Zentrale von Aussig nach Prag verlegt hatte: »nach dramatischen Verhandlungen« mußte er sich Anfang 1939 zum Verkauf seiner in Aussig und Falkenau gelegenen Werke bereitfinden[29]. Die IG-Farben hatte allerdings einen Teilhaber akzeptieren müssen: die Chemische Fabrik von der Heyden AG, Radebeul, die dem Reichswirtschaftsministerium eindringliche Vorstellungen gemacht hatte, welche »Katastrophe« es für sie bedeuten würde, wenn die IG, die »schon jetzt den ganzen Westen, Süden und Mitteldeutschland beherrsche«, mit dem Aussiger Werk »auch noch den Osten Deutschlands in die Hand bekomme«. »Die IG ist zu einem gewaltigen Machtfaktor in Deutschland geworden und strebt nach einer Monopolstellung.«[30] – Schon durch den österreichischen Anschluß verbesserten sich die Aussichten Flicks, an den mitteldeutschen Braunkohlenbesitz der in

---

26 *Anatomie des Krieges*, über die wachsende tschech. Konkurrenz auf dem chem.-pharmazeut. Sektor vgl.: AA, HaPol, Clodius, Tschechoslowakei, Bericht der Reichskreditgesellschaft AG, August 1936, S. 20 f.

27 NI-3722: IG-Besprechungen mit dem Reichswirtschaftsmin., dem sudentendt. Wirtschaftsamt und Keppler.

28 NI-9632, Affid. Dvoracek, 12. 7. 47.

29 Ebd.; Radandt, *IG-Farben und Südosteuropa*, S. 85.

30 *Anatomie des Krieges*, S. 191, Aktennotiz Strubberb, 6. 10. 38 (= NI-9161); NI-4016, Fa. Heyden an RWM, 10. 10. 38.

die Tschechoslowakei übergesiedelten Petscheks heranzukommen; ein Regierungsrat aus dem Reichswirtschaftsministerium machte dem Generalbevollmächtigten des Flick-Konzerns, Konrad Kaletsch, am 24. März 1938 vertraulich die Mitteilung, auch die »Probleme, die mit Prag zusammenhängen«, seien durch die österreichische Entwicklung in ein neues Stadium geraten, und »es bestünde der Eindruck, daß man vielleicht in einem halben Jahre schon eine andere Lösung der Probleme, insbesondere auch in bezug auf das P(etschek)-Problem, sehen würde«, – indem man nämlich die Petscheks »dann doch praktisch als Inländer zu behandeln hätte«. Kaletsch erwog, ob man nicht bereits mit dieser Aussicht die Petscheks nachgiebiger stimmen und schon vor entsprechenden politischen Ereignissen zum Verkauf bewegen könne, aber die alternative Erwägung, daß man nach »evtl. Veränderungen außenpolitischer Art« noch billiger an den Petschek-Besitz kommen könnte[31], wurde dann doch bestimmend für das Flicksche Vorgehen. Die Annexion des Sudetengebietes machte auch die mitteldeutsche Braunkohle disponibel, und es lag nun an Flick und den Göring-Werken, sich über die Beute zu einigen.

Sogar die Aussichten der deutschen Rüstungsindustrie in Rumänien wurden durch den österreichischen Anschluß sogleich gebessert. Ein Bericht der Reichsgruppe Industrie vom April 1938 äußert die Erwartung, »daß die bisherige Bevorzugung der Tschechei ... einem stärkeren Interesse für deutsches Gerät weicht«, da »das Vertrauen in die Lieferfähigkeit der Škoda-Werke, des bisherigen Hauptkonkurrenten im Südosten, durch den Anschluß Österreichs gelitten hat«[32]. Erst jetzt eröffnete sich die Aussicht, rumänisches Erdöl in größeren Mengen importieren zu können[33].

Daß man bei der Annexion des Sudetengebietes nicht stehenbleiben dürfe, sondern auch die restliche Tschechei in Abhängigkeit vom Deutschen Reich bringen müsse, ergab sich aus den Bedürfnissen der Wirtschaft wie von selbst und scheint von vornherein abgemachte Sache gewesen zu sein. Unter allgemeinpolitischem Aspekt wurde

---

31 *Anatomie des Krieges*, S. 169 f. (= NI-3238).

32 AA, HaPol, Handel mit Kriegsgerät: Allg. Bd. 3, Jahresbericht 1937, S. 26; vgl. ebd., Wiehl an Trendelenburg (den damaligen Vors. der Reichsgruppe Industrie): Ribbentrop übermittele ihm für den Bericht über den Waffenexport »besten Dank«. »Die Erfahrungen der AGK auf ihrem Arbeitsgebiet und die Vorschläge, die in dem Jahresbericht aus diesen Erfahrungen abgeleitet wurden, sind auch für die Handelspolitik von weittragender Bedeutung. Der Jahresbericht ist deshalb auch ... gerade für das Auswärtige Amt von besonderem Interesse.«

33 Vgl. Hillgruber, *Hitler, König Carol*, S. 81 f.

jedoch mit der Okkupation der Resttschechei eine entscheidende Grenze überschritten: von nun an verlor die nationalsozialistische Außenpolitik ihre deutsch-völkische Legitimation, und es war nicht mehr glaubwürdig, wenn sie vorgab, daß sich ihre Ziele nur auf die »Heimführung« aller Deutschen ins Reich beschränkten. Damals vertraute der SS-Obergruppenführer Werner Best dem Standartenführer Reinhard Höhn an: »das ist das Ende. Bisher haben uns die Leute geglaubt, daß der Nationalsozialismus die völkische Idee verkörpert und daß diese völkische Idee Grenzen kennt. Mit dem Einmarsch in Prag aber wird der Nationalsozialismus zum Imperialismus.«[34]

Für die Großindustrie und Hochfinanz jedoch brachte der Einmarsch in Prag die zwangsläufige Abrundung ihrer sudetendeutschen Erwerbungen. Im Sudetengebiet übernahm die Dresdner Bank Filialen der Živnostenska banka und der Böhmischen Escompte-Bank; nach dem März 1939 fielen ihr auch die Zentralen dieser Banken zu, und mit der Escompte-Bank Einfluß auf die Škoda-Werke, die Brünner Waffenwerke und die Pilsener Brauereien[35]. Einige Filialen der Escompte-Bank wurden nun der Wiener Länderbank zugeschlagen, – die Dresdner hatte die Brücke zu ihren österreichischen Erwerbungen hergestellt. Die Leiter der Deutschen Bank fühlten sich zunächst – wie Kimmich im Juni 1939 Pleiger mitteilte – »in den Protektorats- und Sudetenländer-Geschäften gegenüber der Dresdner Bank sehr benachteiligt«[36]; aber auch sie bekamen ihren Anteil. Bereits nach Angliederung des Sudetengebietes hatten sie dortige Filialen der Böhmischen Union-Bank übernommen, die – so Abs am 2. November 1938 – »Hauptträger des Bankgeschäftes« in diesem Gebiet gewesen war[37]. Dem Einmarsch in Prag folgte die Übernahme der gesamten Union-Bank, wenn auch nach einigen Schwierigkeiten[38].

34 Höhne, Heinz, *Der Orden unter dem Totenkopf. Die Geschichte der SS*, Gütersloh 1967, S. 434 (nach mündl. Mitteilung R. Höhns an Höhne).
35 ALG, NID-9281, Vortrag Overbeck, 29. 5. 40.
36 *Anatomie des Krieges*, S. 219, Aktennotiz Kimmich, 28. 6. 39.
37 DZA, Deutsche Bank, 21 078, Bl. 128.
38 Ebd., Bl. 136 f., Kimmich, 30. 4. 40; Eichholtz, *Kriegswirtschaft*, Bd. 1, S. 58; Czichon, *Bankier*, S. 100.

In besonderem Maße war der Mannesmann-Konzern – dessen Generaldirektor Zangen zwei Wochen nach der Besetzung des Sudetengebietes zum Leiter der Reichsgruppe Industrie aufstieg – daran interessiert, daß es nicht bei einer Annexion nur des deutschsprachigen Gebietes der Tschechei blieb: denn das Mannesmann-Werk in Komotau, von der Beschäftigtenzahl her die größte eisenverarbeitende Fabrik des Sudetenlandes, bekam seine Rohstoffe ausschließlich von der Prager Eisenindustrie AG in Kladno, einem im tschechischen Gebiet gelegenen Werk, an dessen Aktienkapital Mannesmann seit 1918 zu etwa 25 % beteiligt war[40]. »Durch die Abtrennung der sudetendeutschen Gebiete verliert Mannesmann vollständig seine Bezugsquellen für den Stahl«, bemerkte der IG-Bericht über Sudetendeutschland, der sogleich im Oktober 1938 an staatliche Stellen verschickt wurde[41]; dabei wurden die Lieferungen der Prager Eisenindustrie nach Komotau fortgesetzt! Erst durch den deutschen Einmarsch in die Resttschechei trat eine vorübergehende Stockung ein; aber ein Mannesmann-Direktor, der mit Unterstützung des Auswärtigen Amtes sofort einen Passierschein nach Prag erhielt, fand dort bei den deutschen Stellen »reichhaltige Unterstützung« bei der Wahrnehmung der Konzerninteressen[42]. Mannesmann konnte nunmehr die Majorität der Prager Eisenindustrie erwerben[43].

IG-Farben hatte in ihrem – scheinbar unparteiisch alle Branchen behandelnden – Bericht über Sudetendeutschland nicht unterlassen, ihren eigenen Belangen eine besondere Dringlichkeitsstufe zu geben. »Wohl das schwierigste Problem«, heißt es dort, »ist die künftige Entwicklung der chemischen Industrie aller Sparten in Sudetendeutschland nach dem Anschluß«, und das »Problem« – mehr ein Problem für den IG-Expansionismus – bestand in der »internationalen In-

---

40 Emmendorfer, H., *Die geschäftlichen Beziehungen der deutschen Eisen- und Stahlindustrie zur eisenschaffenden Industrie besetzter Gebiete 1939–1945*, Diss. Köln 1955, S. 49.

41 AA, HaPol, HA Hudeczek, ebd., Kapitel Eisen- und Metallindustrie, S. 2.

42 AA, HaPol, HA Wiehl, Tschechoslowakei, Bd. 5, Bl. D 496 871 f., Schauke an Wiehl, 18. 3. 39.

43 Emmendorfer, *Geschäftliche Beziehungen*, S. 50.

teressenverflechtung, Markt- und Erzeugungsregelung (Kartelle, Konventionen usw.) und den »finanziellen Besitzverhältnisse(n)«[44]. Zwar gelang es der IG, die im Sudetengebiet gelegenen Werke des Aussiger Vereins zu erwerben; aber sie gab sich damit keineswegs zufrieden, sondern sie blieb diesem Unternehmen auch in seinem nunmehrigen Rückzugsgebiet in der Resttschechei, wo es als »Prager Verein« firmierte, auf den Fersen[45]. Durch den deutschen Einmarsch in Prag rückte die vollständige Vereinnahmung des Prager Vereins auf die Tagesordnung; aber jetzt bauten sich Hindernisse auf. Acht weitere deutsche Firmen bewarben sich um die Majorität des Vereins[46], und die IG, deren Unersättlichkeit schon mancherorts böses Blut gemacht hatte, mußte vorsichtiger taktieren als bisher; der Prager Verein auf der anderen Seite besaß einen Rückhalt in dem – wiederum durch Schweizer Holding-Gesellschaften abgesicherten – belgischen Solvay-Konzern[47]. Im übrigen verstand es mit der Zeit auch der Prager Verein, sich den NS-Machthabern anzudienen, indem er seine Leitung eindeutschte und sich ganz mit dem deutschen Wirtschaftsimperialismus auf dem Balkan identifizierte. Die IG-Farben mußte dieser Wandlung wohl oder übel Beifall zollen und den Verein als Kompagnon akzeptieren, zumal der neue Direktor des Vereins, ein Dr. Adolf, ein forsches Vorgehen in Südosteuropa projektierte, indem er eine »retardierende Haltung« gegenüber Industrialisierungsbestrebungen der Balkanstaaten und ein energisches Zusammenstehen gegen die italienische Konkurrenz vorschlug[48].

Die IG, die am 21. Oktober 1938 – zehn Tage nach Abschluß der Besetzung des Sudetenlandes – einen Südosteuropa-Ausschuß gründete[49], besaß noch weitere Motive, von denen her sie in der bisherigen Expansion Deutschlands erst einen Anfang sehen konnte. Ein Direktor der IG selbst, Kurt Krüger, wies später darauf hin, daß der Weg zur »völligen Beherrschung« der österreichischen Dynamit-Nobel AG – mit der das erwähnte Carbidwerk Deutsch-Matrei verbunden war – »über die Tschechoslowakei, d. h. auch über die tschechischen Behörden« führte. Zwar unterstand die österreichische Dynamit-Nobel AG indirekt der von der IG kontrollierten Dynamit-

44 AA, HaPol, HA Hudeczek, IG-Bericht, Allg. Überblick, S. 19c.
45 NI-15 230; vgl. die anderslautenden Zusagen, die die IG dem Prager Verein im November 1938 gemacht hatte: Radandt, *IG-Farben und Südosteuropa*, S. 98.
46 Radant, *IG-Farben und Südosteuropa*, S. 100.
47 Ebd., S. 103 f.
48 DZA, IG-Farben, A 1758, Bl. 99 f., Aktennotiz über Besprechung mit Prager Verein, 3. 7. 42.
49 Radandt, *IG-Farben und Südosteuropa*, S. 77.

Nobel AG Troisdorf, aber Zwischenglied war die Dynamit-Nobel AG Bratislava, die »bei jeder das Ausland berührenden Transaktion von der tschechischen Regierung abhängig« war[50]. Diese noch aus dem Habsburgerreich stammende DAG Bratislava, die von Wien aus geleitet wurde, besaß nicht nur in der Tschechoslowakei und in Österreich Beteiligungen, sondern auch in Ungarn, Jugoslawien und Rumänien[51]; desto irritierender war es für die IG, daß es ihr trotz der im Besitz der DAG Troisdorf befindlichen 51 %-Mehrheit durch den tschechischen Wirtschaftsnationalismus verwehrt wurde, die DAG Bratislava in ihrer Geschäftsführung zu kontrollieren[52]. Diese Lage machte die IG zum gegebenen Verbündeten der – allmählich auch von Hitler geförderten – slowakischen Autonomiebestrebungen. Auch der im März 1939 errichtete slowakische Staat machte gelegentlich Anstalten, die Überfremdung seiner Wirtschaft in Grenzen zu halten; aber gegenüber diesem Staat besaß ein Konzern wie die IG-Farben empfindliche Druckmittel, und in der Regel ist es ihr offenbar gelungen, die DAG Bratislava von einschränkenden Auflagen frei zu halten[53].

Nach Ilgners eigener Darstellung bedeutete die Erlangung der vollen Kontrolle über die Dynamit-Nobel AG Bratislava einen entscheidenden Markstein in dem südosteuropäischen Engagement der IG; bis dahin, meinte er im November 1940, seien »die Konzerninteressen im Südosten unbedeutend« gewesen. Durch die Donauchemie und die DAG Bratislava jedoch stelle die IG jetzt »mit die stärkste Wirtschaftsgruppe auf dem Chemiegebiet im Südosten dar«, und der Prager Verein, »der bis dahin die führende Gruppe war«, besitze »jetzt nach der Ausgliederung der Werke Aussig und Falkenau und insbesondere im Hinblick auf die zukünftige Entwicklung seine führende Position im Südosten nicht mehr«[54]. Wiederum wird deutlich, wie der österreichische und sudetendeutsche Anschluß als Katalysator des Konzernexpansionismus wirkte.

Nach dem Vorstoß des Mannesmann-Konzerns in die Tschechei wurde

---

50 NI-11 370, Affid. K. Krüger, 22. 8. 47.

51 NI-9593, Aufstellung über DAG Bratislava, 22. 9. 37.

52 Radandt, *IG-Farben und Südosteuropa*, S. 84; vgl. im einzelnen darüber: Alice Teichova, *Internat. Kartelle und die chem. Industrie der Vormünchner Tschechoslowakei*, in: *Tradition*, Jg. 1972, S. 143-175.

53 Radandt, Hans, »Der Wirtschaftsberater der dt. Gesandtschaft in Bratislava – ein Vertreter der Interessen dt. Konzerne im System des staatsmonopolist. Kapitalismus«, in: *JbWG*, Jg. 1972, T. 1, S. 83.

54 DZA, IG-Farben, A 1758, Bl. 395, Bericht Ilgners über IG-Interessen in Südosteuropa, 22. 11. 40.

auch Zangen vom Expansionsrausch ergriffen. »Niemand darf aber nun glauben«, sagte er im Mai 1939 auf einer Tagung des Fachamtes Eisen und Metall der Deutschen Arbeitsfront, »daß der Zeitpunkt schon gekommen sei, langsamer zu treten oder gar die Hände in den Schoß zu legen«; denn »die großen Erfolge der deutschen Außenpolitik in den letzten Monaten« eröffneten dem Handel »besonders aussichtsreiche Möglichkeiten«. Deutschlands Gebietszuwachs habe seinen »Einfluß auf unsere wirtschaftlichen Möglichkeiten bereits ausgeübt« und werde es noch »weiter tun«. Im übrigen müsse Deutschland einen »agrarischen Wirtschaftsraum« finden, der seiner industriellen Kapazität entspreche[55]. Von dieser Denkweise her mußte die Annexion der hochindustrialisierten Tschechei Deutschlands Bedürfnis nach einem weiten agrarischen Vorfeld noch steigern; so gab eine Expansion die andere. Zu einer Zeit, da Deutschland allen Grund gehabt hätte, so glaubwürdig wie nur möglich seine Saturiertheit zu versichern, war in führenden Kreisen der Wirtschaft der Appetit größer denn je. Der Krauch-Bericht vom 28. April 1939 forderte die »Schaffung eines einheitlichen Großwirtschaftsblocks«, der – nach dem Muster des soeben geschlossenen deutsch-rumänischen Wirtschaftsvertrages – seinen Einfluß über den gesamten Balkan und die Türkei bis zum Iran ausdehnen solle[56]. Solche Perspektiven waren geeignet, der grenzenlosen Aggressivität Hitlers jenen Schein von Rationalität zu verleihen, den gerade die bare Irrationalität braucht. Die Wehrmachtsführung hat zu der Zeit imperialistische Phantasmen solchen Ausmaßes offenbar nicht gefördert; mit militärischen Mitteln waren weite Räume eben nicht so leicht zu vereinnahmen wie mit Kapitaltransaktionen. Aus militärstrategischen Überlegungen ergab sich auch kaum ein dringendes Bedürfnis nach einer Besetzung der Resttschechei; denn deren Lage war im Kriegsfall ohnehin aussichtslos.

Der als nächstes folgende deutsche Angriff auf *Polen* hatte mit den Hauptlinien der Konzerninteressen allerdings vergleichsweise wenig zu tun; überhaupt wird sich generell sagen lassen, daß der Osten für das Kapital weit weniger reizvoll war als etwa der Südosten. Als Zangen Mitte Oktober 1939 der Ruhrindustrie vorschlug, ein Konsortium zur Übernahme von Industriebetrieben im polnischen Oberschlesien zu bilden, um den Göring-Werken zuvorzukommen, fand er »nicht allzuviel« Interesse; Vögler riet ihm, sich lieber an Flick

---

55 *Anatomie des Krieges*, S. 214 f., 12. 5. 39.
56 *Anatomie des Krieges*, S. 211.

zu wenden[57]. Es gelang den Reichswerken nach dem Polenfeldzug, sich die ostoberschlesischen Steinkohlenfelder anzueignen und ebenso die Bergbau- und Hüttenwerke Starachowice bei Krakau, die zu 50 % in polnischem Staatsbesitz gewesen waren[58]. Göring selbst erscheint jedoch bei dem politischen Vorspiel des Polenfeldzuges nicht mehr als treibende Kraft; der unmittelbar drohende Zweifrontenkrieg ließ ihn offenbar vorsichtiger werden[59].

Die IG-Farben hatte, wie nicht anders zu erwarten, bei dem deutschen Angriff auf Polen bereits detaillierte Informationen über die polnische Chemie und die in den einzelnen Fabriken zu erbeutenden Lagerbestände parat[60]. Der von der IG erstrebte Erwerb der Boruta-Werke in Zgierz bei Lodz gelang ihr erst im Sommer 1941 nach langwierigen Verhandlungen mit der Treuhandstelle Ost; durch diesen Kauf wurde sie einmal mehr »einen unangenehmen Konkurrenten los«[61], und da sie im März des gleichen Jahres auch die französische Farbenindustrie dahin gebracht hatte, sich unter ihrer Führung zu konzernieren, blieb »im kontinentalen Europa« – wie Schnitzler schrieb – »außer Rußland somit nur das Schweizer Problem für die Zeit nach dem Frieden zu regeln«[62].

Ein Informant der Reichskanzlei schilderte die Tätigkeit deutscher Privatfirmen im besetzten Polen als »Beispiel der Wendigkeit der deutschen Wirtschaft«; ihm zufolge brachten es die deutschen Geschäftsleute ganz aus eigener Initiative fertig, in der polnischen Wirtschaft »Ordnung zu schaffen«. »Wer das geleistet und inzwischen neue Aufgaben erfüllt hat«, schreibt er – wenige Tage vor dem deutschen Angriff auf die Sowjetunion –, »wird auch dereinst und hoffentlich in absehbarer Zeit koloniale Aufgaben erfüllen können. Als Beweis war aber auch erbracht, daß man notfalls auch ohne den gewaltigen Apparat an Fachgruppen, Reichsstellen usw. eine Wirtschaft lenken kann«[63]. Die Kooperation zwischen Privatwirtschaft und Militärherrschaft gedieh also auch in Polen bis zu modellhafter Perfektion; zugleich wird ersichtlich, daß sich mit der militärischen Expansion NS-Deutschlands für die Wirtschaft noch mehr als zuvor unkontrollierte Freiräume öffneten.

---

57 NI-3005, Vögler an Flick, 19. 9. 39.

58 BA, R 7 X/454.

59 Bullock, Alan, *Hitler. Eine Studie über Tyrannei*, Düsseldorf 1960, S. 539 ff.

60 NI-9156, Bericht der Vowi, 28. 7. 39; *Anatomie des Krieges*, S. 224, Schnitzler an Krüger, 7. 9. 39 (= NI-8457).

61 NI-1324, Aussage Krüger, 22. 6. 45; vgl. NI-806, Schnitzlers Dankschreiben an Greifelt, 19. 7. 41.

62 NI-793, Schnitzler an Selck, 8. 4. 41.

63 BA, R 43 II/311, Bl. 117, 121, W. Freudenberg an Willuhn, 16. 6. 41.

Grundlegender noch für die deutsche Kriegswirtschaft als alle anderen ausländischen Rohstoffe waren die schwedischen Erze. Bereits der Polenfeldzug hatte dazu beigetragen, Deutschland die Erzzufuhr aus Schweden zu sichern; denn die ostoberschlesische Kohle war ein wichtiges Tauschmittel für die Erlangung der Schwedenerze[64]. In Deutschland selbst drohte die Kohle bereits zum Engpaß zu werden, wie die Auseinandersetzungen um die Belieferung Italiens zeigen. Die im April 1940 begonnene, aber erst nach zweimonatigen Kämpfen abgeschlossene Besetzung Norwegens war ursprünglich von dem Flottenchef Raeder aus seestrategischen Erwägungen vorgeschlagen worden; aber als schließlich die Führerweisung für dieses ungewohnte und riskante Unternehmen erging, rangierte in der Begründung die Sicherung der »Erzbasis in Schweden« noch vor den Marine- und Luftwaffe-Bedürfnissen[65]. Am 9. April begann die deutsche Invasion in Norwegen, die ganz auf Überrumpelung angelegt war und auch dem Großteil der deutschen Industrie überraschend gekommen sein muß; und am 10. April lagen im Wirtschaftsministerium »bereits eine Fülle von Sonderwünschen« der Industrie, »insbesondere der Schwerindustrie«, vor, – Wünsche, die – wie Ministerialrat Waldemar Ludwig einem Vertreter der IG-Farben sagte – am Ende auf einen »Ausverkauf Norwegens« hinauslaufen würden[66]. Es läßt sich daraus erkennen, daß viele Firmen sich mittlerweile auch auf das rasche Improvisieren von »Kriegszielen« verstanden und mit dem Tempo der Blitzkriege vollauf mithalten konnten. Der im Februar 1941 fertiggestellte Norwegen-Bericht der Reichsgruppe Industrie argumentierte, ein Schutzbedürfnis der norwegischen Industrie könne nicht anerkannt werden, da, »von gewissen Ausnahmen abgesehen, eine eigene Industrie in nennenswertem Umfange in Norwegen nicht besteht«; dessenungeachtet wird an späterer Stelle des Berichtes darauf hingewiesen, die norwegische Industrie sei »so reizvoll, daß unter allen Umständen eine deutsch-norwegische Kapitalverflechtung, jedenfalls in gewissem Umfange, herbeigeführt werden sollte«[67]. Auch IG-Farben war jetzt auf dem Plan erschienen und erwarb aus französi-

---

64 Jäger, *Wirtschaftliche Abhängigkeit*, S. 175.

65 Tippelskirch, Kurt v., *Gesch. d. Zweiten Weltkrieges*, 2. Aufl., Bonn 1956, S. 52 f., 55.

66 *Anatomie der Aggression*, S. 41, Notiz der wirtsch.-polit. Abt. der IG, 11. 4. 1940.

67 *Anatomie des Krieges*, S. 315 f.

scher Hand die Mehrheit des Norsk-Hydro-Konzerns[68]: für das Kapital konnte also der Weg der Eroberung Norwegens über die Eroberung Frankreichs führen.

Mit dem Westfeldzug rückten nun die deutschen Truppen wieder in ein Gebiet, auf das die deutsche Industrie schon vom Ersten Weltkrieg her eingeschossen war und wo eine Reihe von Firmenwünschen von vornherein feststand. Wenn der nach lothringischem Hüttenbesitz strebende Röchling das Argument zurückweist, »daß jeder, der an dem Kuchen im Westen beteiligt sein will, an dem trockenen Brot im Osten auch beteiligt werden muß«[69], wird deutlich, wieviel mehr der Westfeldzug der deutschen Industrie im Vergleich zum Polenfeldzug zu bieten hatte.

Anders als im Ersten Weltkrieg wurde diesmal auch Holland von deutschen Truppen besetzt; aber seine wirtschaftliche Durchdringung bereitete Schwierigkeiten: die attraktivsten Objekte, die Konzerne Shell, Philipps und Unilever, erwiesen sich dank ihres internationalen Rückhaltes als weitgehend immun gegen die deutschen Aspirationen, ähnlich wie das größte Unternehmen Belgiens, der Solvay-Konzern. Bei dem vierten holländischen Großkonzern jedoch, der Algemeene Kunstzijde Unie (AKU), gelang es der Deutschen Bank, eine Mehrheitsbeteiligung zu erwerben: Aufsichtsratsvorsitzender der AKU war nämlich seit 1939 Abs, obwohl die Deutschen (Glanzstoff) bis dahin nur eine Minorität der AKU innehatten. Die nun erworbene Majorität mußte allerdings »wegen des Auslandsbesitzes der AKU streng geheim gehalten werden«[70]. Zahlreiche Einfallstore in die holländische Wirtschaft wurden jedoch durch die »Arisierung« geöffnet.

Dieser Hebel stand bei der Durchdringung der belgischen Wirtschaft weniger zur Verfügung, da – wie man im Reichswirtschaftsministerium bemerkte – »die Verjudung der belgischen Wirtschaft ungleich geringer als die der holländischen ist«[71]. Im übrigen erwies es sich als Hindernis, »daß die interessanten Unternehmungen Belgiens zum großen Teil von den beiden belgischen Großbanken, der Société Générale de Belgique und der Banque de Bruxelles über deren Holdinggesellschaften beherrscht werden«[72]. Diese Situation spielte auch

68 Eichholtz, *Kriegswirtschaft*, Bd. 1, S. 189.
69 NI-3018, Röchling an Hanneken, 22. 1. 41.
70 BA, R 7 VIII/207, »Zusammengefaßter Bericht über die Kapitalverflechtung mit Holland und Belgien«; Ulshöfer, *Einflußnahme*, S. 84 Anm.; Graf Schwerin, *Gr. Zeit des Feuers*, Bd. 3, S. 225.
71 BA, R 7 VIII/207 (s. Anm. 70).
72 Ebd.

auf deutscher Seite ganz den Großbanken die Initiative in die Hand; die Deutsche Bank suchte über die Société Générale Kapitalbeteiligungen zu erlangen, und die Dresdner Bank versuchte das Gleiche über die Banque de Bruxelles. Allerdings sah die Dresdner Bank auch die Société Générale als ihre Domäne an, und ihre Rivalität zur Deutschen Bank kam hier in besonders heftiger Weise zum Ausbruch. Beide Konkurrenten behaupteten gegenüber dem Reichswirtschaftsministerium, die besseren Beziehungen zu Belgien zu haben[73]. Die Société machte sich diese Situation zunutze und bestand darauf, mit beiden Banken zu korrespondieren[74]. Ende 1940 ließ sie der Dresdner gegenüber sogar durchblicken, daß man dazu neige, der Deutschen Bank den Vorzug zu geben, da diese »ein Institut sei, welches nach internationalen bankmäßigen Gebräuchen seine Abkommen schließe«, während sich die Dresdner als »Nazi-Bank« aufführe[75]. Im Unterschied zu dem dezenten Benehmen der Herren Abs und Kurzmeyer von der Deutschen Bank sei die Dresdner Bank »mit einer gewissen Eroberungslust aufgetreten«[76]. Die Deutsche Bank, die von der Société Générale ein Aktienpaket der Luxemburger Generalbank erworben hatte, hatte sich dabei zu der Klausel bereitgefunden, daß diese Transaktion nichtig sei, falls »sich der Status von Luxemburg doch nicht in dem deutschen Sinne entwickeln sollte«; die Dresdner Bank empörte sich darüber, daß ihre Konkurrentin sich nicht scheue, dem Auslande gegenüber solche Zweifel am Endsieg zu dokumentieren und dadurch den deutschen Firmenunterhändlern in Belgien die Stimmung zu verderben[77].

Bei Karl Rasche, dem Direktor der Dresdner Bank, war der Konzernimperialismus in ungewöhnlichem Maße mit völkischen Phantasmen verbunden. Am 29. Mai 1940, einen Tag nach der Kapitulation Belgiens, entwarf er in einer Ansprache vor dem niedersächsischen Landesausschuß seiner Bank den absurden Plan, mittels der Baltendeutschen die flämischen Teile Belgiens und Nordfrankreichs zu germanisieren: »Die Rückführung dieser im östlichen Raume lebenden deutschen Menschen in das Großdeutsche Reich und der Hinweis auf die Besetzung des Ursprungslandes dieser Deutschen (Flandern, Artois) durch unsere Truppen eröffneten Perspektiven einer weiteren Ge-

---

73 NID-6391, Memo Goetz für Schacht. 2. 11. 40.
74 NID-10 990, Notiz Goertz, 17. 9. 40.
75 NID-13 825, Overbeck an Goetz, 11. 12. 40.
76 NI-3840, Aktennotiz für Rasche, 15. 3. 41; vgl. Ulshöfer, *Einflußnahme*, S. 84 ff., bes. S. 85 Anm.
77 NID-13 825, Overbeck an Goetz, 11. 12. 40.

staltung im deutschen Sinne«, vermerkte das Protokoll und fügte hinzu, daß die Versammlung sich »nach den fesselnden Ausführungen des Vortrages« nicht mehr in der Lage sah, noch über geschäftliche Dinge zu diskutieren[78]. Eine derartige Szene läßt sich in Kreisen der Deutschen Bank schwer vorstellen. Daß aber auch sie auf die Dauer im Westen gerne härter vorgegangen wäre, läßt sich aus einer Aufzeichnung Weizsäckers vom 16. März 1942 über eine Unterredung mit einem Vorstandsmitglied der Deutschen Bank entnehmen; es ging um französisch-belgische Beteiligungen in Oberschlesien, und Weizsäcker glaubte, »ein politisch-finanzielles Erpressungsmanöver jetzt nicht empfehlen« zu können, – wobei er jedoch »nach eingehender Prüfung« noch einmal bei der Bank anrufen wolle[79]. Die Reichsgruppe Handel forderte die deutschen Behörden schon im Sommer 1940 zu einer »festeren Zügelführung« bei der Lenkung der belgischen Wirtschaft auf; besonders bei der »Arisierung« sei »eine straffe und erfahrene Leitung notwendig, um nicht Möglichkeiten zur Verstärkung des deutschen Einflusses durch entsprechende nationale Tendenzen zu behindern«[80].

Die Abteilung Wirtschaft der deutschen Militärverwaltung in Belgien stellte am 20. September 1941 fest: »Insgesamt haben bisher 285 deutsche Firmen Interesse für eine Verflechtung mit belgischen Unternehmen angemeldet, wovon 136 schon mit bestimmten belgischen Unternehmen in Verbindung stehen, während für die restlichen geeignete Betriebe zur Zeit noch ausfindig gemacht werden.« 130 dieser 285 Firmen seien von den Banken, hauptsächlich der Dresdner Bank, gemeldet worden. Kürzlich sei man allerdings mit dem Reichswirtschaftsministerium überein gekommen, »bei Arisierungen und der Wirtschaftsverflechtung künftig »nur größere Unternehmungen«, zumindest nur Unternehmen mit krisenfester Finanzkraft zuzulassen. »Infolgedessen scheiden mittlere und kleinere Einzelhandelsbetriebe im allgemeinen aus«, und gleichfalls entsprechende Industrieunternehmungen[81]. Der Expansionsrausch hatte weite Kreise der deutschen Wirtschaft erfaßt; aber die Ausnutzung der deutschen Siege wurde zunehmend zum Monopol der Großen[82]. Schon im Juli 1940 empfahl Poensgen als Leiter der Wirtschaftsgruppe Eisen

78 NID-9281.

79 AA, Büro Staatssekr., Aufzeichn. über Nichtdiplomatenbesuche, Bd. 2, Bl. 36 834.

80 *Anatomie des Krieges*, S. 281, Bericht über »Nachkriegsplanung« für Handel in Belgien und Norwegen, 3. 8. 40.

81 AA, HaPol IIa, Wirtschaftsgemeinschaften mit Dtld., Bd. 1: Belgien.

82 Vgl. ebd., IG-Farben an Sabath, 26. 10. 40, bes. S. 3 f.

schaffende Industrie in einem Rundschreiben, bei der »etwaigen Überführung« der lothringischen Hüttenwerke in Privatbesitz »die Erwerbsmöglichkeit nach der Leistungsfähigkeit der Bewerber zu bemessen«[83], – ein Argument, das Flick etwa bei dem Erwerb von Rombach ins Feld führen konnte.

Daß die deutsche Industrie im eroberten Frankreich das Erzbecken von Longwy-Briey beanspruchte, verstand sich in Anbetracht ihrer Vergangenheit von selbst, hatte sie doch während des Ersten Weltkrieges immer wieder auf der Behauptung dieses – schon im August 1914 eroberten – Gebietes bestanden und im August 1917 sogar dem Reichskanzler Michaelis versichert, daß sie um Longwy-Briey auch noch zehn Jahre Krieg führen würde[84]. Auf solch direkte Art pflegte die Industrie der Regierung Hitler keine Ratschläge mehr zu erteilen; aber schon am 14. Juli 1940, dem Tage der Besetzung von Paris, hielt Jakob Wilhelm Reichert, Hauptgeschäftsführer der Wirtschaftsgruppe Eisen schaffende Industrie, in einem Vortrag vor den Chefs der Marinerüstung es für gegeben, daß nun die Zeit gekommen sei, das Versäumnis von 1871 wiedergutzumachen und die lothringischen Erzlager »bis weit über die Stadt Briey hinaus« für Deutschland zu sichern[85]. Ein Jahr später allerdings äußerte Hanneken zu Poensgen, die Industrie müsse sich »darauf einstellen, daß sie das Erzbecken von Briey nicht bekommt«; Hitler »dächte nicht daran, in der Grenzziehung über die alte Reichsgrenze hinauszugehen, abgesehen von kleineren Grenzberichtigungen bei Homécourt«[86]. Aber es ist zweifelhaft, ob Hanneken hier die besten Informationen besaß. Für wie selbstverständlich die Annexion von Longwy-Briey im Auswärtigen Amt von vornherein galt, geht aus Vorschlägen Wiehls vom 25. Juni 1940 »für wirtschaftliche Bestimmungen im Friedensvertrag mit Frankreich« hervor, bei denen er voraussetzt, auf die »Sicherstellung gewisser Rohstofflieferungen« – »z. B. Eisenerz aus dem Becken von Briey und Longwy und tropische Erzeugnisse aus Französisch Aequatorial-Afrika« – gar nicht erst eingehen zu müssen, da entsprechende Bestimmungen »infolge Abtretung der Produktionsgebiete überflüssig« würden[87]. Daß das Reichswirtschaftsministerium hinter solchen Plänen des Auswärtigen Amtes zurückstand,

83 AA, HaPol, Wiehl, Friedensvorbereitung, Bl. E 082 960 f., Siedershausen an Wiehl, 20. 8. 40.

84 Fischer, *Griff nach der Weltmacht*, S. 326.

85 Eichholtz, *Kriegswirtschaft*, Bd. 1, S. 174 und 297; vgl. NIK-9885, E. Müller an Krupp-Direktorium, 1. 6. 194(0).

86 BA, R 13 I/608, Bl. 102, 25. 7. 41.

87 AA, HaPol, Wiehl, Friedensvorbereitung, Bl. E 082 994.

war kaum zu erwarten. Ein Memorandum Schlotterers vom 29. Oktober 1940 über »Möglichkeiten und Grenzen einer französischen Kriegsentschädigung« diskutierte zwei Möglichkeiten: »1. Frankreich tritt seine Industriegebiete im Norden und Osten des Landes ab und wird damit zu einem ausschließlichen Agrarstaat. 2. Frankreich behält nach dem Kriege seine gesamten nördlichen und einen Teil seiner östlichen Gebiete.« Im zweiten Falle müsse Deutschland sich mit Reparationen schadlos halten; aber die historischen Erfahrungen sprachen durchaus gegen eine solche Lösung[88]. An die Annexion von Longwy-Briey jedenfalls war offenbar so oder so gedacht. Hitler selbst schwieg sich über seine Absichten hinsichtlich der zukünftigen Friedensregelung mit Frankreich völlig aus[89], so daß man zweifeln muß, ob er überhaupt schon konkrete Vorstellungen besaß; es scheint jedoch sicher zu sein, daß er zu einer harten Behandlung Frankreichs entschlossen war[90], und daher konnten auch weitreichende Forderungen der Wirtschaft bei ihm auf Resonanz rechnen.

Wiederum war es zuoberst IG-Farben, die auch jenseits der Grenzen des wilhelminischen Wirtschaftsimperialismus noch Perspektiven zu bieten hatte. Vor dem Kriege hatte in der chemischen Branche weit mehr als in den anderen Industriezweigen eine industrielle Zusammenarbeit zwischen Deutschland und Frankreich stattgefunden[91]; jetzt suchte man von deutscher Seite die Kooperation in Kontrolle zu verwandeln. Für den Chemiekonzern war es von vornherein klar, daß es nicht um die Abtrennung dieser oder jener Gebiete im französischen Nordosten ging, sondern um die Führung in ganz Frankreich, gerade auch jenseits der Demarkationslinie, die das besetzte vom unbesetzten Frankreich trennte: denn eines der Hauptobjekte der IG, der Chemiekonzern Rhône-Poulenc, befand sich im unbesetzten Gebiet[92].

---

88 *Anatomie des Krieges*, S. 300 ff. (= EC-133); dazu Böhme, *Der deutsch-französische Waffenstillstand im Zweiten Weltkrieg*. 1. Teil: Entstehung und Grundlagen des Waffenstillstandes von 1940, Stuttgart 1966 (Veröff. des Institutes für Zeitgesch.), S. 276.

89 Jäckel, Eberhard, *Frankreich in Hitlers Europa. Die deutsche Frankreichpolitik im Zweiten Weltkrieg*, Stuttgart 1966 (Quellen und Darstellungen zur Zeitgeschichte 14), S. 52.

90 Besonders deutlich: ALG, PS-1221, Besprechung im Führerhauptquartier, 16. 7. 1941; Gruchmann, Lothar, *Nationalsozialistische Großraumordnung. Die Konstruktionen einer »deutschen Monroe-Doktrin«*, Stuttgart 1967, S. 79; Milward, Alan, S., *The New Order and the French Economy*, New York (Oxford UP) 1970, S. 71 f.

91 AA, HaPol, Wirtschaftl. Bez. zu Dtld. (Frankreich), Bd. 2, Bl. 340 494, Bericht der RG Industrie, 11. 3. 39.

92 Denzel, R., *Die chemische Industrie Frankreichs unter der deutschen Besetzung*

Die IG unterstrich gegenüber der französischen Waffenstillstandsdelegation den »Führungsanspruch der deutschen Teerfarbenindustrie«. Sie bezeichnete es sogar als ein »Gebot der Vernunft«, »daß eine völlige Anpassung der Betätigung der französischen Farbenindustrie an die der deutschen erfolgt«[93]. Vorschläge der französischen Farbstoffindustrie wurden von der IG mit dem Argument zurückgewiesen, daß sie diesem »Führungsanspruch« nicht Rechnung trügen[94]. Außerdem nahm man für sich das Recht in Anspruch, das Rad der Geschichte zurückzudrehen: »Der Plan der IG bedeutet im Grunde genommen nichts anderes als die Schaffung eines Zustandes, wie er sich ergeben hätte, wenn weder der Weltkrieg (= der Erste Weltkrieg; J. R.) noch der derzeitige Krieg gekommen wären.«[95] Im Frühjahr 1941 setzte die IG schließlich bei der chemischen Industrie Frankreichs durch, daß diese ihre Farbenfabriken in einen neu zu gründenden Konzern »Francolor« einbrachte, in der die IG 51 % des Kapitals besaß, die Franzosen allerdings den Präsidenten stellen durften[96].

Ende 1940 betonte die IG den französischen Unterhändlern gegenüber, ihr »Führungsanspruch« beschränke sich »ausschließlich auf das Gebiet der Farbstoffe«[97]; zugleich aber wurde intern festgestellt, daß »die Regelung der Farbstoffindustrie nunmehr gewissermaßen das Modell für weitere Industriegebiete abgeben soll«[98]. In einer Situation verbreiteter Unsicherheit darüber, wie die endgültige deutsch-französische Friedensregelung auszusehen habe, war der Francolor-Vertrag tatsächlich geeignet, einen Präzedenzfall zu schaffen[99]. Solche Lösungen empfahlen sich durch eine gewisse Eleganz: der französischen Öffentlichkeit gegenüber wurde die deutsche Majorität möglichst verhüllt. Die IG (Bayer) setzte auf dem pharmazeutischen Sektor eine ähnliche Regelung durch, indem sie mit dem größten französischen Unternehmen dieser Branche, Rhône-Poulenc, eine gemeinsame Vertriebsgesellschaft gründete, an der die IG

---

im Zweiten Weltkrieg, (Studien des Instituts für Besatzungsfragen 18), Tübingen 1959, S. 79 f.

93 *Anatomie des Krieges*, S. 305 f., IG-Memo, 21. 11. 40 (= NI-5901).

94 NI-6949, Verhandlungen in Wiesbaden, Ende Nov. 1940.

95 Ebd.

96 NI-793, Schnitzler an Selck, 8. 4. 41.

97 NI-6949.

98 NI-15 228, Schnitzler/Kugler an Kramer, 8. 11. 40.

99 Milward, *New Order*, S. 104; vgl. Winschuh, *Unternehmer im neuen Europa*, S. 137: »Im vorigen Sommer gewann nach dem großen Sieg über Frankreich diese Vorwegnahme der Zukunft in der Wirtschaftspolitik Gestalt«.

direkt mit 49 %, indirekt aber mit noch weiteren 2 % beteiligt war[100].

Bei ihren Methoden der Durchsetzung dachte die IG jedoch keineswegs daran, sich an etwaige Spielregeln der Privatwirtschaft zu halten, sondern sie suchte soweit wie möglich, auch mit dem Hebel der Staats- und Militärgewalt zu operieren. Ende August 1940 bemühte sich die IG bei der zuständigen deutschen Wirtschaftsstelle um eine einstweilige Unterbindung der französischen Farbstoffproduktion[101], um die französischen Chemiefirmen gefügig zu machen. Noch Anfang März 1941, als die französische Chemie mit ihrem Angebot bereits auf 45 % der zu gründenden Farbstoffgesellschaft hochgegangen war, sprach sich der IG-Unterhändler dafür aus, weitere Verhandlungen aufzuschieben und die Franzosen zuvor erst einmal »unter Druck zu setzen«[102].

Ein solcher Druck war leicht zu organisieren; denn die IG-Verhandlungen vollzogen sich in engem Kontakt mit den Verhandlungen der deutschen und französischen Waffenstillstandsdelegation für Wirtschaft. Der Leiter der deutschen Delegation, der Gesandte Hemmen, erklärte zwar anfangs der IG, er sehe es als »zweckmäßig« an, wenn der für ihre »Verhandlungen benötigte Druck sozusagen aus dem geschichtlichen Ablauf der steigenden Erschwerung der wirtschaftlichen Lage Frankreichs erwachse und nicht gewissermaßen vorzeitig durch eine Aktion der Waffenstillstandsdelegation vorweggenommen würde«[103]; aber diese Zurückhaltung Hemmens war nicht von Dauer. Ein halbes Jahr später, nach Durchsetzung der Majorität in der »Francolor«-Gesellschaft, schrieb Schnitzler an Hemmen, das »unseren Forderungen voll entsprechende Ergebnis der Verhandlungen mit der französischen Farbenindustrie« wäre »nie erreicht worden«, wenn nicht sämtliche zuständigen »Reichsbehörden uns in solch hervorragender Weise unterstützt und beraten hätten«, – wobei, wie aus dem folgenden hervorgeht, das Einvernehmen dieser Reichsbehörden untereinander nicht so gut war wie ihr Einvernehmen mit der IG[104].

---

100 Denzel, *Chem. Industrie Frankreichs*, S. 136 f.

101 NI-6839, Besprechungen Paris, 31. 8.-2. 9. 40, S. 21; ebd., auch Bemühungen um Unterbindung der frz. Cellophanproduktion.

102 NI-15 222, Notiz über Tel.-Gespräch mit Kramer, 6. 3. 41.

103 NI-3839, Besprechung in Wiesbaden, 5. 9. 40.

104 NI-15 227, 17. 3. 41; vgl. NI-6537, Aussage ter Meer, 22. 4. 47: »Die Verhandlungsart des Herrn Hemmen mag den Eindruck bei den anwesenden Vertretern der französischen chemischen Industrie erzeugt haben, daß sie entweder dem Wunsche der IG nachgeben müssen, oder mit den deutschen Militärbehörden in Frankreich zu tun haben werden.«

Auch in der Folgezeit besaß die deutsche Industrie bei der Durchsetzung ihrer Interessen in Frankreich einen Rückhalt in der Waffenstillstandsdelegation für Wirtschaft, die – allgemein »Delegation Hemmen« genannt – noch jahrelang fortbestand und sich zu einer regelrechten Institution entwickelte. Sie ist dabei keineswegs etwa als kulanter Gegenpol zu den Militärbehörden vorzustellen, sondern spielte eine eher scharfmacherische Rolle. Ein Jahr nach dem Waffenstillstand von Compiègne klagte die Delegation in Berlin darüber, daß »jede sich anbahnende Besserung« der deutsch-französischen Beziehungen » die Franzosen sofort dazu verführe, für jede Leistung eine Gegenleistung zu fordern«[105]; sie unterstützte also jene Kräfte in der Reichsführung, die ein Bundesgenossen-Verhältnis zwischen Deutschland und Frankreich nicht aufkommen lassen wollten, sondern darauf drangen, Frankreich für alle Zukunft in der Position des Besiegten zu halten. Die Delegation war, wie Hemmen dem Auswärtigen Amt im Februar 1942 schrieb, »den Franzosen eine ständige Mahnung an die gegebene militärische Lage«[106]. Hemmen befand sich in der günstigen Lage, Vollmachten sowohl des Auswärtigen Amtes als auch der Vierjahresplan-Organisation in sich zu vereinigen, und er verstand es, seine Zuständigkeiten in einem Maße auszunutzen, daß die Tätigkeit seiner Delegation – wie er selbst schrieb – »weit über die Waffenstillstandsregelung hinaus« griff und »die völlig(e) wirtschaftliche und finanzielle Einordnung Frankreichs in den europäischen Raum« betrieb[107]. Hemmens Wirtschaftsverhandlungen stellten gleichsam eine Fortsetzung des Krieges mit anderen Mitteln dar; hartnäckig und mit wachsendem Erfolg strebte er danach, auch das unbesetzte Frankreich wirtschaftlich in den Griff zu bekommen[108]. Ende November 1943 wurde Hemmen von Ribbentrop zum Stellvertreter des deutschen Botschafters in Paris (der zu der Zeit aus Paris zurückberufen worden war) ernannt und ausdrücklich mit dem Recht auf unmittelbare Berichterstattung versehen[109]: das Aufrücken dieses harten und bei den Franzosen gefürchteten Verfechters der Wirtschaftsinteressen[110] kennzeichnet den Sieg der rigorosen Linie gegenüber Frankreich.

Während ein allgemeines Konzept für die Behandlung des besiegten

---

105 ALG, 1987-PS, 2. Tätigkeitsbericht der Waffenstillstandsdeleg. f. Wirtschaft, Juli 1941.

106 AA, Unterstaatssekr., Deleg. Hemmen, Bd. 4, Bl. 327 584, 9. 2. 42.

107 Ebd., Bl. 327 582.

108 Milward, *New Order*, S. 107.

109 Böhme, *Dt.-franz. Waffenstillstand*, S. 200.

110 Zu Hemmens Person vgl. Jäckel, *Frankreich in Hitlers Europa*, S. 73.

Frankreich kaum vorhanden war, waren auf wirtschaftlichem Bereich sehr rasch klar umrissene Forderungen formuliert, und zwar von beträchtlicher Härte. Hemmen präsentierte den Franzosen eine Besatzungskosten-Rechnung von täglich 400 Millionen Franc und ließ sich mit den dagegen heftig protestierenden Franzosen auf keinerlei Diskussionen ein; er behauptete, strenge Weisungen von oben zu haben, hatte jedoch in Wirklichkeit selber der deutschen Regierung diese hohe Forderung vorgeschlagen[111]. Ein Jahr später stellte die deutsche Delegation intern fest, daß die bisherigen französischen Zahlungen den Francbedarf der deutschen Besatzungsarmee »um annähernd das Doppelte« überstiegen[112]. Das war vorauszusehen gewesen, und die Delegation Hemmen hatte bereits einen Alternativvorschlag bereit: ein Teil der Besatzungskosten sollte in Form von Wertpapieren und Industriebeteiligungen an Deutschland überwiesen werden. Dieser Plan hätte der deutschen Wirtschaft einen unablässigen Strom französischer Objekte zugeführt und dafür das luxuriöse Leben der deutschen Besatzungstruppen in Frankreich reduziert. Die Delegation Hemmen suchte diese für ihre Interessenlage bezeichnende Regelung unverzüglich bei ihren französischen Verhandlungspartnern durchzusetzen und erzielte auch bald Fortschritte, bekam jedoch schließlich aus Berlin einen ablehnenden Bescheid[113].

Insgesamt scheint der deutschen Industrie, abgesehen von dem lothringischen Erzbecken, doch nur sehr begrenzt ein Eindringen in die französische Wirtschaft gelungen zu sein. Anscheinend war auch das Interesse deutscher Firmen an französischen Objekten nicht so stark wie dasjenige an Objekten der Benelux-Staaten; es war ja zweifelhaft, ob man Frankreich in dauernder Abhängigkeit halten, das dortige deutsche Kapital also gegen Schikanen sichern konnte.

Eigentlich wäre die Okkupation Westeuropas ganz dazu angetan gewesen, Deutschland von der Südost-Expansion abzulenken: gesamtökonomisch gesehen, wurde der Balkan jetzt längst nicht mehr so dringend wie zuvor gebraucht. Tatsächlich setzte insgesamt eine Umorientierung der deutschen Handelsbeziehungen nach Westeuropa ein; bis 1943 wurde Frankreich Deutschlands wichtigster Lieferant von Rohstoffen; Nahrungsmitteln und Fertigwaren[114]. Von besonderer kriegswirtschaftlicher Bedeutung war die Einfuhr des von der

---

111 Jäckel, *Frankreich in Hitlers Europa*, S. 73.
112 1987-PS.
113 AA, Unterstaatssekr., Deleg. Hemmen, Bd. 4, Bl. 327 480; 2850-PS; Aussagen Hemmens: ALG, Fall XI, S. 4082 f. und 4287 f., 23. 3. und 25. 3. 48.
114 Milward, *New Order*, S. 282 f.

Flugzeugindustrie benötigten Bauxit: hier war Deutschland in der letzten Vorkriegszeit vollständig auf Ungarn und Jugoslawien mit ihren reichen Bauxitvorkommen angewiesen, da Frankreich aus militärischen Gründen seine Bauxitausfuhr nach Deutschland drosselte[115]. Nach dem deutschen Sieg über Frankreich wurde die französische Bauxitproduktion von Deutschland noch mehr als die Eisenproduktion forciert, und die deutschen Bauxitbezüge aus Frankreich versechsfachten sich im Vergleich zur Vorkriegszeit[116].

Wenn man also vom gesamtwirtschaftlichen Gesichtspunkt aus nach der Eroberung Westeuropas auf dem Balkan ohne weiteres hätte zurückstecken können, um die dortige Hegemonie mit den damaligen Verbündeten Italien und Sowjetrußland zu teilen, so stellte sich die Lage aus der Perspektive der mächtigsten Privatinteressen keineswegs so dar. Nun konnten sie Hitler sicherlich nicht ihre Wünsche diktieren, und es ist auch fraglich, ob der Großteil der auf dem Balkan engagierten deutschen Firmen eine militärische ultima ratio im Sinn hatte; da aber Hitler selbst nach Gelegenheiten suchte, um die deutsche Front wieder gen Osten zu kehren, waren die Wirtschaftsinteressen in Südosteuropa durchaus imstande, politische Hebel zu betätigen.

Anders als für das Militär verlief für das Kapital ein geradliniger Weg über Frankreich nach dem Balkan, ja man konnte den Sieg über Frankreich auf dem Balkan sogar noch mehr ausnutzen als in Frankreich selbst; denn das französische Kapital war in Osteuropa stark engagiert, und diese auswärtigen Kapitalbeteiligungen waren nach dem französischen Zusammenbruch eine relativ leichte Beute der deutschen Wirtschaft. Nunmehr konnten die vorausgegangenen Eroberungen, Tschechei, Polen und Norwegen, wirtschaftlich noch stärker als bisher okkupiert werden; aber auch Zugänge zu dem rumänischen Erdöl wurden geöffnet[117]. Deutsche Regierungsstellen trugen dazu bei, den deutschen Sieg im Westen systematisch zur wirtschaftlichen Durchdringung Südosteuropas auszunutzen. Schlotterer vom Reichswirtschaftsministerium propagierte schon im August 1940 in einer interministeriellen Besprechung wieder die »privatwirtschaftliche Durchdringung des Südostraumes mit deutschen Einflüssen«, und »allseits« ergab sich die Auffassung, daß Auslandsbeteiligungen in

---

115 BA, R 7 X/323, Bl. 74 f., Reichsamt für wehrwirtschaftl. Planung, März 1939; AA, HaPol, *Wirtschaftl. Bez. zu Dtld. (Frankreich)*, Bd. 2, Bl. 340 511, WG Chem. Industrie an RG Industrie, 14. 3. 39.

116 Milward, *New Order*, S. 235 ff.

117 ALG, 2850-PS, ebd., bes. S. 31 f.

privater Hand am besten aufgehoben seien[118]. Im Auswärtigen Amt erstellte die HaPol eine sechs Seiten lange Liste französischer Firmenbeteiligungen im Ausland, die an Deutschland abgetreten werden sollten[119].

Nachdem die Deutsche und Dresdner Bank in Belgien ihren jugoslawischen Besitz erweitert hatten, faßten sie Ende 1940 ihre Jugoslawien-Interessen im »Allgemeinen Jugoslawischen Bankverein« zusammen[120]. Am 4. Februar 1941 erwarb ein deutsches Konsortium die Mehrheit des französischen Aktienkapitals an den Kupferbergwerken von Bor in Jugoslawien[121]. Das war zwei Monate vor dem deutschen Angriff auf dieses Land. – Nach dem Westfeldzug kam der »Öl-Waffen-Pakt« mit Rumänien zustande, mit dem die enge Angliederung der rumänischen Wirtschaft an die deutsche erst vollends realisiert wurde; seitdem hielt sich der schon erwähnte Neubacher als permanenter Sonderbeauftragter der Reichsregierung in Bukarest auf, der – gelernter IG-Manager und österreichischer Altfaschist – die deutschen Wirtschaftsinteressen offenbar energischer durchsetzte als die Diplomaten[122]. Im Herbst 1940 erklärte Schlotterer dem Beirat der Reichsgruppe Industrie, »daß wir die rumänische Mineralölwirtschaft in die Hand bekommen müssen . . ., um Mineralölpolitik in Europa betreiben zu können«[123]. Das war einen Monat nach dem Regierungsantritt des Marschalls Antonescu, der Rumänien auch politisch und ideologisch mit NS-Deutschland verband. Im Februar 1941 war es soweit, daß Neubacher – wie er nach Berlin telegraphierte – mit Antonescu »über Ordnung rumänischer Schwerindustrie durch Interessennahme deutscher Schwerindustrie« verhandeln konnte[124]; die Führung sollten dabei die Göring-Werke haben. Mit den Großbanken, IG-Farben und der Schwerindustie waren in Rumänien nunmehr die Spitzen der deutschen Wirtschaft beisammen. Bezeichnend ist ein Hinweis des Reichswirtschaftsministeriums von Anfang April 1941, »daß infolge der politischen Entwicklung in Rumänien und dem damit verbundenen stärkeren Anschluß an die deutsche Wirtschaft, infolgedessen der wachsenden Ausschaltung der ausländischen Konkurrenz, die Notwendigkeit für die Zahlung von

118 ALG, EC-43, Notiz über Besprechung im RWM, 20. 8. 40; vgl. auch Ulshöfer, *Einflußnahme,* S. 150 f.
119 AA, HaPol, Wiehl, Friedensvorbereitung, BL. E 082 904 ff.
120 Ulshöfer, *Einflußnahme,* S. 88 Anm.
121 *Anatomie des Krieges,* S. 314 f.
122 Hillgruber, *Hitler, König Carol,* S. 84 ff.
123 NI-10 717, 3. 10. 40.
124 AA, Staatssekr., Rumänien, Bd. 5, Bl. 89 343.

Schmiergeldern, Spitzengehältern und dergleichen mehr und mehr entfalle«[125].

Sogar die IG, die bei der wirtschaftlichen Durchdringung des besetzten Frankreich den weitaus größten Erfolg hatte, ließ sich dadurch keinen Augenblick von ihren südosteuropäischen Aspirationen abbringen. Ilgner, der im Mai 1940 gerade dabei war, sich auf eine Balkanreise zu begeben, diese aber bei Beginn des deutschen Westfeldzuges auf Veranlassung des Auswärtigen Amtes in der Steiermark abbrechen mußte[126], wies wenige Wochen nach dem Zusammenbruch Frankreichs im Südosteuropa-Ausschuß der IG »auf die Notwendigkeit hin, eine einheitliche Konzernpolitik im Südosten zu treiben und hiernach die Fabrikationsprogramme von Preßburg (= DAG Bratislava; J. R.), der Donauchemie und Aussig-Falkenau auszurichten«. Diese Forderung war offenbar ein Novum; Ende 1939 war in dem Ausschuß lediglich von »einheitliche(m) Vorgehen der IG in Rumänien« die Rede gewesen[127]. Die neue Systematik der Südostpolitik des Konzerns zeigt sich etwa darin, daß Ende 1940 in der IG Informationen »über die Beteiligung nichtgriechischen bzw. nichttürkischen Kapitals an industriellen Unternehmungen in Griechenland und in der Türkei« angefordert werden, und zwar insbesondere Informationen über »eine eventuelle Beteiligung von jüdischem Kapital«[128]. Vier Monate vor dem deutschen Balkanfeldzug – allerdings nach dem italienischen Angriff auf Griechenland – spekulierte man in der IG also schon auf eine »Arisierung« nicht nur Griechenlands, sondern gleich auch der Türkei. Im übrigen war der französische Indochina-Besitz geeignet, nach dem Juni 1940 das Interesse der deutschen Wirtschaft nicht nur im nahen, sondern auch im fernen Südosten zu intensivieren und also die Konkurrenz mit Japan zu verschärfen.

Der Mitteleuropäische Wirtschaftstag bildete in seiner Wiener Tagung am 2. September 1940 ein Kuratorium, in dem sich u. a. Ilgner und Abs, Goetz von der Dresdner Bank, Diehn vom Kalisyndikat, Bücher von der AEG und der am makedonischen Tabak interessierte Reemtsma trafen[129]; auch dies ist ein Indiz für eine verstärkte

---

125 NI-1194, Zentralfinanzverwaltung der IG an Bankabt., 8. 4. 41.

126 NI-1405.

127 DZA, IG-Farben, A 1758, Bl. 443 und 467, Sitzungen des Südosteuropa-Ausschusses, 9. 7. 40 und 15. 12. 39.

128 DZA, IG-Farben, A 995, Bl. 57, IG-Verkaufsgemeinschaft Chemikalien an VOWI, 17. 12. 40.

129 Broschüre »Wiener Tagung des Mitteleurop. Wirtschaftstages«, in: BA, R 43 II/368a.

Formierung der Südost-Interessen. Ilgner, der später von dem gut informierten Heinrichsbauer als die »treibende Kraft« des Mitteleuropäischen Wirtschaftstages bezeichnet wurde[130] und der durch den notgedrungenen Abbruch seiner amerikanischen und ostasiatischen Aktivitäten noch mehr Zeit als bisher für den Balkan bekommen haben muß, hielt auf jener Tagung einen programmatischen Vortrag über die deutschen Südost-Perspektiven[131]. Er präsentierte eine eigene Version der »Lebensraum«-Idee, die von der spezifisch nationalsozialistischen Version sicherlich abwich, aber sich in der NS-deutschen Politik mindestens so sehr wie die letztere zur Geltung bringen konnte. »Lebensraum« wird von ihm euphemistisch als »gegenseitiger wirtschaftlicher Ergänzungsraum« definiert; »gerade das Verhältnis Deutschlands zu den Ländern des Südostens« sei »besonders dazu angetan ..., die Definition des Begriffes Lebensraum zu veranschaulichen«. Geflissentlich verwahrt er sich gegen kolonialistische Auslegungen des »Lebensraum«-Begriffes und legt Wert auf die Feststellung, daß die wirtschaftliche Entwicklung der Balkanstaaten innerhalb gewisser Grenzen auch dem deutschen Export zugute komme. »Zur Hochindustrialisierung auf einer gesunden Basis« findet er allerdings »im allgemeinen nur Großmächte ... prädestiniert«. Zumal ein natürliches Bedürfnis nach einer synthetischen Industrie billigt er Ländern mit »reichen Bodenschätzen« nicht zu; woraus sich ergab, daß man zwar unter Umständen eine Konkurrenz der Balkanstaaten mit der deutschen Schwerindustrie, keinesfalls aber mit der deutschen Chemie zulassen dürfe. Heinrich Hunke, Präsident des Vereins Berliner Kaufleute und Industrieller, der wegen seiner NS-Beziehungen in den Vorstand der Deutschen Bank aufgenommen wurde[132], berief sich 1942 auf Ilgner: treffend habe dieser das »Problem der Industrialisierung« Südosteuropas in eines der »Intensivierung der heimischen Wirtschaft« umbenannt, – wobei Hunke dies so versteht, daß »die alten Industrialisierungstendenzen« auf dem Balkan, »die einstmals den Preisstürzen der Agrar- und Rohstoffländer ihre Entstehung verdankten, ... allerdings der Vergangenheit angehören« müßten[133].

»Durch den Krieg«, sagte Ilgner auf der Wiener Tagung – ein halbes Jahr vor dem deutschen Balkanfeldzug –, »offenbart sich die deutsche Betrachtungsweise der wirtschaftlichen Entwicklung der Süd-

---

130 NI-4029, 15. 1. 47.
131 S. Anm. 129; Teilabdruck des Vortrages in: *Anatomie der Aggression*, S. 91 ff.
132 *Anatomie des Krieges*, S. 101, Aussage K. v. Schröder.
133 In: *Europ. Wirtschaftsgemeinschaft* (1942), S. 12.

ostländer nur noch in einer prägnanteren Form«: der Zusammenhang zwischen dem deutschen Westfeldzug und der neuen Systematik des wirtschaftlichen Vorgehens im Südosten war also für Ilgner evident. Noch perfekter allerdings wurde die Systematik nach dem deutschen Angriff auf die Sowjetunion: während der Südosteuropa-Ausschuß der IG-Farben bereits nach dem deutschen Einmarsch im Sudetengebiet gegründet wurde, kam ein Südost-Ausschuß der Reichsgruppe Industrie – ebenfalls unter Leitung Ilgners! – erst im September 1941 zustande[134].

4.3 *Die Balkan-Interessen und der Angriff auf die Sowjetunion*

Stärker als irgendwo anders trafen sich Nationalsozialismus und Privatwirtschaft ideologisch im Antikommunismus; die elementare Bindung des Nazismus an privatkapitalistische Zustände verrät sich besonders deutlich darin, daß der tödliche Haß auf den »Bolschewismus« ein fixes Element der NS-Ideologie war und es auch über das Bündnis mit der Sowjetunion hinweg blieb, während der Nazismus in mancher anderen Beziehung durchaus flexibel war. Die Verbindung von nationalsozialistischer »Herrenmenschen«-Politik und wirtschaftlicher Ausbeutung erreichte ihren furchtbarsten Höhepunkt in den besetzten Gebieten Rußlands. Von daher könnte man vermuten, daß bereits in der Vorbereitung des Überfalls auf die Sowjetunion die Kooperation zwischen NS-Führung und Wirtschaft besonders intim gewesen wäre, ja die Wirtschaft langfristig dazu beigetragen hätte, die deutsche Politik auf eine östliche Offensivrichtung hin zu orientieren; aber aus der bisher zugänglichen Dokumentation ergibt sich ein solches Bild in keiner Weise. Ungeachtet des ideologischen Antikommunismus läßt sich in den praktischen Wünschen und Empfehlungen der Wirtschaft im allgemeinen durchaus keine Feindseligkeit gegen Sowjetrußland erkennen, häufig sogar ein Bestreben nach Verbesserung der Beziehungen. Bei der Vorbereitung des Stalin-Hitler-Paktes spielte die Wirtschaft viel deutlicher eine vorwärtstreibende Rolle als bei der Vorbereitung des Angriffes auf die Sowjetunion, auch wenn man berücksichtigt, daß sich diese letztere Vorbereitung ganz geheim vollziehen mußte.

---

134 NI-6087, Sitzung des Kaufmänn. Ausschusses, 23. 9. 41. Wilmowsky zufolge war Ilgner im Mitteleuropäischen Wirtschaftstag »ein ungemein belebendes Element, das uns ständig in Bewegung hielt« (Wilmowsky, *Rückblickend möchte ich sagen . . .*, S. 192).

Handelspolitisch besaß die importorientierte Sowjetunion für die deutsche Wirtschaft kaum etwas Bedrohliches; dagegen hinterließen die rettenden Rußland-Aufträge auf dem Höhepunkt der Weltwirtschaftskrise einen tiefen Eindruck in deutschen Wirtschaftskreisen, der noch in den fünfziger und sechziger Jahren seine Wirkung tat. Es war ausgerechnet die politisch rechtsgerichtete Schwerindustrie, die dem Rußland-Geschäft besonders viel verdankte; dem damaligen deutschen Botschafter in Moskau, Herbert von Dirksen, zufolge hatten die russischen Aufträge »zu einem erheblichen Teil die Ruhrindustrie in Betrieb gehalten«[135]. Als von 1931 auf 1932 der deutsche Gesamtexport auf nahezu die Hälfte schrumpfte, bleib vor allem die Ausfuhr in die Sowjetunion relativ stabil, so daß diese unter den Aufnahmeländern deutscher Waren vor England und Frankreich rückte[136]. Allerdings funktionierte das Rußlandgeschäft nur mit Unterstützung des Reiches, das der Sowjetunion entsprechende Kredite zu gewähren hatte; wie Dirksen sarkastisch bemerkt, fanden sich die deutschen Industriellen »allmählich ... bereit, die ansehnlichen Gewinne aus dem Russen-Geschäft einzustecken, vorausgesetzt, daß das Risiko gleich Null war und jemand anderes die Finanzierung übernahm«[137].

Die Regierung Hitler war zu solcher staatlichen Förderung des Rußland-Geschäftes jahrelang nicht bereit, und so bedeutete das Jahr 1933 einen abrupten Rückgang in den deutsch-russischen Wirtschaftsbeziehungen. Aber die Bestrebungen zum erneuten Ausbau des Rußland-Handels hörten nicht auf[138]. Am 19. Mai 1938 notierte Willuhn über eine Sitzung des Rußland-Ausschusses der deutschen Wirtschaft, an der er selber teilnahm: »Die deutsche Wirtschaft verlangt von der Reichsregierung die Aufnahme wirtschaftlicher Verhandlungen mit den Russen, um das Geschäft auszuweiten.«[139] Offenbar schlugen die Wirtschaftler in diesem Punkt gegenüber der Regierung mitunter einen fordernden Ton an, wie er nach fünf Jahren der Diktatur allgemein keineswegs mehr üblich war.

---

135 Dirksen, H., *Moskau, Tokio, London*, Stuttgart 1949, S. 110.

136 Schmitt, *Wirtschaft im neuen Reich*, S. 27; Rolf Krengel, *Die Bedeutung des Ost-West-Handels für die Ost-West-Beziehungen*, Göttingen 1967, S. 58 ff.

137 Dirksen, *Moskau, Tokio, London*, S. 108.

138 Vgl. besonders: AA, HaPol, Wiehl, Rußland, Bd. 12, Bl. 452 527 f. Herbert L. W. Göring (Vetter Hermann Görings) an Gf. Schulenburg, 20. 6. 36; ebd., Bl. 452 541, Aufzeichnung Schnurre, 2. 3. 37; BA, R 43 II/1489a, Bl. 13 über Klagen des Rußland-Ausschusses der dt. Wirtschaft am 28. 5. 37; ebd., Bl. 34, Eingaben der Banken beim RWM, 7. 7. 37.

139 R 43 II/1489a, Bl. 73.

Im folgenden Jahr waren es dann die Wirtschaftler, die, zunächst gegen Widerstände seitens der Regierung, den Politikern den Weg nach Moskau bahnten, wobei Ribbentrop den Wert der Wirtschaftsvertreter auf dem Gebiet der deutsch-russischen Beziehungen höher taxierte, als es den Berufsdiplomaten recht war[140]. Die Rolle der Industrievertreter bei der Vorbereitung des deutsch-sowjetischen Nichtangriffspaktes ist um so bemerkenswerter, wenn man daneben die gleichzeitige Indifferenz der Industrie in der Frage der Verbesserung der deutschen Beziehungen zu den Westmächten sieht.

Einige Dokumente der Großindustrie sprechen allerdings eine andere Sprache. Röchlings Denkschrift vom 17. August 1936 erklärt den »Entscheidungskampf zwischen Bolschewismus und Nationalsozialismus« für unvermeidlich[141]; aber die praktischen Vorschläge dieser Denkschrift haben nichts mit den deutsch-russischen Beziehungen zu tun. Ein heftiger Eiferer gegen den deutsch-sowjetischen Pakt war dagegen Hitlers einstiger Förderer Fritz Thyssen, der bei Kriegsausbruch in die Schweiz emigrierte. Wenn Hitler vordem den »Kreuzzug gegen das bolschewistische Rußland« gepredigt hatte, so hatte das offenbar Thyssens volle Zustimmung gefunden; am 28. Dezember 1939 jedoch schrieb er aus Luzern einen Brief an den Führer, in dem er ihm heftigste Vorwürfe wegen des Paktes mit Stalin machte und ihn daran erinnerte, daß Keppler noch im Mai 1939 erklärt habe, Rußland müsse bis zum Ural germanisiert werden[142]. Aber es ist kaum vorstellbar, daß dieser Brief bis zu Hitler gelangte. Man kann diese Einstellung Thyssens schwerlich als repräsentativ für weitere Kreise der Industriemagnaten ansehen: wie sich schon an Thyssens Engagement in der Durchsetzung ständestaatlicher Ideen zeigte, nahm er die propagierten Ideologien ernster, als es in seinen Kreisen üblich war.

Auch für die Folgezeit, als sich unter den Auspizien des Nichtangriffspaktes die deutsch-russischen Wirtschaftsbeziehungen wieder schlagartig ausweiteten, ist das Aufkommen einer antirussischen Einstellung in den Kreisen der Wirtschaft wenig wahrscheinlich. Der Mangel an entsprechenden Dokumenten läßt sich nicht mit Rücksichtnahme auf den deutsch-sowjetischen Pakt erklären[143]: alle bisherigen Erfahrungen zeigen, daß auch in der NS-Zeit die Wirtschaft

---

140 ADAP, D, Bd. VI, S. 881, 2. 8. 39.
141 *Anatomie des Krieges*, S. 143.
142 Thyssen, *I Paid Hitler*, S. 54 ff.; vgl. auch ebd., S. 71 f.
143 Diese Argumentation findet sich bei Czollek/Eichholtz (Dt. Monopole und 22. Juni 1941, S. 64).

sich immer nur widerstrebend zur Einordnung in die offizielle Politik bequemte, wenn diese ihren Interessen nicht entsprach.
Die deutsch-russischen Wirtschaftsbeziehungen befanden sich allerdings auch nach dem Herbst 1939 in einer chronischen Krise, die vor allem durch dauernde Lieferungsrückstände auf deutscher Seite hervorgerufen wurde. Ein im Februar 1940 abgeschlossenes deutsch-russisches Wirtschaftsabkommen drohte an der mangelnden Lieferfähigkeit oder -willigkeit der deutschen Firmen zu scheitern, die auf Anfragen der sowjetischen Handelsvertretung häufig einfach nicht reagierten[144]. In Berlin trafen immer neue sowjetische Beschwerden ein. Russische Verhandlungen mit der IG-Farben über den Bau von Buna- und Hydrieranlagen kamen nicht voran[145]. Die Rüstungsindustrie allerdings war nach Abschluß des Westfeldzuges zu umfangreichen Lieferungen an Rußland bereit; Rußland gehörte damals zu den wenigen Großkunden, die dem Rüstungsexport noch verblieben waren[146]. Insgesamt jedoch war die Bilanz des deutsch-sowjetischen Handels im Sommer 1940 für Deutschland nicht günstig, während die Sowjetunion – wie Schnurre, der Leiter der deutschen Wirtschaftsdelegation in Moskau, am 22. Juli anerkannte – »sich insbesondere in den letzten zwei Monaten transport- und produktionsmäßig die größte Mühe gegeben hat, für uns dringliche Rohstofflieferungen durchzuführen«[147]. Schon im Herbst 1940 waren offenbar Informationen über den bevorstehenden Angriff Deutschlands auf die Sowjetunion in die Privatwirtschaft durchgesickert[148]; durch solche Nachrichten wurde die Lieferbereitschaft der deutschen Industrie immer stärker reduziert[149].
General Thomas, der Leiter des Wehrwirtschaftsstabes des OKW, behauptete später, »daß noch nie ein Heer mit wehrwirtschaftlichem Material über das Feindesland so ausgerüstet gewesen ist wie das deutsche« beim Einmarsch in Rußland[150]. Solches Material war hauptsächlich von der Privatwirtschaft zu bekommen; auch daraus ergibt sich, daß diese frühzeitig über die Vorbereitung des Ostfeldzuges

---

144 NI-11 375, Affid. Schlotterer, 20. 9. 47; ADAP, D, Bd. VIII, S. 725, Aufzeichnung Ritter, 15. 3. 40.
145 Ebd., S. 726; NI-15 191, IG-Vorstandssitzung, 29. 5. 40.
146 NIK-11 360, AGK, 14. 8. 40.
147 AA, HaPol, Wiehl, Rußland, Bd. 14, Bl. 453 199; allg. dazu Friedensburg, »Sowjetische Kriegslieferungen an das Hitlerreich«, in: *Vierteljahreshefte für Wirtschaftsforschung*, Jg. 1962, bes. S. 338.
148 Vgl. NI-10 717, Schlotterer vor Reichsgruppe Industrie, 3. 10. 40.
149 ADAP, D, Bd. XII/2, S. 689, Vermerk Schnurre, 15. 5. 41.
150 Thomas, *Gesch. d. dt. Wehr- und Rüstungswirtschaft*, S. 266.

orientiert gewesen sein muß. Thomas bemerkt allerdings, daß die wirtschaftlichen Vorbereitungen im wesentlichen auf der theoretischen Ebene blieben; praktische Vorbereitungen »wie Aufstellung und Ausrüstung der wehrwirtschaftlichen Stäbe und Verbände« seien »aus Geheimhaltungsgründen verboten« gewesen[151].

Eine gewisse Ausnahme bildete jedoch der Erdölsektor, wie denn das russische Erdöl für die deutsche Kriegswirtschaft noch wichtiger war als alle anderen russischen Ressourcen. Die »Kontinentale Öl AG«, die die Ausnutzung der russischen Erdölstätten organisierte und dabei – im Unterschied zu den anderen Monopolgesellschaften – unabhängig von den Reichskommissaren arbeitete, wurde bereits am 27. März 1941, also ein Vierteljahr vor dem deutschen Angriff auf die Sowjetunion, in Berlin unter dem Protektorat Görings gegründet. Monatelange Vorbereitungen gingen voraus; schon im Januar erwähnt Abs den Plan der Konti Öl als »uns bereits bekannt«[152]. Natürlich war explizit mit keinem Wort davon die Rede, daß die zu gründende Gesellschaft es auf sowjetrussische Beute abgesehen habe; namentlich genannt war nur das Ziel, aus belgischem, französischem und amerikanischem Besitz Anteile an den ungarischen und rumänischen Ölfeldern zu erwerben. Aber die vorliegenden Dokumente lassen kaum Zweifel daran, daß die Ziele der Konti Öl noch weiter reichten. Der erwähnte Abs-Bericht enthält den ominösen Satz: »Weitere Neuerwerbungen hängen vom weiteren Fortgang des Krieges ab.«[153] Auch diese Bemerkung braucht, für sich genommen, nicht unbedingt auf einen zukünftigen deutsch-russischen Krieg gemünzt zu sein: damals war der italienisch-griechische Krieg im Gange, und das militärische Eingreifen Deutschlands auf dem Balkan stand noch bevor. Dennoch hätte über deutsche Pläne in Rumänien damals in internem Kreis offen geredet werden können; aber das Protokoll der Besprechung vom 21. Januar enthält noch weitere dunkle Wendungen: »Es war allen Beteiligten klar«, notiert Abs, daß die Aktie der Konti Öl »bis auf weiteres ... schon deshalb nicht begebbar ist, weil über den Inhalt der Gesellschaft nichts gesagt werden kann«[154]. Die in Rumänien erreichbaren Objekte waren Anfang 1941 durchaus zu veranschlagen und beim Namen zu nennen. Auch der gewaltige

---

151 Thomas, *Gesch. d. dt. Wehr- und Rüstungswirtschaft*.

152 Sonderstellung der Konti Öl: NI-440, Sitzung im Vierjahresplanamt, 8. 11. 41; Vermerk Abs: Czollek/Eichholtz, *Dt. Monopole und der 22. Juni 1941*, in: ZsGW, S. 66 (= NI-10 797); vgl. dazu Eichholtz, *Kriegswirtschaft*, Bd. 1, S. 235 ff.

153 Czollek/Eichholtz, ebd., S. 67.

154 Czollek/Eichholtz, ebd., S. 68.

Expansionsrahmen der Gesellschaft verweist auf weitgesteckte Ziele: das Stammkapital sollte 50 Mill. RM betragen, die Stammaktien jedoch »über so viel mehrfaches« – festgelegt wurde fünfzigfaches – Stimmrecht verfügen, »daß sie auch bei einer Ausdehnung des Gesamtkapitals auf mehrere hundert Millionen unbedingte Mehrheit behielten«[155]. Im übrigen läßt die Besetzung des Aufsichtsrates erkennen, daß die Konti Öl nicht für Routineaufgaben bestimmt war, die der Privatwirtschaft überlassen zu werden pflegten: Vorsitzer des Aufsichtsrates wurde Reichswirtschaftsminister Funk, und zu seinen Stellvertretern wurden Keppler und Görings Staatssekretär Neumann bestellt. Die Konti Öl sollte sich von vornherein auf eine breitere politische Basis stützen können als einst die Göring-Werke[156]. Der Verteilung der Stammaktien zufolge wäre die Konti Öl in der Essenz ein Staatsunternehmen gewesen wie die Reichswerke Hermann Göring; denn die Mehrheit der Namensaktien mit fünfzigfachem Stimmrecht besaß die zu diesem Zweck gegründete Borussia Beteiligungs GmbH. Tatsächlich war es die Absicht der Ministerialbürokratie, »daß gegen die 30 Mill. Stammaktien der Borussia keinerlei Kombination möglich« sein sollte[157]. Die Großbanken besaßen überhaupt keine Namensaktien mit Mehrstimmrecht, sondern nur Inhaberaktien (die also weiterverkauft werden konnten) mit einfachem Stimmrecht, und zwar Deutsche und Dresdner Bank je zu 10,5 Mill. RM. Aber die Gesellschaft war sogleich auf erhebliche Bankkredite angewiesen, und die Großbanken erlangten daher eine führende Position. Die traditionelle Wirtschaftshierarchie stellte sich auch insofern wieder her, als die Deutsche Bank noch vor der Dresdner rangierte und ihre Leitung von der letzteren auch anerkannt wurde[158]. Der mit Abs befreundete Karl Blessing war stellvertretender Vorsitzer des Verwaltungsrates, während der Vorsitzende Ernst Rudolf Fischer aus dem IG-Farben-Konzern stammte[159]. Die IG, durch

155 Czollek/Eichholtz, ebd., S. 66.
156 Czollek/Eichholtz, ebd., S. 67.
157 Czollek/Eichholtz, S. 68, Aktionäre der Konti Öl: NI-2023. Es ist interessant, die Konti Öl mit der »Mitteleuropäischen Erdölgesellschaft« des 1. Weltkrieges zu vergleichen; die letztere wurde im Frühjahr 1918 zur Ausbeutung der rumänischen Erdölvorkommen konzipiert. Die damaligen Vorgänge scheinen zu dokumentieren, daß die staatliche Bürokratie gegen Ende des 1. Weltkrieges der Privatwirtschaft gegenüber eine stärkere Position besaß, als das im 2. Weltkrieg der Fall war. Vgl. Fischer, *Griff nach der Weltmacht*, S. 689 ff. und Hardach, *Der Erste Weltkrieg*, S. 250.
158 NI-2016, Bericht Rasche, 18. 3. 41; DZA, Dt. Bank, 17 161, Bl. 18, Dt. Bank an Dresdner Bank, 24. 3. 41.
159 Eichholtz, *Kriegswirtschaft*, Bd. 1, S. 235 f. Über den »bedeutenden, ideenrei-

ihren Aktienanteil nicht besonders hervorgehoben, war auch im Aufsichtsrat doppelt vertreten (mit Krauch und Bütefisch); sie erlangte im übrigen einige Monate nach Beginn des Rußlandkrieges mit der Chemie Ost GmbH noch einen weiteren Hebel zur Ausbeutung der besetzten Gebiete der Sowjetunion.

Wie vorgesehen, trat die Konti Öl zunächst in Rumänien auf den Plan: in einem Gebiet, das besonders geeignet war, die Führung der Deutschen Bank zu befestigen[160]. Die deutschen Wirtschaftsinteressen, zumal auf dem Balkan, besaßen immer eine Eigendynamik, und es wäre vorstellbar, daß sich auch die Konti Öl sogleich ganz auf das Rumäniengeschäft spezialisiert hätte, ohne sich für einen Beutezug in Rußland bereit zu halten. Damals bekamen jedoch die deutschen Wirtschaftsinteressen in Rumänien immer deutlicher eine Spitze gegen die Sowjetunion. Während der deutsche Angriff auf die Sowjetunion aus unmittelbaren Interessen der Privatwirtschaft kaum Motivationen beziehen konnte, entstand aus der Balkan-Perspektive tatsächlich ein Gleichtakt zwischen der Dynamik der Wirtschaftsinteressen und der antisowjetischen Wende der Politik.

Während der dreißiger Jahre war die südosteuropäische Expansion der deutschen Wirtschaft geeignet gewesen, von dem unmittelbar aggressiven Ziel der Eroberung von »Lebensraum« im Osten abzulenken; denn Rußland, vor dem Ersten Weltkrieg der mächtigste Rivale auf dem Balkan, war durch Niederlage und Revolution dort für lange Zeit ausgefallen. Das änderte sich jedoch seit dem deutsch-sowjetischen Pakt vom August 1939. Noch danach kamen die deutschen Balkaninteressen Hitlers Ostplänen in die Quere: der deutsche Balkanfeldzug vom April/Mai 1941 erforderte eine Verschiebung des Überfalls auf die Sowjetunion um über einen Monat[161], – ein möglicherweise entscheidender Zeitverlust, da für die deutsche Wehrmacht alles darauf ankam, vor Einbruch des russischen Winters die Hauptziele in Rußland zu erreichen. Zugleich aber waren es im Sommer und Herbst 1940 offenbar zu einem wesentlichen Teil die Entwicklungen in Rumänien gewesen, die Hitler das Stichwort zur

chen und witzigen« E. R. Fischer vgl. auch Kehrl, *Krisenmanager im Dritten Reich*, S. 203.

160 Vgl. DZA, Dt. Bank, 17 160, Bl. 17, Aktenvermerk abs, 30. 5. 41: Abs hatte einem ehemaligen Angehörigen der Dresdner Bank gegenüber, der in die Bukarester Leitung der Konti Öl eingetreten war, zum Ausdruck gebracht, »daß die Führung der Deutschen Bank im rumänischen Erdöl-Geschäft ohnehin unbestritten sei«.

161 Dallin, Alexander, *Deutsche Herrschaft in Rußland 1941-1945. Eine Studie über Besatzungspolitik* (aus dem Engl.), Düsseldorf 1958, S. 30.

Realisierung seines alten Planes eines ostwärts gerichteten Imperialismus gaben.

Während der Aushandlung des Nichtangriffspaktes mit der Sowjetunion waren Hitler die deutschen Balkan-Interessen momentan gleichgültig gewesen; der Absatz 3 des geheimen Zusatzprotokolls ermutigte die Sowjets geradezu zur Ausdehnung ihres Einflusses auf dem Balkan, noch über das ehemals russische Bessarabien hinaus: »Hinsichtlich des Südostens Europas wird von sowjetischer Seite das Interesse an Bessarabien betont. Von deutscher Seite wird das völlige politische Desinteressement an diesen Gebieten erklärt.«[162] Schon bald wurde diese Preisgabe Bessarabiens in Rumänien gerüchteweise bekannt, und zugleich ließen sich auch unangenehme Folgen für die deutschen Wirtschaftsinteressen erkennen. Am 25. September 1939 telegraphierte der deutsche Gesandte Fabricius aus Bukarest nach Berlin: »... Folge wäre also, daß damit Balkan, wo gegenwärtig Neutralitätsgedanke täglich wächst, in Konflikt hineingezogen würde, was unsere Bezüge an Erdöl, Weizen, Mais usw. ernstlich gefährdet. ... Der rumänischen Regierung würde es dann sehr schwer gemacht, eine großzügige Behandlung deutscher Wünsche, wie sie gegenwärtig gehandhabt wird, fortzusetzen.«[163] Mit großem Nachdruck setzte sich Fabricius dafür ein, die Sowjets aus Bessarabien fernzuhalten. Bereits einen Monat nach Abschluß des deutsch-sowjetischen Paktes verbreitete sich also in einschlägigen deutschen Kreisen die Auffassung, daß dieser Pakt sich auf die Dauer keineswegs mit dem Ausbau der deutschen Hegemonie in Südosteuropa vertragen würde.

Nach dem deutschen Sieg im Westen sah die sowjetische Regierung die Zeit gekommen, ihrerseits in Südosteuropa die Früchte des Paktes zu ernten, und am 28. Juni 1940 begann der sowjetische Einmarsch in Bessarabien; zusätzlich wurde die Nordbukowina okkupiert[164]. Am 30. Juni meldete die Auslandsabteilung des OKW, rumänische »Öl- und Schiffahrtskreise« seien »stark beunruhigt« über die Absichten Rußlands und auch Ungarns, das die Gelegen-

---

162 Ribbentrop hatte sogar, bevor er zur Aushandelung des Paktes nach Moskau fuhr, von Hitler eine »besondere Weisung« erhalten, die ihn ermächtigte, »das deutsche Desinteressement an den Gebieten Südosteuropas, und zwar gegebenenfalls bis Konstantinopel, auch zu erklären«. Das erwies sich dann nicht als notwendig. Aufzeichnung Ribbentrop, 24. 6. 40, in: E. M. Carroll/Fritz T. Epstein (Hrsg.), *Die Beziehungen zw. Dtld. u. d. Sowjetunion 1939-1941*, Dpt. of State 1948, S. 177, zit. n. Hillgruber, *Hitler, König Carol*, S. 57.

163 AA, Staatssekr., Rumänien, Bd. 1, Bl. 82 804 f.

164 Vgl. darüber Hillgruber, *Hitlers Strategie*, S. 110 und 209.

heit wahrnahm, um in Siebenbürgen einzumarschieren. Das Telegramm der Auslandsabteilung warnt, die Tatenlosigkeit der deutschen Regierung bewirke bei den rumänischen Wirtschaftskreisen eine »Neigung zu Verzweiflungstaten, die unsere Kriegswirtschaft, insbesondere Benzininteressen gefährden«. Die Sicherung des rumänischen Öls erfordere daher »schnellste Klärung deutschen Willens, Rumänien gegen jede weitere Bedrohung durch Nachbarn sicherzustellen«[165]. Tatsächlich sah sich die deutsche Regierung in der Folge veranlaßt, auf dem Balkan politisch zu intervenieren: ihr »Wiener Schiedsspruch« vom 30. August 1940 vermittelte zwischen Rumänien und Ungarn, enthielt aber mit seiner Garantie des übriggebliebenen rumänischen Territoriums vor allem eine Spitze gegen die Sowjetunion[166] und rief in Moskau empfindliche Reaktionen hervor. Wenige Tage später übernahm in Rumänien der Marschall Antonescu die Macht, und als Hitler daraufhin eine deutsche Militärmission nach Bukarest entsandte, bedeutete das letztlich nicht nur, wie Hillgruber schreibt, »die Abriegelung Südosteuropas gegen ein weiteres Vordringen der Sowjetunion«, sondern darüber hinaus »die Verbreiterung der Basis für einen Angriff auf die Sowjetunion«[167]. Wenn die deutsche Wehrmacht nicht nur von Polen, sondern auch von Rumänien aus gegen die Sowjetunion losschlagen konnte, war der Weg zu der ukrainischen Kornkammer und zu dem Industriegebiet des Donbas von vornherein erheblich verkürzt und die Chance eines »Blitzkrieges« auch gegen Rußland erhöht. Hitler selbst gab sich im übrigen später überzeugt, in Rumänien einem weiteren Vordringen der Sowjets zu den Ölfeldern zuvorgekommen zu sein[168]; für seine nach Feinden suchende Phantasie war die sowjetische Okkupation Bessarabiens also der Anstoß, um erneut die »bolschewistische Weltgefahr« aufleben zu lassen.

Gerade die Wirtschaft war geeignet, ihn in dieser Phobie zu bestärken; denn für sie ging es in Rumänien um Werte allerersten Ranges. Die deutsche Bevölkerung erblickte in Rumänien vielfach noch den Gegner des Ersten Weltkrieges und registrierte mit Befriedigung die rumänischen Gebietsverluste an Rußland und Ungarn; der SD berichtete, in Arbeiterkreisen werde »häufig geäußert«, es sei Zeit gewesen, daß »die Rumänen eins auf die Schnauze kriegten«, und Rumänien werde »nur wieder los, was es früher zusam-

---

165 AA, Staatssekr., Rumänien, Bd. 2, Bl. 137 035.
166 Hillgruber, *Hitlers Strategie*, S. 234.
167 Hillgruber, *Hitlers Strategie*.
168 Picker, *Hitlers Tischgespräche*, S. 155, 18. 5. 42.

mengestohlen habe«[169]. Für die Wirtschaft und für die Handelspolitische Abteilung des Auswärtigen Amtes sah sich die Lage jedoch sehr anders an. In den Handakten der HaPol-Leiter Wiehl und Clodius übertreffen die Rumänien-Bestände quantitativ diejenigen aller anderen Länder der Welt. Neubacher, der deutsche Sonderbeauftragte in Bukarest, schrieb am 8. Februar 1941 nach Berlin, Rumänien stehe heute nicht nur seiner kriegswirtschaftlichen Bedeutung nach, sondern »auch wertmäßig in der Spitzengruppe der deutschen Außenhandelspartner, und zwar eindeutig vor Rußland«[170]. Spätestens seit dem Juni 1940 wurden die deutschen Wirtschaftsinteressen in Rumänien zu einer antisowjetischen Formierung.

Wieder einmal waren in besonderem Maße Interessen der IG-Farben im Spiel. Deutschland bezog aus Rumänien nicht nur Erdöl, sondern auch Pflanzenöl; gerade in Bessarabien besaß die IG ausgedehnte Sojakulturen[171]. Wenn Ribbentrop noch am 25. Juni 1940 Molotow übermitteln ließ, Deutschland stehe »auf dem Boden der Moskauer Abmachungen« und sei »an der Bessarabischen Frage desinteressiert«[172], so änderte sich kurz darauf die Haltung des Auswärtigen Amtes; am 6. Juli wies Weizsäcker die deutsche Botschaft in Moskau an, die deutschen Wirtschaftsinteressen in Bessarabien geltend zu machen. Insbesondere auf die IG-Kulturen wird hingewiesen; es wird verlangt (»bitten zu ermöglichen« ersetzte Weizsäcker durch »erwarten«!), die Einbringung der diesjährigen Ernte »unter Mitwirkung deutscher Organe« zu sichern[173]. Die Forderung nach »Mitwirkung deutscher Organe«, die an den verhängnisvollen Passus des österreichischen Ultimatums an Serbien vom Juli 1914 erinnert, wurde in einem weiteren Schreiben Schnurres an die Moskauer Botschaft noch erweitert, indem verlangt wurde, die Ernte überhaupt »durch unsere Organisation« einbringen zu lassen; bei den Sojakulturen in Bessarabien handele es sich nämlich »um hochwertiges Züchtungsergebnis langjähriger deut-

---

169 Boberach (Hrsg.), *Meldungen aus dem Reich*, S. 83, 4. 7. 40.

170 AA, Staatssekr., Rumänien, Bd. 5, Bl. 89 339. Die Bedeutung Hermann Neubachers und seiner südosteuropäischen Mission wird neuerdings von Kehrl hervorgehoben, in: *Krisenmanager im Dritten Reich*, S. 304 ff.; Neubacher war nach Kehrls Wissen sogar »Persona gratissima bei Hitler« (ebd., S. 304). Vgl. im übrigen Neubachers Memoiren: *Sonderauftrag Südost von 1940 bis 1945 – Bericht eines fliegenden Diplomaten*, Göttingen 1957.

171 AA, HaPol, Wiehl, Rußland, Bd. 14, Bl. 453 191, Woermann, 3. 7. 40; vgl. auch Schacher, *Germany Pushes South-East*, S. 156 f.

172 ADAP, D, Bd. XI/1, S. 119.

173 AA, HaPol, Wiehl, Rußland Bd. 14, Bl. E 041 832 f.

scher Arbeit«, von dem nichts an die Russen gelangen dürfe[174]. Binnen kurzem hatten die Monopolinteressen der IG-Farben also die Gleichgültigkeit des Auswärtigen Amtes in Sachen Bessarabien beträchtlich modifiziert. Der sowjetische Außenhandelskommissar Mikojan reagierte ironisch auf die deutschen Bemühungen um die bessarabischen Ölsaaten und lehnte eine Hinzuziehung deutscher Sachverständiger bei der Ernte ab[175].

Ein sowjetisches Memorandum vom 21. September 1940 weist darauf hin, daß die Sowjetregierung zwar die besonderen Wirtschaftsinteressen Deutschlands in Rumänien, namentlich das Interesse an den Erdöl- und Getreidelieferungen, anerkenne, daß sie jedoch nicht »die ausschließlichen Interessen Deutschlands in den rumänischen und auch in den übrigen das Donaubecken betreffenden Fragen anerkannt« habe; zu Unrecht sei ihr das Letztere unterstellt worden[176]. Spätestens dadurch wurde deutlich, daß das Monopol der deutschen Industrie auf dem Balkan auf die Dauer nicht ohne Auseinandersetzung mit der Sowjetunion zu sichern war. Diese Situation war eine nicht unwesentliche Vorbedingung für den reibungslosen Ablauf der wirtschaftlichen Vorbereitung des Rußland-Feldzuges. Ein Konsensus zwischen den stärker denn je formierten Balkaninteressen der Wirtschaft und der Planung des furchtbarsten Krieges der deutschen Geschichte war – wie besonders die Kontinentale Öl AG dokumentiert – offenbar gegeben, auch wenn die eigentliche Initiative zur Vorbereitung des Ostfeldzuges wohl kaum aus der Wirtschaft kam.

Im Verlaufe der ersten Kriegsjahre hatte sich immer mehr herausgestellt, daß auf rein handelspolitischem Wege die Balkanstaaten zumindest für die Dauer nicht so eng an Deutschland zu binden waren, wie es den deutschen »Großraum«-Ideen entsprochen hätte; denn die Aufnahmefähigkeit dieser kaufkraftschwachen Staaten für deutsche Waren hielt nicht Schritt mit den steigenden Ansprüchen Deutschlands an die Rohstoffe dieser Länder. Eine Ausarbeitung der IG-Farben vom 12. Februar 1942 stellt fest, »generell« habe sich »trotz deutscher Exportsteigerungen auf einzelnen Gebieten ... eine erhebliche Vorleistung der Südostländer« ergeben, »die sich rechnerisch in einem wachsenden Clearing-passivum darstellt«. Die »hierdurch ausgedrückte mangelnde Belieferung der Südostländer«

---

174 Ebd., Bl. E 041 839, 17. 7. 40.
175 Ebd., Bl. 453 241 f., Besprechung in Moskau, 12. 9. 40.
176 ADAP, D, Bd. XI/1, S. 119.

mindere »mehr und mehr« ihre »Exportfähigkeit und -willigkeit«, und das zu einem Zeitpunkt, »in dem ihre volle Lieferfähigkeit (Öl, Kupfer, Agrarprodukte usw.) unabdingbare Voraussetzung der deutschen Wehrwirtschaft geworden ist«. Eine Steigerung der deutschen Exporte allein genüge nicht, um einen Ausgleich herbeizuführen, dabei wird namentlich an »weiteren Ausbau unserer im Südosten schon vorhandenen Produktionsinteressen im Wege von Beteiligungen, Projekten oder Absprachen« gedacht. Dies müsse »um so dringender in Betracht gezogen werden ..., als die Südostländer selbst (z. T. unterstützt von Italien) den Ausbau ihres Rohstoff-, Kraftstoff- und Arbeitspotentials immer nachhaltiger aktivieren«[177].
Über dem deutschen Lieferungsrückstand kam es sogar immer wieder zu scharfen Auseinandersetzungen mit dem rumänischen Diktator Antonescu, der stärksten Stütze NS-Deutschlands auf dem Balkan. Am 24. Oktober 1943 berichtete Clodius erbittert über die Renitenz des Marschalls Antonescu gegen die übliche deutsche Forderung nach Lieferungen auf Kredit:
»Er bestand darauf, daß Rumänien seine Handelsbeziehungen zu Deutschland nur auf der Basis des vollen gegenseitigen Austausches regeln könne. ... Ich bin in der Schärfe meiner Sprache bis an das Äußerste dessen gegangen, was dem Marschall gegenüber möglich ist. Ich habe ihm u. a. gesagt, die liberal-kapitalistische Goldpolitik der rumänischen Nationalbank stelle ein Verbrechen dar ... Seit Monaten werde jede Ausfuhr nach Deutschland (außer Mineralöl) von den rumänischen Behörden planmäßig sabotiert.«
Das »rumänische Verhalten«, resümierte Clodius, sei »genau wie im Vorjahre eine reine Erpresserpolitik«, und er empfahl einen regelrechten »Wirtschaftskrieg« gegen Rumänien[178]. Im Vergleich hierzu ist die oben zitierte IG-Darstellung eine nüchterne Analyse der Probleme des deutsch-südosteuropäischen Verhältnisses; aus beiden ergibt sich jedoch die andauernde Unbefriedigtheit der deutschen Balkan-Interessen: eine Mentalität, die leicht in aggressive Verhaltensweisen, in die Suche nach Pressionsmöglichkeiten verfallen konnte. Aber erst nach einer Ausschaltung Rußlands konnte man

177 DZA, IG-Farben, A 1758, Bl. 153 f.; vgl. AA, Inland II D, Ungarn: Bank-, Industrie- und Bodenfragen, »Deutsches Kapital und Arisierung in Ungarn«, Bericht der Südosteuropa-Gesellschaft, 14. 11. 41: »Die ungarische Wirtschaftspresse hat vor einiger Zeit die Möglichkeit der Abdeckung des deutschen Saldos unter Heranziehung deutschen Kapitalbesitzes in Ungarn erörtert.« Ein solches Zitat zeigt, wie bedroht sich die deutschen Kapitalbesitzer auf dem Balkan sogar noch 1941 vorkamen.

178 DZA, AA, 68 736 (HA Clodius), Aufzeichnung für Ribbentrop.

hoffen, Südosteuropa so in den Griff zu bekommen, wie man es erstrebte.

Die deutsche Wendung gegen die Sowjetunion versprach eine Konstellation, die das von Antonescu beherrschte Rumänien auf die Dauer absolut mit dem Deutschen Reich verband. Am 28. April 1941, einen Tag nach der Besetzung Athens durch deutsche Truppen, erklärte Antonescu dem deutschen Gesandten v. Killinger unumwunden, als nächstes sei das Gegebene eine Operation gegen die Sowjetunion, ein Feldzug, der ohne Schwierigkeit »innerhalb eines Monats erfolgreich durchgeführt werden« könne[179]. Antonescu konnte darauf hoffen, daß seine Ausführungen von Hitler beachtet wurden: am 22. November 1940 hatte er seine erste Unterredung mit dem deutschen Führer gehabt, und in der Folgezeit entwickelte sich ein enges Vertrauensverhältnis zwischen den beiden Diktatoren, wie es nicht einmal zwischen Hitler und Mussolini bestand[180]. Antonescu, der mit Hitler die Feindschaft gegen Slawen und Juden teilte, verstand sich auf die Sprache, die Hitler beeindruckte; so erklärte er dem deutschen Gesandten, »daß er sich mit der Politik des Führers bis zu seinem Tod verbunden fühle und die Zusammenarbeit mit Italien erst in zweiter Linie käme«[181]. Aber nur im Krieg gegen Rußland war ein solches Bündnis zu realisieren; Deutschland konnte rumänische Gebietserweiterungen auf Kosten seiner Weltkrieg-I-Verbündeten Ungarn und Bulgarien nicht zulassen. Antonescu war denn auch »hocherfreut«, als Hitler ihn am 12. Juni 1941 in den bevorstehenden Angriff auf die Sowjetunion einweihte[182].

Was nun die deutsche Industrie betrifft, so stand sie in Rumänien politisch nicht etwa vorwiegend mit den gemäßigten, nichtfaschistischen und nichtaggressiven Kräften in Verbindung, sondern unterhielt offenbar recht gewichtige Beziehungen zur Eisernen Garde, die einen noch radikaleren Faschismus verkörperte als Antonescu. Diese Beziehungen sind um so erstaunlicher, als die Eiserne Garde wiederholt von den rumänischen Regierungen verfolgt wurde, so auch von Antonescu, nachdem die Garde am 23. Januar 1941 einen mißlungenen Putschversuch unternommen hatte. In Kreisen der deutschen Industrie spekulierte man also wohl darauf, daß durch eine faschistische Machtergreifung in Rumänien die deutsch-rumänischen Wirtschaftsbeziehungen noch untermauert würden, ohne

---

179 ADAP, D, Bd. XII/2, S. 547, v. Killinger an AA.
180 Schmidt, *Statist auf diplomatischer Bühne*, S. 511.
181 ADAP, D, Bd. XII/2, S. 546.
182 Schmidt, *Statist auf diplomat. Bühne*, S. 537 f.

Rücksicht auf die bedrohlichen politischen Implikationen einer Allianz mit dem rumänischen Faschismus. Im einzelnen spielten deutsche Geschäftsbeziehungen zu dem rumänischen Wirtschaftsmagnaten Malaxa, einem Förderer der Eisernen Garde, eine Rolle[183]. Als Antonescu nach dem erwähnten Putschversuch alle Führer der Eisernen Garde hängen lassen wollte, legte Neubacher Protest ein, und die Gardisten wurden schließlich vom deutschen Geheimdienst nach Deutschland entführt, während sie in Rumänien in absentia zum Tode verurteilt wurden[184].
Der deutsche Angriff auf die Sowjetunion im Bündnis mit Ungarn und Rumänien trieb die Angliederung der Industrie dieser beiden Staaten an die deutsche Wirtschaft voran, ungeachtet fortbestehender Spannungen. Die schon Ende 1940 vereinbarten deutsch-rumänischen Industrieausschüsse nahmen ihre Tätigkeit erst im Juli 1941 auf; das Ziel dieser Ausschußverhandlungen war, aus der Perspektive der IG-Farben, »zu einer Steuerung der rumänischen (Industrialisierungs-)Pläne in einer den deutschen Bedürfnissen entsprechenden Richtung zu gelangen«[185]. Ähnlich liefen die Dinge in Ungarn: bis zum Sommer 1941 war man dort auf den deutschen Wunsch nach der Bildung von Industrieausschüssen nicht eingegangen; bei neuen Verhandlungen im August und September 1941 gaben die ungarischen Industrievertreter jedoch nach und zeigten sich den deutschen Wünschen aufgeschlossen[186]. Damals gründete die Reichsgruppe Industrie einen Südost-Ausschuß, der unter der Leitung Ilgners stand[187]; Ilgner war zugleich Vorsitzender des deutsch-rumänischen Wirtschaftsausschusses[188].
Noch größere Beute als auf dem Balkan brachte der Ostfeldzug allerdings in der Sowjetunion selbst. Wenn es auf diesem Gebiet privatkapitalistische Spielregeln überhaupt nicht gab, so wirkte sich dieser Umstand zunächst als Hemmung aus: man war bei der Aneignung der sowjetischen Industrie auf die Zwischenschaltung staatlicher Stellen angewiesen, und diese hatten ursprünglich auch die

---

183 ADAP, D, Bd. XII/2, S. 847 f. Fabricius an AA, 8. 1. 41; ebd., S. 927, Neubacher/Fabricius, 16. 1. 41; über Unterstützung der Eisernen Garde durch IG-Farben schon in früheren Jahren vgl. NI-1085, Terhaar/Ahlemann an Clodius 5. 8. 38 (die IG-Vertreter geben nicht zu erkennen, daß die dort referierten Beschuldigungen rumänischer Stellen unzutreffend seien!).
184 Hillgruber, *Hitler, König Carol*, S. 121.
185 DZA, IG-Farben, A 1758, Bl. 196, IG-Ausarbeitung, 12. 2. 42; vgl. auch ebd., A 4910, Bl. 507, Rundschreiben WG Chem. Industrie, 18. 6. 41.
186 NI-6087, Sitzung des Kaufmänn. Ausschusses, 2. 9. 41.
187 Ebd.
188 Czichon, *Bankier*, S. 140.

Absicht, diese ihre Unumgänglichkeit auszunutzen und diesmal nicht ohne weiteres den Privatinteressen das Feld zu überlassen. »Im Gegensatz zu dem bisherigen Vorgehen« befahl Hitler bei der Eroberung der Sowjetunion eine »einheitliche Zusammenfassung aller wirtschaftlichen Vorgänge«; seit dem Februar 1941 arbeitete auf der Grundlage dieser Weisung der Stab »Oldenburg«, der spätere Wirtschaftsstab Ost[189]. Indem Hitler allerdings Göring mit der Gesamtleitung betraute, reaktivierte er ein längst eingespieltes Geflecht von Beziehungen zwischen Staat und Privatwirtschaft. Im August 1941 wurde staatlicherseits die Ostwerke GmbH gegründet, um zu verhindern, »daß nun ein großes Rennen der deutschen Industrie um die russischen Werke losgehen würde«[190]; aber dieses Rennen war schon im Gange und wurde von Krupp und den Göring-Werken angeführt[191]. Der »Sturm der Interessenten«, so Borowsky, der schon Ende 1917 sogleich mit dem Beginn der Waffenstillstandsverhandlungen von Brest-Litowsk eingesetzt hatte[192], wiederholte sich, nur daß man unter den neuen Verhältnissen den Umweg über die oberste Reichsleitung oft gar nicht mehr zu nehmen brauchte. Die strukturbedingte Unfähigkeit des NS-Regimes zu einheitlicher Wirtschaftsführung zeigte sich auf dem Boden der Sowjetunion einmal mehr in aller Kraßheit. Die schärfste Kritik fanden diese Zustände nicht bei führenden Nationalsozialisten, sondern bei einem Vertreter der pränazistischen Bürokratie, dem Finanzminister Schwerin von Krosigk. Sein Memorandum vom 4. September 1942

---

189 1157-PS, Besprechung mit Wehrmachtsteilen, 29. 4. 41; Dallin, *Deutsche Herrschaft in Rußland*, S. 50.

190 *Anatomie des Krieges*, S. 348 (= NI-5262), Notiz Burkart für Flick, 13. 8. 41; vgl. auch BA, R 13 I/608 Bl. 107 f.,

191 *Anatomie des Krieges*, S. 339 (= NI-5395), Notiz Hahl für Flick, 26. 6. 41; NIK-7455, Notiz Küttner für Flick, 26. 6. 41: er habe von einem Mitglied des Reichsamtes für Wirtschaftsausbau gehört, daß »Krupp gegenwärtig neben – und vielleicht noch vor – den Reichswerken die stärksten Expansionsbestrebungen von allen Konzernen der Eisenindustrie an den Tag legt«. Riedel allerdings meint, die Unternehmer hätten sich »keineswegs« danach gedrängt, »mit der Führung ukrainischer Betriebe betraut zu werden«; aber seine Erklärung: »Lohnende Objekte gab es kaum«, trifft zumindest für die Anfangszeit der deutschen Herrschaft im Osten sicherlich nicht zu. Die Etablierung der von Pleiger geleiteten »Berg- und Hüttenwerksgesellschaft Ost« und die Verschlechterung der deutschen Kriegsaussichten wird dann allerdings bei reichsdeutschen Unternehmen eine wachsende Zurückhaltung bewirkt haben. (Matthias Riedel, »Bergbau und Eisenhüttenindustrie in der Ukraine unter deutscher Besetzung«, 1941-1944, in: *VjhZG*, Jg. 21/1973, S. 245-284, ebd., S. 269.)

192 Borowsky, Peter, *Deutsche Ukrainepolitik 1918 unter besonderer Berücksichtigung der Wirtschaftsfragen*. Lübeck/Hamburg 1970 (= Histor. Studien 416), S. 49.

über die Mißstände in der Wirtschaftsverwaltung der Ostgebiete ist ein bemerkenswertes Dokument. In den besetzten Ostgebieten, klagte er, schössen »Organisationen, Gesellschaften und Gebilde aller Art wie Pilze aus dem Boden«; die nötige Einheit der Führung sei überall schon weitgehend verloren. »Wir selbst wissen nicht mehr, was Behörde ist und was nicht, was zu einer Behörde gehört, zu einer behördenähnlichen Gesellschaft oder zu der großen Gruppe eigennütziger Hyänen des Schlachtfeldes«, werde ihm von kundiger Stelle mitgeteilt. Da werde etwa für eine Aufgabe, die sehr gut von einer Reichsstelle erledigt werden könnte, »eine privatrechtliche Gesellschaft geschaffen, deren Leiter ein für deutsche Verhältnisse sehr hohes, für den Osten märchenhaftes Gehalt bezieht«; die Einkünfte der sich auf die besetzten Gebiete stürzenden Unternehmer riefen bei den Frontsoldaten Überraschung und Verärgerung hervor. Preiswucher werde ohne Notwendigkeit getrieben; ein »zügelloser kommerzieller Egoismus« wachse empor »anstelle einer hochwertigen, jedoch politisch und finanziell zurückhaltenden Unternehmerinitiative«[193]. Es ist zu beachten, daß sich diese Zustände durchaus mit einer anderen Ereignisschicht vertrugen, nämlich der des SS-Terrors, der in Rußland schrankenloser als irgendwo anders wütete. Dort, wo der Faschismus sich am radikalsten austobte, konnten auch private und halbprivate Unternehmer am unkontrolliertesten ihrem Gewinnstreben nachgehen[194]; der scheinbar »totalitäre« Terror konnte mit einer zügellosen Liberalität der privatwirtschaftlichen Initiative Tür an Tür hausen. Alexander Dallin bemerkt ein »sonderbares Bündnis« »zwischen den wirtschaftlichen Ausbeutern und den Verfechtern einer Kolonisationspolitik im

193 ALG, NG-4790 bzw. NG-4900; Dallin, *Dt. Herrschaft in Rußland,* S. 402, bringt dabei nur die Spitze gegen die Bürokratie in den Ostgebieten heraus und nicht die noch schärfere gegen die Unternehmer. Die »phantastischen Gehälter« der Ostwerke GmbH erregten sogar den Unwillen des ruhrindustriellen Kleinen Kreises: BA, R 13 I/621, Bl. 14, 30. 10. 41. IG-Farben suchte die Chemie Ost GmbH von vornherein möglichst kurz zu halten: vgl. NI-4966, Jurist. Abt. der IG an IG-Direktion, 15. 9. 41.

194 In dem gleichen Dokument NI-440 (Ergebnisprotokoll einer Diskussion unter Vorsitz Görings im Vierjahresplanamt, 8. 11. 41), in dem unverblümt der Hungertod des Großteiles der russischen Stadtbevölkerung projektiert wird, heißt es: »Nach Ansicht des Führers und des Reichsmarschalls kommen Organe des Staates, der Partei und der Wehrmacht zur Übernahme von Wirtschaftsbetrieben ... nicht in Frage. Vielmehr sollen Anlagen, deren Wiederaufbau erwünscht ist, prinzipiell den Firmen oder den Persönlichkeiten übergeben werden, welche das erforderliche Sachverständnis haben, und (!) ähnliche Anlagen besitzen, oder in Betrieb haben. Es muß ihnen daher auch die Gelegenheit gewährt werden, aus ihrer Tätigkeit einen angemessenen Nutzen zu ziehen.«

Osten«, die sich beide »darin einig waren, im Osten einen *unpolitischen* Krieg zu führen – in dem Sinne unpolitisch, daß sie gar nicht daran dachten, die Sowjetbevölkerung etwa durch ›Versprechungen‹ oder ›Konzessionen‹ für die deutsche Sache zu gewinnen«[195]; weder für den einen noch für den anderen existierte die Sowjetbevölkerung als Partner oder auch nur als Adressat – sie erschien lediglich als Objekt in der Rechnung. Das Syndrom politischer Verantwortungslosigkeiten, das von Anfang an der Kooperation von Großindustrie und NS-Führung entsproß, gedieh in den besetzten Ostgebieten zu einer grotesken Vollendung.

Sicherlich hatten die Wirtschaftsführer ihrer Mentalität nach mit den NS-Fanatikern in der Regel wenig gemein. Man wird voraussetzen können, daß man in leitenden Kreisen der Wirtschaft auch während der NS-Zeit Russen und Juden nicht ernsthaft für Untermenschen und Giftkeime hielt. Als im August 1942 Alfried Krupp, Pleiger, Röchling und Rohland eine Reise in das Donezbecken unternahmen, brachten sie höchst positive Berichte über die russischen Ingenieure zurück nach Deutschland; den Berichten der deutschen Betriebsleiter zufolge hätten die russischen Ingenieure »neben einer guten geistigen Grundveranlagung eine recht gute Ausbildung genossen«, und manche Beurteiler hielten sie für besser als die deutschen Ingenieure[196]. Aber solche Einsichten wurden nicht mit der »Untermenschen«-Ideologie der SS-Terroristen konfrontiert; die profitable Kooperation zwischen Wirtschaft und NS-Fanatikern vollzog sich – auf eine kurze Formel gebracht – ohne gleichzeitige Kommunikation.

4.4 *Kapitalverflechtung zur Ausfüllung des »Großraums«? Die Kriegszielplanungen der Wirtschaft und ihr politischer Stellenwert*

Die rasche Folge der NS-deutschen Siege hinterließ die Frage, was man mit den eroberten Gebieten anfangen solle. In den meisten Fällen ergab sich aus den nationalsozialistischen Vorstellungen kein praktisches Konzept; die Franzosen etwa waren weder zu germanisieren noch auf einen Heloten-Status herunterzudrücken. Die NS-

---

195 Dallin, *Dt. Herrschaft in Rußland,* S. 51.

196 NIK-3892; vgl. auch Röchlings rühmende Worte über die sowjetrussische Wirtschaftsführung, die er der mangelhaften NS-deutschen zum Vorbild hinstellt: NI-3181, 10. 6. 42.

Führung ließ daher die Gestaltung des zukünftigen großdeutschen Imperiums in der Schwebe. Göring etwa tat kaum etwas, um seine Führungsansprüche bei der wirtschaftlichen Neuordnung in die Praxis umzusetzen[197]. Daher blieb der Privatwirtschaft reichlich Gelegenheit, sich einzuschalten und vollendete Tatsachen zu schaffen, ja die Regierung hoffte sogar darauf, daß die Wirtschaft auf dem Gebiete der »Neuordnung« etwas tat.

Seit dem Sommer 1940 trieben Phantasien über die »Neuordnung Europas« und den zu errichtenden »Großraum« in vielen Kreisen Deutschlands ihre Blüten, um so mehr, als die Führung in dieser Beziehung wenig Anhaltspunkte setzte und die raschen Siege mit der dann folgenden trügerischen Windstille geeignet waren, die Empfindung hervorzurufen, nun sei alles möglich, und der »Großraum« sei wirklich ein freier Raum. Der »Großraum« war offenbar noch populärer als »Großdeutschland«; 1941 bemerkt ein Autor, das Wort »Großraum« sei durch unablässige Verwendung in der Tagespresse bereits »vulgarisiert« worden und in die Alltagssprache des Volkes eingedrungen[198]. Josef Winschuh, der publizistische Parteigänger der Ruhrindustrie, schreibt 1941, »das Eigenartige an diesem Krieg« sei, »daß wir alle schon über ihn hinausdenken, hinausplanen und auch hinausfragen«[199]; Walter Horn bemerkt in Entgegnung auf Winschuh, daß den »gedanklich spekulativ Veranlagte(n)« »die Weite der kriegerischen Ereignisse bereits zu eng geworden« sei[200]. Die in den »Großraum« schweifende Phantasie war also nicht eben dazu geeignet, die Aggressivität Hitlers zu zügeln.

Ende Mai 1940, kaum daß sich der deutsche Sieg im Westen abzuzeichnen begann, machte eine »Gesellschaft für europäische Wirtschaftsplanung und Großraumwirtschaft« von sich reden; so wenig war in NS-Deutschland die Wirtschaftsplanung das Monopol der Staatsführung, daß sich auf diesem Gebiet eine »Gesellschaft« betätigen konnte, in deren Struktur sich öffentliche und private Elemente mischten. Ihr ambitiöser Charakter kommt schon darin zum Ausdruck, daß ihr Vorstand sich »Führer-Ring« nannte; in diesem »Führer-Ring« waren 1941 fast sämtliche Reichsministerien ver-

---

197 Böhme, *Dt.-Franz. Waffenstillstand*, S. 277.

198 Hedemann, nach Bay, *Der nationalsozialistische Gedanke der Großraumwirtschaft und seine ideologischen Grundlagen: Darstellung und Kritik*, Köln 1962, S. 9 f.

199 Winschuh in: *Der prakt. Betriebswirt*, S. 137.

200 In: *Der praktische Betriebswirt*, Jg. 21/1941, S. 238.

treten (das Justizministerium mit Roland Freisler), auch der Stab Görings, die DAF und sogar die Reichskanzlei mit dem Ministerialdirektor Meerwald. Präsident des Führerringes aber war ein Privatmann, der seit 1919 in der Auslandspropaganda der deutschen Wirtschaft tätige Werner Daitz; er war Inhaber einer »Holdinggesellschaft mit maßgeblichen Beteiligungen in der Eisen-, Maschinen- und Bauindustrie, Verwalter einer größeren Reihe wichtiger Patente und Lizenzen in der chemischen und pharmazeutischen Großindustrie« und »einer der ältesten Mitarbeiter« Alfred Rosenbergs[201]. Ein weiterer Industrievertreter im »Führer-Ring«, August Diehn – Generaldirektor des Kali-Syndikats –, war zugleich Vorsitzer des Kleinen und des Großen Wirtschaftsbeirates der Gesellschaft[202]. In der Folge wurden auch auf Gauebene Wirtschaftsbeiräte dieser Gesellschaft gegründet; besonders die Präsidenten der Industrie- und Handelskammern scheinen dabei die Initiative übernommen zu haben: die Dynamik der Gesellschaft wurde nicht von der Regierung gesteuert. Anfang 1942 untersagte das Reichswirtschaftsministerium allerdings eine solche Ausdehnung der Gesellschaft auf unterer Ebene[203].

Schon in der Entwicklung dieser »Gesellschaft für europäische Wirtschaftsplanung und Großraumwirtschaft« deutet sich an, daß vor allem die Wirtschaftler zum Thema »Großraum« etwas Konkretes zu sagen hatten; der »Großraum« bekam vornehmlich in dem Kompositum »Großraumwirtschaft« einen Inhalt. Überhaupt hatte seit 1941, wie Winschuh bemerkt, in der Wirtschaftspolitik schon ansatzweise eine »Vorwegnahme der Zukunft« stattgefunden[204]. Mehr als alle anderen deutschen Konzerne war IG-Farben imstande, mit den eigenen Firmenwünschen zugleich globale Perspektiven zu

---

201 Wenzel, Georg, *Deutscher Wirtschaftsführer*, Hbg./Bln./Leipzig 1929, S. 419 f.; Seraphim, *Polit. Tagebuch*, S. 27 Anm.; ebd., S. 140: 1934 verhandelte Daitz im Auftrag Rosenbergs mit Deterding! Vgl. auch Weinberg, *Foreign Policy of Hitler's Germany*, S. 112 f. und ebd., Anm. 128.

202 BA, R 43 II/311, Broschüre der »Gesellschaft . . .«, S. 9 f. Die spezifische Position der Gesellschaft ergibt sich aus einer von Daitz verfaßten Denkschrift (ebd., Bl. 29, 31. 5. 40), die empfiehlt, die deutsche Führung in der Großraumwirtschaft rein verbal nicht herauszustreichen: »Wir müssen grundsätzlich immer nur von Europa sprechen, denn die deutsche Führung ergibt sich ganz von selbst aus dem politischen, wirtschaftlichen, kulturellen, technischen Schwergewicht Deutschlands und seiner geografischen Lage.«

203 Ebd., Bl. 38, Rundschreiben der Reichsgruppe Industrie, 15. 1. 42.

204 Winschuh, *Unternehmer im neuen Europa*, S. 137.

umreißen, die mit den ehrgeizigen Plänen Hitlers mithalten konnten[205]; fast überall in der Welt konnte der Farbenkonzern den deutschen Imperialismus mit konkreten Zielen versehen. Mit fast allen Eroberungen konnte die IG etwas anfangen, fast überall konnte sie Konkurrenzkämpfe inszenieren; Kohle- ebenso wie Öl- oder Kautschuk-Interessen konnte sie nach Bedarf aktivieren, und um Kunstfaser- und Arzneimittel-Märkte konnte sie ebenso kämpfen wie um Dynamit-Aufträge. Schon vor 1933 bemerkt Wickel bei der IG Bestrebungen zu einer europäischen Blockbildung[206]. Tatsächlich läßt sich bei der IG – wenn auch nicht durchweg und konsequent – eine Art politischer Grundlinie erkennen, die bei manchen Nachfolgefirmen der IG bis in die Gegenwart durchscheint und die einerseits auf enge Zusammenarbeit mit der französischen Chemie gerichtet war – aus Frankreich drohte keine gefährliche Konkurrenz! –, andererseits die amerikanische Chemie prinzipiell als Gegner ansah, auch wenn im einzelnen zahlreiche Abkommen mit US-Firmen geschlossen wurden. Die Erbitterung der IG-Führung über die US-amerikanische Chemie, die die deutsche Niederlage 1918 brutal ausgenutzt hatte[207], und die Furcht der US-Firmen vor dem deutschen Chemiegiganten[208] scheinen bei allen Wechselfällen der deutsch-amerikanischen Chemie-Beziehungen in den zwanziger und dreißiger Jahren doch eine Konstante geblieben zu sein. Das verstärkte Engagement der IG in Lateinamerika und auf dem Balkan im Kontext der NS-deutschen Außenwirtschaftspolitik war ganz dazu angetan, die Antagonismen gegenüber den USA zu reaktivieren. In der IG-Ausarbeitung vom August 1940 über die Konzernwünsche bei der europäischen »Neuordnung« sind diejenigen Passagen als die bemerkenswertesten anzusehen, die die Einverleibung der französischen Farbstoffindustrie verlangen und, weiter, diejenigen, die »eine zielbewußte und schlagkräftige Führung der zwangsläufigen Auseinandersetzung mit den sich heute schon abzeichnenden Großraumwirtschaften« fordern; diese Auseinandersetzungen, wird weiter ausgeführt, würden sich zuoberst mit den »nordamerikanischen Konzernen« abspielen[209]. Explizit ist in der IG-Ausarbeitung nur von der chemischen Industrie die Rede, aber wie von

---

205 Vgl. Hillgruber, *Hitlers Strategie*, S. 73.
206 Wickel, *IG-Deutschland*, S. 213.
207 Vgl. die extremen Formulierungen in Duisberg: *Lebenserinnerungen*, S. 112 ff., 130!
208 Vgl. Link, *Amerikanische Stabilisierungspolitik*, S. 370, 572.
209 Eichholtz, *Kriegswirtschaft*, Bd. 1, S. 255.

selbst wird mit der Darlegung ihrer Zukunftsinteressen eine Gesamtstrategie für die Reichspolitik entworfen; ein Konzern von der Größe der IG-Farben war imstande, in der Art der Geopolitiker mit »Großräumen« zu operieren.

Auch an der Spitze der – mit der IG damals eng verbundenen – Deutschen Bank blickte man mit besonderer Sorge auf die USA. Kimmich bemerkte am 30. April 1940, wenn der gegenwärtige Abfluß der Goldreserven nach den USA »so weiter ginge, müßten eines Tages die ganzen Goldvorräte der Welt in Amerika angesammelt sein«[210] – desto größer die Chance, einen scharf gegen die USA abgegrenzten europäischen Wirtschaftsraum zu schaffen. Abs kündigte in einem Vortrag vom 17. Juli 1941 an, der deutsch-europäische Großraum werde in seinem Verhältnis zu den USA wahrscheinlich größere Schwierigkeiten haben als »auf allen übrigen Sektoren unserer Außenwirtschaft«; Abs allerdings spricht sich mit Nachdruck für einen Interessenausgleich mit US-Amerika aus[211]. In der Leitung der IG dominierte jedoch die Kampfstellung gegen die angloamerikanische Welt anscheinend noch nach der Katastrophe von Stalingrad. Im April 1943 verfaßte der Österreicher Richard Riedl, Aufsichtsratsvorsitzender der IG-kontrollierten Donau Chemie und Vorstandsmitglied des Mitteleuropäischen Wirtschaftstages, ein Memorandum, das Ilgner dem Chef der Reichskanzlei Lammers empfahl[212]. Dort wird ein kriegsähnlicher Zustand auf unabsehbare Zeit projektiert und dementsprechend eine unverminderte Aufrechterhaltung des hohen Rüstungsstandes auch nach einem Friedensschluß gefordert. Vielleicht, meint er, finde dieser Krieg überhaupt ohne regelrechten Friedensschluß ein vorläufiges Ende; offenbar mit ästhetizistischem Genuß an Symmetrien fügt er hinzu: »Eine solche Beendigung des Krieges ohne Friedensschluß wäre ein interessantes Gegenstück zu dem Kriegsbeginn ohne Kriegserklärung.«[213] Nach einem solchen Kriegsende jedoch müsse »auch im Westen« »immer wieder mit einer Erneuerung des Kampfes« gerechnet werden, und zwar werde der Kampf vor allem um Afrika gehen, dessen Besitz für das deutsch-beherrschte Europa »fast eine Lebensfrage« sei[214].

---

210 DZA, Dt. Bank, 21 078, Bl. 141.
211 *Anatomie des Krieges*, S. 345, 347, Ansprache vor dem Handelspolit. Ausschuß der Reichswirtschaftskammer.
212 Eichholtz, »Wege zur Entbolschewisierung . . .«, S. 14 ff.
213 Eichholtz, »Wege zur Entbolschewisierung . . .«, S. 41.
214 Eichholtz, »Wege zur Entbolschewisierung . . .«, S. 41 f.

In den ersten Jahren nach 1933 war IG-Farben der Protagonist einer Autarkisierung Deutschlands gewesen[215]; aber bei einem Konzern von der Größe der IG-Farben ergaben sich Großraum-Bestrebungen fast zwangsläufig aus dem Autarkie-Konzept. Ein auf die Vorkriegsgrenzen Deutschlands begrenzter autarker Raum wäre für einen Großkonzern mit bisher weltweiten Beziehungen zu eng gewesen; ein Wirtschaftsnationalismus erforderte die Ausweitung des nationalen Machtbereiches. Das Streben nach Rohstoff-Autarkie innerhalb der deutschen Vorkriegsgrenzen mußte auf die Dauer die deutsche Industrie auf Produktionsgebiete führen, mit denen nicht viel zu verdienen war: das weltweite Sinken der Rohstoffpreise seit der großen Depression machte die Herstellung kostspieliger Ersatzstoffe in Deutschlands vollends zu einem ökonomischen Ärgernis. Wenn man schon einen geschlossenen Wirtschaftsraum intendierte, mußte man zusehen, ihn so weit auszudehnen, daß er auch Erdölquellen, reiche Erzlager und Naturkautschuk-Gebiete umfaßte; so waren dem Autarkiekonzept in Anbetracht der gewaltigen industriellen Kapazitäten Deutschlands von vornherein imperialistische Tendenzen immanent: die ökonomischen Strukturen und Traditionen liefen einem Geiste friedlicher »Selbstgenügsamkeit« zuwider. Eine Autarkiepolitik erzeugte geradezu einen Zwang zum Imperialismus. Bei Hitler selbst besaß die Autarkie nichts von »Selbstgenügsamkeit«, sondern war im Gegenteil mit imperialistischer Unersättlichkeit verbunden[216]. Hitlers Wirtschaftsreferent Willuhn vertrat von Anfang an die Überzeugung, daß eine innerdeutsche Autarkie unmöglich sei, Deutschland vielmehr einen europäischen »Wirtschaftsraum finden« müsse, innerhalb dessen es die Führung habe[217]. Auch in der Schachtschen Bilateralisierung des Außenhandels erblickte er keine Dauerlösung: der deutsche Außenhandel lasse »sich auf die Dauer nicht ohne starken Schaden in die Zwangsjacke der Zweiseitigkeit pressen«, notierte er Ende 1935[218]. Keppler polemisierte im »Völkischen Beobachter« vom 31. März 1936 heftig dagegen, daß dem nationalsozialistischen Deutschland von ausländischer Seite Autarkiegedanken unterstellt würden:
»Nein, die Welt wird sehen, daß gerade umgekehrt ein gewaltiger Impuls vom heutigen Deutschland ausgeht ..., das Chaos der nach dem Kriege künstlich gemachten viel zu vielen wirtschaftlichen und

215 Petzina, *Autarkiepolitik*, S. 27.
216 Hillgruber, *Hitlers Strategie*, S. 255, 256 Anm.
217 BA, R 43 II/329, Bl. 104, 24. 5. 33.
218 R 43 II/323, Bl. 166, 18. 12. 35.

politischen Autarkieräume zugunsten einer besseren Lebensordnung der europäischen Völkerfamilien umzuformen, unsinnige Grenzmauern durchbrechend und die Autarkiekrankheit an der Wurzel tötend.«[219]

Der Nationalökonom Predöhl, stellvertretender Vorsitzer des wissenschaftlichen Beirats der »Gesellschaft für europäische Wirtschaftsplanung und Großraumwirtschaft«, stellte 1941 dar, wie der »Weg der wirtschaftlichen Selbstgenügsamkeit« von einem gewissen Punkt an zwangsläufig in ein Streben nach »wirtschaftliche(m) Zusammenschluß mit den angrenzenden Volkswirtschaften« umschlage[220]. Der bekannte Wirtschaftspublizist Ferdinand Fried (eig. Zimmermann) führte 1943 in einem Vortrag in Prag aus, »die Autarkie sei eben nur Kampfmittel gewesen, besonders für Deutschland, und könne nicht als Wirtschaftsideal der Zukunft gelten«. »Zwischen den beiden Extremen der freien Wirtschaft und der Autarkie bilde die Großraumwirtschaft die Synthese.«[221] Für die nationalökonomische Theorie war die Autarkie ohnehin ein absurdes Modell. Konzerne, NS-Führung und Wissenschaft wirkten zusammen, um jene kleinbürgerlichen und agrarischen Kräfte zu überspielen, die von der soziologischen Grundlage der NS-Bewegung her eigentlich hätten sehr gewichtig sein müssen, und von denen zu erwarten gewesen wäre, daß sie den Großraum-Plänen mit ihren unabsehbaren Folgen für die Kleinen widerstrebten.

Nicht alle Branchen der Großindustrie zeigten allerdings die gleiche Begabung zum Entwurf von Großraumperspektiven. Namentlich die *Ruhrindustrie* scheint, den vorliegenden Dokumenten nach zu urteilen, ihre Phantasie in Grenzen gehalten zu haben, wenn sie sich auch bei den deutschen Expansionen nach Möglichkeit ihr Teil sicherte; auf dem schwerindustriellen Sektor hatte bereits Pleiger, der Chef der Göring-Werke, die Rolle des großspurigen Imperialisten übernommen, und der Ruhr verblieb unter diesen Umständen oft nur der abwartende Part. Auch von ihrer Tradition her lagen der Ruhrindustrie globale Perspektiven fern; denn anders als die chemische oder optische Industrie Deutschlands hatte sie auf ein Weltmonopol niemals hoffen können, vielmehr besaß sie massive

---

219 R 43 II/308, Bl. 48.

220 Predöhl, Andreas, »Großraum, Autarkie und Weltwirtschaft«, in: *Nationale Wirtschaftsordnung* (s. o.), S. 93 f. Zum Charakter der Autarkiepolitik als eines bloßen Überganges zu militärischer Expansion vgl. allgemein: Volkhard Brandes, *Die Krise des Imperialismus. Grenzen der kapitalistischen Expansion und der Wiederaufbau der Arbeiterbewegung*, Frankfurt 1973, S. 16.

221 DZA, RWM, 9827, Bl. 47, nach Berliner Börsen-Zeitung, 23. 1. 43.

Schutzzoll-Traditionen. Auch die Wirtschaftsgruppe Eisen schaffende Industrie wurde nach dem Westfeldzug aufgefordert, »Wünsche für den kommenden Friedensvertrag und für die Neugestaltung der Wirtschaftsbeziehungen im europäischen Raum« zusammenzustellen, und zwar sollten »vorzugsweise folgende Länder berücksichtigt werden: Norwegen, Dänemark, Schweden, Finnland, Holland, Belgien, Luxemburg, Frankreich, England und auch der Balkan«[222]. Die Schwerindustrie konzentrierte jedoch ihre Forderungen ganz auf das unmittelbar vor der deutschen Westgrenze gelegene Industriegebiet von Lothringen, Luxemburg und Südbelgien[223]. Unter den Kolonialanhängern der Wirtschaft war bereits in den dreißiger Jahren die Schwerindustrie auffallend gering vertreten, im Gegensatz zur chemischen Industrie, den Großbanken und natürlich den Handels- und Schiffahrtsgesellschaften[224].

Die *Elektroindustrie*, der frühere Verbündete der chemischen Industrie im Kampf gegen die von der Schwerindustrie angeführte Schutzzoll-Allianz, war durch ihre hochgradige Konzernierung und ihre weltweiten Oligopol-Bestrebungen ähnlich wie die Chemie für Globalentwürfe prädestiniert; bisher sind entsprechende Dokumente aus den Kriegsjahren jedoch kaum bekannt. Möglicherweise ist das auf Zufälle in der Dokumentenüberlieferung zurückzuführen; denn unter den »allgemeinen Wünschen« der verschiedenen Wirtschaftsgruppen in dem Frankreich-Bericht der Reichsgruppe Industrie vom März 1941 ist die Wunschliste der Elektroindustrie mit am längsten und ausführlichsten[225]. Vielleicht stand aber auch der in der Elektrobranche besonders scharf ausgeprägte Konzern-Dualismus (Siemens einerseits, AEG andererseits) einer einheitlichen Kriegsziel-Politik entgegen; denn die außenpolitische Orientierung der beiden beherrschenden Konzerne war, wie bereits ausgeführt, sehr unterschiedlich.

Um 1933 allerdings gründeten Siemens und AEG zusammen mit dem deutsch-schweizerischen Konzern Brown, Boveri & Co. ein »Elektrosyndikat für weltwirtschaftliche Aufbauarbeit«. Vorsitzender und wohl auch Initiator dieses »Syndikates« war Bernhard Endrucks, ein vielerfahrener Weltenbummler, unter dessen zahlreichen

---

222 NI-3526, Rundschreiben Reichert, 26. 6. 40.

223 Vgl. die Dokumente der Schwerindustrie in: Eichholtz, *Kriegswirtschaft*, Bd. 1, S. 294-338.

224 Hildebrand, *Vom Reich zum Weltreich*, S. 769.

225 Eichholtz, *Kriegswirtschaft*, Bd. 1, S. 357 f. (Wünsche der chem. Industrie sind dort allerdings nicht aufgeführt).

wirtschaftlichen Beziehungen diejenige zur Deutschen Bank offenbar am kontinuierlichsten und relevantesten ist[226]. Der Elektroindustrie empfahl er sich außerdem durch seine Beziehung zur Reichsleitung der NSDAP[227]. Als Zweck des Elektrosyndikats, »das in engem Einvernehmen mit den wirtschaftspolitischen Stellen der NSDAP arbeite«, nannte er »die Ausführung großer Elektrifizierungsarbeiten in den von der Elektrowirtschaft noch nicht erschlossenen Gebieten«; bereits in Arbeit seien Projekte im Irak und in China[228].

Wie die Elektrifizierungskampagne Lenins und die TVA Franklin D. Roosevelts zeigen, ließ sich der Elektrifizierung durchaus ein politischer Symbolwert geben; aber in NS-Deutschland wurde der Elektroindustrie auf diesem Bereich von der chemischen Industrie der Rang abgelaufen. Endrucks erstrebte offenbar eine ähnliche Stellung, wie sie der aus der Chemie kommende Keppler besaß, und suchte gegen diesen Stimmung zu machen; Keppler seinerseits erklärte 1935 einem Angehörigen des Auswärtigen Amtes, »die Phantastereien von Endrucks hätten jetzt eine solche Form angenommen, daß die amtlichen Stellen Herrn Endrucks gegenüber unzweideutig abrücken sollten«[229]. Endrucks jedoch, mittlerweile mit dem Titel Professor versehen, gründete in Berlin ein »Institut für mundialen Aufbau« und wurde offenbar auch weiterhin im Reichswirtschaftsministerium und sogar im OKW ernst genommen[230]. Willuhn allerdings vermerkte im Oktober 1939 lakonisch, Endrucks' »mundialer Aufbau« sei zur Zeit mangels mitarbeitender Länder »mit Sicherheit nicht in Gang zu bringen«[231]. Der Fall Endrucks ist immerhin aufschlußreich für die NS-deutsche Atmosphäre, in der auch sonderbare Global-Projekte eine gewisse Beachtung fanden, vor allem, wenn sie unter geschickter Vermittlung zwischen Regierung und Großindustrie lanciert wurden.

Zwei der Größenordnung nach geringere deutsche Industriezweige standen dessenungeachtet um 1940 dem Weltmonopol immer noch

---

226 Vgl. die biograph. Angaben über Endrucks in: BA, R 43 II/368b, Bl. 116 ff.

227 Ebd., Bl. 123.

228 AA, HaPol, Clodius, China, Bd. 2, Bl. E 526 605, Aktenvermerk Ulrich, (6. 10. 1933; allg. zur Elektroindustrie in NS-Deutschland: Gurland, A. R. L., »Technological Trends and Economic Structure under National Socialism«, in: *Studies in Philosophy and Social Science*, Jg. 9/1941, S. 239.

229 AA (s. vorige Anm.), Bl. E 526 563 f., Aktenvermerk Ritter, 17. 7. 35.

230 BA, R 43 II/368b, Bl. 100, 114 (Keitel an Lammers, 25. 1. 40; Aufzeichnung Endrucks, 8. 12. 39).

231 Ebd., Bl. 124, 22. 10. 39.

näher als die chemische und die Elektro-Industrie: die optische und die Kali-Industrie. Noch 1931 betrug die deutsche Kaliproduktion zwei Drittel der Weltproduktion[232]; wenn der deutsche Anteil dennoch seit dem Verlust Elsaß-Lothringens langsam im Sinken war, so bot der deutsche Sieg im Westen die Chance, diesen Trend in sein Gegenteil zu verkehren. Auf dem Hintergrund dieser Situation wird man die gewichtige Vertretung des Wintershall-Konzerns im »Freundeskreis Himmler« und des Kali-Syndikates in der »Gesellschaft für europäische Wirtschaftsplanung und Großraumwirtschaft« zu sehen haben. – Von der Wirtschaftsgruppe Feinmechanik und Optik ist ein Memorandum »Entwicklungsmöglichkeiten der optischen und feinmechanischen Industrie in Europa und Übersee« erhalten, das, auf den Juli 1940 datiert, ähnliche Globalperspektiven enthält wie die gleichzeitige Ausarbeitung der IG-Farben; der Zeiss-Konzern äußerte anders als die IG seine Wünsche über die zuständige Wirtschaftsgruppe. Wie IG-Farben sah auch die optische Industrie in der US-Konkurrenz ihren größten Gegner, und aus der Notwendigkeit, mit den US-Konzernen quantitativ gleichzuziehen, leitete sie – in einer auch heute nach wie vor beliebten Argumentationsweise – die Legitimität unbeschränkter Expansion im europäischen Raum ab. Sie betonte, zur Beherrschung des europäischen Marktes einer staatlichen Unterstützung nicht zu bedürfen; es genüge, wenn ihr in allen europäischen Ländern »gleiche Startbedingungen mit der bodenständigen Industrie« gewährt würden. Wenn dadurch »eine Rückbildung der übrigen optischen und feinmechanischen Industrien« eintrete, so liege das nur »in der Richtung einer wünschenswerten Arbeitsteilung in der eropäischen Industriewirtschaft«. Dennoch wollte man auf staatliche Interventionen nicht ganz verzichten; »alle optischen Rüstungsbetriebe« sollten nämlich »so behandelt werden wie die Rüstungsbetriebe der Waffenindustrie«, und das hieß, die Rüstungsoptik der anderen europäischen Länder zu reglementieren und einzuschränken, wenn nicht gar zu unterbinden[233]. Das war eine dehnbare Forderung; denn die Bedeutung der optischen Industrie für die Rüstung war ständig im Steigen.

Josef Winschuh wollte die Aufmerksamkeit 1941 noch auf einen, wie er sagte, »wirtschaftlichen Nebenkriegsschauplatz« lenken, nämlich auf das Versicherungswesen; »wir« müßten, bemerkte

---

232 Pritzkoleit, *Männer, Mächte, Monopole*, S. 323.
233 Eichholtz, *Kriegswirtschaft*, Bd. 1, S. 339-342.

er, »eine zentrale Stellung im europäischen Versicherungswesen einnehmen ..., wenn wir unseren wirtschaftlichen Führungsaufgaben gerecht werden wollen«. Vorbild sei das britische Versicherungswesen, »das ja auch immer ein Instrument der Wirtschaftskontrolle war«; in die durch Verdrängung der Briten geschaffene Lücke müsse Deutschland jetzt »nachstoßen«. Winschuh versäumte nicht, darauf hinzuweisen, daß das deutsche Versicherungswesen nur in der »privatwirtschaftliche(n) Form« zu einer solchen Leistung fähig sei[234]. Auch im Rheinisch-Westfälischen Beirat der Deutschen Bank wurde das Versicherungswesen als ein Bereich erwähnt, in dem Deutschland nunmehr die kontinentaleuropäische Vorherrschaft anzutreten habe[235]. Das Versicherungswesen, das in den modernen Industriegesellschaften gewaltige Dimensionen angenommen hat, ist bisher in seinen politisch-ökonomischen Implikationen noch wenig beachtet worden; sein politisches Gewicht wurde jedoch schon 1933 deutlich, als der Generaldirektor der Allianz-Versicherung Hitlers erster Wirtschaftsminister wurde.

Entscheidend ist nun, welchen Stellenwert all diese in führenden Wirtschaftskreisen entstandenen »Großraum«-Planungen und -Planungsansätze in den politischen Entscheidungsprozessen NS-Deutschlands besaßen oder möglicherweise besitzen konnten. Soll man die Dokumente der Wirtschaft nur als einige von vielen Kriegsziel-Räsonnements gewichten? Was soll man aus der Tatsache folgern, daß die Empfehlungen der Wirtschaft von seiten der Regierung angefordert wurden? Läßt sich daraus schließen, daß die Wirtschaft ein politisches Eigengewicht im NS-System eben doch nicht besaß, sondern von der Staatsführung nach Belieben ins Spiel geführt bzw. auch wieder zum Verstummen gebracht werden konnte? Waren die Vorschläge der Wirtschaft im Vergleich zu manchem anderen, was an Zukunftsplänen geschmiedet wurde, vielleicht sogar noch recht maßvoll und rational?

Die Zurückhaltung Hitlers mit der Offenlegung seiner letzten Absichten – oder besser noch: seine mangelnde Fähigkeit zur Konzeption einer stabilen Friedensordnung – war grundsätzlich geeignet, auf dem Gebiet der Kriegszielplanung vielerlei Stellen die Vorarbeit zu überlassen; auf Regierungsebene zeichnet sich vor allem ein rivalisierendes Dreieck von Auswärtigem Amt, Reichswirtschaftsministerium und Vierjahresplanbehörde ab[236]. Ein Konzern wie die

---

234 Winschuh in: *Der prakt. Betriebswirt*, S. 142.

235 DZA, Dt. Bank, 21 078, Bl. 154 f., 7. 5. 41.

236 Vgl. NI-11 375, Affid. Schlotterer, 20. 9. 47; NG-3769, Aufzeichnung Wiehl,

IG-Farben verfügte jedoch über gute Beziehungen zu allen drei Rivalen; die Zustände in der NS-Regierung gaben ihr die Möglichkeit, die Rolle des neutralen Sachverständigen zu spielen. Die NS-Verhältnisse brachten es mit sich, daß die Fachmänner der großen Konzerne als Vertreter partikularer Interessen unter Umständen gar nicht klar in Erscheinung traten. Terhaar (IG-Farben) hielt es für »wichtig zu betonen«, daß der Ministerialdirigent Schlotterer an den IG-Empfehlungen zur »Neuordnung« Europas nicht nur die »Formulierung unserer spezifischen Wünsche für notwendig hielt, sondern auch die grundsätzliche und breitere Darlegung des allgemeinen Teiles, der historischen Entwicklung und die von uns vorgesehene Formulierung der allgemeinen Wünsche«[237]. Das Wirtschaftsministerium erwartete von der IG also allgemeinpolitische Formulierungshilfen. Die besonderen Künste der Volkswirtschaftlichen Abteilung der IG-Farben lassen sich etwa in dem 1942 erschienenen Sammelband *Europäische Wirtschaftsgemeinschaft* erkennen, zu dessen Beitragenden der Wirtschaftsminister Funk und der Gesandte Clodius, aber auch Anton Reithinger gehören: dort ist vor allem der Artikel Reithingers bereits auf die neue Situation – Krieg mit der Sowjetunion und mit den USA – eingestellt, und er weiß sogar eine Überlegenheit Deutschlands und seiner Verbündeten gegenüber dieser gewaltigen Feindeskoalition auszurechnen[238].
Am 22. Oktober 1940 teilte Schnitzler dem Führungsgremium der IG mit, daß »offenbar ... unser Frankreich-Programm bei den amtlichen Stellen eine sehr günstige Aufnahme gefunden« habe. Man wisse dort zu würdigen, »daß es unter dem Wust der sich in Allgemeinheiten verlierenden Eingaben von Reichs- und Wirtschaftsgruppen, Handelskammern usw. eines der ganz wenigen Dokumente darstellt, das dem Reichswirtschaftsministerium klar formulierte und bis ins letzte durchdachte praktische Vorschläge an die Hand gibt«[239]. Das Ministerium hatte bei der IG bereits eine entsprechende Ausarbeitung über England angefordert; diese gelangte allerdings, einer späteren Aussage Schnitzlers zufolge, über ein vorbereitendes Stadium nicht hinaus[240]. Im übrigen sind jedoch in den

---

3. 3. 41; ADAP, D, Bd. X, S. 175 f. (anscheinend ein Schreiben Ribbentrops an Göring); vgl. auch Spannungen zwischen Göring und AA wegen der Verhandlungen des Gesandten Clodius in Rom: ebd., S. 564.

237 Eichholtz, IG-Farben-»Friedensplanung«, S. 328, Aufzeichnung Terhaar, 7. 8. 1940 (= NI-6840).

238 In: *Europäische Wirtschaftsgemeinschaft* (1942), S. 113-116.

239 NI-6955, Schnitzler an die Mitglieder des Kaufmänn. Ausschusses.

240 NI-2703, 28. 7. 45.

Akten der Ministerien eine ganze Reihe von Länderberichten aus der Volkswirtschaftlichen Abteilung (Vowi) der IG zu finden; auf die Bedeutung von Ilgners Ostasien-Bericht wurde bereits hingewiesen. Ein Rundschreiben der »Vowi« vom 15. Oktober 1940 für Kollegen, die im Felde standen, berichtet,

»daß unsere Vowi auch im Kriege weiter wächst, und daß wir vor allem für die Zeit nach dem Kriege, wenn die Neuordnung der europäischen Wirtschaft und die Kolonialplanung durchgeführt werden, mit weiterem Zuwachs an Aufgaben rechnen. Für diese große Umstellung, für die schon jetzt Vorbereitungen getroffen werden, werden wir in der Vowi die Unterlagen auf den verschiedensten Gebieten zu liefern haben. ... Es werden sich ganz neue Arbeitsgebiete ergeben ...«[241]

Kein anderer deutscher Konzern besaß eine vergleichbare Position bereits in den vorbereitenden Stadien nicht nur der innen-, sondern auch der außenpolitischen Entscheidungsprozesse. Auf dieser Ebene hat die Position der IG-Farben etwas Singuläres. Aber bei der Konkretisierung und Verwirklichung des »Großraums« wurden alle Konzerne gebraucht, und zwar in einer Weise, daß es nicht zutreffend erscheint, die Firmen lediglich als Exekutivorgane zu charakterisieren, als erst nachträglich in Erscheinung tretende Nutznießer ohne initiatorische Funktion. Der Vorgang, daß die Konzerne die eroberten Gebiete wirtschaftlich zu assoziieren versuchten, wiederholte sich zu oft, als daß er sich als ein bloß nachträgliches, akzidentelles Geschehen charakterisieren ließe: er scheint vielmehr zur Dynamik der nationalsozialistischen Expansion untrennbar hinzuzugehören.

Hitler selbst hatte am 27. Januar 1932 im Düsseldorfer Industrieklub den Industriellen »diese wunderbare Vermählung von wirtschaftlichen Erwerbungen mit politischer Machtbefestigung«, die die britische Politik charakterisiert habe, vor Augen gestellt[242], – Passagen, die nicht als bloße Konzession an die Zuhörer abzutun sind; denn von der NS-Regierung wurde im Verlaufe ihrer Machtausweitung vieles getan, um eine solche »wunderbare Vermählung« herzustellen. Von Anfang an war Hitler die Großindustrie als Träger deutschen Weltmachtstrebens geläufig, von vornherein war ihm also klar, daß sein eigener Ehrgeiz dort einen kongenialen Partner finden würde, während die völkischen Romantiker, die der NS-Be-

241 DZA, IG-Farben, A 778, Bl. 51; vgl. auch ebd., Bl. 45, Rundschreiben 9. 5. 41.
242 Domarus, *Hitler*, Bd. 1, S. 75.

wegung ihre spezifische Atmosphäre gaben, im allgemeinen weit begrenztere Ziele hatten. Während des Krieges lernte man in der NS-Regierung immer mehr, auf die Konzerne zu rechnen, wenn es darum ging, mit den Eroberungen etwas anzufangen.

Am 7. Juni 1940, als Holland und Belgien bereits in deutscher Hand waren, berichtete Zangen in Düsseldorf dem schwerindustriellen »Kleinen Kreis« über eine Unterredung mit dem Reichswirtschaftsminister Funk – ein Bericht, der auch das konziliante do-ut-des-Verhältnis zwischen Ministerium und Industrie beleuchtet. Unter Berufung darauf, »daß er der Wirtschaft große Hilfe geleistet habe, insbesondere im Steuerproblem«, ließ Funk die Industriellen bitten, ihm nun auch ihrerseits behilflich zu sein »und dafür zu sorgen, daß keine Exzesse vorkämen, die den Gegnern der Privatwirtschaft eine Handhabe zu Vorwürfen gegen die Wirtschaft böten, insbesondere möge man alle Annektionsgelüst(e) etc. heute unterdrücken«[243]. Aber nicht für lange brauchte die Wirtschaft solche Gelüste zu unterdrücken. Am 19. Juni, als der Sieg über Frankreich gesichert war, forderte Schlotterer die Industrie zur »Sammlung von Material für eine Auseinandersetzung mit Frankreich und England« auf. »Die Industrie möge sich überlegen, welche Störungsmomente ihre Entfaltung in Europa behindert haben.« Er stellte die Aneignung ausländischer Patente und Lizenzen in Aussicht[244], sprach allerdings noch nicht von einer kapitalmäßigen Durchdringung.

Auf dem letzteren Gebiet kam der entscheidende Anstoß nicht aus der Ministerialbürokratie, sondern von Göring, der über die nach ihm benannten Reichswerke offenbar kapitalstrategische Denkweisen gelernt hatte. Die Göring-Werke waren ja seit dem österreichischen Anschluß der Schrittmacher der Kapitalverflechtung gewesen; mit dem Westfeldzug wurde diese Praxis zu einem bewußten politischen Programm. Schon im Mai 1940 suchte Göring mit einem regelrechten Befehl eine rasche Kapitalverflechtung mit Holland und Belgien durchzusetzen[245]. Am 2. August erklärte er rundheraus den einschlägigen Stellen: »Ein Ziel der deutschen Wirtschaftspolitik ist die Vergrößerung des deutschen Einflusses bei ausländischen Unternehmungen ... Notwendig ist ... schon jetzt, daß jede Gelegenheit ausgenutzt wird, um noch während des Krieges der deutschen Wirtschaft Eingang in die interessanten Objekte der Wirt-

243 NI-3576 bzw. NIK-11 658.

244 *Anatomie des Krieges*, S. 260 f., Sitzung des Außenhandelsausschusses der Reichsgruppe Industrie.

245 BA, R 7 VIII/207, gez. Saager.

schaft der besetzten Länder zu ermöglichen ...«[246] Die Kapitalverflechtung erscheint bei Göring nicht als eines unter vielen Mitteln zur Integration des »Großraumes«, sondern geradezu als wichtigste Praktik zur Erreichung dieses Zieles; im übrigen forderte er dazu auf, auch umgekehrt holländisches und dänisches Kapital nach Deutschland hereinzulassen[247].
Schlotterer allerdings sah sich Anfang September 1940 »in gewissem Gegensatz zu den Herren des Vierjahresplanes« und hielt das ungeordnete Vorwalten privater Initiativen bei der Kapitalverflechtung für »bedenklich, zumal im Hinblick auf die großen Besitzungen der holländischen und belgischen Industrie in Übersee«, die »bei weiterem ungeschicktem Vorgehen der Deutschen« verloren gehen könnten[248]. Schlotterer, der zugleich die Planungen der IG-Farben ermutigte, unterstützte hier jene Großkonzerne, deren Interessen über die bis dahin von Deutschland eroberten Gebiete noch beträchtlich hinausreichen und die daher nach außen hin das Gesicht wahren mußten. Der aus Hamburg stammende Schlotterer, der von dem Reeder Krogmann – 1933 Regierender Bürgermeister von Hamburg – protegiert wurde, war von seiner Laufbahn her besonders mit den Lateinamerika-Interessen verbunden[249]. In einer Ansprache vor dem Großen Beirat der Reichsgruppe Industrie am 3. Oktober 1940 verwahrte er sich vor allem dagegen, all jenen Einzelwünschen von Unternehmern nachzugehen, die mit entsprechend plumper Direktheit zu verfolgen waren; seine Partner waren die Großen der Wirtschaft, die im besetzten Ausland flexibel und hinhaltend taktieren konnten. Man dürfe, belehrte er die Industriellen, die ausländische Industrie »nicht einfach vernichten«; aber das heiße nicht, daß »man die Dinge einfach so ließe, wie sie sind, denn warum machen wir ja schließlich einen europäischen Großraum«[250]? Er bestätigte den »Wunsch der höchsten Stellen, daß gerade die Methode der Kapitalbeteiligung von der deutschen Industrie auf das stärkste gepflegt wird«; die Industriellen könnten dafür »jeden« Devisenbetrag bekommen. Als Zangen darauf ein parlamentarisches »Hört, hört!« einwarf, bekräftigte er: »Jawohl, dazu stehe ich, Sie können sich darauf verlassen. Wichtig ist für uns, daß Sie eindringen und

246 ADAP, D, Bd. X, S. 329.
247 BA, R 43 II/311, Bl. 68, Göring an Funk, 17. 8. 40.
248 R 7 VIII/207, Besprechung im RWM, 7. 9. 40; vgl. dazu Eichholtz, *Kriegswirtschaft*, Bd. 1, S. 182.
249 NI-11 374 und 11 375, Lebenslauf Schlotterers.
250 *Anatomie des Krieges*, S. 291 (= NI-10 717).

daß wir auf diese Weise unseren Einfluß in den betreffenden Ländern geltend machen können.«[251] Dabei besaß die Wirtschaftsverflechtung nicht bloß den Stellenwert eines Ausgangspunktes der politischen Verflechtung; in einem Zeitungsartikel stellte Schlotterer – ohne Rücksicht auf das vom Nationalsozialismus proklamierte »Primat der Politik« – das Verhältnis geradezu umgekehrt dar: »... die *staatlichen* Regelungen stellen gewissermaßen nur den *Ausgangspunkt* einer wirklichen wirtschaftlichen Zusammenarbeit dar. Die Zusammenfassung der verschiedenen Volkswirtschaften Europas muß also viel tiefer greifen, als eine staatliche Wirtschaftsregelung das je kann. Sie muß die Zusammenarbeit zwischen den wirtschaftenden *Menschen*, wirtschaftenden *Gruppen, Firmen* und *Wirtschaftsorganisationen* umfassen ...«[252]

Solche Zeugnisse bestätigen, was bereits der Gang der Ereignisse selbst suggerierte: daß die NS-Regierung die privatwirtschaftlichen Konzerne notwendig brauchte, um die Substanzleere des »Großraums« mit konkretem Inhalt zu füllen. Von ihrer Ideologie her wußten die Nationalsozialisten mit den besiegten und überrollten Völkern nicht wirklich etwas anzufangen; denn sie hatten ihnen nichts zu bieten, – sogar ein kultureller Imperialismus mußte schwach und unglaubwürdig sein, nachdem ein Großteil des deutschen Geisteslebens in die Emigration getrieben war und die nurdeutschen, nicht-internationalen Züge der deutschen Kultur mit dikker Farbe herausgestrichen worden waren. Selbst für eine Revolutionierungspolitik, wie sie während des Ersten Weltkrieges von der kaiserlichen Regierung zumindest ansatzweise bei außerdeutschen Nationalitäten und Kolonialvölkern betrieben worden war, ließ die »Arier«-Ideologie wenig Raum; sogar mit einer Unterstützung indischer Unabhängigkeitsbestrebungen gegen die britische Kolonialherrschaft war Hitler zurückhaltend[253]. In diesem Punkt

---

251 *Anatomie des Krieges*, S. 293.

252 *Dt. Allg. Zeitung*, 13. 4. 41; vgl. auch BA, R 43 II/311, Bl. 43, Vermerk Willuhn, 9. 7. 40: »Ein neuer großer Wirtschaftsraum wird entstehen, in dem sich die Wirtschaft unter staatlicher Führung in den Grundzügen entwickeln kann.« Die »staatliche Führung« wird dann aber durch handschriftliche Korrektur abgeschwächt; es heißt nunmehr: »... in dem sich die Wirtschaft, unter staatlicher Führung nur in den Grundzügen, entwickeln kann.« Lammers ernannte Willuhn kurz darauf zu seinem Vertreter »für die Arbeiten zur Vorbereitung des wirtschaftlichen Wiederaufbaus nach dem Kriege« (ebd., Bl. 47, 24. 7. 40). Willuhn wäre also vermutlich im Falle eines deutschen Sieges zu einer Schlüsselfigur der »Großraumpolitik« geworden.

253 Epstein, Fritz, »National Socialism and French Colonialism«, in: *Journal of Central European Affaires*, vol. III, April 1943, S. 52-64; referiert bei Martin, *Dtld. und Japan*, S. 64; vgl. dort auch über die Zurückhaltung der NS-Regie-

war die NS-Führung konservativer als die einstigen Spitzen des kaiserlichen Deutschlands. So konnte man die eroberten Gebiete fast nur als Objekte der Ausbeutung behandeln; aber um diese rationell zu betreiben und nicht völlig in zerstörerische Plünderung ausarten zu lassen, brauchte man die erfahrenen Privatkonzerne. Mit Reparationen hatten in der Zwischenkriegszeit auch die Sieger schlechte Erfahrungen gemacht; man brauchte andere Wege, um die Eroberungen zu Geld zu machen.

Wenn man es unternimmt, den NS-deutschen Imperialismus in die Gesamtentwicklung des modernen Imperialismus einzuordnen, so ist zunächst festzustellen, daß in Teilen der NS-Bewegung der »Sozialimperialismus« seinen Höhepunkt erreichte. Imperialistischen Ansätzen der Privatwirtschaft dagegen war die NS-Bewegung von Hause aus nicht unbedingt günstig; aus einer warnenden Mitteilung Ewald Heckers, des Leiters der Reichswirtschaftskammer, an die Selbstverwaltungsorgane der Wirtschaft im März 1936 geht hervor, daß Kapitalexport damals oft als »Industrieverschleppung« gebrandmarkt wurde[254]. Wenn eben dem Kapitalexport dann bei der Verwirklichung des NS-deutschen Imperiums doch eine zentrale Funktion zufiel, so ist das nicht zuletzt daraus zu erklären, daß sich ein »Sozialimperialismus« zwar propagieren, aber ungleich schwerer realisieren ließ. Wenn durch die militärischen Eroberungen ein imperialer Rahmen geschaffen worden ist, läßt sich dieser von den Interessen der breiten Massen des »Herrenvolkes« her nur schwer zu einem funktionierenden Herrschaftsgebilde organisieren. »Sozialimperialismus« wird in der Praxis zur Contradictio in adjecto. Die große Masse der deutschen Bevölkerung dachte nicht daran, die Weiten Rußlands zu besiedeln, ja schauderte vor dem bloßen Gedanken zurück, als diese Möglichkeit durch das deutsche Vordringen im Osten zeitweise real erschien[255]. Der Großteil der Wählermillionen, die die NSDAP in den Jahren der Wirtschaftskrise gefunden hatte, war kaum von imperialistischen Motiven bestimmt gewesen. Die breite Masse des Volkes hatte aus den Leiden des Ersten Weltkrieges gelernt, wenn sie je imperialistisch gesonnen war, und im Herbst 1939 war von einer allgemeinen Kriegsbegeisterung nicht die Rede, ja nicht einmal nach dem überraschenden Sieg im Westen[256].

---

rung gegenüber Subhas Chandra Bose; über die Revolutionierungspolitik des kaiserlichen Deutschlands vgl. Fischer, *Griff nach der Weltmacht*, S. 138-183.

254 DZA, RWM, 8933, Bl. 56.

255 Boberach (Hrsg.), *Meldungen aus dem Reich*, S. 288 f., 17. 8. 42.

256 Vgl. Max Nußbaum in: *Contemporary Jewish Record*, Jg. 3/1940, S. 579 f.

Die Entwicklung der Großindustrie aber wies in andere Richtungen als die Entwicklung der breiten Masse. Hier war 1939 die imperiale Kapazität in noch stärkerem Maße gegeben als 1914; die Fusionswellen nach dem Ersten Weltkrieg, während der zwanziger und dann wieder in der zweiten Hälfte der dreißiger Jahre hatten zu einer auch »qualitativ« höheren Stufe der Konzernierung geführt: die Konzentration hatte allgemein begonnen, die Regionen[257] und die Produktionsstufen zu übergreifen, und zuletzt hatte sie noch das Instrument der »Arisierung« hinzugewonnen. Zu einer Zeit, da der »Sozialimperialismus« zwar in der NSDAP seine extremste politische und ideologische Formation erreichte, aber seine reale Massenbasis zumindest teilweise bereits verloren hatte, boten sich mehr denn je die Dimensionen der Spitzenkonzerne zur Substanzialisierung der imperialen Ambitionen an, und die NS-Regierung war schließlich so sehr auf das, wie Obermann es bezeichnete, »Unendlichkeitsstreben des Kapitalismus«[258] angewiesen, daß die großen Firmen einen Lobbyismus in dem Maße wie im Ersten Weltkrieg kaum mehr nötig hatten.

»Sozial« war der sich 1940 in seiner konkreten Gestalt abzeichnende Imperialismus selbst für die deutsche Bevölkerung in vieler Hinsicht nicht. Schlotterers Rede vor dem Beirat der Reichsgruppe Industrie am 3. Oktober 1940 ließ keinen Zweifel daran, daß der Verbraucher von der »Neuordnung« Europas nicht profitieren solle. Wenn, ihm zufolge, die erste Methode, um der ausländischen Wirtschaft beizukommen, diejenige der Kapitalverflechtung war, so bestand die »zweite Methode« darin, »daß man die Industrien dieser Länder in unsere Marktregelungen einbezieht«. »Die draußen sollen also nicht wild herumlaufen ... Was ... nicht möglich sein wird in der Zukunft, ist, daß sie uns die Preise herunterdrücken mit billigen Offerten. Sie haben sich dann eben mit uns ... zu verständigen. Das ist eine Selbstverständlichkeit. Und hier erhebt sich dann die Frage, ob nicht die Einrichtung der Kartelle, Verbände und Syndikate auch eine europäische Rolle spielen kann.«[259] Schon die Sprache – die Verwendung des »uns« – verrät die Identifikation Schlotterers mit den Industriellen. Die Kartelle, deren sich die NS-Regierung bereits zur innerdeutschen »Neuordnung« der Wirtschaft bedient hatte,

---

257 Über das Ausgreifen der Ruhrkonzerne nach Süddeutschland während der zwanziger Jahre vgl. Maschke, *Es entsteht ein Konzern*, S. 64.

258 Obermann, Emil, *Soldaten, Bürger, Militaristen. Militär und Demokratie in Deutschland*, Stuttgart 1958, S. 205.

259 *Anatomie des Krieges*, S. 293 f. (= NI-10 717).

sollten nun auch zum Instrumentarium der »Großraum«-Ordnung werden.
Hillgruber erblickt in den »Großwirtschaftsraum«-Plänen ein »Alternativprogramm« – und zwar die einzige vorübergehend relevante Alternative – zu der »radikalen Konzeption Hitlers«[260]. Sicherlich atmen sie einen sehr anderen Geist als die blutige Absurdität der rassistischen »Neuordnungs«-Pläne, die dem Hirn der NS-Fanatiker entsprossen. Die »Großwirtschaftsraum«-Entwürfe besitzen in weiten Teilen Anklänge an jene Paneuropa-Konzepte, die dem Frieden dienen sollten. Die deutsche Großindustrie hatte ja inzwischen solche Ausmaße erreicht, daß sie Kontinentaleuropa großenteils mit ökonomischen Mitteln beherrschen konnte und auf die ständige Präsenz der politischen Gewalt eigentlich nicht angewiesen war – sofern eben durch die politische Gewalt gesichert war, daß die Industrie in ganz Europa ungehindert schalten konnte, ungehindert auch von der US-amerikanischen Konkurrenz. Wie jedoch etwa der Francolor-Vertrag der IG-Farben dokumentiert, wollte sich die deutsche Großindustrie noch über ihre ohnehin bestehende Überlegenheit für das zukünftige großdeutsch-europäische Imperium Ausgangspositionen erzwingen, die die Lage vieler ausländischer Industrien vollends hoffnungslos gemacht hätte; und es war nicht zu erwarten, daß die von Deutschland okkupierten Staaten, sollten sie je einen Teil ihrer Souveränität wiedererlangen, dem Ruin ihrer Industrie tatenlos zusehen würden. Daher kann man in der Gestalt, die der »Großwirtschaftsraum« durch die deutschen Konzerne erhalten hätte, in keiner Weise eine Grundlage für eine stabile Friedensordnung sehen, und manche Dokumente beweisen, daß ein solcher Glaube auch bei deutschen Wirtschaftsführern nicht vorhanden war. Die deutsche Konzernexpansion hätte den Krieg mit anderen Mitteln weitergeführt und der militärischen Niederlage der Nachbarstaaten eine nicht endende Kette weiterer Schläge folgen lassen; bereits während der Kriegsjahre zeichnete sich eine solche Entwicklung unverkennbar ab. Sie war nur denkbar auf der Grundlage eines politisch-militärischen Herrschaftssystems und schuf immer neue Notwendigkeiten für politische Zwänge. Es hat daher etwas Ahistorisches, das »Großwirtschaftsraum«-Konzept als eine Alternative zu dem tatsächlichen, katastrophalen Gang der Dinge zu sehen: in Wirklichkeit bildeten die ökonomischen Aspirationen eine verhängnisvolle Einheit mit dem terroristischen Herrschaftssystem, sich gegenseitig bedingend und weitertreibend.

260 Hillgruber, *Hitlers Strategie*, S. 569.

4.5 *Von den »Blitzkriegen« zum totalen Krieg: Etablierung einer großindustriellen Wirtschaftsdiktatur auf Kosten der bürgerlich-agrarischen Sammlung*

Paul Wiel, der für die Arbeitsgemeinschaft »Wehrwirtschaft« sprach, beschrieb 1938 die Stellung der Privatwirtschaft zum Staat in einem zukünftigen Kriege wie die Stellung eines Alliierten, – während vom Geiste des Nationalsozialismus her zu erwarten gewesen wäre, daß, zumal im Kriege, den Privaten eine ganz und gar dienende Position zugewiesen worden wäre. Wiel argumentiert:
»Ein Krieg stellt für ein Volk eine derartige Belastung dar, daß der Staat alles tun sollte, um sich zu entlasten. Jeder findet es vernünftig, daß man sich im Kriege nach Bundesgenossen umsieht. Merkwürdigerweise gibt es Leute, die die Bundesgenossenschaft der freien Initiative ablehnen, z. T. aus sozial-wirtschaftlichem Ressentiment.«
Man dürfe jedoch, bemerkt er freimütig, aus der Erkenntnis, »daß nicht einzelne lauter Vorteile vom Elend des Ganzen haben dürfen«, »kein Dogma machen«; lieber solle man daran denken, daß auswärtige verbündete Mächte ja auch etwas kosteten[261]. Ein solches Räsonnement gab den Kriegsgewinnlern – einst ein Hauptangriffsziel der NSDAP – erneut freie Bahn.
Während der ersten NS-Jahre hatte die Großindustrie die gewonnenen Vorteile mit manchen Unbequemlichkeiten bezahlen müssen: mit Einbußen an ihrer ökonomischen Freiheit durch Rohstoff-, Devisen- und Preiskontrolle, und auch mit gewissen Einbußen an ihrer sozialen Position. Durch den Krieg jedoch rückten die Unternehmer wieder sichtlich in die Position des Kompagnons auf; die erniedrigenden Attribute der Günstlings-Stellung traten wieder zurück. In Zangen hatte die Industrie einen Sprecher gefunden, der ihr zurückgewonnenes Primat selbstbewußt zum Ausdruck brachte. »Mit Betonung« erklärte er am 27. März 1940 dem neuernannten Minister für Bewaffnung und Munition, Fritz Todt, »daß, wenn bisher in der Kriegswirtschaft überhaupt etwas geleistet worden sei, dies im wesentlichen der Organisation der gewerblichen Wirtschaft zu danken sei.« In quasi-liberalistischer Weise stellt er die staatlichen Organe als unfähige und lediglich störende Elemente dar: »Wirklich Erfolg gehabt hätten diejenigen Wirtschaftsgruppen . . ., die sich durch keine Unklarheiten bürokratischer Stellen haben stören lassen, son-

---

261 Wiel, *Krieg und Wirtschaft*, S. 69.

dern in eigener Verantwortung gearbeitet und damit etwas geschafft hätten. Er würde sich in aller Schärfe gegen die Bildung neuer Gremien wenden und halte für selbstverständlich den engsten Kontakt zwischen Todt und der gewerblichen Wirtschaft.«[262] Das war ein seit langem ungewohnter Ton im Verhältnis der Industrie zur NS-Regierung.

An sich hätte die durch den Krieg bedingte äußerste Verknappung der Arbeitskräfte auch das Selbstbewußtsein der Arbeiterschaft heben können, wie es im Ersten Weltkrieg tatsächlich der Fall war; aber es wurde diesmal Sorge getragen, solche Auswirkungen der Kriegswirtschaft möglichst zu bremsen. Der Gauleiter Sauckel berichtete im April 1939 der Reichskanzlei, »auch in Thüringen« sei man »mit bestem Erfolg daran gegangen, die davonlaufenden Überakkordlöhne zu steuern«[263]. Zangen berichtete am 8. November 1940 den Industriellen des »Kleinen Kreises«, »daß Mannesmann vielen hundert Bergleuten, die sich im Laufe des Jahres nicht gut benommen hätten, die (Weihnachts-)Gratifikation nicht ausbezahlt habe und sich diese Freiheit auch für die Zukunft vorbehalten müsse«[264]. Einer Verknappung der Ware Arbeit wurde in den späteren Kriegsjahren durch massenweise Rekrutierung ausländischer Arbeiter entgegengewirkt.

Trotz aller Propaganda war es auch bei Kriegsausbruch dem Großteil der Arbeiter sehr wohl bewußt, daß die NS-Regierung vor allem die Unternehmer begünstigte. Am 11. September 1939 schrieb der Reichsarbeitsminister an Göring: »Wie auch Ihnen bekannt ist, fürchten weite Kreise der Arbeiterschaft, daß die ihnen mit der Kriegswirtschaftsverordnung auferlegten Lasten nicht voll einer Preissenkung zugute kommen, sondern als Gewinne dem Unternehmer zufließen.«[265] Die erwähnte Verordnung sah den Fortfall der Überstunden-, Feiertags- und Nachtzuschläge und des Urlaubsrechts vor.

Die besonders fest etablierte Stellung der Großindustrie während des Krieges ist so deutlich, daß sich die Frage stellt, ob es nicht, abgesehen von der allgemeinen Notwendigkeit der Wirtschaft für die Kriegsführung, noch besondere Interdependenzen zwischen der Wirtschaftsstruktur und den typischen Kriegsformen NS-Deutschlands gibt. Da wäre zunächst das Konzept des »Blitzkrieges«, das

---

262 *Anatomie des Krieges*, S. 244.
263 BA, R 43 II/312a, Bl. 50, Sauckel an Lammers, 24. 4. 39.
264 R 13 I/621, Bl. 53.
265 R 43 II/312a, Bl. 53.

bereits dem Schlieffenplan zugrundegelegen hatte und das, obwohl es im Ersten Weltkrieg fehlgeschlagen war, auch unter Hitler wieder zum Erfolgsrezept der Wehrmacht wurde[266]. Die Strategie des Blitzkrieges entsprach dem Hitlerschen Talent für den überraschenden Coup und konnte daher mehrmals mit Erfolg durchgeführt werden; entsprach sie auch den Dispositionen der Wirtschaft? Sicherlich nicht in jeder Beziehung war diese Art der Kriegsführung für die Privatwirtschaft bequem: wirtschaftlich stellt sich der Blitzkrieg als ein abrupt entstehender gewaltiger Bedarf an Rüstungsgütern dar, der eine ausgedehnte Lagerhaltung voraussetzt – ein Bedarf, der jedoch, wenn der Blitzkrieg zum Erfolg führt, ebenso rasch wieder verschwindet. Eine länger anhaltende und gleichmäßigere Nachfrage ist für die Wirtschaft bequemer. Aus der Perspektive der NS-Regierung mußte jedoch der Wert der Privatindustrie durch die Notwendigkeit der Blitzkrieg-Strategie gehoben werden; denn die privaten Firmen waren durch ihre relative Fähigkeit zur Improvisation, ihre Gewöhnung an rasche Umstellung auf veränderte Nachfrage-Situationen dem Tempo des Blitzkrieges besser gewachsen, als es bei staatlichen Bürokratien anzunehmen war. Hitler zumindest war von der Langsamkeit und Umständlichkeit der Bürokratie überzeugt; da es ihm bei der Kriegsführung ganz auf das Tempo, das blitzschnelle Zuschlagen ankam – das Trauma des Stellungskrieges im Westen 1914–1918 bestimmte weitgehend das Kalkül des Zweiten Weltkrieges –, wurden fast automatisch die Qualitäten des Privatunternehmertums zu einem Schlüsselfaktor in der Rechnung. Der erwähnte Wiel hob die Kongenialität von Bewegungskrieg und und Privatwirtschaft hervor: »Nichts aber ist dem Kriege wesensfremder als Schematismus; nie ist größere Beweglichkeit und Anpassungsfähigkeit angebracht. Man sollte im Kriege nicht bedenkenlos die bewegliche private Wirtschaft an die Seite schieben, wo sie brauchbar ist. Bürokratie ist immer unbeweglicher.«[267] Diese Auffassung gewann in der Organisation der Kriegswirtschaft immer mehr Gestalt.

Das führte dahin, daß ungeachtet der offiziell proklamierten Militarisierung der Wirtschaft in Wirklichkeit noch während der ersten Kriegsjahre eine konsequente kriegsmäßige Organisation der Wirtschaft fehlte. Besonders deutlich zeigte sich dieses Manko auf dem Sektor der Munitionsherstellung. Speer weist rückblickend auf die

---

266 Förster, *Totaler Krieg und Blitzkrieg*, S. 83; Milward, *Dt. Kriegswirtschaft*, S. 9 ff.

267 Wiel, *Krieg und Wirtschaft*, S. 70.

paradox anmutende Tatsache hin, daß die deutsche Munitionsproduktion während des gesamten Zweiten Weltkrieges – also auch unter Speers eigener Regie – nicht den Stand des Ersten Weltkrieges erreicht habe[268]. Burton H. Klein erblickt in diesem Faktum ein »Rätsel«; denn aus einem Mangel an Ressourcen lasse es sich nicht erklären; nicht einmal aus einem absoluten Mangel an Arbeitskräften. Er sieht im Gegenteil noch weitere ähnliche Rätsel hinzukommen, je mehr man die Statistik der deutschen Produktion und Produktionsfaktoren während der ersten Kriegsjahre untersuche: besonders auffällig sei etwa der organisatorische Rückstand der Stahlproduktion und sei auch der nach wie vor auch im Vergleich zu den Westmächten erhebliche Anteil friedensmäßiger Produktion[269]. All diese Tatsachen gehören zu den merkwürdigsten Inkonsequenzen im Gesamtbild NS-Deutschlands.

Wenn in den Jahren vor Kriegsausbruch eine maximale Forcierung der Rüstungsproduktion noch nicht stattfand, so glaubt B. H. Klein dafür eine sehr einfache Erklärung zu haben: Hitlers militärische Planungen, sein Blitzkrieg-Konzept habe eine solch umfassende Rüstung eben nicht erfordert[270]. Ob diese Erklärung hinreicht, muß bezweifelt werden: vom Ersten Weltkrieg her hätte man auf jeden Fall damit rechnen müssen, daß der Blitzkrieg als solcher mißlingt und es notwendig sein würde, sich auf einen längeren Krieg einzurichten. Daß man es vor 1914 unterlassen hatte, auch diesen zweiten Fall konsequent vorzuplanen, hatte sich als verhängnisvoll erwiesen. Hitler selbst wollte denn auch offensichtlich schon Jahre vor der Entfesselung des Krieges tatsächlich die totale Kriegswirtschaft durchsetzen; daran läßt seine Denkschrift über den Vierjahresplan vom 26. August 1936 kaum Zweifel. Es ist sicherlich nicht richtig, aus der tatsächlichen Entwicklung der deutschen Rüstungsproduktion automatisch auf entsprechende Kalkulationen Hitlers zu schließen: so fest hatte Hitler die Wirtschaft keineswegs im Griff, und so genau vermochte er ihre Kapazitäten nicht zu durchschauen[271]. Die nur partielle Unterordnung der Wirtschaft unter die Politik, die sich bereits im auswärtigen Bereich mehrfach zeigte, muß auch bei der Interpretation der Entwicklung der kriegswirtschaftlichen Organisation mit in Betracht gezogen werden.

---

268 Speer, *Erinnerungen*, S. 228.
269 Klein, *Germany's Economic Preparations*, S. 146.
270 Klein, *Germany's Economic Preparations*, S. 25 ff.
271 Welter, *Falsch und richtig planen*, S. 45: Bis in das Jahr 1944 hinein »fehlte jeder Gesamtüberblick über Produktionsziele und Produktionsfaktoren«!

Speer selbst hebt die »Überbürokratisierung« als Hemmnis der Rüstungsproduktion hervor; er scheint dabei vor allem an seinen Hauptgegner, den Wirtschaftsstab der Wehrmacht zu denken[272]. Demnach wäre die Ursache bei der Privatwirtschaft gerade nicht zu suchen; aber man wird die bei Speer schon geradezu stereotypen Angriffe auf die »Bürokratie« nicht ungeprüft übernehmen dürfen. Vielmehr ist gerade auch in den Interessen der Privatwirtschaft ein Element zu sehen, das einer radikalen kriegsmäßigen Durchorganisation der Wirtschaft lange Zeit entgegenstand. Dabei ist vor allem an die Interessen vieler kleiner und mittlerer Unternehmen zu denken, denen in der totalen Kriegswirtschaft die Liquidierung oder zumindest der Verlust der Unabhängigkeit drohte. Sogar das SS-Organ *Das schwarze Korps* anerkannte am 11. Februar 1943 – eine Woche vor Goebbels' Proklamation des »totalen Krieges« im Sportpalast –, daß es in der ersten Zeit des Krieges nicht möglich gewesen wäre, alle Kräfte »total« für den Krieg einzusetzen: weder die »auf Hochtouren laufende Industrie« noch der Handel mit seinen damals noch wohlgefüllten Warenlagern wäre dazu bereit und imstande gewesen[273].

Die Großindustrie allerdings wurde zu Speers wirksamstem Verbündeten bei der Durchsetzung der zentral geleiteten Kriegswirtschaft. Schon zur Zeit des Kriegsbeginns war auf großindustrieller Ebene die Forderung nach einer einheitlichen Führung der Kriegswirtschaft wiederholt zu vernehmen; mit Grund erwartete man, desto besser bedient zu werden, je höher die Ebene war, auf der die Entscheidungen fielen. Als Speer im Februar 1942 sein Amt als Reichsminister für Bewaffnung und Munition antrat, wurde er von Vögler selbst auf »ungenutzte Reserven« der Wirtschaft aufmerksam gemacht[274]. Als ein Jahr später allgemein der »totale Krieg« proklamiert wurde, war durch die enge Zusammenarbeit, die sich zwischen Speer und den Wirtschaftsführern entwickelte, bereits sichergestellt, daß der »totale Krieg« keineswegs eine totale Un-

---

272 Speer, *Erinnerungen*, S. 228.

273 Bleyer, W., *Staat und Monopole im totalen Krieg. Der staatsmonopolistische Machtapparat und die »totale Mobilisierung« im ersten Halbjahr 1943*, Berlin (Ost) 1970, S. 39; Geer, *Markt der geschlossenen Nachfrage*, S. 24: »Kein Mensch wäre seinerzeit zu bewegen gewesen«, bei einer kriegsmäßigen Durchorganisation der Wirtschaft, wie sie später unter Speer vorgenommen wurde, mitzuarbeiten. General Thomas (2353-PS, Grundlagen f. e. Gesch. d. dt. Wehr- und Rüstungswirtschaft, Kap. XVIII) spricht davon, daß der »Einstellung der Wirtschaft, die jede unnötige Umstellung ablehnte«, in der ersten Kriegszeit von der Reichsführung Vorschub geleistet wurde.

274 Speer, *Erinnerungen*, S. 216.

terordnung der Industrie unter die Wehrmachtsführung bedeuten würde, sondern die Entwicklung eher in die umgekehrte Richtung ging. Die »totale Kriegswirtschaft«, die sich nunmehr entwickelte, stand durchaus nicht in diametralem Gegensatz zu der Wirtschaft des Blitzkrieges; denn Speer, der als Architekt Monumentalbauten plante, die für die Ewigkeit bestimmt waren, verfocht in der Kriegswirtschaft das Prinzip der Improvisation in einem Maße, das ihn veranlaßte, alles Heil von den Privatunternehmern und alles Übel von den »Bürokraten« zu erwarten[275].

Dieses Modell der »totalen Kriegswirtschaft« muß im übrigen eigensten Konzepten Hitlers entsprochen haben, die bis in die Frühzeit seiner politischen Laufbahn zurückgehen. Dem Faktor Ludendorff wird bei Hitlers politischer Entwicklung beträchtliches Gewicht beizumessen sein; die Verbindung mit Ludendorff trug um 1923 wesentlich dazu bei, Hitler aus der Vielzahl völkischer Agitatoren herauszuheben und seine Reputation trotz des kläglich mißlungenen Putschversuches zu erhalten. Durch Ludendorff andererseits hatte sich vom Sommer 1916 an ein enges Bündnis von Schwerindustrie und OHL hergestellt[276], das eine neue Phase in den Beziehungen zwischen Staat und Wirtschaft initiierte; vor allem hier ist das Grundmodell für jene »kurzgeschlossene« Verbindung der NS-Zeit zu sehen.

Die Zentralisierung der Wirtschaftssteuerung unter Speer ging nicht ohne Widerstände vor sich; auch aus den Reihen der Großindustrie meldete sich anfangs Opposition, so etwa gegen die Gründung der Reichsvereinigung Eisen (RVE) im Mai 1942. Die Opposition fand ihren Sprecher gegenüber der Regierung in Poensgen (Vereinigte Stahlwerke), der mit seinem Rücktritt von der Leitung der Wirtschaftsgruppe Eisen schaffende Industrie drohte und – mit Hinweis auf eine entsprechende Äußerung Röchlings – einen Boykott der RVE durch die Industrie ankündigte. Er erklärte dem General Hanneken, von »Selbstverwaltung« sei bei der neuen Reichsvereinigung nicht die Rede; denn das gesamte Präsidium werde von der Regierung eingesetzt; die Industrie habe dabei nicht einmal ein Vor-

---

275 Janssen, Gregor, *Das Ministerium Speer. Deutschlands Rüstung im Krieg*, Frankfurt/Berlin 1968, S. 47 f.; Welter, *Falsch und richtig planen*, S. 19, berichtet, wie (1944) die Ansprache eines deutschen Wirtschaftsführers von einem anwesenden Gauleiter unter Ausdruck der Zustimmung in den Appell zusammengefaßt wurde: »Unsere Linie bleibt also die alte. Keinerlei Zahlenkram! Nur improvisieren!«

276 Darüber Peter Graf Kielmannsegg, *Dtld. und der Erste Weltkrieg*, Frankfurt 1968, S. 187.

schlags- oder Einspruchsrecht. »Eine solche Neuregelung mache er für seine Person nicht mit.« Seine Sprache gegenüber Hanneken wurde immer heftiger: »Wenn man der Ruhr das Rückgrat brechen wolle, so sage er, das Rückgrat sei sehr elastisch. Er (Poensgen) sei sehr gekränkt durch die Behauptung des Generals, daß er in seiner Tätigkeit die Ruhrinteressen in den Vordergrund gesetzt hätte.« Hanneken replizierte, er werde seinerseits dafür angegriffen, »daß er sich zu viel nach den Wünschen der Ruhr gerichtet habe«[277].
Aber derjenige, der sich dann zur Leitung der RVE bereitfand, war niemand anderes als Röchling selbst. Auch Poensgen war zunächst Mitglied des Präsidiums und schied später zugunsten eines neuen Vorstandsmitgliedes der Vereinigten Stahlwerke, des zukünftigen Thyssen-Chefs Hans-Günther Sohl, aus[278]. Stellvertretender Leiter der RVE wurde Alfried Krupp; Flick und Rohland saßen im Präsidium: die bisherige »Selbstverwaltung« der Schwerindustrie war also nicht eben bedroht, – der sehr energische Protest Poensgens zog nicht etwa staatliche Repressalien nach sich, sondern führte zu einem Nachgeben staatlicherseits. Mit Grund hatte Poensgen das elastische Rückgrat der Ruhr hervorgehoben. Und »elastisch und schmiegsam« war, wie im Juni 1942 ein zuständiger Jurist betonte, auch die RVE selbst; sie enthielt, seinen Ausführungen zufolge, »kein starres System«, sondern fügte »sich dem jeweiligen Ordnungsbedürfnis nachgiebig ein«[279]. Der allgemeine Kult der Härte, der den Faschismus kennzeichnet, bestimmte die staatlichen Beziehungen zur Wirtschaft keineswegs. Die durch die RVE erreichte Zentralisierung kann nicht sehr einschneidend gewesen sein; denn die Haupttätigkeit der RVE lag laut Röchlings späterer Aussage »eben bei den Bezirksgruppen«[280].
Die RVE, die sich eng an die bisherige »Selbstverwaltung« der Eisenbranche anlehnte, wurde ihrerseits zum wesentlichen Instrumentarium der Speerschen Wirtschaftslenkung auf diesem Sektor. Zum Leiter der RVE aufgestiegen, wurde Röchling kurz darauf vom Reichswirtschaftsminister zum Vorsitzenden der Wirtschaftsgruppe Eisen schaffende Industrie ernannt und von Speer zum Vorsitzenden des Hauptringes der Eisenerzeugung bestallt; der Kompetenzenwirrwarr, der sowohl auf unterer als auch auf Regierungsebene bestand, konnte auf der Ebene der Industrieführer also beseitigt wer-

277 NI-2558, Besprechung Poensgen–Hanneken, 1. 5. 42.
278 *Anatomie des Krieges*, S. 401.
279 DZA, RJM, 10 704, Bl. 204, Referat Dr. Wiedemann 2. 6. 42.
280 NI-5549, 17. 3. 47.

den. Röchling zufolge »war das Personal der RVE ohne weiteres auch tätig für den Hauptring Eisenerzeugung, so daß der Hauptring Eisenerzeugung überhaupt kein eigenes, ständiges Personal hatte«[281]. Diese Verhältnisse waren typisch für die sogenannte »zentrale Planung«, die von Speer installiert wurde. Auch unter Speer blieb es die Regel, so Gregor Janssen, »daß lediglich da leistungsfähige Organisationen zustande kamen, wo an bereits vorhandene Organisationen angeknüpft werden konnte«[282]. Die Leistung der »zentralen Planung« war wesentlich koordinierender Art; sie sah also anders aus, sagt Geer, »als man sie sich nach dem Modell der Zentralverwaltungswirtschaft vorzustellen pflegt«. Ein »zentraler Plan« existierte an der Spitze NS-Deutschlands nach wie vor nicht[283]. Vor allem beseitigte die »zentrale Planung« die Unbequemlichkeiten, die die Blitzkriege für die Industrie mit sich brachten[284]. »Wir sorgten für Auftragsgarantien und veranlaßten eine Belegung der Betriebe mit möglichst wenig Auftragsarten«, berichtet Speer[285]; das waren die hauptsächlichen Mittel, mit denen Speer eine erhebliche Steigerung der Rüstungsproduktion erzielte.

Im übrigen bediente man sich, wie schon in der ersten Zeit nach der nationalsozialistischen Machtergreifung, zur Forcierung der Wirtschaftstätigkeit der sehr einfachen Methode, auf alle mögliche Weise die Industriellen zu begünstigen. Schrankenlose Begünstigung nützlicher Freunde, schrankenlose Verfolgung wirklicher und eingebildeter Feinde war eben das Grundprinzip faschistischer Herrschaft. So ließ man jetzt etwa auf dem Gebiet der Preiskontrolle bewußt die Zügel schleifen. Walter Borbet, der Vorstandsvorsitzende des Bochumer Vereins, hatte sich schon im Frühjahr 1941 »schärfstens gegen das System der Preisprüfungen des Heereswaffenamtes gewandt und demgegenüber vorgeschlagen, nicht die einzelnen Werke zu prüfen, sondern Kartellpreise anzuerkennen, deren Berechtigung lediglich einmal zu prüfen sei«[286]. Nicht zuletzt dieses System der Preisprüfungen war zweifellos gemeint, wenn die Industrie den »Bürokratismus« des Wehrmachtsapparates angriff; und hier fanden seit Anfang 1942 Änderungen statt. Todt kündigte am 13. Ja-

---

281 Ebd.
282 Janssen, *Ministerium Speer*, S. 176.
283 Geer, *Markt*, S. 121.
284 Speer, *Erinnerungen, S. 224.*
285 Speer, *Erinnerungen.*
286 *Anatomie des Krieges*, S. 243 f., Sitzung RG Industrie, 27. 3. 40; vgl. auch ebd., S. 249 f.

nuar 1942 an, in Zukunft werde es nur Festpreise geben, ohne Rücksicht auf die Produktionskosten. »Die am rationellsten arbeitende Fabrik hat den größten Gewinn.«[287] Unweigerlich mußten die Preise jedoch relativ hoch angesetzt werden, damit auch veraltete Betriebe, die angesichts der ungeheuren Nachfrage nach Rüstungsgütern gebraucht wurden, noch wirtschaftlich arbeiten konnten; das liberalistische Grenzkosten-Prinzip war staatlicherseits wieder in Kraft gesetzt worden. Todts Nachfolger Speer wies in einer Ansprache vor Gauleitern am 24. Februar 1942 darauf hin: »Da der gesamte Gewinn, der den mit dem Festpreis arbeitenden Firmen verbleibt, vom Preiskommissar nicht weiter untersucht und abgeschöpft wird, entsteht dadurch ein zusätzlicher Anreiz ...«[288] Den Reichsbeauftragten – also auch dem Reichskommissar für die Preisbildung, Gauleiter Josef Wagner – wurde im Frühjahr 1943 von Wirtschaftsminister Funk »in aller Form untersagt, Betriebe in Zukunft noch in Einzelfragen mit unmittelbaren Weisungen zu versehen«. »Die Reichsbeauftragten sollen überhaupt nicht mehr unmittelbar mit den Betrieben verkehren, sie weder um Auskünfte ersuchen noch ihnen Anordnungen oder Rundschreiben schicken.« Diese Weisungen für die Wirtschaftslenkung wurden als »Grundsatz des leeren Schreibtisches« bezeichnet[289].

Am 12. Juni 1941 wurde eine Verordnung zur Begrenzung der Dividendenausschüttung erlassen, dabei jedoch eine Methode, diese Verordnung zu umgehen, gleich mitgeliefert: die Methode der Kapitalberichtigung[290]. Die Erhöhung des Kapitals, die angesichts der in der Rüstungskonjunktur umfangreich angesammelten »stillen Rücklagen« als bloßer Buchungsvorgang vollzogen werden konnte, brachte bei gleichbleibender Dividendenquote eine höhere Dividendensumme. Mit Grund beruhigte Abs am 7. Mai 1941 den Rheinisch – Westfälischen Beirat der Deutschen Bank über das bevorstehende »Dividendenstop-Gesetz«: »Man erwarte ein kurzes Gesetz, aber lange Ausführungsbestimmungen.« »Immer wieder hätten neue Verhandlungen, an denen auch unsere Bank teilgenommen habe, stattgefunden ... Man wolle in bestehende Rechte nicht eingreifen.«[291]

---

287 *Anatomie des Krieges,* S. 373, Ansprache vor dem Gr. Beirat der RG Industrie.
288 *Anatomie des Krieges,* S. 383.
289 *Dt. Allg. Zeitung,* 6. 4. 43 (DZA, RWM, 9827, Bl. 7).
290 Pritzkoleit, *Gott erhält die Mächtigen,* S. 52 ff.
291 DZA, Dt. Bank, 21 078, Bl. 150 f.

Schon im Verlaufe des Ersten Weltkrieges war der Einfluß der Wirtschaftsführer sichtlich gestiegen; aber damals hatten sie ihren Einfluß *durch* die Oberste Heeresleitung, namentlich durch Ludendorff, zur Geltung gebracht. Im Zweiten Weltkrieg jedoch vermochten die Wirtschaftsführer von Anfang an ihre Macht *auf Kosten* der Wehrmachtsführung auszudehnen, und das, obwohl die Wehrmacht zunächst viel größere militärische Erfolge zu verzeichnen hatte als im Ersten Weltkrieg. Mit dem Ludendorff-Schüler Hitler an der Spitze des Reiches, besaß die Großindustrie im Zweiten Weltkrieg sogleich als Ausgangsbasis die Position, die sie während des Ersten Weltkrieges erst in der Endphase erlangt hatte. Schon zu Beginn des Krieges wies Hitler, wie General Thomas berichtet, wiederholt darauf hin, »daß die Wirtschaft von einem Wirtschaftler geführt werden müsse und der Soldat sich auf die Aufstellung der Forderungen zu beschränken habe«[292]; praktisch bedeutete das, daß es eine straffe Führung der Wirtschaft oberhalb der Ebene der Großindustrie überhaupt nicht gab. Während der ökonomische Faktor an Bedeutung zunahm, je länger der Krieg währte, wurden die wirtschaftlichen Kompetenzen der Wehrmacht immer stärker reduziert. Es gehört laut Welter »zu den großen Rätseln jener Zeit«, daß ausgerechnet zu Beginn des Krieges das Amt für wehrwirtschaftliche Planung aufgelöst wurde; ein »sachlicher Grund dafür« sei »nicht zu finden«. Des Rätsels Lösung wird jedoch nicht zuletzt in der – auch von Welter erwähnten – Unbeliebtheit dieses Amtes bei der Industrie zu suchen sein[293]. Ein Bericht des zum Wehrmachtsstab gehörigen Wehrwirtschafts- und Rüstungsamtes über Sitzungen eines ministeriellen Ausschusses im April 1940, die die Möglichkeiten »dezentralisierter« Auftragsvergabe auf dem Munitionsgebiet prüfen sollten, stellt anschaulich dar, wie die Wehrmachtsvertreter von vornherein von den Vertretern der Großindustrie, die einer Dezentralisierung widerstrebten, überspielt wurden[294].

Die zentrale Zusammenfassung aller wehrwirtschaftlichen Vollmachten bei dem Ministerium Speer schuf im Effekt also nicht eine gänzlich neue Lage; allerdings ergriff die Wirtschaft jetzt ungehemmter als zuvor gegenüber der Wehrmacht die Offensive. Thomas klagt, das Gros der Industrie habe damals »sofort in den Kampfruf gegen den Soldaten« eingestimmt[295]. Die Rückschläge

---

292 Thomas, *Gesch. d. dt. Wehr- und Rüstungswirtschaft*, S. 307.
293 Welter, *Falsch und richtig planen*, S. 112 f.
294 *Anatomie des Krieges*, S. 247 ff.
295 Thomas, *Gesch. d. dt. Wehr- und Rüstungswirtschaft*, S. 308.

an allen Fronten gaben von nun an solchen Angriffen immer neue Nahrung. Speers Polemik gegen die Rüstungsoffiziere erreichte ihren Höhepunkt in einer Rede in Essen am 9. Juni 1944, drei Tage nach Beginn der alliierten Invasion in Nordfrankreich – einer Rede, die Speer durch anschließende Explikationen noch verschärfte. Wenn er noch einmal mit Rüstung zu tun hätte, versicherte Speer, würde er da keinen Offizier mehr heranlassen. »Heute hat die Industrie ihren größten Tag«, bemerkte der Düsseldorfer Gauleiter Florian[296]. Es bedarf keiner Ausführung, daß, als es mit der Großindustrie noch immer weiter aufwärts ging, für Deutschland insgesamt dies in keiner Weise zutraf, und es spricht sogar einiges dafür, daß das immer stärkere Überwiegen der rein industriellen Perspektive in der deutschen Führung dazu beitrug, daß nunmehr auf militärischem Gebiet ein Rückschlag auf den anderen folgte. Als im Sommer 1944 große Lücken in der Infanteriebewaffnung sichtbar wurden, gab Speer für diese Fehlentwicklung der Rüstungsproduktion die erstaunliche Erklärung ab: »Von uns aus gesehen ist die Fertigung eines Panzers oder eines Schnellgeschützes industriell reizvoller als die Fertigung eines leichten Infanteriegeschützes oder Karabiners oder Maschinengewehrs.«[297] Diese Äußerung zeigt, wie selbstverständlich Speer sich mit der Industrie identifizierte, und läßt außerdem eine wesentliche Ursache dafür erkennen, daß Deutschland im Angriff weit erfolgreicher war als in der Verteidigung. Sogar die Konstruktionsarbeiten für Kriegsgerät untersagte Speer dem Heereswaffenamt und verließ, laut Boelcke, damit »die herkömmliche preußisch-deutsche Tradition«[298].

Anfangs hatte durch die NS-Herrschaft nicht nur die private Rüstungsindustrie sondern auch die staatswirtschaftliche Aktivität auf diesem Sektor einen Auftrieb erhalten. Damals begann das Oberkommando des Heeres mit dem Bau staatseigener Fabriken, die in der Dachgesellschaft Montanindustrie GmbH zusammengefaßt wurden; dieser Konzern wuchs bis auf etwa 120 Fabriken mit einem Vermögenswert von ca. 4 Mrd. RM. Das Speer-Ministerium brachte zunächst Vertreter der Privatindustrie in den Aufsichtsrat dieser GmbH und setzte schließlich – unter Berufung auf das Prinzip der »industriellen Selbstverwaltung« und die durch den Verkauf der

296 Janssen, *Ministerium Speer*, S. 171.
297 Boelcke (Hrsg.), *Deutschlands Rüstung*, S. 10.
298 Boelcke (Hrsg.), *Deutschlands Rüstung*, vgl. auch Bleyer, *Totaler Krieg und totale Monopolmacht*, S. 904.

Fabriken zu erzielenden Reichseinnahmen – die Privatisierung dieses Industriekomplexes durch[299].

Widerstand gegen die immer schrankenlosere Expansion der großen Konzerne kam, wie üblich, weniger aus den Kreisen der durch den Nationalsozialismus emporgekommenen Göring und Speer als vielmehr aus Kreisen der Ministerialbürokratie. Der Ministerialdirigent Fischer vom Reichswirtschaftsministerium versandte am 23. Mai 1944 einen Gesetzentwurf, der dem Ministerium die Befugnis gab, den Erwerb von Unternehmungen bzw. Beteiligungen zu untersagen. Die Begründung des Entwurfes ist ein ungeschminktes Dokument der damaligen Situation:

»Die durch die Kriegsverhältnisse herbeigeführte Liquidität vieler wirtschaftlicher Unternehmungen hat in zahlreichen Fällen zur Bildung neuer und zum Ausbau bestehender Konzernverflechtungen geführt. Bisher fehlt der wirtschaftspolitischen Führung die gesetzliche Handhabe, dieser Entwicklung wirksam entgegenzutreten.

Diese fortschreitende Konzernierung ist wirtschaftspolitisch äußerst bedenklich, da durch sie die Zahl der leistungsfähigen mittleren und kleineren wirtschaftlichen Unternehmungen zugunsten der Großunternehmung geschmälert wird ... Der Erlaß der Verordnung ist kriegswichtig, da allein das sofortige Eingreifen noch während des Krieges den Erfolg verbürgt. Die Beseitigung der Folgen der Konzernierung würde nach dem Kriege ungleich schwieriger sein.«[300]

Wie jedoch sogar aus einer Notiz Himmlers hervorgeht[301], konnte es sich gerade während des Krieges niemand leisten, gegen die Wirtschaftsmächte vorzugehen; so läßt sich diesem Zitat nur entnehmen, daß nach einem gewonnenen Krieg entsprechende Maßnahmen mehr als unmöglich sein würden[302].

Während sich jedoch die Großindustrie ungeachtet der nahenden Katastrophe im NS-System immer fester und vollständiger etablierte, zeigten sich im übrigen in der bürgerlich-agrarischen Sammlung, die unter Führung der NSDAP zustandegekommen war, deutliche Auflösungserscheinungen. So waren etwa die Interessengegensätze zwischen Groß- und Kleinindustrie, die viele Jahre lang überdeckt wor-

---

299 Boelcke, *Deutschlands Rüstung*, S. 229 f.

300 DZA, RWM, 11 585, Bl. 10; es findet sich in dem Zusammenhang kein Dokument darüber, was aus diesem Entwurf wurde.

301 Georg, *Wirtschaftl. Unternehmungen der SS*, S. 146.

302 Vgl. vor allem Hitlers Erklärung vor Rüstungsindustriellen am 26. 6. 44, Speer, S. 370; Speer, offenbar noch konkretere Versprechungen an die Wirtschaft gewohnt, empfand diese fast überschwengliche Huldigung Hitlers an die Wirtschaftsführer sogar noch als enttäuschend! Vgl. im übrigen Kehrls

den waren, unter den Verhältnissen der totalen Kriegswirtschaft nicht mehr zu verhüllen. Schon im März 1941 hatte der Lederfabrikant Krumm dem befreundeten Führerreferenten Willuhn geklagt, die »Ausrichtung sämtlicher Stellen auf die kriegsmäßigen Erfordernisse« drohten »alles andere wirtschaftliche Leben« zu erdrücken und die mittleren Industrien zu »ungeschützte(m) Freiwild« zu machen. »Es ist naheliegend, daß in einer Zeit, in der Eisen und Stahl in erster Linie die Wirtschaft beherrschen, Industrien, deren Produktion sich in stillen, handwerklichen Stätten vollzieht, sich gegen die mächtigen Großindustrien, deren Herstellung in lauten, dröhnenden Hallen vor sich geht, schwer durchsetzen können.«[303]

Aus einem solchen Dokument ist nicht unbedingt zu schließen, daß es der Klein- und Mittelindustrie in NS-Deutschland schlechter ging als in anderen modernen Industriestaaten, die sich im Krieg befanden; immerhin konnte sie gerade unter dem Nationalsozialismus starke ideologisch-emotionale Register ziehen und zumindest bis zum Vorzimmer des Führers vordringen. Gerade die von Krumm repräsentierte Lederwarenindustrie besaß noch bis weit in den Krieg hinein ein beachtliches politisches Durchsetzungsvermögen; im Juni 1944 stellte sich der pfälzische Gauleiter Bürckel einer Anordnung Speers entgegen, die die Schuhfabrikation von Pirmasens auf die Hälfte reduzieren wollte[304]. Aber eben deshalb, weil die Klein- und Mittelindustrie in der NS-Zeit noch über politische Irritierbarkeit verfügte, mußte ihre Enttäuschung über den allgemeinen Gang der Entwicklung um so tiefer sein.

Nun hatte die Klein- und Mittelindustrie allerdings niemals eine Schlüsselposition in der nationalsozialistischen »Sammlung« innegehabt; einen Eckpfeiler dieser Allianz hatten jedoch die Agrarier dargestellt, die seit langem mit dem Offizierskorps soziokulturell verbunden waren. Auch ihnen war es in der NS-Zeit keineswegs schlecht ergangen; aber gemessen an ihrer Machtstellung um 1933 war das Gesamtergebnis doch enttäuschend: der Großgrundbesitz

---

Schilderung dieser Ansprache Hitlers: Kehrl, *Krisenmanager im Dritten Reich,* S. 395 ff. Kehrl beanstandet (S. 397), daß Speer in seinen *Memoiren* die Adressaten der Rede als »Vertreter der Industrie« bezeichnet: »Letzten Endes waren es aber alles Leute, die in führenden Positionen für den Staat arbeiteten, die sich auf Zeit mit ihm in vollem Umfang identifiziert hatten, und beileibe kein Eigenleben in Selbstverantwortung daneben führten.« Ob jedoch der Staatsdienst so attraktiv ist, daß er einen wirklichen »Identitätswechsel« zu bewirken vermag, muß zumindest im Falle von Großindustriellen bezweifelt werden.

303 BA, R 43 II/330, Bl. 78 f., 14. 3. 41.

304 Hüttenberger, *Gauleiter*, S. 185.

hatte von der NS-Herrschaft nicht entfernt in dem Ausmaße profitiert wie die Großindustrie. Außerdem ist zu berücksichtigen, daß die aristokratische Oberschicht von ihrer Tradition her, im Unterschied zu dem Gros der Industriellen, in gewissen Grenzen noch eine kollektive Sensibilität für nicht-ökonomische Dinge bewahrt hatte. Hier hatte die NS-Herrschaft eine Kette von Ärgernissen gebracht. Der nationalsozialistische Kirchenkampf hatte in dem ostdeutschen Junkertum, das stark vom Pietismus geprägt war, und in dem preußisch-deutschen Offizierskorps heftige Opposition hervorgerufen; von hier aus führten manche Wege zum 20. Juli. Monarchistische Hoffnungen hatte der Nazismus rasch und brüsk desavouiert; im Januar 1934 »sprengte ein Rollkommando der SA in Berlin eine Kaisergeburtstagsfeier ostelbischer Adeliger«[305]. Die Hauptstützen der Agrarier im NS-Staat, Hugenberg und Hindenburg, gingen bald verloren. Die Art, in der Hitler in der Blomberg- und Fritsch-Affäre Anfang 1938 mit den Obersten der Wehrmacht umsprang, mußte im Offizierskorps als Beleidigung empfunden werden. Hitler selbst hatte in *Mein Kampf* seiner Verachtung des Adels noch weit schärferen Ausdruck gegeben als seiner Geringschätzung des Bürgertums; unter dem Stichwort »Adel« ist nur von dessen »Verjudung« und »vollkommene(r) Degeneration« die Rede[306]. Diese Einstellung steht in denkbar starkem Kontrast zu Hitlers Respekt vor den Wirtschaftsführern. Die Verachtung des Adels war durchaus nicht allen NS-Führern gemein; Ribbentrop etwa, bürgerlicher Herkunft, ließ sich adeln; andererseits brauchte die NS-Bewegung Bereiche, wo sie sich plebejisch und vulgär zeigen konnte, und der durch ökonomische Funktionen nicht mehr zureichend abgesicherte Grundadel drohte leicht zum Opfer solcher Bestrebungen zu werden. Die NSDAP machte keine ernsthaften Anstalten, eine eigene Garnitur von Wirtschaftsführern hervorzubringen; wohl aber besaß sie – wie sich in SS und Führerschulen zeigte – den Ehrgeiz, einen eigenen »Adel« zu etablieren.

Seit der Kriegswende im Osten schließlich kam hinzu, daß sich nunmehr immer deutlicher die Aussicht abzeichnete, daß die ostdeutschen Großgrundbesitzer für die Aggressionen würden zahlen müssen, während die westdeutschen Industriellen auf die Amerikaner hoffen konnten[307].

---

305 Schoenbaum, *Braune Revolution*, S. 218.
306 Hitler, *Mein Kampf*, S. 270.
307 Vgl. Boberach (Hrsg.), *Meldungen aus dem Reich*, S. 358: schon Anfang 1943

All das erklärt, weshalb der ostelbische Grundadel und das Offizierskorps, sehr im Unterschied zu den Industriellen, an dem Umsturzversuch des 20. Juli 1944 einen erheblichen Anteil hatte, wenn man daraus auch keineswegs auf eine Opposition dieser gesamten Schicht gegen das NS-Regime schließen darf[308].

Erst recht jedoch wurde der Nationalsozialismus in den letzten Kriegsjahren den breiten Massen der Bevölkerung entfremdet. Mochte Hitler selbst auch seinen Nimbus für viele Menschen bis in die letzte Kriegszeit behalten, so wurde die NS-Herrschaft insgesamt jedoch schon Jahre vorher als ein Regime korrupter »Bonzen« allgemein geläufig. Sogar ein Staatsanwalt stellte im Sommer 1943 fest, in der Bevölkerung werde so oft »von den vollgefressenen Bonzen im Vergleich zu den Kommissaren in Rußland, die ihre Pflicht täten, gesprochen«, daß es nicht mehr möglich sei, noch einzelne Personen deswegen strafrechtlich zu belangen[309]. Die Entfremdung des NS-Regimes auch gegenüber einem Großteil seiner Massenbasis ging so weit, daß eine tiefe und verbreitete Erschütterung über den Zusammenbruch des Regimes kaum mehr möglich war; jene von Mitscherlich dargestellte »Unfähigkeit zu trauern« ist nicht lediglich aus einem allgemeinen Defizit des politischen Reaktionsvermögens der Deutschen, sondern auch aus Lernprozessen der letzten Kriegsjahre zu erklären. Die »Verfremdung der eigenen Vergangenheit« konnte sich in dem Großteil der Bevölkerung eben deshalb so leicht vollziehen, weil man sie tatsächlich *so* nicht gewollt hatte. Der psychologischen Verfremdung liegt ein objektiver Entfremdungsprozeß zugrunde – eine Entfremdung des NS-Regimes von seinen anfangs zweifellos vorhandenen populistischen Kräften. Dieser Prozeß ergab sich aus einem verhängnisvollen Zusammenspiel zwischen der Gravitationskraft der etablierten Wirtschaftsmächte und dem Machthunger der nationalsozialistischen Führer.

---

gab es in Westdeutschland positive Spekulationen auf ein zukünftiges angloamerikanisches Besatzungsregime!

308 Görlitz, Walter, *Die Junker. Adel und Bauer im deutschen Osten*, Glücksburg 2. Aufl. 1957, S. 403.

309 Boberach (Hrsg.), *Meldungen aus dem Reich*, S. 418 f. 8. 7. 43.

5. Kontinuität über 1945 hinweg: der ökonomische Aspekt als Grundlage von Makrohistorie

Schon erzähltechnisch läßt sich Geschichte über den »Zusammenbruch« von 1945 hinweg nicht unverändert fortschreiben: die Andersartigkeit des Quellenmaterials für die nun folgende Zeit verändert unweigerlich auch die Art und Perspektive der Darstellung. Nicht nur die aktenmäßigen Einsichten in Regierungsvorgänge verschwinden; einschneidender noch für die vorliegende Untersuchung ist der Fortfall der durch die Dokumente der Nürnberger Prozesse und durch DDR-Bestände ermöglichten Einblicke in Schaltstellen der Privatwirtschaft, so punktuell und unvollständig diese Dokumentationen auch vielfach waren[1].

Das ist allerdings nur die eine Seite der Quellenlage nach 1945; andersartige Dokumentationen haben sich seither – durch das Wiederbestehen einer parlamentarischen Opposition, einer kritischen Presse und durch das Aufkommen der Meinungsumfragen – multipliziert und sind zu derartigen Dimensionen angeschwollen, daß es leicht den Anschein haben kann, als ob sich angesichts dessen der wissenschaftliche Approach nicht mehr durch Konkretisationsweisen, sondern einzig noch durch hohe Abstraktionsgrade als Bereich eigenen Rechtes konstituieren könne.

Das Konkretisieren findet jedoch eine Grundlage, wenn die Elemente der Dynamik, der Aktion-Reaktion, des historischen Zusammenhangs herauszuarbeiten sind. Die Suche nach Reaktionsketten ist eine Suche nach den anschaulichen, erfahrbaren Seiten der »Strukturen«; denn nur auf Erfahrbares, Konkretisierbares kann reagiert werden. Da es häufig lange dauert, bis Strukturen anschaulich werden, wird der Historiker bei dieser Suche häufig auf Reaktionsverspätungen

---

1 Das gilt sogar für die besonders ausführlich dokumentierte IG-Farben: Der Direktor der IG-Werke Griesheim gab in Nürnberg an, er habe im März 1945, etwa zwei Wochen vor dem Einmarsch der Amerikaner, auf Veranlassung des Vorstandes der IG sämtliche Akten, die den Vermerk »Geheim« trugen, verbrennen lassen. NI-8976, 12. 6. 47.

stoßen, wenn nicht gar auf eine allgemeine Ohnmacht der Kommunikation gegenüber den statistisch zu ermittelnden Dingen[2]. Auch wenn die »Dinge« irgendwann anschaulich geworden sind, so kann diese Anschaulichkeit doch für lange Zeit wieder unter Verschleierungen verschwinden. Das gilt in hohem Maße für ökonomische Strukturen und Potentiale; in der jeweiligen Gegenwart sind sie häufig nur abstrakt zu bezeichnen. Durch das Nachverfolgen der historischen Entwicklung zeichnen sich jedoch in der Wirtschaft bestimmte Konturen ab; erst jetzt werden Unternehmen und Unternehmensgruppen als politische Kräfte eigener Art identifizierbar[3]. Gerade in dem ökonomischen Bereich hilft der »Umweg« über die Geschichte bei der konkreten Erfassung der Gegenwart.

Der Gegenstand der vorliegenden Untersuchung verengt sich nach 1945 zwangsläufig auf Westdeutschland; aber dieses Gebietsverlustes wird man sich bei der Weiterverfolgung der großindustriellen Geschichte kaum bewußt: das Konzert der Mitspielenden wird nämlich nicht wesentlich reduziert. Während die noch vergleichsweise geringen Gebietsverluste nach dem Ersten Weltkrieg zum Ausscheiden von zwei Spitzenkonzernen des kaiserlichen Deutschlands: des saarländischen Stumm- und des oberschlesischen Henckel-v.Donnersmarck-Konzerns führten[4], zeigt sich die erstaunliche Festigkeit des in den zwanziger und dreißiger Jahren entstandenen großindustriellen Konzerts etwa darin, daß sogar Friedrich Flick, der durch die Verstaatlichungen in der sowjetischen Besatzungszone besonders viel verlor und außerdem in Nürnberg zu einer siebenjährigen Gefängnisstrafe verurteilt wurde (die durch Amnestie auf fünf Jahre verkürzt wurde), in der Folgezeit erneut zum reichsten Mann Deutschlands aufstieg. Auf einen Wiederaufstieg von IG-Farben spekulierte Robert Pferdmenges schon 1948[5], obwohl kein anderer Konzern in

---

2 Zu diesem Problem vgl.: Radkau, Joachim/Radkau, Orlinde, *Praxis der Geschichtswissenschaft. Die Desorientiertheit des historischen Interesses*, Düsseldorf 1972 (Konzepte Sozialwissenschaft 3), S. 222, 228.

3 Gerade in der Wirtschaftsgeschichte kann das »Individualisieren« sehr wohl eine aufklärerische Funktion haben, da es dem hohen Konzentrationsgrad der Wirtschaft angemessen ist. Vgl. die Kritik von Helmut Arndt an dem Vorgehen der Konzentrationsenquete-Kommission, die er unter Protest verließ: der von dieser Kommission intendierte breitangelegte Querschnitt durch die Wirtschaft, meinte er, sei geeignet, die wahren Verhältnisse zu verhüllen. SP 5. 9. 62, S. 19 f. Überhaupt behält die »herrschende Schicht« in gegenwartsbezogenen, querschnitthaften Untersuchungen leicht etwas Unanschauliches; sie bleibt ein Abstraktum, das wohl zu konstruieren, aber kaum in der Aktion zu verfolgen ist.

4 Hagemann, W., *Das Verhältnis der deutschen Großbanken zur Industrie*, Berlin 1931, S. 165 f.

5 *Die Zeit*, 20. 4. 73, S. 29.

Nürnberg derart massiv belastet wurde; und die Weiterentwicklung der Nachfolgekonzerne der IG-Farben übertraf alle Erwartungen. Innerhalb der Ruhrindustrie erlangte der Thyssen-Konzern, der den Kern der Vereinigten Stahlwerke gebildet hatte, schließlich erneut die Führung, obwohl er – durch die NS-Zeit besonders belastet – zunächst durch Entflechtung und Demontagen weit zurückgeworfen worden war[6].

Eigentlich hätte es auf der Linie der industriellen Gesamtentwicklung gelegen, daß die Eisen-, Stahl- und Bergbau-Industrie mehr und mehr in den Hintergrund getreten wäre; denn innerhalb der deutschen Industrie und ebenso auf dem Weltmarkt war ihr Anteil langfristig im Rückgang begriffen[7]. Hinzu kam, daß die Kohlezechen der Ruhrindustrie seit der zweiten Hälfte der fünfziger Jahre durch die Konkurrenz des Erdöls ihre Rentabilität verloren. Die Produktion der Eisen- und Stahlindustrie, die 1936 wertmäßig der der chemischen Industrie etwa entsprochen hatte, war 1950 von der letzteren bereits um fast die Hälfte überholt worden, und 1960 betrug der Wert der Chemie-Produktion nahezu das Doppelte dessen der Eisen- und Stahlproduktion, obwohl auch der letztere sich seit 1950 mehr als verdoppelt hatte. Phänomenaler noch als dieser fortgesetzte Aufstieg der Chemie war nicht nur der Anstieg des Produktionswertes der Autoindustrie (von 1950 bis 1960 auf das Siebenfache: von 1,1 auf 7,3 Mrd. DM, zu Preisen von 1950), sondern auch der Elektroindustrie, deren Umsatz erst jetzt die Dimensionen der Spitzenbranchen erreichte. 1960 war die Schwerindustrie von der Chemie-, Elektro- und Automobil-Industrie weit übertroffen worden[8].

Dennoch hat eine entsprechend drastische Reduzierung der politischen Position der Schwerindustrie bisher nicht stattgefunden; vielmehr wurde noch 1971 mit Hans-Günther Sohl der Chef des Thyssen-Konzerns zum Vorsitzenden des Bundesverbandes der Deutschen Industrie gewählt, und Anfang 1970 wurde Ernst Wolf Mommsen, bis dahin Generaldirektor der Thyssen-Röhrenwerke, von Helmut Schmidt ins Verteidigungs- (1971 ins Wirtschafts-)Ministerium geholt[9]. Zwar wurde die Ruhr als Industrieregion – obwohl in der Bundesrepublik von weit höherer geographischer Zentralität als im

---

6 Pritzkoleit, *Männer, Mächte, Monopole*, S. 136-141.
7 *Die Zeit*, 6. 4. 73, S. 45 (H.-G. Kemmer).
8 Vgl. die Statistiken bei König (Hrsg.), *Wandlungen der Wirtschaftsstruktur in der Bundesrepublik Deutschland*, Berlin 1962 (Schriften des Vereins für Sozialpolitik 26), S. 441 ff. (Dieter Mertens).
9 SP 17. 7. 72, S. 24 f.

früheren Deutschen Reich – zum Krisengebiet; aber führende schwerindustrielle Konzerne wie Thyssen, Mannesmann und Flick – in gewissem Maße auch Krupp – sicherten ihre Position rechtzeitig durch Ausdehnung in die verarbeitende Industrie oder überhaupt in andere Branchen. Wie der Korpsgeist des »Reviers« nach wie vor funktionierte, zeigte sich Mitte der fünfziger Jahre bei der Abwehr des Bremer Holzhändlers Krages, der versucht hatte, die Gelsenkirchener Bergwerks-AG aufzukaufen[10].

Wenn man die deutsche Entwicklung im Vergleich zu derjenigen anderer Industrieländer sieht, ist festzustellen, daß in den letzten Jahrzehnten »neue« Industrien teilweise so rasch dem Aufstieg »älterer« Industrien folgten, daß sie nicht mehr zugleich eine neue Unternehmer- und Konzerngeneration hochbrachten: die bisherigen Konzerne waren zu einem Teil noch genügend flexibel, um sich in die neuen Branchen einzuschalten. Während in den USA das Zeitalter des Automobils eine neue, politisch sehr resolute Konzerngeneration – bestehend aus Ford, General Motors und den Ölgiganten – an die Spitze brachte, fand in Deutschland eine entsprechende Entwicklung nicht statt, obwohl auch hier in den fünfziger Jahren die Autoindustrie zur Leitbranche wurde: das Volkswagen-Werk behielt als halböffentliches Unternehmen eine Sonderstellung; Daimler-Benz und die Auto-Union wurden in den Flick-Konzern inkorporiert, BMW geriet unter Quandt-Kontrolle[11], und die Opel-Werke waren schon 1929 an General Motors gefallen. Was den Erdölsektor betrifft, so massierte sich dort mehr als in irgendeinem anderen Industriezweig das ausländische Kapital[12]. Ganz allgemein bevorzugten die ausländischen, besonders US-amerikanischen Investoren die neuen Wachstumsbranchen der westdeutschen Industrie[13]: ein Umstand, der dazu beitrug, daß der Kreis der deutschen Konzerne in sich außerordentlich stabil blieb. Innovatorische Branchen wie die Luftfahrt- oder die elektronische und Datenverarbeitungsindustrie konstituierten keine neue Konzerngeneration, ebensowenig übrigens der Bau-Sektor, der durch die Kriegszerstörungen und den Eigenheim-Boom gewaltige Dimensionen erreichte, neuerdings aber seine Instabilität zeigte[14]. Unter den Initiatoren der Atomindustrie in Deutsch-

10 SP 8. 2. 56 (Titelgeschichte), bes. S. 23.
11 *Die Zeit*, 27. 7. 73, S. 26 (Hermann Bößenecker, »Der Mann mit der Maske«).
12 *Auslandskapital in der dt. Wirtschaft*, S. 39.
13 Standke, Klaus-Heinrich, *Amerikanische Investitionspolitik in der EWG*, Berlin/Köln/Frankfurt 1965, S. 17.
14 SP 16. 7. 73, S. 28 ff.

land hielten zunächst Vertreter der Chemie die Führung; in der Folge wurde der Reaktorbau jedoch, ähnlich wie in den USA, eine Domäne der Elektrogiganten.
Das Presse- und Illustriertenwesen, die Textilindustrie und die Warenhausbranche – alles Bereiche, die von der nationalsozialistischen »Arisierung« besonders stark betroffen wurden – waren Wirtschaftszweige, in denen nach 1945 noch am ehesten neue Männer und Unternehmen in die Spitzenklasse aufsteigen konnten. Im ganzen kann man jedoch – wenn man etwa mit den »Gründerjahren« nach 1870 vergleicht – keineswegs sagen, daß dem gewaltigen wirtschaftlichen Aufschwung der 1950er und 1960er Jahre eine ähnlich hohe Zahl neuer Namen in der wirtschaftlichen Spitzengruppe entsprochen hätte[15].
Überhaupt erweist sich in den katastrophalen Wendungen der neueren deutschen Geschichte die Fähigkeit zur Kontinuität als eine wesentliche Eigenschaft der Großindustrie. Das volle Gewicht ihrer Position kommt daher im zeitlich kurzgespannten Rahmen der Einzelereignisse noch nicht ganz zum Ausdruck[16]; erst wenn man überblickt, wie sie niemals »abzusetzen« ist, wie sie vom Frieden wie vom Krieg profitieren und sich mit allen Regierungen, die nicht geradezu ein konkretes antikapitalistisches Programm haben, vorteilhaft arrangieren kann, und wie sie, im Unterschied zur Klein- und Mittelindustrie, auch von Wirtschaftskrisen für ihre Existenz nur wenig zu fürchten hat, wird ihre prinzipielle Überlegenheit deutlich. Wohl können ihr in bestimmten politischen Situationen andere Kräfte entgegentreten; aber dieses Gegengewicht scheint letztlich doch akzidentell zu bleiben: es fehlt ihm der permanente, »strukturelle« Charakter.
Statt von einem »Primat« der Wirtschaft spräche man oft besser chronologisch von einer »Priorität«: dadurch, daß die Wirtschaft kontinuierlich arbeitet, hat sie eine Fähigkeit, der Politik zuvorzukommen, politische Entscheidungsprozesse vorzustrukturieren und vollendete Tatsachen zu schaffen. Sie hat eine »Ursprungs«-Qualität, die die Politik mit ihrer Ad-hoc-Arbeitsweise nicht besitzt[17].

15 Vgl. Zapf, *Wandlungen der Dt. Elite*, S. 127: die Wirtschaftselite sei »nach wie vor nächst den Kirchenführern die am wenigsten flexible Elitegruppe«.

16 So erbringt etwa der Aufsatz von Fack (Entwicklungstendenzen des industriellen Lobbyismus in der Bundesrepublik), der vor allem aus einer Beobachtung des Bonner Alltages hervorgegangen ist, kaum etwas für die Analyse des politischen Gewichtes der Großindustrie.

17 Für entsprechende, wohl noch krasser ausgeprägte Verhältnisse in den USA vgl. Kolko, *Hintergründe der US-Außenpolitik*, bes. S. 42 ff. (»Wirtschaft als unversiegbarer Quell«).

Hinzu kommt, daß ihr Arbeitstempo dem des Staatsapparates in der Regel erheblich überlegen ist[18].

In diesem Zusammenhang ist schließlich an gesellschaftliche Normen zu erinnern, die, langfristig wirkend, den Typus des Politikers und des Wirtschaftsführers und ihr Rollenverhalten zueinander bis zu einem gewissen Grade im voraus determinieren. Gemeinhin sind es, zumindest im Deutschland der letzten Jahrzehnte, die höheren Wirtschaftsränge, die als das gegebene Ziel des erfolgsorientierten, zur Führung befähigten, hektisch aktiven Menschen gelten, während die Politik vielfach als Betätigungsfeld »verkrachter Existenzen« verschrien ist. Unter diesen Umständen ist kaum zu vermeiden, daß der Position des Politikers gegenüber der des Wirtschaftsführers zumindest untergründig ein Unterlegenheitsbewußtsein anhaftet. Selbst bei einem Hitler ist mitunter diese respektvolle Scheu vor der Privatwirtschaft anzutreffen. Ludwig Erhard, obwohl selber ein erfolgreicher Wirtschaftspolitiker, der den Privatunternehmern gerne Lehren erteilte, stellte solche Anwandlungen eines Unterlegenheitsgefühls gelegentlich sogar offen zur Schau; als er 1953 den Wiederaufbau der Siemens-Schuckert-Werke bewunderte, bekannte er: »Ich habe heute etwas gehabt, was mir nur selten widerfährt; ich habe Minderwertigkeitskomplexe bekommen ...« Der Eindruck des neu florierenden Industriegiganten riß ihn zu Komplimenten hin, die merkwürdig zu seinem Kampf gegen marktbeherrschende Mächte kontrastieren; er erklärte, er sei »bereit, die in dem Unternehmen durch wohlverdiente Leistungen erworbene Macht voll anzuerkennen«; Siemens sei durchaus nicht zu groß, sondern man müsse wünschen, daß das Unternehmen noch mächtiger und größer werde[19].

In einer Apotheose des Unternehmers, den er als »universalen« Vollmenschen schildert, schreibt Gustav Stein 1954, »ganz von selbst« ragten Männer dieses Schlages »in die Gemeinde, in ihr Land, in die Nation, hoffentlich bald auch in den Kontinent ... hinein«; die aus dem Unternehmertum hervorgegangenen »Persönlichkeiten« »wachsen als universale Menschen fast lautlos in die öffentlichen Bereiche hinein«[20].

In der neueren und neuesten deutschen Geschichte besaß die private

18 Sehr anschaulich darüber: Schmidt, *Statist auf diplomat. Bühne*, S. 287.

19 FAZ, 15. 4. 53, S. 8; auf dieses Zitat macht Helga Nußbaum, »Bürgerliche Monopolgegnerschaft«, in: *JbWG*, Jg. 3/1962, Teil III, S. 117 Anm. aufmerksam. Eine vergleichbare Szene schildert Terence Prittie, *Germany Divided*, Boston 1960, S. 298.

20 Stein (Hrsg.), *Unternehmer in der Politik*, S. 10.

Wirtschaft mehrmals in besonders ausgeprägter Weise eine Priorität vor dem Staat: im 19. Jahrhundert ging Preußens industrieller Aufstieg seinem politischen Aufstieg zur unbestrittenen deutschen Führungsmacht voraus; in der wilhelminischen Zeit erlangte das Deutsche Reich dann durch seine Industriekapazität eine Weltstellung, die die Politik nicht einzuholen vermochte. Nach 1945 wiederum war die wirtschaftliche Einheit der Westzonen und die durch die Währungsreform entfesselte Dynamik der Privatwirtschaft schon vor der Gründung des westdeutschen Staates da, und die westdeutsche Wirtschaft restituierte ihr weltweites Netz von Beziehungen, bevor die Bundesrepublik die außenpolitische Souveränität erlangte. Wiederum ergibt sich, daß das Gewicht der Privatwirtschaft in der Politik durch die »Mikrohistorie«, durch die Analyse von Einzelereignissen, keineswegs in vollem Maße zu erfassen ist.
Nun würde die Historie allerdings auf die Ebene der Spekulation geraten, wenn sie sich einseitig auf die Konstruktion langfristiger, systembedingter Wirkungsweisen verlegen würde. Wenn die Macht des »Systems« auch nicht ständig und überall in konkreten Einzelheiten nachzuweisen ist – so daß in einer ahistorischen, nur aus der Gegenwart schöpfenden Gesellschaftswissenschaft die empirische Feldforschung zwangsläufig den System-Entwürfen der Theorie weithin beziehungslos gegenübersteht –, so muß sie in der Länge der Zeit doch irgendwann einmal sichtbar geworden sein: sonst müßte man sie als Schimäre ansehen. Ein »System« braucht sich nicht ständig durch neue Sanktionen zu sichern; wohl aber muß eine Erinnerung an Sanktionen vorhanden sein.
Die Betrachtung eines Großteils der bisherigen Historie könnte allerdings zu prinzipiellen Zweifeln an der Möglichkeit führen, die Zusammenhänge zwischen den verschiedenartigen Ebenen der staatlichen und der wirtschaftlichen Herrschaft aus den historischen Quellen zu deduzieren. So hielt es Lenin für »selbstverständlich«, daß man den »wahren Klassencharakter eines Krieges« nicht aus der »diplomatischen Geschichte des Krieges« beweisen könne[21]. Aber als Lenin das schrieb, standen die staatlichen Archive der Erforschung des Imperialismus und der Vorgeschichte des Ersten Weltkrieges noch nicht offen; nach heutiger Kenntnis der Quellen wird man diese Behauptung in ihrer apodiktischen Form keineswegs mehr aufrechterhalten können.

---

21 Lenin, W. I., *Der Imperialismus als höchstes Stadium des Kapitalismus*, Frankfurt o. Z. (Marxistische Taschenbücher), S. 6.

Für die NS-Zeit allerdings erhöhen sich gegenüber der Zeit vor 1914 die Quellenschwierigkeiten; denn vieles, was zu wilhelminischer Zeit – als den Deutschen der Imperialismus noch neu war – noch umständlich begründet und in Denkschriften niedergelegt werden mußte, war seither eine Tradition geworden, die noch dazu im Ersten Weltkrieg mit Blut besiegelt worden war und nicht unbedingt mehr ausführlicher schriftlicher Verständigung bedurfte. Einer zeitlich kurzgeschlossenen Untersuchung der Auslöserkräfte des Zweiten Weltkrieges würde entgehen, daß die Vorgänge ein Element der Wiederholung enthielten; ein vorgegebenes Handlungsmuster war schon da, das nur neu aktualisiert und perfektioniert zu werden brauchte. Die Quellenvakuen verbreitern sich noch dadurch, daß die NS-Führung – mit Hitler an der Spitze – es liebte, bei entscheidenden Vorgängen auf informellen, nicht-amtlichen und daher oft nichtschriftlichen Ebenen zu operieren. Es war nicht Hitlers Art, Akten mit Randbemerkungen zu versehen und seine Entscheidungen laufend schriftlich zu fixieren; die Entscheidungsprozesse an der Spitze der NS-Regierung sind daher im allgemeinen nicht leicht zu rekonstruieren.

Noch fragmentarischer ist naturgemäß die Dokumentation des Anteiles der Wirtschaft an den politischen Entscheidungsprozessen, und nicht nur während der NS-Zeit: denn offiziell haben Staat und Privatwirtschaft voneinander getrennt zu sein; weder die Politiker noch die Wirtschaftsführer haben im allgemeinen ein Interesse daran, ihre gegenseitigen Beziehungen publik oder auch nur aktenkundig zu machen. Dennoch kann man nicht davon ausgehen, daß sich diese Kontakte im wesentlichen nur auf informeller, nicht-dokumentierter Ebene hätten abspielen können und daher nur auf spekulative Weise zu rekonstruieren seien: das würde eine allzu große Leichtigkeit der Verständigung zwischen den politischen und wirtschaftlichen Führungsgruppen voraussetzen, zwischen denen jedoch in Deutschland zumeist eine mehr oder weniger weite soziale Distanz bestand. Quellendokumente über das Zusammenwirken dieser Gruppen gibt es denn auch durchaus; nur finden sie sich meist nicht in so massierter Form, daß sie eine ausführliche Detailschilderung ermöglichten. Wenn sich jedoch aus den Akten oft keine fortlaufende Erzählung der Beziehungen zwischen Staat und Wirtschaft schreiben läßt, so sind in dem empirischen Material Elementarstrukturen und langfristige Entwicklungsrichtungen des Zusammenspiels dieser beiden – nur kurzfristig und oberflächlich voneinander zu trennenden – Bereiche häufig sehr wohl zu erkennen. Manche Dokumentensplitter, wie sie namentlich die Dokumente der Nürnberger Prozesse enthalten, können in makrohistorischem Rahmen besser ausgewertet werden als in dem Rahmen einer zeitlich und stofflich engbegrenzten Untersuchung.

Der weiter gespannte Rahmen empfiehlt sich jedoch nicht nur aus Erwägung der Strukturen des empirischen Materials, sondern auch aus Überlegungen kapitalismustheoretischer Art. Ungeachtet der Kontinuität vieler Großunternehmen kann man das Kapital nicht zu einem bestimmten Zeitpunkt und an einem bestimmten Ort in seinem »eigentlichen« Zustand erfassen; denn zu seinem Wesen gehört die Verwandlung, die Neuorientierung. Es besteht ein Zusammenhang zwischen Profit und Innovation; vornehmlich auf neuen Gebieten lassen sich die ganz großen Gewinne machen, während auf einem bestimmten Sektor langfristig im allgemeinen eine Tendenz des Absinkens der Profitrate besteht. Man braucht daraus nicht unbedingt ein »Gesetz« für die Gesamtentwicklung der Wirtschaft zu machen; aber man kann daraus eine Tendenz des Kapitals zum Ausscheren in innovatorische Bereiche ableiten. George Thayer mag recht haben mit seiner Behauptung, daß mittlerweile auch die Kriegsrüstung zu jenen unattraktiven Bereichen mit sinkender Profitrate gehört[22].

Aber auch daraus wäre eine Begabung der Privatwirtschaft zu einer konsequenten Friedenspolitik keineswegs abzuleiten. Nicht eine klare, konstante und konsequente Begünstigung bestimmter politischer Entwicklungen, sondern politische Verantwortungslosigkeit und chamäleonhafte Wandlungsfähigkeit ist eben das elementare Kennzeichen des Kapitals. Immer wieder hat es die Privatwirtschaft leicht, sich gegenüber der Politik als Hort friedlichen Schaffens zu präsentieren, ist sie doch nach Kriegen schneller als andere Bevölkerungsteile wieder zur Kooperation mit dem Gegner bereit. Winschuh, der einst den Unternehmer als Herold des NS-deutschen Großraums feierte, konnte 1954 schreiben: »Die Unternehmer sind viel geschulter und fähiger, ein einiges Europa aufzubauen und dabei die tragenden Gerüste zu zimmern, als die Politiker.«[23] Unter Schlagworten wie »Führertum« und »Persönlichkeitswert« war einst die Allianz zwischen Privatunternehmern und NS-Bewegung zustande gekommen; hernach jedoch konnten die Unternehmer mit dem Schlagwort »freie

---

22 Thayer, George, *War Business. Geschäfte mit Waffen und Krieg.* (Aus dem Amerikan.), Hamburg 1970, S. 272. Eine ausführliche und theoretisch fundierte Kritik der Auffassung, daß die Ausdehnung des Rüstungshaushaltes nach wie vor ein geeignetes Mittel zur Stabilisierung der kapitalistischen Wirtschaft sei, findet sich bei V. Brandes, *Die Krise des Imperialismus*, S. 53 ff.

23 Winschuh, *Das neue Unternehmerbild*, S. 64.

Wirtschaft« auch Gegenreaktionen auf die NS-Zeit in ihre Kanäle lenken und das NS-System als Gegenwelt zur Privatwirtschaft hinstellen.

Wenn das innere Gesetz der Konzerne im Wachstum, in der Suche nach neuen Expansionsmöglichkeiten – bei denen es der Konkurrenz zuvorzukommen gilt –, in der Dynamik liegt, so kann diese Operationsweise lange Zeit ohne Zusammenhang mit politischen Aggressionen vor sich gehen; dennoch stellt der großindustrielle Expansionsdrang einen Mechanismus dar, der sich dem staatlichen Machtstreben leicht als Motor und Verstärker vorschalten kann.

Das Vorschützen »nur« wirtschaftlicher Ziele ist ein beliebter Deckmantel der Aggression. Der expandierende Großkonzern ist gewohnt, fortwährend Existenzen zu zerstören, ohne daran zu denken, sich selbst deswegen als Schuldigen zu fühlen; ebensowenig scheint er zu einem Bewußtsein der Eigenverantwortlichkeit fähig zu sein, wenn er als Teilhaber aggressiver Politik fungiert. Dieses »Grundmuster politischer Unverantwortlichkeit«, das Gabriel A. Almond Mitte der fünfziger Jahre nach wie vor bei den deutschen Industriellen feststellt[24], wird durch die offizielle Trennung von Wirtschaft und Politik ermöglicht, die – wie Lewinsohn bemerkt – historisch ein relativ junges Phänomen ist: während in der Feudalzeit der Besitz an Grund und Boden und die Verfügungsgewalt über die Menschen, die ihn bebauten, die »Grundlage der Macht« bildete, war es »eine Erscheinung der neuesten Zeit«, »daß man die Umsetzung von Geld in Macht und von politischer Macht in Geld zu verbergen und zu verschleiern sucht«[25]. Unter solchen Umständen wird die Erstellung von »Geschichte«, die Knüpfung des Zusammenhanges von Ursachen und Wirkungen, von Akteuren und Taten zu einem Akt der Rekonstruktion, der oft darauf angewiesen ist, von den tradierten Selbstzeugnissen der Akteure abzuweichen. In der modernen Gesellschaft, in der die verschiedenen Bereiche »Politik«, »Wirtschaft«, »Kultur« usw. scheinbar ihr Eigenleben führen, bekommt die Geschichtsdarstellung eine neuartige Funktion, indem sie den Wirkungszusammenhängen über die Abgrenzungen dieser Bereiche hinweg nachgeht. –

---

24 Almond, Gabriel A., »The Politics of German Business«, in: Speier/Davison, *West German Leadership and Foreign Policy*, Evanston/White Plains 1957, S. 198; Bendix, Reinhard, *Herrschaft und Industriearbeit: Untersuchungen über Liberalismus und Autokratie in der Geschichte der Industrialisierung*, Frankfurt 1960, S. 121 ff. erblickt in der soziopolitischen Unverantwortlichkeit einen allgemeinen Zug der Unternehmerideologie, der schon in England zur Zeit der Industrialisierung zu erkennen war.

25 Lewinsohn, *Geld in der Politik*, S. 17.

Daß das nach Subjekten suchende narrative Modell auch in der politisch-ökonomischen Historie durchaus nicht jegliche Grundlage verloren hat, ergibt sich daraus, daß »die Wirtschaft« durch die Konzentrationsprozesse personell immer identifizierbarer geworden ist. Während die politischen Entscheidungsprozesse immer anonymer zu werden scheinen, haben sich in der Wirtschaft immer engere Führungskreise abgezeichnet. Die Wirtschaftshistorie der neuesten Zeit erfordert Techniken, die denen der Genealogie ähneln, um das Gespinst der Firmenverbindungen, die Verflechtungen über Kapitalbeteiligungen, Aufsichtsratssitze und gemeinsame Tochterunternehmen zu durchdringen und die Dominanten, die Richtungen und Ausgangszentren der Einflüsse zu erkennen[26].

Damit sich jedoch die Historie dabei nicht in den zahllosen Einzelheiten der Gegenwart orientierungslos verliert, genügt nicht allein der Rückgriff in die Vergangenheit; sie bedarf darüber hinaus eines futurologischen Interesses. Ohne das bewußte Interesse an der Zukunft, die Erwägung von Möglichkeiten zukünftiger Wandlungsprozesse, von Krisenpotentialen der Gegenwart bleibt der Historiker zu leicht in seiner Grundbefindlichkeit dem zufälligen Augenblick, in dem er schreibt, verhaftet, und seiner Erinnerung fehlt das existenzielle Interesse. In einer als statisch empfundenen Gegenwart gibt es nichts aus der Geschichte zu lernen, und die Erinnerung wird als Auskunft über mögliche Realitäten gar nicht ernst genommen. Wie Alfred Vagts zur Zeit der Weltwirtschaftskrise anmerkte, war »die Universitätshistorie, die deutsche zumal, . . . so wenig das Gedächtnis der Menschheit, daß sie das Vergessen früherer Wirtschaftslagen mit dem überschwänglichen Haussespekulanten teilt«[27]. Die Historie muß Unsicherheit über die Zukunft zu erkennen geben, um ihre Grundaussage von der Wandelbarkeit der Dinge glaubhaft zu machen und um ihre Gegenwart derart zu verflüssigen, daß in dem unübersehbaren Geflecht der Interdependenzen Richtungen, Strudel und Divergenzen sichtbar werden, – Phänomene, die eine »historische« Darstellung erst ermöglichen. Erst im makrohistorischen Rahmen, zwischen vergangenen Entwicklungen und zukünftigen Möglichkeiten aufgespannt, bekommt die westdeutsche Nachkriegszeit Konturen von »Geschichte«.

---

26 Zu diesem Problem vgl. Eichholtz, Dietrich, »Alte und »neue« Konzeptionen. Bürgerliche Literatur zur Wirtschaftsgeschichte des Faschismus in Deutschland«, in: *JbWG*, Jg. 12/1971, T. III, S. 253.

27 Vagts, A., *Deutschland und die Vereinigten Staaten in der Weltpolitik*, London 1935, Bd. 1, New York 1935, S. XI, Anm. 1.

6. Die Ära Adenauer: Vorübergehende Wiederherstellung einer prästabilierten Harmonie von Industrie und Gesellschaft

Wie es während der Besatzungszeit um die innere Geschlossenheit und um das politische Artikulations- und Durchsetzungsvermögen der Privatwirtschaft im Vergleich zu anderen sozialen Gruppen bestellt war, ist der bisherigen Literatur nur schwer zu entnehmen; sogar in kapitalismuskritischen Untersuchungen über diese Periode treten die Wirtschaftsführer als eigenständiger politischer Faktor unmittelbar kaum in Erscheinung[1]. Wahrscheinlich waren die Kommentare, die sie zu dem Gang der Dinge in den ersten Jahren nach 1945 zu geben hatten, unter damaligen Verhältnissen häufig nicht druckreif; so hört man gelegentlich aus der zweiten Hälfte des Jahres 1948 von der Kritik eines – ungenannten – Direktors der Vereinigten Stahlwerke an dem neutralistischen Konzept des Nauheimer Kreises, – einer Kritik, die sich nicht damit begnügt, zu unterstreichen, wie »blutsnotwendig« die USA für Deutschland seien, sondern der Alli-

1 Das gilt für Badstübner, Rolf, *Restauration in Westdeutschland 1945-1949*, Berlin (Ost) 1965; Schmidt, E., *Die verhinderte Neuordnung 1945-1952. Zur Auseinandersetzung um die Demokratisierung der Wirtschaft in den westlichen Besatzungszonen und in der Bundesrepublik Deutschland*, Frankfurt 1970 (wo nur allgemein von einem »Anwachsen der Macht der Arbeitgeberseite« gesprochen wird: ebd., S. 99); Schmidt, U./Fichter, T., *Der erzwungene Kapitalismus, Klassenkämpfe in den Westzonen 1945-48*, Berlin 1971 (Rotbuch 27); Huster, Kraiker, Scherer, Schlotmann, Welteke, *Determinanten der westdeutschen Restauration 1945-1949*, Frankfurt 1972 (ed. suhrkamp 575). Einige konkrete Hinweise enthält Schwarz, H.-P., *Vom Reich zur Bundesrepublik. Deutschland im Widerstreit der außenpolitischen Konzeptionen in den Jahren der Besatzungsherrschaft 1945-1949*, Neuwied/Berlin 1966; aber auch er beschreibt für das Deutschland der Nachkriegszeit vornehmlich die Wirksamkeit von Ideen, während er zugleich in den USA, England und Frankreich Großindustrie und Hochfinanz durchaus als Faktoren der außenpolitischen Willensbildung in Erscheinung treten läßt. Die Feststellung Theodor Eschenburgs (in: Hans Steffen (Hrsg.), *Die Gesellschaft in der Bundesrepublik*, Erster Teil, Göttingen 1970, S. 14), »politisch« seien »die Unternehmer in ihrer Vereinzelung zunächst eine ganz schwache Gruppe gewesen«, erscheint von der bisher vorliegenden Dokumentation her plausibel – wenn man nämlich nur die Dokumente als Fakten nimmt, und nicht den Besitz der Produktionsmittel.

anz mit Amerika dazu noch eine kriegerische Zukunftsperspektive gibt: »Die Ostzone könne«, heißt es da, »nicht durch eine Neutralisierung Deutschlands, sondern nur durch Krieg zu einem späteren Zeitpunkt zurückgewonnen werden.«[2] Noch aus der Mitte der fünfziger Jahre berichtet Gabriel A. Almond von einem – wiederum ungenannten – Ruhrmagnaten, der sich dafür ausgesprochen habe, daß die Bundesrepublik im Bündnis mit den USA – wenn man schon nicht direkt einen »Präventivkrieg« gegen den Osten führen wolle – zumindest mit Kriegsdrohungen die Sowjets aus Ostdeutschland herauszwingen solle[3]. Solche aggressiven Pläne gab es also noch in den fünfziger Jahren, als die Sowjetunion bereits atomare Waffen besaß, nicht nur bei demagogischen Außenseitern wie William S. Schlamm, sondern auch bei Männern, die aus der Verantwortung des Wirtschaftsführers sprachen. Daß solche Stellungnahmen repräsentativ für »die« Wirtschaft waren, wird man nicht anzunehmen haben; andererseits gibt es wenige Anzeichen dafür, daß sich in der Wirtschaft nach 1945 ein entschiedenes politisches Umdenken vollzogen hätte. Die führenden Wirtschaftskreise hatten ja einen vergleichsweise geringen Anteil an den Schockerlebnissen, die der NS-Terror, die letzten Kriegsjahre und die Bodenlosigkeit der ersten Nachkriegszeit mit sich brachte.

Im übrigen erlebte das wirtschaftliche Verbandswesen in den Nachkriegsjahren bis zur Währungsreform eine regelrechte Blütezeit. In Nordrhein-Westfalen wurden bereits in den ersten Tagen nach dem Einmarsch der Alliierten die Industrie- und Handelskammern wieder

---

2 Schwarz, *Vom Reich zur Bundesrepublik*, S. 379; ebd., S. 773 Anm.: ähnlich, »allerdings ohne Bezugnahme auf einen Krieg«, habe im Nauheimer Kreis Frank-Fahle (IG-Farben) argumentiert.

3 Almond, *Politics of German Business*, S. 226 f. Daß die privatwirtschaftlichen Interessen einer Wiedervereinigung Deutschlands auf friedlichem Wege nicht günstig waren – da sich nämlich aus ihnen für den Fall einer Wiedervereinigung die Forderung nach sofortiger Beseitigung aller Elemente der sozialistischen Wirtschaft auf dem Gebiete der DDR ergeben hätte –, läßt sich aus einem Artikel von Hans Georg v. Studnitz erkennen: »Die Versuchungen des Forschungsbeirates«, in: *Außenpolitik*, Jg. 9/1958, S. 19-28. Dort übt Studnitz heftige Kritik an einem Gutachten des »Forschungsbeirates für Fragen der Wiedervereinigung Deutschlands«, das bei der Wiedervereinigung *keine* unverzügliche Rückgabe der Volkseigenen Betriebe an ihre früheren Eigentümer vorsah, sondern eine Übergangsphase einschalten wollte. Er fordert (S. 22 f.), »am Tage X« die Leunawerke sofort an die Nachfolgegesellschaften der IG-Farben zurückzugeben, und weist warnend darauf hin, daß mit einer Belassung der Volkseigenen Betriebe »der erste Schritt zu der Sozialisierung der Grundindustrien in Gesamtdeutschland getan« wäre. Eine Wiedervereinigung ohne sofortige Aufhebung der Sozialisierung wurde also in einflußreichen Kreisen der Bundesrepublik als höchst gefährlich empfunden!

errichtet, wobei nicht nur an die organisatorischen Traditionen der Zeit vor 1933 angeknüpft wurde, sondern offenbar auch ein recht unmittelbarer Übergang von den nationalsozialistischen Gauwirtschaftskammern zu den neuen Kammern stattfand[4]. Schon im Herbst 1945 wurde von den Westmächten die Neugründung von Unternehmerverbänden zugelassen, wobei als Organisationsmuster auf die Branchengliederung der bisherigen Reichsgruppe Industrie und Reichsgruppe Handel verwiesen wurde[5]. Aber die Zustände der Besatzungszeit, als die Einflußnahme auf die Bewirtschaftungsbehörden zu einem Hauptinhalt unternehmerischer Tätigkeit wurde, ließ das Verbandswesen noch über den Stand der NS-Zeit hinauswuchern[6].

Die konkurrenzgeschützten Verhältnisse der NS-Zeit setzten sich nach 1945 – wenn auch auf viel niedrigerem Produktions- und Profit-Niveau – noch jahrelang fort. Absatznöte gab es weiterhin nicht, und ebensowenig hatte man von der Seite der Löhne her Druck zu fürchten: anders als nach dem Ersten Weltkrieg war die Arbeiterschaft für lange Zeit lohnpolitisch gelähmt. Das *Handelsblatt* stellte im Juni 1946 beifällig dar, wie die aus der NS-Zeit stammende Gewöhnung an Lohn- und Preisstopp auf der Lohnseite nach wie vor ihre Wirkung tue, so daß sich die Löhne – im Unterschied zu dem Großteil der Preise – immer noch etwa auf dem Stand von 1932 befänden[7].

Die Bequemlichkeiten der Bewirtschaftungszeit und der gleichsam korporative Geist, der in der Unternehmerschaft, nicht zuletzt als Erbe des NS-Systems, verbreitet war, werden sehr deutlich aus einem öffentlichen Tadel, den Ludwig Erhard am 20. August 1948 den Unternehmern erteilte; es war zwei Monate nach der Währungsreform, und bereits in dieser kurzen Zeit waren die Lebenshaltungskosten um 6 % gestiegen (in den beiden folgenden Monaten sollten sie um noch weitere 8 % steigen)[8]. Auf einer Kundgebung der bizonalen Industrie- und Handelskammern und 250 weiterer Wirtschaftsvereinigungen in Frankfurt warf Erhard den Unternehmern vor, »daß sie sich noch zu sehr als Kollegen fühlten«, wo sie sich jetzt doch »als gegenseitige Wettbewerber« fühlen sollten. »Es sei noch zu viel

---

4 Badstübner, *Restauration in Westdeutschland,* S. 185; IK 3 . 7. 58, S. 11.
5 Badstübner, *Restauration in Westdeutschland,* S. 187; vgl. auch Hüttenberger, P., »Die Anfänge der Gesellschaftspolitik in der britischen Zone«, in: *VjhZG,* Jg. 21/1973, S. 173 f.
6 Vgl. HB 27. 7. 48 S. 2 (»Verfehlte Organisationswut«).
7 HB 13. 6. 46, S. 2; Hust u. a., *Determinanten,* S. 70 f.
8 Vgl. die Statistik bei Wallich, Henry C., *Triebkräfte des deutschen Wiederaufstiegs* (aus dem Amerikan.), Frankfurt 1955, S. 72.

ungesunde Solidarität vorhanden«, wie denn eben »viele Unternehmer in der Schule der staatlichen Preisbildung großgeworden seien«[9]. Das *Handelsblatt* allerdings reagierte skeptisch auf solche Erhardschen Ermahnungen und belehrte, »in der modernen Wirtschaft« sei die Preiskonkurrenz »eigentlich immer erst das letzte Mittel«[10]. Im Herbst 1946 hatte das *Handelsblatt* das zeitgemäße Unternehmertum ziemlich genau dem »Staatsmonopolkapitalismus«-Modell entsprechend beschrieben; es bediente sich des US-amerikanischen Vorbildes, obwohl man recht gut Belege aus der unmittelbaren deutschen Vergangenheit hätte heranziehen können, und bemerkte unter dem Titel »Neue Unternehmertypen in USA – Eine lebendige Synthese von Wirtschaft und Staat«:

»Nach dem Zusammenbruch des Finanzkapitalismus gegen Ende der zwanziger Jahre und mit dem Einzug der Wirtschaftsreformen des New Deal unter Franklin D. Roosevelt entwickelte sich ein neuer Unternehmertyp, der von der Einschaltung des Staates in die Wirtschaft als Tatbestand ausging, die staatlichen Aufträge aber als Vorspann für die Entwicklung neuer Produktionsverfahren und gewaltiger privater Konzernkomplexe benutzte.«[11]

Die Gewöhnung der Privatwirtschaft an die Aufhebung der Konkurrenz durch Kartelle und an das Zusammenspiel mit wirtschaftlichen Aktivitäten des Staates hatte sich in Deutschland über Jahrzehnte hinweg ausgebildet und war, wie der hartnäckige Kampf gegen die Erhardschen Bemühungen um ein Kartellverbot in den fünfziger Jahren zeigt, auch durch die neuerliche ideologische Hochkonjunktur des Wirtschaftsliberalismus keineswegs zu verdrängen[12].

Natürlich wäre es dennoch falsch, die Jahre vor der Währungsreform insgesamt als eine angenehme Zeit für die Wirtschaft darzustellen. Aber es ist nicht nur auf Erschwerungen der wirtschaftlichen Tätigkeit zurückzuführen, wenn Deutschland bis 1948 immer wieder am Rande der ökonomischen Katastrophe vegetierte. Der niedrige Produktionsstand während dieser Zeit erklärt sich nicht einmal in der Stahlindustrie aus alliierten Produktionsbeschränkungen: auf dem Stahlsektor wurde 1947 nur 28,6 % der zugelassenen Menge produziert[13]. Sicherlich stellte der Mangel an Rohstoffeinfuhren ein

---

9 HB 20. 8. 48, S. 1.
10 HB 1. 10. 48, S. 2
11 HB 19. 9. 46, S. 8.
12 Ritter, H., *Verrat an der sozialen Marktwirtschaft? Wirtschaftspolitik zwischen Anspruch und Wirklichkeit*, Reinbek 1972 (rororo 1608), S. 46-50.
13 Pritzkoleit, *Gott erhält die Mächtigen*, S. 154; das gleiche ergibt sich sogar

schweres Hemmnis dar; darüber hinaus aber wurde offenbar schon frühzeitig, in Spekulation auf einen Währungsschnitt, eine bewußte Zurückhaltung der Produktion betrieben. Stucken nimmt für gegeben, daß die Warenhortung in den der Währungsreform vorausgehenden Monaten »und Jahren« die Not in Deutschland verschärft habe. Daß das Wunder der vollen Schaufenster nach der Währungsreform wesentlich den Hortungsbeständen zuzuschreiben sei, hat Erhard selbst wiederholt zugegeben[14]. Die Schärfe der Krise noch Anfang 1948 zusammen mit der Abruptheit des Booms nach der Währungsreform zeigt deutlich, in welch einem Maße die Privatwirtschaft wie eine geschlossene Macht agieren konnte; diese Erfahrung bekam für die folgende Zeit geradezu den Stellenwert eines Initiationserlebnisses.

Ein weiteres Phänomen dieser Zeit ist die anfängliche deutsche Zurückhaltung gegenüber den alliierten Initiativen, die zur Gründung des westdeutschen Staates führten. Zum Teil erklärt sich diese Haltung daraus, daß man die Fronten des Kalten Krieges noch nicht als unabänderlich nahm und die Möglichkeit der Wiedervereinigung durch Verständigung mit der Sowjetunion offenhalten wollte; aber bei den führenden Wirtschaftskreisen und den ihnen nahestehenden Politikern ist davon auszugehen, daß die Priorität der Westorientierung vor der Wiedervereinigung sehr früh feststand. Über die damaligen Motive läßt sich heute noch keine endgültige Gesamtaussage machen; jedoch ist klar, daß die Privatwirtschaft mit dem einstweiligen Fortbestehen des Besatzungsregimes in mancher Weise ganz zufrieden sein konnte, seitdem die amerikanische Regierung als Garant der bestehenden Wirtschaftsordnung hervortrat – Ende 1947 untersagte sie die Durchführung der Sozialisierung in Hessen[15] – und zugleich die amerikanische Führungsstellung unter den westlichen Besatzungsmächten unbestritten wurde. Gerade zur Durchsetzung eines Währungsschnittes, der mit einer derartigen Härte, wie es 1948 geschah, die Besitzer von Sachwerten gegenüber der Masse der Sparer und Rentner begünstigte, war dieses Besatzungsregime keineswegs ein Hindernis, vielmehr hätte eine solche Maßnahme –

---

aus Pohle, W., *Das Programm der Wirtschaft. Marktwirtschaft als politische Chance*, Stuttgart 1970, S. 37.

14 Stucken, Rudolf, *Deutsche Geld- und Kreditpolitik 1914-1963*, Tübingen, 3. Aufl. 1964, S. 211; vgl. ebd., S. 190 f.: Stucken führt die wirtschaftliche Katastrophe der ersten Nachkriegsjahre nicht primär auf einen Mangel an Rohstoffen oder Produktionskapazitäten zurück.

15 Gimbel, John, *Amerikanische Besatzungspolitik in Deutschland 1945-1949*, Frankfurt 1971, S. 225 f.

Wallich zufolge – »sicherlich von einer deutschen parlamentarischen Regierung nicht durchgebracht werden können«[16]. Überhaupt konnten zumindest die Großindustriellen bis zur Währungsreform von einer deutschen Regierung, die vom Volk gewählt war, eher noch weniger Gutes erwarten als von den Alliierten: denn die drückende Not konnte bei der Bevölkerung kein sehr schmeichelhaftes Bild von den Qualitäten ihrer Wirtschaftsführer hervorgerufen haben; so hatte selbst die CDU Anfang 1947 sozialistische Forderungen in ihr Ahlener Programm aufgenommen. Aber solange kein deutscher Staat da war, konnte es auch keine Verstaatlichung geben, – daran hatte General Clay keinen Zweifel gelassen. Die Industrie hatte also Grund zu warten; und Clay selbst ließ im Oktober 1947 dem amerikanischen Heeresminister Royall und dem Verteidigungsminister Forrestal – die angefragt hatten, ob er zur Verhinderung der Sozialisierung weitere Direktiven brauche – mitteilen:

»Die Zeit ist auf unserer Seite. Wenn wir daher die Angelegenheit hinauszögern können, während die freie Unternehmerschaft fortfährt zu arbeiten und wirtschaftliche Verbesserungen sich einstellen, dann wird sich die Frage (der Sozialisierung; J. R.) vielleicht gar nicht mehr stellen.«[17]

Mit dem Beginn der »wirtschaftlichen Verbesserungen« sollte es allerdings noch ein Jahr dauern; aber es klingt wie ein Widerhall des Clay-Wortes, wenn im Oktober 1949 der *Industriekurier* sein einjähriges Bestehen mit dem Goethe-Vers als Motto feierte: »Mein Erbteil, wie herrlich, weit und breit,/ Die Zeit ist mein Besitz, mein Acker ist die Zeit.«[18]

6.1 *Probleme bei der Begründung einer neuen bürgerlichen Massenbasis*

Nicht von vornherein war die CDU dazu geschaffen, die Sache der Privatunternehmer zu verfechten; vielmehr rekrutierte sie sich zunächst auch aus prononciert antikapitalistischen Kreisen. Das war Anfang 1947 im Ahlener Programm zum Ausdruck gekommen; aber noch im September 1949, unmittelbar nach der ersten Regierungsbildung Adenauers, zeigte sich der *Industriekurier* voller Mißtrauen gegenüber Tendenzen innerhalb der CDU, drohte kaum verhüllt mit

---

16 Wallich, *Triebkräfte*, S. 70.
17 Gimbel, *Amerikan. Besatzungspolit. in Dtld.*, S. 225.
18 IK 29. 10. 49, S. 1

einem Auszug der Wirtschaft aus der Partei und mahnte: »Marxistische Schlagworte wie ›Profitgeier‹ und ›Manchestertum‹ sollten im christlichen Lager verpönt sein.«[19]

Ein Gradmesser für die zwischen CDU und Privatindustrie noch weithin bestehende Distanz während der letzten Zeit des Besatzungsregimes sind die Auseinandersetzungen um den Wirtschaftsrat der Bizone, in dem die CDU die Mehrheit besaß: so hatte der im Februar 1948 geschaffene Verwaltungsrat, dem Ludwig Erhard angehörte, mit dem Wirtschaftsrat weit mehr Querelen als mit dem von der SPD beherrschten Länderrat[20], und das *Handelsblatt* richtete kurz vor der Währungsreform im Namen der Eisen- und Stahlindustrie einen Angriff von äußerster Schärfe gegen den Wirtschaftsrat, als dieser einen Preisstop angeordnet hatte[21].

Wie schon einst bei der NSDAP erhebt sich auch bei der CDU die Frage, wie man sich die Entwicklung vorzustellen hat, die in einer engen Verflechtung der Interessen von Partei und Unternehmerschaft endete: bedurfte es dazu wesentlich aktiver Einflußnahmen seitens der Wirtschaft, oder genügte bereits ihre bloße Existenz, um ihr Protagonisten erstehen zu lassen? Machte sich die Privatwirtschaft in der ersten Nachkriegszeit vornehmlich durch Automatismen ihrer ökonomischen Position politisch geltend, oder gab es nach wie vor in ihr bestimmte dominante Gruppierungen, die fähig waren, auf die Parteientwicklung in bestimmter Richtung einen Druck auszuüben? Sicherlich ist in der Ruhrindustrie eine solche Gruppierung zu sehen: sie hatte ihren Korpsgeist die gesamte NS-Zeit hindurch konserviert, ja seit der letzten Vorkriegszeit sogar neu konsolidiert, und als nach 1945 ihr Schicksal mehr als das aller anderen Industrien zur Diskussion stand, war sie darauf angewiesen, noch enger als zuvor zusammenzurücken und mit größter Aufmerksamkeit die Möglichkeiten wahrzunehmen, um sich in den politischen Entscheidungsprozeß einzuschalten. Sie war ein Faktor, mit dem deutsche Politiker rechnen konnten und so war es denn, wie Werner Conze schreibt,

---

19 IK 10. 9. 49, S. 1. Zu einer auf breiter Ebene organisierten Unterstützung der CDU durch die Privatwirtschaft kam es anscheinend erst vor den Bundestagswahlen von 1953: vgl. Uwe Schleth, »Die Finanzen der CDU«, in: Scheuch, E. K./Wildemann, R. (Hrsg.), *Zur Soziologie der Wahl*, Köln/Opladen 2. Aufl. 1968, S. 243. Die CSU allerdings besaß schon seit dem 14. 6. 48 einen Wirtschaftsbeirat: Mintzel, Alf, »Die CSU in Bayern«, in: Dittberner, J./Ebbighausen, R. (Hrsg.), *Parteiensystem in der Legitimationskrise*, Opladen 1973, S. 402.

20 Pünder, Tilmann, *Das bizonale Interregnum. Die Geschichte des Vereinigten Wirtschaftsgebiets 1946-1949*, Waiblingen 1966, S. 13.

21 HB 3. 6. 48, S. 2 f.

schon Ende 1946 ein Grundmotiv der Adenauerschen Politik, die Ruhrindustriellen »wieder ihre alte Stellung beziehen zu lassen«[22]: das Gewicht des Ruhrpotentials hat offenbar bei der Zurückdrängung des linken Flügels der CDU, der zumindest die großen Konzerne der Schwerindustrie der Sozialisierung überlassen wollte, eine erhebliche Rolle gespielt.

Der Aufstieg Adenauers nach 1945 ist, für sich genommen, ein Phänomen voller Merkwürdigkeiten: denn Adenauer war bis dahin in den meisten Teilen Deutschlands kaum bekannt, geschweige denn populär; auch auf Landesebene, wo sich in der Nachkriegszeit die eigentlichen politischen Hausmächte herausbildeten, hatte er sich nach 1945 nicht profiliert, ja nicht einmal bei der Entstehung der CDU war er von Anfang an dabeigewesen; zu alledem stand er bereits an der Schwelle des Greisenalters, und das zu einer Zeit, als man glauben mußte, neue, unverbrauchte Kräfte zu benötigen. In der Situation nach 1945 besaß Adenauer besondere Vermittlungs-Qualitäten; die ihn kennzeichnende Ruhe und Überlegenheit und seine Fähigkeit zur häufig zutreffenden Einschätzung des alliierten Verhaltens – alle die Qualitäten, mit denen er seine Gegner und Konkurrenten überspielte – sind nicht zu trennen von seiner Verwurzelung in der noch relativ intakten katholisch-rheinischen Kultur zum einen, zum anderen aber auch von seinen Kanälen zur politischen Führungsschicht der USA – mit John McCloy, dem amerikanischen Hochkommissar in Deutschland, war er entfernt verwandt[23]! – und ebensowenig schließlich von seinem engen Vertrauensverhältnis zu dem Bankier Robert Pferdmenges. Pferdmenges, der zum Nationalsozialismus die notwendige Distanz gewahrt und daher nach 1945 seine internationale Gesellschaftsfähigkeit erhalten hatte, stand vor 1933 in naher Beziehung zu Kurt von Schröder und zeichnete sich wie dieser durch ungewöhnlich viele und verschiedenartige Verbindungen aus: ein wesentlicher Angelpunkt von Politik und Wirtschaft lag also 1932/33 und in der Zeit nach 1945 in den gleichen Kölner Kreisen[23a]. Einen

---

22 Conze, Werner, *Jakob Kaiser. Politiker zwischen Ost und West 1945-1949*, Stuttgart 1969, S. 119.

23 Pritzkoleit, Kurt, *Das kommandierte Wunder. Deutschlands Weg im 20. Jahrhundert*, Wien/München/Basel 1954, S. 721; Prittie, *Adenauer*, S. 209; die Emigration einer Reihe von führenden Sozialdemokraten in die USA während der NS-Zeit hatte der SPD dennoch anscheinend nur wenig relevante US-Kontakte eingebracht; vgl. dazu: Radkau, *Emigration in den USA*, S. 163 ff. Über Pferdmenges' und Adenauers frühere Beziehungen zu K. v. Schröder vgl. ihre eigenen Zeugenaussagen in: *Anklagebehörde bei dem Spruchgericht Bielefeld, Strafsache gegen Kurt v. Schröder*, Bd. I, Bl. 31 und 225; über Pferdmenges'

weiteren Angelpunkt bildete die doppelte Verschwägerung Adenauers mit der Industriellen-Familie Werhahn[24]: die unter Werhahn-Kontrolle stehenden Betriebe bilden einen der größten Konzerne der deutschen Wirtschaft, der jedoch als solcher nie so recht in das Bewußtsein der Öffentlichkeit gedrungen ist, da er eben vornehmlich durch Familienbeziehungen und nicht durch sichtbare Unternehmens-Giganten zusammengehalten wird. Wie der Werhahn-Konzern eine besonders perfekte Synthese des Familienunternehmens alten Stiles mit dem modernen Konzern darstellt, besaß auch die Gestalt Adenauers eine besondere Eignung, zwischen der Großindustrie und dem kleinbürgerlichen Milieu zu vermitteln und überdies noch den engen Kontakt zu den USA herzustellen: so entstand eine neue Spielart jener für Deutschland besonders typischen Konfigurationen archaischer und moderner Elemente.

Die Herstellung einer solchen Konfiguration war Ende der vierziger Jahre ebensowenig unproblematisch wie zur Bismarck- und zur NS-Zeit, ja man könnte von manchen Perspektiven her erwarten, daß sich die inneren Spannungen dieser Verbindungen des Ungleichzeitigen mit dem Fortschreiten der ökonomisch-technischen Entwicklung verschärfen müßten. Die letzte der sechs Thesen für junge Unternehmer, die Josef Winschuh 1952 proklamierte, läßt erkennen, wie weit die Distanz zwischen den Unternehmern und den übrigen »bürgerlichen« Schichten – die hier als »Dritte Kraft« neben Arbeitgebern und Arbeitnehmern vorgestellt werden – auch damals war:

»Der JU (junge Unternehmer) sollte Kontakt mit der dritten Kraft suchen. Der Unternehmer braucht Verbündete und wurzelt im Bürgertum ... Unter Dritter Kraft werden die Angestellten und Beamten, die freien Berufe und Handwerker, die Bauern, Erzieher und Geistlichen verstanden, kurzum die breite, vielfältige, als Wiege guter Eigenschaften so wertvolle soziale Mitte des Volkes. Sie kennt vielfach den Unternehmer nicht mehr oder sieht ein verzerrtes Bild

---

vielfältige Verbindungen vgl. Almond, *Politics of German Business*, S. 210; Pritzkoleit, *Männer, Mächte, Monopole*, S. 39 ff.

23a Das »System« in den Adenauerschen Beziehungen zur Wirtschaft war augenscheinlich sowohl kölnisch-lokaler Art als auch durch Verbindungen zur Deutschen Bank bestimmt: darauf weisen die alten Beziehungen von Pferdmenges zur Deutschen Bank (vgl. Henning Köhler, *Das Verhältnis von Reichsregierung und Großbanken 1931*, Referat auf dem Internat. Symposium in Bochum, Juni 1973, S. 5 f.) sowie die weitreichende Rolle von Hermann Josef Abs in der Binnen- und Außenwirtschaft der Ära Adenauer. Mit der Deutschen Bank war auch Schröders Stein-Bank verbunden: vgl. Gossweiler, *Ökonomie und Politik*, S. 352 ff.

24 Pritzkoleit, *Männer, Mächte, Monopole*, S. 224.

von ihm. Daran sind die Unternehmer und ihre Verbände durch Abkapselung mit schuld.«[25]

Eine Reihe von Umständen der Nachkriegszeit waren eher dazu angetan, zwischen der Industrie und den übrigen, unter den Begriff »Bürgertum« zu subsumierenden Gruppen – im besonderen auch zu den in der CDU dominierenden Gruppen – eine Kluft zu schaffen als einer neuen bürgerlichen Sammlung zu dienen. An erster Stelle ist die Währungsreform zu nennen, die, für sich genommen und von den längerfristigen ökonomischen Wirkungen abgesehen, ähnlich wie die Inflation von 1923 die Sparer nahezu enteignete und damit die sozial-ökonomische Massenbasis bürgerlicher Herrschaft eigentlich hätte reduzieren müssen: denn Ersparnisse, wie gering sie auch seien, sind ein wesentliches Konstitutiv »bürgerlichen« Verhaltens[25a]. Die steuergesetzliche Begünstigung der Selbstfinanzierung in der Industrie zog die Konsequenz aus dieser drastischen Reduzierung der Ersparnisse und tendierte zugleich dahin, die Entfremdung der Industrie von den breiten Massen des sparenden Bürgertums auch weiterhin andauern zu lassen: denn die Selbstfinanzierung verhinderte, daß außerindustrielle Schichten Gelegenheit bekamen, an dem wirtschaftlichen Aufschwung unmittelbar zu partizipieren.

In den Auseinandersetzungen, die der Gründung der Bundesrepublik vorausgingen, prallten die industriellen Interessen über dem Problem des Föderalismus besonders hart mit der in CDU-Kreisen dominierenden Einstellung aufeinander. Die CDU/CSU – durch das katholische wie auch durch das bayerische Interesse bestimmt – vertrat der SPD gegenüber im allgemeinen die Sache des Föderalismus; in der Industrie dagegen herrschte eine scharfe Gegnerschaft gegen födera-

---

25 Winschuh, *Das neue Unternehmerbild*, S. 165.

25a Die Währungsreform führte »zu einem rapiden und großen Mitgliederschwund auch bei der CSU« (Mintzel, »CSU in Bayern«, S. 362). Es ist jedoch bemerkenswert, daß unter den deutschen Sachverständigen vor der Währungsreform die Ansicht überwog, ein noch schärferer Währungsschnitt als der von den Alliierten vorgesehene würde notwendig sein; vgl. die Broschüre des unter Protest aus dem Sachverständigen-Gremium ausgeschiedenen Erwin Hielscher (*Der Leidensweg der deutschen Währungsreform*, München 1948), der sich weitgehend mit Ludwig Erhard einig wußte (vgl. ebd., S. 34). Hielscher, ebd., S. 38: »Ich bin mit Dr. Erhard völlig einer Meinung, daß die härteste Währungsreform die beste ist, auch die sozial beste.« Die Bevorzugung der Industrie war bei dem »harten« Konzept noch offenkundiger als bei der dann von den Alliierten sanktionierten Lösung: alte Reichsmarkbestände sollten zunächst nicht im Verhältnis 10:1, sondern im Verhältnis 20:1 in DM umzutauschen sein; dafür sollte der Umtausch bei Großunternehmen und überhaupt bei »selbständig Erwerbstätigen« in unbürokratischer Schnelligkeit erfolgen (ebd., S. 41) und im übrigen der Wirtschaft »in großzügiger Weise« Kredit gewährt werden (ebd., S. 12).

listische Bestrebungen vor. Das *Handelsblatt*, das schon 1946 die Ansicht vertreten hatte, daß es auf wirtschaftlichem Gebiet keinen Föderalismus geben dürfe[26], machte Anfang 1948 die »Länderherrschaft« für die damalige Ernährungskrise verantwortlich und fügte hinzu, »zahllos« seien »die Feststellungen verantwortlicher Deutscher aus den letzten Jahren, daß die Wirtschaft eine zentrale und einheitliche Verwaltung braucht«: »Wir wissen, was Länderherrschaft und Länderdenken hier an Schaden getan haben.«[27] Die »Wirtschafts- und Finanzzeitung« sprach Anfang 1949 von »partikularistischen Bestrebungen«, für die die Wirtschaft »kein Verständnis« habe[28]. Als offenkundig wurde, daß der westdeutsche Staat – allein auf Grund des Machtwortes der Alliierten – eine föderalistische Verfassung bekommen würde, bemerkte der *Industriekurier*, niemand könne begreifen, »daß in das Gebälk schon gleich bei der Errichtung der Wurm gesetzt wurde durch einen Ultra-Föderalismus, der die wohlmeinenden Absichten aufhöbe«; wenn man das Grundgesetz annehme – heißt es in einem vorausgehenden Artikel –, dann nur mit der Absicht, es bei erster Gelegenheit in zentralistischer Richtung zu revidieren[29]. An all diesen Stellungnahmen zeigt sich, wie wenig die Erfahrungen der Industrie unter der NS-Herrschaft dazu angetan waren, sie einen starken Staat als Bedrohung empfinden zu lassen.

Der *Rheinische Merkur* andererseits, der einflußreichste publizistische Wortführer des Föderalismus[30], bemühte sich, der Industrie das föderalistische Gedankengut schmackhaft zu machen und zu zeigen, daß die Wirtschaft mit »ihrem Streben nach Weiträumigkeit« sich in einem föderalistischen Staatswesen desto ungestörter entfalten könne[31]. Der *Rheinische Merkur* dachte keineswegs daran, etwa die Aufspaltung der Großbanken in Regionalbanken (Frühjahr 1948) als einen Sieg des Föderalismus zu feiern, auch wenn er diesen Schritt – im Unterschied zum *Handelsblatt* – nicht ausdrücklich bedauerte[32]. Wenn der *Merkur* überlegte, daß es »vielleicht doch ratsamer« sei, die

---

26 Sörgel, Werner, *Konsensus und Interessen. Eine Studie zur Entstehung des Grundgesetzes für die Bundesrepublik Deutschland*, Stuttgart 1969, S. 218 (HB 8. 8., 21. 11. und 24. 12. 46).

27 HB 22. 1. 48, S. 2.

28 14. 1. 49, zit. n. Sörgel, *Konsensus u. Interessen*, S. 219.

29 IK 10. 4. 49, 6. 4. 49, zit. n. Sörgel, *Konsensus u. Interessen*, S. 219, 220.

30 Über die Entwicklung der politischen Linie des »Rheinischen Merkur« vgl. Schwarz, *Vom Reich zur Bundesrepublik*, S. 419 ff.

31 RM 24. 1. 48, S. 13.

32 RM 3. 4. 48, S. 10; HB 26. 2. 48, S. 2 und 15. 4. 48, S. 6.

Mittel des Marshall-Planes gar nicht erst »in den Kanal der staatlichen Reglementierung« strömen zu lassen, sondern »den ganzen Reichtum, der da hereinkommt, den Kaufleuten anzuvertrauen, den Unternehmern, den Fabrikanten und Händlern«[33], zog er aus seiner antizentralistischen Konzeption Konsequenzen, die für die Privatwirtschaft höchst vorteilhaft waren.

Wilhelm Röpke, der damals einflußreichste wissenschaftliche Vorkämpfer des wirtschaftlichen Neoliberalismus, nahm während der Ernährungskrise des Winters 1947/48 den Föderalismus und zugleich das Bauerntum gegen die weithin aufgekommene Erbitterung in Schutz und argumentierte dabei soziologisch: »Bauerntum und Föderalismus« müßten heute allzuoft als »Sündenbock« für die Wirtschaftskatastrophe herhalten; jedoch würde man mit der Zerstörung dieser beider »die letzten Reserven gesunden Soziallebens in der zermalmten deutschen Gesellschaft ... opfern«[34]. Auch der neue Wirtschaftsliberalismus suchte nach sozial stabilisierenden Elementen in relativ industriefernen Bereichen der Gesellschaft. Zwar war der Anteil der bäuerlichen Bevölkerung im Vergleich zur Bismarck-Zeit stark zurückgegangen, aber zur Sicherung einer rechtsgerichteten Regierungsmehrheit war er unentbehrlich wie eh und je. Andererseits war der Interessengegensatz zwischen der Industrie und der protektionsbedürftigen Landwirtschaft erheblich; denn die Exportorientiertheit der deutschen Industrie war noch nie zuvor so stark gewesen wie in der Nachkriegssituation, als die innerdeutsche Käuferschaft großenteils verarmt war, während draußen die amerikanische Hochkonjunktur und der zunehmend liberalisierte Weltmarkt lockte: die Lage war in dieser Beziehung sehr anders als in der Wirtschaftskrise Anfang der dreißiger Jahre. Schon im Mai 1946 proklamierte das *Handelsblatt* »das Primat der Ausfuhr« und machte dies Thema fortan zu einem Leitmotiv seiner Kommentare[35], wobei sich die importorientierte Handelspolitik der NS-Regierung gut als abschreckendes Gegenbeispiel anführen ließ[36]. Von Anfang an machte man auch aus der Notwendigkeit des Exportes ein Argument für die Aufrechterhaltung der Privatwirtschaft, da der Export die individuelle Anstrengung und den persönlichen Einsatz erfordere und auf »anonymem« Wege nicht mit Erfolg zu betreiben sei[37].

---

33 RM 22. 5. 48, S. 13.
34 RM 28. 2. 48, S. 1.
35 HB 23. 5. 46, S. 2.
36 HB 29. 4. 48, S. 1.
37 HB 19. 9. 46, S. 1 (»Der anonyme Export«). Den seinerzeitigen Bemühungen

Die Stärke der Exportaktivität blieb bis heute ein besonders auffallender Zug der westdeutschen Industrie, obwohl auf die Dauer auch der Binnenmarkt expandierte wie noch nie zuvor. Das in der CDU vollzogene Bündnis von Industrie und Landwirtschaft war dadurch jedoch Belastungen ausgesetzt, die besonders nach der Gründung der EWG akut wurden. Immerhin ließ sich der BDI zu ungewöhnlichen Zugeständnissen an die Bauern herbei: so gab Fritz Berg Anfang 1955 trotz erheblicher Bedenken der Industrie schließlich seine Zustimmung zu dem von der CDU/CSU eingebrachten »Paritätsgesetz«, das landwirtschaftlichen Betrieben die Durchschnittsgewinne von Industriebetrieben garantierte[38]. Die Geschichte der unsicheren Balance industrieller und agrarischer Interessen in den fünfziger und sechziger Jahren ist noch nicht geschrieben; es handelt sich hier um einen Komplex, dessen Spannungsträchtigkeit vor allem aus der voraufgegangenen deutschen Geschichte deutlich wird. Im Deutschen Bauernverband geeint, war die Landwirtschaft nach 1945 organisatorisch geschlossener als vor 1933[39]; innerhalb des Bauernverbandes bildete sich eine Schlüsselstellung der Großagrarier heraus[40], ähnlich wie im Bund der Landwirte der wilhelminischen Zeit. Da in dem vergleichsweise engen Raum der Bundesrepublik der Grund und Boden, solange er der freien Preisbildung unterworfen ist, fast zwangsläufig im Wert immer mehr steigt, und da – Pritzkoleit zufolge – viele »Baumeister großer Vermögen« (genannt werden Finck, Werhahn, Krupp, Quandt, Haniel und Thyssen) sich »das tiefe Wissen um jenen elementaren wirtschaftlichen Tatbestand« zu eigen machten und namhafte Kapitalien in Grundstücken anlegten[41], ist zu erwarten, daß die zunehmenden Forderungen nach öffentlicher Bewirt-

---

der alliierten Besatzungsbehörden um den deutschen Export begegnete man in der deutschen Wirtschaft höchst mißtrauisch: vgl. John H. Backer, *Priming the German Economy: American Occupational Policies, 1945–1948*, Durham 1971, S. 144; der Bericht des aus eigener Erfahrung schreibenden Backer stimmt mit dem Tenor zahlreicher »Handelsblatt«-Artikel überein.

38 SP 2. 2. 55, S. 7 f.; Breitling, *Polit. Pression*, S. 105. Vgl. Viola Gräfin v. Bethusy-Huc, *Demokratie und Interessenpolitik*, Wiesbaden 1962, S. 19 ff. Interessant sind die Ausführungen Tilo Freiherr von Wilmowskys über seine um 1950 erneut einsetzenden Bemühungen, die Spitzen der Industrie und der Landwirtschaft in einer Gesprächsrunde zu sammeln; auf seiten der Industrie war bei diesen Bestrebungen Paul Reusch die treibende Kraft, und seit dem Herbst 1951 bildete sich ein »Zwölfer-Kreis«, der sich meist in Köln traf. (Wilmowsky, *Rückblickend möchte ich sagen . . .*, S. 140 ff.)

39 Schneider, Herbert, *Die Interessenverbände*, München/Wien 1965 (Geschichte und Staat 105), S. 40.

40 SP 27. 11. 72, S. 65 f.

41 Pritzkoleit, *Bosse, Banken, Börsen*, S. 257.

schaftung des Bodens auf eine agrarisch-großindustrielle Front treffen werden, die an Kompaktheit jener in den 1870er Jahren über dem Schutzzoll-Interesse entstandenen Front vergleichbar ist.
Für eine industriell-agrarische Allianz gab es in Deutschland Vorbilder, die bis in die Bismarck-Zeit zurückreichten; nicht ganz so auf vertrauten Bahnen konnte das Zusammengehen von Industrie und Katholizismus zustandekommen; und dabei war eben dieses Bündnis noch mehr als die anderen Synthesen grundlegend für die CDU/CSU. Arno Klönne zufolge gab es einen »populistischen deutschen Katholizismus«, der eine regelrechte »Subkultur« darstellte und bis zur Adenauer-Zeit »in den Kapitalismus ... nie wirklich integriert« wurde[42]. Als im Herbst 1949 der 73. deutsche Katholikentag in Bochum einstimmig eine Entschließung zugunsten der Mitbestimmung der Arbeiter »in sozialen, wirtschaftlichen und sogar personellen Fragen« annahm, sah der *Industriekurier* darin einen schwerwiegenden und bedenklichen Vorfall[43] und kam in der Folgezeit immer wieder auf den Bochumer Beschluß zurück, voller Argwohn gegen den deutschen Katholizismus.
Einst hatte das Zentrum in August Thyssen, einem der wenigen Katholiken unter den deutschen Wirtschaftsführern, einen schwerindustriellen Förderer besessen; Thyssens Sohn jedoch wurde zu einem der ersten großindustriellen Unterstützer der NSDAP. Die wechselhafte politische Strategie der Thyssen-Dynastie ist jedoch ein Musterbeispiel für die politische Ambivalenz industrieller Beziehungen: den alten August Thyssen ließ sein starkes Kapitalengagement in der französischen Schwerindustrie während des Ersten Weltkrieges zu einem besonders energischen Propagandisten der Annexion des Erzbeckens von Longwy-Briey werden[44]; andererseits soll er 1909 mit dem Gedanken gespielt haben, einen seiner Söhne die französische Staatsangehörigkeit erwerben zu lassen[45]. Eine vergleichbare Wandlungsfähigkeit findet sich bei Fritz Thyssen, der, als er sich vom Nationalsozialismus gelöst hatte und aus Deutschland emigriert war, sich zum Verfechter einer katholisch-rheinländisch-abendländischen Konzeption aufwarf, wie sie Adenauer nicht perfekter hätte ausdenken können. In dem von einem Ghostwriter verfaßten *I Paid*

42 In: Kerbs, Diethart (Hrsg.), *Die hedonist. Linke. Beiträge zur Subkultur-Debatte*, Neuwied/Berlin 1970, S. 112. Vgl. auch Hallgarten, *Imperialismus vor 1914*, Bd. 1, S. 150.
43 IK 6. 9. 49, S. 2.
44 Fischer, Fritz, *Krieg der Illusionen. Die deutsche Politik von 1911-1914*, Düsseldorf 1969, S. 743 f.; ders., *Griff nach der Weltmacht*, bes. S. 122 f. und 640.
45 Fischer, *Krieg der Illusionen*, S. 466.

Hitler wird eine Geschichtslegende präsentiert, derzufolge das östliche, preußische Deutschland der Urquell alles Bösen bis hin zum Nazismus und Antisemitismus sei, während es sich bei den westlichen, rheinländisch-katholischen Gebieten um ein völlig anderes Deutschland handele, um einen Hort des Humanismus, der christlichen Ethik und der völkerverbindenden europäischen Zivilisation[46]. Diese Ausführungen, die Ideologeme der Ära Adenauer vorwegnehmen, sind aus der Rückschau vielleicht die bemerkenswertesten Passagen des in seinem Quellenwert umstrittenenThyssen-Buches.

Eine engere Annäherung von Kapitalismus und Katholizismus stand nach 1945 in Konformität zu internationalen Entwicklungen, besonders in den USA: dort war der New Yorker Erzbischof Spellmann, der 1946 von dem befreundeten Papst Pius XII. zum Kardinal ernannt wurde, bahnbrechend in der Knüpfung enger Beziehungen zum wirtschaftlichen Establishment[47]. Eine entsprechende Entwicklung förderte Pius XII. 1949/50 auch in Westdeutschland, indem er sich in zwei Denkschriften gegen die Mitbestimmung wandte und dabei auf die derzeitigen deutschen Auseinandersetzungen Bezug nahm[48]. Eine »Internationale Union katholischer Unternehmerverbände« mit Sitz in Den Haag wurde gegründet[49]. Daniel Villey, der bereits wörtlich geschrieben hatte, »daß die Wertpapierbörse der Tempel der Menschenrechte« sei, gab in einem Ende 1953 verfaßten und von Röpke angeregten Artikel zu bedenken, es sei »vielleicht an der Zeit«, den Wirtschaftsliberalismus »mit christlichem Wasser zu taufen« und dementsprechend »in katholischen Augen das Privateigentum, den Gewinn, den Markt und die Spekulation zu rehabilitieren«[50]. Es war ja allgemein sichtbar geworden, daß der ökonomische Liberalismus sich aus den Traditionen des politisch-kulturellen Liberalismus weithin gelöst hatte. Ob seine Verbindung mit dem Katholizismus jedoch stabil ist – und ob sie auch den Katholizismus selbst stabilisiert –, ist nicht nur von historischen, sondern auch von aktuellen Erfahrungen her zu bezweifeln.

---

46 Vgl. Thyssen, *I Paid Hitler*, bes. S. 24 (das Vorwort, um das es sich hier handelt, läßt sich als authentisch ansehen: Turner, *Faschismus und Kapitalismus*, S. 95, Anm. 19).

47 SP 11. 12. 67, S. 136.

48 Hartmann, *Dt. Unternehmer*, S. 40.

49 Herrmann, Walther, »Internationale Bestrebungen der Unternehmerverbände«, in: *Europa-Archiv*, Jg. 7/1952, Bd. 2, S. 5249.

50 Villey, Daniel, »Die Marktwirtschaft im katholischen Denken«, in: *Ordo*, Bd. 7/1955, S. 68 mit Anm.; auf diesen Aufsatz verweist Ritter, *Verrat*, S. 77.

Weniger durchsichtig als die kapitalistische, die agrarische und die katholische Komponente ist die Stellung der Beamtenschaft in der neuen sozio-politischen Allianz. Die Beamten waren traditionell ein Kernstück dessen gewesen, was man in Deutschland unter »Bürgertum« verstand, und bildeten von daher ein wichtiges Element konservativer Sammlungen. Dennoch besaß die Beamtenschaft weder in der Kräftekonstellation der NSDAP noch in der der CDU/CSU eine ideologisch und praktisch unangefochtene Stellung; denn die Industrie legte, vor wie nach 1945, eine starke Bürokratiefeindlichkeit an den Tag, und diese verband sie nicht nur mit der NS-Führung, sondern auch mit den föderalistischen Kräften der CDU. Der Bürokratismus der Wirtschaftsbehörden war während der Besatzungsherrschaft ein besonderer Prügelknabe sowohl des *Handelsblattes* als auch des *Rheinischen Merkurs*, wobei der *Merkur* immer wieder einen geradezu hetzerischen Ton anschlug; im November 1947 schrieb er unter der Schlagzeile »Der Ruck nach rechts«: »Der fragebogenfüllende, einsatz- und bedarfsgelenkte, wohnungsbewirtschaftete, bis zum Weißbluten besteuerte, in nahezu jeder Bewegung gehemmte ›Staats-Sklave‹ scheint jetzt jedoch genug zu haben.«[51] Die Forderungen des *Merkur* liefen auf eine drastische Reduzierung der Beamtenschaft hinaus: »Der größte Teil der heute von der Staatsverwaltung ausgeübten Funktionen könnte von den verschiedenen Trägern der kommunalen, regionalen, wirtschaftlichen, sozialen und kulturellen Selbstverwaltung unter weitgehender Heranziehung ehrenamtlicher Kräfte wahrgenommen werden.«[52] Wieweit diese Attacken bloße Rhetorik waren, ist schwer zu sagen; der Föderalismus wirkte sich in der Praxis ja eher dahin aus, die Beamtenschaft – besonders in den hohen Rängen – zu multiplizieren, als sie zu reduzieren. Zumindest die Bewirtschaftungsbürokratie, die durch Kriegs- und Nachkriegszeit einen großen Umfang angenommen hatte, wurde jedoch durch die Erhardsche Wendung zur Liberalisierung einschneidend getroffen; schon bevor sie drastisch zusammengestrichen wurde, wurde sie – wie der Wirtschaftsexperte der SPD, Professor Nölting, empört feststellte – von Erhard »überall lächerlich gemacht«, so daß sie »kaum noch aktionsfähig« war[53]. In der Folge glaubte ein publizistischer Vorkämpfer des freien Unternehmertums wie Herbert Gross, es sei nun an der Zeit, überhaupt an den Abbau des Staatsapparates zu gehen: die Bürokratie laufe ohne innere Berechtigung

---

51 RM 8. 11. 47, S. 1.
52 RM 10. 4. 48, S. 3.
53 HB 16. 11. 48, S. 2.

und nur noch aus Routine weiter, »nur weil man die notwendigen Schritte, nämlich den Abbau des Staates, noch nicht genügend vollzogen hat«. Die Grundlage der Bürokratie bestehe in einem starken Staat, aber damit sei es vorbei: »Die Politik wird wie ein überblähter Ballon angestochen und schrumpft.«[54] In Wirklichkeit stand eine Abschaffung, ja auch nur eine wesentliche Reduzierung des Staatsapparates auch unter der CDU-Herrschaft nicht ernstlich zur Debatte, und zur gleichen Zeit, als Gross solche Aussichten entwarf, gewann Winschuh den Eindruck, »daß bisher auch das bürgerliche Bonn zu gedankenlos den abschüssigen Weg schliddert, der zum Leviathan führt«[55]. Die Beamtenschaft, obwohl ökonomisch zumindest potentiell ein Gegengewicht gegen die Privatwirtschaft, wurde auch unter Adenauer nicht aus der bürgerlichen Solidarität ausgeschlossen.

Wenn nach 1945 einige Umstände, für sich genommen, die Isolierung der Unternehmerschaft innerhalb der bürgerlichen Schichten hätten bewirken können, so gab es gleichzeitig doch gewichtige Faktoren, die es möglich machten, daß sich eine bürgerliche Einheitsfront von einer Solidität wie noch nie zuvor in der deutschen Geschichte herausbildete. Zunächst ist daran zu denken, daß um 1950, als die Konzernentflechtungen in vollem Gange waren, eine wesentliche Ursache innerindustrieller Spannungen beseitigt war: die Zeit schien vorbei zu sein, da die Klein- und Mittelindustrie sich von der Expansion der Konzernriesen bedroht sah. Anfang 1950 sprach Winschuh auf der ersten Tagung der Arbeitsgemeinschaft selbständiger Unternehmer (ASU) von der Zeit vor 1933 wie von einer fernen bösen Vergangenheit, »als an der Ruhr der Drang nach Rationalisierung und Konzentration in Nachahmung amerikanischer Vorbilder zu weit ging und ungesund in die Weiterverarbeitung vorstieß«. Er fuhr fort: »Das war volkswirtschaftlich falsch, aber auch ein Fehler im Interesse des Unternehmertums. Dies Vorgehen hat der Industrie geschadet und dem Nationalsozialismus viele verärgerte Unternehmer zugetrieben ... Eine solche Entwicklung paßt nicht ins Bild und sollte nicht wieder vorkommen.«[56] Winschuh sprach auch von der Notwendigkeit, »bei neuer Gefahr rechtzeitig Wache zu beziehen«; aber als keine zehn Jahre später auch die »selbständigen Unternehmer« erkannten, daß eben jene ominöse Situation wieder da war, war die Chance längst verpaßt, mittels gesetzlicher Bestimmungen die Weichen anders zu stellen: jetzt hatte die Großindustrie wieder den Er-

---

54 Stein (Hrsg.), *Unternehmer in der Politik*, S. 94, 103.
55 Winschuh, *Das neue Unternehmerbild*, S. 221.
56 Winschuh, *Das neue Unternehmerbild*, S. 45 f.

folg für sich, während die Klein- und Mittelindustrie zwar als Zulieferer der großen Betriebe nicht selten eine neue Blüte erlebte, dabei aber doch in eine, wie H. A. Winkler sagt, »quasifeudale« Abhängigkeit von diesen geriet[57] und in ihrem politischen Durchsetzungsvermögen mehr denn je gehemmt wurde.

Die führenden Kreise der Wirtschaft taktierten in den fünfziger Jahren gegenüber der unternehmerischen Mittelschicht merklich behutsamer als etwa in den zwanziger Jahren. Im BDI überließ man den Vorsitz einem bis dahin kaum bekannten Angehörigen der Mittelindustrie, dem Matratzenfabrikanten Fritz Berg aus Altena, und nicht einmal in die Stellvertreterposten wurden Großindustrielle lanciert; dabei hatte in der konstituierenden Sitzung des BDI im Oktober 1949 der Ruhrmagnat Hermann Reusch den Vorsitz geführt[58]. Fritz Berg versicherte Ende 1949 einem *Zeit*-Interviewer, er wolle »vor allem zur Erhaltung der kleinen und mittleren Unternehmen beitragen«[59]. Auch weiterhin gehörte es in BDI-Kreisen zum guten Ton, sich für die Erhaltung des industriellen Mittelstandes auszusprechen; zugleich aber wurde dem letzteren eine Eigenartikulation seiner Interessen gegen die Großindustrie verwehrt: »falsch und gefährlich« nannte Berg Bestrebungen, »einen Gegensatz zwischen den Großbetrieben auf der einen und der kleinen und mittleren Industrie auf der anderen Seite aufzureißen«[60]. Dieser Harmonismus konnte sich kaum anders als zugunsten der Großen auswirken.

Die fünfziger Jahre waren ganz allgemein eine Blütezeit harmonistischer Ideologien, ein Umstand, der der bürgerlichen Sammlung in hohem Maße zugute kam und der nicht nur aus dem damaligen wirtschaftlichen Aufschwung, sondern auch aus den Erfahrungen der NS-Zeit zu erklären ist. Offiziell konstituierte sich die Sammlung der bürgerlichen Kräfte zwar als Abwehrblock gegen Gefahren des »Totalitarismus«; in Wahrheit jedoch stand sie auch in der Nachfolge des »Totalitarismus« der eigenen Vergangenheit. Daß die NS-deutschen Zustände nicht nur als Schreckbild, sondern auch als

57 Winkler, *Mittelstand*, S. 188; vgl. Gellner, *Wird die kleine und mittlere industrielle Unternehmung diskriminiert? Eine Untersuchung über die wirtschaftspolitische Behandlung der Klein- und Mittelindustrie in der Bundesrepublik Deutschland*, Berlin 1968, S. 53 über die Schwierigkeiten der statistischen Ermittlung auf diesem Gebiet.

58 IK 6. 10. 49, S. 1 und 22. 10. 49, S. 3; Hemberger/Maier (Hrsg.), *Rüstungswirtschaft in Westdeutschland. Probleme der Militarisierung der Wirtschaft Westdeutschlands*, Berlin (Ost) 1963, S. 124.

59 *Die Zeit*, 8. 12. 49 (»Vier Fragen an Präsident Berg«).

60 IK 30. 10. 58 (Sonderbeilage zum zehnjährigen Bestehen des »Industriekurier«).

Vorbild fungierten, wird von Winschuh mit bemerkenswerter Unverblümtheit zugegeben: »Die Unterdrückung des Klassen- und Arbeitskampfes durch den Nationalsozialismus war doch mehr als eine nur vorübergehende Episode. Sie ging dem deutschen Volk unter die Haut. ... Das Betriebsklima hatte sich überall verbessert.«[61] Zwar vermochte auch die NS-Zeit den ökonomisch fundierten Gegensatz von Kapital und Arbeit nicht für alle Zukunft zu beseitigen, aber innerhalb der höheren Gesellschaftsschichten war sie doch eine wahre Lehrzeit des Konformismus, eine Zeit der Flurbereinigung und der Abschleifung der überkommenen Buntscheckigkeit der deutschen Mittel- und Oberschichten[62]. Das elitäre Bewußtsein des »Bildungsbürgertums« erfuhr schwere Demütigungen und Verunsicherungen; der Antagonismus der Konfessionen verlor an Relevanz; das Judentum wurde vernichtet. Zur Zeit der Gründung der Bundesrepublik kann man in Deutschland nicht von einer Intellektuellenschicht reden, die einen politischen Faktor eigener Art hätte darstellen können: auch hier besteht ein krasser Kontrast zu dem Deutschland nach dem Ersten Weltkrieg. Sogar auf einen amerikanischen Bewunderer des »Wirtschaftswunders« wie Henry C. Wallich wirkte die Kulturlosigkeit des neuen Deutschland geradezu beunruhigend[63]. Die bürgerliche Konformität jedenfalls mußte durch dieses Vakuum zumindest kurzfristig gefördert werden; die mangelnde Entwicklung einer kritischen Öffentlichkeit kam Bestrebungen entgegen, über die Interessendivergenzen hinweg auf propagandistischem Wege einen Konsensus zu erzielen. Gerade in dieser Beziehung war die nationalsozialistische Ära eine Lehrzeit gewesen; wenn bei der bundesdeutschen Industrie nunmehr »public relations« zur Mode wurden[64], so trat dieser Amerikanismus die Nachfolge der sehr wohl vertrauten »Propaganda« an. Die Kontinuität wurde idealtypisch von Josef Winschuh verkörpert, der vor der neugegründeten ASU verkündete: »Propagare necesse est!« und darauf hinwies, daß »die Chance für eine Aufwertung des Unternehmers in der öffentlichen Meinung« jetzt »günstiger als nach dem Ersten

---

61 Winschuh, *Das neue Unternehmerbild*, S. 265.

62 Darin besteht m. A. der empirische Kern der These von Schoenbaum, *Braune Revolution*, S. 25 f.; vgl. auch Parsons, *Das System moderner Gesellschaften* (aus dem Amerikan.), München 1972 (Grundfragen der Soziologie 15), S. 166: die NS-Bewegung habe vielleicht »zur Integration der deutschen gesellschaftlichen Gemeinschaft nach dem Kriege beigetragen«, wobei er diesen Aspekt allerdings als sekundär bezeichnet gegenüber dem Grundcharakter des Nazismus als einer »akute(n) soziopolitische(n) Störung«.

63 Wallich, *Triebkräfte*, S. 19 f.

64 Vgl. Jahresbericht des BDI, 1951/52, S. 35.

Weltkrieg« sei. Darin sieht er nicht zuletzt eine »Tiefenwirkung der nationalsozialistischen Periode«, die »den Klassenkampfgedanken im Volk abgenutzt und den Instinkt für die Gemeinschaft geschärft« habe[65].

Auf der Ebene der wirtschaftlichen Interessen war eine breite bürgerliche Sammlung nicht möglich: das hatte sich bereits im späten kaiserlichen Deutschland gezeigt und bestätigte sich erneut an der Erfolglosigkeit des 1951 gegründeten »Mittelstandsblockes«, der sich anschickte, die Bauern, Handwerker, Haus- und Grundbesitzer, Einzelhändler, Gastwirte und Beamten zu vereinigen[66]. Wie schon in der Vergangenheit das über seinen ökonomischen Interessen zerstrittene Bürgertum wiederholt unter außenpolitischen Parolen zu sammeln war, so kam auch Ende der vierziger Jahre die weltpolitische Konstellation der bürgerlichen Sammlung außerordentlich entgegen: noch nie waren die innenpolitischen Implikationen der Außenpolitik derart eindeutig gewesen wie im »Kalten Krieg«. Weder in wilhelminischer noch in nationalsozialistischer Zeit besaßen die äußeren Frontstellungen eine so ideale Eignung zur einigenden Parole gerade für die bürgerlichen Schichten. Nicht zuletzt die Millionen der Flüchtlinge, die an und für sich das gegebene Reservoir für sozialen Radikalismus gewesen wären, ließen sich unter diesem Zeichen teilweise in die mittelständische Sammlung integrieren.

Ungeachtet der unsicheren ökonomischen Grundlage des selbständigen Mittelstandes erfuhr der »Mittelstand«, sofern er sich durch Verhalten und Mentalität konstituiert, in den fünfziger Jahren eine erhebliche Ausdehnung: »Mittelständische Wertvorstellungen haben kaum je so unangefochten die politische Kultur in Deutschland bestimmt wie in der Ära Adenauer.«[67] In einen solchen mehr durch ideologische Momente als durch reale ökonomische Positionen bestimmten »Mittelstand« waren auch die Industriellen bruchlos zu integrieren; Heinz Hartmann fand sie Mitte der fünfziger Jahre – in den Worten Frederick H. Harbisons – »fest in den Traditionen und Werten der deutschen Gesellschaft verwurzelt«[68]. Nachdem das

---

65 Winschuh, *Das neue Unternehmerbild*, S. 30, 31 f., vgl. auch S. 47 ff.

66 Winkler, *Mittelstand*, S. 265; IK 9. 9. 54, S. 3 (Wilhelm Reinermann, »Der alte Mittelstand ist im Kurs gesunken«); als besonders eklatanter Fall wird die Benachteiligung der mittelständischen Industrie bei der Verteilung der Marshallplan-Kredite hervorgehoben, die von der Kreditanstalt für Wiederaufbau vorgenommen wurde; vgl. darüber auch Pritzkoleit, *Bosse, Banken, Börsen*, S. 277 ff.; über die Gründung der Kreditanstalt: Pünder, *Das bizonale Interregnum*, S. 188 f., 247 f.

67 Winkler, *Mittelstand*, S. 189.

68 Hartmann, *Dt. Unternehmer*, S. 5.

Privatunternehmertum durch die Entwicklung der Produktionsweisen in immer weiteren Bereichen überholt wurde, bekam die private, scheinbar individuelle Lebensweise durch das Ineinandergreifen mehrerer technischer Entwicklungen von der Konsum-Seite her eine neue Grundlage: Das Privatauto (bzw. anfangs das Motorrad), das in der Bundesrepublik zum Massenartikel wurde, bot neue Erlebnisse individueller Freiheit oder spiegelte sie zumindest vor; es ermöglichte zudem das immer weitere Auswuchern der Vorstädte, die Entstehung weit verstreuter Eigenheim-Siedlungen, in die dann das Fernsehen schließlich scheinbar noch die »weite Welt« hineinholte. Mit dem Eigenheim-Boom wurde ein alter Plan Adenauers verwirklicht, der im Juni 1946 vor dem Zonenausschuß darauf hinwies, schon während seiner Kölner Oberbürgermeister-Zeit sei es immer sein »A und O« gewesen, allen arbeitenden Menschen die Möglichkeit zu verschaffen, »sich ein Haus zu erarbeiten und einen Garten, und sei es noch so klein und bescheiden«. In der gleichen Ansprache verkündete er: »Das bürgerliche Zeitalter wird nie zu Ende sein«; denn seine Essenz sah er letztlich in der individualistischen Glücksvorstellung, in dem Streben nach dem privaten Glück[69]. Der Eigenheimbau wurde von Adenauer ohne Rücksicht auf stabilitätspolitische Bedenken gefördert. Der Notenbankpräsident Wilhelm Vocke hatte bei Adenauer »kein Glück«, wenn er ihn in dieser Hinsicht zu bremsen suchte: »Hier auf dem Gebiet des Hausbaus war bei ihm kein Interesse, kein Verständnis für eine auch nur bescheidene Mäßigung zu erwarten ... Daß gerade von diesem Gebiet zentral die Steigerungen der Preise und Löhne ausgingen, trat für ihn gegenüber der sozialen und politischen Bedeutung zurück.«[70]

Der steuersubventionierte Eigenheim-Boom – der die Wohnungsnot bis heute nicht beseitigte, sondern die eigenheimlose Mehrheit der Bevölkerung am Ende ärger denn je dem Mietwucher aussetzte – verwischte die Grenzen von Stadt und Land in einem bis dahin nicht vorstellbaren Maße. Außerdem war mit dem massenweisen Bau von Zweifamilienhäusern dafür gesorgt, daß in einer Zeit, da das Bauerntum unaufhaltsam schrumpfte, der Grundbesitz dennoch wieder in breiten Schichten der Bevölkerung eine Hilfstruppe bekam; zugleich behielt der hausbesitzende Teil des Mittelstandes eine Domäne, wo er das »Herr-im-Hause«-Gebaren des Unterneh-

---

69 Schwarz, *Vom Reich zur Bundesrepublik*, S. 437, 439.

70 Vocke, Wilhelm, »Adenauer und die Wirtschaft«, in: *Adenauer und die Folgen*, Hrsg Hans-Joachim Metzer, München 1965 (Beck's Schwarze Reihe), S. 154.

mers nachahmen konnte. Die feudalkapitalistische Synthese der Bismarckzeit wurde insofern reaktiviert, als der Grundbesitz eine Schlüsselfunktion im Gesellschaftssystem behielt[70a].

6.2 *Politik und Wirtschaft in der Kanzlerdemokratie; westeuropäische Integration und globale Handelsinteressen*

Da das grundsätzliche Interesse der Privatwirtschaft an der Westorientierung feststand und ebenso kein Zweifel bestehen konnte, daß Adenauer eine entsprechende politische Linie beharrlich verfolgen würde, gab es solange, wie die Westorientierung nicht in sich selbst problematisch wurde, zwischen Wirtschaft und politischer Führung eine Art von »prästabilierter Harmonie«, die ständige unmittelbare Einflußnahmen von Wirtschaftskreisen auf die Außenpolitik überflüssig machte und äußerlich eine relative Distanz zwischen Wirtschaft und Politik zuließ. So braucht es nicht zu überraschen, wenn Arnulf Baring, zumindest für das erste Jahrfünft der Bundesrepublik, den Eindruck gewann, daß der außenpolitische Entscheidungsprozeß tatsächlich in einsamen Entschlüssen Adenauers bestanden habe, abgeschirmt durch die autoritäre Regierungsmaschinerie und frei von konkurrierenden Entscheidungszentren. Schwerlich darf man daraus jedoch – wie Baring es tut – auf ein »innenpolitische(s) Machtvakuum«, einen »sozialen Hohlraum«[71] schließen: es lag ja eben im Interesse der führenden Wirtschaftskreise, daß Adenauer so ungestört wie möglich die Politik der Westorientierung betreiben konnte. Der autoritäre Regierungsstil Adenauers ging kaum jemals auf Kosten des Gesamtinteresses der Wirtschaft, sondern vornehmlich auf Kosten derjenigen Kräfte innerhalb der CDU und der Regierungskoalition, die dem Ausmaß

70a Edmund Rehwinkel allerdings (1959-69 Präsident des Deutschen Bauernverbandes) war am Ende höchst unzufrieden mit dem industriell-agrarischen Interessenausgleich und schrieb: bei der Aufgabe, »ein breit gestreutes Eigentum und damit sich selbst die eigene Plattform zu erhalten und zu verbreitern«, hätten alle bürgerlichen Regierungen von Adenauer bis Kiesinger »restlos versagt, indem sie es zuließen, daß zum Nutzen einer kleinen Schicht von alten und neuen Großkapitalisten und Großverdienern der Damm, den die kleinen Unternehmer, die Selbständigen, die Kleinbauern, die Zu- und Nebenerwerbslandwirte, die Althausbesitzer und andere bisher für die sog. bürgerliche Gesellschaft gebildet hatten, abgetragen . . . wurde . . .« (Vorabdruck seiner Memoiren in: *National-Zeitung*, 1. 2. 74)

71 Baring, Arnulf, *Außenpolitik in Adenauers Kanzlerdemokratie. Westdeutsche Innenpolitik im Zeichen der Europäischen Verteidigungsgemeinschaft*, Taschenbuch-Ausgabe: 2 Bde., München 1971 (dtv 4065/66), Bd. 2, S. 286.

und Tempo der Westintegration und Wiederaufrüstung Bedenken entgegensetzten. Das schließt nicht aus, daß es im einzelnen auch zu Konflikten mit industriellen Interessen kam.

Nicht nur der offizielle, sondern auch der informelle Kontakt der Industrie zum Bundeskanzler lief über Fritz Berg, den Vorsitzenden des BDI, der für seine Person jederzeit Zutritt zu Adenauer hatte[72]. Überhaupt war der BDI, der sich erst nach der Bundestagswahl vom Herbst 1949 zu konstituieren begonnen hatte, unter Anteilnahme Adenauers entstanden, der dafür sorgte, daß der Verband seinen Sitz in Köln nahm[73], also innerhalb des angestammten Adenauerschen Beziehungsnetzes. Ob aus diesen Umständen ein »Primat der Politik« entnommen werden kann, ist zweifelhaft; es wurde bereits ausgeführt, daß, insgesamt gesehen, für die Zeit nach 1945 keineswegs von einer Priorität des Politischen vor dem Wirtschaftlichen gesprochen werden kann. Jedoch entspricht das Überwiegen des verbandsmäßigen Kontaktes der Wirtschaft zur politischen Spitze einem Zustand, in dem die großen Konzerne vorübergehend einige Positionsverluste erfahren haben. Von der »Herrschaft der Verbände« war in den fünfziger Jahren viel die Rede; das hemdsärmelige Vorgehen des Apothekerbundes veranlaßte 1955 sogar den Bundestagspräsidenten Gerstenmaier zum Einschreiten[74]. Von den Großunternehmen selbst wurde dadurch die Aufmerksamkeit abgelenkt, und es ist auch anzunehmen, daß das Eigengewicht der Verbandsführungen in einer Zeit, in der die Konzerne noch mit ihrer Neukonsolidierung beschäftigt waren, relativ stark war. Allerdings wurde schon bei Beginn der Wiederaufrüstung in der Mitte der fünfziger Jahre vom BDI geklagt, daß das Verteidigungsministerium unter Umgehung der Verbandsexperten Direktkontakte zu bestimmten Unternehmen pflege und ein »System von Hoflieferanten« installiert habe; dabei unterhielt der BDI schon seit 1953 einen von Fritz Berg geleiteten Ausschuß für verteidigungswirtschaftliche Angelegenheiten[75].

Auf dem Felde der auswärtigen Beziehungen machte in der zweiten Hälfte der fünfziger Jahre wieder Krupp von sich reden, vor allem

---

72 Baring, *Außenpolitik Adenauers*, Bd. 2, S. 56.

73 Baring, *Außenpolitik Adenauers*, S. 52 f.

74 Dönhoff, Marion Gräfin, *Die Bundesrepublik in der Ära Adenauer. Kritik und Perspektiven*, Reinbek 1963 (rde 187/188), S. 35; Fack, Fritz-Ulrich, »Entwicklungstendenzen des industriellen Lobbyismus in der Bundesrepublik«, in: Böhret, Carl/Grosser, Dieter (Hrsg.), *Interdependenzen von Politik und Wirtschaft, Festgabe für G. v. Eynern*, Berlin 1967, S. 483.

75 SP 7. 11. 56, S. 19, 22 f.; WW, Jg. 2/1958, H. 1, S. 25 (W. Beutler).

durch seinen diplomatiebegabten Generaldirektor Berthold Beitz; die alte Verflechtung Krupps mit der Diplomatie war, allerdings unter neuartigen Vorzeichen, wiederhergestellt. Alfried Krupp wurde, dem britischen Journalisten Terence Prittie zufolge, »Westdeutschlands inoffizieller Industrie-Botschafter«[76]; die private Wirtschaftsdiplomatie eilte der staatlichen Diplomatie in der Ausnutzung der durch die Wiedererlangung der deutschen Souveränität gebotenen Möglichkeiten weit voraus. Indem die Firma Krupp erneut ihre globalen Beziehungen spielen ließ und besonders aufsehenerregende Engagements im neutralen Indien und in den Ostblockstaaten antrat, kam sie zwangsläufig der BDI-Spitze ins Gehege: sowohl ihrem Repräsentationsanspruch als auch ihrer antikommunistischen Linie. Auf dem internationalen Parkett konnte Fritz Berg nicht mithalten; unter der Schlagzeile »Fritz Berg ohne Nachrichtenwert?« wunderte sich der *Industriekurier* 1964 über die »Tatsache«, daß ein zehntägiger Besuch Fritz Bergs in den USA »von der amerikanischen Presse ... mit fast ausschließlichem Schweigen übergangen wurde«[77].

Man gewinnt den Eindruck, daß sich der Verkehr Adenauers mit der Wirtschaft etwa von dem Brünings oder dem der Nachfolger Adenauers wesentlich unterscheidet: unter Brüning war – wie aus seinen Memoiren zu ersehen – der Direktverkehr mit den Industrieführern das Übliche, und dieser Zustand scheint sich auch nach Ende der Ära Adenauer allmählich wiederhergestellt zu haben. Adenauer selbst hingegen konnte es sich leisten, mit der Wirtschaft vornehmlich über den Verbandsvorsitzenden Fritz Berg – mit dem sicherlich leichter auszukommen war als mit vielen Ruhrmagnaten – oder über einen Privatbankier wie Pferdmenges zu verkehren; dieser Stil erinnert an die Zeiten von Bismarck und Bleichröder. Zwar war gerade in den fünfziger Jahren die Klage verbreitet, daß die Bonner Politik ein Spielball der Interessengruppen sei; aber dennoch läßt sich – im historischen wie im internationalen Vergleich – für jene Zeit eine relative Autonomie der Regierungsspitze gegenüber den Partikularinteressen feststellen. Der Amerikaner Wallich bemerkte Mitte der fünfziger Jahre, zwar übe die Industrie als Ganzes »großen Einfluß« auf die Bonner Regierung aus, aber

---

76 Zit. n. Braunthal, Gerard, *The Federation of German Industry in Politics*, Ithaca (Cornell UP) 1965, S. 291 f.; vgl. besonders Beitz' Verhandlungen mit der polnischen Regierung im Januar 1961, die zumindest nachträglich von Adenauer als regierungsoffiziell deklariert wurden: SP 1. 2. 61, S. 15 f.

77 IK 2. 4. 64, S. 3.

die Regierung könne einzelnen Firmen gegenüber »ihre Wünsche in einer Form geltend machen, die in den Vereinigten Staaten nicht üblich ist«[78].

Adenauers Außenpolitik folgte durchaus nicht in allen Einzelschritten den Spuren der Handels- und Kapitalbeziehungen; es ist vielmehr als Adenauers Spezifikum anzusehen, daß er sich ökonomische Prinzipien verinnerlicht und sie in außenpolitische Prinzipien transformiert hatte. Die Adenauersche Außenpolitik ist – in ihrer betonten Stetigkeit und ihrem Gegensatz zu der alten diplomatischen Kunst des Lavierens – gewissermaßen vom Kredit her, von der Sorge um die Erlangung der Kreditwürdigkeit her konzipiert, nicht von einem machtpolitischen Balance-Denken her, das darauf hätte bedacht sein müssen, nach möglichst vielen Seiten hin zu taktieren. Das »Vertrauen«, das er zu erwecken wußte, ist selbstverständlich auch in die ökonomische Terminologie: in »Kredit« zu übersetzen. Wie empfänglich Adenauer für ökonomische Denkmodelle war, läßt sich aus dem Bericht des späteren Moskauer Botschafters Hans Kroll über seine erste Begegnung mit Adenauer (wohl Ende 1947) ersehen. Von Adenauer aufgefordert, legte Kroll dar, wo er Auswege aus der deutschen Notlage sah; »wenn wir Glück haben«, schloß er, »werden wir die Generalvertretung Amerikas für Europa übernehmen. Zumindest für einige Jahre, bis wir wieder auf eigenen festen Füßen stehen«. Die Formulierung »die Generalvertretung Amerikas für Europa«, bemerkt Kroll in seinen Erinnerungen, habe Adenauer besonders gut gefallen[79].

Nicht nur die Allianz mit den USA, sondern auch die von Adenauer erstrebte enge Union mit Frankreich stellte sich in seinen Augen offenbar mit einem wesentlich ökonomischen Kern dar; Hans-Peter Schwarz hält es für »ziemlich wahrscheinlich«, daß Adenauer bei seiner Vorstellung von »organischer Verflechtung« Deutschlands mit Westeuropa Vorbilder wie das internationale Stahlkartell der zwanziger Jahre vorschwebten, das von den Stahlproduzenten Deutschlands, Frankreichs, Belgiens und Luxemburgs gegründet worden war[80]. Das bedeutet nicht, daß die politische Orientierung gerade auf Frankreich hin von aktuellen wirtschaftlichen Beziehungen Westdeutschlands abzuleiten gewesen wäre.

Von einem ökonomischen Determinismus erhoffte Adenauer sich zeitweise sogar einen siegreichen Ausgang des Kalten Krieges. Ende

---

78 Wallich, *Triebkräfte*, S. 139.
79 Kroll, *Lebenserinnerungen*, S. 188.
80 Schwarz, *Vom Reich zur Bundesrepublik*, S. 449 f.

1953 entwarf der Kanzler, Kroll zufolge, eine Zukunftsperspektive dergestalt, daß dann, wenn das nukleare Patt erreicht sei, wieder nurmehr das ökonomisch-strategische Potential ausschlaggebend sei; und das bedeute die unzweifelhafte Überlegenheit der USA, zumal die Sowjetunion durch ihren Bevölkerungszuwachs, mit dem ihre Produktionssteigerungen nicht Schritt hielten, wirtschaftlich weiter zurückgeworfen würde[81]. Demnach gründete sich Adenauers »Politik der Stärke«, die zumindest am Anfang durchaus einen offensiven Sinn besaß[82], im entscheidenden auf das wirtschaftliche Wachstum des Westens.

Adenauer machte die Außenpolitik vor allem in solchen Situationen demonstrativ unabhängig von der Wirtschaft, wo er Gefahr für die deutschen Beziehungen zu den westlichen Verbündeten fürchtete. Die wirtschaftlichen Erfolge der Bundesrepublik waren, für sich selbst genommen, ganz dazu angetan, um in der Außenpolitik zu unvorsichtigen Schritten zu verleiten; zugleich aber mußte die Exportoffensive der eben noch besiegten Deutschen für das Ausland zu einem Ärgernis werden, sofern nicht der neue deutsche Staat diese seine provokative Seite durch Gefügigkeit auf anderen Gebieten wieder wett machte. Eben der Exportboom zwang die Bundesrepublik außenpolitisch zu noch größerer Vorsicht, als es Deutschlands jüngste Vergangenheit ohnehin tat. Wenn die westdeutsche Politik geradewegs in den Dienst der globalen Intentionen der Exportindustrien gestellt worden wäre, hätte sich erneut eine Außenpolitik des Sowohl-als-auch ergeben, die wegen des allgemeinen Argwohns gegen die Deutschen noch rascher als früher die deutsche Isolierung herbeigeführt hätte.

Sorgenvolle Hindeutungen auf die ungesicherte Stellung Deutschlands in der Welt wurden zu einer Standardgeste Adenauers. In seiner Gürzenich-Rede vor dem BDI im Mai 1956 warnte er die Industriellen: »Unser wirtschaftlicher Aufstieg erschreckt die anderen Völker viel mehr, als daß er von ihnen mit Liebe gesehen würde.«[83] Hjalmar Schacht, der den politischen Zündstoff der Han-

---

81 Kroll, *Lebenserinnerungen*, S. 249 f.

82 Schubert, Klaus von, *Wiederbewaffnung und Westintegration. Die innere Auseinandersetzung um die militärische und außenpolitische Orientierung der Bundesrepublik 1950 bis 1952*, Stuttgart 1970 (Schriftenreihe der Vierteljahreshefte für Zeitgeschichte), S. 176 f.; vgl. ebd., S. 183: auch diese Vorspiegelung offensiver Möglichkeiten der Westintegration war das Ergebnis einer »Sammlungspolitik«, die die an der Westintegration interessierten Kreise und die auf der Priorität der Wiedervereinigung bestehenden Anhängerschichten der Regierung Adenauer zu vereinen hatte!

83 IK, 26. 5. 56, S. 3.

delsbeziehungen aus eigener Erfahrung nur allzu gut kannte, kritisierte später, daß die Bundesregierung den Exportboom weiterlaufen lasse, ohne sich mit den begründeten Beschwerden des Auslandes auseinanderzusetzen[84]. Daß man den durch den Wechselkurs der D-Mark begünstigten Exporten freien Lauf ließ, mußte auf anderen Gebieten kompensiert werden: etwa dadurch, daß man ausländische Schlüsselindustrien mit Rüstungsaufträgen köderte und von der Entwicklung einer deutschfeindlichen Haltung abhielt, und überhaupt dadurch, daß man von der wiedererlangten deutschen Souveränität vorerst nur einen sehr vorsichtigen Gebrauch machte.
Otto A. Friedrich, damals Generaldirektor der Phoenix-Gummiwerke und Präsidialmitglied des BDI, erwartete schon kurz nach dem Rückgewinn der Souveränität von der Bundesregierung einen ganz neuen Stil in der Außenpolitik. Anfang 1956 führte er vor dem Hamburger Überseeklub aus: »wir« ständen nunmehr »vor völlig neuen Aufgaben, die gebieterisch eine Neuorientierung verlangen«; »als freie selbständige Nation« hätten »wir« uns »an der Lösung weltweiter Probleme zu beteiligen«. Die äußeren Aktivitäten Westdeutschlands könnten sich nicht mehr wie bisher »auf das vorherrschende Problem der Wiedervereinigung und auf die europäische Zusammenarbeit beschränken«; vielmehr sei es an der Zeit, in Afrika und vor allem Südasien eine großangelegte Entwicklungspolitik zu betreiben und dort »mit England gemeinsam eine große weltpolitische Aufgabe zu lösen«[85]. Nachdem Deutschland aus dem Wettstreit der Imperialismen ausgeschieden war, schien nun die Dekolonisation in der nun so genannten »Dritten Welt« der deutschen Wirtschaft berauschende Perspektiven zu eröffnen; daß Deutschland keine Kolonialmacht mehr war, hatte sich in einen Vorteil verwandelt. Die westeuropäische Integration wurde zu einer Zeit begonnen, als sich für die Bundesrepublik verführerische weltweite Perspektiven auftaten, wie sie die Deutschen lange nicht mehr gekannt hatten. Es war ein aufsehenerregendes Ereignis, als Krupp im Mai 1955 mit dem Bau eines Stahlwerkes im indischen Rourkela beauftragt wurde; es handelte sich um den bedeutend-

---

84 Schacht, *Die Politik der deutschen Bundesbank*, München o. J. (um 1970), S. 73.

85 Friedrich, Otto A., »Außenpolitik mit wirtschaftlichem Boden«, in: *Außenpolitik*, Jg. 7/1956, S. 345 f.; Otto A. Friedrich wurde schon durch die Interessen der Phoenix-Werke auf eine mehr »atlantische« als kontinental-westeuropäische Orientierung festgelegt: an Phoenix ist ein US-Großaktionär, der Firestone-Konzern, beteiligt, während Phoenix und der französische Reifengigant Michelin sich »heftige Positionskämpfe« lieferten: *Auslandskapital in der dt. Wirtschaft*, S. 502.

sten Einzelauftrag an diese Firma seit Kriegsende[86]. Große Möglichkeiten versprach auch die Sowjetunion. Der Botschafter Kroll, einst in vorderster Front der NS-deutschen Wirtschaftsexpansion tätig, dachte noch von der deutschen Stellung der Vorkriegszeit her, wenn er dafür eintrat, den handelspolitischen Konkurrenzkampf mit den anderen im Osthandel engagierten Ländern unverzüglich aufzunehmen. »Ich konnte nicht einsehen«, schreibt er in seinen Memoiren, »warum wir als die im Osthandel traditionell führende westliche Macht unsere Exportindustrie schlechter behandeln sollten als unsere Konkurrenzländer die ihrige.«[87]

Zu einem ersten und typischen Konflikt zwischen dem Bundeskanzler und führenden Kreisen der Wirtschaft kam es 1952 über der Frage der Wiedergutmachung an die Juden. [redacted] Für Adenauer ausschlaggebend war vermutlich der Umstand, daß bereits im April 1952 der US-Präsident Truman und der Hochkommissar McCloy von dem Ölmagnaten Jacob Blaustein, dem Vorsitzenden des American Jewish Committee, als Unterstützer der jüdischen Forderungen gewonnen worden waren[89]; jedenfalls war Adenauer darauf bedacht, einen Bruch mit den jüdischen Vertretern unbedingt zu vermeiden, und er setzte sich über das Angebot des Bankiers Abs hinweg. Schließlich einigte man sich auf eine direkt an Israel zu zahlende Gesamtsumme von etwa 3,4 Mrd. DM; das Abkommen fand im Bundestag unter der Opposition eine größere Mehrheit als unter den Abgeordneten der Regierungskoalition[90]. Franz Josef Strauß hatte zuvor in der Düsseldorfer Zeitschrift *Chemie* mit Rücksicht auf die traditionell guten Beziehun-

---

86 SP 1. 6. 55, S. 24.
87 Kroll, *Lebenserinnerungen*, S. 412.
[redacted]
89 Grossmann, *Ehrenschuld*, S. 40.
90 Grossmann, *Ehrenschuld*, S. 41, 53.

gen Deutschlands zu den Arabern vor der Ratifizierung dieses Abkommens gewarnt; er gab damit Befürchtungen Ausdruck, die in Wirtschaftskreisen verbreitet waren. Fritz Berg weigerte sich, namens des BDI zu dem Abkommen Stellung zu nehmen[91].

Daß die Bundesrepublik über die individuelle Wiedergutmachung hinaus den Staat Israel in großem Ausmaße finanziell unterstützte und zu der Existenz und militärischen Stärke dieses Staates wesentlich beitrug, ließ ihre Beziehungen zu den arabischen Ländern in ein Dilemma geraten, das bis heute andauert. Die Belastung der Beziehungen zur arabischen Welt mußte in führenden Wirtschaftskreisen um so stärker empfunden werden, als die alte Südostrichtung der deutschen außenwirtschaftlichen Aktivität in Ansätzen schon kurz nach der Gründung der Bundesrepublik wieder aufgenommen worden war: wenn auch der Großteil des Balkans durch die Ausdehnung des sowjetrussischen Einflußbereiches als Betätigungsfeld der deutschen Wirtschaft vorerst ausgefallen war, so war doch der Nahe Osten, das einstige Ziel der Bagdad-Bahn, durch die wachsende Bedeutung des Erdöls reizvoller denn je geworden. Walter Rohland, der frühere Generaldirektor der Vereinigten Stahlwerke, der sich unter Todt und Speer in der Organisation der Kriegswirtschaft besonders hervorgetan hatte, brachte im Frühjahr 1952 der deutschen Industrie einen ägyptischen Großauftrag zur Errichtung eines Stahlwerkes mit einer Jahreskapazität von 160 000 Tonnen ein; der *Industriekurier* berichtete:

»Dem Vertragsabschluß gingen fast zwei Jahre dauernde Verhandlungen voraus. Gegen schärfste internationale Konkurrenz gelang es, die Planung und Bauleitung des großen Objektes durch deutsche Firmen sicherzustellen. ... Durch diesen Vertrag ist es Deutschland ... zum ersten Male gelungen, die Planung und Bauleitung einer *geschlossenen* Hüttenwerksanlage im Ausland zu übernehmen.«[92]

Im September 1952 ging Hjalmar Schacht als wirtschaftlicher Berater des soeben zur Macht gekommenen General Nagib nach Ägypten und nahm »auch mit privaten Wirtschaftskreisen Kairos ... Fühlung«[93]. Zahlreichen ehemaligen Nationalsozialisten wurde

---

91 Grossmann, *Ehrenschuld*, S. 46, 47; Ausführungen von Nahum Goldmann über die Londoner Konferenz in: Paul Weymar, *Konrad Adenauer*, München 1955, S. 639 ff.; über die ablehnende Haltung des BDI vgl. Braunthal, *Federation of German Industry in Politics*, S. 305.

92 IK 22. 4. 52, S. 1.

93 Schacht, *76 Jahre*, S. 670 f.

Ägypten zur Zuflucht, und zugleich entwickelten sich die westdeutsch-ägyptischen Beziehungen zu einem Testfall für die Frage, ob die Bundesrepublik die unabhängige »Weltpolitik« des einstigen Reiches, insbesondere die Südost-Richtung seiner Außenwirtschaftspolitik fortsetzen würde. Die Verlockung dazu war beträchtlich; Anfang 1954 veröffentlichte die Zeitschrift *Außenpolitik* die – laut Redaktion – »freimütigen Darlegungen« des Kairoer Publizisten Abdel Megid Amin, der den Deutschen ihre »ungeheure Chance« im Nahen Osten vor Augen hielt: Deutschland sei heute die »einzige westliche Großmacht in der Welt, der man im ganzen Vorderen Orient nach wie vor noch echtes Vertrauen entgegenbringt«, aber durch die Unterstützung Israels sei es im Begriff, dieses Vertrauen zu verspielen[94]. Zur gleichen Zeit nahm das deutsche Kapitalengagement in Ägypten einen beachtlichen Umfang an; im Herbst 1956, unmittelbar vor Ausbruch des Suezkrieges, werden an investierenden Firmen genannt: »Demag bei den Stahl- und Eisenwerken, Krupp bei Brückenbauten, AEG und Siemens beim Elektrizitätswerk Kairo Süd, Klönne bei zahlreichen Stufenbauten am Nil, ... Badische Anilin bei der Kunstdüngerfabrik in Oberägypten«[95]: das Gros der führenden Konzerne der Vorkriegszeit (die BASF war eine Nachfolgefirma der IG-Farben) war also in Ägypten bereits beisammen. Der November 1956 brachte jenen kurzlebigen Rückfall der englischen und französischen Politik in die Brachialmethoden des alten Imperialismus: die militärische Intervention im Suezgebiet unter Ausnutzung des israelischen Angriffs auf Ägypten.

Die durch den Suez-Krieg entstandene Situation – die Diskreditierung Englands und Frankreichs in der arabischen Welt – konnte sich für die deutsche Industrie außerordentlich günstig ansehen, allerdings nur dann, wenn die Bundesrepublik die Stirn gehabt hätte, ohne Rücksicht auf die westliche Allianz und insbesondere auf die zur gleichen Zeit zustandekommende EWG ihre westlichen Nachbarländer im Nahen Osten als Konkurrenten zu behandeln. Der *Industriekurier* wollte es offenbar darauf ankommen lassen; er schrieb Anfang 1957: »Das deutsche Interesse am Ägyptengeschäft sollte heute größer denn je sein. ... (Jetzt) sind für den westdeutschen Export besonders günstige Voraussetzungen gegeben, die es wahrzunehmen gilt. ... Deutsche Fabrikanten bzw. Exporteure, die in Ägypten bisher durch englische, französische oder

94 Amin, Abdel Megid, »Deutsche Orientpolitik heute«, in: *Außenpolitik*, Jg. 5/1954, H. 1, S. 33.
95 20. 10. 56, S. 4.

jüdische Firmen vertreten waren, dürften vor die Notwendigkeit gestellt werden, in vielen Fällen ihre Vertretung zu wechseln.« Nur von »überstürzte(m) Vertreterwechsel« wurde abgeraten[96]. Wenig später brachte das Industrieblatt die Schlagzeile: »Der Orient bietet riesige Chancen bei richtigem Vorgehen.«[97]

Da die USA sich, zumindest offiziell, aus dem Suez-Krieg ebenfalls herausgehalten hatten, war im Nahen Osten sogar ein deutsch-amerikanisches Zusammengehen denkbar, und eben diese Aussicht wird den *Industriekurier* zu einem solch energischen Engagement in der Ägypten-Frage ermutigt haben: Anfang 1957 kamen nämlich amerikanische Wirtschaftsexperten und Mitglieder des Eisenhowerschen Sicherheits-Beirates nach Bonn und trafen im Düsseldorfer Industrieklub auch mit führenden Ruhrindustriellen zusammen. Der *Spiegel* meinte, diese Besprechungen könnten »weitreichende Folgen« haben:

»Sie sind als Auftakt eines gemeinsamen deutsch-amerikanischen Vorgehens zu werten, dessen erklärter Zweck es ist, in den unterentwickelten Gebieten des Nahen und Mittleren Ostens jene wirtschaftlichen Positionen für die westliche Welt zu retten, die England und Frankreich nach ihrem Suez-Abenteuer gegenwärtig aufzugeben gezwungen sind. ... Deutsche Firmen, die bisher vornehmlich aus privatwirtschaftlichen Interessen in den arabischen Ländern arbeiteten, sind nun im Begriff, Vortrupps einer hochpolitischen Aktion der Amerikaner zu werden, die den Nahen Osten politisch befrieden und von wirtschaftlichen Ostblock-Einflüssen frei halten will.«[98]

Nach den Erfahrungen mit der amerikanischen Vietnam-Intervention in den sechziger Jahren kann man sich nicht ohne Betroffenheit ausmalen, auf welch gefährliche quasi-imperialistische Gleise die Bundesrepublik durch eine solche politische Orientierung geführt worden wäre. Für Adenauer jedoch besaß die westeuropäische Integration – die ohnehin die Aktivität des deutschen Kapitals in den Entwicklungsländern langfristig um so sicherer zu fundieren versprach[99] – absolut die Priorität vor exotischen Aktivitäten. Im März 1957 wurde in Kairo eine deutsche Industrieausstellung er-

96 IK 5. 1. 57, S. 4.

97 IK 26. 1. 57, S. 4.

98 SP 16. 1. 57, S. 9 f.; Deutsch/Edinger, *Germany Rejoins the Powers*, Stanford 1959, S. 227/232 vertreten die Ansicht, eine solche Politik sei immerhin mit einer Politik »begrenzter europäischer Zusammenarbeit« zu vereinbaren.

99 Vgl. Abs' Ausführungen, IK 14. 6. 58, S. 6.

öffnet, über die der *Industriekurier* fortlaufend auf breitem Raum berichtete; es war »die größte Ausstellung ..., die je ein Land im Nahen Osten veranstaltete«[100]. Die englische und französische Presse jedoch reagierte gereizt auf den hemmungslosen Einsatz der deutschen Werbemaschinerie in Ägypten, und prompt veranlaßte Adenauer den Wirtschaftsminister Erhard, der der offizielle deutsche Schirmherr der Ausstellung war und sie eröffnen sollte, seinen Besuch in Kairo abzusagen[101].

In der Folgezeit gestalteten sich die deutsch-ägyptischen Handelsbeziehungen ohnehin immer problematischer, weil die deutschen Einfuhren aus Ägypten hinter der Ausfuhr noch weiter als bisher zurückblieben: 1958 betrugen sie nicht ganz ein Achtel des Wertes der deutschen Exporte[102]! Das lag wesentlich an dem Rückgang der deutschen Baumwollimporte, der auf die 1956/57 einsetzenden umfangreichen Baumwollkäufe der Sowjetunion zurückzuführen war: Käufe, die im bilateralen Clearing-Verkehr zu Preisen über dem Weltmarktniveau getätigt wurden[103]. Seit Ägypten von der Sowjetunion mit Waffen beliefert wurde, lag ein wirtschaftliches Engagement Westdeutschlands in Ägypten ohnehin weniger denn je auf der Bonner politischen Linie; 1962 begannen die westdeutschen Waffenlieferungen an Israel, die eine akute Krise in den deutsch-arabischen Beziehungen heraufführten.

Eine wenn auch zunächst nur latente Belastung der Adenauerschen Westpolitik stellten die Osthandelsinteressen der deutschen Wirtschaft dar: selbst auf den Höhepunkten des Kalten Krieges und ungeachtet der schroff antikommunistischen Ideologie scheinen die Perspektiven des Osthandels nur wenig von ihrem alten Reiz eingebüßt zu haben. Es war dabei nicht nur die ungeheure Weite des russischen Raumes, die zu grandiosen Zukunftsplänen verlockte: auch die sowjetrussische Planwirtschaft besaß für die westlichen Unternehmer, den Proklamationen des Wirtschaftsliberalismus zum Trotz, vertrauenerweckende Züge[104]. Die Erfahrungen aus der gro-

---

100 IK 16. 3. 57, S. 5.
101 SP 13. 3. 57, S. 31.
102 Dörfler, Walter E., »Die deutsch-ägyptischen Wirtschaftsbeziehungen«, in: *Außenpolitik*, Jg. 11/1960, H. 1, S. 13; vgl. bereits IK 12. 3. 57, S. 7.
103 Dörfler, S. 13 ff.
104 Vgl. Almond, *Politics of German Business*, S. 236; zu dem nach wie vor intensiven Osthandelsinteresse von Teilen der westdeutschen Industrie, die von der BDI-Spitze damals allerdings nicht zur Geltung gebracht wurden, vgl. Kroll, *Lebenserinnerungen*, S. 412 f.; IK 24. 6. 54, S. 2; IK 21. 6. 56, S. 4 (»Wirrwarr der westdeutschen Osthandelspolitik«), und die scharfe Polemik in WW,

ßen Krise um 1930 waren nach wie vor lebendig, ein Umstand, der eine bemerkenswerte Immunität der wirtschaftlichen Interessen gegen die Konsequenzen ihrer eigenen Legitimations-Ideologien zeigt.

Von den historischen Erfahrungen her wird man im übrigen nicht erwarten, daß die ideologische Verbundenheit mit dem Westen automatisch zur Unterstützung westlicher Wirtschaftsintegrationen durch die Privatindustrie führte. Zwar wird es allgemein für gegeben gehalten, daß die Unternehmer von Anfang an besonders entschiedene Vorkämpfer der westeuropäischen Wirtschaftsintegration gewesen seien und von vornherein massive Interessen in dieser Richtung gehabt hätten[105]; aber viele Fakten und zeitgenössische Dokumente passen nicht in dieses Bild. Mandel vertritt (1968) die Auffassung, die Schaffung des Gemeinsamen Marktes sei, »historisch gesehen«, »das Ergebnis der ihm vorangegangenen Konzentration des Kapitals in Westeuropa«[106]; aber er bringt in diesem Zusammenhang keine Beispiele für internationale Kapitalverflechtungen, die der Gründung der EWG zeitlich vorangegangen wären und ihre räumliche Ausdehnung vorgezeichnet hätten. Noch 1969 kommt eine Bestandsaufnahme des Auslandskapitals in der westdeutschen Wirtschaft zu dem Schluß, »daß die EWG-bedingten Kapitalinvestitionen der Europäer untereinander heute noch zu den Seltenheiten gehören«[107]. Wenn man vergleicht, wie behende im Zweiten Weltkrieg das deutsche Kapital den Spuren der deutschen Armeen folgte, muß man zu dem Schluß kommen, daß die Verflechtung von Wirtschaft und Außenpolitik in den fünfziger Jahren lockerer oder besser: indirekter war als ehedem.

Eine engere wirtschaftliche Zusammenarbeit entwickelte sich in der

---

Jg. 5/1961, S. 305 gegen »jene Wirtschaftskapitäne, die – um welchen Preis auch immer – der rote Handel lockt«.

105 Breitling, *Polit. Pression*, S. 99; WW, Jg. 9/1965, S. 635 (A. v. Buylaere); S. L. Wahrhaftig (in: Speier/Davison, *West German Leadership*, S. 45) 1957 noch mit Einschränkungen: ». . . part of the European Union movement is financed by a group of industrialists and bankers.«

106 Mandel, Ernest, *Die EWG und die Konkurrenz Europa – Amerika*, Frankfurt 1968, S. 41. Vgl. auf prokapitalistischer Seite den Artikel des Handelsblatt/Industriekurier-Redakteurs in Brüssel: Carl A. Ehrhardt, »Die Wirtschaft wurde zum Schrittmacher der europäischen Einigung« (in: *Zukunft der Wirtschaft*, Frankfurt 1971, Fischer Taschenbuch 6154, S. 50-59), der für die These der Überschrift, zumindest was die deutsche Wirtschaft angeht, kaum schlüssige Argumente bringt, dagegen sehr wohl Überlegungen, die in die gegenteilige Richtung weisen (vgl. S. 56).

107 *Auslandskapital*, S. 8; ebd., S. 16: der Anteil des französischen Kapitals in Deutschland ist sogar rückläufig!

Nachkriegszeit vor allem zwischen den Westzonen und den Benelux-Staaten, so daß der *Rheinische Merkur* im Mai 1948 den »Wirtschaftsraum Rheinland-Benelux« projizierte[108]. Aber die Ausgangsbasis der deutsch-französischen Wirtschaftsbeziehungen war wenig günstig; die in der deutschen Bevölkerung verbreitete Mißstimmung über die schikanöse französische Besatzungspolitik hatte durchaus ihre Entsprechungen in der Wirtschaft. Frankreich, eben noch Objekt der Kapitalverflechtungspolitik des Großdeutschen Reiches, suchte nun innerhalb seiner Besatzungszone mit gleicher Münze heimzuzahlen; wie das *Handelsblatt* 1948 klagte, hatten seit 1945 »hunderte« von alliierten Firmen, vor allem französische, bei deutschen Firmen Kapitalbeteiligungen durchgesetzt, die noch weit höher lagen als bei den 51 %, die IG-Farben 1941 im Francolor-Vertrag bei der französischen Chemie erreicht hatte[109]. Die Francolor-Gesellschaft blieb nach 1945 zunächst bestehen, um in ein Instrument französischer Kontrolle über das IG-Werk in Ludwigshafen umfunktioniert zu werden[110]. Auf der anderen Seite führten die Verhandlungen des Bankiers Pferdmenges im Winter 1947/48 über französische Kapitalbeteiligungen an den von Demontage und Entflechtung bedrohten Ruhrkonzernen nicht zum Erfolg[111].

Die bundesdeutschen Beziehungen zu Frankreich blieben noch lange Zeit von der wirtschaftlichen Seite her belastet. Ausgerechnet die Ruhrindustrie, die traditionelle Kerntruppe des deutschen Wirtschaftsnationalismus, wurde durch Ruhrstatut (1949) und Montanunion (1952) zum Objekt des deutsch-französischen Ausgleichs und mußte sich ausländische Kontrollen gefallen lassen; daß daraus nicht eine allgemeine industrielle Fronde gegen die Adenauersche Politik der freiwilligen Vorleistungen Deutschlands erwachsen ist, läßt sich wohl nur aus der derzeitigen Schwäche und politischen Verunsicherung der Ruhrkonzerne erklären. So war es möglich, daß Fritz Berg, außenpolitisch ganz der Gefolgsmann Adenauers, die deutsche Industrie trotz allem in frankophiler Weise repräsentieren

108 RM 1. 5. 48, S. 11.

109 HB 1. 10. 48, S. 1; das »Handelsblatt« meint, der Francolor-Vertrag habe eine »organische Gestaltung des künftigen Farbengeschäfts in Europa« vorgesehen!

110 Baumann, G., *Atlantikpakt der Konzerne. Die internationale Kapitalverflechtung in Westdeutschland*, Berlin (Ost) 1952, S. 72; vgl. ebd., S. 68 über weitere Übergriffe der französischen Chemie.

111 Badstübner, *Restauration in Westdeutschland*, S. 110; *Deutsche Parlamentsdebatten*, Bd. III, Hrsg. Eberhard Jäckel, Frankfurt/Hamburg 1971, S. 71 und 77 (Bundesdebatte vom 15. 11. 49, Ansprachen Reimann und Wessel).

konnte[112]. Berg behauptete 1952, die deutsche Wirtschaft habe sich »früh und entschieden zu der Idee des Schumanplans bekannt, so sehr Einzelbedenken in ihren Kreisen seiner Verwirklichung entgegenstanden«. Daß aber auch diesen letzterwähnten »Einzelbedenken« grundsätzlicher Charakter zukam, geht aus den folgenden Ausführungen Bergs hervor, die die »kritische Haltung des BDI zur Frage weiterer wichtiger Teilunionen« darlegten[113]. Andere Branchen waren keineswegs bereit, sich unter eine Kontrolle ähnlich der der Montanindustrie zu begeben.

Die objektive Interessenlage der Ruhrindustrie in diesen Fragen stellte sich nicht eindeutig dar. Mit der Anerkennung der ausländischen Kontrolle des Ruhrpotentials kam zugleich das Ende der Demontagen und Produktionsbeschränkungen; von der Montanunion konnte man hoffen, daß sie, als Neuauflage des deutsch-französischen Stahlkartells, schließlich zur Konsolidierung der Schwerindustrie beitragen würde, und eben diese Perspektiven internationaler schwerindustrieller Kumpanei waren auch ein Leitmotiv der sozialistischen Kritik an der Montan-Integration. Tatsächlich konnte der *Spiegel* schon 1955 feststellen, daß die Hohe Behörde der Montanunion die Rekonzentration der eben noch entflochtenen Ruhrkonzerne ermöglicht habe[114]. Aber noch 1956 ergab eine Umfrage, daß ein Viertel der Industriellen der Montanunion ablehnend gegenüberstanden[115]. In den Anfängen der Kohle- und Stahlgemeinschaft war das Mißtrauen noch verbreiteter; man befürchtete von deutscher Seite, daß Frankreich die Union nur als Mittel benutzen wolle, um billig an die deutsche Kohle heranzukommen[116], die damals noch als Deutschlands wertvollstes Gut galt, und tatsächlich verfügte die Hohe Behörde die Auflösung des Ruhrkohlensyndikates[117]. Jean Monnet, der Urheber des zur Montanunion führenden Schuman-Planes, war in der Vergangenheit ein ausgesprochener Gegenspieler Deutschlands gewesen: in beiden Weltkriegen hatte er eine maßgebliche Rolle in der interalliierten Kriegswirtschaft gespielt und zwischen den Kriegen an der finanziellen Untermauerung des französischen Engagements in Osteuropa mitgewirkt[118].

---

112 Baring, *Außenpolitik in Adenauers Kanzlerdemokratie*, Bd. 2, S. 55.
113 IK 3. 5. 52, S. 1; vgl. im übrigen die Jahresberichte des BDI in jenen Jahren.
114 SP 22. 6. 55, S. 25.
115 Suzanne Keller, referiert von Deutsch/Edinger, *Germany Rejoins the Powers*, S. 159 f.
116 Ziebura, Gilbert, *Die deutsch-französischen Beziehungen seit 1945. Mythen und Realitäten*, Pfullingen 1970, S. 65.
117 SP 22. 6. 55, S. 25.
118 Baumann, *Atlantikpakt der Konzerne*, S. 80.

Besonders zur Zeit der Ablehnung der Europäischen Verteidigungs-Gemeinschaft durch die französische Nationalversammlung im August 1954 geriet die Montanunion in deutschen Unternehmerkreisen unter Beschuß, und zwar sowohl bei Stahlkäufern als auch bei Stahlproduzenten[119]. Ein amerikanischer Autor meint sogar, die deutsche Industrie und Finanz habe »mit wenigen Ausnahmen« den Schuman-Plan bekämpft; zu den »wenigen Ausnahmen« gehörte Heinrich Kost, der Generaldirektor der Kohlenbergbauleitung, der nach dem Vorgehen der Hohen Behörde gegen das Kohlensyndikat desto mehr in Opposition ging[120].

Noch Mitte der fünfziger Jahre konnte sich der *Industriekurier* mit der Europa-Idee nur wenig befreunden. Sogleich nach dem Scheitern der EVG hielt das Blatt »eine Neuorientierung unserer Außenpolitik« für notwendig; während es Adenauer selbst mit Kritik möglichst verschonte, hielt es sich an Gerstenmaier, der die »Bildung der Vereinigten Staaten von Europa« als das »weitaus größte und stärkste politische Motiv in unserer Generation« bezeichnet hatte, und nannte dessen Ausführungen »reine Romantik«. Im Anschluß daran wurde gefordert, die »deutschen nationalen Interessen« dürften »nicht länger bis zur Selbstaufgabe zurückgestellt werden«[121]. Als der französische Ministerpräsident Mendès-France kurz darauf einen deutsch-französischen »Rüstungspool« vorschlug, traf dieser von Adenauer unterstützte Plan auf den heftigen Widerstand der westdeutschen Industrieverbände[122]. Noch 1963 ergab eine Umfrage unter deutschen Unternehmern, »daß ihre geschäftlichen Erwartungen hinsichtlich der Europäischen Wirtschaftsgemeinschaft überwiegend negativ seien«[123]. Die Europäische Atomgemeinschaft (EURATOM), die zusammen mit der EWG gegründet wurde, stieß sowohl in ihren Anfängen wie auch später bei maßgeblichen Wirtschaftskreisen der Bundesrepublik auf Mißtrauen und Gegnerschaft[123a].

---

119 Almond, *Politics of German Business*, S. 234 f.

120 Willis, Frank Roy, *France, Germany, and the New Europe, 1945-1967*, Stanford UP 1968, S. 120, 124; SP 22. 6. 55, S. 25; allgemein über Industrie und Montanunion: Chmelnizkaja, *Der westdeutsche Monopolkapitalismus* (aus dem Russ.), Berlin 1962, Neudruck Hamburg 1972, S. 236 ff.

121 IK 28. 8. 54, S. 1.

122 SP 19. 1. 55, S. 9.

123 *Volkswirt*, Jg. 1963, S. 951 (M. Lohmann); über eine Umfrage mit ähnlichem Ergebnis vgl. IK 17. 6. 58, S. 1 (»Gemeinsamer Markt schwer übersehbar – Unternehmer Deutschlands und Frankreichs sind nicht optimistisch«).

123a Verf. beabsichtigt, die Interessenformationen und Entscheidungsprozesse in der bundesdeutschen Atomwirtschaftspolitik in einer gesonderten Studie zu be-

Die Gründung der EWG lief zwar nicht unbedingt den absoluten Relationen, aber doch dem Trend der deutschen Exporte zuwider: bis 1958 war in der deutschen Gesamtausfuhr der Anteil der in europäische Länder gehenden Exporte rückläufig, während sich der Anteil der Exporte in asiatische Staaten von 1950 bis 1958 mehr als verdoppelte[124]. Abs warnte 1954 auf dem Kölner CDU-Parteitag davor, »eine wirtschaftliche Einheit Europas schaffen zu wollen, ohne stets der außerordentlich engen Verbundenheit einzelner Länder Europas – nicht nur Großbritanniens – mit anderen Teilen der Erde eingedenk zu sein«[125]. Dadurch bekam die zukünftige Wirtschaftsgemeinschaft immerhin ein ambivalentes Gesicht: sie konnte Beziehungen nach Übersee nicht nur abschneiden, sondern auch öffnen. 1958 bemerkte Abs, wenn die »Verpflichtungen gegenüber den Entwicklungsländern« auf EWG-Ebene koordiniert würden, müßte von den Empfängerstaaten »eine größere Achtung und Fairneß gegenüber dem ausländischen Privatkapital erwartet werden«[126]. Aber das Interesse der westdeutschen Industrie war, wie Abs 1954 bemerkte, nicht nur auf die ehemaligen Kolonien der westeuropäischen Staaten, sondern auch auf die »Dollarzone« gerichtet[127]. Tatsächlich hatte der westdeutsche Export namentlich nach den lateinamerikanischen Staaten schon Anfang der fünfziger Jahre, relativ zum Gesamtexport, den Vorkriegsstand wieder erreicht[128]: jenen Vorkriegsstand, der durch eine forcierte Außen-

handeln. Es war zunächst die Übertragung des Monopols an Kernbrennstoffen auf die Euratom, der die Wirtschaft einen entschiedenen Widerstand entgegensetzte: vgl. Abs, *Zeitfragen*, S. 100 (Ansprache am 5. 12. 55 vor dem Münchener Export-Club); Braunthal, *Federation of German Industry*, S. 320; SP 27. 2. 57, S. 14 f. (»Kein Experte war in der Lage, Konrad Adenauer mit Argumenten wirtschaftlicher Vernunft beizukommen.«). Die Zeitschrift »Atomwirtschaft«, in deren Herausgeberkollegium u. a. Siemens, AEG, die Farbwerke Hoechst und BBC/Krupp vertreten sind, dokumentiert die fortdauernde Mißstimmung der interessierten deutschen Konzerne gegenüber der Euratom: vgl. Jg. 4/1959, S. 143; Jg. 5/1960, S. 93; Jg. 6/1961, S. 130; Jg. 7/1962, S. 388 f.; Jg. 8/1963, S. 469; Jg. 9/1964, S. 480; Jg. 10/1965, S. 411 u. a. Über die »Agonie der gemeinsamen Forschungszentren« der Euratom-Staaten vgl. *Die Wirtschaft 1972* (München 1972, dtv 3016), S. 436. In einem langen Artikel der »Atomwirtschaft« (Jg. 11/1966, S. 406-416) »Abschied von Euratom?« heißt es (ebd., S. 410): »Die Erfahrungen von Euratom zeigen, wie schwer Koordinierung und Kenntnisaustausch zu erreichen sind, sobald industrielle Interessen im Spiel sind.«

124 König (Hrsg.), *Wandlungen der Wirtschaftsstruktur in der Bundesrep.*, S. 271 ff. (H. Hesse).

125 Abs, Hermann Josef, *Zeitfragen der Geld- und Wirtschaftspolitik: Aus Vorträgen und Aufsätzen*, Frankfurt 1959, S. 89.

126 IK 14. 6. 58, S. 6.

127 Abs, *Zeitfragen*, S. 90.

128 Jahresbericht des BDI, 1951/52, S. 41. Vgl. die Überlegungen von C. H. Hille-

handelspolitik erreicht worden war. Als die Bundesrepublik in den fünfziger Jahren mit dem Neuaufbau des diplomatischen Apparates auch wieder mit der Einrichtung von Wirtschaftsmissionen in aller Welt begann, wurde dem Nahen und Mittleren Osten sowie Lateinamerika der Vorzug gegeben[129]: neben der Adenauerschen Westorientierung bestanden, zumindest auf unteren Ebenen, die alten Grundrichtungen der deutschen Außenwirtschaftspolitik fort. Bis heute ist Lateinamerika für die deutsche Wirtschaft interessanter geblieben als die der EWG assoziierten afrikanischen Staaten, und die Bevorzugung lateinamerikanischer Staaten durch die deutschen Investoren rief in Afrika manche Verärgerung hervor. Die lateinamerikanischen Geschäftspartner andererseits wurden durch die EWG-Zollpräferenzen an die assoziierten afrikanischen Staaten irritiert[130]. Es gab also deutliche Konflikte zwischen der westeuropäischen Integration und den traditionellen Globalperspektiven der deutschen Industrie.

Das heißt nicht, daß die Adenauersche Politik den Interessen der Wirtschaft insgesamt wirklich zuwidergelaufen wäre. Eben die weitgehende Autonomie der Außenpolitik gegenüber Partialinteressen kam dem kollektiven Interesse der Wirtschaft zweifellos zugute. Die Erfahrungen aus der deutschen Vergangenheit illustrieren, wie das langfristige und kollektive Interesse der Wirtschaft nur ungenügend zur Geltung kommt, wenn die Politik sich von kurzfristigen Partialinteressen in diese und jene Richtung manövrieren läßt.

Auf dem Bereich der *inneren Angelegenheiten* war die Autonomie der Politik auch zu Zeiten Adenauers weit weniger existent; aber auch die Liberalisierung der Wirtschaft in der Art, wie sie Erhard durchführte und fortzusetzen strebte, entsprach nicht durchweg den aktuellen Artikulationen der Privatindustrie.

Wenn die »freie Wirtschaft« zur klingenden Parole des Privatkapitalismus gegenüber den sozialistischen Bestrebungen wurde, so bedeutet das keineswegs, daß der Wirtschaftsliberalismus mit seinen

---

kamps (»Für eine neue deutsche Südamerika-Konzeption«, in: *Außenpolitik*, Jg. 5/1954, S. 448-453) zu der Lateinamerika-Reise Ludwig Erhards im Frühjahr 1954; mit Erhard war »erstmalig in der Geschichte der lateinamerikanischen Nationen ein amtierender deutscher Bundes- oder Reichsminister in diese Länder« gekommen (ebd., S. 449). Hillekamps glaubte, die bundesdeutschen Beziehungen zu Lateinamerika müßten noch intensiver werden als die reichsdeutschen der Vorkriegszeit.

129 Tudyka, Kurt P., »Ökonomische Dimensionen auswärtiger Beziehungen«, in: *Atomzeitalter*, Jg. 1968, S. 342.

130 Außenpolit. Perspektiven des westdt. Staates, Bd. 3, S. 155 f. (Hans R. Krämer), 227 f. (Kebschull/Menck/Borrmann).

konkurrenzfördernden Konsequenzen von dem Gros der deutschen Industrie wirklich verkörpert worden wäre: dazu hätte sie ihren nunmehr schon ein Menschenalter überdauernden, durch den Nazismus noch zusätzlich genährten Kartell-Traditionen untreu werden müssen. Nur wenn man die enge Verquickung der Privatwirtschaft mit dem NS-System aus der Erinnerung verdrängte, konnte man glauben, daß die Wirtschaft für liberale Verhältnisse prädestiniert sei. Um das von Erhard erstrebte Anti-Kartell-Gesetz entspann sich ein »siebenjähriger Krieg« (Hugo Ritter) zwischen dem Wirtschaftsminister und dem BDI[131].

Wilhelm Röpke, der bekannteste Theoretiker der »sozialen Marktwirtschaft«, wurde von Hjalmar Schacht als »Rudiment des Schultze-Delitzschen Wirtschaftsliberalismus kleinbürgerlicher Prägung aus der Mitte des vorigen Jahrhunderts« charakterisiert[132]. Diese historisch-soziologische Einordnung mag trotz ihrer herabsetzenden Intention etwas Wahres enthalten: wie der »Neoliberalismus« nach 1945 entscheidende Impulse aus den Reihen der deutschen Emigration erhielt (der auch Röpke angehörte)[133], so wirkt er denn nicht in jeder Beziehung wie etwas »Neues«, sondern ist teilweise als Überbleibsel des alten Liberalismus anzusehen, der, durch das Exil konserviert und neu konsolidiert, in der besonderen Situation Westdeutschlands nach 1948 noch einmal einen Sinn bekam.

Deutlicher noch hat die Gestalt des aus der Bayerischen Volkspartei kommenden Finanzministers Schäffer etwas Unzeitgemäßes; seine rigorose Thesaurierungspolitik, die ihn in der Industrie äußerst unbeliebt machte[134], gemahnt an den Kameralismus des 18. Jahrhunderts. Allerdings darf nicht vergessen werden, daß er in seiner ersten Zeit die Industrie mit großzügigen Steuererleichterungen gefördert hatte – »unter dem Veto der Alliierten, unter heftiger Kritik der

---

131 Ritter, *Verrat*, S. 47, auch S. 19 ff.; vgl. auch Erhard, L., *Wohlstand für alle* (bearb. von Wolfgang Langer), Gütersloh o. J. (Erstausgabe 1957) (Signum Taschenbücher 134), S. 98 ff. Bethusy-Huc, *Demokratie und Interessenpolitik*, besonders S. 43-50.

132 Schacht, *76 Jahre*, S. 359.

133 Radkau, *Emigration in den USA*, S. 250 ff.

134 Vgl. Friedrich, Otto A., *Außenpolitik auf wirtschaftlichem Boden*, S. 352; IK 15. 5. 56, S. 1; Welter, Erich, *Der Staat als Kunde*, Heidelberg 1960, S. 233: Schäffer sagte am 25. 9. 55 in einer Rede in Passau, »am Blut des deutschen Soldaten dürfe niemand etwas verdienen, deshalb sollten durch eine Rüstungssteuer Rüstungsgewinne unmöglich gemacht werden«. Diese Auffassung sucht Welter ausführlich als unrationell nachzuweisen. Schäffer forderte die Verstaatlichung des VW-Werkes (SP 14. 3. 56, S. 11); vgl. auch Schäffers Zusammenstoß mit Öl-Interessenten: SP 13. 6. 56!

Opposition und unter Haßgesängen der Vertriebenen«, wie der *Spiegel* jenen Vorgang dramatisierte[135]. Schäffer verließ 1957 das Finanzministerium zu einer Zeit, als mehrere Umstände zusammenkamen, um die Grundlagen der ökonomischen Stabilität und damit der breitangelegten bürgerlichen Sammlung überhaupt schrumpfen zu lassen.

6.3 *Wiederaufrüstung und nuklearstrategische Umrüstung: die Wehrmacht als technologischer Schrittmacher der Wirtschaft und als Promotor einer neuen Symbiose von Großindustrie und Staat*

Während der Vorbereitungsphase der westdeutschen Wiederaufrüstung – bzw. des »deutschen Wehrbeitrages«, wie nunmehr die Sprachregelung lautete – war die Stimme der Wirtschaft in der Öffentlichkeit noch kaum vernehmbar[136]. Arnulf Baring glaubt, der BDI sei dabei »gar nicht nach seiner Meinung gefragt« worden, und er begnügt sich zur Stützung dieser These mit einem Hinweis auf den offiziellen Jahresbericht des BDI von 1951/52, der weit vorsichtiger feststellt, der »Fragenbereich« (Wiederbewaffnung und Europäische Verteidigungsgemeinschaft) sei »im Vorstadium der Beratungen« »unserer offiziellen Einflußnahme« entzogen gewesen[137]. In Wirklichkeit ist kaum daran zu zweifeln, daß sich die Frage, wieweit die westdeutsche Aufrüstung schon im Vorbereitungsstadium von Impulsen aus der Wirtschaft mitgesteuert wurde, über offizielle Quellen nicht beantworten läßt; wenige Jahre nach den Nürnberger Kriegsverbrecher-Prozessen und angesichts einer noch weit verbreiteten Rüstungsfeindlichkeit hatte eine auf »public relations« bedachte Industrie keinen Grund, bei der Wiederbewaffnung einen demonstrativen Eifer an den Tag zu legen. Immerhin bemerkte jedoch der Jahresbericht des BDI von 1952/53, der Bundesverband der Deutschen Industrie habe »von Beginn an hinter der Regierungspolitik des westlichen Zusammenschlusses zu einer starken Verteidigungsgemeinschaft gestanden«; er fügte sogar hinzu, selbst eine Entspannung zwischen Ost und West dürfe »keinen Au-

---

135 SP 26. 3. 52, S. 10.

136 Bei Schubert, *Wiederbewaffnung und Westintegration*, werden Wirtschaftskreise überhaupt nicht erwähnt; sogar Fritz Berg kommt nicht ein einziges Mal vor!

137 Baring, *Außenpolitik*, Bd. 2, S. 54 und Anm. 17, ebd.

genblick zu einem Nachlassen in der Politik der Stärkung und der Festigung der westlichen Gemeinschaft führen«, und bei dieser »Stärkung« ist an erster Stelle an die »Verteidigungskraft« gedacht[138].

Im übrigen hatte die deutsche Industrie Anfang der fünfziger Jahre keinen Anlaß, die westdeutsche Wiederbewaffnung sonderlich zu beschleunigen: während der Hochkonjunktur brauchte man die Rüstungsaufträge nicht; vielmehr mußte man damit rechnen, daß unter den damaligen politischen und ökonomischen Verhältnissen die US-Konzerne den größten Profit von der deutschen Aufrüstung haben würden. Die deutsche Industrie dagegen hätte vor allem die durch die Einberufungen bewirkte Verknappung der Arbeitskräfte zu spüren bekommen. Daher kann es nicht überraschen, wenn Gerhard Brandt bis in die zweite Hälfte der fünfziger Jahre in Kreisen der Privatwirtschaft vielfach ein »Unbehagen über die Rüstungspläne der Bundesregierung« registriert[139]. Christian Krull entwarf in einem Vortrag am 13. Juni 1955 in der Frankfurter Paulskirche, der von der Frankfurter Industrie- und Handelskammer verbreitet wurde, ein sehr pessimistisches Bild von den ökonomischen Konsequenzen der Wiederbewaffnung. Krull prophezeite, eine Wiederaufrüstung werde die Wirtschaft jetzt noch weit mehr aus dem Gleichgewicht bringen als in den dreißiger Jahren; eine Senkung des Lebensstandards würde unvermeidlich sein, da die Importe rüstungswichtiger Rohstoffe auf Kosten der Lebensmittel-Importe gehen würden – »Rhabarber statt Zitronen« werde die Parole sein[140].

Ob die Wirtschaft für sich selbst solche Perspektiven fürchtete, muß dennoch bezweifelt werden; denn die Pariser Verträge riefen sogleich – wie auch Krull bemerkte – eine Hausse auf dem Aktienmarkt hervor[141]. Anfang 1955 schrieb der SPD-orientierte Publizist Emil Bandholz: »Heute haben die Unternehmer das erhoffte Rüstungsgeschäft bereits in ihre Kalkulationen einbezogen und zum Motor der wirtschaftlichen Expansion des letzten Jahres gemacht.«[142]

---

138 Jahresbericht des BDI, 1952/53, S. 9.

139 Brandt, Gerhard, *Rüstung und Wirtschaft in der Bundesrepublik*, Witten 1966 (Studien z. polit. u. gesellschaftl. Situation der Bundeswehr, Hrsg. G. Picht, 3. Folge), S. 84.

140 Krull, Christian, *Wirtschaft und Rüstung*, Frankfurt 1955 (Schriftenreihe der Industrie- und Handelskammer Frankfurt 5), S. 5, 27.

141 Krull, *Wirtschaft und Rüstung*, S. 5.

142 Bandholz, Emil, »Die ökonomischen Probleme der Wiederaufrüstung«, in: *Geist und Tat*, Febr. 1955, S. 45.

Zwar blieben die deutschen Rüstungsausgaben, und mehr noch die Rüstungsaufträge an die deutsche Industrie, in ihrem Verhältnis zur Gesamtproduktion der deutschen Wirtschaft viele Jahre lang sehr gering; noch heute hält sich ihr Umfang, relativ gesehen, in Grenzen. Wichtig sind jedoch die Zukunftsperspektiven, die sich mit der Aufrüstung verbanden – Zukunftsperspektiven, die sich aus den Erfahrungen der Vergangenheit und auch aus gegenwärtigen Strukturen der US-Wirtschaft ergaben. Das ökonomische Rüstungsinteresse wurde durch solche Spekulationen noch stärker fundiert als durch aktuelle Bedürfnisse nach Rüstungsaufträgen. Bei allem »Wirtschaftswunder«-Optimismus blieben doch Zweifel bestehen, ob die Hochkonjunktur von Dauer sein würde und die Rüstung nicht erneut als konjunkturelle Rückversicherung unerläßlich sei. Der naheliegende Gedankengang, daß mit dem Abschluß der westdeutschen Wiederaufbauperiode ein wirtschaftlicher Rückschlag drohe, kursierte nicht nur in den Reihen der politischen Linken, sondern tauchte auch in Publikationen des ökonomischen Establishments immer wieder auf; von Anfang an traute man dem »Wirtschaftswunder« nicht[143]. Daß ein hoher Rüstungsstand zur Stabilisierung der »freien« Wirtschaft notwendig sei, war schon damals eine verbreitete Empfindung; denn wenn die Hochkonjunktur sich auch aus innerdeutscher Perspektive nicht als eine Rüstungskonjunktur darstellte, so sah es auf internationaler Ebene doch ganz anders aus. Der dem Ausbruch des Korea-Krieges im Sommer 1950 folgende internationale Boom wird in Erhards Buch »Wohlstand für alle« zwar vorwiegend nur als Bedrohung der deutschen Preisstabilität erwähnt[144]; in Wirklichkeit kam dieser Boom jedoch geradezu als Retter für die Erhardsche Wirtschaftspolitik und das »Wirtschaftswunder« überhaupt, das erst damals recht eigentlich begann. In dem Jahr nach Ausbruch des Korea-Krieges verdoppelten sich die deutschen Exporte[145]. Gerade die westdeutschen Exporterfolge, die überraschendste Seite des nachkriegsdeutschen Wirtschaftsaufstiegs, waren von vornherein eng mit internationalen Rüstungskonjunkturen verbunden. Dieser Zusammenhang wurde von dem *Handelsblatt* schon vor der Währungsreform vorausgesehen; am 6. Mai 1948 steht dort der Hauptschlagzeile »Enttäu-

143 Jahresbericht des BDI, 1952/53, S. 10; CEPES, Wirtschaftspolit. Grundsatzfragen beim Aufbau einer Rüstungswirtschaft, S. 15.
144 Erhard, *Wohlstand für alle*, S. 74 ff.
145 Über die Bedeutung des Korea-Booms für den wirtschaftlichen Aufstieg der Bundesrepublik vgl. Wallich, *Triebkräfte*, S. 4, 18 und 83-91.

schende Entwicklung der Ausfuhr« ein Kommentar »Auftrieb am Weltmarkt« zur Seite, wo es heißt:

»Die Gefahr, daß der deutsche Export nach Durchführung der bevorstehenden Währungsreform und der ersten industriellen Ankurbelung auf Grund des Marshall-Plans auf einem sich verengenden und verschärfter internationaler Konkurrenz ausgesetzten Weltmarkt wird anbieten müssen, scheint durch die plötzlich erhöhte Beanspruchung des amerikanischen Potentials durch neue Rüstungen, durch Europa- und Chinahilfe erneut gebannt zu sein. ... Aus USA waren die ersten Klagen über verschärfte Konkurrenz der deutschen Maschinenindustrie auf dem Weltmarkt zu vernehmen.«

Nun beruhte der spezifisch deutsche Exportvorteil zunächst allerdings eben darauf, daß Deutschland am Wettrüsten noch nicht teilnahm, sondern seine Kapazitäten für die Herstellung anderer Güter freihielt. Heinz Nordhoff, Chef des VW-Werkes, also des Spitzenreiters der deutschen Exportoffensive, bedachte denn auch die westdeutsche Aufrüstung gelegentlich mit sarkastischen Randbemerkungen: die Engländer seien für die deutsche Wiederbewaffnung, »damit wir nicht so viele Leute haben, die an friedlichen Arbeitsplätzen tätig sein können«[146]. Dennoch gewann die deutsche Aufrüstung gerade in der Absicherung der überhöhten deutschen Exporte eine Funktion: die deutschen Rüstungsimporte verhalfen den von den deutschen Exporten betroffenen Ländern zu einem Ausgleich ihrer Zahlungsbilanz und trugen dazu bei, daß das Übermaß der deutschen Exporte nicht auf die Dauer bei anderen Ländern, etwa den besonders betroffenen USA, Retorsionen hervorrief. Der Wert der Bundeswehr zur Sicherung Westdeutschlands gegen einen sowjetischen Angriff – vorausgesetzt, daß ein solcher jemals geplant war – war viele Jahre lang gewiß nicht hoch; desto mehr jedoch wurden die Rüstungsimporte in der Hand der Bundesregierung zu einem wirksamen Instrumentarium, um die noch ungefestigte Stellung der Bundesrepublik unter ihren westlichen Verbündeten abzusichern[147]. Rüstungsaufträge an ein Land wie die Türkei dienten der Sicherung der Türkei für das westliche Bündnissystem, aber auch für die westdeutsche Exportindustrie. Der *Spiegel* bemerkte zu einem Munitionsauftrag an die Türkei:

»Theodor Blank hat sich durch die Unterzeichnung dieses Vertrags

---

146 SP 10. 8. 55, S. 25.

147 Bauer, *Einfuhr von Rüstungsgütern*, S. 52 ff., 88 f., 123; Vilmar, Fritz, *Rüstung und Abrüstung im Spätkapitalismus. Eine sozioökonomische Analyse des Militarismus in unserer Gesellschaft*, Frankfurt 4. Aufl. 1969, S. 113 ff.

zahlreiche neue Freunde gewonnen. Viele westdeutsche Industrie- und Exportunternehmen, die sich in letzter Zeit nicht mehr auf den türkischen Markt trauten, weil sie fürchteten, um die Bezahlung ihrer Warenlieferungen geprellt zu werden, hoffen jetzt wieder auf normalen Handelsverkehr mit den Türken, und zwar auf dem Umweg über die Aufrüstung ...«[148]

Seit drei Jahren schon hatte die Türkei nämlich aus Devisenmangel die Überweisung der deutschen Exporterlöse gestoppt. Auch der BDI verschloß sich grundsätzlich nicht der Nützlichkeit dieses Systems, die deutsche Exportoffensive durch Rüstungsimporte abzusichern; der BDI-Jahresbericht von 1958/59 bemerkt, die deutsche Industrie verkenne nicht »die entscheidende wirtschaftspolitische Bedeutung der Rüstungseinfuhren«:

»Länder, die gegenüber der Bundesrepublik seit Jahren eine dauernd passive Außenhandelsbilanz aufweisen, können durch Rüstungslieferungen an uns ihre Handelslage bessern und erhöhen fast von selbst ihre Importe aus der Bundesrepublik. Unter diesen Gesichtspunkten sind unter anderem die Munitionsaufträge an Portugal, Norwegen, Griechenland und die Türkei zu beurteilen. Eine Reihe von Handelsverträgen kam im übrigen erst zur Ratifizierung, nachdem die Vertragspartner Rüstungsaufträge erhalten hatten.«[149]

Hier zeigen sich bilaterale Substrukturen der offiziell multilateralen Handelsbeziehungen, die an die Kompensationsverträge der dreißiger Jahre erinnern. Im übrigen vermochte sich der BDI schon damals diese mehr gesamtwirtschaftliche Perspektive gegenüber den Rüstungsimporten nur noch eingeschränkt zu eigen zu machen; das obige Zitat wird durch ein Andererseits eingeleitet, dem unter Einerseits der Wunsch vorausgeht, die deutsche Industrie in Zukunft stärker als bisher an den Rüstungsaufträgen zu beteiligen. Bezeichnend ist, daß in dem obigen Zusammenhang die Rüstungsaufträge an die USA – also der umfangreichste Posten der Rüstungsimporte – nicht in der Liste der zu rechtfertigenden Rüstungseinfuhren erwähnt werden, sondern nur von ökonomisch wenigbedeutenden Staaten die Rede ist, von denen keine Konkurrenz drohte. Als Blank wenige Wochen nach dem Abkommen mit der Türkei auch einen Kaufvertrag mit den USA durch die Parlamentsausschüsse bringen wollte – diesmal ging es um Rüstungsimporte im Werte

---

148 SP 19. 9. 56, S. 18.

149 Vilmar, *Rüstung und Abrüstung*, S. 113 f., Hemberger/Maier, Rüstungswirtschaft in Westdeutschland, S. 113 f.

von 3,3 Milliarden DM –, brachte er alle Fraktionen gegen sich auf, zumal das in Frage stehende US-Material von Experten als veraltet bezeichnet wurde[150]. Eine allgemeine Verärgerung über die technologische Rückständigkeit der Bundeswehr-Planungen breitete sich aus, und Blank wurde als Verteidigungsminister durch den bisherigen Minister für Atomfragen, Franz Josef Strauß, ersetzt.

Die besonders von der Absatzkrise der Ruhrkohle ausstrahlenden Rezessionserscheinungen in der Wirtschaft der BRD um 1957/58 brachten eine merkliche Verstärkung des Interesses der Industrie an Rüstungsaufträgen[151]. Strauß selbst bemerkte 1958, wenn die Wirtschaft »ursprünglich den spezifischen Rüstungsaufträgen sehr skeptisch« gegenübergestanden habe, so habe sich diese Haltung »allmählich geändert«; »sie ändert sich von Tag zu Tag mehr«. Jetzt erblicke man in den Rüstungsmitteln bereits »eine Art Konjunkturspritze bzw. Konjunkturpuffer« – wozu sie allerdings »nur in einem gewissen Ausmaß« verwendet werden könnten[152]. Strauß wurde zum Befürworter des Wiederaufbaus einer deutschen Rüstungsindustrie und schilderte Ende 1959 diese seine Entwicklung als eine Wandlung vom Saulus zum Paulus[153]. Durch industrielle Einflüsse auf den Beschaffungsapparat der Bundeswehr ging die Umlenkung von Rüstungsaufträgen an die deutsche Industrie offenbar noch über das vom Ministerium beabsichtigte Maß hinaus[154]. Seit Anfang der sechziger Jahre traten den Rüstungsimporten der Bundesrepublik Rüstungsexporte an die Seite. Anders als bei den Importen ergab sich hier politisch eine deutliche Negativbilanz. Die Waffenlieferungen an Israel brachten die Bonner Politik in eine ihrer peinlichsten Krisen, und auch sonst »ist es«, nach Haftendorn, »der deutschen Politik nur in den wenigsten Fällen gelungen, Militärhilfe und Rüstungsexporte zur Unterstützung deutscher Interessen wirksam einzusetzen«[155].

Das Vorwalten ökonomischer Aspekte beim Aufbau der Bundeswehr wurde dadurch begünstigt, daß eine konkrete militärische

---

150 SP 3. 10. 56, S. 13.

151 WW, Jg. 2/1958, H. 12, S. 9; WW, Jg. 3/1959, H. 3, S. 31.

152 Strauß, F. J., »Finanzen, Rüstung und Wirtschaft«, in: Dräger, H./Heye, H./Sackmann, F. (Hrsg.), *Probleme der Verteidigung der Bundesrepublik. Ihre Betrachtung unter Berücksichtigung wirtschaftlicher und technischer Belange*, Berlin/Frankfurt 1959, S. 143.

153 Strauß, F. J., »Wirtschaft und Rüstung«, in: *Bulletin des Presse- und Informationsamtes der Bundesregierung*, 3. 12. 1959, S. 2286.

154 Bauer, *Einfuhr von Rüstungsgütern*, S. 71 ff.

155 Haftendorn, Helga, *Militärhilfe und Rüstungsexporte der BRD*, Düsseldorf 1971, S. 87.

Funktion der Bundeswehr im Atomzeitalter nur schwer vorstellbar war; dieses Dilemma ließ wirtschaftlichen Einflüssen weiten Raum, ähnlich wie einst die militärstrategische Funktionslosigkeit der wilhelminischen Flotte. Eine Publikation der CEPES, deren Vorstand Ludwig Erhard, Fritz Berg, Otto A. Friedrich und W. A. Menne angehörten, nahm die Rüstung ohne weiteres als Instrument einer antizyklischen Konjunkturpolitik in Anspruch; ja der Beschaffungsapparat der Bundeswehr sollte obendrein möglichst bis ins Detail Rücksicht auf die Privatwirtschaft nehmen; es sei »zu erwägen«, heißt es dort, »ob nicht der Beschaffung für Rüstungszwecke auch im Hinblick auf die gütermäßige Zusammensetzung eine größere Elastizität als früher gegeben werden kann, indem jeweils die Käufe dort und dann forciert bzw. begrenzt werden, wo oder wann die private Nachfrage gerade stärker bzw. schwächer ist (Berücksichtigung der Lage verschiedener Branchen im saisonalen Rhythmus)«[156]. Nebenbei wird durch solche Passagen dokumentiert, wie wenig man an eine akute Bedrohung durch die Sowjets glaubte; andernfalls hätte man der Bundeswehr nicht zur Auflage machen können, mit ihren Beschaffungen immer möglichst zu warten, bis der private Bedarf befriedigt sei.

Die wirtschaftliche Indienststellung der Rüstung folgte in Bonn einem in Washington bereits gegebenen Modell; der französische Militärpublizist (österreichisch-tschechischer Herkunft) Ferdinand Otto Miksche schrieb 1962: »Der Ursprung der häufigen strategischen New Looks, wie wir sie in der NATO bereits öfters erlebt haben, ist nicht nur auf pure Notwendigkeit, sich der politischen und technischen Entwicklung anzupassen, zurückzuführen, sondern ist auch geschäftlicher Art.« Die wachsende Macht der Wirtschaft, fügte er hinzu, schaffe »chaotische, oft sogar korrupte Verhältnisse« in der Wehrpolitik[157]. Vieles weist darauf hin, daß Ähnliches häufig auch für die Bonner Rüstungspolitik zutraf. Die heftige Reaktion des Verteidigungsministers auf den »Fallex 62«-Artikel des *Spiegel* verrät, daß das eigentliche »Geheimnis« der Bundeswehr ungeachtet der ehrgeizigen Rüstungsprogramme ihre mangelnde Kampfkraft war[158]. Es war das natürliche Ergebnis einer Lage, in

156 CEPES (Europ. Vereinigung f. wirtschaftl. und soziale Entwicklung, Dt. Gruppe) (Hrsg.), *Wirtschaftspolit. Grundsatzfragen beim Aufbau einer Rüstungswirtschaft der Bundesrepublik Deutschland*, Frankfurt 1957, S. 12.

157 WW, Jg. 6/1962, H. 3, S. III f., zit. n. Vilmar, *Rüstung und Abrüstung*, S. 298 f.

158 Vgl. dazu besonders: Kahn, *Die Russen kommen nicht. Fehlleistungen unserer Sicherheitspolitik*, München u. a. 1969, vor allem S. 15.

der ein konkreter und sinnvoller Kampfauftrag nicht zu formulieren war und in der überdies für die Wehrmacht qualifizierte Kräfte nicht leicht zu bekommen waren, in der andererseits an die Rüstung divergente ökonomische Wünsche herangetragen wurden. Die vom militärtechnischen Standpunkt aus groteske Nachlässigkeit bei der Beschaffung des Starfighters F-104 G und des Schützenpanzers HS 30 zeugt von der Dominanz des politisch-ökonomischen Aspektes: Hauptgesichtspunkt war die Ausbalancierung ausländischer und deutscher Wirtschaftsinteressen. Den Stempel solcher Interessen trägt überhaupt der erste »New Look« der Bundeswehr, die von Strauß seit dem Herbst 1956 vollzogene »Umrüstung« der Bundeswehr[159].

Zunächst und vor allem ging es dabei um einen akzeptablen Weg, von dem bis dahin angestrebten Ziel eines 500 000-Mann-Heeres Abstriche zu machen; die Reduzierung dieses hochgespannten Zieles war in der Wirtschaft wie in den von der Rekrutierung betroffenen Bevölkerungsschichten gleichermaßen populär. In den Plänen der Militärexperten war jedoch die Verringerung der Mannschaften mit einem weiteren, »positiven« Ziel verkoppelt: der erhöhten Technisierung der Bundeswehr im Hinblick auf die Erfordernisse eines Nuklearkrieges. Strauß war als bisheriger Bundesminister für Atomfragen zur Realisierung dieses Konzeptes prädestiniert. Die Umrüstung, die zunächst mit der niedrigeren Ansetzung der Mannschaftsstärke der verbreiteten Abneigung gegen den Wehrdienst entsprach, erhielt durch die nuklearstrategische Zielsetzung eine Kehrseite bedenklich aggressiver Art.

Die nuklearstrategische Umrüstung ist kaum direkt als Werk von pressure groups der deutschen Industrie anzusehen; weit stärker waren vermutlich US-amerikanische Einflüsse im Spiel. Ein kompaktes Luftfahrt-, Elektronik- oder Kernforschungsinteresse gab es ja damals in der deutschen Wirtschaft nicht, weil die entsprechenden Industriezweige noch unentwickelt waren. Eher war es so, daß das Verteidigungsministerium sich selbst zum Anwalt industrieller Interessen der Zukunft machte: dieses Motiv geht aus den Dokumenten deutlich hervor. Daraus ergibt sich zwar keine direkte Abhängigkeit der Rüstungspolitik von der Wirtschaft, aber doch eine Abhängigkeit im höheren Sinne: die Bedürfnisse der Wirtschaft – die aktuellen und die möglicherweise zu erwartenden – wurden als konkrete Sinngebung der immer monströser werdenden Rüstung gebraucht,

---

159 Brandt, *Rüstung und Wirtschaft*, S. 161 ff.

ähnlich wie die NS-Regierung einst die Konzerne zur Ausfüllung des »Großraums« brauchte. Der »Ernstfall« des neuen Konzeptes, der Nuklearkrieg, war aus bundesdeutscher Perspektive im Grunde überhaupt nicht ausdenkbar, da er mit großer Wahrscheinlichkeit die Vernichtung der BRD bedeutete; er war nicht wirklich einzuplanen, – er setzte der Rüstungspolitik keine konkreten Orientierungen. Nur der ökonomische Gewinn, der möglicherweise langfristig aus den technologischen Entwicklungsarbeiten des Rüstungssektors hervorgehen würde, machte die auf den Nuklearkrieg abgestellte Rüstung erträglich. Aber es wäre nicht richtig, die Orientierung an ökonomischen Interessen nur aus einem Dilemma des Verteidigungsministeriums abzuleiten: nicht notgedrungen folgte Franz-Josef Strauß den Interessen der deutschen Industrie, sondern er besaß offensichtlich den Ehrgeiz, in der Wirtschaft eine Rolle zu spielen und der Rüstung eine ökonomische Funktion zu geben.
Dieser Ehrgeiz ist bei dem umstrittensten aller Rüstungsprojekte, der Beschaffung des »Starfighter«, sehr deutlich. Der zweifelhafte militärische Wert des Starfighter ist seither durch die nicht endende Kette der Abstürze hinreichend erwiesen worden; aber der deutschen Industrie wurden damals erhebliche Gewinn-Spekulationen eröffnet, da die »Starfighter« größtenteils in der BRD in Lizenz gebaut werden sollten. *Wehr und Wirtschaft* schrieb im November 1958: »Die jetzt vorliegende Entscheidung des Ministers erschließt ... der deutschen Industrie einen Milliardenauftrag, auf den sie vor zwei Jahren noch kaum zu hoffen wagte.«[160] Außenpolitische Argumente, die dafür sprachen, das Jagdflugzeug in Zusammenarbeit mit der französischen Luftfahrtindustrie zu entwickeln und zu produzieren[161], wurden beiseitegeschoben; das Interesse der Industrie an deutsch-französischer Kooperation blieb, wie schon dargestellt, lange Zeit gering. Strauß selbst verteidigte das Starfighter-Projekt 1966 vor dem Bundestag damit, daß die Lizenzproduktion der »Rückkehr unseres Volkes zu einer wissenschaftlich-technischen Spitzenstellung in der modernen Industriewelt« gedient habe; »nur die eigene nationale Entwicklung« eines solchen Objektes gebe die »Basis dafür ..., daß man sich international eine Eintrittskarte verschaffen kann, mit der man wirklich gleichberechtigt drin sitzt und alles mitbekommt«[162]. Tatsächlich war die Entscheidung für den Starfighter

---

160 WW, Jg. 2/1958, H. 11, S. 29; WW, Jg. 11/1967, S. 203 f. (K. Fischer).
161 WW, Jg. 3/1959, H. 3, S. 32; Johannson, Kurt, *Vom Starfighter zum Phantom*, Frankfurt 1969, S. 55 f.
162 Johannson, *Starfighter*, S. 60 f.; Brandt, *Rüstung u. Wirtschaft*, S. 316 f.

seinerzeit offenbar wesentlich bestimmt worden von einer Fixiertheit auf den Superlativ an moderner Technik, – einer Einstellung, die ihrerseits dem Ehrgeiz entsprang, die deutsche »Weltstellung« wiederzuerlangen, koste es was es wolle.

Wenn also bei der nuklearstrategischen Umrüstung ökonomische Gesichtspunkte eine maßgebende Rolle spielten, so bedeutet das nicht, daß diese Wende der Rüstungspolitik dadurch in ihren Motiven und Zielen »harmlos« würde: die Symbiose großindustrieller Interessen und tendenziell aggressiver politischer Ambitionen besaß in Deutschland bereits Tradition. Mit der Umrüstung der Bundeswehr für den Atomkrieg bekam die Adenauersche »Politik der Stärke« für das In- und Ausland mehr als zuvor ein bedrohliches Gesicht. Erst die Öffnung der Archive wird ergeben, wieweit bei der Bundesregierung tatsächlich ein aggressives Kalkül vorlag; die damals jedoch in der Öffentlichkeit gängigen Perspektiven lassen sich an der großen Publizität eines William S. Schlamm ersehen, der dazu aufrief, die Sowjets mit atomarer Erpressung aus Osteuropa zu verdrängen, und – auf der Gegenseite – aus der mächtigen Kampagne gegen die atomare Rüstung. Die sowjetische Politik bekam hinreichenden Anlaß für einen härteren Kurs in der Deutschlandfrage. Es läßt sich kaum daran zweifeln, daß der »New Look« der westdeutschen Rüstungspolitik der Sicherheit der BRD keine guten Dienste leistete. F. O. Miksche schrieb schon 1957: wenn in diesen Tagen »so oft über einen atomaren Luftkrieg gesprochen« werde, so müsse doch bedacht werden, daß Westeuropa, indem es sich für einen solchen Krieg rüste, sich von vornherein auf ein Feld begebe, auf dem es »mehr zu verlieren als zu gewinnen« habe; denn eine wirkungsvolle Verteidigung Westeuropas in einem atomaren Luftkrieg sei nahezu unmöglich[163]. Aber der konsequente Aufbau einer »konventionellen« Verteidigungsmacht, deren sinnvoller Gebrauch allenfalls vorstellbar gewesen wäre, konnte den ökonomisch-technologischen Ehrgeiz nicht befriedigen. Wie schon bei der Kriegsflotte der wilhelminischen Ära und der Panzer- und Luftwaffe des NS-Reiches zeigte sich, daß die industriellen Interessen leichter mit offensiv-imperialistischen Ambitionen konvergieren – auch wenn diese Ambitionen keine reale Chance haben –, als mit den Erfordernissen einer sinnvollen Verteidigungs- und Sicherheitspolitik in Einklang zu bringen sind. Die Bundeswehr erhielt sinnlose Offensiv-Kapazitäten[164], ohne

---

163 In: *Außenpolitik*, Jg. 8/1957, S. 451.

164 Kahn, *Die Russen kommen nicht*, bes. S. 33; Johannson, *Vom Starfighter zum Phantom*, S. 17 f. über Umbau des Starfighters für Offensivzwecke.

die Sicherheit der Bevölkerung im Kriegsfall zu erhöhen. Die ökonomisch-technologischen Interessen wurden zur Basis für Konzeptionen, die in keinem Verhältnis zu der im allgemeinen recht vorsichtigen Politik der Bundesregierung standen.

Wie es vorherzusehen und von Strauß wohl auch geplant war, bekam der »New Look« der westdeutschen Rüstung seine Eigendynamik, indem er ein enges Netz von Querverbindungen zwischen Politik und Industrie herstellte, ähnlich wie es in Deutschland bis 1945 bestanden hatte. Die »prästabilierte Harmonie« zwischen Privatindustrie und Politik wurde mehr und mehr durch Elemente unmittelbarer Verflechtung ersetzt, zumal die Konzentration der Wirtschaft in der zweiten Hälfte der fünfziger Jahre wieder ihren früheren Grad in etwa erreichte, wenn nicht bereits überschritt.

Die Verhältnisse nach 1945 brachten es mit sich, daß die personelle Verflechtung zwischen dem Offiziersstand und dem Management der Wirtschaft noch enger wurde als zuvor: Hatten schon nach dem Ersten Weltkrieg viele Offiziere ein Unterkommen in der Wirtschaft suchen müssen, so hatte es diesmal über ein Jahrzehnt überhaupt keine deutsche Wehrmacht gegeben. Die Wirtschaft besaß gegenüber der Wehrmacht die Kontinuität, ja man kann sagen, daß sie nach 1945 die Erfahrungen und Qualifikationen der Wehrmacht in sich aufnahm und hinfort das einzige Feld blieb, auf dem deutscherseits globale Ambitionen verwirklicht werden konnten. Manfred Lesch (1970) kommt zu der Feststellung: »Daß zwischen militärischem und wirtschaftlichem Bereich verwandtschaftliche Beziehungen bestehen, erkannte man eigentlich so recht erst nach dem Zweiten Weltkrieg.«[165]

Aus der vorliegenden Untersuchung geht allerdings hervor, daß diese »Erkenntnis« schon einige Zeit vor 1945 populär wurde; in der Folgezeit konnte sie jedenfalls neue Früchte tragen und in das Exportgeschäft militärischen Elan hineinbringen. Daß die militärische Disziplin das beste Vorbild für die industrielle Disziplin sei, war unter Wirtschaftsführern nach wie vor eine gängige Ansicht, die von vornherein eine grundsätzlich positive Einstellung zur Wiederbewaffnung implizierte. Auf einer Tagung des RKW (Rationalisierungs-Kuratorium der deutschen Wirtschaft) um 1954 bemerkte ein Referent, die beste Fundgrube für Grundsätze moderner Betriebsführung sei die »alte Tante Frieda« (die Grundvorschriften für die Truppenführung, nach ihrer Abkürzung T. F. so benannt). »Die Versammlung, durch-

---

165 Lesch, Manfred, *Die Rolle der Offiziere in der deutschen Wirtschaft nach dem Ende des Zweiten Weltkrieges*, Berlin 1970 (Volkswirtschaftliche Schriften 139), S. 48.

weg Führungskräfte der Wirtschaft, bestätigte dies durch spontanen ... Beifall ...«[166]

Die personelle Verflechtung von Offizierskorps und Wirtschaft war und ist besonders eng auf dem Luftfahrtsektor. Die Deutsche Lufthansa beschäftigte Anfang 1967 etwa dreihundert ehemalige Offiziere[167]. Wie schon zu Görings Zeiten war die Luftwaffe zum Angelpunkt einer Verflechtung von Teilen des Staatsapparates mit der Industrie prädestiniert. Das heißt nicht, daß sich eine solche Entwicklung automatisch und ohne Widerstände vollzogen hätte: die Luftfahrtindustrie war zunächst politisch und ökonomisch relativ isoliert und noch keineswegs Zentrum eines mächtigen Interessenkomplexes. Der Deutsche Industrie- und Handelstag äußerte anfangs Bedenken gegen den Aufbau einer deutschen Luftfahrtindustrie[168], – Bedenken, die von dem Wirtschaftsminister Erhard geteilt wurden[169]. Der *Industriekurier* stand im Herbst 1956 der neuen Linie der Rüstungspolitik kritisch gegenüber[170] und zeigte sich bis weit in die sechziger Jahre hinein an der Rüstungswirtschaft im allgemeinen wie am Aufbau der Luftfahrtindustrie im besonderen nur wenig interessiert[171]. Als der Inspekteur der Luftwaffe, der Generalleutnant Panitzki, 1965 die Industrie mit ihren Fertigungsmängeln zu 50 % für die Starfighter-Abstürze verantwortlich machte, sprach *Wehr und Wirtschaft* von einem »Rufmord des ›made in Germany‹ aus dem Munde des nahezu ranghöchsten Offiziers der deutschen Bundeswehr« und ermahnte den BDI, dieser Vorwurf dürfe »nicht unwidersprochen« bleiben[172]; die Solidarität zwischen Luftwaffe und Industrie war also keineswegs perfekt. Als jedoch L. Bölkow, der Chef der gleichnamigen Flugzeugfirma, auf einer vom BDI veranstalteten Tagung am 7. November 1966 in Essen die Luftfahrtindustrie der Wirtschaft als »Zugpferd« anpries – als das notwendige »Zugpferd ..., das uns alle mitreißt, ... das extremste Forderungen an die zur Erfüllung der Aufgabe notwendigen Technologien stellt« –, bekam er, wie der Diskussionsleiter Prof. Kersten darauf bemerkte,

---

166 Lesch, *Die Rolle der Offiziere*, S. 116.

167 Lesch, *Die Rolle der Offiziere*, S. 119; *Die Zeit*, 5. 6. 70, S. 25 (Wolfgang Hoffmann, »Generale in privatem Sold. Die Wirtschaft nutzt immer häufiger die Verbindungen ehemaliger Offiziere«).

168 Brandt, *Rüstung und Wirtschaft*, S. 156 f.

169 WW, Jg. 3/1959, H. 3, S. 31.

170 IK 22. 9. 56, S. 1, zit. n. Brandt, *Rüstung u. Wirtschaft*, S. 191, Anm. 89; IK 1. 11. 56, S. 2.

171 Nur ganz gelegentlich erscheint etwa ein Artikel wie »Luftfahrtindustrie – Anfang vom Ende?«, IK 21. 2. 67, S. 3.

172 WW, Jg. 9/1965, S. 586.

einen »Sonderbeifall«, der zeigte, daß er vielen Teilnehmern »aus dem Herzen gesprochen« hatte[173]. Je mehr sich in den sechziger Jahren die Sorge verbreitete, die BRD könnte auf technologischem Gebiet hoffnungslos zurückbleiben, desto stärker rückten die »Zukunftsindustrien«, mit der Luft- und Raumfahrtindustrie an der Spitze, in den Mittelpunkt des Interesses. Der BDI veröffentlichte 1966 ein Memorandum über die »gesamtindustrielle Bedeutung der Luft- und Raumfahrttechnik«[174]. Die Denkschrift hebt vor allem die Leistungen der Elektroindustrie auf diesem neuen Sektor hervor und betont im übrigen den Wert der Raumfahrt namentlich für die chemische Industrie: diese beiden Industriezweige, die in wilhelminischer Zeit die Fronde gegen die Dominanz der Schwerindustrie anführten, erstellten nunmehr die Hauptpfeiler der industriellen Gruppierung um die Rüstung, während die Schwerindustrie als Rüstungslieferant erheblich zurückgefallen war. Ob, gesamtwirtschaftlich gesehen, die Ausstrahlungen der Militär- und Raumfahrttechnologie wirklich in einem Verhältnis zum Aufwand standen, läßt sich schwer nachrechnen; sogar quantifizierende Untersuchungen greifen bei der Beantwortung dieser Frage zu emotional gefärbten Zitaten aus der Feder von Autoren, die mit dem Rüstungs- und Raumfahrtkomplex interessenmäßig verbunden sind[175]. Und auch wenn die Ausstrahlungen auf die Gesamtwirtschaft in angemessenem Umfange vorhanden wären, wäre noch längst nicht der Beweis erbracht, daß diese Errungenschaften nur als Nebenprodukte der Rüstungs- und Raumfahrtentwicklung zu erlangen sind[176]. Aber die Erkenntnis verbreitete sich, daß ein ausreichender technologischer Fortschritt durch die spontane Motorik der Privatwirtschaft nicht mehr gewährleistet wurde; in dieser Situation fungierte die Rüstung als Lückenbüßer. »In der Luftfahrt muß man das Geld zum Fenster hinauswerfen, wenn es zur Tür wieder in doppeltem Umfang hereinkommen soil«, hieß es in einem Leserbrief, den *Wehr und Wirtschaft* 1960 abdruckte[177]. Aber es erforderte besondere Anstrengungen, um für

---

173 *Industrieforschung*, S. 38.

174 *Industrieforschung*, Anhang.

175 Vgl. Regling, *Militärausgaben und wirtschaftliche Entwicklung. Dargestellt unter besonderer Berücksichtigung der Verhältnisse in der BRD seit 1955*, Hamburg 1970 (Veröff. des HWWA-Instituts f. Wirtschaftsforschung), S. 161 ff.

176 Auf die Entwicklung der wirtschaftlichen Nutzung der Kernenergie in der Bundesrepublik hat es sich, langfristig gesehen, offenbar durchaus nicht ungünstig ausgewirkt, daß sie – anders als in England und Frankreich – von der Rüstung keine oder nur versteckte Impulse bekam. Vgl. dazu: *Atomwirtschaft*, Jg. 9/1964, S. 189 »Bremst Atomrüstung Zivilprogramm?« (Bericht über einen Artikel des französischen »Express«)

177 WW, Jg. 4/1960, H. 7, S. 15.

eine solche organisierte Verschwendung die Atmosphäre zu bereiten. »Nur eine starke Persönlichkeit«, schrieb Kurt W. Streit in *Wehr und Wirtschaft*, »wird ... in der Lage sein, die Kräftekonzentration innerhalb der Luftfahrtindustrie der Bundesrepublik zu realisieren.«[178] Es läßt sich erkennen, welche Chance die Erfordernisse der modernen Rüstungswirtschaft einem Franz Josef Strauß boten. Die Sonderstellung dieses Mannes in der bundesdeutschen Politik muß wesentlich »funktional« erklärt werden: Strauß, der die »Ehe zwischen Wehrwesen und Naturwissenschaft« propagierte[179], aber zugleich in Bayern über eine stabile konservative Massenbasis verfügte, war in der Lage, eine politisch relevante Vermittlung zwischen den soziopolitischen Hilfstruppen der Industrie und dem technischen Fortschritt zu erstellen. Diese Mittlerposition weist funktionale Analogien zu der einstigen Stellung Görings auf (vgl. Kapitel 1.4), und ähnlich wie dieser konnte Strauß sich in ungewöhnlichem Maße über anerkannte Normen hinwegsetzen, ohne seine Position auf die Dauer ernstlich zu gefährden. Erneut zeigte sich, daß die besonderen Bedingungen einer rechtsgerichteten Sammlung, die zugleich den Anschluß an den technischen Fortschritt nicht verpassen will, unkontrollierte Freiräume für einen ehrgeizigen Machtpolitiker schaffen.

Der Umfang der westdeutschen Rüstungsproduktion war bisher in seinem Verhältnis zum Gesamtprodukt der Wirtschaft nicht groß genug, um die Grundlage für einen dem der USA vergleichbaren »Militär-Industrie-Komplex« zu erstellen. Auf der regionalen Ebene Bayerns dagegen ist ein solcher »Komplex« offenbar zustande gekommen, – eine Entwicklung, die den zähen Regionalismus Bayerns neu stabilisiert hat, aber auch ihrerseits durch die spezifischen Bedingungen Bayerns stabilisiert wurde. Bayern, traditionell eines der rückständigsten Gebiete Deutschlands, erlangte nach 1945 unter dem liberalen Regime der Amerikaner und des damals bayerischen Wirtschaftsministers Ludwig Erhard sogleich einen relativen Vorsprung; in den fünfziger Jahren hatte es – gemessen an der wachsenden Anzahl der Industriebeschäftigten – das relativ stärkste industrielle Wachstum von allen Bundesländern zu verzeichnen[180]. 1960 gingen, einer späteren Berechnung zufolge, 22,6 % aller bundesdeutschen Rüstungsaufträge nach München, während die Stadt nur 2 % der bundes-

---

178 Ebd., S. 16.

179 Strauß, F. J., *Herausforderung und Antwort. Ein Programm für Europa*, Stuttgart 1968, S. 180.

180 Vgl. die Statistiken in: König, *Wandlungen der Wirtschaftsstruktur*, S. 374 f. (Norbert Kloten).

deutschen Bevölkerung umfaßte; damit stand München rüstungswirtschaftlich mit Abstand an der Spitze aller westdeutschen Rüstungsräume[181]. Gegenwärtig haben von den drei führenden Konzernen der westdeutschen Flugzeugproduktion – VFW-Vokker (Bremen), Messerschmitt-Bölkow-Blohm (MBB) und Dornier – die beiden letztgenannten ihren Sitz in München (Dornier außerdem in Friedrichshafen). Der MBB-Konzern entstand 1968 auf Drängen der Bundesregierung und unter Beteiligung der bayerischen Landesanstalt für Aufbaufinanzierung[182]. An der Lizenzherstellung der Starfighter-Triebwerke waren auf deutscher Seite die Bayerischen Motoren-Werke (BMW) und die Turbo-Motoren GmbH der Maschinenfabrik Augsburg-Nürnberg (MAN) beteiligt[183]. Im Gefolge dieses Großauftrages fand zwischen den zur Quandt-Gruppe gehörenden BMW und der zum Haniel-Konzern (Gutehoffnungshütte) gehörigen MAN auf dem Triebwerksektor eine Verflechtung statt[184]. Die Krauss-Maffei AG in München-Allach, seit 1956 über die Buderusschen Eisenwerke in Wetzlar dem Flick-Konzern eingegliedert, bekam 1963 den Bau des Kampfpanzers »Leopard« in Auftrag und übernahm damit »das erfolgreichste Rüstungsprogramm der Bundesrepublik«, das wesentlich zur Wiederbelebung des deutschen Rüstungsexportes beitrug[185]. Der Diehl-Konzern, der seinen Sitz in Nürnberg hat, wurde einer der Hauptproduzenten von Munition, Waffen und Panzerketten[186]. Die der Quandt-Gruppe angehörenden Industriewerke Karlsruhe Augsburg (IWKA), der die Mauser-Werke in Oberndorf am Neckar eingegliedert wurden, entwickelten die »Wehrtechnik« zu ihrem »umsatzstärkste(n) Unternehmensbereich«[187]. Auch das Ulmer Werk der AEG-Telefunken erzielt mittlerweile die Hälfte seines

---

181 Zimmermann, Horst/Klingemann, Hans D., »Der Einfluß der Verteidigungskäufe auf die Regionalstruktur in der BRD«, in: *Raumforschung und Raumordnung*, Jg. 25/1967, H. 2, S. 56.

182 WW, Jg. 12/1968, S. 316; Mechtersheimer, Alfred, »Der militärisch-industrielle Komplex in den USA und in der BRD«, in: *aus politik und zeitgeschichte*, 10. 7. 1971, S. 15 f.

183 Johannson, *Vom Starfighter zum Phantom*, S. 28.

184 WW, Jg. 9/1965, S. 275; über »die von den Rüstungsaufträgen ausgehenden Fusionsimpulse« vgl. Mechtersheimer, *Der militärisch-industrielle Komplex*, S. 20 f.; während H.-G. Jäger, *Wirtschaftliche Auswirkungen der Verteidigungsausgaben. Ein Problembeitrag am Beispiel der Bundesrepublik Deutschland, der Vereinigten Staaten von Amerika und Großbritannien*, Diss. Darmstadt 1967, S. 156 noch gegen die Förderung der mittelständischen Industrie durch Rüstungsaufträge polemisiert!

185 WW, Jg. 12/1968, S. 16 und 371.

186 SP 3. 7. 72, S. 36; Mechtersheimer, *Der militärisch-industrielle Komplex*, S. 22.

187 SP 3. 7. 72, S. 30 und 36.

Umsatzes auf dem Rüstungssektor[188]. Die Vereinigten Aluminiumwerke (VAW) nahmen den bayerischen Finanzminister Otto Schedl in ihren Aufsichtsrat[189].

Die durch die Aufrüstung vorangetriebene Neuformierung der Großindustrie rundet sich zum politisch-industriellen Komplex ab, wenn man die Querverbindungen zwischen CSU und Großindustrie hinzunimmt; der Dichtegrad der Interdependenzen ist in München deutlich höher als in Bonn. Strauß wurde Aufsichtsratsvorsitzender der »Deutschen Airbus GmbH«, der lukrativen Tochterfirma von MBB[190]. Sehr eng gestalteten sich auch die Beziehungen der CSU zum Flick-Konzern. Im Dezember 1951 hatte das Land Bayern 26 % von Flicks oberpfälzischer Maximilianhütte gekauft und die »Maxhütte« dafür der alliierten Entflechtung entzogen[191]. Flicks Generalbevollmächtigter (seit 1960) Wolfgang Pohle, der aus dem Mannesmann-Konzern kam und Flick in Nürnberg verteidigt hatte, wurde Schatzmeister der CSU[192]. Der ehemalige Strauß-Berater Klaus Bloemer, zwischen dem und Pohle es 1968 zu einem handgreiflichen Zusammenstoß kam[193], machte in der Folgezeit Enthüllungen über »die pilzartig in deutschen Landen gestreuten Freundeskreise« der CSU. Diese »Freundeskreise« reichen über Bayern weit hinaus; auch der Hamburger Pressemagnat Axel Cäsar Springer wird ihnen von

---

188 *Die Zeit*, 8. 6. 73, S. 33.

189 Schmid, Fred, *Der Militär-Industrie-Komplex*, Frankfurt 1972 (Marxistische Taschenbücher 41), S. 160. Der Siemens-Konzern verlagerte seit den fünfziger Jahren seine Zentrale von Berlin nach München und Erlangen. Aber nicht nur ein Schwerpunkt der Elektro- bzw. Elektronik-Branche zeichnete sich in Bayern ab, sondern auch ein wachsender Chemie-Öl-Komplex, seitdem auf Initiative des bayerischen Wirtschaftsministers Schedl bei Ingolstadt ein Raffineriezentrum entstand: gerade daraus ergab sich ein deutlicher Antagonismus Bayerns zu den Interessen der Ruhr. Vgl. Bößenecker, H., *Bayern, Bosse und Bilanzen*, München 1972, S. 34 ff.; Wörl, Volker, »Mineralöl und Großchemie haben sich vermählt«, *Süddt. Zeitung*, 10. 1. 74, Beilage S. 12. Wie Mintzel bemerkt (»CSU in Bayern«, S. 358), vollzog sich »in auffälliger Parallelität zu strukturellen Wandlungsprozessen in der bayerischen Wirtschaft« auch ein Umwandlungsprozeß innerhalb der CSU: eine Umgestaltung »zu einer Massen- und Apparatpartei modernen Typs«. Diese Umorganisation, die die CSU von der CDU unterschied, war wesentlich eine Geldfrage: vgl. Mintzel, S. 366.

190 SP 6. 11. 72, S. 41.

191 Ogger, *Flick*, S. 259 f.; es war offenbar von Bedeutung, daß in Bayern die merkantilistischen Traditionen niemals ganz abgerissen waren: vgl. Bößenecker, *Bayern, Bosse und Bilanzen*, bes. S. 17 (»Die enge Verquickung von Politik und Wirtschaft ist bezeichnend für die bayerische Ökonomie.«); Winschuh, *Unternehmerbild*, S. 221.

192 Ogger, *Flick*, S. 348 f.; SP 6. 9. 71, S. 26.

193 SP 30. 9. 68, S. 68/70.

Bloemer zugerechnet[194]. Wie schon bei der rechtsgerichteten »Sammlung« kurz vor 1933 ist es zweifelhaft, ob es in der Industrie eine ähnlich massive Gegenformation überhaupt gibt. Selbst »Teile der stahlverarbeitenden Industrie an Rhein und Ruhr« werden von Bloemer dem CSU-Komplex zugeordnet; dabei wurde die traditionelle Position der Ruhr von dem süddeutschen Rüstungskomplex am stärksten betroffen. Die Ruhrindustrie erhielt um 1960 nur ein Zwanzigstel der deutschen Rüstungsaufträge[195]! Zwar produziert Krupp inzwischen, allen gegenteiligen Ankündigungen zum Trotz, doch wieder Waffen; aber von der früheren Position der Ruhr auf dem Rüstungssektor sind nur noch Bruchstücke erhalten. Ernst Wolf Mommsen, der ehemalige Generaldirektor der Thyssen-Röhrenwerke, der 1970 von dem Sozialdemokraten Helmut Schmidt als Staatssekretär in das Verteidigungsministerium geholt wurde, klagte Anfang 1973, als Krauss-Maffei zusätzlich zu dem »Leopard«-Geschäft noch einen Zwei-Milliarden-Auftrag für die Produktion eines neuen deutschen Flakpanzers erhalten hatte und der Kruppschen Tochterfirma Maschinenbau Kiel nur die Aussicht auf Unterbeteiligung blieb: »Der Norden und das Revier werden mehr und mehr zum Produktionsfaktor degradiert.«[196] Der Beschaffungsapparat der Bundeswehr war in seinen industriellen Verflechtungen längst unabhängig von der Spitze des Verteidigungsministeriums geworden: als 1963 der »Leopard«-Auftrag an Krauss-Maffei ging – eine Firma, die an der Entwicklung des Panzers nicht mitgewirkt hatte[197] –, war schon nicht mehr Strauß Verteidigungsminister, sondern Kai-Uwe von Hassel, der vormalige Ministerpräsident von Schleswig-Holstein.

Die vor allem auf die CSU konzentrierte industrielle Formation erhielt ihren eigentlichen Auftrieb wohl erst in den sechziger Jahren, als einerseits der Rüstungsetat von 10 auf 20 Milliarden DM jährlich anstieg, andererseits die CDU/CSU-Regierung in Bonn während

---

194 *Vorwärts*, 26. 3. 70, S. 4 (»Wie die CDU gehärtet wird«); 23. 10. 69, S. 1 (»Hinter Strauß ein Kreis«): Bloemer: »Den entscheidenden Einfluß auf die Politik von Strauß . . . dürfte sein Freundeskreis nehmen, der sich so zusammensetzt: erstens Exponenten der Export- und Wachstumsindustrien . . . Diese Gruppe reicht von Flick über Quandt, Bölkow/Messerschmitt und Siemens und schließt Teile der stahlverarbeitenden Industrie an Rhein und Ruhr sowie der Großchemie ein. Dazu kämen entsprechende Bankverbindungen und nicht zuletzt . . . Axel Caesar Springer.«

195 Zimmermann/Klingemann, *Einfluß der Verteidigungskäufe . . .*, S. 55.

196 *Die Zeit*, 16. 2. 73, S. 37 (Hoffmann, W., »Ein Sieg für Flick«); vgl. auch E. W. Mommsens Kritik an der Förderung der Luftfahrtindustrie: *Die Zeit*, 28. 9. 73, S. 47.

197 WW, Jg. 8/1964, H. 6, R. D. II.

der letzten Jahre Adenauers und der Kanzlerschaft Erhards sichtlich geschwächt, dann durch die Große Koalition reduziert und im Herbst 1969 schließlich durch die sozialliberale Koalition abgelöst wurde. Erst unter diesen Umständen gewann diese Formation den Charakter einer »Sammlung« inmitten einer in Auflösung begriffenen gesamtbürgerlichen Allianz; die Möglichkeit einer Fronde war gegeben, wenn man auch die Beziehungen zu der jeweiligen Bonner Regierung keineswegs abreißen ließ. Mit dem »deutschen Gaullismus« zeichnete sich eine außenpolitische Profilierung dieser Formation ab; der Widerstand gegen die hohen Rüstungsimporte aus den USA wurde immer stärker, während in Bonn die Regierung Erhard den Amerikanern gegenüber größte Nachgiebigkeit zeigte, – eine »geradezu selbstmörderische Nachgiebigkeit«, wie *Wehr und Wirtschaft* 1965 wetterte[198]. Die Zeitschrift steigerte sich bis zu beleidigenden Angriffen auf den Verteidigungsminister v. Hassel[199] und empfahl gelegentlich sogar eine Bilaterialisierung der deutschen Handelsbeziehungen auf dem Rüstungssektor: »Warum wird nicht nach dem Grundsatz gehandelt, daß nur so viel in einem anderen Lande an Rüstungsgütern bestellt wird, wie dieses Land bereit ist umgekehrt bei uns zu kaufen?«[200] Selbstverständlich hätte sich ein solcher Grundsatz, auf den gesamten Außenhandel angewandt, für die deutschen Exporte verheerend auswirken müssen.
Insgesamt hatte der »deutsche Gaullismus« ein stark irrationales Moment und war geeignet, die bundesdeutschen Beziehungen sowohl zu den USA als auch zur Sowjetunion zu verschlechtern, ohne mit dem gaullistischen Frankreich eine tiefergehende Verständigungsbasis zu finden. Umrißhaft waren in diesem Interessenkomplex wieder die meisten Momente früherer »Sammlungen« vereint: das Zusammengehen von Rüstungsindustrie, Großagrariern (vgl. in Bayern den Freiherrn zu Guttenberg, die Fürsten Thurn und Taxis und den Bankier August von Finck) und politisch rückständigen Bevölkerungsteilen unter Parolen eines ehrgeizigen Illusionismus.
Andererseits trug diese dezidiert rechtsgerichtete Sammlung selbst zum Zerfall der sehr viel breiter angelegten Sammlung[201] der fünf-

198 WW, Jg. 9/1965, S. 176; vgl. auch WW, Jg 11/1967, S. 203; Karl Fischer, (ehemaliger Min.-Dir. im Bundesverteidigungsmin., Leiter der dortigen Abt. Technik): »In einer Welt, in der trotz vieler politischer Bündnisse die Bündnispartner zugleich auch wirtschaftlich schärfste Konkurrenten sind, haben wir zunächst einmal unsere nationalen Interessen wahrzunehmen.«
199 WW, Jg. 11/1967, S. 202.
200 WW, Jg. 8/1964, H. 7, R. D. I.
201 Im Anschluß und in Kritik an Stegmann empfiehlt Volker R. Berghahn (NPL,

ziger Jahre bei. Spätestens seit der *Spiegel*-Affäre im Herbst 1962 wurde Strauß für weite Teile der deutschen Bevölkerung zu einem Negativ-Symbol. Die CDU/CSU, die anfangs in mancher Beziehung »moderner« als die SPD gewesen war, drohte diesen Vorsprung durch das um die CSU aufgebaute Gravitationszentrum zunehmend zu verlieren und zu einer unverhohlenen Rechtspartei zu werden. In den sechziger Jahren war die Lage nicht mehr so, daß eine »Sammlung« alten Stils zum Angelpunkt aller Macht werden konnte[202].

Jg. 1971, S. 499 f.), zwischen einer »kleinen« und einer »großen« Sammlung zu unterscheiden, wobei die »große« den Einschluß des Zentrums meint und auf diese Weise nicht nur eine Assonanz, sondern auch eine Verwandtschaft mit dem alten »großdeutschen« Konzept und seiner stärkeren Gewichtung des katholischen Deutschtums aufweist. Eine solche Terminologie hätte manche Vorzüge bei der Beschreibung der dominanten Formationen nicht nur zu Bülows, sondern auch zu Adenauers Zeiten. In der vorliegenden Untersuchung wird der Begriff *Sammlung* jedoch, sofern nicht – wie hier – ausdrücklich anders vermerkt, ähnlich wie bei Stegmann als Terminus für die ökonomisch gewichtige Allianz von Agrariern und Schwer- bzw. rüstungsinteressierter Industrie verwendet.

202 Von Mintzel, »Die CSU in Bayern«, S. 353 ff., werden »Mutmaßungen, die CSU könnte nicht nur ihrem politischen Anspruch nach, sondern auch organisatorisch ihre bayerische Legitimationsbasis überschreiten und sich bundesweit konstituieren«, ausführlich als »unhaltbare Spekulation« nachgewiesen.

7. Forcierter Expansionismus und erneute Krisenzeichen – Rückgang der staatlichen Kontrolle über die Wirtschaft und Wiederkehr alter Gefahrenpotentiale

Schon während der fünziger Jahre wurde in Industrie und Bankwesen der Vorkriegsstand der Konzentration im wesentlichen wieder erreicht, wenn auch die Konzerngiganten der IG-Farbenindustrie und der Vereinigten Stahlwerke in der alten Form nicht wiedererstanden. Bereits 1952 ging im Ruhrgebiet »das Schlagwort um, aus der Entflechtung der Stahlkonzerne seien ja doch wieder die alten Gebilde herausgekommen«; die Entflechtung erschien vielen als »ein fast harmloser Schildbürgerstreich«, wie der *Industriekurier*, nicht ohne Mißbilligung über diesen raschen Optimismus, bemerkte[1]. Der Gründer der Arbeitsgemeinschaft selbständiger Unternehmer, der Bocholter Fabrikant Alfred Flender, raffte sich 1958 zu einem massiven und aufsehenerregenden Angriff gegen die Konzerne auf: während einer ASU-Tagung in Wiesbaden erklärte er, in weiten Bereichen der Industrie gebe es keinen echten Wettbewerb mehr, sondern dort herrsche »Konzernautarkie«. Jetzt seien auch »bestimmte Spezialfertigungen, die bis vor kurzem noch eine Domäne der Mittelbetriebe waren, von den großen Konzernen annektiert worden«[2]. Die Klagen der ASU fanden damals rasch eine weite Resonanz[3]. 1959 brachte die ASU eine entsprechende Denkschrift heraus, die dazu beitrug, daß am 9. November 1960 im Bundestag durch einstimmigen Beschluß eine »Konzentrations-Enquete« eingeleitet wurde[4]. Ein kurz darauf erschienenes Buch feiert diesen Beschluß voreilig als eine »Absage an das Marxsche ›Gesetz der Konzentration‹«[5]; in Wirklichkeit war das, was man in den fünfziger Jahren in der Bundesrepublik an Konzentrationsvorgängen erlebt hatte, nur ein Vorgeschmack dessen, was noch kommen sollte.

1 IK 10. 7. 52, S. 2.
2 SP 16. 7. 58, S. 22 ff.
3 IK 30. 10. 58, S. 3.
4 Schneider, *Interessenverbände*, S. 35.
5 Mötteli, Carlo, *Licht und Schatten der sozialen Marktwirtschaft. Leitbild und Wirklichkeit der Bundesrepublik Deutschland*, Erlenbach/Stuttgart 1961, S. 232.

Bereits die Zeit um 1958 stellt in mehrfacher Hinsicht eine Zäsur dar. Mit den damals von der Kohle ausstrahlenden Krisenerscheinungen meldeten sich nach einem Jahrzehnt steilen Wirtschaftswachstums wieder die zyklischen Konjunkturbewegungen an; außerdem ging die mehr als ein Jahrhundert umfassende Periode zu Ende, in der die Ruhrkohle die wertvollste Basis der deutschen Wirtschaft gewesen war. Zugleich aber wurden neue Signale der Expansion gesetzt. 1957 wurde mit der Gründung der EWG den Konzernen erneut jener Großraum in Aussicht gestellt, nach dem sie immer wieder verlangt hatten, während sich in der Klein- und Mittelindustrie resignative Stimmungen ausbreiteten; durch die seit dem Herbst 1956 eingeleitete Umrüstung der Bundeswehr wurde deutlich, daß vor allem die hochtechnisierten und innovationsfähigen Industrien von den Rüstungsmilliarden profitieren würden. Im November 1956 wurde mit dem »Gesetz über die Umwandlung von Kapitalgesellschaften und bergrechtlichen Gesellschaften« die Rückverflechtung weiter erleichtert; die Neugründung der Deutschen und der Dresdner Bank im Jahre 1957 stellte den kulminierenden Abschluß der Rekonzentration dar. Im gleichen Jahr wurde die Bank deutscher Länder zur Deutschen Bundesbank, und an ihre Spitze trat zu Jahresbeginn 1958 mit Karl Blessing ein Wirtschaftsführer aus der »Großraum«-Zeit vor 1945; Blessing war 1934 mit Schacht in die Leitung der Reichsbank eingetreten, 1939 nach Schachts Rücktritt in die Dienste des Unilever-Konzerns gegangen und 1941 stellvertretender Vorsitzender der Kontinentalen Öl AG geworden. Mehr als sein Vorgänger im Bundesbank-Präsidium, Wilhelm Vocke, der Bundesgenosse des harten Restriktionspolitikers Fritz Schäffer, war er zum Mitspieler bei der Wirtschaftsexpansion prädestiniert.
»Die Ära Blessing«, schrieb rückblickend der *Industriekurier* 1965, »ist gekennzeichnet durch den Übergang der D-Mark zur Konvertibilität und damit zur Einbeziehung der deutschen Währungspolitik in einen weltweiten Integrationsprozeß.«[6] Wie heute überdeutlich geworden ist, läßt sich der zweite Teil dieses Satzes nur als floskelhafte Verhüllung einer in Wirklichkeit krisenbedrohten Entwicklung ansehen. Mehr als alle anderen Vorgänge jener Jahre veränderte der Ende 1958 vollzogene Übergang zur unbeschränkten, auch auf den Kapitalverkehr ausgedehnten Konvertibilität die Grundlagen der westdeutschen Wirtschaft, wenn sich die Folgen in aller Krassheit auch erst in der internationalen Währungskrise Anfang der siebziger

6 IK 4. 2. 65, S. 3.

Jahre zeigten. Da die deutsche Industrie nunmehr unbegrenzt auf ausländisches Kapital zurückgreifen konnte, mußten die Kreditbremsen der Bundesbank versagen, wenn ausländisches Kapital reichlich zur Verfügung stand; und eben dies war der Fall, da seit dem Ende der fünfziger Jahre das Interesse des US-Kapitals an der Bundesrepublik sprunghaft anstieg. Noch 1959 klagte William S. Schlamm, der Verfechter eines aggressiven deutsch-amerikanischen Zusammengehens, die »amerikanischen Privatinvestitionen in Deutschland« hielten sich »auf einem unwahrscheinlich niedrigen Niveau«[7]; aber in dem folgenden Jahr schwollen die US-Investitionen in der Bundesrepublik von 795 auf 1006 Millionen Dollar an und wuchsen in der Folgezeit sogar um durchschnittlich etwa 300 Millionen Dollar im Jahr[8].

Hjalmar Schacht warf seinem einstigen Mitarbeiter Blessing übertriebene Rücksichtnahme auf das Ausland vor; er mißbilligte die Argumentation der Bundesbank in ihrem Geschäftsbericht von 1960, daß bei der Abwehr ausländischer Gelder auf weitergehende Eingriffe habe verzichtet werden müssen, da »ein solcher Eingriff einen zu großen Rückschritt in der auf zunehmende Integration ausgerichteten Außenwirtschaftspolitik der Bundesrepublik bedeutet hätte«[9]. Aber in der deutschen Industrie und Finanz fehlte es nicht an Nutznießern dieser Politik, die als Rücksichtnahme auf die Erfordernisse der »Integration« gerechtfertigt wurde. An erster Stelle ist an die soeben rückverflochtenen Großbanken zu denken; 1959/60 waren die Kreditbanken erstmalig in der Lage, Restriktionen der Bundesbank »eindeutig« zu durchkreuzen[10], während die Bank deutscher Länder ehedem den Geschäftsbanken gegenüber eine Autorität besessen hatte, die ausländische Beobachter überraschte[11]. Stucken urteilt 1963, seit 1959 habe man es – »im Gegensatz zu den ersten elf Jahren nach der Währungsreform« – »mit einer Zeitspanne der Irrungen und Wirrungen zu tun, in der von einer Meisterung der auftretenden Probleme ganz und gar nicht die Rede sein kann«[12]. Dabei wirkt aus heutiger Sicht die Wirtschaftsentwicklung jener Jahre noch relativ

---

7 Schlamm, William S., *Die Grenzen des Wunders. Ein Bericht über Deutschland*, Zürich 1959, S. 32.
8 Standke, *Amerikan. Investitionspolitik*, S. 15.
9 Schacht, *Politik der Dt. Bundesbank*, S. 47.
10 Stucken, *Dt. Geld- und Kreditpolitik*, S. 279. Ebenso Ernst Dürr, »Gelungene Durchkreuzung der restriktiven Geldpolitik«, in: Dieter Duwendag (Hrsg.), *Macht und Ohnmacht der Bundesbank*, Frankfurt 1973, S. 84 ff.
11 Wallich, *Triebkräfte des dt. Wiederaufstiegs*, S. 139.
12 Stucken, *Dt. Geld- und Kreditpolitik*, S. 273, vgl. auch S. 265 f.

gezügelt; die Unkontrollierbarkeit der ökonomischen Dynamik zeigte sich erst in Anfängen. Seither ist die Hilflosigkeit der Wirtschaftspolitiker gegenüber Banken und Großindustrie im ganzen sichtlich gewachsen; der Übergang von der Ära Erhard zur Ära Schiller verdeutlicht, daß eine Kontrolle der Konjunktur allenfalls aus einer Zusammenarbeit mit den führenden Wirtschaftsmächten zu erhoffen war.

Das politische Eigengewicht der Großindustrie nahm in den sechziger Jahren deutlichere Formen an: das äußerte sich sowohl in der Fähigkeit zur Kooperation mit der Regierung auf gleicher Ebene[13] als auch in der Fähigkeit zur scharfen Konfrontation mit der Regierung. Die Kampagne, die von industrieller Seite gegen die DM-Aufwertung im Frühjahr 1961 geführt wurde, wurde sogar von Röpke als nahezu »terroristisch« bezeichnet[14]. Weit stärker als frühere Zollkämpfe hatte der Kampf gegen Markaufwertungen in der Industrie eine integrative Wirkung; denn er vereinte ehemalige Freihandels- und ehemalige Schutzzoll-Interessenten, da die Unterbewertung der Mark sowohl den Export fördert als auch den Import hemmt.

In der Endphase der Regierung Adenauer kam es über dem auf Druck der USA gegen die Sowjetunion verhängten Röhrenembargo zu einem Aufstand führender Konzerne der Schwerindustrie gegen die Bundesregierung, wie er in den fünfziger Jahren kaum vorstellbar gewesen wäre. Dieser Konflikt markiert das erhöhte Selbstbewußtsein der Industrie sowohl gegenüber der CDU und der Bonner Regierung als auch gegenüber dem US-amerikanischen Verbündeten. Der *Industriekurier* reagierte mit sarkastischer Schärfe auf das Röhrenembargo; das Verhältnis der Industrie zur Bundesregierung, »die Unternehmen ... zum Vertragsbruch zwing(e)«, sei »empfindlich gestört« worden, schrieb das Industrieblatt, aber dies sei nur »ein neues Kapitel in der Chronique Scandaleuse, an der die Bundesregierung in diesen Jahren schreibt«[15]. Die Ruhrkonzerne fanden mit ihrem Widerstand gegen das Röhrenembargo die Unterstützung der SPD und FDP; nur durch Auszug aus dem Bundestag konnte die CDU einen Parlamentsbeschluß verhindern, der die von der Regie-

---

13 Zugleich sank offenbar das Interesse der Wirtschaftsführer am Parlament (eine vergleichbare Entwicklung gab es schon während der Weimarer Republik); vgl. *Spiegel*-Interview mit Abs, SP 6. 1. 69, S. 37 ff. (*Spiegel*: »Im ersten Bundestag saßen bekannte Unternehmer, im zweiten Vorstandsmitglieder, im dritten Direktoren. Heute haben wir fast nur Prokuristen.«)

14 Boarman, Patrick M., *Germany's Economic Dilemma. Inflation and the Balance of Payments*, New Haven/London 1964, S. 289.

15 IK 21. 3. 63, S. 1.

rung erlassene Embargo-Bestimmung aufhob[16]. Erstmalig begann sich deutlich eine Kooperationsweise zwischen der Großindustrie und einer SPD-FDP-Koalition abzuzeichnen, – ein Faktor, der das politische Eigengewicht der Industrie wesentlich erhöhen mußte. Es war wohl nicht zuletzt diese Situation, die es nunmehr der Wirtschaft ermöglichte, auch innerhalb der CDU ihre Macht fester und direkter zu etablieren. Am 9. Dezember 1963 wurde von etwa 150 Vertretern der Privatwirtschaft der »Wirtschaftsrat der CDU e. V.« gegründet. Ob dabei die Initiative von bestimmten großindustriellen Gruppen ausging, ist bisher nicht durchsichtig; aufschlußreich über den historischen Stellenwert des Wirtschaftsrates ist immerhin der Zeitpunkt seiner Installierung: wenige Monate nach dem Ende der Ära Adenauer und der Sammlung der »gaullistischen« Fronde unter der Führung von Strauß, der seit Ende 1962 durch die Spiegel-Affäre seinen politischen Tiefpunkt erreicht hatte. Klaus Scheufelen, der Vorsitzende des Gründungskreises des Wirtschaftsrates, motivierte diese Neugründung mit dem Hinweis auf aktuelle Wandlungen der CDU[17].

Unter der Kanzlerschaft des Kartellgegners Erhard ging 1964 eine Novelle zum Kartellgesetz durch den Bundestag; anders als bei dem jahrelang umkämpften Kartellgesetz von 1957 wurde jetzt dem Bundeskartellamt die Befugnis zu direkten Sanktionen übertragen. Ein Beobachter dieser Vorgänge glaubte, einen epochalen »Wandel im Regierungsstil«, eine Erhöhung der Staatsautorität gegenüber der Industrie-Lobby zu verspüren, wenn er auch zugab, diese Behauptung nicht exakt beweisen zu können[18]. Das Schicksal der Regierung Erhard zeigt jedoch, daß eine solche Entwicklung allenfalls kurzfristig stattgefunden haben kann. Zwar machte Erhard als Kanzler sichtbare Anstalten, im Unterschied zu Adenauer ohne fortwährende Fühlungnahme mit den Verbänden zu regieren; aber dieser Regierungsstil führte dahin, daß er binnen weniger Jahre fast jeden Rückhalt in der CDU/CSU verlor[19], obwohl er in Teilen der Bevölkerung nach wie vor populär war. Gerade unter Erhard sank die Autorität der Regierung gegenüber ihren Anhängerkreisen auf einen Tiefpunkt.

---

16 Braunthal, *Federation of German Industry*, S. 313 f.

17 SP 30. 10. 72, S. 17; Dittberner, Jürgen, »Der Wirtschaftsrat der CDU e. V.«, in: Dittberner/Ebbighausen (Hrsg.), *Parteiensystem in der Legitimationskrise*, Opladen 1973, S. 200-228, bes. S. 201 ff. Im Wahlkampfjahr 1961 war die CDU finanziell in eine prekäre Situation geraten: vgl. Schleth, *Finanzen der CDU*, S. 283.

18 Fack, *Entwicklungstendenzen*, S. 493 f.

19 Breitling, *Polit. Pression*, S. 98.

Bedeutungsvoll schrieb der *Industriekurier* 1965 in einem Artikel »Demokratie und Autorität«: »Autoritäten im Sinne von Vorbildern gibt es heute, wenn überhaupt, vielleicht nur im Bereiche der Wirtschaft.«[20] Das Industrieblatt selbst trug nicht eben dazu bei, die Autorität der Regierung Erhard zu erhalten. Einen Monat vorher hatte es unter der Schlagzeile »Erhard, Freiheit, Vaterland?« scharfe und geradezu höhnische Kritik an einem Ausspruch Erhards geübt, der besagte, daß die »Völker Europas ... keinen Rückfall in die Zeit der Nationalstaaten« wollten. Der *Industriekurier* bezeichnete dagegen »Ehre, Freiheit, Vaterland« als »eine sehr glückliche Formulierung deutschen Nationalgefühls« und fuhr fort: »Sollen wir heute unter dem Motto ›Erhard, Freiheit, Vaterland‹ in der Trümmerwelt unseres Nationalgefühls und Nationalstaates verbleiben?«[21] Vorübergehend stieß das Düsseldorfer Blatt in das Horn der deutschen »Gaullisten«; das läßt die Breite der industriellen Front erkennen, die sich nunmehr gegen Erhard vereinigte. Selbst ein alter publizistischer Mitstreiter Erhards wie Wilhelm Röpke leistete Anfang 1966 den »Gaullisten« militante Schützenhilfe[22]. Der Flick-Generalbevollmächtigte Wolfgang Pohle, der ursprünglich die Kanzlerschaft Erhard unterstützt hatte, ging 1965 im Einverständnis mit Flick zu Strauß und der CSU über[23].

Pohle, der es wissen mußte, gab später (1970) zu bedenken, »daß der Sturz Erhards ... nicht ein zufälliges Ereignis gewesen sein kann, sondern tiefere Gründe haben muß«; die »tieferen Gründe« erläutert er in etwas mystifizierender Ausdrucksweise dahingehend, daß unter Erhard das »magische Dreieck aus Vollbeschäftigung, Preisstabilität und außenwirtschaftlichem Gleichgewicht« aus der Balance geraten sei[24]. Diese drei Punkte reflektieren, für sich genommen, verbreitete Kritiken an der Regierung Erhard: letzte Anlässe für den Sturz Erhards waren der Anstieg der Arbeitslosenquote im Herbst 1966 und die Erhardsche Nachgiebigkeit gegenüber den amerikanischen Forderungen nach milliardenhoher Erstattung von Stationierungskosten.

Kritiker der Erhard-Administration, die noch vor der Wirtschaftsrezession schrieben, wie Patrick M. Boarman (Germany's Economic

---

20 IK 16./17. 6. 65, S. 1.

21 IK 11. 5. 65, S. 2.

22 RM 14. 1. 66, zit. bei Hans Graf Huyn, *Die Sackgasse. Deutschlands Weg in die Isolierung*, Stuttgart-Degerloch 1966, S. 239 ff.; vgl. auch ebd., S. 169 f.

23 Ogger, *Flick*, S. 349 f.

24 Pohle, Wolfgang, *Das Programm der Wirtschaft*, Stuttgart 1970, S. 10 und 44.

Dilemma, 1964) und der sozialdemokratische Wirtschaftsspezialist Herbert Ehrenberg (Die Erhard-Saga, 1965), gründeten ihre Bedenken in erster Linie auf den Mangel an Preisstabilität, obwohl die damalige Inflationsrate von etwa 3 % aus heutiger Sicht nicht sehr alarmierend wirkt. Es war denn auch weniger ein Mangel an Stabilitätsorientiertheit, der der Regierung Erhard die Gegnerschaft weiter Wirtschaftskreise zuzog, als vielmehr die Stabilitätsbemühungen Erhards: namentlich seine restriktive Kreditpolitik. Am 2. Mai 1966 bemerkte Abs vor der Hauptversammlung der Deutschen Bank, durch die Politik der Bundesregierung sei ein gefährlicher Kapitalmangel eingetreten, der die internationale Konkurrenzfähigkeit der bundesdeutschen Wirtschaft gefährde[25]; 1967 gab ein Sachverständigen-Gutachten den Erhardschen Kreditrestriktionen die Schuld an der Wirtschaftskrise[26].

Mit der Großen Koalition, die den vormaligen Verteidigungsminister Strauß als Finanzminister erneut in die Regierung brachte und ihm mit Karl Schiller einen einstigen Theoretiker der NS-deutschen Großraumwirtschaft zur Seite stellte[27], gelangte ein neues Modell der Interaktion zwischen Regierung und Wirtschaft zum Durchbruch, – ein Modell, das der erhöhten Machtballung in der Wirtschaft und der durch die internationale Verflechtung verstärkten Labilität der Konjunktur entsprach. Karl Schiller ging davon aus, daß man »die Existenz der organisierten Gruppen in unserer freiheitlichen Gesellschaft« bejahen müsse und, mehr noch, dafür zu sorgen habe, daß »Oligopole und organisierte Gruppen zu Makrodezisionen Zugang haben«[28]. Das ließ sich auch als SPD-Minister schreiben; denn die Gewerkschaften konnten glauben, mit den »organisierten Grup-

---

25 Czichon, *Bankier*, S. 197.

26 Mandel, Ernest, *Die deutsche Wirtschaftskrise. Lehren aus der Rezession 1966/67*, Frankfurt 1969, S. 12. Im gleichen Sinne Karl M. Hettlage, »Wirtschaftspolitik zwischen unsicherem Tasten und zu spätem Handeln«, in: *Zukunft der Wirtschaft*, Frankfurt 1971 (Fischer Taschenbuch 6154), S. 118 ff. Der ehemalige Bundesbankpräsident Vocke andererseits wirft seinem Nachfolger Blessing vor, seit 1967 habe er, wenn auch ohne Absicht, »die Weichen auf Inflation gestellt«. (W. Vocke, Memoiren, Stuttgart 1973, S. 163) Bei der Gewichtung der Ursachen, die bei dem Sturz Erhards im Herbst 1966 mitspielten, muß im übrigen bedacht werden, daß die bürgerlichen Parteien durch den BVG-Entscheid vom 19. Juli 1966 zu Parteienfinanzierung aus öffentlichen Mitteln stärker als zuvor von privaten Förderern abhängig geworden waren. Vgl. darüber Ulrich Dübber, *Geld und Politik. Die Finanzwirtschaft der Parteien*, Freudenstadt 1970, S. 99 f.

27 Huffschmid, Jörg, *Die Politik des Kapitals. Konzentration und Wirtschaftspolitik in der Bundesrepublik*, Frankfurt 1969 (ed. suhrkamp 313), S. 114 f.; Schiller, K., Von den Handelsverträgen zu Wirtschaftsverträgen, im Jahrbuch »*Nationale Wirtschaftsordnung und Großraumwirtschaft*« (1941).

28 Zit. n. Huffschmid, *Politik des Kapitals*, S. 125.

pen« seien vor allem sie gemeint. Aber mit den »organisierten Gruppen« der Großindustrie war bei der Steuerung der Konjunktur weit mehr anzufangen als mit den Gewerkschaften. Wie 1968 ein Autor in der Zeitschrift *Der Betriebsberater* schrieb, »bedient sich die konzertierte Aktion nicht bloß der privaten wirtschaftlichen Macht; sie ist auf derartige Machtpositionen geradezu angewiesen«[29]. Die Parallele zur Funktionsweise der NS-deutschen Wirtschaftsführung ist deutlich; aber während damals die Konzerne auch ihrerseits auf die Regierung angewiesen waren und ihrem Arm nicht entrinnen konnten, war das unter den Verhältnissen des freien Kapitalverkehrs in den sechziger Jahren keineswegs mehr der Fall.

»Die neue Wirtschaftspolitik nach 1966 hat Unternehmenszusammenschlüsse sehr erleichtert«, stellt Wolfgang Pohle lapidar fest[30]; in manchen Fällen, wie bei der Flugzeugindustrie, war es die Bundesregierung selbst, die auf Konzentration drängte. Während für die Fusionen der fünfziger Jahre, sofern sie nicht Rückverflechtungen darstellten, »mehr individuelle Gründe maßgebend waren«[31], setzte ab 1966 eine regelrechte Fusionswelle in der Bundesrepublik ein. Auch der Regierungsantritt der SPD-FDP-Koalition im Herbst 1969 führte keinen Abbruch dieser Welle herbei.

Ernst Wolf Mommsen, der ehemalige Generaldirektor der Thyssen-Röhrenwerke, sagte Ende 1972 zu einem *Spiegel*-Interviewer:

»Diese sozialliberale Koalition hat ja der Wirtschaft enorm die Tür aufgemacht. Sie war doch wahnsinnig wirtschaftsfreundlich – nicht zuletzt der Herr Schiller. Wen hat denn im übrigen der Bundeskanzler immer wieder zu persönlichen Empfängen eingeladen? Immer die big shots, immer die mit dem großen Namen. Und Helmut Schmidt hat der Wirtschaft im rüstungswirtschaftlichen Arbeitskreis weitgehende Informationsmöglichkeiten geschaffen.«[32]

---

29 Huffschmid, *Politik des Kapitals*, S. 126 (E. H. Ritter in: *Der Betriebsberater*, 23/1968, S. 1008). Es entspricht den Machtverhältnissen innerhalb der »Konzertierten Aktion«, wenn Hanns Martin Schleyer, der Präsident der Bundesvereinigung der Deutschen Arbeitgeberverbände, sich 1973 dafür ausspricht, die Konzertierte Aktion mit »mehr Kompetenzen« auszustatten, »damit für eine Übergangszeit Lohn-, Preis- und Haushaltspolitik aufeinander verpflichtend abgestimmt werden können«, – ein Vorschlag, der einen Interviewer der *Zeit* zu der Frage veranlaßt: »Wollen Sie für Notzeiten eine Art Wirtschaftsdiktatur einrichten?« (*Die Zeit*, 28. 12. 73, S. 24)

30 Pohle, *Programm der Wirtschaft*, S. 90.

31 Krämer, Hans, *Die Finanzpolitik westdeutscher Konzerne der Elektroindustrie, der chemischen Industrie und des Kohle-Eisen-Stahl-Bereichs von 1950-1959*, Berlin/München 1961 (Nürnberger Abhandlungen zu den Wirtschafts- und Sozialwissenschaften 13), S. 163.

32 SP 18. 12. 72, S. 28.

Vorsitzender dieses Arbeitskreises Rüstungswirtschaft war kein anderer als Wolfgang Pohle, der ebenso wie Mommsen zu Helmut Schmidt eine Duzfreundschaft pflog[33]. Vertreter des süddeutschen Rüstungskomplexes vereinten sich in dem Arbeitskreis mit Vertretern der einschlägigen Ruhrkonzerne[34]. Aber die Großindustrie war in ihren Kooperationsmöglichkeiten flexibler als jede andere Machtgruppe der Bundesrepublik: Ende 1971 setzte eine heftige Kampagne gegen die sozialliberale Regierung ein, – eine Kampagne, in der sich die Privatindustrie in ungewöhnlicher, bisher kaum je erlebter Weise exponierte. Dabei wiederholte sich jedoch eine Erfahrung, die schon in der Weimarer Zeit gemacht worden war: daß nämlich ein direktes und öffentliches Eingreifen der Privatunternehmen in die Politik keine optimale Methode ist, um die Macht der Wirtschaft auszuspielen. Es besteht daher die Möglichkeit, daß, ähnlich wie damals, die Großindustrie sich wieder stärker darauf konzentriert, im politischen Raum einen Sachwalter ihrer Interessen zu stabilisieren, auf die Gefahr hin, daß dieser auch der Wirtschaft gewisse Reglementierungen auferlegen kann. Allerdings ist der relative Vorteil wechselnder politischer Allianzen für die Großindustrie heute wahrscheinlich offensichtlicher als vor 1933.

Auf die Interessen der Klein- und Mittelindustrie brauchte Ende der sechziger Jahre weniger Rücksicht genommen werden als noch ein Jahrzehnt zuvor; sie konnte bei den Allianzen der Großkonzerne weithin übergangen werden. Die ASU, die Ende der fünfziger Jahre die Debatte über ökonomische Machtballungen mit in Gang gebracht hatte, wurde von Schiller nicht zur Mitarbeit in der »konzertierten Aktion« herangezogen, obwohl sie sich darum bemüht hatte[35]. Im Frühjahr 1971 etablierte sich die Großindustrie schließlich auch in der Spitze des BDI: an die Stelle des jahrzehntelangen Präsidenten Fritz Berg trat der Thyssen-Chef Hans-Günter Sohl. Sohl hatte den Thyssen-Konzern in eine stürmische Expansionsphase gelenkt und zum größten Stahlkonzern Europas ausgebaut; die Angliederung von Rheinstahl im Februar 1973 verstärkte das Thyssen-Engagement auf dem Rüstungssektor und machte das Unternehmen zum größten deutschen Privatkonzern, der nur noch vom Volkswagenwerk übertroffen wurde[36]. Zugleich nahm Thyssen mit der Beteiligung an dem französischen Stahlwerk Fos EWG-Dimensionen an,

---

33 Baukloh, in: *Bulletin f. dt. und internat. Politik*, 15/1970, S. 1027.
34 *Volkswirt*, Jg. 1970, Nr. 32, S. 60.
35 Huffschmid, *Politik des Kapitals*, S. 126.
36 *Die Zeit*, 23. 2. 73, S. 37 (Rolf Diekhof).

die der zweitgrößte deutsche Stahlgigant, Hoesch, schon 1966 durch Fusion mit dem holländischen Hoogovens-Konzern erreicht hatte. An dem symptomatischen Charakter der Ablösung Bergs durch Sohl an der BDI-Spitze konnte kein Zweifel bestehen, und einer der fünf Vizepräsidenten des BDI sprach es offen aus: »Lange ist die mittelständische Industrie drangewesen, jetzt ist die Großindustrie an der Reihe.«[37]

Der Vorsitzende des CDU-Wirtschaftsrates allerdings, der aus der Kali-Chemie kommende Philipp von Bismarck, tadelte den Sohlschen Fusionseifer, der auf gesellschaftspolitische Aspekte keine Rücksicht nehme[38]. Tatsächlich mußte man im Interesse der CDU, also der Erhaltung einer bürgerlichen Massenbasis des Kapitalismus, daran interessiert sein, allzu offene Affronts gegen die von der Konzentration bedrohte mittelständische Wirtschaft zu vermeiden. Aus den Reihen der von der Großen Koalition überspielten ASU kam der Frankfurter Bankier Johann Philipp Freiherr von Bethmann, der zu den Initiatoren der Wirtschaftskampagne gegen die sozialliberale Regierung gehörte[39]; ähnlich wie 1932/33 Kurt von Schröder, so bewies auch diesmal ein adliger Privatbankier eine besondere Versiertheit bei der Sammlung einer rechtsgerichteten Wirtschaftsfronde.

Die *Agrarier* haben ihr politisches Durchsetzungsvermögen einigermaßen bewahrt: die Bauern haben trotz ihres produktionstechnischen Rückstandes durch ihren Landbesitz eine Position monopolähnlichen Charakters behauptet, die durch den Anstieg der Bodenpreise immer mehr aufgewertet wurde. Die Entwicklung der EWG ließ das Bündnis zwischen Industrie und Agrariern zunächst zu Bruch gehen[40]; Frankreich war keineswegs bereit, die deutschen Industrieexporte zollfrei hereinzulassen, solange Deutschland sich nicht ebenso den französischen Agrarexporten öffnete. Schließlich wurde jedoch ein industriell-agrarischer Interessenausgleich europäischen Ausmaßes stabilisiert, und zwar wesentlich auf Kosten des deutschen Steuerzahlers; der unbehinderte Export der deutschen Industriewaren wurde mit einer überproportionalen Beteiligung der Bundesrepublik an den Agrarsubventionen der EWG erkauft[41]. Die Beiträge zum »europäi-

---

37 SP 19. 4. 71, S. 54 f.
38 *Die Zeit*, 13. 4. 73, S. 29 (Wolfgang Hoffmann).
39 SP 30. 10. 72, S. 34/36; vgl. Bethmann als Vorsitzender der »Jungen Unternehmer« innerhalb der ASU: IK 27. 10. 56, S. 10.
40 Breitling, *Polit. Pression*, S. 105 f.
41 *Die Zeit*, 24. 8. 73, S. 25 (Hans-Hagen Bremer).

schen Agrarmarkt« wuchsen sich zu einer schweren Belastung des bundesdeutschen Haushalts aus; der kostspielige industriell-agrarische Interessenverbund rief außerhalb des Kreises der Nutznießer Widerstände hervor[42].
Wie hat sich während der fünfziger und sechziger Jahre das Verhältnis der Industriellen zur Arbeiterschaft und ihren Organisationen entwickelt? In der von Bethmann präsidierten Arbeitsgemeinschaft junger Unternehmer innerhalb der ASU war im Oktober 1956 – als in Schleswig-Holstein der monatelange Metallarbeiterstreik, der bis dahin längste Streik der Nachkriegszeit, begann – von der »Gefahr« die Rede, daß die Unternehmerschaft »unsozial gegenüber der Gesellschaft« werde, »indem sie auf dem Wege einer Koalition ›Unternehmer-Arbeiter‹ über den Preis den Verbraucher mit jenen Kosten belaste, die die ›soziale‹ Einstellung im Betrieb verursache«[43]. Tatsächlich muß man zwischen ideologischen und praktisch-ökonomischen Allianzen der Industriellen unterscheiden: wenn sie politisch und ideologisch mit »bürgerlichen« Schichten zusammengingen, so schloß das nicht aus, daß sie einer ökonomischen Entwicklung Vorschub leisteten, die Teile des Bürgertums gegenüber der Arbeiterschaft relativ benachteiligte. Die Industriellen waren ja mit der Arbeiterschaft ökonomisch weit enger verbunden als mit dem Großteil der in den »bürgerlichen« Parteien vereinten Schichten. Zumal die Großindustrie hatte von den Lohnforderungen der Gewerkschaften wenig zu fürchten; auf dem ökonomischen Sektor konnte daher durchaus eine Art Allianz zwischen Großindustrie und Gewerkschaften »gegen« die mittelständische Industrie und solche bürgerlichen Schichten, die ihr Einkommen nicht in gleicher Weise steigern konnten, zustandekommen. In manchen Situationen konnte sich diese Allianz offen artikulieren, so in der »Zentralarbeitsgemeinschaft« der Gewerkschaften und Arbeitgeberverbände vom November 1918. Die ökonomische Konzentration besaß für die Gewerkschaften manche vorteilhaften Aspekte; der neoliberalistische Wirtschaftswissenschaftler Franz Böhm, seinerzeit Sachbearbeiter im Reichswirtschaftsministerium, bemerkte auf dem Salzburger Juristentag 1928 irritiert, wie Sozialdemokraten und Gewerkschaftler mit den Kartellinteressenten zusammengingen[44]. Auch die Inflationsangst war bei den Arbeitern zwangsläufig geringer als bei jenen bürgerlichen Schichten, die Ersparnisse zu verlieren hatten. Wenn bürgerliche Parteien die Infla-

---

42 SP 23. 7. 73, S. 17 f.
43 IK 23. 10. 56, S. 2.
44 Nußbaum, *Bürgerliche Monopolgegnerschaft*, S. 119 f.

tionsängste der Bevölkerung mobilisierten, konnten sie der Industrie lästig werden. Am 22. Mai 1970 wurden die CDU-Politiker Barzel und Stoltenberg, die beim BDI Wahlkampfunterstützung suchten, von Fritz Berg angefahren: »Hören Sie endlich auf mit dem Gerede von der Inflation, sonst tut die Regierung womöglich doch noch etwas. Und dann müssen wir es alle ausbaden.«[45]

Der Alarmruf gegen die inflationären Tendenzen wurde dennoch das Leitmotiv der CDU-Wahlkampagne im Herbst 1972. Mittlerweile hat die Großindustrie auch von einer restriktiven Wirtschaftspolitik des Staates weniger zu fürchten als 1923/24 und noch 1965/66. Während in der Rezession vom Herbst 1966 nicht nur die Zahl der Beschäftigten sank, sondern auch die Preise heruntergingen – wenn auch im Schnitt nur um den Bruchteil eines Prozentes –, führten die Stagnationserscheinungen im Herbst 1971 zu keiner Unterbrechung des Preisauftriebs[46]. Die Vermachtung der deutschen Märkte und die Etablierung der deutschen Industrie auf ausländischen Märkten war inzwischen so weit gediehen, daß ein zeitweiliges Nachlassen der innerdeutschen Nachfrage nicht nur zu keiner Einschränkung der Gewinnspanne zwang, sondern häufig noch eine weitere Ausdehnung der Gewinnspanne zuließ. Kapitalmäßig ungefestigte Unternehmen allerdings gerieten durch den scharfen Restriktionskurs der Bundesbank 1973 vielfach in ernste Schwierigkeiten, und die Konkurse häuften sich in ungewohntem Ausmaß.

Kapitalistische Oberschichten sind von feudalen Oberschichten theoretisch dadurch unterschieden, daß die Kapitalisten die Unterschichten der Bevölkerung nicht nur als Arbeitskräfte, sondern auch als Käufer ihrer Produkte brauchen; das gemeinsame Interesse der Kapitalisten verbietet also eine schrankenlose Ausbeutung der Arbeiter und wirkt auf die Gewährleistung einer Massenkaufkraft hin. Während der Handelskapitalismus früherer Jahrhunderte wesentlich vom Luxus oberer Schichten seine Nachfrage erhielt, ist dies bei dem Industriekapitalismus nicht mehr der Fall. Nun ist allerdings das Individualinteresse des einzelnen Kapitalisten auf Niedrighaltung der Löhne gerichtet, und man könnte zweifeln, ob das kapitalistische Gemeininteresse, das in der Bilanz des Einzelbetriebes keinen Stellenwert besitzt, überhaupt zur Geltung zu bringen sei. Zur Zeit von Karl Marx war es tatsächlich kaum vorstellbar, daß die Industriellen zur Herstellung einer Massenkaufkraft beträchtliche Anhebungen der

45 *Der Spiegel* über Werbung, Märkte, Manager 1970, S. 358 (= Jg. 1970, Nr. 24).
46 SP 31. 3. 72, S. 30 ff.

Löhne tolerieren würden; die historische Entwicklung hat jedoch gezeigt, daß das kapitalistische Gemeininteresse Wege findet, um sich gegen die Individualinteressen zumindest partiell durchzusetzen. Gegenwärtig entsteht jedoch durch die wirtschaftliche Machtzusammenballung und internationale Verflechtung wiederum eine neue Situation: langfristig und global gesehen ist auch die Großindustrie zwar nach wie vor auf die Erhaltung der Massenkaufkraft angewiesen, aber kurzfristig und innerhalb eines einzelnen Landes ist sie unabhängiger davon geworden. Die Preissteigerungen von 1972/73 wurden von der westdeutschen Industrie generell nicht mehr automatisch mit entsprechenden Lohnerhöhungen verkoppelt; die neuerlichen wilden Streiks zeigen, daß sich auch in der Arbeiterschaft das Bewußtsein ausbreitet, zu den Inflationsgeschädigten zu gehören.

Eine Neuentwicklung der sechziger Jahre war die Verengung und spannungsvolle Gestaltung des Verhältnisses von Wirtschaft und Wissenschaft. Wenn *Wehr und Wirtschaft* 1967 das »magische Mobilitätsdreieck zwischen Universität, Staat und Industrie«, das in den USA bestehe, als vorbildlich hinstellte[47], so wurde die Wissenschaft als Dritter im Bunde von Staat und Großindustrie projektiert. Die Universitäten hatten seit alters eine Welt für sich dargestellt, aber während der NS-Zeit und danach war ihre Eigenatmosphäre stark verblaßt und hatte ihr Selbstbewußtsein weithin eingebüßt, – wie denn die deutsche Wissenschaft durch die akademische Emigration nach 1933 der Provinzialisierung verfallen war. Aber der seit dem 19. Jahrhundert wirksame Trend, der die ökonomische Bedeutung der Wissenschaft immer weiter erhöhte, machte sich auf die Dauer auch in der Bundesrepublik wieder geltend, zumal das Bündnis zwischen Wirtschaft und Wissenschaft gerade in Deutschland schon eine Tradition besaß: das galt besonders für die Chemie- und Elektroindustrie, und der ungewöhnlich hohe Konzentrationsgrad dieser Branchen war u. a. durch den Forschungsaufwand bedingt. Gerade in Deutschland hatte sich gezeigt, daß die Wissenschaft ökonomische Monopolstellungen schaffen kann[48].

Vollends jedoch durch die Erfindung und Anwendung der Atombombe ist das Prestige der Wissenschaft international enorm gewachsen, und mitunter auch ihr Verantwortungsbewußtsein: das Göttinger Profes-

---

47 WW, Jg. 11/1967, S. 166.

48 Jürgen Kocka sucht nachzuweisen, daß zu Anfang auch eine Monopolisierung der Elektrobranche in Deutschland möglich gewesen wäre: Kocka, J., *Siemens und der aufhaltsame Aufstieg der AEG*, in: *Tradition*, Jg. 1972, H. 3/4, S. 125-142.

soren-Manifest vom April 1957 gegen die Ausrüstung der Bundeswehr mit nuklearen Waffen stellt sich aus dem Rückblick als erste spektakuläre Wiedereinschaltung der Intellektuellen in die deutsche Öffentlichkeit dar. In der pazifistischen Bewegung und in den Reaktionen auf die *Spiegel*-Affäre wurde erstmalig eine Art intellektueller Massenbasis sichtbar. Während der sechziger Jahre erfuhr das Ansehen des Bildungssektors auch in der Bundesrepublik eine erhebliche Steigerung, zumal durch das Vordringen von US-Firmen in Westdeutschland die amerikanische Überlegenheit auf diesem Bereich fühlbarer wurde. Sogar der prononciert konservative Chef der Gutehoffnungshütte, Hermann Reusch (allerdings kein Ruhrmagnat alten Schlages, sondern Doktor der Philosophie), betonte auf der Essener BDI-Tagung am 7. November 1966, »noch nie« sei »in so starkem Maße wie heute die Verbindung mit der Forschung zu einer Existenzfrage für viele Unternehmer« geworden; »die Forschungs- und Entwicklungsprogramme« würden »immer mehr zu einem entscheidenden Faktor im Konkurrenzkampf«. »Unsere Zukunft liegt daher im Forschungsstaat.«[49] Sogleich darauf offenbarte Reusch allerdings einen Hintergedanken des Forschungsenthusiasmus: »Da andererseits die Mittel begrenzt sind, kann diese Forderung nur bedeuten, daß wir auf anderen Gebieten künftig kürzer treten müssen. Wir können nicht ständig alle Möglichkeiten des Versorgungsstaates und Sozialkonsums ausschöpfen und gleichzeitig in ausreichendem Maße für die Zukunft investieren.« Die Wissenschaft wurde also als Verbündeter gegen die sozial Schwachen gesucht. Kurz darauf begannen jedoch, unmittelbar als Reaktion auf die sich mit der Großen Koalition ankündigenden Notstandsgesetze, die Studentenunruhen. Zu einer Zeit, in der die Wissenschaft in erhöhtem Maße von der Wirtschaft umworben wurde, verstärkten sich in ihr die Kräfte, die sich einer Funktionalisierung widersetzten.

Aber ist die Wissenschaft prinzipiell imstande, zu einem selbständigen politischen Faktor zu werden? Gibt es überhaupt Instanzen, die die Erkenntnisse der politischen und der Sozialwissenschaften, der Ökonomie oder der Umweltbiologie wirksam anwenden können; stehen die Erkenntnisse in diesen Bereichen in einem potentiellen Aktionszusammenhang? Eben dies ist nicht sicher. Bei Inflation, Ar-

---

49 Industrieforschung, S. 5; vgl. zur gleichen Zeit WW, Jg. 10/1966, S. 73 (Gross-Talmon: »Erst Forschung macht exportfähig«); vgl. auch den Leitspruch des vom CDU-Wirtschaftsrat veranstalteten Wiesbadener Wirtschaftstages von 1966: »Die junge Generation gestaltet die Zukunft.« (Dittberner, *Wirtschaftsrat*, S. 203).

beitslosigkeit, Umweltzerstörung, zunehmender Lärmbelästigung, bedenklicher Machtzusammenballung in der Wirtschaft, Ausbreitung unmenschlicher Fließbandarbeit stellen die gegenwärtigen Verhältnisse überhaupt keinen Adressaten zur Verfügung, an den sich eine kritisch informierte Öffentlichkeit wenden und den sie verantwortlich machen könnte. Rationale Reaktionen der Bevölkerung auf Krisensituationen finden gar keine angemessene Aktionsebene; es gibt praktisch nur Raum für irrationale, »symbolische« Reaktionen, zwanghafte Wiederholungen früherer Krisenreaktionen. Der in der vorliegenden Untersuchung dargestellte Abschnitt der deutschen Geschichte liefert einiges Anschauungsmaterial für diesen Zwang zu »symbolischen« Reaktionen, der sich aus Orientierungsschwierigkeiten in einer neuartigen, unvertrauten und unbegriffenen Wirklichkeit ergibt. Besonders Hallgartens Ausführungen haben wiederholt Seitenblicke in jene »mythologische« Motivationsschicht der Ereignisse geöffnet; diese Motivationsschicht hat bei den Ereignissen um 1933 derart bestürzende Ausmaße, daß es zu ihrer angemessenen Darstellung eines eigenen Buches bedurfte hätte. Rein als äußere Phänomene sind die Geschehnisse um 1933 höchst verwirrend: Aktionsmuster, die den Deutschen damals vornehmlich aus der Geschichte ihrer Nachbarvölker bekannt waren – »Revolution«, »nationale Sammlung« und »Wiedergeburt«, »Levée en masse« – wurden, ihrer realen Inhalte entkleidet, auf »symbolische« Art durchgespielt.

Aus diesen Erfahrungen ergibt sich für die Historie die aktuelle Aufgabe, irrationale, »symbolische« Reaktionen als solche durchsichtig zu machen; aus der historischen Perspektive ließen sich jene substanzlosen Nachahmungen vergangener Aktionsmuster als solche nachweisen. Es ist allerdings nicht sicher, ob die Geschichtswissenschaft in ihrer bisherigen Form diese Aufgabe zu erfüllen vermag: es bedürfte dazu einer viel bewußteren und systematischeren Organisation des historischen *Vergleichs*, als es bisher geschehen ist. Das Erforschen unmittelbarer historischer »Kontinuitäten« genügt nicht, ja kann sogar – wie Lutz Niethammer bei seinem Vergleich von NPD und NSDAP bemerkt[49a] – geradezu in die Irre führen: »Je weniger ›alte Nazis‹ in der NPD sein werden, um so faschistischer wird ihr Parteicharakter.«

Die Möglichkeit, daß auch in Zukunft »nationale« Reaktionen mit Erfolg eine populistische Demagogik entfalten, ist nicht auszuschlie-

---

49a Niethammer, Lutz, *Angepaßter Faschismus. Politische Praxis der NPD*, Frankfurt 1969, S. 272.

ßen; denn erneut laufen übernationale Bestrebungen Gefahr, einem Großteil der Bevölkerung entfremdet zu werden, indem sie der unkontrollierten Machtentfaltung großer Konzerne Vorschub leisten und in weiten Kreisen der Bevölkerung das Gefühl hilfloser Auslieferung an internationale Konjunkturen hervorrufen. Die zwanziger und dreißiger Jahre bieten ein Lehrstück für die Entfremdung eines Internationalismus, der vornehmlich auf der Ebene von Großindustrie und Hochfinanz funktioniert. Wie Mandel hervorhebt, hätte eine schwere Wirtschaftsrezession auch heute bei den EWG-Staaten »notwendigerweise den Rückfall in nationalstaatliche Anti-Rezessionspolitik zur Folge, was beinahe unvermeidlich den Rückfall in die protektionistische Praxis beinhalten würde«[50]. Nach wie vor bietet sich der Nationalismus als Krisen-Alternative eines vornehmlich großindustriellen Internationalismus an; für die Länder der Dritten Welt ist der Nationalismus in der Regel geradezu eine ökonomische Notwendigkeit. Nicht zuletzt dann, wenn der »Internationalismus« der Konzerne sich in der Heranziehung von Millionen ausländischer Arbeitskräfte äußert, ohne daß die Voraussetzungen für eine Kommunikation zwischen den »Gastarbeitern« und ihren deutschen Kollegen gegeben sind, öffnet sich ein neues Feld für nationalistische Demagogie, – wie schon nicht mehr nur die NPD-Propaganda, sondern mittlerweile auch die *Bild*-Zeitung (vgl. die Ausgabe vom 31. August 1973 über die Zusammenstöße zwischen deutschen und türkischen Arbeitern in den Kölner Ford-Werken) dokumentiert. Fern davon, der Großindustrie etwas anzuhaben, pflegt ein solcher Nationalismus im Gegenteil die verstärkte Identifikation der deutschen Arbeiter mit »ihren« Betrieben zu propagieren, – wie es die erwähnte *Bild*-Ausgabe in martialischer Weise tut.

Aber auch abgesehen von möglichen Krisenreaktionen enthält der Internationalismus der Konzerne Gefahren: mit der EWG tritt die Versuchung des »Griffs nach der Weltmacht« erneut an die Wirtschaftsmächte heran. Diether Stolzes bekanntes Buch *Die dritte Weltmacht – Industrie und Wirtschaft bauen ein neues Europa, 1963*, ist in dieser Hinsicht so deutlich wie nur möglich. Nicht nur *eine*, sondern *die* Weltmacht soll Europa werden; wie im »Dritten Reich« schwingt die Mystik der Zahl Drei mit; die Sehnsucht nach der Wiederkehr der guten alten Zeit des Kolonialimperialismus ist unverhohlen: »Vielleicht«, schreibt Stolze, werde »in den letzten Jahrzehnten unseres Jahrhunderts, Europa das Schicksal der Welt noch einmal in seinen Händen

50 Mandel, *Die EWG* . . ., S. 90; ähnlich Rudolf Herlt in *Die Zeit*, 27. 7. 73, S. 30.

halten.«[51] Und eindeutig sind es die großen und aufstrebenden Konzerne, die solche »Europa«-Träume mit Substanz versehen: der Anhang des Buches bringt einen in Superlativen schwelgenden Überblick über die »hundert bedeutendsten Unternehmen Europas«.
Schrittmacher der wirtschaftlichen Verflechtung auf EWG-Ebene waren in der Bundesrepublik in besonderem Maße die Nachfolgekonzerne der IG-Farben, vor allem Bayer und BASF. Wie schon vor dem Kriege und während der deutschen Herrschaft über Frankreich stand die chemische Industrie an der Spitze der deutschen Frankreich-Interessenten. Schon in den ersten Jahren der EWG schlossen Bayer und BASF Abkommen mit der französischen Chemie; die Zusammenarbeit zwischen Bayer und dem nunmehr führenden französischen Chemiekonzern Rhône-Poulenc, einst ein Objekt der IG-Aspirationen im besiegten Frankreich, wurde im Laufe der Jahre intensiviert[52]. Zu dem italienischen Chemiegiganten Montecatini hingegen bestand wie ehedem ein scharfes Konkurrenzverhältnis. Im Frühjahr 1973 wurden Bayer und BASF vom Bundeskartellamt beschuldigt, in Kooperation mit französischen Firmen (und unter Ausschluß von Montecatini) den in rascher Expansion befindlichen westeuropäischen Polyurethan-Markt monopolisiert zu haben[53]. Schon 1963 prophezeite Diether Stolze, »daß im kommenden Europa-Markt die chemische Industrie der Bundesrepublik die bei weitem stärkste Stellung haben wird«[54]. Noch früher, im Oktober 1956, als in der deutschen Industrie noch sehr gemischte Gefühle hinsichtlich der Europa-Perspektiven dominierten, erklärte Wilhelm Alexander Menne, Vorstandsmitglied der Farbwerke Hoechst und Präsident des Verbandes der Chemischen Industrie, »ein Zusammenschluß Europas unter Einschluß Englands als ›Dritte Macht‹ sei ein reales außenpolitisches Programm von Weltbedeutung«; dieses Europa »könne neben die beiden Weltmächte USA und Sowjetunion treten«[55].
Wie in der IG-Denkschrift von 1940 über die Neuordnung der europäischen Großraumwirtschaft war auch die Spitze gegen die USA wieder da; sie verstärkte sich, als in den sechziger Jahren der Strom des US-Kapitals nach Deutschland anschwoll. Menne, damals FDP-Ab-

---

51 Stolze, Diether, *Die dritte Weltmacht. Industrie und Wirtschaft bauen ein neues Europa*, Wien/München/Basel 1963, S. 15.
52 Willis, *France, Germany, and the New Europe*, S. 282; Ziebura, *Dt.-frz. Beziehungen*, S. 191, Anm. 56; Stolze, *Dritte Weltmacht*, S. 351.
53 SP 5. 3. 73, S. 95 f.; vgl. *Auslandskapital*, S. 50.
54 Stolze, *Dritte Weltmacht*, S. 123.
55 IK 13. 10. 56, S. 3.

geordneter und Vorsitzender des Wirtschaftsausschusses des Bundestages, kündigte 1966 vor amerikanischen Unternehmern an, er werde »legislative Schritte ... unternehmen«, um die Strategie großer US-Konzerne, mittels eines Aktientausches in deutsche Gesellschaften einzudringen, zu durchkreuzen[56]. Da die bundesdeutsche Chemie von der Kohle- zur Ölbasis überging, die Vorherrschaft des Auslandskapitals jedoch nirgends stärker war als auf dem Mineralölsektor, führten die an Monopolstellungen gewöhnten deutschen Chemiekonzerne einen besonders heftigen Kampf gegen das ausländische, vor allem US-amerikanische Kapital. Am 24. Dezember 1968 meldete der *Industriekurier*, »bereits seit Jahren« herrsche »Unruhe an der Grenze zwischen Chemie und Öl«, und der BASF-Chef Timm habe – im Unterschied zu den Höchster Farbwerken – »der Überzeugung abgeschworen«, daß sich »die Erdölunternehmen nicht weiter mit eigenen Produktionen im Chemiesektor verzweigen werden, wenn die Chemie von sich aus die Demarkationslinie achte«. Die BASF wurden unter der Leitung Bernhard Timms zum expansivsten deutschen Chemiekonzern; der designierte Nachfolger Timms, Matthias Seefelder, kündigte 1973 ein verstärktes Engagement auf dem US-amerikanischen Markt an[57]. Dabei wurden von den IG-Diadochen natürlich zugleich auch positive Beziehungen zu den USA gepflegt: war Ilgner einst Vorsitzender der Schurz-Gesellschaft, so wurde Menne Präsident der – inzwischen durch Fusion entstandenen – Steuben-Schurz-Gesellschaft.
Immer wieder zeigten alte Aktionsmuster ihre Wirksamkeit, und sicherlich enthielten sie keineswegs nur aggressive Potentiale. Daß jedoch zu den seit Ende der fünfziger Jahre reaktivierten Vergangenheiten auch die »Großwirtschaftsraum«-Pläne mitsamt ihren machtpolitischen Verlockungen gehören, ist nicht zu verkennen, zumal der »starke Mann«, der diese Konzeptionen in Politik umzusetzen versprach, in der Gestalt von Franz Josef Strauß bereits in Sicht war. Servan-Schreiber, der französische Alarmrufer gegen das US-Kapital, der das Vorwort zu dem – im Titel wohl von ihm inspirierten – Strauß-Buch *Herausforderung und Antwort* (1968) schrieb, stellte fest, »Herr Strauß« antworte »auf die Frage, ob Europa eine Macht sein solle, ohne Heuchelei und ohne sich zu winden mit einem Ja«, und zwar solle das vereinigte Westeuropa, wie er es sich vorstelle,

---

56 HB 12. 4. 66, S. 1, zit. n. Schäfer/Nedelmann (Hrsg.), *Der CDU-Staat. Analysen zur Verfassungswirklichkeit der Bundesrepublik*, 2 Bde., Frankfurt 1969 (ed. suhrkamp 370/1, 2), Bd. 1, S. 75 (K.-H. Stanzick).
57 *New York Times*, 11. 11. 73 (Gerd Wilcke, »A Formula for Expansion«).

»früher oder später über alle Attribute der Macht, auch die nuklearen, verfügen«[58].

Wenn die Erfahrungen der Geschichte auch keine sicheren Prognosen erlauben, so lassen sie jedoch nur wenig Zweifel daran, daß ein Staat Europa, sollte er je aufgrund bestimmter politischer Konstellationen zustande kommen, zwangsläufig in seinem Inneren derart spannungsgeladen wäre, daß er nur mit außergewöhnlichen Anstrengungen zusammengehalten werden könnte, – und solche Anstrengungen pflegen sich durch die Hochspielung äußerer Bedrohungen zu legitimieren. Der äußere Feind wurde denn auch von Strauß in Gestalt der Sowjetunion für das zukünftige Europa gleich mitgeliefert. Andere politische Kräfte Europas würden vermutlich die USA zum Hauptgegner stilisieren; noch mehr als einst das kaiserliche Deutschland würde ein vereintes Europa den Mangel an natürlichem Konsensus und historisch gewachsener Solidarität durch ein Zweifronten-Selbstverständnis kompensieren müssen. Natürlich und unproblematisch sieht sich die Etablierung einer »Großmacht Europa« vornehmlich aus der Perspektive der Konzernmanager und Technokraten an, und aus der Perspektive derjenigen, die an solchen äußeren Fronten interessiert sind. Gerade aus der Geschichte ergibt sich, daß die europäische Einigung sich nicht der imperialen Modelle der Vergangenheit bedienen darf, sondern, falls sie überhaupt eine Chance hat, sich von historischen Leitbildern wie »Großmacht«, »Weltmacht« befreien und die historischen Erfahrungen transzendieren muß.

Der Kapitalexport ist mehr noch als der Warenexport die Grundlage wirtschaftsimperialistischer Bestrebungen; aber die westdeutsche Kapitalausfuhr hielt sich lange Zeit auf so niedrigem Niveau, daß sich politischer Konfliktstoff daraus kaum ergab. Die steigenden deutschen Devisenguthaben boten dem Kapitalexport ein erhebliches Potential; andererseits mußte sich jedoch die Unterbewertung der Mark, die den Warenexport förderte, auf den Kapitalexport hemmend auswirken, ebenso wie sie das Einströmen amerikanischen Kapitals begünstigte. Auch die Erinnerung an den zweimaligen Verlust der deutschen Auslandsguthaben während der Weltkriege war geeignet, um von neuen Auslandsinvestitionen abzuschrecken; vor allem aber ließ die Kapitalknappheit der Wiederaufbau- und »Wirtschaftswunder«-Jahre für Auslandsanlagen nur wenig Mittel übrig.

Einer der ersten und energischsten Verfechter des Kapitalexports

---

58 Strauß, *Herausforderung*, S. 8.

in der bundesdeutschen Öffentlichkeit war Hjalmar Schacht, der einstige Vorkämpfer eines deutschen Neokolonialismus. Im Juni 1956 wies er in Essen vor der Arbeitsgemeinschaft junger Unternehmer darauf hin, daß die derzeitige Hochkonjunktur die Chance biete, erneut einen industriellen Auslandsbesitz aufzubauen[59]. Schachts Aufruf zum Kapitalexport löste damals in westdeutschen Wirtschaftskreisen eine Kontroverse aus, bei der Schacht von einem Mitglied des Bundesbank-Direktoriums, Otmar Emminger, unterstützt wurde[60]. Der gewichtigste Wortführer des Kapitalexportes war jedoch schon damals Abs, dessen Aufstieg in den dreißiger Jahren eng mit dem auswärtigen Kapitalengagement verknüpft gewesen war[61]. Abs setzte sich am 15. Oktober 1957 in San Francisco vor der International Industrial Development Conference dafür ein, Auslandsinvestitionen von vornherein besser als bisher politisch abzusichern. Es sei »hohe Zeit«, sagte er, auf diesem Gebiet »zu einem wirksamen System des internationalen Rechtsschutzes zu kommen«; der Grundsatz der »Unverletzlichkeit des Privateigentums«, der von den USA und von »allen westlichen Staaten« anerkannt werde, könne »nur dann wirksam in die Tat umgesetzt werden, wenn wir uns entschließen, unsere wohlgegründeten Interessen im Ausland ... gegen Eingriffe genauso gemeinschaftlich zu verteidigen wie wir dies auf militärischem Gebiet bereits tun«[62]. Abs sprach zwar nur von der Möglichkeit finanzieller, nicht von der militärischer Sanktionen; dennoch war von einem solchen ökonomischen Pendant zur NATO zu erwarten, daß es zu einem quasi-imperialistischen Instrument der Einmischung in innere Angelegenheiten der Länder der Dritten Welt werden würde. »Verteidigung des Eigentums« klang defensiv, war aber in einer Epoche politischer und sozialer Umwälzungen in der Dritten Welt – Umwälzungen, die durch die Krisenhaftigkeit der dortigen Zustände geradezu erzwungen wurden – kein wirklich defensives Ziel, zumal es ja nicht bloß um die Erhaltung des Eigentums, sondern auch um die Erhaltung der Profitmöglichkeiten dieses Eigentums ging. Die Kapitalinteressen führen keineswegs prinzipiell und unbedingt

59 IK 23. 6. 56, S. 2; vgl. auch Schacht, Hj., *Kapitalmarktpolitik,* Hamburg 1957; dazu Boarman, *Germany's Economic Dilemma,* S. 247 ff. und SP 18. 7. 56, S. 12.

60 Boarman, *Germany's Economic Dilemma,* S. 266 f.

61 Daraus ist nicht bereits auf ein entsprechend starkes Engagement der Dt. Bank im Ausland zu schließen: die Dresdner Bank war damals im Ausland weit aktiver als die Dt. Bank, laut Hein, Manfred, *Die internationalen Geldmarktgeschäfte westdeutscher Banken,* Berlin 1966, S. 128.

62 Abs, *Zeitfragen,* S. 77 f.

zu aggressiven Verhaltensweisen in der Politik; aber gegenüber der heutigen Lage in der Dritten Welt ist ihnen eine gewisse Aggressivität offensichtlich immanent: sie suchen die westlichen Nationen dahin zu bringen, die Vorgänge in den unterentwickelten Ländern durch einen Zerrspiegel zu sehen und in notwendigen Umwälzungen eine Bedrohung für die westliche Welt zu erblicken. Die Kapitalinteressen, die früher die innereuropäischen Beziehungen schwer belasteten, drohen in neuerer Zeit vor allem die Beziehungen Westeuropas und der USA zur Dritten Welt zu deformieren.

Wie eine Untersuchung feststellt, bevorzugen die deutschen Investoren in der Dritten Welt jene Länder, »die aufgrund ihres Entwicklungsstands politische, wirtschaftliche und soziale Kontinuität erwarten lassen«[63]; da die Chance einer solchen »Kontinuität« in diesen Ländern auf die Dauer jedoch kaum sehr hoch ist, kann aus dieser Einstellung unter Umständen ein Kampf gegen unvermeidliche Wandlungsprozesse hervorgehen. Darauf verweisen auch Passagen einer Ansprache des ehemaligen Siemens-Generaldirektors Tacke: »Noch interessanter und aussichtsreicher« als andere Möglichkeiten, wie etwa Minoritätsbeteiligungen in Ländern der farbigen Welt, erscheint ihm »die Konzentration unserer Außenwirtschaftspolitik auf die jungen Industriestaaten, deren politische Stabilität und vor allem deren Zugehörigkeit zur Gedankenwelt der freien Wirtschaft auf lange Zeit gesichert erscheint«, und er nennt nicht nur Kanada und Australien, sondern auch Griechenland, Spanien und Südafrika. Solche Beispiele deuten auf eine mangelnde Fähigkeit hin, mit den neuen Bewegungen der Dritten Welt angemessene Kooperationsweisen zu finden. Tacke betont zwar durchaus die Notwendigkeit, den Wirtschaftsnationalismus der jungen Staaten in Rechnung zu stellen; aber wenn er auffordert, sich darauf vorzubereiten, »daß wir in mehr und mehr Ländern der Welt unsere Gesellschaften aus einer Minoritätsposition heraus führen müssen«[64], so geht es eben doch nach wie vor um »Führung«, nicht um Partizipation, – und diese »Führung« muß sich auf die Dauer in den nationalistischen Entwicklungsländern zwangsläufig immer neu bedroht fühlen und immer wieder bei der Regierung des eigenen Staates auf entsprechende Pressionen drängen.

Paul Reusch schrieb am 5. Juli 1932 in der *Kölnischen Zeitung*: »Wer Wirtschaftsgeschichte kennt, weiß, daß es einen dauernden

---

63 *Außenpolit. Perspektiven des westdt. Staates*, Bd. 3, S. 228 (Kebschull/Menck/Borrmann).

64 *Konkret*, 30. 8. 73, S. 20 f.

Mehrheitsbesitz des Auslandes nicht gibt...«[65] Tatsächlich sprechen einige historische Erfahrungen für diese Behauptung; aber dennoch wird immer neu die Kontrolle ausländischer Industrien angestrebt. Mit wirtschaftlichen Mitteln allein ist diese Kontrolle auf die Dauer nicht zu sichern: eben deshalb werden Auslandsinvestitionen häufig zu einer Belastung der Außenpolitik. Die Empörung und Panik, die sich neuerdings in den westlichen Ländern ausbreitet, nachdem sich die Ölstaaten des Nahen Ostens zu einer gemeinsamen Interessenvertretung zusammenschlossen, offenbart, wie wenig man bisher im Westen auf ein kooperatives, nicht von quasi-kolonialen Strukturen bestimmtes Verhältnis zu diesen Staaten eingestellt ist.

Wirtschaftliche Macht setzt sich keineswegs automatisch in politische Macht um: ein Tatbestand, der Chancen, aber auch Krisenpotentiale enthält. Schon früher war es besonders Deutschlands wirtschaftliche Stärke, die der deutschen Politik Möglichkeiten vorspiegelte, die in Wirklichkeit nicht bestanden oder nur in einem gefährlichen Vabanque-Spiel zu nutzen waren. Bei der Bundesrepublik wurde die Diskrepanz zwischen ökonomischer und politischer Stellung noch größer als jemals beim Deutschen Reich, und es war vor allem Franz Josef Strauß, der – wie Geiss bemerkt – seit 1964 »mit der einprägsamen Formel vom wirtschaftlichen Riesen und politischen Zwerg« wieder die gefährliche Argumentation aufbrachte, der ökonomische Status der Bundesrepublik verlange nach einer entsprechenden Anhebung ihrer politischen Machtstellung[66]. (In Wahrheit wäre es zutreffender gewesen, aus den hohen Exportüberschüssen der Bundesrepublik, die andere Staaten in Zahlungsbilanz-Schwierigkeiten brachten, die Notwendigkeit erhöhter Vorsicht in der politischen Arena zu folgern.) 1965 wurde auch im *Industriekurier* Klage geführt, daß in der Bundesrepublik »zwischen Politik und Wirtschaft. zwischen Innen und Außen ein großes Mißverhältnis« bestehe; poli-

---

65 Zit. n. Ogger, *Flick*, S. 111. Über den Irrtum der Vorstellung, durch Kapitalexport ließe sich ein dauerhaftes Imperium schaffen, vgl. neuerdings Volkhard Brandes, *Die Krise des Imperialismus. Grenzen der kapitalistischen Expansion und der Wiederaufbau der Arbeiterbewegung*, Frankfurt 1973, S. 26 ff. Daher stellt sich die Frage, ob nicht gegenwärtig der Trend zum multinationalen Konzern mit seinen politischen Implikationen überbewertet wird.

66 SP 3. 5. 71, S. 75; die gleiche Formel findet sich auch auf die EWG angewandt; vgl. *Stern*, 4. 10. 73, S. 106, Schlagzeile »Die Europäische Gemeinschaft ist wirtschaftlich ein Riese, politisch aber ein Zwerg«; darunter wird Dahrendorf zitiert, der die Gemeinschaft einen »gefesselten Riesen« genannt habe! W. Röpke argumentierte schon Anfang 1966 in dieser Art: Huyn, *Sackgasse*, S. 239 ff.

tisch sei man ja »nicht einmal eine stabile Mittelmacht«[67]. Abs allerdings ging Anfang 1969 in einem *Spiegel*-Interview noch weiter und bestritt sogar die Existenz der bundesdeutschen Wirtschaftsmacht (um desto mehr die Notwendigkeit herauszustreichen, eine solche Macht international zu begründen). Abs erklärte: wenn andere Wirtschaftsführer stolz darauf verwiesen: »Deutschland, zweitgrößte Handelsnation der Welt, drittgrößte Industrienation der Welt«, so vertrete er »nach wie vor ... die These: Westdeutschland ist die größte Ohn-Macht der Welt«. Durch ihre hohe Exportquote sei die Bundesrepublik »verwundbar«. Den Weg der Rettung erblickte er vor allem in einem gewaltig erhöhten Kapitalexport (kurz darauf wurde von Strauß ein Gesetz zur Förderung von Auslandsinvestitionen vorgelegt), und zwar nicht nur zur Errichtung von Fabriken im Ausland, sondern auch zur Gewinnung von Rohstoff-Ressourcen; das bezeichnete er als »die große Aufgabe des nächsten Jahrzehnts«[68]. Zwar verwahrte er sich gegen ein »falsch verstandene(s) Autarkiestreben« (wogegen sich auch die Wirtschaftspolitiker der NS-Zeit energisch verwahrten); aber die Nähe zu den alten imperialwirtschaftlichen Motiven ist dennoch deutlich. Abs stellte denn auch England und die USA mit ihren umfangreichen Auslandsinvestitionen als Vorbilder hin.

Tatsächlich gerät die Bundesrepublik durch die Hypertrophierung des Exports eher in Abhängigkeit von auswärtigen Konjunkturen, als daß sie dadurch Möglichkeiten zur Konsolidierung ihrer internationalen Position erhielte. Hohe Auslandsinvestitionen und hohe Exportüberschüsse ergeben politische Belastungen verschiedener Art; gemeinsam ist ihnen nur das eine, daß sie einen Unterkonsum bzw. eine Über-Arbeit der Bevölkerung und entsprechend höhere Gewinnspannen der Kapitalbesitzer ausdrücken. Man hat sich in der Bundesrepublik daran gewöhnt, die hohen Ausfuhrüberhänge als stabilen Dauerzustand anzusehen; da diese Überschüsse jedoch Zahlungsdefiziten anderer Länder entsprechen, ist dieser Eindruck trügerisch. Im übrigen ist, zumindest langfristig gesehen, auf dem Weltmarkt eine ständige Verschärfung der Konkurrenz zu erwarten, vorausgesetzt, daß man an einen industriellen Fortschritt der bisher rückständigen Länder glaubt. Schon der japanische Wiederaufstieg beginnt seit

---

67 IK 10. 4. 65, S. 8 (Matthias Schmitt, »Politik und Wohlstand«); über das Strauß-Gesetz vgl. Altvater, Elmar, *Die Weltwährungskrise*, Frankfurt 1969, S. 100 f.; dort S. 95 ff. auch über den neuerlichen Anstieg des westdeutschen Kapitalexportes.

68 SP 6. 1. 69, S. 37 ff.

geraumer Zeit die westdeutsche Position auf dem Weltmarkt spürbar zu bedrohen. Ebenso ist zweifelhaft, ob die Position der deutschen Industrie auf dem US-amerikanischen Markt auf die Dauer zu halten ist[69].

Die »Verwundbarkeit« der deutschen Wirtschaft zeigte Abs namentlich an dem VW-Werk mit seiner Exportquote von 70 % auf. Tatsächlich sind die Zukunftsaussichten für den hochgetriebenen Auto-Export wenig günstig: da das Auto ein technologisch relativ unkompliziertes Produkt ist, können auf diesem Sektor leicht ausländische Konkurrenzindustrien aufkommen[70]. Aber es ist zweifelhaft, ob die deutsche Öffentlichkeit fähig ist, auf diese Situation rechtzeitig in angemessener Weise zu reagieren. Die *Bild*-Zeitung versieht den Konkurrenzkampf der deutschen Autoindustrie mit einer militanten Begleitmusik und nutzt auch ein solches Geschehen aus, um bei ihren Lesern Solidaritätsaffekte mit »ihrer« Industrie zu erzielen; am 1. Oktober 1968 brachte sie die Schlagzeile: »Italiens Gigant Fiat und Frankreichs Fortschrittsfirma Citroen nehmen uns in die Zange – Generalangriff auf die deutsche Autoindustrie.« Als sich einige Wochen später Strauß und Schiller mit ihrer Weigerung, die Mark aufzuwerten, gegenüber ihren ausländischen Kollegen durchsetzten (ein Jahr später fand dennoch eine Aufwertung um 8,5 % statt), feierte die *Bild*-Zeitung diesen Triumph der Exportindustrie als großen deutschen Sieg; ihre Hauptschlagzeile lautete: »Jetzt sind die Deutschen Nr. 1 in Europa« (23. November 1968).

Vielleicht offenbaren sich in solchen Schlagzeilen mehr als irgendwo anders gegenwärtige Gefahrenpotentiale der großindustriellen Macht. Die lautstarke Propagierung eines herausfordernden Export-Nationalismus steht der allgemeinen Bewußtmachung der Tatsache, daß Alternativen für die überstarke Export-Orientierung gefunden werden müssen, entgegen. Die Alternative des Kapitalexportes ist bedenklich für ein Land wie die Bundesrepublik, das so viel weniger Macht als die USA und so viel weniger weltpolitische Erfahrung als England und Frankreich besitzt. Eine weitere Alternative wäre eine verstärkte Expansion des bundesdeutschen Binnenmarktes; aber gerade diese Möglichkeit wurde im Herbst 1973, angesichts der sich abzeichnenden Energieknappheit, zweifelhafter als je zuvor seit der Entstehung der Bundesrepublik. Das wirtschaftliche Wachstum der letzten Jahrzehnte läßt sich nicht als ein Normalzustand ansehen, sondern eher als eine bestimmte historische Phase: als der Übergang zu dem

---

69 Altvater, *Weltwährungskrise*, S. 90 ff.

70 *Die Zeit*, 14. 9. 73, S. 33.

von Walt W. Rostow so benannten »Zeitalter des Massenkonsums«, verstärkt und verlängert zunächst durch den Wiederaufbau und in der Folge durch internationale Konjunkturen.

Es sieht so aus, als ob eine Zivilisation, die sich wesentlich auf permanentes wirtschaftliches Wachstum gründet, in irgendeiner – möglicherweise schon nahen – Zukunft eine per se aggressive Existenzweise bekommen wird. Einer Umstellung unserer Zivilisation auf die Bedingungen des Nicht-Wachstums, ja der Verknappung einiger Wirtschaftsfaktoren stehen jedoch nicht zuletzt die bisherigen Machtverhältnisse in der Wirtschaft entgegen. Die Kapazitäten der großen Konzerne und die Erfordernisse des Profitstrebens verstellen die Notwendigkeit, sich langfristig mit begrenzten ökonomischen Ressourcen einzurichten und mit den vorhandenen Mitteln planvoll umzugehen; zugleich auch die Notwendigkeit, die ökonomischen Beziehungen zu anderen Regionen der Welt von Zwängen möglichst zu befreien. Die Erfahrungen der Vergangenheit zeigen, daß Autarkiebestrebungen unter den Bedingungen der bisherigen wirtschaftlichen Machtverhältnisse leicht in imperialistische Tendenzen umschlagen können.

Bisher war das wirtschaftliche Wachstum im übrigen nicht nur eine Bedingung des privaten Profits, sondern auch eine politische Notwendigkeit. »Warum legen wir seit einiger Zeit eigentlich so großes Gewicht darauf?« – d. h. auf ökonomisches Wachstum: für diese nur rhetorisch gemeinte Frage hatte der schon mehrfach erwähnte Wolfgang Pohle eine ganze Reihe von Antworten parat, – etwa die, daß vom Wirtschaftswachstum die »ökonomische und politische Weltstellung« der Bundesrepublik abhinge, aber auch die, daß »durch die allgemeine wirtschaftliche Expansion ... Strukturveränderungen leichter überwunden werden« könnten[71]. Weiterhin sei es »nicht zuletzt« »die Befriedigung des Sicherheitsbedürfnisses der Nation«, die eine »Steigerung des Sozialprodukts« erfordere. Tatsächlich hat das wirtschaftliche Wachstum in den vergangenen zwei Jahrzehnten auf dem innenpolitischen Sektor ein Sowohl-als-auch ermöglicht, das die Antagonismen immer wieder entschärfte: sowohl Steigerung der Löhne und Sozialleistungen als auch Steigerung der Rüstungsausgaben, der Agrarsubventionen und – mehr als alles andere – der Profite.

Ein Ende des Wachstums könnte dahin führen, daß die bislang verhüllten Antagonismen offen ausgetragen würden. Das ließe sich als

---

71 Pohle, *Programm der Wirtschaft*, S. 75, 76.

eine Belebung der Demokratie vorstellen; aber die Erfahrungen aus der Großen Depression der 1870er und 1880er Jahre sowie aus der Weltwirtschaftskrise um 1930 machen deutlich, daß es auch andere und gefährliche »Lösungen« gibt: die Antagonismen können in die Außenpolitik transponiert werden – so daß sich hier eine verhängnisvolle »Politik des Sowohl-als-auch« ergibt -, oder sie können die Etablierung eines autoritären Regimes begünstigen, das die Antagonismen auf dem Wege der Manipulation verdeckt.

Gerade auch angesichts der unabsehbaren ökonomisch-technologischen Aufgaben, die sich aus den wachsenden ökologischen Problemen, insbesondere dem Zwang zur Erschließung neuer Energiequellen ergeben, ist die zukünftige Gefahr einer neuen Diktatur nicht leicht zu nehmen; und wiederum könnte die Diktatur zusätzliche Gefahren dadurch bringen, daß sie die großen Probleme nur vorübergehend oder überhaupt nur scheinbar zu lösen vermag. Große Probleme, deren Lösung unter den bestehenden Verhältnissen nicht abzusehen ist, lassen leicht den Ruf nach dem »starken Mann« aufkommen; aber die Ausschaltung der Opposition im diktatorischen System enthebt die Herrschenden noch mehr als zuvor der Notwendigkeit, die Probleme ernsthaft in Angriff zu nehmen.

Aber bereits die privatwirtschaftlichen Verhältnisse haben sich immer wieder dahin ausgewirkt, daß die großen »ökologischen« Probleme normalerweise in der Öffentlichkeit nicht zur Debatte standen, sondern nur gelegentlich – und dann oft in verschwommener, irrationaler Weise – in das Bewußtsein und in die Politik einbrachen, so etwa in Deutschland in Gestalt der Zwangsvorstellung, man sei ein »Volk ohne Raum«. Man kann derartige Phobien, die die NS-Politik bestimmten, nicht völlig als Schimären bzw. als Propagandalügen abtun: zu einem Teil handelt es sich um Reflexe realer langfristiger Notwendigkeiten, die von der normalen Politik ignoriert wurden. In den absurden »Jahrtausend«-Perspektiven des NS-Regimes rächte sich die Vernachlässigung der längerfristigen Planung im politischen Alltag. Die realistische Basis der Ideen von wirtschaftlicher Autarkie und von der Rückkehr zum natürlichen Leben ist heute wieder deutlicher geworden; desto klarer stellt sich das Problem, die langfristigen Aufgaben in politische Aktionen umzusetzen, ja die langfristigen Perspektiven überhaupt erst einmal rezipierbar zu machen und der ideologisierenden Entstellung zu entwinden.[72]

---

72 Zu dieser Problematik vgl. neuerdings Hans Magnus Enzensberger, »Zur Kritik der politischen Ökologie«, in: *Kursbuch 33* (1973), S. 1-42, bes. S. 10 f.

Ausblick: Die Irrwege der Atomwirtschaft und die Lehren der Geschichte (1981)

Vorbemerkung: Die folgenden Ausführungen fußen auf meiner Habilitationsschrift: »Die Entstehung der Atomwirtschaft in der Bundesrepublik Deutschland – Technologische Alternativen und historische Kontexte«. Die Quellengrundlage der Arbeit besteht zu einem wesentlichen Teil in Akten des Bundesministeriums für Atomfragen, des Bundesministeriums für wissenschaftliche Forschung und der Deutschen Atomkommission. In dem folgenden Kurzresümee muß aus Raumgründen auf Quellennachweise verzichtet werden.

Das Gefahrenpotential der Atomtechnik ist an sich ein Problemfeld, das aus der bisherigen Geschichte herausfällt; das ergibt sich, unabhängig von den Risiken der zivilen Kernenergie, bereits aus dem fließenden Übergang zwischen ziviler und militärischer Atomtechnik. Eben deshalb erinnert jedoch die Stellung der Atomwirtschaft an die traditionelle Stellung der Schwerindustrie: sie verspricht ökonomisch eine Schlüsselindustrie zu werden, ist jedoch zugleich von der Aura militärischer Macht umgeben. Auch die »friedliche« Atomtechnik trägt bis heute ihre Vergangenheit, ihre militärische Genese in sich. Man muß in technische Details gehen, um das zu erkennen: alle gegenwärtig gebauten Reaktortypen stammen aus einer Zeit, als die Atomtechnik noch von militärischen Interessen beherrscht wurde, und wurden in Atomforschungszentren entwickelt, die im Eigeninteresse den Übergang zur militärischen Atomtechnik offenhalten mußten.

Bei der militärischen Atomtechnik ist neben dem Bombenbau auch die Entwicklung des atomaren U-Boot-Antriebs von großer Bedeutung. Es ist bemerkenswert, wie wenig in den USA während der späten 1940er und noch der gesamten 1950er Jahre die zivile Reaktorentwicklung aus eigener Kraft vorankam: Der eigentliche »Held« des Reaktorbaus wurde der Admiral Rickover, unter dessen Leitung nicht nur die ersten nuklear getriebenen U-Boote, sondern auch der erste Kraftwerksreaktor von industriell interessanter Kapazität (Shippingport, 1953–57) erbaut wurde.

Von hierher nahm die später weltweite Vorherrschaft der Leichtwasserreaktoren ihren Ausgang; in den 1960er Jahren trug die Bundesrepublik zur Dominanz dieses Reaktortyps in Europa entscheidend bei. Der Leichtwasserreaktor war und ist an zwei Enden mit Schlüsseltechnologien der atomaren Bombenproduktion verbunden: Zur Herstellung des von ihm als Kernbrennstoff benötigten angereicherten Urans sind Isotopentrennanlagen nötig, die das Uran-Isotop U^{235} produzieren, mit dem die auf Hiroshima abgeworfene Bombe geladen war; die abgebrannten Brennelemente müssen auf die Dauer – zumindest nach verbreiteter Annahme – in einer Wiederaufarbeitungsanlage behandelt werden, in denen das im Reaktor »erbrütete« Plutonium herausgelöst, also jener Spaltstoff produziert wird, mit dem die Atombombe geladen war, die auf Nagasaki fiel.
Der Leichtwasserreaktor war ursprünglich nicht für Kraftwerke entwikkelt worden. Anfangs war in der Bundesrepublik und auch in den meisten anderen Ländern eine Vorliebe für Natururan-Reaktoren und Skepsis gegenüber den auf angereichertes Uran angewiesenen Reaktortypen verbreitet, schon aus der Sorge vor einer Abhängigkeit von den US-amerikanischen Urananreicherungsanlagen. Wenn der Leichtwassertyp dennoch im Kraftwerksbau zur Weltherrschaft aufstieg, so lag das nicht zuletzt einfach daran, daß er relativ früh entwickelt war. Wesentlich für sein »Image« war auch, daß er wegen der Verwendung von normalem Wasser als Neutronen-Moderator und Kühlmittel relativ einfach und konventionell wirkte. Mehr noch sprach aber für den Leichtwasserreaktor der lapidare Umstand, daß seine Anlagekosten relativ niedrig waren. Das simple Kostenargument brachte immer wieder die Kritiker des Leichtwasserreaktors zum Schweigen, während um viele andere Reaktortypen zeitweise heftig diskutiert wurde. Ein klarer Kostenvorteil des Leichtwasserreaktors bestand aber nur dann, wenn man einen Großteil der Kosten des »Brennstoffkreislaufs« – vor allem der proliferationsträchtigen Technologien Isotopentrennung und Wiederaufarbeitung – aus der Rechnung ausklammerte; das war möglich, da diese Technologien von militärischer Seite ohnehin zur Verfügung standen.
Es hätte andere Reaktortypen gegeben, bei denen ein Verzicht auf Urananreicherung und auch auf Wiederaufarbeitung möglich gewesen wäre. Sie allein hätten zur Diskussion stehen dürfen, wenn die Sorge um die Verhinderung einer weltweiten Ausbreitung nuklearer Waffentechnik bei den Fundamentalentscheidungen der zivilen Atomtechnik maßgebend gewesen wäre. Auch ein gesamtwirtschaftliches Denken hätte dahin führen müssen, daß man bei den Kernkraftwerken im Interesse der Vermeidung der äußerst kostspieligen Brennstoffkreislauf-Technologien höhere Anlagekosten im Vergleich zu den Leichtwasserreaktoren in Kauf

genommen hätte. Für die Energiewirtschaft stellte sich die Situation mit Blick auf den bereits vorhandenen militärischen Nuklearkomplex jedoch anders dar: Für die Reaktorkosten mußte sie selber aufkommen; aus Isotopentrennung und Wiederaufarbeitung ließ sich eine »nationale« Aufgabe machen.

In der Bundesrepublik setzten sich die Leichtwasserreaktoren während der 1960er Jahre im Widerspruch zu den ursprünglichen Atomplanungen durch. Das erste deutsche Atomprogramm (1957) war stark von dem Streben nach nuklearer Brennstoff-Autarkie und nach Unabhängigkeit von den USA bestimmt gewesen; es stand in bemerkenswertem Kontrast zu der Gesamtlinie der Adenauerschen Außen- und der Erhardschen Wirtschaftspolitik. Der Durchbruch der Leichtwasserreaktoren, der für viele überraschend kam, überrollte solche nationalwirtschaftlichen Ambitionen.

Es ist nicht ganz einfach, diese Vorgänge unter dem Leitthema dieses Buches, der Frage nach der politischen Tragweite industrieller Macht, zu interpretieren. Simple Einfluß-Modelle reichen nicht aus – wie schon für die NS-Zeit nicht, wo das Eigengewicht des Staates unübersehbar ist. Die Privatwirtschaft hätte, ganz auf sich gestellt, die Einführung der Kernenergie zweifellos viel langsamer betrieben, als diese dann tatsächlich – unter massiver Betätigung des Staates – erfolgte. In den USA schaltete sich die private Energiewirtschaft während der 1950er Jahre vor allem deshalb in die Kernenergie-Entwicklung ein, um ein Staatsmonopol auf diesem Sektor zu verhindern, und wirkte dabei eher hemmend als beschleunigend. Auch für die bundesdeutsche Energiewirtschaft war die Kerntechnik bis weit in die 1960er Jahre nur wenig attraktiv: Die Kernkraftwerke mit ihren hohen Anlagekosten, ihrer dadurch auf den Grundlastbetrieb beschränkten Brauchbarkeit, ihren niedrigen Betriebstemperaturen und Naßdampf-Turbinen, ihren Betriebsunterbrechungen durch Brennelementwechsel schlugen all dem ins Gesicht, was man in der Energiewirtschaft ökonomisch wie technisch unter »Fortschritt« verstand. Das RWE (Rheinisch-Westfälische Elektrizitätswerk), der weitaus größte deutsche Energieproduzent, war an einer Forcierung der Kernenergie-Entwicklung besonders wenig interessiert, da es in der Braunkohle einen billigen, noch ausbaufähigen Energieträger besaß; wenn es gleichwohl bei Kahl das erste deutsche Versuchskernkraftwerk – unter Nichtachtung der Bonner Atomplanungen mit einem Leichtwasserreaktor – in Auftrag gab, so war das ein leichtgewichtiger Versuchsballon, und der Atomprophet Heinrich Mandel, der mit der Durchsetzung des von ihm verfochtenen Leichtwasserreaktors zur führenden Gestalt der deutschen Energiewirtschaft aufstieg, hatte im RWE lange Zeit einen schweren Stand. Der auf

Kernenergie drängende Staat stand den Energieunternehmen jahrelang in der Position des Bittstellers gegenüber; ironischerweise zeigte sich niemand der Atompolitik des Bundes gegenüber widerspenstiger als die »öffentliche Wirtschaft«, die theoretisch am ehesten zum Werkzeug des Staates prädestiniert wäre.

Eine erhebliche Kluft bestand lange zwischen den Wünschen der Energiewirtschaft und den Reaktorentwicklungen in der Industrie; nur durch aktives Vermitteln des Staates kam hier eine Zusammenarbeit zustande. Das bedeutet jedoch nicht, daß die Kernenergie-Entwicklung vom Staat planvoll gesteuert worden und die Atomindustrie in staatliche Abhängigkeit geraten wäre. Schon die vorangegangene deutsche Geschichte zeigt, daß es merkwürdige Formen von Dialektik in der Entwicklung der Beziehungen Staat–Wirtschaft über einen längeren Zeitraum hinweg geben kann, und die bisherige Geschichte der Atomwirtschaft bietet neue Musterbeispiele hierfür: Der wuchernde staatliche Interventionismus trägt in der Wirtschaft auf die Dauer zur Machtkonzentration und zur Stabilisierung neuer Interessenformationen bei; die Ausweitung der Staatstätigkeit führt zu ihrer bürokratischen Zersetzung in Partialbereiche; die wachsenden Dimensionen des Kooperationsnetzes zwischen Staat, Wirtschaft und Großforschung können auf die Dauer das Eigenleben der Einzelteile verstärken. Wie schon gegenüber dem Faschismus befindet sich eine kritische Wissenschaft auf dem Holzweg, wenn sie soviel »System« wie möglich in die Vorgänge hineinzuprojizieren sucht; Krisenzonen wird man eher mit Blick auf die dargestellte desintegrative historische Dynamik gewahr. In der Kerntechnik besteht ein konkretes Ergebnis darin, daß gegenwärtig die von der Wirtschaft verfolgten Reaktorlinien einerseits und die in den Kernforschungszentren entwickelten »Zukunftsreaktoren« andererseits – die allein der gesamten Kernenergie-Entwicklung einen Sinn zu geben vermögen – kaum noch eine Beziehung zueinander haben. Das Geheimnis der riesenhaft angewachsenen Kernforschungszentren, ob in der Bundesrepublik oder anderswo, besteht nicht darin, daß sie allmächtig und allwissend die Geschicke der Atomentwicklung lenkten, sondern darin, daß es mit ihrem Nutzen und ihrer praktischen Relevanz meist kümmerlich bestellt war und ist.

Besondere Beachtung verdienen die Mechanismen, die sich in dem Dreieck Staat–Wirtschaft–Großforschung bei dem Umgang mit den *Risiken* der Kerntechnik entwickelten. Die Versicherungswirtschaft hatte von Anfang an keinen Zweifel daran gelassen, daß sie nicht daran dachte, das Risiko voll oder auch nur annähernd zu übernehmen. Der Bund hatte daraufhin (§ 36 des Atomgesetzes) die Haftung für versicherungsmäßig nicht gedeckte Schäden bis zu 500 Millionen DM pro Katastrophenfall übernommen; das entsprach einer ähnlichen, allerdings bis auf 500 Millionen *Dollar* hinaufreichenden Regelung in den USA. Die privaten Versicherungsleistungen waren auf einen kleinen Bruchteil dieses Betrages limitiert. Der Staat sorgte also von vornherein dafür, daß das Risiko einer großen Katastrophe aus dem privatwirtschaftlichen Kalkül ausgeklammert blieb. So war etwa der groteske Vorgang möglich, daß in der Reaktorsicherheitskommission die Möglichkeit eines »Rod-Ejektion«-Unfalls (Unfall durch Ausstoßen der Steuerstäbe) erwähnt werden konnte, der eine tödliche Dosis für die Bevölkerung im Umkreis von 40 km zur Folge habe, ohne daß intensive Diskussionen und Beschlüsse der Beteiligten über absolut wirksame Vorkehrungen gefolgt wären! (Erst die Intervention eines Ministerialvertreters bewirkte gegen den Widerstand der Baufirma eine Änderung!) Man gewinnt den Eindruck, daß die »Experten« gar nicht fähig waren, über das Risiko einer ungeheuren Katastrophe angemessen zu diskutieren.

Aber auch das normale Betriebsrisiko – die Unsicherheit, ob Kernkraftwerke zuverlässig funktionierten – war der Energiewirtschaft zunächst suspekt; es stellte sich als das entscheidende Hindernis bei den Verhandlungen um die frühen Kernkraftwerke heraus. Erst als der Staat neun Zehntel des Betriebsrisikos übernahm, wurde das erste deutsche Kernkraftwerk in Auftrag gegeben (Gundremmingen, 1962). Die hartnäckige Skepsis der Energiewirtschaft zeugt von weiser Voraussicht: Der vom Staat zur Risikodeckung verbürgte Höchstbetrag von etwa 100 Millionen DM wurde tatsächlich durch Betriebsstörungen vollständig aufgebraucht.

Insgesamt verlief das Spiel um das nukleare Risiko zwischen Staat und Wirtschaft folgendermaßen: Die Wirtschaft schob so viel wie möglich von dem Risiko an den Staat ab – wobei die Energieproduzenten darauf verweisen konnten, daß sie es schließlich von sich aus nicht nötig hätten, Kernkraftwerke zu bauen. Die zuständigen staatlichen Stellen – die ihrerseits die Zustimmung der Wirtschaft brauchten, um bestimmte Nuklearprojekte als seriös, nützlich und notwendig hinstellen zu können – verteilten die Verantwortung für die Genehmigung von Atomanlagen auf möglichst viele Instanzen; die konkurrierende Zuständigkeit von Bund und Ländern und die zunehmende Aufteilung des Genehmigungsverfahrens in Teilgenehmigungen kamen dieser bürokratischen Kompetenzendiffusion entgegen. Die gesamte Sicherheitsdiskussion in der Atomwirtschaft wurde gleichsam bürokratisiert: Das Thema war nicht mehr die Sicherheit, sondern die Genehmigungsfähigkeit; ein Angelpunkt der Diskussionen wurde der »GAU«, der »größte anzunehmende Unfall«, dessen Beherrschbarkeit in den Sicherheitsberichten der projektierten Kern-

kraftwerke nachzuweisen war – der aber so definiert werden konnte, daß er eben durch die geplanten Vorkehrungen zu beherrschen war. Ein Lernen durch »trial and error«, durch Auswertung der tatsächlich gemachten Unfallerfahrungen, wurde durch diese Prozeduren behindert.
Lange sah es so aus, als sei die Bürokratisierung der Sicherheit für die Atomwirtschaft bequem, da kaum zu erwarten war, daß eine der vielen Instanzen, die die Verantwortung unter sich aufteilten, sich bei einem nach so vielen Richtungen abgesicherten Projekt querlegen würde. Unter dem Druck der öffentlichen Kritik veränderte sich jedoch im Laufe der 1970er Jahre die Situation: Zwar schlugen sich die staatlichen Instanzen keineswegs auf die Seite der Atomgegner, aber sie reagierten doch mit bürokratischen Verzögerungsstrategien, mit einer Fülle neuer Verordnungen und Auflagen. Am Ende war das Gros der Atomindustrie über die Bürokratie kaum weniger erbittert, als es die Kernkraftgegner waren.
Daß die Bürokratisierung der Reaktorsicherheit immer weiter eskalieren konnte, hängt mit der Durchsetzung des Leichtwasserreaktors zusammen, dessen Problematik in anderer Hinsicht bereits dargestellt wurde. Es handelt sich bei diesem um einen Reaktortyp, dessen Sicherheit wesentlich durch externe Vorkehrungen – Regelstäbe, Kühlsysteme, Umhüllungen – gewährleistet werden muß, da auf seine inhärente Sicherheit nur begrenzt Verlaß ist. Hätte die Privatwirtschaft von Anfang an das nukleare Risiko in vollem Umfange allein tragen müssen, dann hätten sich vermutlich – vielleicht nach mehreren Jahrzehnten des Experimentierens mit kleinen Versuchsreaktoren – Reaktortypen mit hoher inhärenter Sicherheit durchgesetzt, bei denen die Unfallfolgen auch im schlimmsten denkbaren Fall in einer Weise begrenzt blieben, wie dies bei der herkömmlichen Technik in der Regel der Fall ist. Nachdem ein Experimentierprozeß dieser Art jedoch durch staatliche Risikogarantien und vollends durch die Vorherrschaft des Leichtwasserreaktors abgeschnitten worden war, blieb nur die Sicherheitsphilosophie der »engineered safeguards« übrig. Ein erhöhtes Sicherheitsbewußtsein und eine wachsende Ängstlichkeit der Bürokratie mußte nun zu einer Akkumulation immer neuer externer Sicherheitsvorkehrungen führen. Dies kann die Kerntechnik leicht in eine Sackgasse manövrieren, da Anlaß zu prinzipiellem Zweifel an der absoluten Verläßlichkeit externer Vorkehrungen besteht und deren Anhäufung sogar noch neue Störfall-Kettenreaktionen möglich macht. Außerdem ergibt sich unter solchen Bedingungen ein immer schärferer Konflikt zwischen Sicherheit und Wirtschaftlichkeit. Bei der Industrie, die einst bei den Dampfkesseln im wohlverstandenen Eigeninteresse die Sicherheitsforschung selber in die Hand genommen hatte, breitete sich ein Horror vor nuklearer Sicherheitsforschung aus.

Die im Zusammenspiel von Staat und Wirtschaft wirksamen Mechanismen führten also zu einer fatalen Zersplitterung, Deformierung und wechselseitigen Abschiebung der Sicherheits-Verantwortung. Dies ist, allgemein gesehen, in der Geschichte nichts Neues; die gesamte Geschichte des Imperialismus, der Weltkriege und des Faschismus ließe sich unter diesem Aspekt rekapitulieren.
Das Interesse am internationalen Frieden, das in der Geschichte immer wieder im Kampf der Partikularinteressen unterging, besaß auch im Kräftespiel der Nuklearwirtschaft, die latent eine unerhörte Gefahr für den Weltfrieden enthält, keinen Vorkämpfer und keine Instanz, die es effektiv in Tagespolitik umgesetzt hätte. Dem scheint der 1954 von der Bundesregierung als Bedingung des deutschen Beitritts zur Westeuropäischen Union ausgesprochene Verzicht auf die Herstellung von Atomwaffen, scheint noch mehr das »Göttinger Manifest« der deutschen Atomwissenschaftler gegen eine atomare Bewaffnung der Bundeswehr (1957) und der später nach harten innenpolitischen Kämpfen durchgesetzte Beitritt der Bundesrepublik zum »Atomsperrvertrag« (1969) zu widersprechen. Entscheidend in dem Verzicht von 1954 war jedoch der Passus, der den Verzicht auf die Produktion der Spaltstoffe Plutonium und Uran-235 einschloß – die in der Tat wichtigste Voraussetzung zum Bombenbau –; dieser Verzicht ist in der bundesdeutschen Kernenergie-Entwicklung nie beachtet worden. Die Plutonium-Produktion besaß in den anfänglichen bundesdeutschen Atomplanungen sogar die Priorität; zwar war geflissentlich von Plutonium nur als Reaktorbrennstoff die Rede, aber in Wahrheit war es damals nur als Bombenspaltstoff zu gebrauchen und ist es im wesentlichen bis heute. – Das Göttinger Manifest wirkt aus dem Rückblick vornehmlich als eine Deklaration, die die bundesdeutsche Nuklearentwicklung gegenüber der Weltöffentlichkeit vor naheliegenden Verdächtigungen schützen sollte; es hatte jedoch keine praktischen Folgen: Vergeblich sucht man in den Entscheidungsprozessen nach Überlegungen von Atomwissenschaftlern über die Art und Weise, wie sich bei der zivilen Kerntechnik eine Proliferation von Bombenspaltstoff verhindern lasse – und dabei war das Proliferationsproblem von Anfang an wohlbekannt.
Im Zuge der Kontroverse um den »Atomsperrvertrag«, die Anfang 1967 heftig aufflammte, suchte die CDU/CSU die Atomwirtschaft gegen die Vertragsunterzeichnung zu mobilisieren. Die wirkliche Lage war aber so, daß das Gros der Atominteressenten inzwischen eine Politik des Widerstands gegen den Vertrag als gefährlich ansehen mußte, da die soeben zum industriellen Durchbruch gelangten Leichtwasser-Kernkraftwerke auf das angereicherte Uran der USA angewiesen waren. Hieraus und

nicht aus Proliferationssorgen erklärt sich das immer entschiedenere Drängen gerade der Atomwirtschaft auf Vertragsunterzeichnung. Das damals vom Kernforschungszentrum Karlsruhe mit Erfolg als Patentrezept für die Lösung der Kontroverse präsentierte System der »instrumentierten Spaltstoffflußkontrolle« war im Grunde nicht viel besser als ein trickreicher Bluff, da bis heute nicht klar ist, ob es eine solche rein technische Lösung des Kontrollproblems wirklich gibt.
Protagonisten der Kerntechnik pflegen hervorzuheben, daß die zivile Kerntechnik technisch kein optimaler Weg zur Produktion von Bombenspaltstoff sei. Das mag zutreffen; aber die »friedliche Kernenergie« bietet eine ideale Legitimation für den Aufbau eines nuklearen Forschungs- und Entwicklungskomplexes, der zugleich für den Bombenbau einzusetzen ist. Dieser Umstand hätte von Anfang an einen Schatten auf Nuklearexporte werfen müssen; aber gerade mit Erfordernissen des Exports, mit Notwendigkeiten der deutschen Stellung auf dem Weltmarkt wurde die bundesdeutsche Atompolitik besonders gern motiviert – zu einer Zeit, als es noch keinem einfallen konnte, eine Notwendigkeit der Kernenergie für die Stromversorgung der Bundesrepublik zu behaupten, sondern man mit Rücksicht auf die krisengeplagte Ruhrkohle geradezu vermeiden mußte, Atompolitik als Energiepolitik zu deklarieren. Die irrationalen und ideologischen Züge jener Exportfixiertheit, die für die Bundesrepublik charakteristisch wurde, treten in den Begründungskonstrukten der Atompolitik zutage. In Wahrheit blieben die Exportaussichten sehr vage; der erste Exportauftrag (1968, für ein Kernkraftwerk in Atucha/Argentinien) wurde nur mit massiver Staatssubvention erzielt. Der Brasilienvertrag von 1975, überschwenglich als größtes Exportgeschäft der Geschichte gefeiert, hat etwas Irreales behalten, und es wurde in den letzten Jahren immer zweifelhafter, als er auch nur annähernd eingelöst werden wird.
Ein Grundzug der bundesdeutschen Atompolitik war bis weit in die 1970er Jahre hinein ihre nach außen hin geflissentlich gewahrte Entpolitisierung; darin unterschied sich das deutsche Vorgehen wesentlich von dem der Atommächte, wo die Nuklearpolitik von Anfang an schon durch ihre militärische Seite ein Politikum war. Die Bundesrepublik, die auf die Herstellung von Kernwaffen verzichtet hatte, suchte sich von der politischen Steuerung der Nuklearentwicklung bei den Atommächten bewußt abzusetzen; sie wollte aus der Kerntechnik am liebsten ohne Umschweife ein ganz normales Geschäft machen, das vornehmlich eine Sache der Privatwirtschaft sei. Als sich um 1960 zeigte, daß die deutsche Atomwirtschaft auf diese Weise nicht vorankam, begann auch in der Bundesrepublik ein anhaltendes Wachstum der Staatstätigkeit auf dem Nuklearsektor, ohne Rücksicht auf die offiziell noch gültige wirtschaftsliberale Dok-

trin; aber die Fiktion, daß die Kernenergie ein Nonpolitikum und eine Angelegenheit wirtschaftlicher Experten sei, blieb gewahrt. Gerade während der 1960er Jahre, als der industrielle Durchbruch der Kernenergie erfolgte, war das Interesse von Bundestag und Öffentlichkeit am Atom eher rückläufig und jahrelang verschwindend gering; man gewinnt den Eindruck, daß die Kernenergie-Entwicklung bis Anfang der 1970er Jahre gar nicht in das allgemeine Bewußtsein einging. Gerade die Konfusionen der Kampagne gegen den »Atomsperrvertrag« enthüllen die Unkenntnis, die es selbst in Politikerkreisen über den Stand der Atomentwicklung gab. Zumal das militärische Potential der Atomtechnik wurde in der Bundesrepublik als ein Tabu behandelt, das anscheinend selbst in den Diskussionen interner Entscheidungsgremien beachtet wurde. Wenn sich das Auswärtige Amt über die Intensivierung der Nuklearbeziehungen zu Südafrika und die als Folge abzusehende Belastung der bundesdeutschen Beziehungen zu anderen afrikanischen Staaten sorgte, stellten sich atompolitische Instanzen verständnislos. Der schwere Konflikt zwischen Bonn und Washington, der 1975 über dem Brasiliengeschäft ausbrach, folgte ganz dem Muster jener deutsch-amerikanischen Konflikte, die in den 1930er Jahren über den Rüstungs- und bilateralen Kompensationsgeschäften des Reiches mit lateinamerikanischen Staaten ausbrachen. Er war mühelos vorhersehbar, denn die mit Brasilien vereinbarten Lieferungen von Brennstoffkreislauf-Technologie besaßen höchste politische Brisanz. Hier wurde die Fiktion, bei Kernenergie handele es sich um ein normales Geschäft, zur Groteske.

Diese Fiktion ließ sich inzwischen auch aus innenpolitischen Gründen nicht mehr halten: Die gewaltig anschwellende Gegenbewegung gegen Atomanlagen offenbarte eine bemerkenswerte politische Schwäche des Nuklearkomplexes, der es mit seiner Öffentlichkeitsscheu und seiner Taktik, die Kernenergie möglichst aus der Politik herauszuhalten, versäumt hatte, die für eine erfolgreiche Durchsetzung der Kernenergie notwendigen politischen Rahmenbedingungen zu schaffen. Manches weist sogar darauf hin, daß der Mangel an öffentlicher Diskussion sogar bei der Industrie selbst zu einer ungenügenden Kenntnis der Risiken der Kerntechnik geführt hatte.

Heute, wo die Parole »Atomkraft – nein danke« längst zum Abzeichen alternativer oder alternativ sein wollender Lebensformen geworden ist, ist die Auffassung gang und gäbe, daß die Anti-Atomkraft-Bewegung wesentlich sozialpsychologisch zu erklären sei. Demgegenüber ist aus historischer Sicht entschieden richtigzustellen, daß diese Gegenbewegung ursprünglich durchaus mit einer deutlichen Sachlogik von dem Gang der kerntechnischen Entwicklung selbst provoziert wurde und daß die Kontroverse um die Kernenergie von ihrer Entstehung her gesehen kein bloßer »Stellvertreter-Konflikt« ist. Die öffentliche Kritik an der Kernenergie begann Anfang der 1970er Jahre in einer Situation, in der die Debatte über die nukleare Sicherheit mit innerer Konsequenz aus den internen Expertenzirkeln herausdrängte. Die Bürokratisierung der internen Sicherheitsdebatte durch den neuerlichen Fixpunkt der »GAU«, des angeblich »größten anzunehmenden Unfalls«, ließ fast automatisch die Frage nach dem »Super-GAU«, dem »Restrisiko« aufkommen: Diese wurde denn auch von den Sicherheitsinstanzen sehr wohl erkannt, war aber innerhalb dieser Gremien nicht wirklich in ihren Konsequenzen auszudiskutieren. Der waghalsige Plan der BASF, ein großstadtnahes Kernkraftwerk bei Ludwigshafen zu errichten, wurde zur Probe aufs Exempel, ob es ein zu beachtendes »Restrisiko« nicht doch gebe, und ob auf die bundesdeutsche »Sicherheitsphilosophie«, im Unterschied zu den USA den Sicherheitsfaktor »distance« zu ignorieren und ganz auf deutsche Ingenieurskunst zu vertrauen, absolut Verlaß sei; die Zurückstellung des BASF-Projektes war für die Atomwirtschaft ein schwerer Schlag. Da es menschenleere Regionen in der Bundesrepublik kaum gibt, geriet man bei der Standortfrage rasch in eine Sackgasse, sobald man sich auf »distance« – Kriterien nach dem Muster der weiträumigen USA einließ. Jetzt rächte sich die Vernachlässigung inhärenter Sicherheitskonzepte bei der Wahl der Reaktortypen. Das einseitige Kalkül auf »engineered safeguards« ließ die Grundlage nach der Zuverlässigkeit der Technik und dem »Unsicherheitsfaktor Mensch« aufkommen; das war jedoch keine Frage für hochspezialisierte Experten, sondern eine Frage für die öffentliche Diskussion: Im übrigen konnte auf die Dauer nicht verborgen bleiben, daß das Proliferationsproblem durch den »Atomsperrvertrag« mitnichten erledigt war; dadurch wurde die Atomtechnik erst recht zum Politikum.

Die praktische Wirkung der Anti-Atomkraft-Bewegung ist noch nicht abzusehen. Es läßt sich allerdings erkennen, daß sie Erfolge vor allem dort erzielt, wo sie auf kein starkes industrielles Interesse stößt, so bei dem – von der Industrie längst nur noch schwach gestützten – Schnellen Brüter oder dem ökonomisch ohnehin allzu riskanten Projekt einer Wiederaufarbeitungs-Großanlage. Die von der bisherigen Industriepolitik verdrängten kerntechnischen Alternativen sind bislang auch von der Atomgegnern kaum aufgegriffen worden.

Aber wenn sich die Gegenbewegung gegen Atomanlagen auch historisch erklären und in ihrer Tragweite relativieren läßt, so muß doch gerade aus historischer Perspektive zugleich das Neuartige und Überraschende dieser Bewegung hervorgehoben werden. Ich selbst muß gestehen, daß ich mir 1973, als ich mit den Recherchen zur Geschichte der deutschen Atom-

politik begann, ein solches massenhaftes Anschwellen der öffentlichen Kritik nie hätte träumen lassen. Neuartig und merkwürdig ist diese Bewegung schon wegen der Unanschaulichkeit der von ihr bekämpften Gefahr und der Schwierigkeit der von ihr angesprochenen Themen, neuartig aber auch dadurch, daß hinter ihr keine Partei und kein starkes materielles Gruppeninteresse steht.
(Die Kohle, die von ihrer historischen Bedeutung in Deutschland her am ehesten zum Gegenspieler der Kernenergie prädestiniert gewesen wäre, hat diese Rolle bemerkenswert wenig gespielt, da sie mittlerweile ebenso wie die Atomwirtschaft auf einen energiepolitischen Protektionismus des Staates angewiesen war.) Daß unter solchen Umständen eine derart omnipräsente, intersive und nachhaltige Diskussion ins Rollen kam und zur Determinante der Atompolitik wurde, läßt die bundesdeutsche Gesellschaft als nicht so starr erscheinen, wie auf der Linken oft angenommen wurde. Im Vergleich zu Frankreich, dessen konsistente Führungselite die Atompolitik mit metallischer Härte vorantreibt, wird deutlich, daß die deutschen Führungseliten, ähnlich wie in früherer Zeit, durch vergleichsweise geringere Homogenität und minder geschlossene Handlungsfähigkeit charakterisiert sind.
Damit sind wir wieder beim Gesamtthema des Buches, denn die von Bismarck bis zu Hitler verfolgte Katastrophendynamik der deutschen Gesellschaft hat viel mit diesem politischen Defizit der deutschen Eliten zu tun. Diese Unfertigkeit der deutschen Gesellschaft enthält jedoch zugleich Freiräume und Möglichkeiten der Veränderung. Zu oft werden sie nicht erkannt; vielmehr wirken gerade die planlosen Mechanismen im Konglomerat von Staat und Wirtschaft dahin, den Eindruck von Sachzwängen zu erzeugen, wo in Wirklichkeit politische Entscheidungsfelder vorliegen. Es gibt in der deutschen Politik des 20. Jahrhunderts eine verhängnisvolle Kontinuität der Zwangsvorstellungen; die Entfesselung der beiden Weltkriege durch deutsche Regierungen vollzog sich in einer Atmosphäre von düsterem Fatalismus, dessen Ursprung – wie dargestellt – wesentlich in undurchschauten wirtschaftlichen Interessenkorporationen lag. Gerade in Erinnerung daran ist es heute die vielleicht wichtigste Aufgabe historischer Aufklärung, angebliche Sachzwänge durchsichtig zu machen und der Öffentlichkeit politische Entscheidungsfelder zum Bewußtsein zu bringen; ein Schlüssel hierzu ist die konkrete Analyse der Machtmechanik zwischen Industrie und Politik.

Literaturverzeichnis

Abs, Hermann Josef, *Zeitfragen der Geld- und Wirtschaftspolitik: Aus Vorträgen und Aufsätzen*, Frankfurt 1959

Adenauer, Konrad, *Erinnerungen*, 4 Bde., Stuttgart 1965-67

Albertin, Lothar, *Faktoren eines Arrangements zwischen industriellem und politischem System in der Weimarer Republik 1918-1928*. Referat auf dem Internat. Symposium in Bochum, Juni 1973

Alff, Wilhelm, *Der Begriff Faschismus und andere Aufsätze zur Zeitgeschichte*, Frankfurt 1971 (ed. suhrkamp 456)

Almond, Gabriel A., »The Politics of German Business«, in: Speier/Davison (s. ebd.), S. 195-241

Altvater, Elmar, *Die Weltwährungskrise*, Frankfurt 1969

Amin, Abdel Megid, »Deutsche Orientpolitik heute«, in: *Außenpolitik*, Jg. 5/1954, H. 1, S. 27-36

Anatomie der Aggression. Neue Dokumente zu den Kriegszielen des faschistischen deutschen Imperialismus im Zweiten Weltkrieg, Hrsg. Gerhard Hass/Wolfgang Schumann, Berlin (Ost) 1972

Anatomie des Krieges. Neue Dokumente über die Rolle des deutschen Monopolkapitals bei der Vorbereitung und Durchführung des Zweiten Weltkrieges, Hrsg. Dietrich Eichholtz/Wolfgang Schumann, Berlin (Ost) 1969

Anderson, Pauline, *The Background of Anti-English Feeling in Germany 1890-1902*, Washington, D. C. 1939

Auslandskapital in der deutschen Wirtschaft, hrsg. Handbuchredaktion des Heinz Möller Verlags unter Leitung von Winfried Schmitz-Esser, Bonn 1969

Außenpolitische Perspektiven des westdeutschen Staates, Bd. 3: Der Zwang zur Partnerschaft, Wien/München 1972 (Schriften des Forschungsinstituts der Deutschen Gesellschaft für Auswärtige Politik, Bd. 30/3)

Backer, John H., *Priming the German Economy. American Occupational Policies, 1945-1948*, Durham (Duke UP) 1971

Badstübner, Rolf, *Restauration in Westdeutschland 1945-1949*, Berlin (Ost) 1965

Bandholz, Emil, »Die ökonomischen Probleme der Wiederaufrüstung«, in: *Geist und Tat*, Febr. 1955, S. 40-47

Baring, Arnulf, *Außenpolitik in Adenauers Kanzlerdemokratie. Westdeutsche Innenpolitik im Zeichen der Europäischen Verteidigungsgemein-*

schaft, Taschenbuch-Ausgabe: 2 Bde., München 1971 (dtv 4065/66)
Bauer, Kunz D., *Die Einfuhr von Rüstungsgütern in die Bundesrepublik*, Diss. Köln 1963
Baumann, G., *Atlantikpakt der Konzerne. Die internationale Kapitalverflechtung in Westdeutschland*, Berlin (Ost) 1952
Baumgart, Winfried, *Deutsche Ostpolitik 1918*, Wien und Münster 1966
Baumont, Maurice, *L'essor industrielle et le colonialisme 1878-1904*, Paris 1937
Baumont, Maurice, *La grosse industrie allemande et le charbon*, Paris 1928
Bay, A., *Der nationalsozialistische Gedanke der Großraumwirtschaft und seine ideologischen Grundlagen: Darstellung und Kritik*, Köln 1962
Beckerath, Herbert von, *Großindustrie und Gesellschaftsordnung*, Tübingen 1954
Bendix, Reinhard, *Herrschaft und Industriearbeit: Untersuchungen über Liberalismus und Autokratie in der Geschichte der Industrialisierung*, Frankfurt 1960
Berdrow, Wilhelm, *Alfred Krupp*, Berlin 1926
Berghahn, Volker, R., *Der Tirpitzplan. Genesis und Verfall einer innenpolitischen Krisenstrategie unter Wilhelm II.*, Düsseldorf 1971
Bergmann, Carl, *Der Weg der Reparation*, Frankfurt 1926
Berndorf, Hans Rudolf, *General zwischen Ost und West*, Hamburg 1951
Besson, Waldemar, *Die Außenpolitik der Bundesrepublik. Erfahrung und Maßstäbe*, München 1970
Bethusy-Huc, Viola Gräfin von, *Demokratie und Interessenpolitik*, Wiesbaden 1962
Bettelheim, Charles, *L'economie allemande sous le nazisme*, Neudruck, 2 Bde., Paris 1971
Birkenfeld, Wolfgang, *Der synthetische Treibstoff 1933-1945. Ein Beitrag zur nationalsozialistischen Wirtschafts- und Rüstungspolitik*, Göttingen 1964 (Studien und Dokumente zur Geschichte des Zweiten Weltkrieges, Bd. 8)
Bleyer, Wolfgang, *Staat und Monopole im totalen Krieg. Der staatsmonopolistische Machtapparat und die »totale Mobilisierung« im ersten Halbjahr 1943*, Berlin (Ost) 1970
Bleyer, Wolfgang, »Totaler Krieg und totale Monopolmacht. Der staatsmonopolistische Verschmelzungsprozeß zwischen Monopolorganen und faschistischem Staat im Zweiten Weltkrieg«, in: *ZsGW*, Jg. 14/1966, S. 896-913
Bloch, Charles, *Die SA und die Krise des NS-Regimes 1934*, Frankfurt 1970 (ed. suhrkamp 434)
Boarman, Patrick M., *Germany's Economic Dilemma. Inflation and the Balance of Payments*, New Haven/London 1964
Boberach, Heinz (Hrsg.), *Meldungen aus dem Reich. Auswahl aus den geheimen Lageberichten des Sicherheitsdienstes der SS 1939-1944*, Neuwied/Berlin 1965
Böhme, Helmut, *Deutschlands Weg zur Großmacht*, Köln/Berlin 1966
Böhme, Hermann, *Der deutsch-französische Waffenstillstand im Zweiten Weltkrieg*. 1. Teil: Entstehung und Grundlagen des Waffenstillstandes von 1940, Stuttgart 1966 (Veröff. des Instituts für Zeitgesch.)
Böhret, Carl, *Aktionen gegen die »kalte Sozialisierung« 1926-1930. Ein*

Beitrag zum Wirken ökonomischer Einflußverbände in der Weimarer Republik, Berlin 1966

Boelcke, Willi A. (Hrsg.), *Deutschlands Rüstung im Zweiten Weltkrieg. Hitlers Konferenzen mit Albert Speer 1942-1945*, Frankfurt 1969

Boelcke, Willi A., »Die Waffengeschäfte des Dritten Reiches mit Brasilien«, in: *Tradition*, Jg. 16/1971, S. 177-200 und 280-287

Bößenecker, Hermann, *Bayern, Bosse und Bilanzen. Hinter den Kulissen der weiß-blauen Wirtschaft*, München 1972

Bollmus, Reinhard, *Das Amt Rosenberg und seine Gegner. Studien zum Machtkampf im nationalsozialistischen Herrschaftssystem*, Stuttgart 1970

Born, Karl, Erich, *Die deutsche Bankenkrise, Finanzen und Politik*, München 1967

Born, Karl Erich (Hrsg.), *Moderne deutsche Wirtschaftsgeschichte*, Köln/Berlin 1966 (Neue Wissenschaftl. Bibliothek 12)

Borowsky, Peter, *Deutsche Ukrainepolitik 1918 unter besonderer Berücksichtigung der Wirtschaftsfragen*, Lübeck/Hamburg 1970 (= Histor. Studien 416)

Bosch, Werner, *Die Saarfrage*, Heidelberg 1954

Braatz, Werner E., »Die agrarisch-industrielle Front in der Weimarer Republik 1930-1932. Die Rolle der Interessentengruppen als Triebkräfte des sozio-ökonomischen Wandels während der Weltwirtschaftskrise«, in: *JbWSW*, Jg. 91/1971, T. II, S. 541-565

Bracher, Karl Dietrich, *Die Auflösung der Weimarer Republik*, 3. Auflage, Villingen 1968

Bracher, Karl Dietrich, *Die deutsche Diktatur. Entstehung, Struktur, Folgen des Nationalsozialismus*, Köln 1969

Bracher, Karl Dietrich/Sauer, Wolfgang/Schulz, Gerhard, *Die nationalsozialistische Machtergreifung. Studien zur Errichtung des totalitären Herrschaftssystems in Deutschland 1933/34*, Köln/Opladen 2. Aufl. 1962

Bräutigam, Harald, *Wirtschaftssystem des Nationalsozialismus*, Berlin 1932

Brandes, Volkhard, *Die Krise des Imperialismus. Grenzen der kapitalistischen Expansion und der Wiederaufbau der Arbeiterbewegung*, Frankfurt 1973

Brandt, Gerhard, *Rüstung und Wirtschaft in der Bundesrepublik*, Witten 1966 (Studien z. polit. u. gesellschaftl. Situation der Bundeswehr, Hrsg. G. Picht, 3. Folge)

Brauer, Theodor, *Krisis der Gewerkschaften*, Jena 1954

Braunthal, Gerard, *The Federation of German Industry in Politics*, Ithaca (Cornell UP) 1965

Breitling, Rupert, »Politische Pression wirtschaftlicher und gesellschaftlicher Kräfte in der Bundesrepublik Deutschland«, in: *Die Gesellschaft in der Bundesrepublik, Analysen*, Hrsg. H. Steffen, 1. Teil, Göttingen 1970 (Kl. Vandenhoeck-Reihe 312), S. 72-125

Brentano, Lujo, *Die Schrecken des überwiegenden Industriestaates*, Berlin *Deutschlands*, Jena 1931

Brentano, Lujo, *Die Schrecken des überwiegenden Industriestaates*, Berlin 1901

Bretton, Henry L., *Stresemann and the Revision of Versailles*, Stanford, Calif., 1953

Brinkmann, Rudolf, *Staat und Wirtschaft*, Stuttgart/Berlin 1938

Broek, Warner Frederick, *Social and Economic history of Germany from William II. to Hitler*, Cordiff und Oxford 1938

Brüning, Heinrich, *Memoiren 1918-1934*, Stuttgart 1970

Bry, Gerhard, *Wages in Germany 1871-1945*, Princeton, N. Y., 1960

Bücher, Hermann, *Finanz- und Wirtschaftsentwicklung Deutschlands in den Jahren 1921-1925 (Reden)*, Berlin 1925

Die bürgerlichen Parteien in Deutschland. Handbuch der Geschichte der bürgerlichen Parteien und anderer bürgerlicher Interessenorganisationen vom Vormärz bis zum Jahre 1945, Hrsg. Dieter Fricke, 2 Bde., Leipzig 1968

Bullock, Alan, *Hitler. Eine Studie über Tyrannei*, Düsseldorf 1960

Caro, Kurt und Oehme, Walter, *Schleichers Aufstieg*, Berlin 1933

Castellan, Georges, *La Republique de Weimar 1918-1933*, Paris 1969

CEPES (Europäische Vereinigung für wirtschaftliche und soziale Entwicklung, Dt. Gruppe) (Hrsg.), *Wirtschaftspolitische Grundsatzfragen beim Aufbau einer Rüstungswirtschaft der Bundesrepublik Deutschland*, Frankfurt 1957

Chmelnizkaja, J., *Der westdeutsche Monopolkapitalismus* (aus dem Russ.), Berlin 1962, Neudruck Hamburg 1972

Clapham, J. H., *The economic development of France and Germany*, 4th ed., London 1961

Compton, James V., *Hitler und die USA. Die Amerikapolitik des Dritten Reiches und die Ursprünge des Zweiten Weltkrieges* (aus dem Amerikanischen), Oldenburg/Hamburg 1968

Conze, Werner, *Jakob Kaiser. Politiker zwischen Ost und West 1945-1949*, Stuttgart 1969

Conze, Werner und Raupach, Hans, (Hrsg.), *Die Staats- und Wirtschaftskrise des Deutschen Reichs, 1929-1933*, Stuttgart 1967

Curtius, Julius, *Der Young-Plan (Entstellung und Wahrheit)*, Stuttgart 1950

Czichon, Eberhard, *Der Bankier und die Macht. Hermann Josef Abs in der deutschen Politik*, Köln 1970

Czichon, Eberhard, *Wer verhalf Hitler zur Macht? Zum Anteil der deutschen Industrie an der Zerstörung der Weimarer Republik*, Köln 1967

Czollek, Roswitha/Eichholtz, Dietrich, »Die deutschen Monopole und der 22. Juni 1941«, in: *ZsGW*, Jg. 15/1967, T. I, S. 64-76

Czollek, Roswitha/Eichholtz, Dietrich, »Zur wirtschaftspolitischen Konzeption des deutschen Imperialismus beim Überfall auf die Sowjetunion. Aufbau und Zielsetzung des staatsmonopolistischen Apparats für den faschistischen Beute- und Vernichtungskrieg«, in: *JbWG*, Jg. 9/1968, T. I, S. 141-181

Dallin, Alexander, *Deutsche Herrschaft in Rußland 1941-1945. Eine Studie über Besatzungspolitik* (aus dem Engl.), Düsseldorf 1958

Dawes, Rufus C., *Wie der Dawesplan zustande kam*, Stuttgart 1926

Deakin, F. W., *Die brutale Freundschaft. Hitler, Mussolini und der Untergang des italienischen Faschismus* (aus dem Engl.), Köln 1964

Denzel, Rosemarie, *Die chemische Industrie Frankreichs unter der deutschen Besetzung im Zweiten Weltkrieg* (Studien des Instituts für Besatzungsfragen 18), Tübingen 1959

Deutsch, Karl Wolfgang und Edinger, Lewis Joachim, *Germany Rejoins the Powers*, Stanford 1959

Deutschland im Ersten Weltkrieg (Sammelwerk), hrsg. vom Institut für Geschichte der Deutschen Akademie der Wissenschaften unter Leitung von Fritz Klein, 3 Bde., Berlin 1968-1969

Dirksen, Herbert von, *Moskau, Tokio, London*, Stuttgart 1949

Dittberner, Jürgen, »Der Wirtschaftsrat der CDU e. V.«, in: Dittberner J./ Ebbighausen, R. (Hrsg.), *Parteiensystem in der Legitimationskrise. Studien und Materialien zur Soziologie der Parteien in der Bundesrepublik Deutschland*, Opladen 1973, S. 200-228

Dix, Arthur, *Wirtschaftskrieg und Kriegswirtschaft*, Berlin 1920

Documents on British Foreign Policy 1919-1939 (verschiedene Bände)

Dodd, William E., *Diplomat auf heißem Boden* (aus dem Amerikanischen, Originalausgabe 1941), Berlin (Ost) 1962

Dönhoff, Marion Gräfin, *Die Bundesrepublik in der Ära Adenauer. Kritik und Perspektiven*, Reinbek 1963 (rde 187/188)

Dörfler, Walter E., »Die deutsch-ägyptischen Wirtschaftsbeziehungen«, in: *Außenpolitik*, Jg. 11/1960, H. 1, S. 11-17

Domarus, Max, *Hitler, Reden und Proklamationen 1932-1945*, 4 Bde., München 1965

Drechsler, Karl, *Deutschland – China – Japan 1933-1939. Das Dilemma der deutschen Fernostpolitik*, Berlin (Ost) 1964

Dübber, Ulrich, *Geld und Politik. Die Finanzwirtschaft der Parteien*, Freudenstadt 1970

Duisberg, Carl, *Abhandlungen, Vorträge und Reden aus den Jahren 1922-1933*, Berlin 1933

Duisberg, Carl, *Meine Lebenserinnerungen*, Leipzig 1933

Duwendag, Dieter (Hrsg.), *Macht und Ohnmacht der Bundesbank*, Frankfurt 1973

Ehrenberg, Herbert, *Die Erhard-Saga. Analyse einer Wirtschaftspolitik, die keine war*, Stuttgart 1965

Eichholtz, Dietrich, »Alte und ›neue‹ Konzeptionen. Bürgerliche Literatur zur Wirtschaftsgeschichte des Faschismus in Deutschland«, in: *JbWG*, Jg. 12/1971, T. III, S. 231-255

Eichholtz, Dietrich, »Zum Anteil des IG-Farben-Konzerns an der Vorbereitung des Zweiten Weltkriegs. Ein Dokument zur staatsmonopolistischen Kriegsplanung des faschistischen deutschen Imperialismus«, in: *JbWG*, Jg. 10/1969, T. II, S. 83-105

Eichholtz, Dietrich, *Geschichte der deutschen Kriegswirtschaft 1939-1945*, Bd. 1: 1939-1941, Berlin (Ost) 2. Aufl. 1971

Eichholtz, Dietrich, »Die IG-Farben-›Friedensplanung‹. Schlüsseldokumente der faschistischen ›Neuordnung des europäischen Großraums‹«, in: *JbWG*, Jg. 7/1966, T. III, S. 271-332

Eichholtz, Dietrich, »Probleme einer Wirtschaftsgeschichte des Faschismus in Deutschland«, in: *JbWG*, Jg. 4/1963, T. III, S. 97-127

Eichholtz, Dietrich, »Wege zur Entbolschewisierung und Entrussung des

Ostraumes«. Empfehlungen des IG-Farben-Konzerns für Hitler im Frühjahr 1943, in: *JbWG*, Jg. 11/1970, T. II, S. 13-44

Einhorn, Marion, *Die ökonomischen Hintergründe der faschistischen deutschen Intervention in Spanien 1936-1939*, Berlin (Ost) 1962

Emmendorfer, H., *Die geschäftlichen Beziehungen der deutschen Eisen- und Stahlindustrie zur eisenschaffenden Industrie besetzter Gebiete 1939-1945*, Diss. Köln 1955

Epstein, Klaus, *Matthias Erzberger and the Dilemma of German Democracy*, New York 1971

Erbe, René, *Die nationalsozialistische Wirtschaftspolitik im Lichte der modernen Theorie*, Zürich 1958

Erdmann, Karl Dietrich, *Adenauer und die Rheinlandpolitik nach dem Ersten Weltkrieg*, Stuttgart 1966

Erhard, Ludwig, *Wohlstand für alle* (bearb. von Wolfgang Langer), Gütersloh o. Z. (Erstausgabe 1957) (Signum Taschenbücher 134)

Esenwein-Rothe, Ingeborg, *Die Wirtschaftsverbände von 1933 bis 1945*, Berlin 1965

Europäische Wirtschaftsgemeinschaft, hrsg. vom Verein Berliner Kaufleute und Industrieller und von der Wirtschafts-Hochschule Berlin, Berlin 1942

Eyck, Erich, *Geschichte der Weimarer Republik*, 2 Bde., Erlenbach 1956/57

Facius, Friedrich, *Wirtschaft und Staat. Die Entwicklung der staatlichen Wirtschaftsverwaltung in Deutschland*, Boppard 1959

Fack, Fritz-Ulrich, »Entwicklungstendenzen des industriellen Lobbyismus in der Bundesrepublik«, in: Böhret, Carl/Grosser, Dieter (Hrsg.), *Interdependenzen von Politik und Wirtschaft, Festgabe für G. v. Eynern*, Berlin 1967, S. 483-505

Feis, Herbert, *Europe the World's Banker*, New Haven, Connecticut 1930

Feldman, Gerald D., *Army, Industry and Labor in Germany*, 1914-1918, Princeton, USA, 1966

Felix, David, *Walter Rathenau and the Weimar Republic*, Baltimore (John Hopkins) 1971

(Festschrift für Fritz Fischer) Geiss, Imanuel/Wendt, Bernd-Jürgen (Hrsg.), *Deutschland in der Weltpolitik des 19. und 20. Jahrhunderts*, Düsseldorf 1973

Fischer, Fritz, *Griff nach der Weltmacht*, 3. Aufl. Düsseldorf 1964

Fischer, Fritz, *Krieg der Illusionen. Die deutsche Politik von 1911-1914*, Düsseldorf 1969

Fischer, Ruth, *Stalin und der deutsche Kommunismus. Der Übergang zur Konterrevolution*, Frankfurt o. Z.

Flechtner, L. H., *Carl Duisberg*, Düsseldorf 1959

Förster, Gerhard, *Totaler Krieg und Blitzkrieg. Die Theorie des totalen und des Blitzkrieges in der Militärdoktrin des faschistischen Deutschlands am Vorabend des Zweiten Weltkrieges*, Berlin (Ost) 1967

Foreign Relation of the United States, Paris Peace Conference 1919 (verschiedene Bände)

Fraenkel, Heinrich und Manvell, Roger, *Hermann Göring*, Hannover 1964

Friedensburg, Ferdinand, *Kohle und Eisen im Weltkrieg und in den Friedensschlüssen*, Berlin 1934

Friedensburg, Ferdinand, »Die sowjetischen Kriegslieferungen an das Hitlerreich«, in: *Vierteljahreshefte für Wirtschaftsforschung*, Jg. 1962, S. 331-338

Friedländer, Saul, *Auftakt zum Untergang. Hitler und die Vereinigten Staaten von Amerika 1939-1941* (aus dem Französischen), Stuttgart u. a. 1965

Friedrich, Otto A., »Außenpolitik mit wirtschaftlichem Boden«, in: *Außenpolitik*, Jg. 7/1956, S. 345-355

Frye, Alton, *Nazi Germany and the American Hemisphere 1933-1941*, New Haven/London (Yale UP) 1967

Fürstenberg, Carl, *Die Lebensgeschichte eines deutschen Bankiers* (herausgegeben von seinem Sohn Hans Fürstenberg), Berlin 1931

Gatzke, Hans, *Germany's Drive to the West*, Baltimore 1950

Gatzke, Hans, *Stresemann and the Rearmament of Germany*, Baltimore 1954

Geer, Johann Sebastian, *Der Markt der geschlossenen Nachfrage. Eine morphologische Studie über die Eisenkontingentierung in Deutschland 1937-1945*, Berlin 1961 (Nürnberger Abhandl. z. d. Wirtschafts- und Sozialwiss. 14)

Geiss, Imanuel, *Studien über Geschichte und Geschichtswissenschaft*, Frankfurt 1972 (ed. suhrkamp 569)

Gellner, Berthold, *Wird die kleine und mittlere industrielle Unternehmung diskriminiert? Eine Untersuchung über die wirtschaftspolitische Behandlung der Klein- und Mittelindustrie in der Bundesrepublik Deutschland*, Berlin 1968

Genschel, Helmut, *Die Verdrängung der Juden aus der Wirtschaft im Dritten Reich*, Göttingen 1966

Georg, Enno, *Die wirtschaftlichen Unternehmungen der SS*, Stuttgart 1953

Gessler, Otto, *Reichswehrpolitik in der Weimarer Zeit*, Stuttgart 1958

Gescher, Dieter Bruno, *Die Vereinigten Staaten von Nordamerika und die Reparationen 1920-1924*, Bonn 1956.

Geyer, Curt, *Drei Verderber Deutschlands (Stinnes, Havenstein, Helfferich)*, Berlin 1924

Gimbel, John, *Amerikanische Besatzungspolitik in Deutschland 1945-1949*, Frankfurt 1971

Glum, Friedrich, *Zwischen Wissenschaft, Wirtschaft und Politik: Erlebtes und Erdachtes in vier Reichen*, Bonn 1964

Görnandt, R., *Das Ende der deutschen Fertigindustrie?*, Berlin 1932

Gordon, Harold J. jr., *Hitlerputsch 1923*, deutsch Frankfurt 1966

Gordon, Harold J., *The Reichswehr and the German Republic*, Port Washington N. Y. 1957

Gossweiler, Kurt, *Großbanken, Industriemonopole, Staat. Ökonomie und Politik des staatsmonopolistischen Kapitalismus in Deutschland 1914-1932*, Berlin (Ost) 1971

Gossweiler, Kurt, *Die Rolle des Monopolkapitals bei der Herbeiführung der Röhm-Affäre*, maschinenschriftl. Diss., Berlin (Ost) 1963

Graefrath, Bernhard, *Zur Geschichte der Reparationen*, Berlin 1954

Grebing, Helga, *Geschichte der deutschen Arbeiterbewegung*, München 1966

Groener, Wilhelm, *Lebenserinnerungen*, Göttingen 1957

Groener-Geyer, Dorothea, *General Groener, Soldat und Staatsmann*, Frankfurt 1955

Gross, Herbert, *Small Business im großen Markt. Neue Chancen für Klein- und Mittelbetriebe*, Düsseldorf 1958

Grossmann, Kurt R., *Die Ehrenschuld. Kurzgeschichte der Wiedergutmachung*, Frankfurt/Berlin 1967 (Ullstein Buch 629)

Grotkopp, W., *Die Große Krise*, Düsseldorf 1954

Gruchmann, Lothar, *Nationalsozialistische Großraumordnung. Die Konstruktion einer »deutschen Monroe-Doktrin«*, Stuttgart 1962

Guillen, Pierre, *L'Allemagne et le Maroc de 1870 a 1905*, Paris 1967

Gurland, A. R. L., »Technological Trends and Economic Structure under National Socialism«, in: *Studies in Philosophy and Social Science*, Jg. 9/1941, S. 226-263

Haftendorn, Helga, *Militärhilfe und Rüstungsexporte der BRD*, Düsseldorf 1971

Hagemann, W., *Das Verhältnis der deutschen Großbanken zur Industrie*, Berlin 1931

Hallgarten, George W. F., *Hitler, Reichswehr und Industrie*, Frankfurt 1955

Hallgarten, George W. F., *Imperialismus vor 1914 – Die soziologischen Grundlagen der Außenpolitik moderner Großmächte vor dem Ersten Weltkrieg*, 2 Bde., 2. Auflage, München 1963

Hallgarten, George W. F., *Das Wettrüsten – seine Geschichte bis zur Gegenwart*, Frankfurt 1967

Hallgarten, George W. F., *Why Dictators? The Causes and Forms of Tyrannical Rule since 600 B. C.*, New York 1954

Halperin, William S., *Germany tried democracy*, Hamden, Conn. USA 1946

Hamerow, Theodore, *The social foundations of German unification 1858-1871*, Princeton 1969

Hanrieder, Wolfram F., *Die stabile Krise. Ziele und Entscheidungen der bundesrepublikanischen Außenpolitik 1949-1969* (aus dem Amerikanischen), Düsseldorf 1971

Hardach, Gerd, *Der Erste Weltkrieg*, München 1973 (Geschichte der Weltwirtschaft im 20. Jahrhundert 2, dtv 4122)

Hartmann, Heinz, *Der deutsche Unternehmer: Autorität und Organisation* (aus dem Amerikanischen), Frankfurt 1968

Hartwig, Edgar, *Zur Politik und Entwicklung des Alldeutschen Verbands ... 1891-1914*. Phil. Diss., Jena 1966

Hashagen, Justus, *Geschichte der Familie Hösch*, Köln 1911-1916

Hass, Gerhart, *Von München bis Pearl Harbor. Zur Geschichte der deutsch-amerikanischen Beziehungen 1938-1941*, Berlin (Ost) 1965

Heiden, Konrad, *Adolf Hitler*, Zürich 1936

Hein, Manfred, *Die internationalen Geldmarktgeschäfte westdeutscher Banken*, Berlin 1966

Hellwig, Fritz, *Carl Frhr. v. Stumm-Halberg*, Heidelberg 1936

Hemberger, Horst, Maier, Lutz u. a. (Hrsg.), *Rüstungswirtschaft in Westdeutschland. Probleme der Militarisierung der Wirtschaft Westdeutschlands*, Berlin (Ost) 1963

Henderson, O. W., *The Industrial Revolution on the Continent*, London 1961

Hennig, Eike, »Industrie und Faschismus. Anmerkung zur sowjetmarxistischen Interpretation«, in: *NPL*, Jg. 15/1970, S. 432-449

Hennig, Eike, »Materialien zur Diskussion der Monopolgruppentheorie«, in: *NPL*, Jg. 18/1973, S. 170-193

Hennig, Eike, »Monopolgruppentheorie in der DDR, diskutiert in ›Großbanken, Industriemonopole, Staat‹ von Kurt Gossweiler«, in: *Leviathan*, Jg. 1/1973, S. 135-151

Hennig, Eike, *Thesen zur deutschen Sozial- und Wirtschaftsgeschichte 1933 bis 1938*, Frankfurt/M. 193 (edition suhrkamp 662)

Herrmann, Walther, »Internationale Bestrebungen der Unternehmerverbände«, in: *Europa-Archiv*, Jg. 7/1952, Bd. 2, S. 5247-5250

Hesse, Friedrich, *Die deutsche Wirtschaftslage von 1914-1923*, Jena 1938

Hesse, Major, »Der Wirtschaftsführer im Dienste der Wehrwirtschaft«, in: *Der deutsche Volkswirt*, 2. 10. 1936, S. 11-13

Hielscher, Erwin, *Der Leidensweg der deutschen Währungsreform*, München 1948

Hildebrand, Klaus, *Deutsche Außenpolitik 1933-1945. Kalkül oder Dogma?*, Stuttgart 1971

Hildebrand, Klaus, *Vom Reich zum Weltreich. Hitler, NSDAP und koloniale Frage 1919-1945*, München 1969 (Veröffentlichungen des Histor. Institutes der Universität Mannheim 1)

Hillgruber, Andreas, *Hitler, König Carol und Marschall Antonescu. Die deutsch-rumänischen Beziehungen 1938-1944*, Wiesbaden 1954

Hillgruber, Andreas, *Hitlers Strategie, Politik und Kriegführung 1940-1941*, Frankfurt 1965

Hirsch, Felix, *Stresemann*, Göttingen 1964

Hitler, Adolf, *Mein Kampf*, München 263./264. Auflage 1937

Höhne, Heinz, *Der Orden unter dem Totenkopf. Die Geschichte der SS*, Gütersloh 1967

Hoensch, Jörg K., *Die Slowakei und Hitlers Ostpolitik. Hlinkas Slowakische Volkspartei zwischen Autonomie und Separation 1938/39*, Köln/Graz 1965

Hofer, Walther (Hrsg.), *Der Nationalsozialismus. Dokumente 1933-1945*, Frankfurt 1957 (Fischer Bücherei 172)

Hoffmann, Walter G., *Das Wachstum der deutschen Wirtschaft seit der Mitte des 19. Jahrhunderts*, Berlin 1965

Hofmann, H. H., *Der Hitlerputsch*, München 1966

Högner, Wilhelm, *Die verratene Republik*, München 1958

Hoesch 1871-1921, Dortmund 1921

Hortzschansky, Günter, *Der nationale Verrat der deutschen Monopolherren 1923*, Berlin 1961

Hüglin, Karl, siehe Ufermann, Paul

Hüttenberger, Peter, »Die Anfänge der Gesellschaftspolitik in der britischen Zone«, in: *VjhZG*, Jg. 21/1973, S. 171-176

Hüttenberger, Peter, *Die Gauleiter. Studie zum Wandel des Machtgefüges in der NSDAP, Stuttgart 1969* (Schriftenreihe der Vierteljahrshefte für Zeitgeschichte 19)

Huffschmid, Jörg, *Die Politik des Kapitals. Konzentration und Wirtschaftspolitik in der Bundesrepublik*, Frankfurt 1969 (ed. suhrkamp 313)

Huster, E. U., Kraiker, G., Scherer, B., Schlotmann, Fr. K., Welteke, M.,

Determinanten der westdeutschen Restauration 1945-1949, Frankfurt 1972 (ed. suhrkamp 575)

»Industrieforschung – Möglichkeiten und Grenzen im Rahmen einer zeitgemäßen Forschungspolitik«, in: *Wissenschaft und Wirtschaft*, A 1967

Jacobsen, Hans-Adolf, *Nationalsozialistische Außenpolitik 1933-1938*, Frankfurt/Berlin 1968
Jäckel, Eberhard, *Frankreich in Hitlers Europa. Die deutsche Frankreichpolitik im Zweiten Weltkrieg*, Stuttgart 1966 (Quellen und Darstellungen zur Zeitgeschichte 14)
Jaeger, Hans, *Unternehmer in der deutschen Politik*, Bonn 1967
Jaeger, Hans-Georg, *Wirtschaftliche Auswirkungen der Verteidigungsausgaben. Ein Problembeitrag am Beispiel der Bundesrepublik Deutschland, der Vereinigten Staaten von Amerika und Großbritannien*, Diss. Darmstadt 1967
Jäger, Jörg-Johannes, *Die wirtschaftliche Abhängigkeit des Dritten Reiches vom Ausland, dargestellt am Beispiel der Stahlindustrie*, Berlin 1969
Janssen, Gregor, *Das Ministerium Speer. Deutschlands Rüstung im Krieg*, Frankfurt/Berlin 1968
Johannson, Kurt, *Vom Starfighter zum Phantom*, Frankfurt 1969

Kaelble, Hartmut, *Industrielle Interessenpolitik in der Wilhelminischen Gesellschaft*, Berlin 1970
Kahn, Helmut Wolfgang, *Die Russen kommen nicht. Fehlleistungen unserer Sicherheitspolitik*, München u. a. 1969
Kaltefleiter, Werner, *Wirtschaft und Politik in Deutschland. Konjunktur als Bestimmungsfaktor des Parteiensystems*, Köln 1966
Kardorff, Siegfried von, *Wilhelm von Kardorff*, Berlin 1936
Keese, Dietmar, »Die volkwirtschaftlichen Gesamtgrößen für das Deutsche Reich in den Jahren 1925-1936«, in: *Conze/Raupach* (s. o.), S. 35-81
Kehr, Eckart, *Schlachtflottenbau und Parteipolitik*, Berlin 1930
Kehrl, Hans, *Krisenmanager im Dritten Reich. 6 Jahre Frieden – 6 Jahre Krieg. Erinnerungen, mit kritischen Anmerkungen und einem Nachwort von Erwin Viefhaus*, Düsseldorf 1973
Keim, August, *Erlebtes und Erstrebtes*, Hannover 1925
Keiser, Günter, »Der jüngste Konzentrationsprozeß«, in: *Die Wirtschaftskurve*, Jg. 18/1939, S. 136-156
Kessler, Harry Graf, *Walter Rathenau*, Wiesbaden o. J. (Neudruck)
Keynes, John Maynard, *Die wirtschaftlichen Folgen des Friedensvertrages*, deutsch Leipzig 1921
Klass, Gert von, *Albert Vögler*, Tübingen 1957
Klass, Gert von, *Hugo Stinnes*, Tübingen 1958
Klein, Burton H., *Germany's Economic Preparations for War*, Cambridge, Mass. (Harvard UP) 1959
Kluke, Paul, »Hitler und des Volkswagenprojekt«, in: *VjhZG*, Jg. 8/1960, S. 341-383
Kocka, Jürgen, *Klassengesellschaft im Krieg 1914–1918*, Göttingen 1973 (Krit. Studien zur Geschichtswiss. 8)
König, Heinz (Hrsg.), *Wandlungen der Wirtschaftsstruktur in der Bundes-*

republik Deutschland, Berlin 1962 (Schriften des Vereins für Sozialpolitik 26)
Kofler, Leo, *Der asketische Eros. Industriekultur und Ideologie*, Wien 1967
Kolko, Gabriel, »American Business and Germany, 1930-1941«, in: *The Western Political Quarterly*, Jg. 15/1962, S. 713-728
Kolko, Gabriel, *Hintergründe der US-Außenpolitik* (aus dem Amerikan.), Frankfurt 1971
Konzentration ohne Kontrolle, hrsg. Dieter Grosser, Köln/Opladen 2. Aufl. 1970
Koszyk, Kurt, »Paul Reusch und die ›Münchener Neuesten Nachrichten‹. Zum Problem Industrie und Presse in der Endphase der Weimarer Republik«, in: *VjhZG*, Jg. 20/1972, S. 75-103
Kotowski, Georg, *Friedrich Ebert*, Wiesbaden 1963
Koubek, Norbert (u. a.), »Wirtschaftliche Konzentration und gesellschaftliche Machtverteilung in der Bundesrepublik Deutschland«, in: *aus politik und zeitgeschichte*, B. 28/72 (8. 7. 1972), S. 3-37
Krämer, Hans, *Die Finanzpolitik westdeutscher Konzerne der Elektroindustrie, der chemischen Industrie und des Kohle-Eisen-Stahlbereichs von 1950-1959*, Berlin/München 1961 (Nürnberger Abhandlungen zu den Wirtschafts- und Sozialwissenschaften 13)
Krätschele, Hermann, *Carl Peters 1856-1918*, Berlin 1959
Krainz, Othmar, *Hexenkessel Donauraum. Schicksalsfragen an Europa*, Görlitz 1936
Kriegk, Otto, *Hugenberg*, Leipzig 1932
Kroll, Hans, *Lebenserinnerungen eines Botschafters*, Köln/Berlin 1967
Krull, Christian, *Wirtschaft und Rüstung*, Frankfurt 1955 (Schriftenreihe der Industrie- und Handelskammer Frankfurt 6)
Kuczynski, Jürgen, *Die Bewegung der deutschen Wirtschaft von 1800-1946* (16 Vorlesungen), Berlin 1947
Kuczynski, Jürgen, *Geschichte der deutschen Arbeiterbewegung*, 4 Bde., Berlin 1966
Kuczynski, Jürgen, *Studien zur Geschichte des deutschen Imperialismus*, 1. Bd. »Monopole und Unternehmerverbände«, 2. verb. Aufl. Berlin 1951
Kuczynski, Robert, *Wall Street und die deutschen Anleihen*, deutsch Leipzig 1933
Kühlmann, Richard von, *Erinnerungen*, Heidelberg 1948
Kuhn, Axel, *Hitlers außenpolitisches Programm. Entstehung und Entwicklung 1919-1939*, Stuttgart 1970
Kumpf-Korfes, Siegrid, *Bismarcks »Draht nach Rußland«*, Berlin 1968

Lambi, J. N., *Free Trade and Protection in Germany*, Wiesbaden 1963
Lancken, Freiherr Oskar von der, *Meine dreißig Dienstjahre*, Berlin 1931
Lange, Ernst, *Die politische Ideologie der deutschen industriellen Unternehmerschaft*, Diss. Greifswald 1933
Leckebusch, Roswitha, *Entstehungen und Wandlungen ... von Arbeitgeberverbänden*, Berlin 1966
Lenin, W. I., *Der Imperialismus als höchstes Stadium des Kapitalismus*, Frankfurt o. Z. (Marxistische Taschenbücher)
Lesch, Manfred, *Die Rolle der Offiziere in der deutschen Wirtschaft nach*

dem Ende des Zweiten Weltkrieges, Berlin 1970 (Volkswirtschaftliche Schriften 139)
Lewinsohn (Morus), Richard, *Das Geld in der Politik*, Berlin 1930
Lewinsohn (Morus), Richard, *Geschichte der Krise*, Wien 1934
Lidke, Vernon L., *The outlawed Party*, Princeton 1966
Liesebach, Ingolf, *Der Wandel der politischen Führungsschicht der deutschen Industrie von 1918-1945*, Hannover 1957
Link, Werner, *Die amerikanische Stabilisierungspolitik in Deutschland 1921 bis 1932. Die Vereinigten Staaten von Amerika und der Wiederaufstieg Deutschlands nach dem Ersten Weltkrieg*, Düsseldorf 1970
Lochner, Louis P., *Die Mächtigen und der Tyrann. Die deutsche Industrie von Hitler bis Adenauer*, Darmstadt 1955
Ludz, Peter Christian (Hrsg.), *Soziologie und Sozialgeschichte*, Opladen 1972 (Sonderheft 16 der Kölner Zs. f. Soziologie und Sozialpsychologie)
Lüke, E., *Von der Stabilisierung zur Krise*, Zürich 1958
Lükemann, Ulf, *Der Reichsschatzmeister der NSDAP. Ein Beitrag zur inneren Parteistruktur*, Diss. Berlin 1963

Manchester, William, *Krupp. Zwölf Generationen* (aus dem Amerikan.), München 1968
Mandel, Ernest, *Die EWG und die Konkurrenz Europa–Amerika*, Frankfurt 1968
Mandel, Ernest, *Marxistische Wirtschaftstheorie* (aus dem Französ.), Wiss. Sonderausgabe, Frankfurt 1970
Mandel, Ernest, *Die deutsche Wirtschaftskrise. Lehren aus der Rezession 1966/67*, Frankfurt 1969
Manning, A. F., »Der Verein Deutscher Ingenieure und der Nationalsozialismus«, in: *Acta Historiae Nederlandica*, Leiden 1967, S. 163-187
Marder, Arthur J., *From the Dreadnought to Scapa Flow*, 2 Bde., London 1961
Martin, Bernd, *Deutschland und Japan im Zweiten Weltkrieg. Vom Angriff auf Pearl Harbor bis zur deutschen Kapitulation*, Göttingen 1969
Maschke, Erich, *Es entsteht ein Konzern. Paul Reusch und die GHH*, Tübingen 1969
Maschke, Erich, *Grundzüge der deutschen Kartellgeschichte bis 1914*, Dortmund 1914
Maser, Werner, *Adolf Hitler*, München 1971
Mason, Tim, *Zur Entstehung des Gesetzes zur Ordnung der nationalen Arbeit vom 20. Januar 1934. Ein Versuch über das Verhältnis ›archaischer‹ und ›fortschrittlicher‹ Momente in der modernen deutschen Geschichte.* Referat auf dem Internat. Symposium in Bochum, Juni 1973
Mason, Tim, »Der Primat der Politik – Politik und Wirtschaft im Nationalsozialismus«, in: *Das Argument*, Jg. 8/1966, H. 6 (Faschismus-Theorien IV), S. 473-494
Mauersberg, Hans, *Deutsche Industrien im Zeitgeschehen eines Jahrhunderts*, Stuttgart 1966
Mechtersheimer, Alfred, »Der militärisch-industrielle Komplex in den USA und in der BRD«, in: *aus politik und zeitgeschichte*, 10. 7. 1971, S. 3-35

Meinck, Gerhard, *Hitler und die deutsche Aufrüstung 1933-1937*, Wiesbaden 1959

Mendelssohn Bartholdy, Albrecht, *The War and German Society. The Testament of a Liberal*, New Haven (Yale UP) 1937 (Economic and Social History of the World War, German Series)

Metzner, Alfons, *Die Welt der Chemie (Die chemische Industrie der Welt)*, Düsseldorf 1958

Meyer, Henry C., *Mitteleuropa in German thought and action 1815-1945*, Den Haag 1955

Milward, Alan S., *Die deutsche Kriegswirtschaft 1939-1945*, Stuttgart 1966 (Schriftenreihe der Vierteljahrshefte für Zeitgeschichte)

Milward, Alan S., *The New Order and the French Economy, New York* (Oxford UP) 1970

Mintzel, Alf, »Die CSU in Bayern«, in: Dittberner/Ebbighausen, *Parteiensystem* (s. unter Dittberner), S. 349-426

Möller, Alex, *Währung und Außenpolitik*, Hannover 1968

Mötteli, Carlo, *Licht und Schatten der sozialen Marktwirtschaft. Leitbild und Wirklichkeit der Bundesrepublik Deutschland*, Erlenbach/Stuttgart 1961

Mohrmann, Heinz, »Zur staatsmonopolistischen Konkurrenz deutscher Großbanken unter dem Faschismus«, in: *JbWG*, Jg. 8/1967, T. IV, S. 11-26

Mommsen, Hans, *Beamtentum im Dritten Reich. Mit ausgewählten Quellen zur nationalsozialistischen Beamtenpolitik*, Stuttgart 1966

Mommsen, Hans, »Betrachtungen zur Entwicklung der neuzeitlichen Historiographie in der Bundesrepublik«, in: G. Alföldi/F. Seibt/A. Timm (Hrsg.), *Probleme der Geschichtswissenschaft*, Düsseldorf 1973 S. 124-155

Mommsen, Wolfgang, »Die Akten der Nürnberger Kriegsverbrecherprozesse«, in: *Der Archivar*, Jg. 3/1950, Sp. 14-25

Monopole und Staat in Deutschland 1917-1945, hrsg. Karl Drechsler u. a. (Protokoll der 2. Tagung der Fachgruppe Geschichte der neuesten Zeit 1917-1945 am 20. und 21. März 1965 in Berlin im Rahmen des III. Kongresses der Deutschen Historiker-Gesellschaft), Berlin (Ost) 1966

Morgan, Brig.-General J. H., *Assize of Arms (The Disarmament of Germany and her Rearmament 1919-1939)*, London 1945

Mühlen, Norbert, *Die Krupps* (aus dem Amerikan.), Reinbek 1965 (rororo 679)

Mühlen, Norbert, *Der Zauberer: Leben und Anleihen des Dr. Hjalmar Horace Greeley Schacht*, Zürich 1938

Müller, Alfred, *Die Kriegsrohstoffbewirtschaftung 1914-1918 im Dienst des deutschen Monopolkapitals*, Berlin 1955

Müller, Franz, siehe Schwer, Wilhelm

Müller, Helmut, *Die Zentralbank – eine Nebenregierung? Der Reichsbankpräsident Dr. Hjalmar Schacht als Politiker der Weimarer Republik 1923-1930*, Opladen 1973

Nationale Wirtschaftsordnung und Großraumwirtschaft, Jahrbuch 1941, hrsg. von der Gesellschaft für europäische Wirtschaftsplanung und Großraumwirtschaft e. V., Dresden 1941

Nehls, Katja, *Kapitalexport und Kapitalverflechtung*, Berlin (Ost)/Frankfurt 1970
Neunkirch, F., *Modellfall Saar*, Bonn 1956
Niethammer, Lutz, *Angepaßter Faschismus. Politische Praxis der NPD*, Frankfurt 1969
Nipperdey, Thomas, *Die Organisation der deutschen Parteien vor 1918*, Düsseldorf 1961 (Beiträge z. Gesch. des Parlamentarismus, Bd. 18)
Norden, Albert, *Zur politischen Rolle des Finanzkapitals und der Junker*, Berlin 1947
Nußbaum, Helga, »Bürgerliche Monopolgegnerschaft«, in: *JbWG*, Jg. 3/1962, Teil III, S. 73-128
Nußbaum, Helga, *Unternehmer gegen Monopole*, Berlin 1966

Obermann, Emil, *Soldaten, Bürger, Militaristen. Militär und Demokratie in Deutschland*, Stuttgart 1958
Öhme, Walter, siehe Caro, Kurt
Ogger, Günter, *Friedrich Flick der Große*, Bern/München/Wien 1971

Pack, Wolfgang, *Das parlamentarische Ringen um das Sozialistengesetz*, Düsseldorf 1961
Parsons, Talcott, *Das System moderner Gesellschaften* (aus dem Amerikan.), München 1972 (Grundfragen der Soziologie 15)
Parteien-Handbuch, siehe: Die bürgerlichen Parteien usw.
Paterna, E., Fischer, W., Gossweiler, K., Markus, G., Pätzold, K., *Deutschland von 1933 bis 1939*, Berlin (Ost) 1969 (Lehrbuch der deutschen Geschichte)
Peters, Carl, *Lebenserinnerungen*, Hamburg 1918
Peterson, E. N., »Die Bürokratie und die NSDAP«, in: *Der Staat*, Jg. 2/1967, S. 151-173
Petzina, Dieter, *Autarkiepolitik im Dritten Reich. Der nationalsozialistische Vierjahresplan*, Stuttgart 1968 (Schriftenreihe der Vierteljahrshefte für Zeitgeschichte)
Petzina, Dieter, »Hauptprobleme der deutschen Wirtschaftspolitik 1932/33«, in: *VjhZG*, Jg. 15/1967, S. 18-55
Petzina, Dieter, »Hitler und die deutsche Industrie«, in: *Geschichte in Wiss. und Unterricht*, Jg. 17/1966, S. 482-491
Petzina, Dieter, »IG-Farben und nationalsozialistische Autarkiepolitik«, in: *Tradition*, Jg. 13/1968, S. 250-254
Petzina, Dieter, »Zur Interpretation der Weltwirtschaftskrise in Deutschland«, in: *Alföldi/Seibt/Timm* (s. unter Hans Mommsen, Betrachtungen), S. 156-170
Picker, Henry, *Hitlers Tischgespräche im Führerhauptquartier 1941-1942*, Bonn 1951
Pinner, Felix (Frank Fassland), *Deutsche Wirtschaftsführer*, Berlin 1924
Pohle, Wolfgang, *Das Programm der Wirtschaft. Marktwirtschaft als politische Chance*, Stuttgart 1970
Predöhl, Andreas, »Großraum, Autarkie und Weltwirtschaft«, in: *Nationale Wirtschaftsordnung* (s. o.), S. 93-95
Preller, Ludwig, *Sozialpolitik in der Weimarer Republik*, Stuttgart 1949
Prittie, Terence, *Konrad Adenauer. Vier Epochen deutscher Geschichte* (aus dem Engl.), Stuttgart 1971

Pritzkoleit, Kurt, *Bosse, Banken, Börsen. Herren über Geld und Wirtschaft*, Wien/München/Basel 1954

Pritzkoleit, Kurt, *Gott erhält die Mächtigen. Rück- und Rundblick auf den deutschen Wohlstand*, Düsseldorf 1963

Pritzkoleit, Kurt, *Das kommandierte Wunder. Deutschlands Weg im 20. Jahrhundert*, Wien/München/Basel 1959

Pritzkoleit, Kurt, *Männer, Mächte, Monopole. Hinter den Türen der westdeutschen Wirtschaft*, Düsseldorf 1953

Pünder, Tilmann, *Das bizonale Interregnum. Die Geschichte des Vereinigten Wirtschaftsgebiets 1946-1949*, Waiblingen 1966

Rabenau, Friedrich von, *General von Seeckt*, Leipzig 1940

Radandt, Hans, »Berichte der Volkswirtschaftlichen Abteilung der IG-Farbenindustrie AG über Südosteuropa«, in: *JbWG*, Jg. 7/1966, T. IV, S. 289-314

Radandt, Hans, »Die IG-Farbenindustrie AG und Südosteuropa 1938 bis zum Ende des Zweiten Weltkrieges«, in: *JbWG*, Jg. 8/1967, T. I, S. 77-146

Radkau, Joachim, *Die deutsche Emigration in den USA. Ihr Einfluß auf die amerikanische Europapolitik 1933-1945*, Düsseldorf 1971 (Studien zur modernen Geschichte 2)

Radkau, Joachim, »Nationalsozialismus und Wirtschaft«, in: *NPL*, Jg. 15/1970, S. 263-269

Radkau, Joachim, »Industrie und Faschismus«, in: *NPL*, Jg. 18/1973, S. 258-264

Radkau, Joachim/Radkau, Orlinde, *Praxis der Geschichtswissenschaft. Die Desorientiertheit des historischen Interesses*, Düsseldorf 1972 (Konzepte Sozialwissenschaft 3)

Raphael, Gaston, *Hugo Stinnes*, deutsch Berlin 1925

Rathenau, Walter, *Schriften, ausgew. von Harttung und anderen*, Berlin 1965

Reconly, Raymond, *La bataille de Foch*, Paris 1920

Regling, Horst, *Militärausgaben und wirtschaftliche Entwicklung. Dargestellt unter besonderer Berücksichtigung der Verhältnisse in der BRD seit 1955*, Hamburg 1970 (Veröff. des HWWA-Instituts f. Wirtschaftsforschung)

Reichert, Jakob, *Entstehung, Bedeutung und Ziel der »Arbeitsgemeinschaft«*, Berlin 1919

Reichert, Jakob, *Rathenaus Reparationspolitik*, Berlin 1922

Reithinger, Anton, *Das wirtschaftliche Gesicht Europas*, Stuttgart/Berlin 1936

Revesz, Imre, *Walter Rathenau und sein wirtschaftliches Werk*, Dresden 1927

Rheinisch-Westfälische Wirtschaftsbiographien, 9 Bde., Münster 1932-1967

Riedler, Alois, *Emil Rathenau und das Werden der Großwirtschaft*, Berlin 1916

Ritter, Gerhard A., *Die Arbeiterbewegung im Wilhelminischen Reich*, Berlin 1959

Ritter, Hugo, *Verrat an der sozialen Marktwirtschaft? Wirtschaftspolitik zwischen Anspruch und Wirklichkeit*, Reinbek 1972 (rororo 1608)

Röchling, Hermann, *Wir halten die Saar*, Berlin 1934
Röhl, John, *Germany without Bismarck*, London 1967
Röseler, Klaus, »Unternehmer in der Weimarer Republik. Die Stellung der Unternehmer zur Entwicklung in Staat, Politik und Wirtschaft bis 1928«, in: *Tradition*, Jg. 13/1968, S. 217-240
Rosenberg, Hans, *Große Depression und Bismarckzeit*, Berlin 1967

Säuberlich, Hans, *Das Großkapital und der Staat in der Weltwirtschaftskrise 1931/32 in Deutschland*, Diss. Berlin (Ost) 1964
Schacher, Gerhard, *Germany Pushes South-East*, London 1937
Schacht, Hjalmar, *Abrechnung mit Hitler*, Berlin/Frankfurt 1949
Schacht, Hjalmar, *76 Jahre meines Lebens*, Bad Wörishofen 1953
Schacht, Hjalmar, *Die Politik der deutschen Bundesbank*, München o. Z. (um 1970)
Schäfer, Dieter, *Der deutsche Industrie- und Handelstag als politisches Forum der Weimarer Republik. Eine historische Studie zum Verhältnis von Politik und Wirtschaft*, Hamburg 1966
Schäfer, Gerd/Nedelmann, Carl (Hrsg.), *Der CDU-Staat. Analysen zur Verfassungswirklichkeit der Bundesrepublik*, 2 Bde., Frankfurt 1969 (ed. suhrkamp 370/1, 2)
Schausberger, Norbert, *Rüstung in Österreich 1938-1945. Eine Studie über die Wechselwirkungen von Politik, Wirtschaft und Kriegführung*, Wien 1970 (Publikationen des österreich. Instituts für Zeitgeschichte der Univ. Wien 8)
Schiefer, Jakob, *Geschichte der deutschen Gewerkschaften*, Aachen 1948
Schiller, Karl, »Von den Handelsverträgen zu den Wirtschaftsverträgen«, in: *Nationale Wirtschaftsordnung* (s. o.), S. 106 ff.
Schlamm, William S., *Die Grenzen des Wunders. Ein Bericht über Deutschland*, Zürich 1959
Schlange-Schöningen, Hans, *Am Tage danach*, Hamburg 1946
Schleth, Uwe, »Die Finanzen der CDU«, in: Erwin K. Scheuch/Rudolf Wildenmann (Hrsg.), *Zur Soziologie der Wahl*, Köln/Opladen 2. Aufl. 1968, S. 215-293
Schlotterer, Gustav, »Südamerika als Außenhandelsziel«, in: *Wirtschaftsdienst*, Jg. 21/1936, S. 459-461
Schmid, Fred, *Der Militär-Industrie-Komplex*, Frankfurt 1972 (Marxistische Taschenbücher 41)
Schmidt, Eberhard, *Die verhinderte Neuordnung 1945-1952. Zur Auseinandersetzung um die Demokratisierung der Wirtschaft in den westlichen Besatzungszonen und in der Bundesrepublik Deutschland*, Frankfurt 1970
Schmidt, Paul, *Statist auf diplomatischer Bühne 1923-1945. Erlebnisse des Chefdolmetschers im Auswärtigen Amt mit den Staatsmännern Europas*, Bonn 1949
Schmitt, K., *Die Wirtschaft im neuen Reich*, München 1934
Schmokel, Wolfe W., *Der Traum vom Reich. Der deutsche Kolonialismus von 1919 bis 1945* (aus dem Amerikan.), Gütersloh 1967
Schneider, Herbert, *Die Interessenverbände*, München/Wien 1965 (Geschichte und Staat 105)

Schnitzler, Georg von, »Germany and World Trade after the War«, in: *Atlantic Monthly*, vol. 165/1940, S. 817-821

Schorske, Carl E., *German Social Democracy, 1905-1917*, Cambridge, Mass., 1955, Neudruck 1970

Schröder, Ernst, *Krupp, Geschichte einer Unternehmerfamilie*, Göttingen 1957

Schröder, Hans-Jürgen, *Deutschland und die Vereinigten Staaten 1933-1939. Wirtschaft und Politik in der Entwicklung des deutsch-amerikanischen Gegensatzes*, Wiesbaden 1970 (Veröff. des Instituts f. europ. Geschichte, Mainz, 59)

Schröter, Alfred, »Einige methodologische Fragen der Entstehung und Entwicklung monopolistischer Gruppierungen in Deutschland«, in: *JbWG*, Jg. 7/1966, T. IV, S. 126-140

Schröter, Alfred, *Krieg, Staat, Monopole 1914-1918*, Berlin 1965

Schubert, Klaus von, *Wiederbewaffnung und Westintegration. Die innere Auseinandersetzung um die militärische und außenpolitische Orientierung der Bundesrepublik 1950 bis 1952*, Stuttgart 1970 (Schriftenreihe der Vierteljahrshefte für Zeitgeschichte)

Schumann, Wolfgang, *Die Beteiligung des Zeiss-Konzerns an der Vorbebereitung und Durchführung des Zweiten Weltkrieges*, phil. Habil.-Schrift, Jena 1961

Schwarz, Hans-Peter, *Vom Reich zur Bundesrepublik. Deutschland im Widerstreit der außenpolitischen Konzeptionen in den Jahren der Besatzungsherrschaft 1945-1949*, Neuwied/Berlin 1966

Das schwarze Kassenbuch. Die heimlichen Wahlhelfer der CDU/CSU, hrsg. vom Presseausschuß der Demokrat. Aktion unter Mitarbeit von Bernt Engelmann, Köln 1973 (pocket 43)

Schweitzer, Arthur, *Big Business in the Third Reich*, Bloomington (Indiana UP) 1964

Schweitzer, Arthur, »Foreign Exchange Crisis of 1936«, in: *Zs. f. d. ges. Staatswissenschaft*, Jg. 118/1962, S. 243-277

Schweitzer, Arthur, *Die Nazifizierung des Mittelstandes*, Stuttgart 1970 (Bonner Beiträge zur Soziologie 9)

Schweitzer, Arthur, »Der organisierte Kapitalismus. Die Wirtschaftsordnung in der ersten Periode der nationalsozialistischen Herrschaft«, in: *Hamburger Jb. f. Wirtschafts- und Gesellschaftspolitik*, Jg. 7/1962, S. 32-47

Schwer, Wilhelm und Müller, Franz, *Der deutsche Katholizismus im Zeitalter des Kapitalismus*, Augsburg 1931

Schwerin von Krosigk, Graf Lutz, *Die große Zeit des Feuers. Der Weg der deutschen Industrie*, 3 Bde., Tübingen 1957-1959

Selig, Wolfram, *Paul Nikolaus Cossmann ... ein Beitrag zur Geschichte der nationalen Publizistik im Ersten Weltkrieg*, Osnabrück 1967

Seraphim, Hans-Günther (Hrsg.), *Das politische Tagebuch Alfred Rosenbergs aus den Jahren 1934/35 und 1939/40*, Göttingen 1956

Seraphim, Peter-Heinz, *Deutsche Wirtschafts- und Sozialgeschichte*, 2. Aufl., Wiesbaden 1966

Sichler, Richard und Tiburtius, Johann, *Die Arbeiterfrage – eine Kernfrage des Weltkriegs*, Berlin o. J. (Weimarer Zeit)

Siemens, Georg, *Geschichte des Hauses Siemens*, 3. Bd.: Die Dämonie des Staates, 1922-1945, München 1952

Sörgel, Werner, *Konsensus und Interessen. Eine Studie zur Entstehung des Grundgesetzes für die Bundesrepublik Deutschland*, Stuttgart 1969

Sörgel, Werner, *Metallindustrie und Nationalsozialismus*, Frankfurt 1965

Sohn-Rethel, Alfred, »Die soziale Rekonsolidierung des Kapitalismus (urspr. Sept. 1932)«; und: ders., »Ein Kommentar nach 38 Jahren«, in: *Kursbuch*, Bd. 21/1970, S. 17-35

Solmssen, Georg, *Beiträge zur deutschen Politik und Wirtschaft 1900-1933*, München/Leipzig 1935

Sommer, Theo, *Deutschland und Japan zwischen den Mächten 1935-1940. Vom Antikominternpakt zum Dreimächtepakt*, Tübingen 1962

Speer, Albert, *Erinnerungen*, Frankfurt/Berlin 1969

Speier, Hans/Davison, W. Philipps (Hrsg.), *West German Leadership and Foreign Policy*, Evanston/White Plains 1957

Staatsmänner und Diplomaten bei Hitler, Vertrauliche Aufzeichnungen über Unterredungen mit Vertretern des Auslandes, hrsg. Andreas Hillgruber, 2 Bde., Frankfurt 1967 und 1970

Stackelberg, Karl Georg von, *Attentat auf Deutschlands Talisman. Ludwig Erhards Sturz. Hintergründe, Konsequenzen*, Stuttgart u. a. 1967

Stadtler, Eduard, *Bolschewismus als Weltgefahr*, 2. Aufl. Düsseldorf 1936

Stadtler, Eduard, *Diktatur der sozialen Revolution*, Leipzig 1920

Stadtler, Eduard, *Erinnerungen* (drei Bände, mit verschiedenen Titeln, des Autors politische Erfahrungen 1886-1919 schildernd), Düsseldorf 1935

Stadtler, Eduard, *Der Unternehmer als Führerpersönlichkeit. Eine politisch-psychologische Untersuchung*, Hannover 1924

Standke, Klaus-Heinrich, *Amerikanische Investitionspolitik in der EWG*, Berlin/Köln/Frankfurt 1965

Stegmann, Dirk, *Die Erben Bismarcks. Parteien und Verbände in der Spätphase des Wilhelminischen Deutschlands*, Köln/Berlin 1970

Stegmann, Dirk, »Zum Verhältnis von Großindustrie und Nationalsozialismus 1930-1933. Ein Beitrag zur Geschichte der sog. Machtergreifung.« In: *Archiv f. Sozialgesch.*, Bd. 13/1973, S. 399-482

Stein, Gustav (Hrsg.), *Unternehmer in der Politik*, Düsseldorf 1954

Stocking, George W., Watkins, Myron W., *Cartels in Action: Case Studies in International Business Diplomacy*, New York 1946

Stöcker, Helmut, *Deutschland und China im 19. Jahrhundert*, Berlin 1958

Stollberg, Gunnar, *Theorie und Erfahrung. Die Faschismusschriften Rosenbergs, Serings und Sternbergs im Licht der Marxschen Theorie*, Manuskript, Bielefeld 1973 (soll in der IWK veröffentlicht werden)

Stolper, Gustav, *Die deutsche Wirklichkeit. Ein Beitrag zum künftigen Frieden Europas*, Hamburg 1949

Stolper, Gustav, *The German economy 1870 to the present* (continued by Karl Häuser and Knut Borchardt), London 1967

Stolze, Diether, *Die dritte Weltmacht. Industrie und Wirtschaft bauen ein neues Europa*, Wien/München/Basel 1963

Strachey, J., *The Nature of Capitalist Crisis*, New York 1935

Strauß, Franz Josef, »Finanzen, Rüstung und Wirtschaft«, in: Dräger, H./Heye, H./Sackmann, F. (Hrsg.), *Probleme der Verteidigung der Bun-*

desrepublik. Ihre Betrachtung unter Berücksichtigung wirtschaftlicher und technischer Belange, Berlin/Frankfurt 1959, S. 126-149
Strauß, Franz Josef, *Herausforderung und Antwort. Ein Programm für Europa,* Stuttgart 1968
Strauß, Franz Josef, »Umbau und Umrüstung der Bundeswehr«, in: *FAZ* 6. 5. 1959, S. 11
Strauß, Franz Josef, »Wirtschaft und Rüstung«, in: *Bulletin des Presse- und Informationsamtes der Bundesregierung,* 3. 12. 1959
Strousberg, B. H., *Dr. Strousberg und sein Wirken,* Berlin 1876
Stucken, Rudolf, *Deutsche Geld- und Kreditpolitik 1914-1963,* Tübingen, 3. Aufl. 1964
Swatek, Dieter, *Unternehmenskonzentration als Ergebnis und Mittel nationalsozialistischer Wirtschaftspolitik,* Berlin 1972 (Volkswirtschaftliche Studien 181)

ter Meer, Fritz, *Die IG-Farbenindustrie AG,* Düsseldorf 1953
Thayer, George, *War Business. Geschäfte mit Waffen und Krieg* (aus dem Amerikan.), Hamburg 1970
Thimme, Anneliese, *Stresemann,* Hannover 1957
Thyssen, Fritz, *I Paid Hitler,* New York/London 1941
Tille, Alexander, *Das Haus Röchling und seine Unternehmungen,* 1907
Treue, Wilhelm, »Der deutsche Unternehmer in der Weltwirtschaftskrise 1928 bis 1933«, in: *Conze/Raupach* (s. o.), S. 82-125
Treue, Wilhelm, »Die Einstellung einiger deutscher Großindustrieller zu Hitlers Außenpolitik«, in: *Gesch. in Wiss. und Unterricht,* Jg. 17/1966, S. 491-507
Treue, Wilhelm, »Ein Fall von ›Arisierung‹ im Dritten Reich und heute. Dokumentation«, in: *Tradition,* Jg. 1971, S. 288-301
Treue, Wilhelm, *Die Feuer verlöschen nie (August Thyssen-Hütte 1890-1926),* Düsseldorf 1966
Treue, Wilhelm, »Hitlers Denkschrift zum Vierjahresplan 1936«, in: *VjhZG,* Jg. 3/1955, S. 184-210
Treue, Wilhelm, *Wirtschaft und Politik 1933-1945,* Braunschweig 1953
Tudyka, Kurt P., »Ökonomische Dimensionen auswärtiger Beziehungen«, in: *Atomzeitalter,* Jg. 1968, S. 339-348
Turner, Henry Ashby, *Faschismus und Kapitalismus in Deutschland. Studien zum Verhältnis zwischen Nationalsozialismus und Wirtschaft,* Göttingen 1972
Turner, Henry A., *Stresemann* (deutsche Übersetzung), Berlin 1968

Ufermann, Paul, *Der deutsche Stahltrust,* Berlin 1927
Ufermann, Paul, *Könige der Inflation,* Berlin 1924
Ufermann, Paul und Hüglin, Karl, *Stinnes und seine Konzerne,* Berlin 1925
Uhlig, Heinrich, *Die Warenhäuser im Dritten Reich,* Köln/Opladen 1956
Ulshöfer, Otfried, *Einflußnahme auf Wirtschaftsunternehmungen in den besetzten nord-, west- und südosteuropäischen Ländern während des Zweiten Weltkrieges, insbesondere der Erwerb von Beteiligungen (Verflechtung),* Tübingen 1958 (Studien des Instituts für Besatzungsfragen 15)

Ungewitter, Claus (Hrsg.), *Chemie in Deutschland. Rückblick und Ausblick*, Berlin 1938

Vagts, Alfred, *Deutschland und die Vereinigten Staaten in der Weltpolitik*, 2 Bde, New York 1935
Vagts, Alfred, *The Golden Chains: the Jews and Wilhelminic imperialism*, The Maryland Historian, Spring 1973, S. 47-58
Vialon, Friedrich Karl, »Die Stellung des Finanzministers«, in: *VjhZG*, Jg. 2/1954, S. 136-148
Villey, Daniel, »Die Marktwirtschaft im katholischen Denken«, in: *Ordo*, Bd. 7/1955, S. 23-69
Vilmar, Fritz, *Rüstung und Abrüstung im Spätkapitalismus. Eine sozioökonomische Analyse des Militarismus in unserer Gesellschaft*, Frankfurt 4. Aufl. 1969
Vocke, Wilhelm, »Adenauer und die Wirtschaft«, in: *Adenauer und die Folgen*, hrsg. Hans-Joachim Metzer, München 1965 (Becks Schwarze Reihe), S. 149-158
Vocke, Wilhelm, *Memoiren*, Stuttgart 1973
Vogelsang, Reinhard, *Der Freundeskreis Himmler*, Göttingen 1972
Vogelsang, Thilo, *Reichswehr und NSDAP*, Stuttgart 1962

Wagenführ, Horst, *Schöpferische Wirtschaft*, Heidelberg 1954
Wahrmund, Dr. (pseudonym), *Gericht über Hugenberg*, Dillingen 1932
Wallach, Jehuda L., *Das Dogma der Vernichtungsschlacht*, Deutsche Ausgabe, Frankfurt 1967
Wallich, Henry C., *Triebkräfte des deutschen Wiederaufstiegs* (aus dem Amerikan.), Frankfurt 1955
Weber, Hellmuth, *Ludendorff und die Monopole*, Berlin 1966
Wehler, Hans-Ulrich, *Bismarck und der Imperialismus*, Köln 1969
Wehler, Hans-Ulrich, *Das Deutsche Kaiserreich 1871-1918*, Göttingen 1973
Wehler, Hans-Ulrich (Hrsg.), *Geschichte und Ökonomie*, Köln 1973 (Neue Wissenschaftliche Bibliothek 58)
Weinberg, Gerhard L., *The Foreign Policy of Hitlers Germany: Diplomatic Revolution in Europe, 1933-1936*, University of Chicago Press 1970
Weinberg, Gerhard L., »Schachts Besuch in den USA im Jahre 1933«, in: *VjhZG*, Bd. 11/1963, S. 166-180
Weisbrod, Bernd, *Zur Form schwerindustrieller Interessenvertretung in der zweiten Hälfte der Weimarer Republik*, Referat auf dem Internat. Symposium in Bochum, Juni 1973
Welter, Erich, *Falsch und richtig planen. Eine kritische Studie über die deutsche Wirtschaftslenkung im Zweiten Weltkrieg*, Heidelberg 1954
Welter, Erich, *Der Staat als Kunde*, Heidelberg 1960
Wendt, Bernd-Jürgen, *Appeasement 1938. Wirtschaftliche Rezession und Mitteleuropa*, Frankfurt 1966
Wendt, Bernd-Jürgen, *Economic Appeasement. Handel und Finanz in der britischen Deutschland-Politik 1933-1939*, Düsseldorf 1971 (Studien zur modernen Geschichte 3)
Wickel, Helmut, *IG-Deutschland. Ein Staat im Staat*, Berlin 1932

Wiel, Paul, *Krieg und Wirtschaft. Wirtschaftskrieg, Kriegswirtschaft, Wehrwirtschaft*, Berlin 1938

Wilde, Harry, *Walter Rathenau in Selbstzeugnissen und Bilddokumenten*, Hamburg 1971

Willis, Frank Roy, *France, Germany, and the New Europe, 1945-1967*, Stanford UP 1968

Wilmowsky, Tilo Freiherr von, *Rückblickend möchte ich sagen ... An der Schwelle des 150jährigen Krupp-Jubiläums*, Oldenburg/Hamburg 1961

Winkler, Heinrich August, *Mittelstand, Demokratie und Nationalsozialismus. Die politische Entwicklung von Handwerk und Kleinhandel in der Weimarer Republik*, Köln 1972

Winkler, Heinrich August, »Unternehmerverbände zwischen Ständeideologie und Nationalsozialismus«, in: *VjhZG*, Jg. 17/1969 S. 341-371

Winschuh, Josef, *Das neue Unternehmerbild. Grundzüge einer Unternehmerpolitik*, Baden-Baden u. a. 1954

Winschuh, Josef, »Der Unternehmer im neuen Europa«, in: *Der praktische Betriebswirt*, Jg. 21/1941, S. 137-147

Winschuh, Josef, *Der Verein mit dem langen Namen. Geschichte eines Wirtschaftsverbandes*, Berlin 1932

Wissenschaft – Wirtschaft – Verteidigung, hrsg. Stifterverband für die Deutsche Wissenschaft, Dinslaken 1964

Wrisberg, Generalmajor Ernst von, *Wehr und Waffen 1914-1918*, Leipzig 1922

Zapf, Wolfgang, *Wandlungen der deutschen Elite. Ein Zirkulationsmodell deutscher Führungsgruppen 1919-1961*, Tübingen 1965 (Studien zur Soziologie 2)

Zaunitzer-Haase, Ingeborg, *Im Griff der Konzerne. Krise einer Mittelschicht*, München 1967

Ziebura, Gilbert, *Die deutsch-französischen Beziehungen seit 1945. Mythen und Realitäten*, Pfullingen 1970

Zimmermann, Horst/Klingemann, Hans D., »Der Einfluß der Verteidigungskäufe auf die Regionalstruktur in der BRD«, in: *Raumforschung und Raumordnung*, Jg. 25/1967, H. 2, S. 49-59

Personen- und Sachregister

166/72 d